本书系
浙江大学教育史国家重点学科
暨教育部"211工程"第三期资助项目成果之一

XINHAI GEMING
YU ZHONGGUO JINDAI JIAOYU

辛亥革命与中国近代教育

——"第五届海峡两岸教育史论坛"论文集

田正平　程斯辉　主编

浙江大学出版社
ZHEJIANG UNIVERSITY PRESS

纪念辛亥革命 100 周年暨第五届海峡两岸教育史论坛

2011. 10. 19　武汉大学

全体会议代表合影

会议主席台

大会会场之一

大会会场之二

武汉大学副校长王传中教授致辞

台湾师范大学教育学院院长周愚文教授向大会赠送纪念品

厦门大学教育研究院院长刘海峰教授发言

目　录

视野与问题

附　录

在"第五届海峡两岸教育史论坛"
开幕式上的致辞(代序)

田正平*

尊敬的各位专家、学者，老师们、同学们：

大家上午好！在这举国上下隆重纪念辛亥革命一百周年的日子里，在这风景如画的武汉大学校园，第五届海峡两岸教育史论坛开幕了。此时此地，我们感到格外亲切、格外有意义！感谢武汉大学校领导及学校各部门对会议给予的高度重视和大力支持，感谢武汉大学教育科学学院师生为这次会议的顺利举行所付出的辛勤劳动！

整整一百年前爆发的辛亥革命，推翻了清政府的专制统治，它标志着在中国延续两千余年的封建专制制度的终结和资产阶级民主共和制度的诞生，是中国历史发展进程中的一次重大飞跃，更是中国教育从传统向现代转变过程中的一个划时代的起点和重要里程碑。

一百年来，"辛亥革命与中国近代教育"成为教育学术界一个历久不衰的话题，之所以会如此，是因为辛亥革命为传统教育的变革、为现代教育的建立开启了无数法门，举其大端，如，主张公民享有平等的受教育权力、反对教育成为少数人的专利；主张教育方针从受教育者本体上着想，反对用一个人主义或一部分人主义驱使受教育者迁就他之主义；主张信仰自由、反对思想僵化、定于一尊；提倡受教育者五育并重和谐发展，反对压抑个性、摧残学生；强调教育的社会功能和促进个人发展功能的全面发挥，反对对教育功能的片面张扬；主张破除迷信、解放思想、尊重创新，使得中国教育界在思想上获得了空前的大解放，为各种教育理论、教育学说的繁荣提供了深厚的土壤，等等。一个世纪以来，中国教育现代化走过了漫长而曲折的道路，既有凯歌高奏的欢欣，更有迂回反复的痛苦，现在回过头来思考，无论是成功的经验抑或是失败的教训，几乎都与是否紧紧把握辛亥革命所开启的教育现代化的上述大方向有关。一百年后的今天，我们举行纪念活动，探讨"辛亥革命与中国近代教育"这一话题，正是试图站在21世纪世界教育发展和中国教育发展的新高度，重新审视

---

* 作者简介：田正平，浙江大学教授，中国教育学会教育史分会理事长。

这份宝贵的历史遗产,梳理它深远而持久的影响。时代在发展,社会在进步,但是,从某种意义上讲,辛亥革命所开启的教育现代化事业仍然在继续,辛亥革命时期所提出的一些重大教育问题仍然没有得到彻底解决。我们有理由、有责任让这个历久不衰的话题变得历久弥新!

　　各位同仁,本次会议的另一主题是,教育史学科建设和研究观念、研究方法的创新及中外教育史研究的新问题。可以说,这是第三、四两届教育史论坛主题的进一步深化。学科建设永远是一个与学术共同体内从业人员息息相关的话题。学科建设水平的高下,既有赖于它的从业者的努力,更在一定程度上制约着从业者个体水平的提高。对于这一主题的持续关注和不断探索,是我们教育史学科获得发展、提升的重要条件。

　　让我们群策群力,把会议开得圆满成功!

　　祝各位同仁身体健康!

科举革废与辛亥革命

刘海峰 *

摘　要:科举制的改革与废止对辛亥革命的发生有着重要的关联。20 世纪最初 10 年中国的启蒙宣传是辛亥革命的先导,在开启民智、普及西学方面,改革后的科举考试起过重大的作用。由于科举具有非常强大的以考促学的功用,通过考试内容的变化引导,士人的学习中心迅速从传统的中学转移到中西并重,特别是对西方政治、经济、法律、教育知识的引进和推广,发挥了十分关键的推动作用和影响。废止科举动摇和颠覆了传统社会的制度支柱,导致知识分子从社会政治中心退居边缘,对政府的向心力大大降低,部分人走向行伍,直接间接地对辛亥革命的发生产生影响。

关键词:科举;废止;辛亥革命

辛亥革命的发生对近代中国的政治、社会、文化、教育等各方面都产生过重要的影响。就教育而言,民国元年以后的中国教育有着明显的新气象、新风尚。探讨辛亥革命与近代中国教育的关系,学者多从辛亥革命以后的教育着手,谈革命对教育的影响,较少涉及清末教育改革对辛亥革命的影响。中国的科举制在 1901 年进行了重大改革,并废止于 1905 年,辛亥革命发生在 1911年,两者之间有什么关系? 表面上看没有直接关系,但实际上科举制的改革与废止对辛亥革命的发生却有着重要的关联。本文着重论述过去很少关注的清末科举革新与近代启蒙宣传对辛亥革命的思想先导,并谈谈科举废止对辛亥革命的影响。

---

* 作者简介:刘海峰,厦门大学教育研究院教授。

一、清末科举革新与近代启蒙宣传

推翻帝制的革命不会凭空发生,需要有一定的理论准备,或者说需要相当范围的思想启蒙。例如,法国大革命的发生便有着深刻的思想根源。18世纪上半叶,孟德斯鸠、伏尔泰、卢梭、狄德罗等著名的启蒙思想家就已提出了一系列资产阶级的民主思想,抨击封建专制制度,启蒙宣传产生了广泛的影响,为大革命的爆发准备了条件。拿破仑之所以会说"大革命是思想家的业绩",就是因为他看到了启蒙宣传的威力。①

法国启蒙运动是法国大革命之肇因,同样,20世纪最初10年中国的启蒙宣传也是辛亥革命的先导,而在开启民智、普及西学方面,改革后的科举考试起过重大的作用。过去已有学者指出:辛亥革命与"新政"是互相联系和互相依存的,无法割断彼此之间的因果关系。"新政"为革命者准备了可资发动的基本力量——新军与新式知识分子,清末预备立宪期间关于民权思想的公开宣传与历次国会请愿运动的实践为中华民国的创建提供了条件。② 而改革科举,便是"新政"的一个重要方面。

早在戊戌变法时,康有为在光绪二十四年(1898年)四月上光绪皇帝《请废八股试帖楷法试士改用策论折》中便提出废止八股改试策论,而改革后的策论,要求"明中通外",范围包括了外国,即西学方面的内容。当时人便说:"古之策论,不外中国得失,而今则试以五洲得失。且不外中国学问,而今则试以五洲学问。"③五月十六日,张之洞奏《妥议科举新章折》。六月初一,礼部颁布了《遵义乡会试详细章程》,规定:"第一场论题五道,试中国史事,本朝政治。……第二场策题五道,凡西学中天文、地理、学校、财赋、兵制、商务、公法、刑律,以及格致、制造、声光、化电等类,听考官酌举命题,不必拘定经济科专门之例。"④于是,书商闻风而动,纷纷编纂出版相关备考书籍。例如,该年七月杭城衢樽便出版了《历代史学中外时务论》、上海出版了《时务新策》,八月上海书局出版了《洋务经济策论类编》等。

---

① 刘海峰:《梁启超·伏尔泰·辛亥革命》,《华人之声》1985年第33期。
② 郭世佑:《辛亥革命与清末"新政"的内在联系及其他》,《学术研究》2002年第9期。
③ 《时务论策法程》(广东张宗师岁取),序第2页,双门底九经阁,1898年。
④ 王尚清编:《皇朝蓄艾文编》卷一五《学校》二。

然而，变法失败，废八股改试策论没有真正实施。到了光绪二十七年（1901年），经历过庚子事变而避居河南的慈禧太后及清朝政府，痛定思痛，感到非改革不可，于是将曾经否定过的戊戌变法中的各项改革措施又付诸实践。该年七月十六日（1901年8月29日），慈禧太后发布上谕，规定从次年开始乡、会试头场试中国政治史事论五篇，二场试各国政治艺学策五篇，三场试《四书》义二篇、《五经》义一篇；生童岁、科两考也要考中国政治史事及各国政治艺学策论，并试《四书》义、《五经》义各一篇。这是清政府推行"新政"的一项重要内容。当时颁布的礼部、政务处《会奏变通科举章程》中说："查各国政治，自以学校、财赋、商务、兵制、公法、刑律、天文、地理为大纲。……现奉新章，以此命题试策，士子讲求时务，肄习有素者，自可各抒底蕴。"①

1901年8月下诏改革科举后，乡试和会试第二场试各国政治艺学策五篇，1902年秋举行了科举革新后的第一次乡试，各省的乡试试题涉及政治、经济、法律、外交、教育、军事等许多方面，已经朝现代文官考试转化。清末最后几科科举考试内容已脱离了八股取士的格局，改为讲求经世致用。这些策问题目要求联系当时社会实际，为新政改革出谋划策。② 废止八股文、采用与社会实际有关的问题为考试题目，这是清末科举制度方面的重大变动。其改革的幅度之大，变动之剧烈，足以用"变革"称之。随后有的西方人士便认为这"毫无疑问是科举考试制度中的一次革命"，"大概可以说，此次改革实际上是非常完全的"。③ 这些改革规定在清末最后两科乡试与会试中都得到了遵守和体现。

科举具有巨大的以考促学功能。科举革新后，广大的读书人不得不改弦更张，准备改习新学，出版商以最快的速度编印出大量以新学为内容的应试资料，而且非常畅销。光绪二十七年（辛丑，1901年）八月初五，内阁钞出七月十六日关于变通科举的上谕。秋七月，上海书局便编纂出版了《中西时务新策汇编》。九月，湖南书商便选编出版了《精选新政应试必读六种》，内中各册标明"新学新政通考"，包括中国政治、中国史事、各国艺学策论等。当时还有许多在书名中标示出"新政"的应试备考的书籍，如光绪壬寅（1902年）暮春上海书局石印《江苏新政新科考卷》、光绪壬寅（1902年）夏上海书局石印本《新政

① 礼部、政务处：《会奏变通科举章程》，北京，礼部、政务处，1901，第4页。

② 宋方青：《科举革废与清末法政教育》，《厦门大学学报》（哲社版）2009年第5期。

③ C. H. Lacey Sites, C. H. L. "Chinese Civil Service Examinations," *the East of Asia Magazine*, Special Educational Number, June, 1904, pp. 62—72.

应试分类必备》,共 8 册;光绪壬寅(1902 年)京师新政学会印行《中外政治艺学策论》6 册。光绪癸卯(1903 年)仲春上海书局石印本《壬寅科变法直省闱艺》一书,扉页直接题为《壬寅直省新政闱墨》,收有 12 个直省癸卯科考试题目与部分范文。还有许多戊戌变法时编纂的中外策论书籍被重印出来,如 1902 年春,观澜书局便重印了 1898 年编好的《中外艺学新策》。

废八股改试策论,"恢奇特达之彦,咸奔走相告,谓我中国之经济学问,皆将以此起点",而且可以"昌文运、开民智"。^① 当时朝野都认识到科举考试内容的改变将迅速引导学问的转向。1901 年秋出版的《精选新政应试必读六种》序文中说:"朝廷锐意求贤,厌弃制艺之空疏庸滥而无用,于今海内儒林竞习经世之学,于是乎诏试策论而辅之以四书五经义。盖将使之有体有用,洞中而达外,博古而通今,得其才足以经国家平天下,非所谓去故而更新者耶! 独是承学之士,往往讲求新学。"^②此类备考书籍发行量往往很大,出版商也估计和期望举子人人购买。1902 年新印《新辑各国政治艺学策论》的编者便说举子"苟能家置一编,简练揣摩,临场默运自得,左右逢源"^③。"游遍五洲人"为《中西时务新策汇编》所作序文中也说:"吾知此书一出,定当户置一编,简练揣摩,以为投时利器,即有裨于士林,实非浅鲜。"^④可见科举新政一出,上行下效,有如影响,对西学起过重要的推广作用。

罗志田在研究清季科举改革的社会影响后指出:"科举考试内容的改变,其实已带有质变之意。从文化竞争的长远视角看,中国读书人主要思想资源从孔孟之道向新学的转变的影响所及,恐怕不亚于后来科举制的废除。如果从新政需要新式人才的角度考虑,考取之士既然以新学为重,当能应付政府暂时之急;而更广大的读书人阶层也势必随之修改他们的治学之路。不论是为了实行以澄清天下为己任的志向,还是为了做官光宗耀祖,甚至纯粹就是想改变个人和家庭的生活状况,只要想走仕进之路(以及获得与此相关的教职),任何士人都必须转向以西学为主流的新学。"^⑤还有学者认为,清末参加科考的数十万士子在"问策"导向下所作"应策",呈现出知识阶层一般的思想状况。改试策论除为西学大开方便之门,也摧毁着中国传统的知识架构,策问资料于晚清西学不仅是重要的"呈现物",在知识的传播及知识的"再生产"上,也另有

① 林迪臣:《四书五经义策论初编》,文汇书局 1901 年版,序第 1 页。
② 顾厚琨鉴定:《精选新政应试必读六种》,中西译书会 1901 年版,邹福保序第 1 页。
③ 益生:《新辑各国政治艺学策论》,上海书局 1902 年版,序第 1 页。
④ 游遍五洲人:《中西时务新策汇编》,上海书局 1902 年版,序第 1 页。
⑤ 罗志田:《清季科举制改革的社会影响》,《中国社会科学》1998 年第 4 期。

一功。①

　　我们试以最后两科湖北乡试第二场的试题和部分举人的答卷为例，来具体分析科举改革对推广新学的作用。壬寅科（1902 年）湖北乡试首场试题中有："富强基于兴学，应比较中西学派性情风尚之异同，参互损益，以定教育之宗旨论。"次年（1903 年）正月典试使者宝熙、沈曾桐鉴定出版的《湖北闱墨》中，此题下收有 8 位举人的试卷。另外一论题为："强国之道，财政为先。试取泰西理财之法，参以中国情势，通盘筹画，分别其缓急利病之宜以浚利源而裨国计论。"此题下也收有 6 名举人的答卷，多数都说得头头是道。以上两道是关于教育和财政的论题。

　　壬寅科湖北乡试第二场有五道策问题，分别为：各种政体利弊、日本新政及其借镜、限制洋教、算术几何、东西方政艺之书翻译问题。特别值得注意的是第一道策问题目："俄主专制，英主立宪，美主共和，政策之宗旨不同，国民之感动顿异，试抉其利病得失之数策。"②这在当时是一个很大胆的策题，因为直接请举子比较论述专制、立宪、共和三种政体的利弊得失，作为还在实行帝制专制而试图准备探索立宪体制的政府，此题有相当的现实性，但也十分敏感。《湖北闱墨》在此题下收有 6 位举人的试卷，其中第四名举人张国溶的答卷中就指出："俄不能变专制之权，英不能紊立宪之权，美不能废共和之权者，势也。专制行而君重，共和行而民重，立宪行而君民皆重。"③也就是说，专制与立宪各有好处，但立宪体制兼有两者的好处。第五名陈曾矩的答卷最长，也是力主立宪，但也指出："有谓天下者，以众人之盟约而成，此法人卢梭之说，而无君党之原理也；有谓民者本主治之人，而仍自居于被治之地，此今日代议民主政也；有谓君之与民，皆为宪法之所管制，此今日立宪君主政也。"④

　　而后来与辛亥革命关系至为密切的汤化龙，在该科湖北乡试中第十四名举人，他在此题的答卷中指出："若英则南非一战，弩末而已。……故于俄英美三国之政策，择善而从，可也。"⑤他认为专制、立宪、共和三种政体各有得失，自己没有提出明确主张，这在准备立宪的时代背景中，是颇为特别的。汤化龙后来于 1904 年的甲辰科中了中国科举史上的最后一榜进士，1906 年东渡日

　　①　章清：《"策问"与科举体制下对"西学"的接引——以〈中外策问大观〉为中心》，《中央研究院近代史研究集刊》2007 年，第 58 辑。
　　②　《壬寅科变法直省闱艺（壬寅直省新政闱墨）》，上海书局 1903 年版，总目录第 1—8 页。
　　③　宝熙、沈曾桐鉴定：《湖北闱墨》1903 年，第 44 页。
　　④　宝熙、沈曾桐鉴定：《湖北闱墨》1903 年，第 46 页。
　　⑤　宝熙、沈曾桐鉴定：《湖北闱墨》1903 年，第 47 页。

本入法政大学学习。他组织能力强,且文笔雄健,在日本与鄂籍同学自办留学生教育会及《教育杂志》,倡导中国教育改革。1908 年回国,1909 年当选为湖北省咨议局副议长,复被举为议长。1910 年赴北京参加各省咨议局联合会第一次会议,被推为会议主席。1911 年 10 月武昌起义后,即时应变,参与组织湖北军政府,并通电敦促各省咨议局响应革命(一说通电系革命党人借其名所发)。他曾于 1914 年担任过教育总长兼学术委员长。汤化龙是一位直接参与辛亥革命的进士,也是一位与清末民初中国教育有过密切关系的著名人物。辛亥革命会首先在武昌发生,汤化龙会成为与革命关系密切的人物,不能说与科举革新开启民智没有一点关系。

1903 年,各省都举行了中国 1300 年科举史上最后一科乡试,即癸卯科乡试。该科湖北乡试第二场有一道关于教育的策试题:"泰西小学教育之旨,斯巴达雅典,宽严异尚,教育名家,或主家庭教育,或主学校教育,或主体育、智育、德育诸义。孰得孰失,宜融会贯通,折中至当,以端蒙养之基策。"[1]另一道是关于法律的策问题:"日本自改修刑律后,收回治外法权。近朝廷以交涉日繁,酌定通律,如矿律、路律、教律,实为今日之急务。亟应参考中外章程,分撮旨要,以备采择策。"[2]其他三道是关于水师、印花税、史地方面的策问。

从以上这些试题和当时举子的试卷可以看出,改革后的科举与传统的科举已经大不一样,可以说是发生了亘古未有的改变。如果对西学不熟悉,根本就不可能考好。而由于科举具有非常强大的以考促学的功用,通过考试内容的变化引导,士人的学习中心迅速从传统的中学转移到中西并重,特别是对西方政治、经济、法律、教育知识的引进和推广,起到了十分关键的推动作用。延续上千年的科举制,在其生命的最后时刻,为普及新学(西学)起到了重要的作用,对辛亥革命的发生作了思想启蒙和文化铺垫。虽然科举尚未完成其转型便被迫退出历史舞台,但清末科举革新具有重大的历史意义,为 1300 年中国科举史留下了一个亮丽的结尾。

二、废止科举对辛亥革命的影响

如果说清末科举革新为辛亥革命作了思想启蒙和文化准备的话,那么,废

---

① 《评选直省闱艺大全》,上海书局 1905 年,目录第 10 页。
② 《癸卯直墨采真》,焕文书局 1904 年版,目录第 7 页。

止科举则使传统社会失去了制度支柱,促进了辛亥革命的发生。

废止科举是中国历史上的重大事件,废科举后才四个月(1906年1月),洞悉社会进化和世事变迁的严复在环球中国学生会上的演说中,谈到废科举的重大影响无法估量时便说:"不佞尝谓此事乃吾国数千年中莫大之举动,言其重要,直无异古者之废封建、开阡陌。造因如此,结果如何,非吾党浅学微识者所敢妄道。"①当时严复对废科举的后果很难准确判断,但他已预感到中国将会发生非常重大的变化。结果6年后国家体制果真便出现了翻天覆地的变动,不仅满族统治被推翻,而且实行了数千年之久的帝制走向终结。

科举制废止后,长期在华的传教士林乐知也在《万国公报》发表评论说:"停废科举一事,直取汉唐以后腐败全国之根株,而一朝断绝之,其影响之大,于将来中国前途当有可惊可骇之奇效。"②林乐知是从废科举的积极方面去预见其深远影响的,随后不久他便于1907年5月去世。中国社会在废科举后确实发生了可惊的变化,出现了快速的发展,但林乐知大概也没有预料到废科举带来传统社会礼崩乐坏、秩序瓦解,不久后就发生了辛亥革命,确实相当"可骇"。

到明清两代,科举制进入成熟阶段,更为稳固和连续,开科成了几乎是雷打不动的社会大事。即使遭遇战乱和大灾等不可预测的事件,也要易地开科或次年补行。例如1900年发生庚子之变,无法正常举行科举考试,但就是在慈禧太后和光绪皇帝出逃在河南的情况下,1901年12月还下令次年要补行辛丑(1901年)恩科和壬寅(1902年)正科乡、会试。因此有人曾感叹道:"在如此仓黄播越之中,而对下年之乡、会试,尚复兢兢注意,足见当时视取士之典尚为郑重。"③因此有的学者认为科举是中国古代社会最为特殊的方面。④ 科举制的稳定性和规律性是如此之强,周而复始贯串各朝,有点类似于日月和季节变化的自然现象。南宋建炎元年(1127年)高宗开科取士诏便说:"国家设科取人,制爵待士,岁月等阴阳之信,法令如金石之坚。"⑤所谓"岁月等阴阳之信",就是说开科的时间非常固定,其准信等同于自然界白天黑夜的变化。这么一个具有高度稳定性和权威性的国家抡才大典一旦废止,造成的社会和文

①　严复:《论教育与国家之关系》,《东方杂志》1906年第2卷第3期。

②　林乐知:《中国教育之前途》,《万国公报》第39本,总24014页。

③　吴永:《庚子西狩丛谈》,岳麓书社1985年版,第122页。

④　Waltner, A. "Building on the Ladder of Success: The Ladder of Success in Imperial China and Recent Work on Social Mobility," in *Ming Studies*, 17th, Fall, 1983, p. 30.

⑤　马端临:《文献通考》卷三二《选举》年。

化地震当时看虽然不很强烈,但其影响却是深远和巨大的。

从 1898 年戊戌变法改革科举,到 1905 年 9 月科举制的废止,科举制的革废方案屡经反复,原计划在 1911 年废科举的规划提前到 1905 年实施。光绪三十一年八月初四日(1905 年 9 月 2 日),清廷颁布上谕:"方今时局多艰,储才为急,朝廷以提倡科学为急务,屡降明谕,饬令各督抚广设学堂,将俾全国之人咸趋实学,以备任使,用意至为深厚。前因管学大臣等议奏,当准将乡会试分三科递减。兹据该督等奏称,科举不停,民间相率观望,推广学堂必先停科举等语,所陈不为无见。著即自丙午科为始,所有乡、会试一律停止,各省岁科考试亦即停止。其以前之举、贡、生员分别量予出路,及其余各条,均著照所请办理。"①丙午科是原定于光绪三十二年举行的科举乡试,这一上谕的发布标志着科举时代的终结,也预示着君主制度的覆亡。

近年来,海内外有不少学者已谈到科举废止与辛亥革命的关系。美国学者吉尔伯特·罗兹曼在其主编的《中国的现代化》一书中指出:科举制在中国传统社会结构中居于中心的地位,是维系儒家意识形态和儒家价值体系的正统地位的根本手段。科举制在 1905 年废止,从而使这一年成为新旧中国的分水岭;它标志着一个时代的结束和另一个时代的开始,其划时代的重要性甚至超过辛亥革命;就其现实的和象征性的意义而言,科举革废代表着中国已与过去一刀两断,这种转折大致相当于 1861 年沙俄废奴和 1868 年日本明治维新后不久的废藩。②

萧公秦认为:"在科举废除之后,清末民初的都市中与各省充满了大批因无法就业而对前途深感失望的青年知识分子。这些处于游离状态的人们,由于社会地位的不稳定,前途的渺茫与心理失落感,就以异乎寻常的速度,急剧地涌入政治领域。纷纷竞奔官场,以争取权力、地位与财富资源,成为新政时期与民国初年的'政治参与膨胀'的巨大力量。另一方面,革命的情绪也最容易在这一富有理想而又在现实生活中备感绝望的处于'游离态'的青年知识分子中发展起来。""科举制度取消所产生的第二方面后果是,群体性的社会心理挫折不断聚结为反体制的力量。……正是这些在新政改革中产生的社会势力和青年团体,成为这场变革运动的主要掘墓人。"③

　　① 《光绪政要》卷三一,《袁世凯、赵尔巽、张之洞等:会奏立停科举以广学校折暨上谕立停科举以广学校》。

　　② [美]罗兹曼:《中国的现代化》(中译本),江苏人民出版社 1988 年版,第 335、635 页。

　　③ 萧公秦:《从科举制度的废除看近代以来的文化断裂》,《战略与管理》1996 年第 4 期。

有不少学者认为科举制是"帝制时代中国最为重要的一项政治及社会制度"①。余英时《试说科举在中国史上的功能与意义》一文指出："科举不是一个单纯的考试制度,它一直在发挥着无形的统合功能……科举是传统政治、社会、文化整体结构中的一个部分,甚至可以说是核心部分。所以光绪三十一年(1905)科举废止后,持续了两千年的帝国体制也随即全面崩解了。"②此外,罗志田《清季科举制改革的社会影响》(《中国社会科学》1998 年 4 期)和《近代中国社会权势的转移:知识分子的边缘化与边缘知识分子的兴起》(《开放时代》1999 年 4 期),杨天宏《科举制度的革废与近代军阀政治的兴衰》(《学人》第十五辑,2000 年 4 月)等等,也都论述过废科举导致知识分子从社会政治中心退居边缘,对政府的向心力大大降低,部分人走向行伍,直接间接地对辛亥革命的发生起到影响。

科举废止与辛亥革命表面看是中国近代历史上互不关联的两个重大历史事件,但实际上却存在着复杂而重要的联系。过去,科举年复一年地举行,士子年复一年地应考,周而复始,形成一种规律性的周期变化,人们都习以为常。一旦科举真的废弃,具有强大惯性的运行机制戛然而止,读书人一时很难适应,失落感和幻灭感是非常强烈的。清代科举一度为一百多万人提供了一种生活方式,一旦这种赖以生存的生活方式遭到颠覆,必将使这些人陷入困惑、彷徨和幻灭之中。由于经过一个阶段的舆论准备,到 1905 年真正废止科举时,整个社会表面上十分平和,没有激起什么反弹。掌握报刊等传播媒体的都是新学人士,人们听到的自然都是赞成的声音。而一批士人对废科举感到绝望、"心若死灰"的情形,后人只有从个别士人流传下来的日记中才能窥见一二。③ 即使是主张废科举的人士,到后来才发现科举制的废止,等于将维系传统社会秩序和支撑官僚系统以及促使儒家文化传承的制度根基突然铲除,它所带来的社会震荡、政治混乱和文化断裂等后果,远远超过清末士人的估计和想象。④ 为此,一贯主张中体西用的张之洞在 1905 年后曾对废科举的后果感到某种程度的惊恐,表现出某些懊悔与惋惜的心情,⑤并极力想创办存古学堂

①　李弘祺:《宋代官学教育与科举》,台北联经出版事业公司 1994 年版,第 14、160 页。
②　余英时:《试说科举在中国史上的功能与意义》,《二十一世纪》2005 年 6 月号。
③　刘大鹏:《退想斋日记》,山西人民出版社 1990 年版,第 146—147 页。
④　刘海峰:《科举制百年祭》,《北京大学教育评论》2005 年第 4 期。
⑤　Ayers,W. *Chang Chih-tung and Educational Reform in China*. Cambridge,Massachusetts:Harvard University Press,1971,244-245.

来保存旧学。而袁世凯后来则在其复辟期间一度恢复过科举制度[①],但都无法挽狂澜于既倒。

总之,废止科举动摇和颠覆了传统社会的制度支柱,这是导致辛亥革命发生、帝制被迅速推翻的重要原因之一。这方面前人已有不少论述,本文不再展开,但两者之间关系确实还值得深入研究。光绪二十九年(1903),张之洞和袁世凯上《请递减科举折》,从下届丙午科起,每科递减中额三分之一,待最后一科中额减尽以后,即停止乡会试。可以设想,如果科举真按原来缓废的计划到1911年才停废,而不是提前到1905年便立停,那么中国推翻帝制的革命肯定在辛亥(1911年)之后才发生,就不叫"辛亥革命"了。

---

① 张守常:《袁世凯称帝与"洪宪科举"》,《北京档案史料》1995年第2期。

蔡元培与民初教育改革

田正平*

摘 要:甲午战后十几年间国内外的特殊经历,使蔡元培成为一名信仰坚定的资产阶级民主革命家和站在世界学术前沿、对新旧教育、中西文化有深刻体悟的教育家,理所当然地成为中华民国的首任教育总长。在封建专制制度被推翻、民主共和制度第一次在古老的中华大地上建立的社会大转型时期,蔡元培为适应政体转变、清除封建余毒、确立民国教育宗旨和发展各级各类教育而采取的种种举措,既考虑到民初社会的现实环境,又着眼于国家民族的未来发展,大局在胸、高瞻远瞩,为民国教育发展奠定了基础。在蔡元培"公忠体国"道德风范和"能者在职"用人原则的影响下,教育部吸纳了一大批以归国留学生为主体的思想新、有学识、朝气蓬勃的热心教育人士,形成了民主、高效、廉洁的办事作风,这是民初教育改革取得重大成效的制度保障。

关键词:蔡元培;民国初年;教育改革

1912年1月3日,蔡元培被任命为中华民国首任教育总长,至3月22日蔡在教育部召开全体人员会议,宣布新政府不久将在北京成立,南京临时政府教育部暂时解散,以待交替,在任70天。[①]3月29日,蔡元培被唐绍仪内阁再次推举为教育总长,至7月14日袁世凯令准辞去总长一职,在任107天。两次在任不足半年,而第一次任内还受派作为专使北上迎袁,前后1个月。作为民国首任教育总长,蔡元培实际主持部务不足150天。从1912年1月至1928年6月的16年间,先后有27人(暂代除外)近40次出任教育总长一职,在这些为数众多的教育总长中,何以蔡元培被尊奉为民国教育的奠基者?蔡在短短5个月内的所作所为影响中国近代教育的发展至深且远,原因何在?

---

* 作者简介:田正平,浙江大学教育学院教授。本文曾刊于《高等教育研究》2011年第7期。

① 高平叔撰著:《蔡元培年谱长编》(第一卷),人民教育出版社1998年版,第423页。

在纪念辛亥革命一百周年的日子里,这一历史课题仍然有着巨大的吸引力。

一、坚定的政治信念与中西兼容的学理体悟

与清末民初众多的有志于改造封建教育、建立近代新式教育的志士仁人相比,蔡元培首先是一位投身于推翻封建专制统治的民主革命家;与同一时期众多的民主革命志士相比,蔡元培又是一位对传统教育和近代新式教育有着深刻体悟的教育家,这种一身而二任的特殊经历,是在辛亥革命前的十几年间完成的,可以说,特殊的经历是蔡元培得以成为民国首任教育总长的重要条件。

早在 1895 年 4 月,《马关条约》即将签订的消息传来,被授为翰林院编修不久的蔡元培深受刺激,他在日记中写道:"聚铁铸错,一至于此,可为痛哭流涕长太息者也!"①深重的民族灾难使他从传统封建仕途觉醒,再也无法埋首于考据、辞章的旧学之中。翻检这一时期的日记,他大量阅读购置介绍域外情况的各种书籍报刊,努力了解世界事物。从《朔方备乘》《游历日本图经》《游历古巴图经》《海国图志》《瀛环志略》《环游地球新录》《西学书目表》等国人编著的社会科学书籍,到《电学源流》《电学纲目》《电学问答》《化学启蒙初阶》《光学量光力器图说》《几何原本》等译自西方的自然科学书籍,他如饥似渴地吸纳着新知,迅速地改变着自己的知识结构和对国情、对世界情势的认知图景。1898 年秋,亲眼目睹维新运动由轰轰烈烈而终至失败的蔡元培,已对清政府的所谓改革完全失望:"孑民是时持论,谓康党失败,由于不先培养革新之人才,而欲以少数人代取政权,排斥顽旧,不能不情见势绌。此后北京政府,无可希望。故抛弃京职,而愿委身于教育云。"②回到家乡后,蔡一方面投身新式教育机构的创办,实现他"培养革新人才"的初衷,另一方面,则是积极联络同志、组织队伍,为推翻封建专制统治积蓄力量、制造舆论。1898 年 12月,蔡元培受聘担任绍兴府中西学堂总理,这是他投身新式教育之始。在前后近两年的办学实践中,他手订学堂规章,编印《切音课本》,创办学堂图书室,多次赴杭州聘请中、外教员,托人在东京为学校购买理化仪器、标本。作为浙江地区最早的新式学堂之一,绍兴府中西学堂办得有声有色,对青年学子产生很

①　中国蔡元培研究会编:《蔡元培全集》(第十五卷),浙江教育出版社 1998 年版,第 59 页。
②　中国蔡元培研究会编:《蔡元培全集》(第三卷),浙江教育出版社 1997 年版,第 659 页。

大影响。曾经在该学堂就读的蒋梦麟回忆说:"我在中西学堂里首先学到的一件不可思议的事是地圆学说。我一向认为地球是平的。后来先生又告诉我,闪电是阴电和阳电撞击的结果,并不是电神的镜子里发出来的闪光;雷的成因也相同,并非雷神击鼓所生。这简直使我目瞪口呆。……过去为我们所崇拜的神佛,像是烈日照射下的雪人,一个接着一个融化。"①与此同时,蔡元培应嵊县、诸暨官绅之聘兼任二戴书院、剡山书院和翊志书院院长,拟订《剡山二戴两书院学约》,积极参与绍兴地区旧式书院和私塾的改造工作,日记中留下大量记载:"宋家楼书塾开学,随六叔父及从弟宝顾、兄子学琦往","斗门辨志义塾开学,与朗轩、古琴前往","容山养蒙书塾开学,往"。②这一时期蔡元培还先后草拟《绍兴推广学堂议》《浙江筹办学堂节略》,为绍兴地区和浙江省新式堂的创办筹谋规划。

　　1901年5月,蔡元培来到上海。这是一个比绍兴、浙江更为广阔的组织革命力量、培育新式人才的舞台。1901年9月,南洋公学特班开学,蔡元培受聘为总教习。在特班,蔡元培融合书院与学校之长,"指导之法,稍参书院方式,学生每人写札记,由教员阅批";"课程重西学……养成新式从政人才"。③曾在特班学习的黄炎培很好地概括了乃师此时活动的特点:"斯时吾师之教人,其主旨何在乎? 盖在启发青年求知欲,使广其吸收,由小己观念进之于国家,而拓之为世界。又以邦本在民,而民犹蒙昧,使青年善自培其开发群众之才,一人自觉,而觉及人人。其所昭示,千言万法,一归之爱国。"④1902年4月,中国教育会在上海成立,蔡元培被推举为首任事务长,以后又多次连任。中国教育会是20世纪初国内很有影响的知识分子革命团体,它"表面办理教育,暗中鼓吹革命"⑤。其创办"以教育中国男女青年,开发其智识,而增进其国家观念,以为他日恢复国权之基础为目的"。初设教育、出版、实业三部,后增设军事教育部。⑥1902年9月,爱国女学成立,11月26日,爱国学社举行开学仪式。蔡元培参与了这两所学校的创办并任爱国女学总理。爱国女学"以教育女子增进其普通知识、激发其权利义务之观念为宗旨"。而爱国学社以"重精神教育,重军事教育,而所授各科。皆为锻炼精神激发志气之助"为

①　蒋梦麟:《西潮》,台北致良出版社1990年版,第64页。

②　中国蔡元培研究会编:《蔡元培全集》(第十五卷),浙江教育出版社1998年版,第317页。

③　中国蔡元培研究会编:《蔡元培全集》(第八卷),浙江教育出版社1997年版,第321、320页。

④　黄炎培:《敬悼吾师蔡孑民先生》,《大公报》(重庆),1940年3月23日。

⑤　蒋维乔:《中国教育会之回忆》,《东方杂志》1936年第33卷第1号。

⑥　蒋维乔:《中国教育会之回忆》,《东方杂志》1936年第33卷第1号。

宗旨。① 在爱国女学，蔡元培"不取贤妻良母主义，乃欲造成虚无党一派之女子"；在爱国学社，他"公言革命无所忌……断发短装与诸社员同练步伐"。此时的蔡元培"已决意参加革命工作。觉得革命只有两途：一是暴动，一是暗杀。在爱国学社中竭力助成军事训练，算是下暴动的种子。又以暗杀于女子更为相宜，于爱国女学，预备下暗杀的种子"②。至 1907 年赴德留学前，蔡元培在上海参加的教育活动还包括起草《师范学会章程》，参与筹办绍兴公学，担任绍兴学务公所总经理、青年学社总教习；兼任商务印书馆编译所所长，手订国文、历史、地理三种教科书之编辑体例，参加《最新修身教科书》编订工作；促成上海震旦学院的创办，等等。先后编译出版《学堂教科论》、《哲学要领》、《妖怪学讲义·总论》等。在繁忙的工作之余，他学习日文、拉丁文、德文；结合办学实践购置、研读大量教育学、心理学、哲学书籍，日记中的有关记载随处可见："普通学书室购书：《化学定性分析》、《和文论理学》、《白话丛书》、《保全生命》、《千百年眼》。(1901 年 7 月 29 日)"；"(托)叔蕴代购和文书：《教育学书解说》二册，《小学教学法要义》一册、《宗教新论》一册、《新式教授学》一册、《实用教育学》一册、《族制进代论》一册、《教授法讲义》二册、《宗教进化论》一册。(1901 年 11 月 21 日)"；"州髓借书：《论理学》、《代议政体》、《进化新论》、《社会学》。(1903 年 2 月 6 日)"。③ 值得注意的是，这一时期的蔡元培在努力研读日本和西方教育论著的同时，对中国教育史上一些教育家及其教育主张也给予重新评价和诠释。他在 1901 年 6 月 16 日的日记中写道："阅颜氏(指颜元——引者)学记，力矫宋明诸儒明心见性之谈、著书传道之习，而以躬行用世为的，可谓佼佼铮铮者矣。其释格物为学三物，即以此为学程，证之以四教三事六府，盖即今所谓普通学者也。由是而推暨之于兵农礼乐为专门学，则偏重政治学，于哲学则未遑及也。今表其学科如左(后)：六德——心理学；六行——伦理学；六艺——礼，法学；乐，美术；射、兵、御、体操；书、农，名学；数，算术。"在同月 18 日的日记中又大量摘录颜氏的重要观点，并写下"吾国儒者则只知举业耳，于物竞之道何如也"的学习体会。④ 也许，正是这种对中国传统文化和教育的明辨择善，使他在执掌邦教之后，能明确宣布"旧学自应保全。惟经学不

---

① 高平叔撰著：《蔡元培年谱长编》(第一卷)，人民教育出版社 1998 年版，第 244、247 页。
② 中国蔡元培研究会编：《蔡元培全集》(第八卷)，浙江教育出版社 1997 年版，第 507 页。
③ 中国蔡元培研究会编：《蔡元培全集》(第十五卷)，浙江教育出版社 1998 年版，第 354、370、389 页。
④ 中国蔡元培研究会编：《蔡元培全集》(第十五卷)，浙江教育出版社 1998 年版，第 347、348 页。

另立为一科"①的政见。

在创办学堂、研习教育理论和广泛参与各种教育改革活动的同时,蔡元培以极大的热情投身推翻清廷、抵御列强的各种活动。1903年12月,联络同志,组织对俄同志会,创办《俄事警闻》(后改名《警钟日报》)。1904年秋,参加军国民教育会组织的暗杀团,秘密试制炸弹。1904年12月,组织光复会,被推为会长。1905年10月加入中国同盟会,并受孙中山委托,担任同盟会上海分会会长。可以说,在思考中国前途和从事培育人才的双重探索和实践中蔡元培度过了从甲午至丙午的整整12年。就个人而言,12年间,蔡元培实现了两大转变:一是由传统士人向资产阶级民主革命志士的转变;二是由私塾先生向具有现代教育理念的新型知识分子的转变。推翻封建专制统治已成为他坚定不移的政治目标,而"委身教育"则成为他矢志不渝的人生追求。二者在实践中又如此紧密地结合在一起。从绍兴到上海,活动空间的转移不仅带来了交往范围的扩大、学术视野的开阔,也为蔡元培获得革命元勋和教育大家的双重声誉奠定了人脉、积累了学术资本。

但是,蔡元培并未就此止步。根据自己对中国传统文化教育的深刻领悟,他已不满足于通过译本和凭借初步阅读能力从日文报刊书籍中获得的有关知识,他等待着时机,希望能走出国门获得对西方文化教育的亲身感受。这样的机会终于到了。1906年6月,蔡元培得知清学部有派翰林院编修、检讨出洋留学的消息,遂积极活动、多方打听。他在致汪康年的信中写道:"弟此次进京销假,本为最不安之事,徒以游学德意志之志,抱之数年,竟不得一机会。忽见报载学部有资送翰林游学东西洋之举,不能不为之心动。……弟数年来,视百事皆无当意,惟此游学一事耳。"②那么,为什么"游学德意志之志抱之数年"呢? 在《为自费游学德国请学部给予咨文呈》中,蔡解释了其中的原因:"窃职素有志教育之学,以我国现行教育之制,多仿日本。而日本教育界盛行者,为德国海尔伯脱派(赫尔巴特——引者)。且幼稚园创于德人弗罗比尔(福禄贝尔——引者)。而强迫教育之制,亦以德国行之最先。现今德国就学儿童之数,每人口千人中,占百六十一人。欧、美各国,无能媲者。……职现拟自措资费,前往德国,专修文科之学,并研究教育原理,乃彼国现行教育之状况。至少以五年为期。冀归国后,或能效壤流之助于教育界。"③从呈文中可以看出,蔡

①　中国蔡元培研究会编:《蔡元培全集》(第二卷),浙江教育出版社1997年版,第43页。

②　《汪康年师友书札》(第三卷),上海古籍出版社1987年版,第2948页。

③　中国蔡元培研究会编:《蔡元培全集》(第一卷),浙江教育出版社1997年版,第452页。

之留学德国的宿愿,是出于对 20 世纪初世界教育发展潮流和大势的把握,是出于对中国现实教育改革需求的理解。他之所以决心要去德国留学,意在从源头上考察现代教育的真谛,为改革传统教育、建立现代教育寻求出路。

由于种种原因,蔡元培的赴德留学迟至 1907 年 6 月才成行,这一年他已 41 岁。留学经费全靠自己筹措,当家庭教师,为商务印书馆编书,用蔡元培的话讲是过着"半佣半丐之生涯"①。尽管如此困顿,他却以苦为甘。7 月 11 日到达柏林,第一年主要在柏林学习德语。从第二年起,入莱比锡大学听讲。在 3 年多的时间里,选修了近 40 门课程,而重点是哲学及哲学史、实验心理学、文明史、美术史、德国文化史等,特别是冯特和兰普来西的课,几乎每学期都选。他曾在一封致友人的信中谈及自己留德期间虚心体察、上下求索的学习情景:"来此已逾三年。拾取零星知识,如于满屋散钱中,暗摸其一二,而无从联贯;又或拾得他人弃掷之钱串,而曾不名一钱;欲摸索一二相当之钱以串之,而顾东失西,都无着落。惟终日手忙脚乱,常若债负,与日俱增,而不知所届。"②听课之余,蔡元培"暑假中常出去旅行",音乐厅、植物园、歌剧院、美术馆、博物馆、中小学校园,"于环境上又常受音乐、美术的熏习"。③ 4 年的留德生活,蔡元培寝馈哲理,广稽博采,融贯新知,探本穷源;他的目标,似乎不在于成为某一方面的专家,而是力图从广阔的视野和更深的层次理解和把握西方近代文明的源流。也许正是留德期间这种超功利主义的学习态度和对哲学、美学、世界文明史的比较研究,提升或者说进一步形成了他恢宏的气度和宽厚平和的学术风格,使他能以平等的、不抱成见的态度对待包括教育理论在内的古今中外各种学说。从这个意义上讲,尽管留德期间没有具体地研习前面提及的赫尔巴特或福禄贝尔的教育学说,但是,这段留学经历使蔡元培得以站在了世界学术前沿,使他具备了远远超出同时代人的视野、学识和境界。这一时期先后编译出版的论著,如《伦理学原理》、《中国伦理学史》、《中学修身教科书》等,都体现了这种学术涵养的升华。

4 年留德生活,蔡元培一直保持着与国内革命同志的联系,这一时期的日记和函电,留下了这方面的大量材料。留德 4 年,对于蔡元培来讲,还有一个重要收获,那就是他得以建立了一个以留德、留欧学人为主体的人脉网络,如齐寿山、钱君轶、虞锡晋、贝寿同、顾兆熊、宾敏陔、马君武、夏浮筠、张谨、陶孟

---

① 中国蔡元培研究会编:《蔡元培全集》(第十卷),浙江教育出版社 1998 年版,第 93 页。
② 中国蔡元培研究会编:《蔡元培全集》(第十卷),浙江教育出版社 1998 年版,第 93 页。
③ 中国蔡元培研究会编:《蔡元培全集》(第十七卷),浙江教育出版社 1998 年版,第 457 页。

和、薛仙舟等,都与他过从甚密。其中的前五人归国后成为他组建民初教育部的重要成员,而另外一些则多成为他日后教育生涯中的同事和伙伴。

1911年10月13日,远在德国的蔡元培,"阅报,知革命军已克武昌、汉阳"[①];"为之喜而不寐。……一方面愧不能荷戈行间,稍尽义务;一方面以为大局旦夕可定,日盼好消息"[②]。在匆匆办好归国手续后,11月13日,蔡元培结束了留学生活,绕道西伯利亚回国,满怀激情与理想,投身于创建中华民国的伟大实践。

在中国从传统社会向近代社会历史性飞跃的重大转折关头,在封建教育向近代教育转型的历史潮流中,一位站在世界学术前沿、志向坚定、中西兼容、一身而二任的革命家、教育家,就成为时代的选择。

二、高瞻远瞩的改革举措

1912年1月1日,中华民国宣告成立,孙中山在南京宣誓就任临时大总统,发布《临时大总统就职宣言》和《告全国同胞书》。《宣言》指出:"临时政府,革命时代之政府也";它的任务是"尽扫专制之流毒,确定共和,以达革命之宗旨"。[③] 此后,陆续颁布了一系列改革政治、军事、经济和文化的政策法令,并制定了《中华民国临时约法》。夺得了政权的资产阶级革命先行者们以自己的实际行动表现出与封建专制主义决裂、建立一个资本主义新中国的高昂精神,为民初的教育改革营造了良好的社会氛围。

1月3日,蔡元培被任命为中华民国首任教育总长,1月9日,教育部正式成立。在此后短短6个月的任内,蔡元培高瞻远瞩、大刀阔斧地采取了诸多改革措施,这些举措,为民国教育发展奠定了基础。其荦荦大者有:

(一)在战乱中稳定、改革、发展教育

当蔡元培和他的同事们在南京碑亭巷借来的三间仄隘简陋的办公室里规划民国教育发展蓝图的时候,他们所面临的任务是繁重而艰巨的:当时正值战争时期,南北尚未统一,各地军队占据校舍和教育机关房屋者所在多有。京师

---

① 中国蔡元培研究会编:《蔡元培全集》(第十五卷),浙江教育出版社1998年版,第436页。
② 中国蔡元培研究会编:《蔡元培全集》(第十卷),浙江教育出版社1998年版,第102页。
③ 《临时政府公报》第1号年版。

大学堂师生星散,清华学堂已停课半年。即使是临时政府所在地的南京,也有几十所学校和江南图书馆不得不由陆军部派兵士予以保护。兵燹之外,教育经费的求告无门,更使各级学校如雪上加霜。清末由各省和中央派赴海外的留学生,因政体变更而骤断经费来源,函电交驰,嗷嗷待哺。因此,如何尽快恢复因战争而中断的各级各类学校的正常秩序和稳定全国大局,就成了民国教育部的当务之急。

1912年1月19日,南京临时政府教育部颁发《中华民国教育部普通教育暂行办法通令》,电文指出:"民国既立,清政府之学制有必须改革者,各省都督府或省议会鉴于学校之急当恢复,发临时学令,以便推行……惟是省自为令,不免互有异同,将将使全国统一之教育界俄焉分裂,至为可虑。"①《通令》除强调各地小学、中学、师范学校应尽快限期开学外,其重要内容还包括:(1)清末各项学堂均改称学校,监督、堂长一律改称校长;(2)初等小学可以男女同校;(3)各种教科书务合乎共和民国宗旨,清学部颁布之教科书,一律禁止使用;(4)小学读经科一律废止;(5)注重小学手工科;(6)高等小学以上,体操科应注重兵式;(7)初等小学算术科自第三学年始应兼课珠算;(8)中学不分文、实科;(9)中学及初级师范学校修业年限由五年改为四年;(10)清末各学堂奖励出身制度一律废止。与《普通教育暂行办法》同时颁发的《普通教育暂行课程标准》(11条),进一步具体规定了初等小学、高等小学、中学及师范学校的课程设置、各学年教授科目、每周教学时数及各级学校的暂行课程表。此后,教育部通电各省的类似文件还有:1月29日,通电各省都督府"社会教育亦为今日之急务,入手之方,亦先注重宣讲,即请贵府就本省情形,暂定临时宣讲标准,选辑资料,通令各州县实行宣讲,或兼备有益之活动影画,以为辅佐"②。3月2日,致电各省,在高等以上学校规程尚未颁布前,应照旧章办理,惟《大清会典》、《大清律例》、《皇朝掌故》、《国朝事实》及其他有碍民国精神科目,须一律废止;关于前清御批等书,一律禁止使用。3月5日,通告各省,速令高等学校、专门学校开学。3月14日,再次发出通告,凡已设立的优级师范、初级师范学校,应与高等学校、专门学校一并开学,同时中小学校也应从速筹办。5月8日,教育部要求各省归还教育财产。同月20日,咨行各省催解所欠留英、留日学生的学费。

蔡元培和他的同事们为稳定全国教育秩序所采取的措施是卓有成效的。

---

① 《临时政府公报》第4号年版。
② 《临时政府公报》第5号年版。

受战争影响而停课或关闭的学校得以迅速恢复,大批新学校纷纷建立。据统计,1912 年,全国学校数达 87272 所,学生数达 2933387 人,与 1909 年相比,学堂增加近 2.8 万所,在校人数增加近 130 万人。不仅如此,上述措施中所体现出的反封建的民主精神,如废止小学读经科、废除奖励出身制度,社会教育要注重宣讲共和国民之权利义务,"而尤注重于公民之道德"等等,事实上成为民国教育的基本原则而得以保留下来。

(二)为民国教育立一根本方针

适应政体转变是民初教育改革的最大历史功绩。辛亥革命后由蔡元培所领导的教育改革,从中国教育早期现代化的历史进程看,其最大的功绩是适应了中国社会由君主专制政体向民主共和政体转变的历史潮流。众所周知,教育宗旨反映着国家的意志,体现着统治阶级的根本利益。由于政体的变革,清政府所制定的"忠君、尊孔、尚公、尚武、尚实"的教育宗旨显然有悖于时代潮流,提出和颁布新的教育指导方针是关系到民国教育发展方向的全局性大事。1912 年 2 月,蔡元培发表著名的《对于新教育之意见》一文,提出专制时代的教育与共和时代的教育的最大不同,在于前者"教育家循政府之方针以标准教育,常为纯粹之隶属政治者";而后者"教育家得立于人民之地位以定标准,乃得有超轶政治之教育";他批评清末教育宗旨中的"忠君"、"尊孔"两项,"忠君与共和政体不合,尊孔与信仰自由相违"。①主张民国教育应以军国民教育、实利主义教育、公民道德教育、世界观教育、美感教育"五育"并举为方针,并对上述"五育"的内涵作了详尽的说明。蔡元培关于民国教育宗旨的意见,在教育界引起较强烈的反响。许多教育界、文化界人士纷纷著文与总长商榷、质疑,引发了一场关于教育价值取向问题的热烈讨论。同年 7 月,全国临时教育会议在北京举行,讨论通过了民国教育宗旨。9 月 2 日,教育部正式公布:"注重道德教育,以实利教育、军国民教育辅之,更以美感教育完成其道德。"②可以看出,除世界观教育未被采纳外,蔡元培的其余四项主张均得到反映。

由蔡元培主持制定的民国教育宗旨,是中国近代新式教育产生以来,由政府正式颁布的第二个教育宗旨。与清末教育宗旨相比较,虽然前后仅相差 6 年时间,但其内容却体现了巨大的历史进步。就形式方面而言,道德教育仍被放在第一位,但是,"尊君"、"尊孔"这两条最能体现封建道德教育以至整个传

① 中国蔡元培研究会编:《蔡元培全集》(第二卷),浙江教育出版社 1997 年版,第 9、16 页。
② 教育部总务厅文书科:《教育法规汇编》,1919 年。

统封建教育特征的核心内容被取消了。蔡元培所标揭的法国大革命时期的口号"自由、平等、博爱"被奉为新时期道德教育的圭臬。实利主义教育与军国民教育从表面上看似乎是从清末教育宗旨延续下来的，然而却被赋予了重视自然科学知识、发展资本主义经济、收复国土、抑制军阀割据的新的时代精神。美感教育的提出，尽管在当时受到冷落，但是，它的最终被列入教育宗旨，不仅体现了蔡元培个人的高瞻远瞩和理想化的个性特点，而且，反映了在封建专制政体被推翻后，个性的张扬、个人价值的受到重视已经被提到中国教育现代化的重要议事日程之上。这个宗旨的形成和颁布，标志着中国教育早期现代化历程中一个旧时代的结束和一个新时代的开启。它所提出的一些基本原则为民国教育的发展指明了方向。虽然在以后的历史进程中还会出现反复，但是，它所体现出来的强烈的反封建精神、发展经济的迫切愿望、重视实用知识的积极态度、突出个性发展的民主意识等，却被以后的历史一再证明代表了近代教育发展的正确方向。

蔡元培主持制定的民初教育宗旨明确宣布取消"忠君""尊孔"以及他对宗旨内容的深刻阐述，在中国近代教育发展史上第一次从指导思想上划清了近代新式教育与传统封建教育的界线。它的颁布和在实践中得以初步贯彻，至少有两方面的重大意义：第一，它使得"忠君""尊孔"这两条封建教育最本质的特点永远失去了神圣的光环。尽管封建专制主义的流毒和影响经过辛亥革命的涤荡远没有在中国的大地上彻底根除，尽管辛亥革命后不久形形色色的"孔教会"、"孔道会"、"孔社"又沉渣泛起，"尊孔教为国教"的呼声也曾甚嚣尘上；但是，以后的历史一再证明，在教育上扯起忠君的大旗、祭起尊孔的法宝，再也无法挽回封建教育的残局。"忠君与共和政体不合""尊孔与信仰自由相违"的民主观念从此深入人心并逐渐成为一种新的教育理念。第二，它使得中国教育界在思想上获得一次大解放，为教育理论、教育学说的繁荣提供了必要的条件。既然"忠君"与"尊孔"都被明确宣布取消，既然三纲五常等封建伦理道德将被"自由、平等、博爱"等资产阶级的新道德规范所取代，那么，一切从属于封建教育的旧思想、旧观念，以至于旧的教学内容、教学方法的受到全面怀疑、批判和一切新的教育学说、新的教育理论、新的教学内容、教学方法的受到欢迎就都是顺理成章的事情。虽然这种对封建教育的全面批判和对西方近代教育理论学说宣传介绍的新高潮是要到新文化运动以后才逐渐蔚为大观的，但是，其源头却是从辛亥革命，特别是从民初的教育改革开始的。

(三)教育决策民主化的最初尝试及主要成果

在探讨蔡元培对民初教育改革的巨大贡献时,全国临时教育会议的召开是一个重要的切入点。这个问题过去没有受到应有的重视,论者的理由是,临时教育会议召开之际蔡已多次提出辞职,甚至未能全程参加。其实,民初教育部于 1912 年 7 月 10 日—8 月 10 日在北京召开的全国临时教育会议,蔡元培自始至终给予了极大的关注,这是作为教育总长的蔡元培试图通过政府与民间交流的方式制定民国教育大政方针的重大努力,会议召开的本身及其成果对民国教育影响深远。从中国教育早期现代化的视角考察,可以说这是蔡元培提倡教育决策民主化的最初尝试。①

1912 年 5 月初,教育部即为全国临时教育会议的召开成立了专门筹备机构——临时教育会议事务所②;此后不久,通过媒介向社会各界通告将举行全国临时教育会议以讨论民国教育的消息;作为临时教育会议的参与主体,议员的推举是至为重要的一环,为此教育部精心制定了议员类别、资格等相关规定,力求体现广泛的代表性和民主原则,要求各行政区教育主管部门,做好议员推举等各项准备工作。③ 特别要指出的是,教育部还专门制订、公布了临时教育会议章程九条和议事规则七章四十五条,为临时教育会议的顺利进行提供了制度保证。

根据规定,各部门、各省区推选出来参加全国临时教育会议的议员总数为 94 人,各类议员的确定,程序上基本体现了民主的原则,资格上也符合相关规定的要求。这是一个代表性较为广泛、接受新教育程度较高、对世界各国教育有较多了解,而且,年龄结构也比较合理的议员队伍,基本上囊括了民国初年国内教育界的各类代表人物。据统计,民初行政区域划分为 22 个行省和内外蒙古、西藏、青海等地区。全部 22 个行省和蒙古均派出议员参会,只有西藏和青海 2 个地区未有议员参加。在总数 94 人的议员中,接受新式教育者至少有 78 人,比例为 83%。同时,有留学或赴外考察经历者甚多,这类议员至少为 60 人,占议员总数的 64%。具有丰富教育阅历的议员 79 人,占议员总数的 84%。议员平均年龄约 35.18 岁。④ 这样一支议员队伍为会议各项议案的科

---

①　田正平、于潇:《教育决策民主化的最初尝试》,《高等教育研究》2010 年第 1 期。

②　《时事新报》,1912 年 5 月 10 日。

③　《盛京时报》,1912 年 5 月 18 日。

④　田正平、于潇:《教育决策民主化的最初尝试》,《高等教育研究》2010 年第 1 期。

学性、代表性和会议的顺利进行,提供了组织上的保证。

经过两个月的精心准备,1912 年 7 月 10 日,全国临时教育会议在北京如期召开,蔡元培致词开宗明义指出会议的重大意义:"今日之临时教育会议,即中华民国成立以后第一次之中央教育会议。此次会议,关系甚为重大,因有此次会议,而将来之正式中央教育会议,即以此次会议为托始。且中国政体既然更新……此次教育会议,即是全国教育改革的起点。"①很明显,蔡元培之所以特别重视这次会议,是因为他把这次会议看作"全国教育改革的起点",他希望借助于政府与民间的对话、沟通、集思广益,为民国教育的发展奠定一个基础。在这次讲话中,蔡元培还就民国教育与专制时代教育的根本区别,个人与家庭、社会、国家、世界的关系,权利、义务与责任,关于民国教育方针,关于普通教育废止读经、大学废除经科,关于民国教育的取向以及中央与地方教育行政权力的划分等问题,发表了自己的看法。这些看法都成为大会讨论的重点。

蔡元培是 7 月 14 日获准辞职的。就在获准辞职的前一天上午,在临时教育会议举行的谈话会上,议员们坚请他以总长的名义提出一个有关教育方针的议案。下午,蔡元培与次长范源濂一起,主持了最后一次部务会议,决定由参事厅根据蔡关于教育方针的意见,以总长的名义起草一议案交临时教育会议。前文提及的 9 月 2 日公布的教育宗旨,即是临时教育会议对这一议案讨论通过后由教育部公布的。在这次会议上,次长范源濂表示:"暂时牺牲个人之自由,维持部事,以待后任。"②

事实上,虽然蔡元培未能全程参加会议,但是,由于蔡元培本人的巨大影响,由于他在全体与会议员中的崇高威望,也由于他的副手范源濂对他召开这次会议意图的高度认同和全力贯彻,全国临时教育会议开得圆满成功,不仅整个会议气氛民主、热烈、和谐,是教育决策民主化的一次有意义的尝试;而且,会议所通过的议案,大多转化为政府的教育法令文献,对实际的教育活动产生影响。据统计,会议收到提案共 92 件,其中的 76 件在以后的 4 年内先后形成相关教育法令、规程 79 件。而像《教育宗旨》、《学校管理规程》、《学校系统》、《小学校令》、《中学校令》、《师范教育令》、《专门学校令》、《大学令》等重要法令,均在 1912 年 10 月底前,即会议结束不到 2 个月就予以公布。教育宗旨颁布的重要意义及其影响我们在前面进行了分析;在《学校系统》基础上形成的

---

① 中国蔡元培研究会编:《蔡元培全集》(第二卷),浙江教育出版社 1997 年版,第 177 页。

② 蒋维乔:《退庵日记》手稿,载高平叔撰著:《蔡元培年谱长编》(第一卷),人民教育出版社 1998 年版,第 470 页。

《壬子癸丑学制》作为民国前期的主要学制一直延续使用到 1922 年；而《大学令》及其他关于各级各类学校的法令，也大多在 20 年代以后才作进一步的修改。蔡元培在全国教育临时会议开幕式上曾预言："此次议决事件，如果能件件实行，固为重要关系，即使间有不能实行者，将来亦必有影响。"[①]历史已经证明，由蔡元培主持召开，并由其继任者完成的全国临时教育会议，从组织形式的探索，到会议形成的议决案，都对民国时期的教育发展产生了长远影响。

除上述各项改革之外，短短的半年之内，在蔡元培主持下，还有诸多重大举措出台，为了"提倡成人教育、补习教育起见"，教育部增设社会教育司；"鉴于各省所办的高等学堂，程度不齐"，将其"改为大学预科，附属于大学"；制订全国大学发展计划，等等。[②]

综上所述，在封建专制统治被推翻、民主共和制度第一次在古老的中华大地上建立的社会大转型时期，蔡元培为结束战乱影响、统一全国教育、清除封建流毒、确立民国教育宗旨和发展各级各类教育而采取的种种举措，既考虑到民初现实的社会环境，又着眼于国家民族的未来发展，大局在胸、高瞻远瞩、深思熟虑，为民国教育发展奠定了基础。

三、"公忠体国"的道德风范

建立一个高效率的、吸纳各方面新式人才组成的教育部是摆在首任教育总长蔡元培面前的一项重要任务。蔡元培主张，办教育部，当与办社会事业一样，要"为事择人"，"能者在职"。蔡元培在半年的任期内能为民国教育作出那么多重要的贡献，这与他主持下民初教育部的人员构成和工作作风有极大关系，而影响人员构成与工作作风的核心，则是蔡的道德风范和人格魅力。

众所周知，民国初年派系纷争，政党林立。在这种情况下，如何能跳出政党、派系之争，"给教育立一个统一的智慧的百年大计"，是蔡元培首先考虑的问题。1912 年 4 月，蔡元培邀请范源濂担任教育部次长时有一段推心置腹的谈话，至今读来仍让人唏嘘不已。蔡元培说："现在是国家教育创制的开始，要撇开个人的偏见、党派的立场，给教育立一个统一的智慧的百年大计。国民党里并不是寻不出一个次长；我现在请先生作次长，也不是屈您作一个普通的事

---

① 中国蔡元培研究会编：《蔡元培全集》（第二卷），浙江教育出版社 1997 年版，第 177 页。

② 中国蔡元培研究会编：《蔡元培全集》（第八卷），浙江教育出版社 1997 年版，第 508 页。

务官。共和党随时可以组阁,您也可以随时出来掌邦教。与其到那时候您有
所变更,不如现在我们共同负责。教育是应当立在政潮外边的。我请出一位
异党的次长,在国民党里边并不是没有反对的意见;但是我为了公忠体国,使
教育部有全国代表性,是不管这种反对意见的。听说您们党里也有其他看法,
劝告您不要自低身份,给异党、给老蔡撑腰;可是,这不是为了国民党或我个人
撑腰,乃是为国家撑腰。我之敢于向您提出这个请求。是相信您会看重国家
的利益超过了党派的利益和个人的得失以上的。"①

　　如此肝胆相照,不仅使身为共和党党员的范源濂欣然应命,全身心地投入
教育部的工作;而且,如前所述,即使在蔡于 7 月 14 日获准辞职后,范仍表示
"暂时牺牲个人之自由,维持部事,以待后任",坚持把蔡元培倾心关注的全国
临时教育会议开好,获得圆满成功。多年后,范源濂回忆起民初的这段交往,
仍然十分动情:"蔡先生几次的这样说,他的真诚和热情,使我终于接受了他的
要求。这个决定曾经使不少更亲近的前辈朋友们责备误会,可是我回想起来
是没有什么后悔的。在我们的合作期间,部里的人都是知无不言,言无不尽,
讨论很多,却没有久悬不决的事。一经决定,立刻执行。所以期间很短,办的
事很多。"②而蔡元培自己也对民初在教育部与范的亲密无间的合作终生难
忘。1928 年 4 月,范源濂因病逝世,蔡赠送的挽联特意提及此事:"教育专家,
最忆十六年前同膺学务;科学先进,岂惟数百社友痛失斯人。"③所谓"最忆十
六年前同膺学务",指的就是他们在民初教育部的合作共事。

　　本着"为事择人"、"能者在职"的用人原则,蔡元培对清末学部的原有官
员、职员,只要是拥护民主共和政体、有能力且愿意为新政权教育建设服务者,
他都大胆使用。1912 年 5 月组建的教育部由一厅、三司和三位参事组成。作
为次长的范源濂不仅是一位共和党人,还曾是清末学部的参事官。除总长、次
长外教育部共计 73 人。其中,路孝植、柯兴昌、高步瀛、常福元、陈问咸、毛邦
伟、林棨、王章祜、伍崇学、白作霖等多人皆曾在学部任职,担任教育部首任专
门教育司司长的林棨,也曾是清末学部的参事官。最能说明蔡元培不拘一格、
"为事择人"原则的是他对王云五的赏识和重用。时年 24 岁的王云五没有受
过高等教育,因为曾做过几年教师,所以对教育颇有心得,出于对蔡元培的信
赖,就把自己平时关于教育的一些看法和意见写成建议书寄给了刚被任命为

---

　　①　高平叔撰著:《蔡元培年谱长编》(第一卷),人民教育出版社 1999 年版,第 433 页。
　　②　高平叔撰著:《蔡元培年谱长编》(第一卷),人民教育出版社 1998 年版,第 433 页。
　　③　中国蔡元培研究会编:《蔡元培全集》(第六卷),浙江教育出版社 1997 年版,第 187 页。

教育总长的蔡元培。"真想不到此一建议书，从上海邮寄到南京教育部以后，不过十日左右，我便在南京临时大总统府服务中接到由上海家里转来蔡先生的一封亲笔信，大意说对我所提供的意见认为极中肯，坚邀我来部'相助为理'。……是年三月……我奉派专门司第一科科长，前清学部员外郎路壬甫（孝植）为第二科科长，英国留学硕士杨焕之（曾浩）为第三科科长。……我在长官和同事间，资历最浅、年纪也最轻。"①一位素未谋面、没有受过高等教育的青年，仅凭一件建议书，就被委之为与学部员外郎、留学英国硕士同一级别的专门教育司科长之职。蔡的不拘一格"为事择人"，得到了积极的回应，王云五不负重托："我以一个初出茅庐，且从未进入大学之门的青年，总算应付得宜……在当时的教育部科长中，与普通教育司的许寿裳科长齐名。许先生是蔡先生的同乡后辈，我却是一个毫无关系的后进，同受蔡先生的拔擢，侧闻蔡先生常引以自慰。"②

　　当然，在组建教育部的过程中，蔡元培最关心、最着力的是努力网罗那些富于革新精神、有海外留学或考察经历、勇于任事、热心教育的青年学者。从教育部所属各司、科人事安排看，这种特色十分明显。据蔡元培讲，这70多位部员，"一半是我所提出的，大约留学欧美或日本的多一点；一半是范君静生所提出的，教育行政上有经验的多一点"③。现在收入《蔡元培全集》第二卷的许多电文说明，在组织教育部过程中，蔡元培吸纳归国留学生参加部务工作的意识非常明确：4月22日，致电范源濂、周树人（鲁迅）等："昨日国务院成立，教育部亟须组织，请即日北上，为盼。"上海《民立报》在发表这段电文时特加大字标题："教育部求贤若渴"。电文中提及的26人中，可考的有留学经历者即占半数以上。最能说明蔡元培急迫心情的是4月27日连发三电，分别到伍光建本人和夏曾佑、张元济二人。致电夏、张二位是请他们"转商"、"转恳"伍光建迅速到京，就任教育部专门司司长一职。伍光建（1866—1943），广东新会人，字昭扆。1887年赴英国伦敦皇家海军学院深造。回国后在天津北洋水师学堂任教，后任南洋公学总提调、中国教育会副会长，为商务印书馆编写理科教材、英语教材多种，于教育学术颇有造诣。蔡元培所提出的人员中还有一些是江浙地区热心文化教育事业的知名人士和他在南洋公学、爱国学社时的同事、

————————

　　① 王云五：《蔡孑民先生与我》，载陈平原、郑勇编：《追忆蔡元培》，生活·读书·新知三联书店2009年版，第46页。

　　② 王云五：《蔡孑民先生与我》，载陈平原、郑勇编：《追忆蔡元培》，生活·读书·新知三联书店2009年版，第48页。

　　③ 高平叔编：《蔡元培全集》（第七卷），中华书局1989年版，第306页。

学生,如袁希涛(1863—1930),江苏宝山人,号观澜,清末上海地区近代新式教育的积极提倡者;夏曾佑(1863—1924),浙江杭州人,号穗卿,1902年著《最新中学历史教科书》,为中国近代新史学的第一部著作;钟观光,浙江镇海人,字宪鬯,1902年与蔡元培发起组织中国教育会并曾一度任副会长,在南洋公学、爱国学社讲授理化;贝寿同,字季眉,蔡元培任教南洋公学时的学生,留学德国专攻建筑;徐敬熙,字惺初,亦为南洋公学学生。范源濂提出的人选,大多为具有实际教育行政经验者,主要是原在学部任职的中下级学务官员。值得注意的是,这批人仍以有留学经历者为主,如林棨(日本早稻田大学政治经济科)、路孝植(日本帝国大学农科)、马邻翼(日本弘文师范速成科)、高步瀛(日本弘文师范速成科)、毛邦伟(日本东京高等师范)等。这样,民国初年的教育部事实上成为东西洋归国留学生的大本营,在蔡元培"能者在职"思想指导下,聚集了一大批思想新、视野开阔、有学识、积极肯干,朝气蓬勃的热心教育人士,形成了民主、高效、廉洁、认真的办事作风。当时的著名记者黄远庸评论说:"教育部新旧杂用,分司办事,已确有规模。……俨然有建设气象。蔡鹤卿君富于理想,范源濂君勤于任务。总次长实具调和性质,亦各部所未有。"[1]鲁迅也曾回忆道:"说起民元的事来……当时我也在南京教育部,觉得中国将来很有希望。"[2]时论对民初教育部革新气象、建设气象的赞誉,与当时主持部务的蔡元培"撇开个人的偏见,党派的立场,给教育立一个统一的智慧的百年大计"的抱负和道德风范有极大关系。

坚定的政治信念和中西兼容的教育经历、学理体悟,高瞻远瞩而又缓急适当的改革举措,"公忠体国"的道德风范和"能者在职"的用人原则,所有这些,是蔡元培作为民国首任教育总长在极短的任期内对中国教育早期现代化作出重大贡献的最重要的个人原因。当然,这种个人因素只有融入时代大潮之中,才能充分发挥作用,那将是需要专文讨论的另一个课题。

---

[1] 《远生遗著》上册(第2卷),商务印书馆1984年版,第17页。
[2] 《鲁迅全集》(第7卷),人民文学出版社1957年版,第47页。

从中间人物看辛亥革命教育改革的意义

王建军*

摘　要：所谓中间人物群体，是指清末期间一批学部的官员和热心地方教育的人士。民国初年教育改革的重要推动力量是来自这样一群中间人物。这些中间人物为什么能够投身于民国的教育事业，他们认同和参与民国初年的教育改革经历了怎样的心理路程？本文论证了民国初年的教育部通过一种教育新精神的展示，重新燃起了众多教育家的希望和信心，将这批教育家引导上了现代教育的轨道。

关键词：中间人物；辛亥革命；教育改革

　　研究辛亥革命时期的教育改革，我们应该加强对中间人物群体的关注。所谓中间人物群体，是指清末期间一批学部的官员和热心地方教育的人士。这些人介于清廷统治集团和革命党之间，在政体主张上倾向于立宪而不赞同共和。为什么要关注这样一个群体？请看如下事实：1912 年 4 月 23 日，蔡元培派员接收清学部，所派出的 18 人全部为前清学部的成员。5 月 3 日，第一次任命的教育部核心成员 7 人，除钟观光、蒋维乔是蔡元培创立中国教育会的老同志，马邻翼、董鸿祎、林棨则为前清学部成员，袁希涛长期从事地方义务教育，夏曾佑在立宪时期为清朝地方官员。加上教育次长范源濂也是来自清学部，这样，此类中间人物在民国教育部核心层占了多数。也就是说，民国初年教育改革的重要推动力量是来自这样一群中间人物。

　　这些中间人物为什么能够投身于民国的教育事业，他们认同和参与民国初年的教育改革经历了怎样的心理路程，对这一类问题的思考应该是很有意义的。对这一类人来说，政治于他们而言并不是立身之本，教育救国倒是他们视为生命的追求目标。例如唐文治，在清末已官至农工商部尚书，但 1906 年后，他绝意仕途，决心从事教育，希望创办出像牛津大学那样的世界一流大学，

---

　　* 作者简介：王建军，华南师范大学公共管理学院教授。本文曾刊于《河北师范大学学报》（教育科学版）2011 年第 9 期。

他在 1911 年还上书强调"立国之要,以教育为命根"①。又如袁希涛,民国后参与教育部工作,"虽身膺要职,而淡于政治,历次政变拒不参加,惟以教育为生命"②。所以,用政治的手段和利禄的引诱强制他们出来工作显然是不能奏效的,他们在清末已经经历了太多的曲折和失望。如果新政权不能促成一种富有时代精神的教育理念来激发他们的教育热情,来重新燃起他们的事业希望,那就不能抓住这些人的心,也就不可能吸引这些教育家们来共同打造现代教育伟业。反过来,我们也能从另一个角度来认识辛亥革命促进教育改革的深刻意义。

以严修为例,因为严修并没有实际进入民国元年的教育机关中。之所以没有进入,一是因为严修痛恨清末官场政治的污浊和黑暗,由此辞职归乡,绝意仕途,即使后来袁世凯重新出山后也坚决不再涉足官场;二是因为严修对辛亥革命有抵触情绪。武昌起义后,各地兵变、告急消息纷纷传来,严修的感觉是"楚歌四面,奈何奈何"。他在 1911 年 12 月 4 日的日记中写道:他认定中国不能遽跻共和,"李石曾来谈,宗旨不合,辩论良久"。他在 1912 年 4 月的一封信中感慨道:"世变日亟,学说日纷,几无容足之区,亦无置喙之地。"蔡元培邀请他参加全国临时教育会议,他以"思想已近于陈人脑气,又同于枯海驽下之乘"为由予以拒绝。这说明至少在这个时候严修对民国政权还是取不合作态度。但当他听说全国临时教育会议在讨论教育宗旨时否定了蔡元培的世界观教育和美感教育时,十分着急,他在 1912 年 7 月 21 日的《日记》中记述:"访(张)伯苓于南开中学,为教育宗旨事。初,蔡总长拟教育宗旨五项:一、道德主义,二、军国民主义,三、实利主义,四、世界观,五、美感。而教育会会议竟将四、五两条取消,大奇大奇。余劝伯苓力争之。"③这个事实很有意义,它至少说明,严修在内心极为赞同蔡元培的教育理念。

蔡元培的意见为什么会引起严修的思想共鸣?

清末的教育宗旨严修是参与草拟的。蔡元培 1912 年 2 月 8 日公开发表《对于新教育之意见》(不久改为《对于教育方针之意见》),实际上是对清末教育宗旨的批判和修订。它完全摒弃了清末"忠君""尊孔"的教育理念,并对"尚公"、"尚武"、"尚实"的内容进行了改造,运用资产阶级革命理念对其内涵进行了更新,进而鲜明地提出了军国民主义、实利主义、公民道德、世界观、美感五

---

① 转引自熊贤君:《俞庆棠教育思想研究》,辽宁教育出版社 1997 年版,第 7 页。

② 陈学恂主编:《中国近代教育史教学参考资料》(中册),人民教育出版社 1987 年版,第 353 页。

③ 严修自订,高凌雯补,严仁曾增编:《严修年谱》,齐鲁书社 1990 年版,第 263—279 页。

项宗旨。如果严修要固守原有的政治立场,他完全可以采取抵触或不支持的态度。但严修本质上是个教育家,他心里清楚,中国新式教育发展的根本宗旨就是要培养国民。他在清末教育宗旨的意见中明确提出了"造就国民"的理念,但由于摆脱不了"忠君"、"尊孔"的窠臼,他找不到培养国民的途径,因而整个教育宗旨的核心理念还是为清朝统治制造工具,而不是培养人。而蔡元培却在《意见》中明确提出"共和时代,教育家得立于人民之地位以定标准",他所阐述的五项宗旨的目标是养成健全人格,是指向人的幸福追求,其核心理念是把培养人,培养健全国民定位为教育的根本宗旨。蔡元培将这个意见作为民国教育改革的理论基础,使新式教育的发展方向明确地指向了国民教育。这应该是严修打心里认同蔡元培教育理念的根本原因。

另外,"造就国民"在清末教育界已逐步形成基本共识。在清廷颁布教育宗旨的同时,王国维发表《论教育之宗旨》指出:"教育之宗旨何在? 在使人为完全人物而已。"①严修也看到了这一点,1908 年,他和陈宝泉在勉励天津敬业中学学生时提出"勿志为达官贵人,而志为爱国志士"②。1911 年 4 月 29 日至 5 月 12 日,由江苏教育总会发起并联络,邀请广西、安徽、江西、山东、直隶、福建、湖南、浙江、河南、山西等 11 省教育总会,在上海召开了各省教育总会联合会,各地代表已深切意识到教育宗旨的修订是个关键问题。他们公开标举国民主义,以改变清末教育宗旨的皇权和臣民的意识。张元济在稍后的中央教育会议上更明确指出:"良以我国政体既易专制为立宪,而教育之宗旨不能不随政体而转移,则凡我昔时教育之法由专制递嬗而出者,在今日不可不尽力扫除,为拔本塞源之计,庶可实行国民教育以固立宪之基础而张大我帝国之光荣。"③这种趋势说明,清末的教育改革已经走到了必须由一种全新的理念和精神来引领,才能开创新局面的地步。但清朝的专制统治从根本上阻碍了这一进程,这是一批立宪人士对清政府失去信心的深层原因。而蔡元培在上任一个月的时间内,便以时代精神从理论上系统地阐述了国民素质养成的各项因素,以养成健全人格的理念开启了国民教育的方向。这正是使严修所信服之处。所以当蔡元培的意见面临否决之时,严修才会有"大奇大奇"的惊愕,才会迫不及待地劝说张伯苓一定要力争之。从这个意义上讲,辛亥革命教育改革的意义绝不是简单地继承和延续了清末教育改革的成果,而是在精神层面

①　傅杰编:《王国维论学集》,云南人民出版社 2008 年版,第 449 页。
②　蔡振生、刘立德编:《陈宝泉教育论著选》,人民教育出版社 1996 年版,第 27 页。
③　关晓红:《清朝学部研究》,广东教育出版社 2000 年版,第 438－457 页。

揭开了现代教育发展的序幕。

南京教育部所做的具有全局性影响的工作还有一件,那就是在 1912 年 1 月 19 日,也就是南京教育部正式办公的第一天,便颁布了《普通教育暂行办法》十四条及课程标准,其中改学堂为学校,初等小学男女同校,各种教科书合乎共和民国宗旨,小学废止读经,中学不分文、实科,旧时奖励出身,一律废止,等等。1 月 30 日,教育部通电各省,促其推行社会教育,"至宣讲标准,大致应专注此次革新之事实,共和国民之权利、义务及尚武、实业之诸端,而尤注重于公民之道德"①。这些内容,都贯穿了反对专制教育,弘扬民权,追求教育平等,坚持社会进步的共和精神。其中不少内容是清末教育家曾屡屡提出,而在清末筹备立宪的几年中久久不能解决的问题。南京教育部却在成立之初,便从法规层面废止了清末教育中的专制要素,确立了教育平等的基本原则。这一做法,不仅在办事效率上,而且在教育理念上都远胜于清廷,表明了共和精神确实是指引当时教育改革的指针。

这种共和精神对中间人物是否有影响,这里可以举胡玉缙的例子。胡玉缙原任清学部员外郎,蔡元培委任他接收典礼院事务,他给蔡元培写了一封信:"昨晚接大部来函,内开:'奉总长谕,派胡玉缙、王丕谟接收典礼院事务,此谕。承政厅谨传,等因。'展阅之下,无任惶悚。窃念民国下级官当服从上级官,此不易之理。惟'谕'字似承亡清陋习,现虽一切程式尚未规定,而专制性质之字样,必屏而弗用。民国前途,方有冀幸。"从信中内容看,胡玉缙还是有点情绪,但他对专制统治的痛恨却是旗帜鲜明,他希望新政权即使是在公文程式方面都要注意对"专制性质之字样,必屏而弗用",因为这关系到民国的前途。他由衷地对蔡元培说:"先生富于共和思想,玉缙亦珍重中国前途。"②思想的认同似乎在这里可以得到证实。胡玉缙愿意出来工作正是建立在这样的思想基础之上的。

南京教育部还做了一件事,就是在 1912 年 3 月间发表了《拟议学校系统草案》,其前言称:"本部自成立以来,深维教育行政,经纬万端,必先以规定学校系统为入手之方法。承海内教育家投以意见书,积久盈尺,因归纳各家意见,并参酌列国成规,拟就第一次草案;继加修改,成第二次草案;最后成第三次草案。现在所拟新学制,即以第三次草案为标准。惟集思可以广益,讨论不

---

① 高平叔:《蔡元培年谱长编》(第一卷),人民教育出版社 1998 年版,第 402 页。
② 高平叔:《蔡元培年谱长编》(第一卷),人民教育出版社 1998 年版,第 451 页。

厌求详。用特将三种草案,先登报端,以供教育家之研究。"①这一举措与清廷的做法大相径庭,清末学制所采用的是"钦定"和"奏定"的方式,民国的新学制则是集思广益,公之于全社会,广泛听取意见,这充分体现了新政权的执政风范。这样一种民主作风应该是得到经历过清末风雨的教育家们赞许的。范源濂的出山固然是蔡元培三番几次的登门邀请,真诚和热情,然而范源濂在与蔡元培合作过程中感受最深的,是两人之间,包括教育部上下的和衷共济,推诚合作,诚如他后来所说:"在我们的合作期间,部里的人都是知无不言,言无不尽,讨论很多,却没有久悬不决的事。一经决定,立刻执行。所以期间很短,办的事很多。"②正由于此,在蔡元培离任后,他的教育理念基本为范源濂所认同和继承。范源濂继任教育总长后,第一次出席国务院宣布政见时,即宣称:蔡前总长对于整顿教育之办法,首重社会教育,盖共和国体贵在人人有普通之智识,本总长当接续进行。7 月 31 日,范源濂在临时教育会议的大会上,又郑重声明:教育宗旨及行政大纲,业由蔡总长宣布或规定,悉当遵行。③

　　这样简单的举例可能还显得粗浅。但我想,中间人物群体之所以值得关注,因为这是一个活跃在清末民初立志教育救国的教育家群体。他们在清末希望通过立宪运动为教育发展注入新的活力,为教育救国寻找新的出路。但清廷的专制统治破灭了他们的希望。辛亥革命的爆发,他们有过彷徨,有过观望,他们之所以最后愿意投身到民国的教育事业,是蔡元培及其南京教育部,包括民国初年的北京教育部通过一种教育新精神的展示,通过一种教育新理念的彰显,表达了要"为教育立一个统一的智慧的百年大计"(蔡元培语)的志向。他们从这些事实中看到了他们所钟爱的事业又腾起了新的希望,诚如应蔡元培邀请担任全国临时教育会议副会长的张伯苓于 1912 年 7 月在华北夏令会上所说:"今人对于世界,多抱种种悲观。惟教育家恒抱乐观。以为苟得天下英才而教育之,前途之希望,实未可限量。"④从这个角度讲,辛亥革命教育改革的意义,不仅仅体现在教育宗旨和教育体制的更新上,更重要的是重新燃起了众多教育家的希望和信心,将这批教育家引导上了现代教育的轨道。

　　① 高平叔:《蔡元培年谱长编》(第一卷),人民教育出版社 1998 年版,第 425 页。

　　② 高平叔:《蔡元培年谱长编》(第一卷),人民教育出版社 1998 年版,第 432—433 页。

　　③ 高平叔:《蔡元培年谱长编》(第一卷),人民教育出版社 1998 年版,第 476 页。

　　④ 张伯苓:《张伯苓教育论著选》,人民教育出版社 1997 年版,第 7 页。

女子教育对辛亥革命的贡献

熊贤君*

摘　要:辛亥革命前夕,正值清廷实行"新政"时期。辛亥志士和有识之士鼎力鼓吹女子教育,声言女子教育既有利于女子各项权利的获得,也有利于家庭生计,还有利于优生优育,善种强种,更有利于救亡图存。他们的奔走呼号,使社会人士终于逐渐觉醒,掀起了兴办女子学校的高潮,女子教育面貌出现前所未有的改观。女子接受了教育,产生了强烈的个人对于国家社会的义务和责任意识,不仅积极宣传鼓动女子独立自主,结成团体争取自身权利,还积极参与社会革新,直接参与辛亥革命的各项活动,为辛亥革命取得胜利作出了杰出贡献。

关键词:辛亥革命;女子教育;义务与责任

辛亥革命爆发于 1911 年,但革命力量的聚集,革命条件的准备,应该说从清末"新政"即已开始。女子作为辛亥革命力量的重要组成部分之一,[①]不仅是辛亥革命的重要参与者,而且是重要的组织者。广大女子由后台走到前排,给她们自信和能力的,正是得益于女子教育的推展。

一、推行女子教育的鼎力鼓吹

1901 年 1 月 29 日,西太后以光绪皇帝的名义在西安颁布"预约变法"的

---

*　作者简介:熊贤君,深圳大学师范学院教授。本文曾刊于《河北师范大学学报》(教科版)2011年第 11 期。

①　过去有一种说法,太平天国中有"女营",是太平天国革命不可忽视的一支力量。据说太平天国实行女子科举考试,主考官为洪秀全的幼妹(一说为义妹)洪宣娇。1853 年开女科,"录取了状元、榜眼、探花等多人"(商衍鎏:《太平天国科举考试纪略》,中华书局 1961 年版),并说录取了女状元傅善祥等。傅善祥后做了东王杨秀清的"秘书"。这些并无可信的材料佐证,均不可信。

上谕,既承认"万古不易之常经",也要改变过去"一成不变之治法"。明令:"着军机大臣、大学士、六部、九卿、出使各国大臣、各省督抚,各就现在情形,参酌中西政要,举凡朝章、国故、吏治、民生、学校、科举、军政、财政,当因当革,当省当并,或取诸人,或求诸己,如何而因势始兴? 如何而人才始出? 如何而度支始裕? 如何而武备始修? 各举所知,各抒己见,通限两个月,详悉条议以闻。"①自第一道"变法自强"上谕颁布始,清末一场自上而下的全方位改革运动在全国展开。教育方面,在短短的几年间,颁布了《壬寅学制》《癸卯学制》,停止了在中国推行了 1300 年之久的科举考试制度,包括高等学堂、中学堂、小学堂,以及女子学堂在内的各级各类学校,在全国各地如雨后春笋般茁壮成长。

然而,女子受教育权的享有,女子学堂的设立,与其他各级各类学校相比较,并非因"变法自强"上谕的颁布就一蹴而就。因传统陈腐的"三从四德"、"三纲五常"、"女子无才便是德"等观念的影响,广大女子只以"主中馈"锁在闺房深居简出的贤妻良母为人生目标。尽管传教士早在鸦片战争后就办有女子学堂,尽管维新运动中有经正女学投石探路,但微不足道的三两所女子学堂不仅是寥若晨星,而且像国人创办的经正女学一样,存在的时间极短;教会女子学堂也门可罗雀,并没有促成女子教育风气大开。女子教育风气之大开,女子学堂之成为一时之盛事,主要得益于辛亥志士对女子教育功能与作用的鼎力鼓吹。

辛亥志士多有留学日本的教育背景,或者是受留日归国者思想的影响,或者是阅读了辛亥志士创办的报刊而对女子教育的功能与作用产生深刻认识。胡彬在《江苏》上发表文章,阐述了中国女子不受教育之害。她指出:"吾中国积弱之故,彼二万万之男子,固不得辞其责,然吾所尤痛者,乃二万万之女子也。女子积习,其最可鄙最可伤者,略有数端:识见卑陋,眼光如豆;自私自利之见,固结于胸中;妄尊妄大之心,时形于辞色,涂脂抹粉,效时装以自炫,不特人视之为玩物,即己亦自居于玩物而不辞。嗟乎,蠢如鹿豕,呆如木石,安怪人之呼为下等动物也。夫以二万万女子,居国民全数之半者,殆残废无用,愚陋无知,焉能尽国民之责任,尽国家之义务乎?"②之所以女子"蠢如鹿豕,呆如木石",原因是"女学不兴",女子"日就委靡,积成自弃自暴之习"。竹庄认为,女

---

①　中国史学会主编:《中国近代史资料丛刊·义和团》(四),上海人民出版社 1957 年版,第 81—82 页。

②　胡彬:《论中国之衰弱女子不得辞其罪》,《江苏》1903 年第 3 期。

学不兴于个人、家族、社会和国家之害,大莫甚焉。于女子个人之害在于"戕其肢体,锢其智识,丧其德性";于家庭之害在于"贫窭之媒,流传弱种,家庭无教育";于社会之害在于"迷信僧道,败坏风俗";而加害于国家的是什么呢? 竹庄认为这就是"亡国之源,亡种之源"。①

"女子为国民之母"是辛亥革命时期志士们的宣言书。松江一位女士莫雄飞喊出了"今日之世界,女子之世界;今日之中华,女子之中华也"的响亮口号。这一重要命题成立的前提是:"一国之女子,一国国民之母也。"她引证法国拿破仑的话说:"欲强其国,必先强一国之母。"②因为"有女子斯有男子。男子者,女子之产出物也"。"爱自由者"金一也明确下了这一断语:"女子者,国民之母也。"③竹庄亦言:"女子者,国民之母,种族所由来也。"④作为"母",无疑是上位的,"母"的状况决定着"子"的状况。正如《女子世界》主编丁初我所言:"吾中国男子弱矣,惟女子之弱实致是。"⑤一位叫"师竹"的教育理论研究者,从"女学对于种族"、"女学对于教育"、"女学对于家庭"、"女学对于生计"、"女学对于卫生"、"女学对于医事"、"女学对于风俗"、"女学对于婚姻"、"女学对于国家"等方面,研究女子教育的重要地位与意义。他认为,自鸦片战争以来的中外战争,均以中方败北告终。虽然多因一果,但中国人种不强,亦为重要原因。而种不强,又是因为"女学不兴,因之肉体之遗传亦单薄,我国民遂弱矣!"他说:"其母而温文尔雅,腹有诗书,则所生之子之文人学士也。其母而豪气素著,热心爱国,则所生之子多血诚男儿也。其母若骄淫放纵,鸷鸷不驯,则所生之子多狡诈凶恶也。强弱为肉体之遗传,贤愚为精神遗传。历观人世,屡屡不谬。"⑥师竹救国的逻辑是:"欲强国,非造国民不可;欲造国民,非兴女学不可。"可以说,辛亥志士大多认可并遵循着这一逻辑,如金一在《女界钟》中亦如是言:"欲新中国,必新我女子;欲强中国,必强我女子;欲文明中国,必先文明我女子;欲普救中国,必先普救我女子,无可疑也。"

广东一位女士名叫杜清持,大力倡导女子读书受教育,认为女子受了教育有利于改善家庭生计,对于女子自身,对于她们的丈夫,对于她们的家庭,都是

---

①　竹庄:《论中国女学不兴之害》,《女子世界》1905 年第 3 期。

②　莫雄飞:《女中华》,《女子世界》1905 年第 5 期。

③　爱自由者金一:《女界钟》,载徐辉琪等编:《中国妇女运动历史资料(1840—1918)》,中国妇女出版社 1991 年版,第 156 页。

④　竹庄:《论中国女学不兴之害》,《女子世界》1905 年第 3 期。

⑤　丁初我:《女学生亦能军操欤》,《女子世界》1905 年第 13 期。

⑥　竹庄:《论中国女学不兴之害》,《女子世界》1905 年第 3 期。

天字第一号的大好事。她指出:"女子读了书,他就明白公理,不肯白生在世间食饭,就会出去谋生。多一个人办事,就是多一条谋生的路。试问你一个人养一个人容易,还是一个人养几个人容易呢?"①竹庄也有相近的观点,他说:"吾闻之,国家之强,必其国无一无用之民而后可。我国四万万人,女子居其半,此二万万之女子,皆无用之人也。"而另一半的二万万之男子,为二万万女子"相牵相掣,以沦胥于贫且弱之境遇也"②。所以,女子要积极去受教育,男子也要支持她们去受教育。

辛亥志士无不认识到,女子之责任意识的树立与教育有着至关密切的关系。莫雄飞认为,拯救中华,必须提高广大女子的责任意识,使她们知道"男子当尽爱国之责任,女子亦当尽爱国之责任;男子当尽国民之义务,女子亦当尽国民之义务"。如果"一国之女子人人知齐家之责任,则其国必强。故欲强中华,必先使女子知齐家";要达此目标,"必先兴女学",故"女学者,立国之根本,女国民之责任也"。③

在辛亥志士和社会有识之士为兴办女子学堂竭力鼓吹与奔走呼号的影响下,女子教育的氛围逐渐形成,女子教育风气渐开。但是,就在女子教育刚刚起步的关键时刻,江苏学务处和江宁学务处因粹化女学、清华女校有男教员任教而引起风潮,两学务处严令女学不许"男教习杂厕其间",并令"嗣后遇设女学,并即一体遵办";粹化女学须"从速改聘女教习,以归一律",令"将印送各件悉行收回"。柳亚子严正指出"荒谬绝伦,尤可痛恨"之批示,足以证明"苏学务处狼也,宁学务处狐也,其杀人之迹不同,而其杀人之心则无异"。④ 给回潮守旧者当头棒喝,勇敢地为女子教育发展鸣锣开道。

二、女子学堂开办的春潮涌动

1901 年"变法自强"上谕颁布后,民心大振,各方积极行动起来,教育的面貌日新月异。1902 年清廷颁布《钦定学堂章程》(即《壬寅学制》);第三年又颁布《奏定学堂章程》(即《癸卯学制》)。但是,女子教育在这两个学制上都毫无

---

① 杜清持:《男女都是一样》,《女子世界》1905 年第 6 期。

② 竹庄:《论中国女学不兴之害》,《女子世界》1905 年第 3 期。

③ 莫雄飞:《女中华》,《女子世界》1905 年第 5 期。

④ 柳亚子:《苏学务处与宁学务处》,载王晶垚等编:《柳亚子选集》(上册),人民出版社 1989 年版,第 63 页。

地位可言。《钦定学堂章程》未予实施，而《奏定学堂章程》是第一个实施了的清末学制，其对女子教育的基本定位是："中国此时情形，若设女学，其间流弊甚多，断不相宜。"①规定："中国男女之辨甚谨，少年女子断不宜令其结队入学，游行街市，且不宜多读西书，误学外国习俗，致开自行择配之渐，长蔑视父母夫婿之风。故女子只可于家庭教之，或受母教，或受保姆之教，令其能识应用之文字，通解家庭应用之书算物理，及妇职应尽之道，女工应为之事，足以持家教子而已。其无益文词概不必教，其干预外事、妄发关系重大之议论，更不可教。故女学之无弊者，惟家庭教育。"②由此看来，辛亥志士们发女子教育之议论，实在是有相当风险的，遑论开办女子学校呢！

但是，由于"预约变法"上谕要求"各举所知，各抒己见"，要求去私心破积习，力行实政。国势至此，"断非苟且补苴所能挽回厄运，惟有变法自强，为国家安危之命脉，亦即中国民生之转机"③。正因为如此，辛亥志士敢于发"胆大妄为"之议论，敢于冒死兴办女子学堂，终于促成全国女子学堂之设如同春潮涌动，仅仅短短的数年间，女子学堂遍及神州大地。辛亥志士与社会有识之士的兴办女子学堂之议论与实际行动，直接促成清廷于光绪三十三年（1907 年）颁行《奏定女学堂章程折》。学部在详议女子师范学堂及女子小学堂章程的奏折中指出："女教不立，妇学不修，是有妻而不能相夫，有母而不能训子！家庭之教不讲，蒙养之本不端，教育所关实非浅鲜！此先圣先王化民成俗所由，必以妇学为先务也。"④《奏定女学堂章程》的颁行，不仅是对当时女子学堂的承认，也是对方兴未艾创办女子学堂的强力推动。这样，女子学堂成为春风野火，其燎原之状大有不可阻挡之势。

女子学堂发展的轨迹是由各省省城首先点起火种，随即推进到沿海城市，再推及内地县城及乡镇。女子学堂的办学主体主要是辛亥志士和有识之士。有人对"变法自强"上谕颁布到辛亥革命爆发前夕的 1908 年私立女子学堂开办情况作过大致统计，兹列表如下：⑤

---

① 《奏定学堂章程·奏定蒙养院章程及家庭教育法章程》，载谭承耕、李龙如校点：《张百熙集》，岳麓书社 2008 年版，第 134 页。

② 《奏定学堂章程·奏定蒙养院章程及家庭教育法章程》，载谭承耕、李龙如校点：《张百熙集》，岳麓书社 2008 年版，第 137 页。

③ 故宫博物院明清档案部编：《义和团档案史料》（下），中华书局 1959 年版，第 1327－1328 页。

④ 学部：《奏定女学堂章程折》，载学部总务司编：《学部奏咨辑要》，台北文海出版社有限公司 1986 年版，第 221 页。

⑤ 朱有瓛主编：《中国近代学制史料》（第二辑·下册），华东师范大学出版社 1989 年版，第 632 页。

1901 至 1908 年各省第一所女学堂一览表

年　份	女子学堂名称	创办人
1901	苏州兰陵女学	徐江兰陵
1902	广东私立公益女学	马励芸、杜清池、张竹君等
	常州秉存女子学堂	顾实、何承焘
1903	四川铜梁县女学堂	黄德润等
1904	山东女学堂	王伯安
	天津民立第一女子小学堂	张正峰、毛绍权、张少辅等
	南京旅宁第一女学堂	沈凤楼、张通典、沈婉庆等
	杭州女学堂	高白淑夫人
	九江民立女学校	徐廷兰、蔡懋星
	湖南第一女学校	龙绂瑞等
	广西容县龙胆女学	创办人不详
	贵州达德女学校	黄齐声等
1905	湖北不缠足会附设第一女学堂	端方等
	北京豫教女学堂	沈钧、服部宇之吉等
	奉天淑慎女学堂	陈嘉乐之母等
	福州乌石山女塾	陈弢庵夫人等
1906	安徽竞化女学堂	张振埙等
	河南兰仪官立女子小学堂	舒树基等
1907	黑龙江幼女学堂	林传甲夫妇
	山西女学堂	冯济川
1908 前	陕西雅阁女校	阎培索夫妇

名之为第一所,说明上表所列之女子学堂系该省首开风气者。全国到底总共开办了多少所女子学堂,很难有准确的统计数据。据《江苏省志·教育志》统计,光绪三十三年江苏有女子学堂 96 所,学生共 4198 人,教师 644 人,职员 256 人。[①] 此外,江苏省还有美国长老会美籍传教士顾丽雅在光绪九年创办于苏州的冠英女塾;美国基督教美以美会女传教士沙德纳光绪十三年在南京估衣廊城中会堂创办的畲清女校,并有美国基督教监理公会中华女布道

---

① 江苏省地方志编纂委员会编:《江苏省志·教育志》(上),江苏古籍出版社 2000 年版,第 151 页。

会美籍传教士金振声于光绪十五年在苏州创办的男女兼收的一所义务小学。① 据此可知，自"新政"到辛亥革命前夕，各地女子学堂办学主体多头，办学体制多元，办学形式多样，存在的时间长短各不相同，女学堂数目颇不均衡，呈现出十分复杂的态势。

光绪三十二年，清廷预备立宪。女子学堂再次借助东风，迎来了快速发展的黄金时期，当年女学堂便猛增三倍之多。次年适逢清廷颁行《女子学堂章程》，全国官立女子学堂增长了一倍多，公立女校增加了 20％，私立女子学堂再创新高，成倍增加。光绪三十四年，学部规定女子学堂暂时免收学费，实在因为经费支绌难以为继者，可按程度比照各学堂酌减征收。这一制度的出台，无疑是为女子学堂发展擂鼓助威。辛亥革命前夕女子教育迅猛发展之态势，在下列数据中可以得到印证。②

辛亥革命前夕女学堂数、女学生数统计

年　份	女学堂数	女学生数
光绪三十一年	71	1761
光绪三十二年	245	6791
光绪三十三年	402	14658
光绪三十四年	512	20557

各省女子教育发展总体呈稳定之势。江苏虽在 1905 年前居全国之首，约占全国的 1/3，但直隶到光绪三十四年便后来居上，女学堂数占全国的 25.6％；四川占 16.4％，江苏屈居第三，占 15.6％。③ 据有的学者统计，光绪三十三年，全国女子学堂数为 391 所，女生人数为 11936 人，占学堂学生总数之 2％；而宣统元年（1909 年）的数目为 308 所，占全国小学堂 51678 所总数的 0.6％。在校女生人数为 14054 人，占小学生总数 1532746 人的 1％。④ 女子学堂校数和女生人数与男学堂和男生的比例虽然均有下降，但女生人数比 1907 年多 2000 人；女子学堂数虽然下降了 83 所，但每所女子学堂人数有明显增加。这些数据虽然与全国学龄儿童中的女子数相比是微不足道的，但对

---

① 江苏省地方志编纂委员会编：《江苏省志·教育志》（上），江苏古籍出版社 2000 年版，第 150 页。

② 罗苏文：《女性与近代中国社会》，上海人民出版社 1996 年版，第 137 页。

③ 廖秀真：《清末女学在学制上的演进及女子小学教育的发展（1897－1911）》，载李又宁等编：《中国妇女史论文集》（第二辑），台湾商务印书馆股份有限公司 1988 年版，第 225 页。

④ 程谪凡：《中国现代女子教育史》，中华书局 1936 年版，第 79 页。

于古老的中国而言,对于落后保守的中国女子教育而言,却有力地说明,经社会有识之士,特别是辛亥革命时期辛亥志士的奔走呼号和实践推行,女子教育的坚冰已经打破,发展的航道已经开通,为中华民国女子教育的长足发展奠定了坚实的基础。

三、女子对辛亥革命的杰出贡献

辛亥志士和社会有识之士对女子教育地位和作用的宣传,其中远远不止是要求女子知书识礼而已,独立、民主、自由、参政等字眼,经常出现在他们文章的字里行间,出现在广大女子的眼帘。金天翮提出,要将女子教育成"高尚纯洁完全天赋之人"、"摆脱压制自由自在之人"、"思想发达、具有男性之人"、"改造风气,女界先觉之人"、"体质强壮,诞育健儿之人"、"德性纯粹,模范国民之人"、"热心公德,悲悯众生之人"、"坚贞激烈,提倡革命之人"。[1] 他还认为应当让女子有"入学的权利"、"交友的权利"、"营业之权利"、"掌握财产之权利"、"出入自由之权利"、"婚姻自由之权利"。[2] 金一的《女界钟》还特设第七节"女子参预政治",呼吁"议政会"中,"无论男女,皆可以为会员,皆可以选举事务员,及评议员、调查员。且皆可以任会长"。[3] 倡导男女平等,男女平权。光绪三十四年,胡汉民在《新世纪》报上发表《粤中女子之不嫁者》,阐述了要争得女权,必须反抗专制的家族制和实现女子经济独立。

应该说教育就是"酵母",广大女子"知书识礼"后,必然会产生更多的利益和权利方面的诉求,加之金天翮、陈天华、柳亚子等辛亥志士措词激烈极富鼓动性的宣传,受过一定教育的知识女性,不再安于做男子的玩物,不再安于受奴役、做奴仆的地位,告别了闺房绣楼,辞却了锅台碗柜,走出家庭,来到社会履行自己的权利和义务。在辛亥革命前夕风云际会的 10 年间,留学日本和西方的女子回国后活跃于社会各界,受过教育的女子积极参与到社会革兴的大潮中,成为辛亥革命的"弄潮儿";还有受辛亥志士和社会有识之士影响的广大

---

① 爱自由者金一:《女界钟》,载徐辉琪等编:《中国妇女运动历史资料(1840—1918)》,中国妇女出版社 1991 年版,第 172—173 页。

② 爱自由者金一:《女界钟》,载徐辉琪等编:《中国妇女运动历史资料(1840—1918)》,中国妇女出版社 1991 年版,第 175—176 页。

③ 爱自由者金一:《女界钟》,载徐辉琪等编:《中国妇女运动历史资料(1840—1918)》,中国妇女出版社 1991 年版,第 183 页。

女子,也在社会革新运动中摇旗呐喊。这些受辛亥志士和社会有识之士影响的女子们,赶上了辛亥革命的伟大时代,在这场革命中巾帼不让须眉,作出了杰出的贡献。

第一,批判"三纲五常"、"三从四德",促使广大妇女觉醒。秋瑾深刻揭露了封建宗法制度下封建礼教对妇女的沉重压迫和妇女的悲惨命运。她指出:"那些腐儒说什么'男尊女卑'、'女子无才便是德'、'夫为妻纲'这些胡说,我们女子要是有志气的,就应当号召同志与他反对";传统的女德、妇道者,不过使女子放弃权利,贬损人格,跪伏于男子万重压制之下。[①] 封建礼教是保护男人,为男子辩护的,是严重不平等的。秋瑾说:"男子死了,女子就要带三年孝,不许二嫁。女子死了,男人只带几根蓝辫线,有嫌难看的,连带也不带。人死还没三天,就出去偷鸡摸狗;七还未尽,新娘子早已进门了";这个社会"不公不平,直到这步田地呢"?[②]

第二,倡导男女平权,女子当与男子一样享有独立自主的权利。秋瑾主张女子要同男子一样,"兴盛家业,被男子尊敬,洗刷去无用之名,享受自由的幸福"。达此目标,须挣脱男子的束缚,"非自立不可;欲自立,非求学艺不可,非合群不可"。[③] 而陈撷芬则在《女学报》上发表《独立篇》,指出:"所谓独立者,脱压力,抗阻挠,犹浅也。其要在不受男子之维持与干预。"实现的条件是女子要独立、自立。一位以"三自女士"为笔名的在《女子世界》上发表文章,提出了女子要"自重"——克服自卑自贱的奴隶思想、"自立"——自食其力,不信赖男子、"自主"——婚姻自主的"三自"主张。

第三,女子当同男子一样履行救国的义务和责任。在内忧外患的严重形势下,留日女学会同仁在国破家亡民族危机的紧迫关头,号召全国女子振奋精神,同男子们一样共同组织负起保卫民族生存的责任,她们认为,"瓜分之祸,身受之者不仅男子,则排除瓜分之祸之责,亦不能仅恃诸男子";"女界同胞,正宜当此国家多难,危急存亡,厄在眉睫之秋,与男子奋袂争先,共担义务,同尽天职"。[④] 何香凝也强调说:"天下兴亡,匹夫有责! 此固男子之义务,然与男子同视同听,同官骸之女子独非人类乎? 然则天下兴亡,吾二万万同胞安能漠

① 秋瑾:《敬告中国二万万女同胞》,载《秋瑾集》,上海古籍出版社 1979 年版,第 5 页。
② 秋瑾:《敬告中国二万万女同胞》,载《秋瑾集》,上海古籍出版社 1979 年版,第 5 页。
③ 秋瑾:《敬告中国二万万女同胞》,载《秋瑾集》,上海古籍出版社 1979 年版,第 33 页。
④ 丁守和主编:《辛亥革命时期期刊介绍》(第三集),人民出版社 1983 年版,第 682—683 页。

视哉？复巢之下，薪火之上，宁有幸欤？"①

　　第四，女子宜结团抗争，联手争取天赋权利。中国因为人心不齐，虽云四万万之众，实一盘散沙，致使偌大一个中国面临瓜分豆剖的危险。吕碧城呼吁妇女界摒弃私见，"结为团体，捍卫一国，而协力排倒他国，小则牺牲个人之利益，以图公共之利益，己身可借之以存立"，"否则同群之中，各各竞争，冀以排倒他人而独立，相倾相轧，同室操戈，自相摧灭……身且不保，遑计身外之利益哉"！② 女子们要争取女权，若"不结团体，女权必不能兴"。秋瑾明确提出了妇女要联手结群，以推动妇女解放的主张。

　　第五，直接参与反清革命组织。出身名门闺秀的秋瑾，1904 年赴日留学，成为富有才华的女性革命宣传家，更是中国近代史上第一位自觉地为民主革命、为妇女解放献身的女性。她于 1904 年 11 月与陈撷芬一起重建处于濒临停顿的留日女学生组织——共爱会；在所主持的女学中习体操，练兵操；还筹建女国民军，试图将妇女革命力量组织起来，参与反清救亡的战争。出身富家小姐的何香凝，是第一批也是第一个同盟会女会员。在武昌起义前同盟会领导过十次武装起义，起义队伍中的徐宗汉、陈淑子、卢桂平、李自平等，是十分积极的成员，她们以不同的方式参加了起义斗争，或者传递信息，或者扩充会员，或者运送武器弹药，或者做掩护和秘密联络工作。在武昌起义军中，活跃着经黎元洪批准由汉阳青年女子吴淑卿招集的一支数百人的女子军。上海尚侠女学薛素贞代表女学生上书都督，要求建立女民国军。③ 在激烈的战斗中，吴淞军政府成立的 50 名女子敢死队，被驰赴金陵助战，据传，"此队女子，勇猛异常，一洗柔弱之习"④。

　　简直不可以想象，没有女子活跃其间的辛亥革命，会是怎样的景致！

---

　　① 《敬告我同胞姊妹们》，载尚明轩、余炎光编：《双清文集》（下卷），人民出版社 1985 年版，第 1 页。
　　② 吕碧城：《女子宜争结团体论》，载徐辉琪等编：《中国妇女运动历史资料（1840－1918）》，中国妇女出版社 1991 年版，第 237－238 页。
　　③ 《尚侠女学代表薛素贞上陈都督书》，载上海社会科学院历史研究所编：《辛亥革命在上海史料选辑》，上海人民出版社 1981 年版，第 587－588 页。
　　④ 《尚侠女学代表薛素贞上陈都督书》，载上海社会科学院历史研究所编：《辛亥革命在上海史料选辑》，上海人民出版社 1981 年版，第 590 页。

"储才"与"新民"并重，"民智"与"民心"共成

——辛亥革命后"社会教育"的历史经验

王　雷*

摘　要：社会教育源于解决社会问题与教育问题的对策，民国教育部首设"社会教育司"，通过发展社会教育促进社会改良，留下了许多成功的经验和深化研究的课题。社会教育具有对策性、灵活性、公益性等特点。发展社会教育，有助于解决各种社会问题，有助于"开启民智"，有助于"化民成俗"，有助于"得民心"，有助于弥补家庭教育和学校教育的不足，有助于扩充学校教育的效能。辛亥革命后社会教育的历史经验表明，国家办教育应该是学校教育"储才"与社会教育"新民"并重，"民智"开启与"民心"养护共成。整理、规范与创新社会教育事业是社会管理视域下教育改革与发展的重大课题。

关键词：辛亥革命；社会问题；社会教育；历史经验

甲午战败以后，维新派在批判洋务派把人才看作教育发展的"当务之急"、"自强之本"的观点中，率先提出国家举办教育，应该是"储才"与"新民"并重。维新派认为中国社会的自强应该是"风气同时并开，民智同时并启，人才同时并成"，[①]"新民为今日中国第一急务"。

辛亥革命成功以后，孙中山在总结辛亥革命的经验时说"革命成功全赖宣传主义"[②]，"教育就是宣传"[③]，"革命教育者，惟有社会教育之可言也"[④]。

本文通过考察民国教育部创设"社会教育司"及其活动，初步总结辛亥革命后开展社会教育的一些经验，以求教于学术界。

---

* 作者简介：王雷，沈阳师范大学教育科学学院教授。

① 黄坤：《新民说》，中州古籍出版社 1998 年版，第 2 页。

② 孙中山：《宣传造成群力》，载《孙中山选集》，人民出版社 1981 年版，第 556、557 页。

③ 孙中山：《宣传造成群力》，载《孙中山选集》，人民出版社 1981 年版，第 556 页。

④ 佚名：《民族主义之教育》，《游学译编》1903 年第 10 期。

一、"社会教育司":民国教育部的创举

"社会教育"这个名词,最早是由德国教育家第斯多惠(另译狄斯特威格)在1835年提出的。从社会教育观念产生的源头来看,社会教育最早是作为一种解决社会问题和教育问题的对策而出现的,社会教育的最初意义是和"社会帮助"、"生活帮助"、"青年照顾"等相连。如第斯多惠认为,传统的教育观念应该扩大至国民的各个阶层,必须实施对国民各个阶层实际的社会帮助与教育。① 另一位德国教育家诺尔也强调,在工业社会中,由于竞争的激烈和信仰的失调,尤其要提倡社会的养护与照顾,"应该对不幸的青少年及受伤害的青少年,予以生活帮助",②他认为社会教育的一个重要理念,就是在学校以外对各类弱势人群实施"社会的与国家的照顾"。在这些教育家的呼吁下,20世纪20年代后,德国出现了"社会教育运动",建立了"公共教育照顾制度",颁布了《青少年福利法》和《青少年法庭法》并相继影响各国。

日本"社会教育"的用语产生于明治中期,从源头上看,日本社会教育的观念是"在以资本原始积累所带来的劳动问题和社会问题不断涌现的背景下"③出现的,社会教育的最初意义也是"以社会对策性、慈善性为主要特征的"④。

我国在法令上接受和使用"社会教育"这个名词始于民国教育部设立社会教育司,蔡元培主张设立社会教育司,目的是"为了提倡成人教育和补习教育",⑤从当时社会教育司执掌的事项来看,社会教育亦具有鲜明的对策性和慈善性,其目的是为了灌输道德,整顿民风,普及知识。而且随着社会教育的发展,社会教育已经远远超出了"教育"这个范围,据国民政府教育部统计,截止1931年被认定的社会教育事业竟达60多种,⑥诸如一般的文化机关:图书馆、博物馆、展览馆等;一般的公益事业:阅报处、识字处、浴池、体育场、公园等;一般的福利事业、慈善机构:救济所、教养院、养老院、孤儿院等;一般的教

---

① 詹栋樑:《社会教育学》,五南图书出版公司1983年版,第2页。
② 詹栋樑:《社会教育学》,五南图书出版公司1983年版,第2页。
③ 梁忠义:《当代日本社会教育》,山西教育出版社1994年版,第4页。
④ 梁忠义:《当代日本社会教育,山西教育出版社1994年版》,第4页。
⑤ 高平叔:《蔡元培教育论著选》,人民教育出版社1991年版,第707页。
⑥ 中国第二历史档案馆:《中华民国史档案资料汇编》(第5辑·第1编),江苏古籍出版社1994年版,第715页。

育机关:民众学校、民众教育馆、民众补习学校等都是社会教育事业。此外,诸如改良小说、戏曲,改良民俗,各种讲习会、讲演会等在近代也都是作为社会教育事业受到关注的,可见社会教育在近代所承担的不仅仅是教育事业,它同时也是一种社会公益和福利事业。

从中外社会教育观念产生的源头来看,社会教育是学制系统以外的教育,它以政府管理为主导、私人和民间团体推动为辅助,为了辅助解决各种社会问题,救助各种弱势群体,提高全体国民素质,弥补家庭教育和学校教育的不足,利用和设置各种文化教育机构与设施,采取各式各样的教育活动,所进行的一种有目的、有计划、有组织的教育。

社会教育的内涵是在历史上逐渐产生和发展起来的,从含义来看,社会教育具有如下几个基本特征:

首先,社会教育具有教育性和对策性。教育性是指社会教育是一种教育事业,对全体国民都具有教育的意义,发展社会教育有利于"民智"的开启,知识的普及和民德的提高,如近代在中国出现的民众学校、民众教育馆、图书馆、讲演所等;对策性是指社会教育也是一种社会事业,它直面各种社会问题,并以其广泛的教育机构、设施与活动,辅助这些问题的解决,如近代各国普遍重视的民众教育运动,普遍设立的教养院、救济所、养老院、孤儿院以及民风、风俗的改良等等。

其次,社会教育具有灵活性、多样性。社会教育通过各种教育机构与设施实施对各阶层人群的教育、照顾与帮助,和学校教育主要在学校面向青少年施教相比,社会教育对象是面向全体国民,尤其以学制系统以外的广大民众为主,因此社会教育就不能像学校教育那样固定、机械,它是通过灵活的方式、多样化的设施来组织民众、教育民众的。如近代中国和日本普遍关注的图书馆、展览馆、公园、民众娱乐、电影院、剧院、街头讲演等等,就是通过灵活、多样的形式,对民众进行教育的。

再次,社会教育具有福利性和公益性。无论是欧美、日本,还是近代中国,社会教育观念的产生,一开始就具有慈善性,它是通过教育手段实施对社会各类弱势人群的救助,这种观念的产生,对于缓解社会矛盾,减轻民众的负担,辅助解决各种社会问题起到了积极的作用,如近代在日本和中国出现的教养院、孤儿院、感化院、济生会、养老院等等,都是作为社会教育机构产生和发展的。同时许多学校式的社会教育机构,如简易识字学堂、半日学校、民众学校、民众识字处等,也通过免收学费,赠送书籍等形式体现出一定的福利和慈善性质。

从社会教育的概念、特征中可以看出,社会教育的理论与事业确实有着自己独特的教育理念，从教育对象来看，社会教育面向的是全体国民，突出学制外各个阶层的民众，重点是各类弱势群体；从事业和设施来看，社会教育有着自己广泛的教育机构和设施，有自己独到的施教领域和丰富多彩的教育实践活动，和学校教育相比，社会教育也是一个国家教育整体中的一个重要组成部分，是一个不容忽视的教育领域。

二、社会教育的历史经验："储才"与"新民"并重，"民智"与"民心"共成

如果总结社会教育的作用，从历史经验来看，社会教育为我们今天解决各种教育问题、社会问题提供了如下几方面的经验。

(一)发展社会教育有助于改良社会，辅助解决各种社会问题

近代中国，自社会教育的观念产生以后，一些教育家在开展通俗教育、平民教育、乡村教育和民众教育运动中，逐渐认识到，发展社会教育有助于中国社会的改良，发展社会教育是中国由传统社会向现代社会转型所不可缺少的重要途径，有的教育家甚至认为，在中国"贫、愚、弱、私"的国民背景下，面临着民智的低下、社会的紊乱，发展社会教育应该是优先的选择。

蔡元培认为，"从教育着手，去改造社会，改造之点，繁不胜举"①，他坚持设立社会教育司，并赞成大学向社会开放，鼓励学生参与学校以外的社会教育活动，反映了蔡元培通过教育来改良社会的一贯主张。晏阳初在平民教育运动中，一直认为"中国近几十年以来，教育上最大的错误，在一切制度方法多半从东西洋抄袭来的"②，其结果是学校教育越办越大，学校代表了教育的一切，后果是学生毕业就是失业，使人才越来越多，而对社会现状来说，一方面大量人才无用武之地，另一方面社会上大量的问题又无人过问，无人去做，所以他主张必须要优先发展平民教育来补救这种不足。梁漱溟也有同感，他认为中国社会矛盾多，问题多，要通过教育的手段来辅助解决这些问题，就必须发展社会教育，他多次强调说："在中国的此刻，已非平常时期，应着重成人教育，应以全力办民众教育，办理社会教育"；"此刻的中国，天然的要注重民众教育，或

---

① 高平叔：《蔡元培教育论著选》，人民教育出版社1991年版，第265页。
② 马秋帆、熊明安：《晏阳初教育论著选》，人民教育出版社1993年版，第65页。

说社会教育"。① 著名民众教育家俞庆棠在民众教育的实践中也认识到,"社会教育既建筑于民众生活之上,就应具有推进社会的力量"②。

正因为这些教育家有这样的认识,所以他们才纷纷走出学校,走出都市,深入乡村,来到平民中间,用自己的知识来启发民众、教育民众,用自己亲身的实践,为社会的改良出力、献策。所以,历史的经验告诉我们,发展社会教育的理论与事业,对于中国社会的改良与进步,对于辅助解决各种社会问题是有积极促进作用的。

(二)发展社会教育有助于"开启民智"

我国近代社会教育之所以蓬勃发展,一个重要原因就是教育家们普遍认为各种社会问题的出现都与"民智"高低有关,所以,必须通过发展社会教育来"开民智"。

社会教育行政地位确立以后,开始推广通俗教育,推广通俗教育的人士认为,"国家之演进,须恃人民智德之健全,而人民智德之健全,端赖一国教育之普及。考教育普及之方法,学校以外,尤藉有社会教育,以补其不逮"③。平民教育运动,也是一种社会教育的实践活动,从事平民教育的学生和教育家都从"开民智"的角度来看平民教育的作用,如北京大学平民教育讲演团,他们采用讲演等社会教育的手段来开展平民教育,讲演团设立的宗旨就是"增进平民智识,唤起平民之自觉心"④。推动平民教育运动的主要代表人物,著名教育家晏阳初更是从"除文盲、作新民"的高度,来开展平民教育的,他说:"平民教育,从文字方面,以提高民智;从生产方面,以裕民生。"⑤不仅平民教育家有这种认识,在随后开展起来的乡村教育运动中,一些主张乡村教育的教育家也有这样的看法,如在美国获得教育学博士,回国从事乡村教育的傅葆琛教授,在谈到"为什么要办乡村教育"时说:"我们中国现在社会上的种种扰乱,政治上的种种腐败,外交上的种种损失,都是因为民智低下,教育堕落,所以我们要想改

---

① 马秋帆:《梁漱溟教育论著选》,人民教育出版社 1994 年版,第 79 页。

② 茅仲英:《俞庆棠教育论著选》,人民教育出版社 1992 年版,第 102 页。

③ 朱有瓛等:《中国近代教育史资料汇编·教育行政机构与教育团体》,上海教育出版社 1993 年版,第 363 页。

④ 朱有瓛等:《中国近代教育史资料汇编·教育行政机构与教育团体》,上海教育出版社 1993 年版,第 492 页。

⑤ 马秋帆、熊明安:《晏阳初教育论著选》,人民教育出版社 1993 年版,第 33 页。

造中国,第一步应该做的事,就是提高民智,普及教育。"①他把当今的世界看成"智力竞争"的世界,认为如果中国不尽快提高"民智",那么恐怕今后很难有立足之地。另一位从事乡村教育的教育家陶行知则从"作十万新民"的理想出发,强调应该运用教育的手段,使民众具有"国民的精神"和"国民的能力"。综合上述这些教育家的观点,我们可以看出,对社会教育具有"开民智"的认识,已经成为这个时期从事各种社会教育实践活动的教育家们的共识。

(三)发展社会教育有助于"化民成俗"

"化民成俗,其必由学"是我国古代社会教化的重要传统,它的意义是指通过教育的手段和方式,以使"老百姓"形成"良风美俗",以利于社会的稳定和各种社会问题的解决。可是近代以后,传统的教化随着封建制度的瓦解,其形式和内容在西方文化教育的冲击下逐渐走向崩溃,用什么样的形式来取代传统教化,用什么思想内容来教育民众,近代以来一直为人们所关注。尤其传统教化体系解体以后,面临着社会的紊乱,人心的背离,道德的沦丧,风俗习惯的失调,如何稳定社会,重建道德,形成新的"良风美俗",许多仁人志士为此付出了大量的精力与心血。

社会教育的思想观念产生以后,无论是政府,还是社会有识之士,都十分看重这种新的教育形式,看重社会教育在"化民成俗"中的作用,因此当社会教育司确立以后,社会教育行政的主要工作就是通过通俗教育研究会来推广通俗教育,当时通俗教育研究会设立的宗旨是"改良社会,普及教育",研究会设立三股,即小说、戏曲、讲演,在"五四"前这一时期,通俗教育研究会对于劝导改良小说、改良戏曲、调查和改良风俗习惯做了大量的工作,如颁布各种章程,发布各种通令,审查各种出版物,查禁大量的淫秽、迷信、怪异、黑幕作品等。据1917年统计,全国共成立通俗教育研究会232所,会员达12922人,遍布23个省区。② 在这以后社会教育行政工作更是把调查、改良风俗习惯,改良民众娱乐等看成是社会教育的重要工作。

从历史来看,近代社会教育司的建立,对于民风、民俗、民众娱乐的改良与进步起到了积极的作用。近代通过社会教育来改良民众风俗习惯的经验,为我们今天发展教育提供了许多重要的启示,对于我们这个具有悠久文化传统

---

① 陈侠、傅启群:《傅葆琛教育论著选》,人民教育出版社1994年版,第3页。

② 朱有瓛等:《中国近代教育史资料汇编.教育行政机构与教育团体》,上海教育出版社1993年版,第380页。

的国家来说,应该重视运用社会教育的力量来弃旧创新,运用社会教育事业来实现新的"化民成俗"。

(四)发展社会教育有助于"得民心"

近代社会教育理论与事业的产生,一开始就具有强烈的福利、慈善和助人的色彩,它通过各种教育机构与设施,采取各种实践活动实施对社会各阶层人群的救助与教育,以使无法进入学校的人有接受教育的机会。如近代相继出现的简易识字学塾、半日学堂、露天学校、平民学校、民众学校等等,它们通过免收学费、低收费或赠与各种书籍的方式,以实现对失学者的救助与教育,这些类型的学校最初是面向失学的儿童,但随着发展,人们逐渐认识到失学的成人应该是救助的重点,所以后来此类学校逐渐以失学的成人为教育的对象。此外,一些公共式的社会教育机构与场所在近代也经历了由少数人的特权转向多数人的权利;从面向"士人",到面向公众;从以儿童为主,向面向民众的转变,如图书馆、博物馆、公园、电影院、剧院等等。

正因为社会教育事业具有慈善和福利色彩,所以社会教育的机构与设施普遍受到社会各界的欢迎,因此,近代以来社会教育的事业像滚雪球一样越来越大,从清末时期的少数几项,发展到后来已达 60 多项,广泛的社会教育机构,存在于社会的各个角落,在提高"民智",普及知识的同时,也对于"民心"的养成,起到了积极的作用。这在近代的革命事业中,体现得尤其明显,如辛亥革命时期革命者就十分重视运用社会教育的手段来组织人力,并且认为在革命时期社会教育比学校教育更为有效,"今日言革命教育者……不在家庭教育,不在学校教育,而在社会教育。是故革命教育者,惟有社会教育之可言也"[1]。因此,后来孙中山在总结辛亥革命成功时说:"这种成功,完全是由于宣传奋斗的成功","教育就是宣传","革命成功全赖宣传主义"。[2]

中国共产党革命事业的成功,苏区的社会教育事业也起了十分重要的作用。中国共产党把争取劳动人民的受教育权利和广泛的社会教育实践相结合,对于争取群众的支持,取得了大量的成功的经验,如苏区开展的群众扫盲运动,建立工农业补习学校、识字班,广泛设立群众俱乐部等等,正如毛泽东所说:"苏维埃政府用一切方法,来提高工农的文化水平,为了这个目的,给予群

---

① 佚名:《民族主义之教育》,《游学译编》1903 年第 10 期。
② 孙中山:《宣传造成群力》,载《孙中山选集》,人民出版社 1981 年版,第 556、557 页。

众以政治上与物质上一切可能的帮助。"①正是因为这种"一切为了群众,一切依靠群众,从群众中来,到群众中去"的社会教育实践活动的成功,才使得中国共产党的革命事业有了广泛的群众基础。

(五)发展社会教育有助于弥补家庭教育和学校教育的不足

近代在中国出现的社会教育概念,一开始就是和家庭教育、学校教育相对而提出的,许多教育家都认为,发展社会教育可以弥补家庭教育和学校教育的不足,辅助解决各种社会问题。如蔡元培主张设立社会教育司,就是为了"兼顾多数年长失学之成人",以补充学制体系的不足。他曾说"照现在教育状况,可分为三个范围:一是家庭教育,二是学校教育,三是社会教育"②,并认为社会教育"补正式学校之不足,其于教育普及上,必有极大助力,无可疑也"③。晏阳初则从平民教育的角度来看社会教育对于家庭教育和学校教育的作用,他说:"所谓社会教育,是一种辅助正式学校的教育。"④梁漱溟也有相同的认识,他说:"正唯传统学校教育有所不足,或且日益形见其缺短,乃有今日所谓社会教育(或民众教育或成人教育)起为补救。"⑤陶行知在教育实践中也看到了传统学校教育的不足,他说:"中国乡村教育走错了路","中国现在的乡村学校,老实说来,确实不能适应乡村的需要"。⑥ 所以,他主张中国需要一种大众教育运动,而从事大众教育的目的"在于弥补正规学校教育之不足"。这些教育家在自己的教育实践中形成了这样的共识,为我们提供了一条重要的教育经验,那就是必须重视发展社会教育事业,来弥补家庭教育和学校教育的不足。

社会教育可以弥补家庭教育和学校教育的不足,表现在如下几个方面。首先,社会教育机构与设施的广泛设置,为受教育者提供了更多的接受教育的机会、场所和场地,如图书馆、阅报处、民众学校等;其次,社会教育在教育对象上,扩大了受教育者的范围,使接受教育的人不仅仅是青少年,还包括各个阶层的群众,如近代的民众教育馆、文化馆以及各种民众教育运动等;再次,社会教育灵活、多样的教育形式,丰富了教育的内容,使受教育者在潜移默化、耳濡

---

① 江西赣南师专教育研究室:《中央苏区教育资料选编》,江西人民出版社1980年版,第34页。
② 高平叔:《蔡元培教育论著选》,人民教育出版社1991年版,第392页。
③ 高平叔:《蔡元培教育论著选》,人民教育出版社1991年版,第621页。
④ 马秋帆、熊明安:《晏阳初教育论著选》,人民教育出版社1993年版,第25页。
⑤ 马秋帆:《梁漱溟教育论著选》,人民教育出版社1994年版,第102页。
⑥ 张达扬、李红梅:《陶行知论普及教育》,安徽教育出版社1986年版,第57页。

目染的环境中接受教育的熏陶和影响,如各种公开演讲,广场教育活动,各种展览、戏曲、音乐活动等。总之,社会教育的理念是突出社会本身就是一个教育场所,它要求通过各种机会和场合来实现教育的目的。

(六)发展社会教育有助于扩充学校教育的功能

近代以来许多教育家,在发展社会教育的过程中,都认识到发展社会教育能够扩充学校教育的功能。蔡元培是这种主张的代表人物,他认为,"教育并不专在学校,学校以外,还有很多机关";"教育亦并非全靠学校,如演讲会、阅书报室都是教育,如动物园、植物园、博物院、图书馆、戏院、影戏馆都有教育的作用"。[①] 那么,学校外的这些教育事业靠谁来推动呢?

蔡元培十分推崇国外大学在校内外兼办社会教育的做法,他结合自己在国外的经历,向国内各大学介绍了许多国外大学在校外从事推广教育和扩充教育的经验,他说:"中国社会教育很少,应学美国尽量发展";"美国大学的目的,要把个个学生养成有一种服务社会的能力,……而且一切文化事业,都由大学包办,如巡回图书馆、巡回影戏片、函授教育等等。在工商业的都会,大学就指导工厂、商业;在农业的州府,大学就指导农人"。[②] 他介绍说,欧洲大学教授也有暑期讲习会或平民大学等。[③]

傅葆琛对"扩充教育"有更直接的体会,他说:"扩充教育,也可以说是推广教育,欧美各国,这种教育很是发达,施行这种教育的机关,多半是大学。美国各大学,皆设有扩充教育部或推广教育部,所举办之教育事业甚多,有学校式的,也有社会式的。"[④]著名民众教育家俞庆棠更为直接地说出了扩充教育和社会教育的关系,她说:"扩充教育的范围,从现在的事实看来,有社会教育——狭义的社会教育,如图书馆、体育场、通俗教育馆等;……再从社会的眼光看,扩充教育就是社会教育,广义的社会教育,……扩充教育以全社会为对象,适应社会各种需要,不择人,不择地,随处可以有教育的设施。"[⑤]这些教育家的论述,也为我们提供了一个重要的经验,那就是各级各类学校不应该"关门办学",应该发展自己的推广教育,扩充学校教育的功能,成为所在社区的教育中心,为地方社区的发展,提供知识、思想与智力的支持。

---

① 高平叔:《蔡元培教育论著选》,人民教育出版社 1991 年版,第 451 页。
② 高平叔:《蔡元培教育论著选》,人民教育出版社 1991 年版,第 347 页。
③ 高平叔:《蔡元培教育论著选》,人民教育出版社 1991 年版,第 358 页。
④ 陈侠、傅启群:《傅葆琛教育论著选》,人民教育出版社 1994 年版,第 104 页。
⑤ 茅仲英:《俞庆棠教育论著选》,人民教育出版社 1992 年版,第 6 页。

　　总之,从社会教育产生与发展的历史来看,社会教育理论与事业在近代的蓬勃发展,是各国教育事业中一个值得关注的现象。马克思曾言:"理论在一个国家的实现程度,决定于理论满足这个国家的需要程度。"①自社会教育思想观念产生以来,各个国家都根据自身的需要,给予社会教育以极大的重视,尤其日本自明治时期推广社会教育以来,直到今天社会教育仍然是其教育发展中的一个重要组成部分,日本许多教育家在总结国力强盛的原因时,都认为,对于经济落后,"民智"低下以及社会问题增多的国家来说,发展社会教育是一个成功的经验。如日本近代著名教育家吉田熊次认为"德、法、英之有今日,非由于学校教育之力,实有赖于彼邦社会教育者甚大,若不注意及此,而只重视学校教育,国家终难自强"②。日本现代学者新堀通也认为"社会教育远在学校教育之前就已经存在,即使今天,正如其定义所表现的那样,它起的作用也远比学校更为重要"③。

　　我国近代社会教育的产生与发展,也是在惨痛的教训中开始起步的,由于长期的办教育只重学校,只重人才,只重青少年,所以使我国的教育发展,忽视了学校外各个阶层民众素质的提高,因而使近代以来"民智"问题,"国民程度"问题,"国民性"问题一直成为社会全面进步的羁绊。为了解决这些问题,近代以来许多教育家试图发展通俗教育、平民教育、乡村教育、民众教育等来补救这种不足,形成了中国近代教育史上,各种社会教育运动"色彩斑斓"的一幕。这种情况恰恰说明了社会教育的理论与事业是适合中国国情的教育事业。如果总结近代社会教育的基本经验,我们得到的重要启示就是在解决各种社会问题的过程中,要对社会教育予以关注。在发展教育事业的过程中,要重视社会教育的研究与落实,发展广泛的社会教育事业,规范社会教育的领域,整理旧的社会教育机构与设施,创造社会教育的新体系。同时必须突破教育就是学校教育,教育就是面向青少年,教育就是培养人才的狭窄认识,树立学校教育与社会教育并重,人才培养和民众教化共成的大教育观。只有在"储才"与"新民"并重,"民智"与"民心"共成的情况下,国家的强盛,民族的振兴,和谐社会的实现才有一个坚实、可靠的教育保障。

---

　　①　中共中央马恩列斯著作编译局:《马克思恩格斯选集》(第1卷),人民出版社1972年版,第108页。

　　②　[日]吉田熊次:《社会教育的设施及理论》,上海中华书局1935年版,第2页。

　　③　[日]新堀通也:《社会教育学》,春秋出版社1989年版,第1页。

辛亥革命与河南留学欧美预备学校的建立

——写在辛亥革命百年之际与河南大学百年前夕

李申申　　王世广 *

摘　要:在中国近代历史上留下深远影响的辛亥革命,成为中国教育近代化的助推器。而在辛亥革命的大潮中,河南大学的前身——河南留学欧美预备学校应运而生。河南留学欧美预备学校是河南省最早的一所主要学习外国语言、为派送青年学生赴欧美留学深造而设的专门学校。它立足为地方培养人才;课程设置以外文为主,注重德、智、体、美和谐发展;在严慈相济的首任校长林伯襄带领下,学校形成了团结、勤奋、严谨、朴实的优良校风。它的成立和发展,是辛亥革命后先进的中国人"教育救国"思想的真实写照。

关键词:辛亥革命;教育近代化;河南留学欧美预备学校;河南大学

"扫除数千年种种之专制政体,脱去数千年种种之奴隶性质"①,资产阶级民主革命的思想先锋邹容在 1903 年对资产阶级民主革命目标所作出的这一描绘,尽管未能真正完全适用于对辛亥革命的评价,但也在一定程度上向我们揭示了资产阶级民主革命的旨归。1911 年,接连而起的黄花岗之役、保路运动、武昌起义,最终汇成辛亥革命的历史风云。辛亥革命,打破了历代王朝的更迭机制,否定了整个皇权体制,因而也触动了传统社会的各条神经,是政治制度和社会思想的一大跃进,在新旧递嬗的历史进程里留下了不可磨灭的影响。②当然,辛亥革命虽然推翻了封建帝制,却又没有彻底完成资产阶级民主革命的任务。就国内而言,封建主义势力仍然在对广大民众施以压迫和剥削;而在国际上,贪婪的帝国主义不断推进的蚕食仍然使中华民族面临着严重的

---

　*　作者简介:李申申,河南大学教育科学学院教授;王世广,河南大学教育科学学院教育史专业硕士研究生。

　①　邹容:《革命军·绪论》,载李晓菊编:《辛亥烈士诗文选译》,巴蜀书社 1997 年版,第 14 页。

　②　陈旭麓:《近代中国社会的新陈代谢》,上海人民出版社 1992 年版,第 311 页。

生死危机。为摆脱内忧外患的紧迫状况,教育被寄予厚望。辛亥革命前后的20年,是我国步入教育近代化的重要时期。

一、辛亥革命成为中国教育近代化的助推器

有学者指出,在辛亥革命前后的二三十年间,民族危机与人格危机普遍弥漫于国民心中。[①] 为有效克服这种近代中国人产生的民族与人格的双重"认同危机",教育被视为一剂救国救民的良药。20 世纪头 20 年的中国教育,一方面要帮助国人树立因近世连绵不断的外敌入侵而日益衰落低下的民族自信,另一方面又要帮助个体逐渐确立因中西文化的激烈冲突而摇摆不定的人格向度,尤其是文化心理人格。但是,"你方唱罢我登场"的军阀混战、纷乱复杂的国内政局、民不聊生的社会经济、虎视眈眈的列强环绕,使得教育真正实现"救国救民"的历史重任难上加难。然而,历史在关闭了一扇窗口的同时,也会向我们开启另一扇进取的大门,艰难的时世恰好也为教育展示其竭尽所能匡扶乱世的那幅精彩的历史画面提供了难得的机遇。而辛亥革命在一定程度上而言,大大加速了中国教育近代化的历史进程,成为中国教育近代化的助推器。之所以如此,主要有主观与客观两方面的因素。

从主观方面的因素看,辛亥革命极大地解放了社会思想,使得人们进一步认识到接受教育于国于民的重要。科举制度虽然早在清王朝灭亡之前的1905 年就已经被废除,但希求通过科举一途飞黄腾达者仍大有人在。辛亥革命一役,在很大程度上扭转了人们视科举为唯一正途的思想心理。大众思想的解放,为民国初年教育的大发展提供了强大的社会心理需求这一持久的发展动力。就教育近代化的体系而言,辛亥革命前后先进思潮的引导和影响是不可忽视的。正如有论者所言,辛亥革命前后的教育思潮,反对忠君、尊孔,追求"共和国民健全之人格",主张培养民国建设之人才;由重文轻武转向提倡"尚武",以求抵御外侮,确保国家独立;反对"重义轻利"、空疏不实,大力提倡实利主义,以发展国计民生,谋求国家富强;反对恪守"古训",提倡科学精神,崇尚"真知特识",并力求实现人的德智体美的和谐发展。这些教育主张基本

---

① 马和民、何芳:《"认同危机"、"新民"与"国民性改造"——辛亥革命前后中国人教育思想的演进》,《浙江大学学报》(人文社会科学版)2009 年第 1 期。

上适应了资产阶级新经济、新政治和新文化的需要。① 当然，对中国传统文化
的客观、全面评价须有一个稳定而平和的环境。在近代内忧外患频生、急于追
赶西方的情况下，对自身文化的评价有所偏颇，在所难免。

从客观的社会因素方面看，辛亥革命之后，百业待兴、百废待举的社会现
实，未来经济社会发展的巨大空间，对大量建设人才的迫切需求，都为民国初
年教育的大发展提供了坚实的客观社会条件。同时，辛亥革命后，南京临时政
府的成立、新教育机构的建立、新教育方针的制定，为中国教育的近代化提供
了强有力的制度性保障。尽管这个革命政权寿命极短，但它"发展新式教育的
主张与精神，及其意义与影响则与共和观念永存"②。

二、辛亥革命与河南留学欧美预备学校的建立

身处资产阶级革命汹涌大潮中的河南，也是力图革故鼎新，而教育则被视
为当务之急。然而，同全国其他大多数地区一样，民国初年的河南教育也是一
堆晚清遗留下的烂摊子。鉴于省内教育普遍不振、建设人才严重匮乏的现实，
河南的进步人士纷纷建议向世界上先进的国家和地区进行学习。因此，河南
大学的前身——河南留学欧美预备学校，就在这种历史背景下应运而生。

可以说，辛亥革命为河南留学欧美预备学校的建立提供了条件上的准备
和思想上的启蒙。正如有学者指出的那样，一方面，辛亥革命的成功使人才的
培养与输送成为可能。民国成立伊始，《普通教育暂行办法通令》的发布实施、
中华民国中央临时教育会议在北京的召开、中华民国第一个《学校系统令》的
公布以及之后为充实学制又陆续公布的各种学校政策法令，为人才的培养及
输送提供了必要的前提条件，也促进了在清朝末年业已开始的教育改革的步
伐；另一方面，共和政治使中国教育从师日变为效法欧美。辛亥革命后，在反
对封建专制、培养共和国民的时代氛围中，出于对日本教育中浓厚的封建忠君
思想和军国主义倾向的厌恶，中国的知识分子倾心于以个性解放和人格独立
为主体、以自由主义与民主主义相标榜的欧美诸国思想文化。③

辛亥革命之后不久，河南教育界的进步人士有感于政局依然动荡，民不聊

---

①　李华兴、张元隆：《辛亥前后教育思潮的变迁》，《上海社会科学院学术季刊》1991年第4期。
②　黄保信：《辛亥革命与中国教育近代化》，《河南大学学报》（社会科学版）1991年第4期。
③　高全余：《略述河南留学欧美预备学校》，《学习论坛》1996年第6期。

生,新式学堂"尊孔读经"的封建教育模式不变,纷纷建议省政府设立留学欧美学校,向欧美派遣留学生。① 1912年4月,经河南省临时议会议定,决定创建"河南留学欧美预备学校"。同年4月27日,《大中民报》刊登"欧美预备科将办"的消息;29日,《大中民报》正式刊登《筹备留学欧美预备学校公启》,发布相关消息。在该《公启》中,林伯襄等河南留学欧美预备学校创建的发起人激情满怀地写道:"呜呼,共和国成立,民国肇基,河流嵩峡间黯然无色之老大河南,亦将随之焕然一新,变为美丽庄严之乐土也乎? 吾窃喜望之,而未敢信也……夫国之强,强于学,一省亦然。河南学战之战阙员,既不能与各国相角逐。则在各界中往往蜷伏人下,莫敢仰首一嚎鸣,而一切人民权利,亦往往不能与他人平等,又将谁尤? ……举国自由,中州独后,河南之不若人甚矣。岂数千万有脑筋、有心思、有耳目口鼻之人民,竟无一引以为耻者乎?"②在林伯襄等人为代表的河南开明士绅看来,不甘心河南落后的仁人志士应当筹划"根本之救治法"。而推动河南发展的根本方法,就是通过向欧美地区派遣大量的青年学子,学习文明先进国的政治、学术、技艺,汲取经邦济世的世界知识、专门知识,以"归而飨诸祖国,其有裨于民智、民德、民力、民权、民生者必多"③。否则,"留学无人,则真文明无其导线,真事业无其原质,后此共和国之河南各个人、各社会,犹是前此专制国之河南各个人、各社会,以之入政治竞争、文化竞争、经济竞争、生存竞争之场,必永无河南人之立足地,河南特各省之一附属物、寄生物而已。呜呼,黑暗复黑暗,长夜何时旦。我父老兄弟,纵不为一己之人格、人权悲,独不为后世子孙怜乎"④? 根据林伯襄诸公在《公启》中的解释,在当时的社会条件下,留学糜费甚多而收效甚难,且"河南各中学迟钝、腐靡,不足养成留学资格",即使是被改良过的一般学校也很难适应对外国语言文字的学习;而派遣学子赴津、沪地区学习的花费又非常巨大,且培养的人数有限。⑤ 因此,林伯襄等人建议专设预备学校。对于"河南留学东岛者,不有人乎? 何事留学欧美之预备"等可能的诘问,林伯襄等人解释说,一方面,日本的短期文明,"足以飨遗我国者无几";另一方面,日本所吸取借鉴的欧美学说较陈旧,不适用于今天的新共和国。⑥

① 伊秀芬:《国立河南大学成立始末》,《档案管理》2010年第3期。
② 林维镐、林伯襄、刘鸣晟等:《筹备留学欧美学校公启》,《大中民报》1912年4月29日,第1版。
③ 林维镐、林伯襄、刘鸣晟等:《筹备留学欧美学校公启》,《大中民报》1912年4月29日,第1版。
④ 林维镐、林伯襄、刘鸣晟等:《筹备留学欧美学校公启》,《大中民报》1912年4月29日,第1版。
⑤ 林维镐、林伯襄、刘鸣晟等:《筹备留学欧美学校公启》,《大中民报》1912年4月29日,第1版。
⑥ 林维镐、林伯襄、刘鸣晟等:《筹备留学欧美学校公启》,《大中民报》1912年4月29日,第1版。

1912 年 8 月 25 日至 9 月 2 日,《自由报》接连刊登《河南提学司招考留学欧美预科学生广告》。① 该《广告》规定,河南留学欧美预备学校向社会公开招收身体健全、国文通顺、曾学习过算术的加减乘除及分数的、年龄在 10－16 岁之间的高小毕业生,进行为期 5 年的学习。② 1912 年 9 月 25 日,河南留学欧美预备学校的首届新生 100 余人入校上课。至此,河南大学的前身——河南留学欧美预备学校在古城开封的清代贡院旧址上正式诞生,首任校长为林伯襄先生。它的创建,"开各省之先风"③。

1912 年 10 月,中华民国临时政府教育部公布《大学令》,对大学的教育宗旨、学科设置、学制年限、学生入学资格、教师职级、管理体制等方面作出明确规定。这样,在办学的法律规章制度方面,河南留学欧美预备学校有了更加严格系统的依据。河南留学欧美预备学校与北京的清华留美预备学校(今清华大学)、上海南洋公学(今上海交通大学)一起被视为当时中国仅有的三所外语专门学校。除了清华留美预备学校之外,河南留学欧美预备学校在中国留学史上也同样占有重要的地位。尽管有之前清华留美预备学校等校的办学模式可资借鉴,但由于创建者几乎均未曾有相关经历,河南留学欧美预备学校具体的办学模式、教学内容、课程设置等方面主要依靠延聘的外籍教师和留学归来的教师们在探索中总结。依靠这些便利的办学条件,河南留学欧美预备学校得以充分借鉴、吸取当时代表教育发展潮流的欧美教育的先进经验,特别注重学生的德、智、体、美等方面的和谐发展,从而使河南留学欧美预备学校一扫清末封建传统教育的腐朽气息,充分地反映了辛亥革命后新兴资产阶级要求国家独立富强和发展资本主义的进步愿望。

由于是以通过开展外语教育为青年学子出国留学奠定坚实的基础为主旨,且办学时间较早,河南留学欧美预备学校曾被誉为"中国最早专派出国留学生的高校"④。作为河南省最早的一所主要学习外国语、为派送青年学生赴欧美留学深造而开设的专门学校,河南留学欧美预备学校从 1912 年 9 月创办,到 1923 年 3 月结束,历时近 11 年。在十余年的办学期间,该校共招生 7

---

① 孙青艾:《河南大学》,河南大学出版社 2002 年版,第 11 页。关于《河南提学司招考留学欧美预科学生广告》发布的时间,还有另外两种说法,此处取孙青艾说。

② 高全余:《略述河南留学欧美预备学校》,《学习论坛》1996 年第 6 期。关于招收学生的年龄,也有其他的说法,此处取高全余说。

③ 《张鸿烈先生行述》,载刘真编:《留学教育——中国留学教育史料》,台北"国立"编译馆 1980 年版,第 1137 页。

④ 《中国最早专派出国留学生的高校》,《河南省情与统计》1997 年第 7 期。

届 10 班,计 662 人,分英文、德文和法文三科;毕业 5 届 8 班,计 261 人,毕业生大多出国留学或升入国内大学继续深造,获博士学位者 24 人,在国内高校被评聘为教授者 39 人。[1] 可以说,河南留学欧美预备学校是当时除了北京、天津、上海、广州等中心以及沿海城市之外,唯一设在内地的以留学欧美为方向的新式学校。[2] 而且,作为辛亥革命后新文化、新思想的产物,河南留学欧美预备学校以教育国际化的思维方式、全方位开放的办学理念,开启了河南近代高等教育的先河。[3] 其后,以河南留学欧美预备学校为根基,河南大学历经中州大学、国立第五中山大学、省立河南大学、国立河南大学、中原大学、河南大学、河南师范学院、开封师范学院、河南师范大学、河南大学之称谓,几易其名,几经沧桑,至今天已发展成为一所有着厚重文化底蕴、多学科齐全的现代化综合大学。

三、河南留学欧美预备学校的办学特色

(一)立足地方培养人才

河南留学欧美预备学校成立伊始,就确立了立足地方培养人才的宗旨。为立足河南"造就兼学中西、善于适应之人才",从而更好地报效国家,创建河南留学欧美预备学校的先贤们在《筹备留学欧美预备学校公启》中满含深情地呼吁河南教育的发展、英才的培养。因此,沐浴着辛亥革命的风雨而建立的河南留学欧美预备学校,视河南的发展、河南竞争力的增强、河南人民精神人格的提升为当务之急而培养人才为学校的直接目的。此后,在沧桑的岁月中,这所学校虽几经演变,但其呕心沥血育人的传统代代相传,不仅为河南、为中原,同时也为全国培养了数十万人才,其中不乏享誉国内外的知名人士。这所学校在发展中时时散发出引领地区进步与发展的文化和精神魅力。今天,当建设中原经济区上升为国家战略的时候,河南大学应当以其深厚的文化底蕴、悠久的历史积淀、培养了数十万计人才的优良传统,与河南其他的高校一起,携手担当起历史赋予的推动中原加速发展的重任。

---

[1]　《河南教育通史》编纂委员会:《河南教育通史》(中),大象出版社 2004 年版,第 126 页。

[2]　张生:《中原文化悠且长》,《大公报》2011 年 7 月 21 日,C3 版。

[3]　张宏志:《河南大学近代教育建筑研究》,西安建筑科技大学,2005 年,第 115 页。

（二）课程设置以外文为主，注重德、智、体、美和谐发展

秉承"造就兼学中西、善于适应之人才，进而资送出国留学深造，从而更好报效国家"的办学宗旨，河南留学欧美预备学校在课程设置方面"洋味十足"、别具特色，这也凸显了近代国人学习欧美先进经验的急迫心理。由于主要是为培养出国留学人员奠定较为坚实的语言基础，在河南留学欧美预备学校的教学内容和课程设置方面，外语教学是其典型特色。整体而言，在河南留学欧美预备学校所设置的课程中，外语的学时较多。而且，学校主要开设了英文、德文、法文三科，入读其中某一科的学生，还要学习第二外国语。在教材的选用上，基础课中除中国历史、国文、算术等少数科目外，其他各科均使用外文原版教科书讲授，并把外语学习渗透在各个教学环节中，使学生大都能用所学外语进行日常会话、作文等。不过，对外文的过于偏重，也带来一些问题。如：有的预校学生在为其他学校的学生讲授物理时竟然只知"lever"（杠杆）而不知"杠杆"。因而，河南留学欧美预备学校尽管是以外语教育为主，但也特别注意通过制定并严格执行一系列规章制度来加强对学生良好思想道德意识与行为的培养。1912 年 9 月 2 日，中华民国临时政府教育部公布《教育宗旨》，规定中华民国的教育"注重道德教育，以实利教育、军国民教育辅之，更以美感教育完成其道德"[1]。民国《教育宗旨》的颁布，为河南留学欧美预备学校的健康发展提供了重要的指引。

在长达 5 年的学习时间里，河南留学欧美预备学校为学生们开设的课程除英文外，主要还有：国文、中外史地、数学、博物、理化、地质学、经济学、教育学、体操、音乐等，计 26 门课程，共计 6232 课时。[2] 可见，课程开设是多样的。

需要提及的是，河南留学欧美预备学校对体育是非常重视的，曾规定"体育不及格者退学"[3]。因此，河南留学欧美预备学校不仅在学生 5 年的学习生活中每周开设 2—3 学时的体育（体操）课，而且也规定"每天下午 4：30 后，寝、教室一律关闭，全体学生参加体育锻炼"[4]。在此规定之下，预校学生普遍积极参与各项体育运动，其中足球、网球等球类运动亦曾为预校赢得多项荣誉。当时，在新式学校中，南开学校圣安德烈足球队的实力与战绩均颇为不

---

① 舒新城：《中国近代教育史资料》（上），人民教育出版社 1981 年版，第 223 页。

② 《开封市教育志》编委会：《开封市教育志（1840—1985）》，中州古籍出版社 1991 年版，第 207 页。

③ 吕宜园：《留美预校的体育运动》，载中国人民政治协商会议河南省委员会文史资料委员会编：《河南文史资料》（第 34 辑），1990 年版，第 48 页。

④ 《开封市教育志》编委会：《开封市教育志（1840—1985）》，中州古籍出版社 1991 年版，第208 页。

俗,但是,在与河南留学欧美预备学校足球队之间展开的三场比赛中均遭败绩。之后,河南留学欧美预备学校足球队在河南全省、华北乃至全国的比赛中也是不落下风,在一时之间被传为美谈。让学生加强体育锻炼,在强身健体的同时,也有利于引导学生形成健康向上的精神。

(三)严慈相济的首任校长与团结、勤奋、严谨、朴实的优良校风

在建校初期,河南留学欧美预备学校就逐渐形成了良好的校风,这与其首任校长林伯襄先生掌校期间的辛苦努力密不可分。在掌校期间,为人正派、热心校务、办事认真负责、生活俭朴的林先生对预校的办理是有声有色,一时之间使这所学校成为"优秀青年角逐的惟一之理想学校"[①]。

在对教师的任用上,"礼贤下士,尊重人才"的林伯襄先生是既严格要求,又关怀备至。对于新聘教师,林先生均要求其到校试讲,并总要亲自听新聘教师一、两周的课,之后才决定是否正式录用该人员作为本校教师。而对于学期中间教师教学的管理,林先生更是积极采取有效措施,一旦得知学生对哪位教师的教学有不满之处,林先生便会立即前往听课,了解情况,帮助教师及时改进教学。如果在认真了解相关情况之后认为某教师不称职时,他就会马上将其辞去,决不等待学生的请求。而一旦遇到优秀的教师,林先生则不惜重金延揽入校。对离家较远的教师,一遇天气不好,林先生不是亲自到校外迎候,就是派车前往接送。因此,预校的教师对林先生都是特别地尊重,在教学工作上也自然奋力而为。在林先生的努力下,河南留学欧美预备学校逐渐形成了较为雄厚的师资力量,这也就为较高水准的教学提供了坚实的保障。

对于预校的学生,林伯襄先生也是严慈相济,既严格要求,也体贴入微。从学生在校学习生活的时间上看,预校的安排是相当紧凑的:"每天八小时的睡眠,六小时的课程,三小时的自修,二小时的体育,加上三餐与课外活动,都紧缩在一天 24 小时的作息时间表内。"[②]而学校严格的学习考核制度也使得部分意志薄弱之学生心生畏惧,有的学生因功课赶不上而退学,有的则勉力支撑苦苦等待毕业的来临。当时预校中流传有一首彰显此类学生学习心态的打

---

① 郭克悌:《留美学校回忆》,载刘真编:《留学教育——中国留学教育史料》,台北"国立"编译馆1980年版,第 1138 页。

② 涂心园:《忆河南省立留学欧美预备学校》,载中国人民政治协商会议河南省委员会文史资料委员会编:《河南文史资料》(第 34 辑),1990 年,第 38 页。

油诗:"人生原是 to play,何必用功 study? 只要功课能 pass,文凭到手 go away。"①对于学生的学习,林先生要求教师积极采取各种方法加以督促。对于不认真学习的少数学生,教师一般采用课堂提问、随堂考试、期末考试及其他奖惩办法来激励他们的学习。如:预校在每期考试之后均列榜公布成绩,这就大大激发了预校学生的争强好胜之心,使学业日臻上游。在预校就读的学生中,"虽无悬梁(因发辫已剪去)之举,而刺股求读者,则大有人在"②,一时之间,预校全校形成一种奋发苦读之风,校园里常是书声琅琅,故曾有"留美学校处处蛙"之誉。③

按照预校相关规章制度的管理要求,预校学生一律住校,从周一到周六,学生均须在校学习生活,只有到星期日,方可在请假之后准许外出一天,但是也必须在晚八时以前回到学校,否则记大过一次,三次就开除。除此之外,对违反校规的学生,在耐心劝诫的同时,预校会根据学生所犯过失的大小,依照预校相关管理条例,分别给予警告、记过、开除学籍等处分。林先生对于犯有过失的学生,都是以严肃、诚恳之情加以劝诫,他"向没有厉声厉色的吵骂过学生"。这样一来,因日常穿着朴素且与人和蔼可亲而时常被误认为校工的林先生同预校学生之间便逐渐形成了一种"父兄子弟"般亲近的关系。

在严慈相济的林伯襄校长身教加言教的带领下,河南留学欧美预备学校形成了团结、勤奋、严谨、朴实的优良校风,对以后河南大学的发展影响深远。20 世纪 30 年代确立、并沿用至今的河南大学"明德新民,止于至善"的校训,体现并深化了林校长的办学精神,也成为河南大学师生不断进取的动力。

在辛亥革命大潮的激励与推动下建立的河南留学欧美预备学校,其校名虽然只存在了 11 年,但它成为具有百年历史的老校河南大学的前身。它所奠定的基础,使以后的河南大学受益颇深;它的求真务实的办学精神,具有穿越时空的永恒魅力。

---

① 吕宜园:《留美预校的体育运动》,载中国人民政治协商会议河南省委员会文史资料委员会编:《河南文史资料》(第 34 辑),1990 年,第 46 页。

② 郭克悌:《留美学校回忆》,载刘真编:《留学教育——中国留学教育史料》,台北"国立"编译馆1980 年版,第 1139 页。

③ 《开封市教育志》编委会:《开封市教育志(1840—1985)》,中州古籍出版社 1991 年版,第208 页。

辛亥革命时期女子教育的发展嬗变及其历史影响

朱志峰　王凌皓*

　　摘　要：发端于近代的中国女子教育在辛亥革命时期(1911—1919年)获得了长足的发展，此间通过兴办女子学堂、允许男女合校、发展女子留学教育以及创办女性团体和女刊等多种形式，拓展了女子教育的规模，加快了女子教育的发展速度，这不仅极大地解放了妇女的思想，唤醒了女性的主体意识，而且有力地推动了中国的民族民主革命进程，在中国近现代史上产生了极为重要的历史影响。

　　关键词：辛亥革命；女子教育

　　受中国传统的女性观及社会地位等的限制，中国古代没有正规的女子教育，女子教育主要是围绕着家庭、家事进行，其目的是培养淑女和贤妻良母。教育内容主要是传授文雅的琴棋书画或女工之事。自鸦片战争始，西方教会组织在中国创办了教会女子学校，旨在使更多的中国人醉心于教会事业，以推动基督教在中国的传播，但令其始料不及的是，教会女子学校的创办与发展，对中国自办女子教育起到了一定的推动作用。

　　中国自办女子教育发端于戊戌变法时期，维新志士们既无法蒙受中国女子由洋人来教育的民族耻辱，又看到了发展女子教育的必要性和重要性，于是开始自办女子教育。1897年，在维新思潮的影响下，中国最早的由女性(谭嗣同的妻子李闰、康广仁的妻子黄瑾娱等人)组织发起的女子教育组织"中国女学会"成立，该会以研究和创办女子学堂为使命，为了深入探讨妇女教育、妇女权利、妇女解放等问题，创办了"中国女学堂"、《女学报》等。1898年5月，维新派在上海创办了女子学校"经正女学"，这是中国人自办女子教育的最初尝试，改变了此前教会包揽中国女子教育的局面。但是，维新派所创办的女子教育仍是"以彝伦为本，所以启其智慧，养其德性，健其身体，以造就将来为贤母、

　　* 作者简介：朱志峰，吉林省社会科学院副研究员，东北师范大学教育科学学院在读博士；王凌皓，东北师范大学教育科学学院教授。本文曾刊于《河北师范大学学报》(教育科学版)2011年第9期。

为贤妇之始基"作为宗旨,女子学堂的课程仍以传统伦理道德教育为主,虽然也增加了绘事、医学、体操等西学课程,但只是为了培养更有素养的贤妻良母而已。清政府实行新政之后,维新派所创办的女子学堂虽纷纷遭到禁封,但国人兴办女子教育的热情不减,不过基本上是围绕"修明女教,开通风气"和"改良家庭习惯,研究普通知识,养成女子教育儿童之资格"的办学宗旨。到辛亥革命时期,面对愈发积贫积弱的社会现实,中国社会发出了"妇女实天下存亡强弱之大原","即无女学,则四万万之民,去其半矣"的呼声,呼吁通过发展女子教育来提高女子的思想觉悟、知识能力与社会地位,女子教育在这一时期获得了长足的发展,这不仅极大地解放了妇女的思想,唤醒了女性的主体意识,重新确立了女子的地位与价值,而且有力地推动了民族民主革命的进程,产生了重要的历史影响。

一、辛亥革命时期女子教育的发展嬗变

在辛亥革命的枪声打响之前,资产阶级革命派就已经开始积极筹划创办女子教育。1902 年 4 月,中国教育会创办后不久,蔡元培等即租校舍创立了爱国女校。爱国女校的女生不但不学习传统的三从四德,而且该校规定女子不得缠足、涂脂抹粉、穿戴华丽服装及首饰等。爱国女校的课程分文科和质科,文科的课程主要有伦理、心理、教育、国文、外国文、算学、历史、地理、法制、经济、家事、图画、体操;质科的课程主要有伦理、教育、国文、外国文、算学、博物、物理、化学、家事、手工、裁缝、音乐、图画、体操。支持民族民主革命的各界人士对中国自办女学表现出了极大的热情,既有为兴办女子教育事业倾家荡产的,也有为创办女学而殉命的。在这种情势下,女子学堂如雨后春笋般地出现了,如上海的城东女学社、宗孟女学,北京的京师女子师范学堂,浙江的爱华女学,杭州的女子师范学堂、绍兴的明道女师、嘉兴的爱国女学社,天津的北洋女子师范学堂、公立女子学堂、高等女学堂、严氏女塾、普育女子学堂,南京的旅宁女学,汉口的淑慎女学,长沙的第一女学堂、周南女塾等等纷纷得以创办。至 1907 年,全国女子学堂的数量已有 428 所,几乎遍布全国,当时除了甘肃、新疆和吉林三省尚未设立女子学堂外,其他各省均有设立,女学生数量已有

15498 人。①资产阶级革命派所创办的女子学堂，摆脱了封建礼教的束缚，抛弃了传统的贤妻良母型的教育宗旨与内容，主要传播新思想、新知识，以塑造新女性，在反对封建礼教、提倡女权等方面作出了重要贡献，适应了当时中国民族民主革命的需要，推动了民族民主革命的进程。女子教育的迅猛发展，也迫使清政府不得不修改和颁布新的教育政策，对女子教育诸问题，如办学宗旨、入学年龄、课程设置、修业年限、培养目标等做出具体规定和要求，为中国女子享有正规的学校教育准备了条件。

　　辛亥革命后，西方先进的教育思想、教育模式、教育制度大量引进，国内掀起了新一轮创办女学的热潮。1912 年，湖南长沙创办了第一所女子师范学校，前期创办的周南女塾在这一年更名为周南女子师范学校，并且增加了在当时颇具新意的美育教育学级园，强调培养学生的美感，同时还增设了体育课程，对提高女性的文化教育水平发挥了重要作用。1912 年 2 月，上海女子政法学堂开学，标志着我国的女子教育已经开始培养从政治国的人才。3 月，上海女子护士学校成立。3 月 20 日，中国成立了第一个省一级的女子教育领导机构"湖北女子教育总会"，该机构以"扩张女学，补助共和，期达于完全美满之目的"②为宗旨。此外，女子中学、各类女子职业专科和私立女子大学也相继成立，表明我国的女子教育已经开始摒弃"贤妻良母"主义，开始培养越来越多的职业女性。③

　　辛亥革命之前，尽管资产阶级进步人士在各地创办了各种形式的女子学校，但是在普通教育系统中实行男女合校，还是在资产阶级掌握政权之后。辛亥革命胜利之后，中华民国临时政府于 1912 年 1 月 9 日成立了教育部，1 月 19 日颁布了《普通教育暂行办法》和《普通教育暂行课程标准》。《普通教育暂行办法》第四条明确指出："初等小学，可以男女同校。"④《普通教育暂行课程标准》规定，初等小学和高等小学可为女生开设裁缝课程，中学和初级师范学堂可为女生开设家政、裁缝课程。民国初年的两个教育法规都强调男女平等，而且开始关注女子教育的特殊性，比较充分地体现了资产阶级的教育要求。

　　继小学阶段男女同校施行之后，高等教育也向女生敞开了大门。在"五四"新文化运动之前，中国不仅没有自己创办的女子高等学校，而且中国自办

---

　　① 王美秀：《中国近代社会转型与女子教育的发展》，《北京大学学报》（哲学社会科学版）2001 年第 3 期。

　　② 《教育杂志》，第 4 卷第 1 号。

　　③ 董卓然：《民国初期的女子教育》，《新疆地方志》2011 年第 1 期。

　　④ 《中华民国教育法规选编》，江苏教育出版社 1990 年版，第 194 页。

的高等大学也不向女生开放,女生接受高等教育,只能到教会大学。1915 年的新文化运动极大地冲击了封建礼教,男女平权的思想进一步深入人心,北京大学在蔡元培的带领下首开中国自办大学男女同校的先河。1920 年 2 月,北京大学首先接收了一批女旁听生,并于当年暑假正式开始招收女生入学,成为我国教育史上第一个实施男女同校的大学。在其影响下,北京、南京以及上海等地的大学也先后开始招收女生。同年 6 月 2 日,南京高等师范学校(南京大学前身)在教务主任陶行知的倡议之下,通过招收特别生的办法向女生开放,即"规定各科各学程有缺额时,得招收男女特别生"。此后,山西大学、南开大学、厦门大学、沪江大学、北京协和医学校等学校相继响应,据中国教育改进社调查统计,到 1922 年,除了特别技能的职业(如交通、税务之类),除了两所专门的女子大学,全国的大学都实现了男女同校。[①]

大学施行男女同校,客观上要求女生必须具有同等的知识水平才能被录取,这又引起了中等教育的改革,继大学实施男女同校后,中等学校也采取了男女同校的做法。1920 年 9 月,北京、天津等地各女校共计 500 余人到教育部请愿,当时请愿学生推举邓颖超等人为代表向教育部递交了申请书,表达了改革中学阶段女子教育的愿望和要求,其中一条就是中学男女同校,使女生和男生有同等的争取高等教育的机会。随即,全国教育联合会第六次大会通过决议,向教育部递交了中学阶段男女同校的申请。教育当局没有立即批准,但随着思想解放运动的深入以及女性要求中学阶段男女同校呼声的提高,加之当时中学生源的不足,1921 年,各地中学纷纷开始招收女生。1921 年暑假后,北京高等师范附属中学首开风气,招收一班女生。随后,广东的执信学校、湖南的岳云中学、上海的吴淞中学、保定的育德中学、南京暨南中学等都相继开始招收女生,这标志着中学男女同校的风气已在全国形成。中学阶段男女同校,是对中国延续了几千年的"女子无才便是德"、"男尊女卑"等旧观念及陈规陋习的又一有力冲击,将中国女子教育的发展推向了一个更高的阶段。

随着国内女子教育的勃兴和当时留学教育的发展,女子出国留学教育也成为辛亥革命时期中国女子教育发展的一大亮点。早期的女子留学教育多数是受教会派遣或随家人前往,还谈不上谋求女性主体意识觉醒和为民族民主革命积蓄力量。中日甲午战争爆发后,中国掀起了一股留日浪潮。在留日浪潮的影响下,中国出现了最早的以自强求富,民族民主为目的的女子留日教育,而且自费。据统计,1901 年至 1903 年,中国自费留日女生已近 20 人。辛

---

①　中国教育改进社编:《中国教育统计概览》,上海商务印书馆 1924 年版,第 10 页。

亥革命前夕,清政府外受帝国主义侵略势力镇压、内受资产阶级革命势力的推动,开始官派公费女学生出国留学,学习国外先进的思想和技术。到 1907 年底,中国留日女生已达 139 名,她们在日本所习课程主要是教育、日语、历史、心理学、理学、地理、游戏、唱歌、算术、编物、图画、刺绣等。为了兴邦救民,她们不仅勤奋学习,而且以良好的言行举止树立了中华女性的形象,给日本人留下了良好的印象,进而使日本友好人士对中国女留学生教育给予了更加热情的支持。

游美学务处是在"退款兴学"背景下成立的留美预备校,在民国成立之前,每年所派遣的留美学生有几十人,多时有一百人之多,但是未曾有过派遣女留学生的先例。中华民国成立之后,游美学务处改名为清华学校,并揭开了向美国派遣女留学生的新篇章,每隔一年派 10 名女留学生。① 中国女留学生在国外不仅受到了西方资产阶级启蒙思想的影响,也习得了西方国家先进的技艺,对改变中国女性教育现状产生了重要的影响。

为了积极推进女子教育的发展,辛亥革命前后创办了许多妇女团体和女刊。辛亥革命之前,由女子组织创办的各种妇女教育团体就有 40 多个,以振兴女子教育、提高妇女思想觉悟为宗旨所创办的团体有"共爱会"、"女子兴学保险会"、"留日女学生会"、"湖北女子教育会"、"女界自立会"、"女子手工传习所"、"女界合群求进会"等,他们号召女子走出家庭,出来学习和工作,这些女子教育团体的创办,在一定程度上破除了男尊女卑的旧观念,推动了妇女解放。

通过创办报刊宣传革命思想也是辛亥革命时期发展女子教育的重要举措。早期的知识女性以创建报刊为途径,向几千年来桎梏于封建礼教下的中国妇女宣传新思想,以唤醒女性的主体意识。早期的中国妇女报刊的主编、主笔都是中国妇女中的最早觉悟者,她们把创办女子报刊作为批判封建主义、传播民主思想、宣传男女平等、指导妇女解放运动以及激发女子爱国热情的重要平台。当时颇具影响的女刊有燕斌创办的《中国新女界杂志》、陈撷芬创办的《女报》、张汉昭等人创办的《神州女报》、秋瑾创办的《中国女报》、丁初我创办的《女子世界》等等。值得一提的是,很多女性报刊是由女留学生创办的,留学的经历与见闻使得她们所创办的刊物不仅对女性解放问题的认识与态度更为激进,而且她们还强调女性自身的解放和民族的解放要紧密结合,留日归来的秋瑾所创办的《中国女报》就具有明显的民族革命性,虽然《中国女报》只出版

---

① 孙培青主编:《中国教育史》,华东师范大学出版社 2009 年版,第 354 页。

两期就因秋瑾被捕而停办,但这份刊物对激发中国妇女的民族独立意识和革命精神却产生了深远的影响。

二、辛亥革命时期发展女子教育的历史影响

辛亥革命时期,兴办女子教育,使女子和男子享有同等的受教育机会是资产阶级革命派反帝反封建运动的重要课题之一。此间,通过发展各种形式的女子教育,不仅推动了当时民族民主革命的进程,而且对中国社会的历史发展也产生了重要的影响,其核心是,以自我解放为内涵的女性主体意识大大增强。所谓女性主体意识,即女性作为主体对自己在客观世界中的地位、作用及价值的自觉意识。简单地说,就是指女性能够自觉地正确地认识自己并履行自己的社会责任和实现自己的人生价值。辛亥革命前后,一批批接受过西方自由、平等、民主思想教育洗礼的中国女性不仅对数千年来压制她们的男尊女卑思想进行了无情的揭露与批判,而且积极思考如何通过自身的力量来谋求自身的解放。她们从自身的社会实践和教育实践出发,积极在经济、政治、文化、教育各领域施展拳脚,成为推动妇女解放,发展女子教育,推动社会文明进步的重要力量。归结辛亥革命前后女子教育的作用或影响,主要表现在以下几个方面。

首先,增加了新式教师的比例,促进了教育的发展。伴随着女子教育的发展,人们发现从教乃是女性最"合宜"的职业,认为女性具有较强的耐心和慈善、勤劳等特性,能担负起培养新国民的职责,于是,女性最初涉足的专门职业领域即是以教师这一职业为主。同时,政府的政策对女子从教也起到了重要的推动和保护作用。1917年,第三次全国教育联合会议通过了《推广女子教育案》,对女性从教问题作出了明确规定:"各省已有在女子中学毕业,愿任教员……应于该省区师范学校,筹设第二部,得于短期内成就师资。"①教育部基于女子中学教员缺乏的现实,预备发展高等女子师范教育,并于1917年改组北京女子师范学校,旨在为各地女子中学与师范学校的学生以及各地小学教

---

① 邰爽秋等:《历届教育会议决议案汇编第三届全国教育会联合会大会决议案》,教育编译馆1936年版,第13—15页。

师与管理人员提供进一步提升的机会。① "五四"运动以后,女教师在各地渐趋普及,在最初女教师人数很少,"五四"运动之后,"各校女教师,有多至与男教师相等的,少者亦不下三四人,简直没有一个学校没有女教师了"②。从教已成为知识女性最普遍的职业选择。据统计,到20年代中期,华南女子文理学院共毕业15人,其中有11人从教;金陵女子文理学院共毕业55人,有43人就业,其中35人从事教育工作。③ 辛亥革命时期,女教师以其温婉柔韧的天性在教师这一职业领域大放异彩,促进了中国教育的发展。

其次,谋求技艺以求自食其力,为女性自我解放确立了基本的经济保障。辛亥革命时期,先进的中国女性认识到,数千年来导致女子地位卑微的重要原因是女子不能自营生计,于是她们热切关注并身体力行地改造中国传统女性的经济地位。女革命家秋瑾在家乡绍兴主持明道女学时,就指出女子进学堂求学艺是妇女翻身的必由之路。她说:"但凡一个人,只怕自己没有志气,如有志气,何尝不可求一个自立的基础、自活的艺业呢?如今女学堂也多了,女工艺也多了,但学得科学、工艺、做教习、开工厂,何尝不可自己呢?也不致坐食累及父兄、夫子了。"④当时各种形式的女子教育机构都注重以西方女性经济独立角色作为参照,积极拓展女性职业教育。不仅普通教育系统中针对女性增设了一定的女工女艺科目,在各界力量的推动下,各种形式的女子职业学校也相继出现,1911年6月,北京女学界重要人士孔劳湘、刘世宜、张绮等人联合创办了工艺研究所,1912年4月,张锡麟创办了桑蚕讲习所以培养女子从事蚕业,这些女子职业教育机构和实业团体为培养女性自食其力能力提供了场所。女子通过接受职业教育,获得了专门知识和技能,直接提高了职业技能水平和参与社会生活的能力。1927年,《生活》杂志在广州的调查表明,女子从业范围非常广泛,如西式女医生三四百人、女产科医生数百人、女牙科医生数十人,女护士千余人,此外,还有女中医、女音乐师、女画师等等。女子由过去的"无才便是德"、"足不出户"的大家闺秀转变为具有一定经济地位和独立人格的新女性,这是对封建传统观念和习俗的重大突破,更是对旧教育的彻底否定。

再次,随着思想观念的改变与经济地位的提高,女性逐渐冲破了传统婚姻

①　璩鑫圭、童富勇、张守智主编:《中国近代教育史料汇编·实业教师师范教育》,上海教育出版社1994年版,第1028页。

②　许君可:《北平小学校中的女教师》,《妇女杂志》1928年14卷第11期。

③　孙石月:《中国近代女子留学史》,中国和平出版社1995年版,第160页。

④　雷良波:《中国女子教育史》,武汉出版社1993年版。

家庭观念的束缚,在家庭生活中获得了平等的地位。知识水平与经济基础的改变,必然会引起女性家庭婚姻观念的变革,中国女性听从"父母之命"、"媒妁之言"以及"三从四德"、"一夫多妻"的传统观念发生了根本性的动摇。知识女性渴望恋爱自由、结婚自由、离婚自由。宋庆龄就是把婚姻决定权掌握在自己手中的新式女子,她出身于富裕家庭,当年的她完全可以像其他人家的大小姐一样,过着上层阶级的奢华生活。但是,宋庆龄不顾家庭反对和社会舆论,毅然选择了比自己年长 27 岁的革命人士孙中山,在日本举行了简单而新式的婚礼,并且本着男女平等的原则,双方签署了婚姻《誓约书》。宋庆龄对孙中山的爱意是从对他民族民主革命精神的仰慕而产生的,她把自己的爱情、婚姻和快乐与中国人民的命运紧密相连,体现了知识女性新型的婚姻家庭观。林徽因对婚姻更是有着不同寻常的观念,她对自己的爱情观虽然一直保持着高傲的沉默,但是,人们从她留下来的诗句中,揣测到了她心中的爱意,认为她和梁思成是相濡以沫、志同道合的伴侣,和在英国留学时有过友好交往的徐志摩是志趣契合的性情诗人,和金岳霖则是精神对话的知己。[①]

最后,妇女积极参政议政,获得了社会政治地位的提高。在封建礼教的束缚下,传统中国妇女参政议政被视为是国家的不祥之兆,历史上凤毛麟角的几个有谋略、有作为的女性曾被当作败家丧国的祸乱之源。辛亥革命时期,女子教育中关于反帝反封建问题的探讨使先进的知识女性进一步认识到,仅家庭内的男女平权还不足以体现女性的权利与义务,女性要获得真正的解放,真正实现男女平等,提高女子的社会地位,就必须谋求"女国民"身份,因此,女子纷纷从家庭走向社会,参政议政,踊跃参加到反帝反封建的民族民主革命当中去,通过积极参政议政,获得了社会地位的提高。像爱国女学这样的女子学堂,就旗帜鲜明地将宣传革命理论、培养革命人才作为办学宗旨。辛亥革命时期,在留学生中也涌现出一批反帝反封建的女英雄。在国外的亲身感受,使她们的爱国之心油然而生,故留学女生多参与革命事业。在日本东京参加或组织的爱国革命团体就有多个,如共爱会、女复权会、留日女学生会和中国留日女学生会等,女留学生们积极探讨民族民主革命的思想理论,回国后积极发展女子教育,注重通过教育使女子获得个性解放与人格的独立,进而鼓励女子投身到反帝反封建的革命运动中去,何香凝、陈撷芬、林宗素等留日学生都成为了辛亥革命时期的杰出革命人物。黄花岗起义前夕,何香凝回到国内,辛亥革命失败之后,与廖仲恺一起追随孙中山左右,进行了讨袁和护法斗争,随后,又

---

① 刘玲:《民国时期文化名人五彩缤纷的婚姻观》,《艺术百家》2009 年第 1 季。

大力支持孙中山改组国民党,与廖仲恺一道成为联俄、联共、扶助农工三大政策的忠实拥护者和坚定执行者,并于 1924 年 8 月出任国民党中央妇女部长,积极开展妇女运动。1912 年 3 月,陈撷芬与汤国梨、吴芝瑛等各界妇女共一百余人组织成立了"神州女社共和协济社",提出了妇女参政议政的愿望和要求,得到了孙中山的高度赞赏与大力支持。林宗素回国后成为上海"中国社会党"的主要成员,在该组织内组织成立了"女子参政同志会",出任会长。1912 年 1 月 5 日,林代表"女子参政同志会"拜会了临时政府大总统孙中山,向其恳切地阐述了女子参政议政的愿望和要求,得到了孙中山的认可。

　　可以说,辛亥革命前后中国女子教育的发展是对中国近现代妇女解放运动的激励与推动,为中国妇女走向解放与独立作出了积极贡献。

从《〈看护学教程〉绪言》看秋瑾的女子教育思想

王　慧　胡　燕*

摘　要:秋瑾是我国近代著名的资产阶级民主革命家、杰出的妇女解放运动的先驱者,同时也是近代护理教育的倡导者,她所翻译的《看护学教程》是中国第一部护理学教科书,对我国近代护理事业的开展及护理教育的发展起到了重要的推动作用。秋瑾翻译该书的初衷源于为妇女求解放和为资产阶级革命培养战地救护人才的目的。她在为该书撰写的《绪言》中,不仅精辟地论述了看护(护理)工作的性质、作用、意义,而且明确提出了看护者从业的素质要求,反映了她倡导女子教育、争取妇女独立与解放、女性要为国家、民族的革命事业作贡献的教育思想。

关键词:秋瑾;看护学;女子教育

秋瑾(1875—1907),是我国近代著名的资产阶级民主革命家、杰出的妇女解放运动先驱者。秋瑾十分关注女子教育问题,把教育视为广大妇女"自立"、"自活"的重要途径;同时,她也是我国近代护理教育的倡导者。她翻译的日文版的《看护学教程》是最早被介绍到中国来的西方护理学教科书,被认为是我国第一部护理学教科书,对我国近代护理事业的开展和护理教育的发展起到重要的推动作用。

1907年,《看护学教程》在国内首次发表时,秋瑾专门写下了一篇《绪言》,文中不仅精辟地论述了看护工作的性质、作用、意义,而且明确提出了看护者的从业素质要求,反映出她倡导女子教育、争取妇女独立与解放、女性要为国家和民族的革命事业作贡献的教育思想。在纪念辛亥革命100周年之际,笔者对《〈看护学教程〉绪言》中所蕴涵的教育思想进行简要述评,以追思这位为中华民族和中国妇女解放事业而英勇献身的女杰。

---

　　*　作者简介:王慧,天津师范大学教育科学学院教授;胡燕,天津中医药大学护理学院,助教。

一、翻译、发表《看护学教程》的背景

　　19世纪末、20世纪初,中华民族遭受帝国主义列强的蚕食鲸吞,清政府无力抵抗,使国家利益受到肆意践踏,一步一步地陷入了半殖民地、半封建社会的深渊。1903年,秋瑾随赴任户部主事的丈夫王廷钧来到北京,开始接触到维新、革命、妇女解放等各种新思想。当时一些觉醒的知识分子向海外寻求救国图存的良方,一时间,各种西方理论潮水般涌入,在报刊、杂志上广为宣传。对秋瑾的思想产生较大影响的理论有两种:一种是卢梭的《民约论》及斯宾塞的《女权论》,其核心是"天赋人权"思想;另一种是西方资产阶级女学理论。"天赋人权"是近代资产阶级批判封建主义的重要思想武器,其主要观点是每一个社会成员都有自己的"人权",不论其年龄、性别、种族、信仰、财产、学识、能力等有何种差异,皆一律平等,都享有人之作为人(而不是动物或工具)的同等的价值和尊严。将平等原则运用于男女关系上,就引申出男女平等原则,从而成为以反对歧视女性、争取与男子享有平等权利为目的的妇女解放运动的理论基础。天赋人权思想开启了秋瑾的妇女解放意识,为她的妇女解放思想提供了理论武器,她指出"天生男女,四肢五官,才智见识,聪明勇力,俱是同的;天赋权利,亦是同的"①,"人权天赋原无别,男女还须一例担"②,根本不该有男尊女卑。秋瑾揭露封建社会中国妇女的悲惨命运,猛烈抨击封建礼教对妇女的残酷迫害,认为长期的封建宗法统治摧残了妇女的身心健康和自信心,养成了对男子的依赖感,使许多妇女产生自卑感和宿命论,她十分痛心传统女性"作男子的玩物、奴隶而不知耻,受万重之压制而不知痛,受凌虐折辱而不知羞"③的麻木状态。秋瑾从"人权"的角度唤起广大妇女觉醒,要克服自卑感,树立自信心,谋求自我解放,"但凡一个人,只怕自己没有志气,如有志气,何尝不可求一个自立的基础、自活的艺术呢"④?"天下事靠人是不行的,总要求己为是"⑤。

　　为了"保国"、"强国",从19世纪后半叶开始,国人纷纷把教育视为救亡图

---

①　秋瑾:《精卫石》,载《秋瑾集》,上海古籍出版社1979年版,第126页。
②　秋瑾:《精卫石》,载《秋瑾集》,上海古籍出版社1979年版,第130页。
③　秋瑾:《精卫石·序》,载《秋瑾集》,上海古籍出版社1979年版,第121页。
④　秋瑾:《敬告姊妹们》,载《秋瑾集》,上海古籍出版社1979年版,第15页。
⑤　秋瑾:《敬告中国二万万女同胞》,载《秋瑾集》,上海古籍出版社1979年版,第5页。

存的根本途径,资产阶级革命派试图通过推行革命教育和国民教育来唤起国人的爱国意识,提高民众的革命觉悟。无论是资产阶级改良派,还是资产阶级革命派,都积极宣扬、推行女子教育。与此同时,以"提倡女学,光复女权"为宗旨的资产阶级女学理论也被介绍到中国来,使国人更加坚信欧瀛强盛源于"女学振兴,教育发达"①。秋瑾受这种理论的影响,她特别注重女子教育,认为受教育是实现妇女解放、男女平等的必要条件,女性只有接受一定的教育,掌握一定的技艺,才能够"自立"。因此,她号召妇女冲出家庭,进入学堂,学习知识,求得技艺,从而获得真正意义的独立。

秋瑾走上革命道路,还与她的婚姻不幸有一定的关联。秋瑾出生在一个书香门第的官宦之家,而她的婆家是一个暴发户,封建保守且充满铜臭味儿。丈夫王廷钧不爱读书,缺少才情,性格软弱,不思进取,这与秋瑾自幼读书、好文史、能诗词、曾习武、性格倔强豪侠的个性相去甚远,特别是后来秋瑾走上了革命道路,王廷钧却依然止步不前,这使得二人的关系日趋恶化。在时代潮流的推动、个性的驱使以及不幸婚姻的磨难等多种因素的共同作用下,1904 年 6月,秋瑾终于与封建家庭决裂,只身赴日留学。

在日本留学期间,她一面刻苦学习,一面组织各种团体活动。在东京,她与陈撷芬等人发起成立了妇女爱国团体"共爱会",宣传妇女解放,推进女子学堂和女子留学教育的发展。不仅如此,秋瑾还以更大的热情从事反清革命活动,她先后加入了光复会和同盟会。在"共爱会",她提出"反抗清廷,恢复中原"的口号,表示一旦爆发武装革命,妇女就应像日本赤十字会那样,承担起救护伤员的重任。期间,她接触到了西医中的看护学,于是,抱着为妇女求解放和为资产阶级革命培养战地救护人才的目的,将日文版的《看护学教程》一书译述成中文。

1906 年 3 月,秋瑾从日本留学归国,随即投身教育与革命实践,她不仅兴办学堂,而且还积极创办报刊,启锢发蒙,宣传民权与女权。1907 年 1 月,秋瑾在上海创办《中国女报》,她翻译的《看护学教程》就发表于《中国女报》第一、二期上。内容包括"一般看护法"和"各种看护法"两部分,涉及"病者之看待"、"诊察时之心得"、"病屋及卧床"、"病室温度及清气法"、"病人之饮食"等护理的各个方面,这是最早被翻译、介绍到中国来的西方护理教科书,成为我国的第一部正式护理学教科书,对中国近代护理事业的开展和护理教育的发展起到重要的推动作用。令人遗憾的是,1907 年 3 月 4 日《中国女报》在出版第二

①　佛群:《兴女学说》,《中国新女界杂志》1907 年第 3 期。

期之后,便因为经费支绌被迫停刊,《看护学教程》只刊登了第一章"看护法"中的第一节和第二节。7月6日,秋瑾因反清起义而被捕,7月15日英勇就义于绍兴轩亭口。

二、《〈看护学教程〉绪言》中的教育思想

(一)"平时则能保社会之安宁,战时则保国家之利益"

秋瑾女子教育思想最突出的特点就是把妇女受教育与整个国家、民族的解放事业结合在一起,这在《〈看护学教程〉绪言》中得以充分地体现。秋瑾翻译这本书的目的之一,是为日后从事武装革命培养战地救护人才,她说:"他日后,东大陆有事,扶创恤痍,吾知我一般之姊妹,不能辞其责矣。"[①]这里所谓的"东大陆有事"显然是一种托词,其真正的含意是指当时的反清革命斗争。

关于看护工作的意义和作用,秋瑾指出:看护是"益国便民之事业","是在平时则看护亲子兄弟之疾病,以归于安宁;战时则抚慰出征军旅之伤痍,以振其勇气,当然之势也。然而平时则能保社会之安宁,战时则保国家之利益……"[②]将看护教育与民族的革命事业联系在一起,使之为国家、为民族服务,才是秋瑾大力提倡女子看护教育的最主要的目的。

秋瑾对于女子从事看护工作为战争服务的观点,是受护理事业的先驱——英国著名护士南丁格尔的影响,南丁格尔所创立的近代护理学就是源于战场上对士兵的救死扶伤。秋瑾生活的时代,正是中国处在"强邻环列,虎视鹰瞵"、内忧外患的动荡年代,她认为只有用革命方式推翻清王朝,才能挽救祖国;"国家兴亡,匹夫有责",女子不仅应与男子一样平等地享有权利,而且也要勇敢地承担挽救国家危亡的责任,积极投身到这场轰轰烈烈的革命中。因此,女性应该找到适合自己的位置,运用学到的知识,充分发挥女性特有的能力,为国家、民族的解放事业作出应有的贡献。这种将看护教育寓于革命斗争的思想,是秋瑾以女性的视角对特殊时期妇女的社会职能的独有诠释,它充满了浓烈的爱国主义情结。女子教育要为革命斗争服务,是秋瑾妇女解放思想的升华,也是她整个教育思想的灵魂。

---

① 秋瑾:《看护学教程》,载《秋瑾集》,上海古籍出版社1979年版,第167页。
② 秋瑾:《看护学教程》,载《秋瑾集》,上海古籍出版社1979年版,第168页。

(二)"求学艺"

秋瑾受西方"天赋人权"思想的影响,倡导妇女应该和男子一样,皆一律平等,反对歧视女性。她认为造成妇女在社会中地位低下的根本原因,在于她们经济上无力自主。女性如何能自己养活自己,从而享有和男子一样平等的权利呢?秋瑾提出了"求学艺"的思想。1905年,秋瑾在《致湖南第一女学堂书》中明确指出:"欲脱男子之范围,非自立不可;欲自立,非求学艺不可。"她认为,要争取男女平等,妇女必先自立;而妇女要自立,必须有知识,必须学工艺,女子只有接受过一定的文化教育,才可以谋得一份职业,这样,既可以养活自己,同时还能获得社会和家庭的尊重。在她看来,妇女只有"求学艺",掌握一门生存的本领,才能争取自身自由、获得平等的权利,而看护正是这样一个能使女子学有所长、赖以谋生的职业。为了实现"求学艺"的理想,她自己身先士卒、以身作则,远渡东瀛求学便是最好的例证。

秋瑾认为"看护"是非常适合女性从事的一门职业。在《〈看护学教程〉绪言》中,秋瑾写道:"男子性质常粗率疏忽,远不若女子之绵密周致,此所以看护之职,常以女子为多也。欧美各洲亦本此意,自昔以妇女充看护者既久。"[①]由于女性特有的"慈善仁爱"的天性、"周密肃静"的细心,"善慰患者之痛苦",因此,看护是"妇人之天职"。[②] 秋瑾大力提倡女性从事看护职业,为女子接受新式教育提供了明确具体的途径,也为旧中国女性解除封建束缚描绘了一幅"读书——毕业——就业——自立"的美好图景。

秋瑾"天赋人权"的平等观,不仅表现在她对女子学知识、谋自立的倡导,还体现在她对"看护"事业重要性的理解和重视上。第一次鸦片战争后,伴随着西方现代文明和先进科学技术的传入,西方近代护理学也开始传入中国,由于受到根深蒂固的封建传统思想的束缚,看护病人这项"职业"很难被国人所接受,特别是对于深居简出的妇女来说,看护伤病之人更是一件有悖伦常的事。因此,在19世纪末、20世纪初期,虽然由外籍护士发起的近代护理教育在我国已经开始起步,但发展缓慢、步履维艰。而此时,女中豪杰秋瑾却勇敢地站在新旧时代交替的风口浪尖上,深刻地剖析了中国妇女备受压迫的根源,批判轻视看护工作的错误思想,提出了看护工作的重要性和必要性。在《〈看护学教程〉绪言》中她这样写道:"扶创恤痍,吾知我一般之姐妹,不能辞其职

---

① 秋瑾:《看护学教程》,载《秋瑾集》,上海古籍出版社1979年版,第167页。

② 秋瑾:《看护学教程》,载《秋瑾集》,上海古籍出版社1979年版,第168页。

矣！……人君博爱,世界具有同情,故救死扶伤,无分彼此,斯博爱之旨也。惟习俗所锢,往往有视看护为贱业者,此则谬之甚者也。……看护是社会之要素,妇女之天职,……人生斯世,孰无亲子兄弟,而疾病痛苦又所难免,则健者扶掖病者,病者依赖健者,在平时则看护亲子兄弟之病,以归安宁,在战时则抚慰出征军旅之伤痍,以振其勇气。……这实在是益国利民之事业,亦非过语,何贱之有?"①可见,秋瑾把看护工作当作救死扶伤、维系社会稳定的一项必不可少的光荣职业,不该受到世人的歧视,而看护又是很适合妇女从事的职业,从事看护者更不能自轻。秋瑾的这种认识不仅是对看护工作性质的正确定位,同时也是对女子接受看护教育、从事看护工作的大力支持和鼓励,更为身处黑暗的广大妇女摆脱封建束缚、"求学艺"、自食其力,树立了信心。

秋瑾还从专业知识、技能和职业道德两方面明确了看护者的从业要求:"故欲深明其学,施之实际,而能收良好之效果者,非于医学之全部皆得其要领者不能;且即使学识全备,技术娴矣,然非慈惠仁爱,周密肃静,善慰患者之痛苦,而守医士之命令亦不适看护之任……"②即护士应该对医学的全部要领有所了解,技艺熟练,具有高度的爱心、细心和耐心。她在一个世纪前对护士素质提出的要求,在市场经济大潮冲击下的今天,意义尤为深远。

(三)"合群"

秋瑾认为,女性要"自立",除了"求学艺",还必须"非合群不可",也就是说,"求学艺"和"合群"是女性实现"自立"的两条基本途径。何谓"合群"呢?就是对女子进行教育必须要建立一些组织,通过这些组织把她们团结起来,共同行动,方能取得良好的效果。在《〈看护学教程〉绪言》中,秋瑾提到:"而千八百七十年至七十一年,普法之战役,名家闺秀,阀阅淑媛,相率设看护妇私社,以联合于赤十字社,德后为社长,常亲临遍视伤痍,故患者皆感激于涕零云。"③"日本明治十年,即创立博爱社,其后日益改良,至明治十九年,始加盟于欧洲万国赤十字社,改为今名……二十年来,非复曩日比矣。"④事实上,秋瑾不仅认识到了像"看护社"、"共爱会"这类妇女组织对女子受教育、就业所起的促进作用,她更是身体力行地付诸实践。在日留学期间,她与陈撷芬(中国

---

① 秋瑾:《看护学教程》,载《秋瑾集》,上海古籍出版社 1979 年版,第 168 页。
② 秋瑾:《看护学教程》,载《秋瑾集》,上海古籍出版社 1979 年版,第 167 页。
③ 秋瑾:《看护学教程》,载《秋瑾集》,上海古籍出版社 1979 年版,第 168 页。
④ 秋瑾:《看护学教程》,载《秋瑾集》,上海古籍出版社 1979 年版,第 168 页。

最早妇女刊物之一《妇女报》主编)等人对"共爱会"进行重组,改名"实行共爱会",公举陈撷芬为会长,该会旨在唤醒、联合更多的妇女同胞,动员更多女子来日留学,主张一旦战争爆发,中国的妇女应像日本的"赤十字社"一样,进行救护伤员的工作,这是我国最早成立的妇女组织,也是秋瑾"合群"思想的体现。秋瑾从日本回国后,有感于国内女界风气闭塞,知识浅陋,尽心竭力创办了《中国女报》。在《中国女报》发刊词中,她进一步阐述了"合群"思想:"吾今欲结二万万大团体于一致,通全国女界声息于朝夕,为女界之总机关,使我女子生机活泼,精神奋飞,绝尘而奔,以速进于大光明世界。"①《看护学教程》及其《绪言》正是刊登在这个宣传妇女解放的舆论阵地上。秋瑾认为,广大妇女应该联合起来,在接受教育、摆脱"女子无才便是德"的愚昧观念的同时,增强自己的信心,壮大自己的力量,从而逐步走向解放。从某种意义上说,秋瑾"合群"的教育思想和实践是引领中国妇女解放运动走向自觉的真正开端。

《看护学教程》是秋瑾为中国护理事业留下的一份弥足珍贵的历史遗产。尽管《〈看护学教程〉绪言》只有寥寥百余字,但字里行间无不流露出秋瑾呼唤女子求知、自立、献身革命事业的迫切心声。秋瑾借助于"看护"这一新兴的职业,大力倡导女子教育,同时也为即将到来的革命积蓄力量。秋瑾把看护工作视为妇女自身解放、取得经济独立的一条途径,积极提倡女子接受看护教育,对推动我国护理事业和护理教育的发展具有深远的意义。虽然秋瑾为了伟大的革命理想而英年早逝,但她使女子接受教育、争取妇女解放的宏图壮志并没有因为她的牺牲和革命的失败而搁浅,而是被后人继承发扬、并在中华大地上生生不息地繁衍开来。

---

① 秋瑾:《中国女报发刊词》,载《秋瑾集》,上海古籍出版社1979年版,第13页。

多重逻辑下的教育冲突：
民初广东教育改革的历史考察

熊文渊　　王建军*

摘　要：民国初年，广东军政府教育司在教育观念、结构、体制、人事、经费等方面对广东教育进行了全方位的改革，却遭到军政府内部、士绅、商人及普通大众各阶层的强烈抗争，形成教育冲突。教育冲突是占据不同地位的个人和群体之间相互作用而产生和制约的，而不同个人和群体行为的逻辑是不尽相同的。因此，教育冲突并非只由单一逻辑造成，其背后有着多重逻辑。民初广东的教育冲突典型地反映了辛亥革命的不彻底性。

关键词：多重逻辑；民初；广东；教育冲突；改革

1912—1913 年间，以钟荣光为首的广东军政府教育司，对广东的教育进行了一次大改造，试图以西方教育理念和制度为蓝本，建立起一个与资产阶级相适应的教育体制，然而这一改革努力遇到了极大的社会阻力。有学者考察了士绅阶层对广东民初教育改革的抵制，并认为抵制的实质是中西方文化的冲突。[①]也有学者考察了包括商人及士绅在内的地方精英对教育改革的抵制，并认为其主要原因是军政府对地方精英的政治排挤。[②]可见，已有的研究着重对中层阶级的抵制进行分析，而对上层阶级及下层阶级的分析甚少。而且在教育冲突动因上，只强调单一逻辑，忽视了教育冲突的多重逻辑。本文拟在前人研究的基础上，全面考察教育司的教育改革努力与包括军政府内部人员、士绅阶层、商人及社会大众对教育改革的抗争，并从多重逻辑框架分析教育冲突的动因。

---

　*　作者简介：熊文渊，华南师范大学公共管理学院博士研究生；王建军，华南师范大学公共管理学院教授。

　①　周兴樑：《民初广东教育改革中的中西文化冲突》，《中山大学学报》1999 年第 2 期，第 79 页。

　②　何文平：《知识冲突还是政治反抗——广东地方精英对民初革命党人社会改造的抵制》，《社会科学研究》2009 年第 4 期，第 147 页。

一、民初广东的改革措施

教育改革是一个系统工程,是指对教育现状所发生的一切有意义的转变。民初广东的教育改革措施,具体表现在教育观念、结构、行政体制、内容、经费以及人事等方面。

1. 教育观念的改革

广东军政府是一个资产阶级革命派领导的地方民主共和革命政权。[①] 作为资产阶级的政权,自然要建立一个以资产阶级观念为主导的教育体制。钟荣光接任司长后,"一意施行民主国教育",自谓"学风之活泼吾取美国","学制之划一吾终取法国"。[②] 可见,广东教育司是以西方民主理念作为教育的指导精神的。为了贯彻民主教育理念,教育司从两个方面入手:

(1)在改革中贯彻民主理念。首先,树立全面发展的人才培养理念。教育司为改变前清学堂教师只教书不育人、学生于"读书而外不知培养道德、操持体魄"的流弊[③],强调学生要"体育、德育、智育相辅进行"[④]。其次,树立人人可成才的理念,发展女子教育,改变中国古代轻视甚至忽视女子教育的传统观念。教育司遵行孙中山关于"女学不大兴,不特于女子参与政权不能及格,且于普及教育前途亦有障碍"[⑤]的指示,推广小学实行男女同校,同时鼓励各地"照章另设女子高等小学"。再次,教育司提倡民主办校,常召集有关的办学人员商议教育进行之法,听取学界同人"关于革新本省学务之条议",在学校实行民主管理,要求各校:凡重大事项均须"由校长会同教员议定而行"。[⑥] 为集思广益办学,它还提倡各校师生成立评议会、恳亲会,并鼓励学生组织自治会、体育会,以"助学校管理之不及"[⑦]。

(2)打击传统教育观念,销毁传统教育的象征。科举制度是封建专制的标志,辛亥革命后,科举制度虽早已废止,但作为科举制度象征的牌匾、旗杆、牌

---

①　周兴樑:《论辛亥革命时期的广东军政府》,《历史研究》1993 年第 3 期,第 72 页。

②　钟荣光:《广东人之广东》,1913 年,第 15 页。

③　钟荣光:《广东人之广东》,1913 年,第 28 页。

④　《女子体育学校将成立》,《民生日报》1912 年 5 月 9 日。

⑤　《孙先生注重女学》,《民生日报》1912 年 5 月 10 日。

⑥　钟荣光:《广东人之广东》,1913 年,第 28 页。

⑦　钟荣光:《广东人之广东》,1913 年,第 28 页。

坊等科考功名污秽遍及广东城乡各地，一些新式学堂的毕业生"染前清科举遗毒"，有将"毕业视同科目，散派报红，谒祖树楦"的劣习。① 1912年6月，钟荣光上书都督胡汉民，痛陈封建旗杆牌匾及科考陋习对广东新教育的巨大危害："现在关于观感而为教育前途大障碍者，莫甚于祠庙之牌匾旗杆等物。……科举功名之遗毒，仍然触目皆是，后生小子未入学堂，早受此传染；所谓世家大族，更挟此而渔肉平民，阻压新政，使教育大受障碍。应请通饬各属地方官，所有城市乡村、祠堂家宅挂有从前举人、进士、翰林一切伪职牌匾旗杆等物，立令销毁，无许遗秽；……尤有请者，近来毕业生新任官长，其中仍有旧习未除，虽不敢公然悬匾树杆，惟尚有书写灯笼，散派报红，售其饰智惊愚之术，应请一体严行禁革，以正民德而维风尚。"胡汉民随即下令曰："此等祠庙内之牌匾旗杆，及书写灯笼、散派报红陋习，自应一律销毁禁止，以平阶级而正人心。除批复外，此谕知该县长即便遵照，出示晓喻，认真查禁，毋任稍留旧染。"②此令颁布后，《民生日报》对之大加称颂，指出："世俗所许为名乡望族者，以此旗杆牌匾；亲戚所称为光宗耀祖者，以此旗杆牌匾。父兄以此勉子弟，师长以此励生徒……科举之毒人甚矣哉！不意民国成立，学堂毕业生犹复旧习未除……亡清科举之头衔，印入学生之脑根，诚教育前途一大障碍也。今都督、教育司将亡清旗杆牌匾一律销废，我国学风或有转机乎！"③

辛亥革命后，另一个被认为是封建教育象征的便是孔子。当时教育界尊孔的风气浓厚。钟荣光任教育司司长后，与萧友梅等人向全国临时教育会议提议："凡公立学校及幼稚园，不得在校内供奉偶像神牌"，主张在校内停止拜祀孔子。④但因受到众多反对，未获通过。

2.教育结构的改革

在教育结构方面，广东教育司主张普通、实业与社会教育并举和男女教育并重。

首先，教育司将社会教育纳入教育发展框架。社会教育在清末附属于学校教育，辛亥革命后获得了独立的行政地位。教育司长钟荣光非常重视社会教育，指出："吾国人民程度幼稚，学校教育效果尚在十年以后，现时年长失学之辈占大多数，不特保守旧习、无望其自行更新，政府有所改革且出而反抗，故

---

① 《川粤桂滇四省教育报告》(广东部分)，原件藏南京第二历史档案馆(1057/50号)。
② 《为学界前途扫尽污秽》，《民生日报》1912年6月21日。
③ 《旗杆牌匾一扫而清快哉》，《民生日报》1912年6月22日。
④ 钟荣光：《广东人之广东》，1913年，第37-38页。

无论治标治本,非大行社会教育不可。"①教育司除设有社会教育课专管这一工作外,还在颁布的督学局章程中明确规定:各属的督学局应负责举办"普通教育、实业教育、社会教育之事务"②。并规定各属督学局长有职责主管"半夜小学校、补习小学校",及"改良剧本、电光影戏、各街坊阅书报处、图书博物馆、各区公共游戏场、体育会、公共演说场、宣讲所、学术研究会、辩论会、白话报"等社会教育事务。③ 在总体上形成了普通教育、专门教育与社会教育并行的宏观教育结构。

其次,教育司将女学纳入学校教育框架。鉴于前清封建教育轻视甚至剥夺女子受教育之权利,教育司特别重视发展女学,通饬各督学局长应注重男女教育"双方并行",强调民国欲普及教育则"尤应养成一般女子皆具普通知识"。④ 教育司对清季挂名的两等小学进行甄别,凡"初等学生多者,必令改为初等小学,且新学制初等小学男女同校"⑤,并鼓励各地设立女子高等小学。

再次,教育司将私塾纳入小学教育框架。虽然教育司非常重视新式小学的发展,但由于经费及传统等因素的影响,广东新式小学的绝对数量仍是相当少的。1912 年和 1913 年小学数量分别为 3197 所、3326 所。⑥ 然而此时广东学龄儿童至少有 310 余万,假定平均每校容纳 200 人,全省也应有小学校15500 余间,⑦这说明当时的小学数量根本满足不了社会的需求。这就给作为传统教育初等机构的私塾提供了生存空间。据统计,民初广东的"私塾多于小学数倍,或至二三十倍"。如省城广州市 1912 年共有 791 所私塾,生徒 18371人,⑧1913 年有"公立小学四十,私立八十余,私塾乃多至七百九十余"⑨。丰顺县有"私塾百余所,学校之数仅及十分之二"⑩,新安县甚至仅有学校 6 所,而私塾却有 600 余所。⑪

---

① 钟荣光:《广东人之广东》,1913 年,第 16 页。

② 《广东督学局章程》,《民生日报》1912 年 6 月 19—21 日。

③ 《广东督学局章程》,《民生日报》1912 年 6 月 19—21 日。

④ 《男女教育之平等》,《民生日报》1912 年 7 月 2 日。

⑤ 钟荣光:《广东人之广东》,1913 年,第 25—26 页。

⑥ 《民国以来初等教育概况表》,载《广东省二十四年度教育统计》,1938 年,第 60 页。

⑦ 《十年来广东教育之回顾》,《广东省教育会杂志》1921 年第 1 期,第 83、84 页。

⑧ 《本司布告广州市改良私塾调查会办法并报名召集之地址及时期》,《广东教育公报》1913 年,第 48 页。

⑨ 钟荣光:《广东人之广东》,1913 年,第 24—25 页。

⑩ 《本司指令丰顺县督学局呈缴元年十月及十一二月份报告书表》,《广东教育公报》,1913 年 3月,第 187 页。

⑪ 《本司指令新安县督学局呈缴元年十月份报告书表》,《广东教育公报》1913 年,第 195 页。

此时的广东教育司面临的情况是：一方面，政府无力发展足够的小学，需要私塾的力量来补充；另一方面，私塾是传统的教育机构，在教学目标，教学内容和教学管理上均带有强烈的封建色彩。在这种情形下，广东教育司承继清末私塾改良政策，对现有的民间私塾进行改造，"使与小学共趋一致"①。这个目标主要分两步实现，首先是使"在教授管理上渐与学校一致"②。为此，教育司要求各县督学局"联络塾师组织私塾改良会，俾共研究管理教授诸法"③，希望通过更新塾师的教学和管理方式来达到改良私塾的目的。其次是把符合小学规格的私塾改办成小学。由于私塾不属于正式教育体制，因此在达到规定标准后，应该将其转办为小学，纳入小学体制之内。

3. 教育行政体制改革

教育行政体制改革是教育改革的核心内容，主要由教育行政组织机构的设置，各级教育行政机构的隶属关系及相互间的职权划分等构成。④ 而教育行政体制改革，往往是以教育行政组织机构的改革作为突破口的。

首先，改革教育司。民国成立后，教育司作为全省的教育行政领导机构，设有总务、专门、普通、图书4课，人浮于事。钟荣光任司长后，裁汰全司课员30多人，将原专门、普通、图书3课合并为学校教育课，改革后教育司被时评称之"编制甚为得宜"⑤。

接着，在广州及各县设立专门的教育行政机构督学局。教育司长钟荣光认为"教育之要，贵有统一之规划，尤其有辅助之机关"⑥，为此请准都督胡汉民令广州及各县筹设督学局，县督学局的办公地点和经费由地方自筹，原有各属劝学公所及教育课一律撤销，其经费拨归督学局。1912年6月中旬，教育司颁布了《广东督学局章程》14条，成立广州市督学局，随后，教育司又令各县以广州督学局为模式，在全省94个县建立了督学局，负责整顿地方学务。督学局下设视学及事务员分科任事，其名额视县教育事务的繁简而定，一般为1—2人。由此，广东形成了省、县(市)二级教育行政结构。

---

① 《本司指令曲江县督学局呈缴元年十月及十一二月份报告书表又呈县长筹款不力经费无着请辞职》，《广东教育公报》，1913年，第206页。

② 《本司指令罗定县督学县呈缴二年一二月份报告书表及宣讲员报告表》，《广东教育公报》，1913年4月，第278页。

③ 《本司指令海丰县督学局呈整顿学校改良私塾简章》，《广东教育公报》，1913年，第205页。

④ 陈孝彬：《教育管理学》(修订版)，北京师范大学出版社2006年版，第131页。

⑤ 《教育司拟办之事》，《民生日报》1912年5月30日。

⑥ 《广州市督学局长通告》，《民生日报》1912年6月21日。

在教育司与督学局的关系方面,《广东督学局章程》规定县督学局长由县长荐举,教育司委任,并强调"督学局为教育行政机关,局长受责于广东教育司,提倡及整顿局治范围内一切学务",可见,督学局在形式上还是受教育司与县政府的双重领导的,但与劝学所或教育课员的职责相比,督学局长的职权较大,独立性也较强。

在教育行政机关与学校关系方面,教育司规定:"凡公立小学,所有进退校长、规划经费及设置变更等事,由地方学务专员照章呈县知事主之;私立小学,则设董事会主之。无论公立私立学校,校中管理教授一切由校长主之。"①可见,小学实行的是地方负责,分级管理的体制,各县负责小学的领导,管理和检查。对于中等教育,教育司则采用"省管模式""将全省划分中学学区为十四区"②,"将从前属道府州所管辖之中学,收归省立"。使当时全省14所中学在教育行政上归教育司直辖,"以资整顿"③。这大大加强了教育司对地方中学的控制力度。

4.教育内容改革

在全面发展,人人发展的人才培养理念的指导下,教育司进行了课程改革,使课程设置、课程内容符合新的培养目标。教育司以"废经为中小学计"④,在全省中小学中取消读经课程,要求各校开设运动课,及增设图工、缝纫、农业、烹饪等课程,使男女学生人人"有生活之智识技能及健全之体魄"⑤,以便将来更好地服务于社会。鉴于前清的儿童教材专"以科名利禄"毒害青少年,"实于教育前途,发生无限之障碍",教育司推行《改良绘图妇孺三四五字书》,代替以往小学通用的《三字经》、《千字文》和《状元幼学诗》,以利于儿童接受新知识和培养爱乡爱国思想。又令广东省属优级师范学校"附设图工科,以养成此二项教员",特饬第一女师招收烹调、缝纫生员,以为将来女校师资之预备,并规定以后无论公立私立女校,都于原有课程外增设此两门课程,由女师分派毕业生"专工教授",务使女校学生能主持家政。⑥ 此外,教育司还通饬各地在进行通俗教育的宣讲活动时,应讲民国共和新书,使"讲员所称,务与改良

---

① 钟荣光:《广东人之广东》,1913年,第25页。
② 杨树荣:《民国以来广东教育行政制度沿革史》,广东省政府教育厅1931年印行,第26页。
③ 钟荣光:《广东人之广东》,1913年,第27页。
④ 《教育司答友人诘难书》,《民生日报》1912年6月21日。
⑤ 钟荣光:《广东人之广东》,1913年,第26页。
⑥ 《培女学之根本》,《民生日报》1912年6月15日。

社会宗旨不相违背"①。

　　5.教育经费改革

　　为保障教育改革顺利开展,教育司加大了经费的投入,并加强了教育经费的管理。

　　首先,教育司多方活动,增加省政府对教育的投入。如在督学局开办初期,说服军政府给每局补助300元经费。在设立省视学的提案被驳回,教育司再次送交提案,"几经驳诘,乃仅准派六人,列入本年预算"②。在教育司的努力下,广东的教育经费有了较大的保障,1912年广东教育经费预算为61.0218万元,决算为90.0788万元,1913年预算为91.4811万元,决算为44.0255万元。③ 虽然预算决算差异较大,但总量还是较大。正如教育部督学在视察广东学区的学务报告书中指出:"广东教育经费本甚充裕,现在预算较从前虽为缩减,然视福建、广西已不啻多一倍矣。"④

　　其次,教育司还对地方教育经费进行规定和整顿。在各地督学局成立后,教育司规定其经费来源由地方书院文社及原有劝学所经费拨给,严令禁止各属士绅因循陋习霸收祖尝学谷及书田花红,着将此款拨为各地兴办学校的费用。为改变各属士绅公然假公肥私、收取学谷花红、踞款阻学的状况,教育司于1912年6月请胡汉民下令将从前"绅士占学田领双胙陋习,亦概行取消",并训令各县县长谓:"务将前项各款悉遵通令,拨作开办家族学校经费,倘有人格卑劣,藉学校毕业之名,争收学田花红者,一经查实,即将文凭先予撤销,追缴所收租谷,分别惩究,以息争端而重学款。"⑤各县县长及督学局长接令后通告:"嗣后祖尝学田,均留为办学,不准举贡及毕业生等以私人名义支取,尤不准族内痞棍无赖藉词摊分。倘有卑劣人格,藉学校毕业之名,争收学田花红者,一经查实,即将文凭先予撤销,以息事端而重学款。"⑥部分县知事及督学局长能态度鲜明地执行督司的通令:他们或不准士绅再以"养廉"等名目继续收取花红,或强令劣绅退还谷款资助办学,或通饬属内绅耆知悉"嗣后祖尝学田,均留为办学"之用,不得再行占收谷款。

　　①　《教育司拟定宣讲所简章》,《民生日报》1912年9月12日。

　　②　胡耿:《辛亥粤军政府时期的钟荣光与朱执信》,《岭南文史》2010年第3期,第2页。

　　③　胡耿:《辛亥粤军政府时期的钟荣光与朱执信》,《岭南文史》2010年第3期,第2页。

　　④　舒新城:《中国近代教育史资料》(上册),人民教育出版社1985年版,第314页。

　　⑤　《令各县知事公布所属学田花红等款遵令提办族学禁藉名争收文》,载广东档案馆藏《广东公报》(23/32号)。

　　⑥　《霸收书田花红者看看》,《民生日报》1913年5月26日。

6. 教育人事改革

教育改革要落到实处,关键还在于用人。为此,教育司在教育人事改革方面坚持唯才是用。在督学局长方面,选用了一批坚决支持改革的人员。如广州市督学局长何剑吴在整顿区内教育时,勒令不合格之学校、私塾停办,撤换不称职之公立学校教员,此举导致"谣言四起",但他却"不少却"。而顺德、茂名、阳春等县的督学局长对教育司的改革措施也推行得力,后人评价督学局"办理数月,颇著成效"①。

在学校领导方面,教育司也进行大刀阔斧改革,不畏强权,撤换一批尸位素餐的庸才之辈。如时任广东临时省议会议长兼广东省优级师范学校校长的黄锡铨,对于教育向来少有研究,极少过问校务,导致教员随意请假,学生纪律松弛,校风败坏。教育司撤销其校长之职,以留美硕士出身的教育课长唐萱继代之。韶州、肇庆和南雄等属"各中学的校长,向由旧绅盘踞,不知学务,教员多业同类",其校董也多由所属各县举出的士绅担任。他们食宿在校,"不止耗费薪水,而且扰乱学规"。教育司将中学收归省立后,"由司陆续派人接管,厉行改革",并不顾封建守旧势力的反对重新委派了顺德、新宁、香山等县中学的校长,从而使"全省中学,稍稍就理"。②

在教育司的全力改革下,广东教育面貌发生了较大的变化。在小学教育方面,1912年底,各属高等初等小学已达3000所,在校学生有111000人;在女子教育方面,广州、顺德、东莞、茂名、香山等地纷纷开办了女校,广州第一女师附属女子小学有学生199人,东莞第一女子高等小学招收女生150多人。③在职业教育方面,军政府的9司1厅3处共办有法政、军事、医学、工艺、农业及实业等类专门职校24所,其中归教育司直辖办理的有广东高等工业学校、中等蚕业学校、农业讲习所、方言学校、商业讲习所、法政专门学校及甲乙两种实业学校等,法政专门学校的"学生多至六七百人"④。另有私立法政学校5所,"学生几达三千人"⑤,私立医学校5所,药物学校和商业学校各1所,甲乙两种实业学校数所等。在社会教育方面,教育司在广州方言学堂内设立全省宣讲员训练所,1个月的时间培训出230多名职业宣讲员。至1912年底,宣讲所与阅报亭开办至390余所,简易识字学塾54所,半夜学校53所,两类学

---

① 杨树荣:《民国以来广东教育行政制度沿革史》,广东省政府教育厅1931年印行,第52页。

② 钟荣光:《广东人之广东》,1913年,第27页。

③ 沈云龙:《近代中国史料丛刊》,第3编第10辑,台北文海出版社1976年版,第207—209页。

④ 钟荣光:《广东人之广东》,1913年,第29页。

⑤ 钟荣光:《广东人之广东》,1913年,第29页。

校平均每校招生约 120 名。广东图书馆每日平均约有 300 位读者,各属共有 6 座通俗图书馆,藏书量为 1800 余册,平均每天到馆阅书报者有 200 人左右。① 到"二次革命"前夕,广东全省共设有阅书报社计 159 处。② 当时报纸称广东的教育改革当为"各省之模范",谓"即学务言之,方今从事整顿虽成效未著,而规划之宏大,进步之勇猛,隐然具新气象焉"。③

二、保守势力的抗争

虽然教育司进行了一系列大刀阔斧的改革,并取得一定的成效。然而我们不能断言广东教育司的改革取得了成功,相反,任何的改革都不是一帆风顺的,广东教育司的各项教育改革措施都遭遇到不同阶层不同程度的抗争,有些措施不得不变更甚至取消。具体而言,保守势力的抗争主要表现在以下几个方面。

1. 抵制教育观念革新

针对教育司销毁牌匾、旗杆、牌坊的禁令,各属仅"取消其名,仍留其迹"④。1912 年 9 月,新安县县长何思明派士兵去拆毁文姓家族的旗杆等物时,该村的劣绅文为邦竟纠合当地民众数十人围攻殴打执行任务之人。由于封建劣绅及普通民众的阻挠,各地的旗杆牌匾"沿袭如故者,所在多有"⑤。教育司曾严禁广州私塾读经,并请警察厅"勒令解散"⑥,但却遭到教育会会员冯愿的抗议。⑦ 教育司通令各学校改用阳历,阴历新年一概不准告假,⑧但此举遭遇师生集体抵制,当日广州就"有公立小学数所,学生请假过半","更有一校,教员学生全不上课"。⑨ 教育司主张在学校禁止尊孔,但马上遭到社会各方面的抵制。在地方,高要县的士绅公然"谓钟通饬各校取消尊孔,否认其为

---

① 沈云龙:《近代中国史料丛刊》第 3 编第 10 辑,台北文海出版社 1976 年版,第 171—174 页。

② 《教育公报》,第 6 册,"报告栏",第 20 页。

③ 《胡督去粤之理由及影响》,《民生日报》1912 年 7 月 12 日。

④ 《为学界前途扫尽污秽》,《民生日报》1912 年 6 月 21 日。

⑤ 《川粤桂滇四省教育报告》(广东部分),原件藏于南京第二历史档案馆(1057/50 号)。

⑥ 《钟荣光竟严惩读经》,《香港华字日报》,1913 年月 10 日。

⑦ 《冯愿对于小学废经之抗议》,《香港华字日报》1913 年 5 月 12 日。

⑧ 《不准学生于阴历新年告假》,《民生日报》1913 年 1 月 17 日。

⑨ 钟荣光:《广东人之广东》,1913 年,第 54 页。

教育司云。……谣言一出,陆续致省会及都督之电文,多至数十起……乱呼乱叫"①;在省城,省议会内的部分议员对教育司长钟荣光进行攻击,以钟曾"建议于北京教育大会扬耶抑孔"的理由"提议纠举钟"②。最终,省临时议会专案讨论认为"先师孔子发明儒术,尊崇已久,为吾国所应留存"③,在各界的激烈反对下,教育司在 1912 年 9 月下旬作出妥协,遵督令通饬各地学校"于孔诞日举行纪念,由校长、教员召集学生演讲孔子之道德学说,藉以训练学生提倡德育"④。不久,广州绅商于孔子诞辰日举行了声势浩大的"恭祝孔圣诞辰"的祀孔活动,数千人"齐集商团操场联赴广府学宫谒圣"⑤,由此可见教育司教育观念改革阻力之大。

　　2. 抵制私塾改良

　　私塾改良的阻力主要来自于塾师。首先,塾师们常常找出诸多借口来逃避入师范讲习所学习,比如声称错过报名机会,或称没有时间参加讲习⑥,甚至有的塾师干脆旷课连旬⑦。其次,塾师诋毁、排挤小学,造谣生事的情况时有发生,如新会县塾师曾结党仇学;⑧清远县一些未入速成单级教员传习所的塾师散布谣言煽惑学界恶风,使许多遵章改良者复萌故态;⑨东莞县塾师甚至造谣说教育部即将下令解散所有小学。1913 年春夏间,教育司在香山县进行私塾学务调查与登记注册工作时,该县塾师逃避填表注册,致使该地私塾遵令改良者甚少。

　　私塾改良的另一阻力是学生家长。科举废除后,家长没有送小孩上学的动力。例如广州西关是中小商人的聚居地,这里的私塾也最为密集,因为家长们"只冀求子弟克承祖业,会做生意,略懂'算盘字墨'即可"⑩,认为学校的课

---

① 钟荣光:《广东人之广东》,1913 年,第 37 页。

② 钟荣光:《广东人之广东》,1913 年,第 37 页。

③ 广东临时省政府:《广东临时省会议事录:卷 6》,清风桥文茂印务局,民初铅印本,第 21 页。

④ 《争祀孔者可以慰矣》,《民生日报》1912 年 9 月 23 日。

⑤ 《粤省商团祝圣之热闹》,《时报》1912 年 10 月 17 日。

⑥ 《巡按使第二五零一号批河南英才书室塾师邵家佑察曾入中学通晓各科请派员试验准免入所讲习》,《广东教育公报》1916 年,第 46 页。

⑦ 《广东省长训令第一六五号省立师范讲习所所长查明旷课过多各生分别开除报核文》,《广东教育公报》,1916 年,第 34 页。

⑧ 《本司指令新会县督学局据该县江门学董容天章等呈控塾师结党仇学》,《广东教育公报》1913 年,第 198 页。

⑨ 《清远改良私塾之切实办法》,《广东教育公报》1913 年,第 47—48 页。

⑩ 广州市政协文史资料研究委员会、广州市荔湾区政协文史资料研究委员会:《广州文史资料》(第 35 辑),广东人民出版社 1986 年版,第 157 页。

程多无用处。此外,由于新式小学收费过高,且需长期学习,一般家长难以承受,而私塾的收费较低,而且可以随时入学和退出,不受年级限制,因而受到下层家长的欢迎。同时,一些上层家长封建思想严重,不愿子弟进入学校,而选择私塾。由于人们对私塾的热衷,使许多私塾为扩充生源,阳奉阴违不愿遵章改良。例如新会县一般私塾"不肯遵令更章,盖以乡愚不喜学校名目,究不若某某馆或某某学塾较投其心理之所好"①,故而不愿改私塾为私立小学。这说明塾师抵制私塾改良具有一定的民众基础。来广东考察的教育家孟禄也看出了这一问题,指出"中国旧日教育,操于塾师之手,塾师和家庭社会都常通往来,有密接的关系,所以塾师往往为人望所归,有指导社会的势力,……担负新教育的人,未能如塾师之尽其责任,所以新教育教师的资格,第一要把这旧有优点得到,要与家庭社会发生密接关系,造成指导民众的势力"②。然而实际情况是,青睐私塾的社会风气问题并非一朝一夕可以解决。

3. 抵制经费整顿

对教育司整顿经费的措施进行抵制的主要是地方士绅。这些地方顽绅对督司关于禁收学谷花红的告令,或置若罔闻,或阳奉阴违,各县士绅照旧踞款阻学之事屡有发生。茂名李广盛自恃附生名目,强占瓜分祖尝学谷;阳春何声琦、何声鸾等人依恃武生功名,霸收学租 120 余石;顺德周炳槐藉前清功名,盘踞学田与霸收祖尝;潮阳胡国藩身穿长袍马褂,公然收取花红。部分士绅试图联合或贿赂当地县长进行抵制,如东莞陈鸿彬上书县长,以"养廉"为由要求依旧领取花红;新会外海乡陈寿彭、陈傅霖、陈朝晃等串通多数乡绅贿赂县长,联合霸踞书田与收取花红。更有甚者对改革进行暴力抵制,如香山、潮阳两县,发生过杨、何、林等姓顽绅多次蛊惑地痞流氓,殴伤热心提款办学人员的恶性事件。其他各县也不乏顽固士绅踞款阻学的事例。

4. 反对督学局及教育人事改革

督学局本为各地教育行政机关,意在统一管理教育,"惟因教育经费,时时与地方顽劣绅耆冲突",一些局长也纷纷向临时省会提议裁撤全省督学局,"省会一再函知都督,饬司照行,审计分处,且要求都督将广州市督学局立令裁去"。③ 最终,在各方压力下,1912 年省临时议会及 1913 年第一届省议会分别

---

① 《本司指令新会县督学局据该县速成师范生李卓和呈塾师腐败请饬局整顿》,《广东教育公报》1913 年,第 191 页。

② 王卓然:《中国教育一瞥录》,上海商务印书馆 1923 年版,第 239 页。

③ 钟荣光:《广东人之广东》,1913 年,第 17 页。

有议员提出并先后议决裁撤广州市及各县督学局。教育司将一些原属府道州所辖的中学收归省立时,各地的封建士绅即借此唆使各校闹事:"罗定、潮州,则有鼓众罢学之事;梅县(即旧嘉应州)则有开会演说反对省立、塌楼伤人之事。"①

　　教育司的人事改革也遭到士绅的反对。钟荣光撤销省优师原校长职和改派唐萱任校长之令一出,顽固士绅马上表示反对,"始而炸弹队、锄恶团及某某团体来函,要求取消撤退校长之令",继而有人利用唐校长开除不称职教师和允许学生演文明戏事"吹波助浪","肆口污蔑",迫使唐"因是不安于位而去"。② 教育司重新委派顺德、新宁、香山等县各中学校长时,劣绅也煽起了抵制的"暗潮","坚持数月"才被平息下去。③

　　5.藉学渔利,暴力毁学

　　学校是一新生事物,但却有人将其变成聚敛钱财、欺诈百姓的工具。如吴川县李斗垣借办学为名,添设银水、罗租、补足、报税、戏金、歌资、船头费等项苛杂,农民、船户等不堪其重抽而呈请都督恤民。胡汉民下令取消病民诸捐后,李等又以无钱办学为由破坏教育事业。由于部分官员以教育谋私,加重了当地民众的负担,致使部分县发生暴力毁学的事情。如 1912 年 3 月初,新会县城一批村民闯入崇德女校,将校具拆毁一空,致使学校成为空地一块,无法办学。

三、教育冲突中的多重逻辑:一个分析框架

　　本文所指逻辑,就是事件之间的因果关系。而"多重逻辑"的实质是,教育冲突涉及多重过程和机制,而只有在这些过程机制的相互作用中才能恰如其分地认识它们各自的作用和影响,由此对教育冲突作出合理的解释。目前在教育冲突的解释逻辑中具有两种取向。一种是高度简化取向,即将教育冲突归因于某一单一逻辑,如周兴樑将教育冲突归因于中西文化的冲突,何文平将教育冲突归因于政治权力的排挤,这种简化的单一逻辑取向并不能很好地解释教育冲突的复杂动因,因而存在许多局限性。如文化机制很难解释为什么

---

　　① 钟荣光:《广东人之广东》,1913 年,第 27 页。

　　② 钟荣光:《广东人之广东》,1913 年,第 22 页。

　　③ 钟荣光:《广东人之广东》,1913 年,第 27 页。

具有西方文化背景的中国人仍然要反对新式教育,而权力机制则在解释为什么普通民众要反对新式教育的问题上遭遇困难。另一种是复杂性取向,即认为教育冲突是多重逻辑的产物。那么,多重逻辑的内涵是什么呢? 多重逻辑具有两个特征,第一是多元归因。田正平、陈胜两学者在《中国教育早期现代化问题研究——以清末民初乡村教育冲突考察为中心》一书中,从新旧教育、经济利益、乡村结构、乡村文化、乡村权力等方面深入探讨了清末民初的乡村教育冲突,可以说是多重逻辑分析的一个典型思路,然而两位学者的分析框架很难成为一个普遍的教育冲突分析框架,因为缺乏了多重逻辑分析第二个特征,即不同逻辑之间应该是并列关系。基于此,本文提出教育冲突的“多重逻辑”分析框架。第一,教育冲突涉及多重逻辑,我们必须从这些逻辑的相互关系中认识它们的作用和影响。第二,不同个人和群体的行为背后可能具有相同或不同的逻辑。第三,不同个人和群体的行为可能是单一逻辑作用或多种逻辑共同作用的结果。从“多重逻辑”分析框架的角度,应该从何处入手来发现、提炼教育冲突中的逻辑呢? 通过前文对民初广东教育改革的考察,可以发现在教育冲突最激烈的民初,广东的教育改革受到来自军政府内部、商人、地方士绅、塾师及普通民众等方面的阻力。由于塾师多是前清具有功名的士绅,因此,塾师也算是士绅阶层。在如此高度分化的群体中,产生了多种多样的抗争方式。从这些抗争主体的抗争方式和理由中,不难看出背后无非有三大诉求:文化利益诉求、经济利益诉求及权力诉求。这三大利益诉求分别对应着教育冲突的三个逻辑——文化逻辑、经济逻辑、权力逻辑,下面我们将以民初广东教育冲突为例,分析这三个逻辑如何体现。

　　1. 经济逻辑

　　因为经济利益冲突而反对军政府的教育改革主要有三类人,一类是军政府内部的反对派,其次是地方士绅阶层,再次是普通民众。对于统治阶级内部而言,不同部门的利益冲突是导致教育改革受挫的重要原因。从上文可知,临时省议会及第一届省议会均议决裁撤督学局,其主要理由便是经费缺乏。1913年广东的预算支出经费为4600万元,其中军费就约占39%,达到1800万余元,此外应还外债约为1000万;而全省的收入为2600万余元,财政赤字高达1900万。该年的教育经费预算经财政司核准为885300元(后追加省视学经费12900元,共为898200元),还不足全省财政支出的0.02%。① 可见,全省各部门都面临的经费缺乏的问题,各部门之间在争夺有限的经费上就

---

① 胡耿:《辛亥粤军政府时期的钟荣光与朱执信》,《岭南文史》2010年第3期,第2页。

会产生利益冲突,为此,当教育司为设立的督学局而申请增加经费时,自然就会使其他部门的预算减少,因而其他部门多支持裁撤。同样的问题也困扰着地方县市,辛亥革命前之办学经费,多取自廊饷、花捐、赌捐等。辛亥革命后,各项杂捐都已废止,地方税收又尚未划定,而封建士绅大多蚕食书田租税,仅靠其蚕食剩余之文社书院、书田税收办学,经费自然较前清收入要少。由于督学局经费主要是靠县市政府自筹,督学局设置需要耗费地方政府本来就不多的经费,因此县市政府对设立督学局也大多持消极态度。

对地方士绅而言,严令禁止各属士绅因循陋习,霸收祖尝学谷及书田花红,并将此款拨为各地兴办学校的费用,这直接打击封建士绅的经济特权,自然招致地方士绅的强烈抗争。而政府的改良私塾措施,直接损害了塾师的经济利益,因此受到塾师的抵制。

此外,教育改革也给民众造成了经济压力,从而导致普通民众的反对。教育改革的经费主要由地方负担,而普通民众则成了教育改革经费的最终负担者,"虽然新式教育所带来的负担并不算很重,但问题的关键在于乡村普通民众受教育的机会并没有得到根本保障,大多数贫寒子弟仍然徘徊在乡村新式教育的大门之外"①,再加上有些士绅借兴学之名聚敛钱财,无疑使民众经济负担急剧加重,并由此造成了民众对教育改革的抵制。

2.文化逻辑

通过前文可知,广东教育司的教育改革是以西方教育观念和教育制度为主导的改革,"旨在为新式教育取代儒家教育创造条件和开辟道路",因此其代表的是资产阶级文化。但当时占据广东旧教育阵地的主要是旧知识分子——封建士绅,教育司的教育改革,直接打击了这些士绅的文化特权,推翻他们赖以安身立命的文化基础,因此受到这些封建士绅的强烈反对。他们充分运用自己手中的文化资源,鼓动民众,一起抵制教育司的文化革新措施,加上许多革命党人及地方官员多数也是由传统的士绅转化而来,他们在思想上并没有完全超脱传统儒家文化而接受资产阶级文化,因此,当象征儒家文化的牌匾、旗杆、牌坊乃至尊孔习俗等均被教育司所取缔时,他们便以传统儒家文化的守护者身份进行抗争。从这一角度上看,当时士绅及民众对教育改革所进行的抗争,可以说是保守势力为了维护传统儒家文化而进行的一场文化抗争。其

---

① 田正平、陈胜:《中国教育早期现代化问题研究——以清末民初乡村教育冲突考察为中心》,浙江教育出版社 2009 年版,第 173 页。

实质"是当时中西方两种文化冲突的反映"①。

3.权力逻辑

广东教育改革所以受挫的另一原因则是权力冲突,这种权力冲突既发生在军政府内部,也发生在军政府与士绅、商人之间。

在军政府内部,其权力结构是"三权独立之制",但在权力实际运作上,行政与立法存在冲突,"政府应交议之事,有时不交议;有时省会通过之事,行文政府,而政府漫应之","而省会于政府交议之事,十宗驳还八九;有时函请政府执行之事,且令政府为难"。② 政府与议会的关系恶劣。一方面政府不承认临时省会的代表性,指责省会无所作为;另一方面,又常常面临着省会对政府官员的弹劾,如以"实行专制"③弹劾胡汉民,以滥杀为由弹劾警察厅长陈景华④,以"扬耶抑孔"而"纠举"教育厅长钟荣光。正式省会成立后,由于陈炯明清除了临时省会中的一些反对分子,行政与立法机构矛盾有所缓和,但也有弹劾都督陈炯明事件出现。督学局被裁撤,这种内部的权力争斗也起了一定的作用。

在军政府与士绅、商人之间,其权力冲突就表现为军政府对士绅、商人的政治排挤上。辛亥革命后革命党人建立军政府,胡汉民依据"非同党不用"的原则任命了军政府各厅、司主要领导,形成了以同盟会为核心的领导体制。各绥靖处处长、各县县长、各军队长官多为留学生以及新知识阶层。临时省议会选举出来的 120 名代议士,同盟会"其数得六十余人,实居全体代议士半数"⑤。广东军政府完全由革命党人掌权,一大批清末立宪派的士绅被排挤,由士绅把持的各种团体组织也被取缔。革命风暴大大削弱了地方士绅的威权,"自反正以后,从前正绅,既多遭盗贼蹂躏,逃亡殆尽,其未遭挫折者,亦自以所得亡清头衔,不足以慑服乡里,且鉴于前车,不复敢挺身任事"⑥。

如果说军政府对士绅的排挤是理所当然,那么对属于资产阶级的商人进行排挤就显得让人费解了。实际上,在清末,由于相当一批官僚、地主向资产阶级转化,"绅"、"商"两个社会阶层往往互相渗透,一身二任的人物相当普遍。⑦ 因此民初广东社会中的商人往往是由士绅转化而来,成为亦绅亦商的

① 周兴樑:《民初广东教育改革中的中西文化冲突》,《中山大学学报》1999 年第 2 期,第 85 页。
② 钟荣光:《广东人之广东》,1913 年,第 7 页。
③ 《临时省会弹劾胡督文》,《民生日报》1912 年 6 月 5 日。
④ 《临时省会弹劾陈厅长知会》,《民生日报》1912 年 5 月 25 日。
⑤ 载周兴樑:《孙中山与近代中国民主革命》,中山大学出版社 2004 年版,第 214 页。
⑥ 《论治粤政策亟宜维持人民之生计》,《民生日报》1912 年 5 月 9 日。
⑦ 邱捷:《辛亥革命时期的粤商自治会》,《近代史研究》1982 年第 3 期,第 192 页。

"绅商",这些"绅商"在辛亥革命中表现出明显的两面性:即一方面因受封建主义的压迫,具有反封建的革命性;但另一方面他们与封建主义关系密切,具有妥协性。从他们的主观意愿而言,多数倾向于温和的改良而不是激烈的革命,他们在反封建方面更缺乏勇气。① 因此,在军政府成立后,商人被排除在权力中心之外。

军政府的政治排挤引起士绅和商人的强烈不满,当教育司推行的教育改革直接损害他们的既得利益和赖以安身立命的文化基础时,他们对政府的不满终于有了宣泄的借口。这些士绅、商人虽然没有核心权力,但其在权力网络体系中却是不可或缺的一环,特别是在乡村的权力网络中,士绅被视为国家与乡村社会的中介,作用更加强大。重要的是,这些士绅和商人拥有丰富的文化资本和经济资本,能运用文化的、经济的、法律的手段进行抗争,因此他们反击力量相当强大。在各种抵制力量的联合打击下,存在了一年多的广东军政府灭亡,同时也宣告了广东教育改革的失败。因此,从这一角度来看,民初广东的教育冲突事实上就是革命党人与地方士绅、商人对各自权力与责任划分未能达成认同的表现,而这种社会政治与意识的不成熟,也正是民初广东各种阶层未能形成很好的合力的原因之一。

结　语

通过多重逻辑分析,可以发现,不同群体的抵制行为背后往往具有多重逻辑。对处于上层的军政府内部人士而言,主要受经济逻辑和权力逻辑的影响;对于士绅和商人等中层阶层而言,经济逻辑、文化逻辑和权力逻辑均发挥作用;而下层的工人和农民更多是受经济逻辑和文化逻辑影响。而且,处于不同层次的个人和群体的抗争方式也有较大的区别。上层军政府内部人员由于拥有较强的政治资本,因此更多采用以法抗争的方式;下层工人和农民则因缺乏相应的资本而多采用暴力抗争的方式;中层的士绅和商人则拥有较强经济资本和文化资本,因此多采用合法的经济抵制和文化抗争方式。

纵观广东教育司的改革过程,实质就是一个新旧教育冲突与调适的过程。民初广东教育改革的失败典型地反映了辛亥革命的不彻底性及中国资产阶级的软弱性与妥协性。虽然辛亥革命是一次资产阶级性质的革命,但辛亥革命

---

① 邱捷:《辛亥革命时期的粤商自治会》,《近代史研究》1982 年第 3 期,第 199 页。

所产生的社会效应,尤其是对中国社会下层的震动和影响是相当有限的。"从某种意义上说,辛亥革命只是形式上推翻了封建帝制,但反封建的任务并没有彻底完成,民主共和的观念并没有完全深入人心。"①此外,民初广东教育的失败也充分表明教育司的改革策略存在一定的失误。在力量不够强大,条件不够成熟的情况下,广东的教育改革树敌太多,既得不到开明绅士的支持,也得不到普通民众的拥护,甚至革命党人内部意见也不一致。可见,民初广东教育改革的步子走得过快了些,当改革者回头看时,才发现自己原来是孤家寡人。当然,从另一个角度来看,这种教育冲突也是教育发展的动力。虽然广东教育司的改革总体上是以失败告终,但却是革命党人试图全面建立资产阶级教育制度的一次有益尝试,并且取得了一定的成果,为后人留下了许多宝贵的经验。

①　马克锋:《辛亥革命与民众动向》,《广东社会科学》2002年第6期,第15页。

论辛亥革命与中国教育现代化进程

曲铁华　　李彩玉*

摘　要：以孙中山为首的资产阶级革命派领导的辛亥革命推翻了清王朝近三百年的统治，结束了两千多年的封建专制制度，其宣传的民主共和思想对谋求救亡图存的知识分子、热血青年甚至普通民众都产生了广泛而深刻的影响。中国的教育现代化虽然早在19世纪中晚期已经起步并在20世纪初建立了近代学制，但辛亥革命对其的推动作用不容小觑，可以说辛亥革命对中国教育现代化进程的影响超过了以往任何一个历史事件。本文拟图从教育现代化的两大维度讨论辛亥革命与教育现代化两者间的关系，以期能够更清楚地认识前者对后者的作用和影响。

关键词：辛亥革命；人的现代化；教育现代化

　　一百年前，以孙中山为代表的资产阶级革命派以"驱除鞑虏，恢复中华，建立民国，平均地权"为纲领，推翻了清王朝的封建统治，结束了两千多年的封建专制制度，建立了中华民国，组建了以孙中山为临时总统的临时政府，并在《临时大总统就职宣言》中确立了以"尽扫专制之流毒，确立共和，普利民生，以达革命之宗旨"[①] 的政府职责和任务。通过任命教育总长和制定《壬子癸丑学制》等措施，开启了民国初年针对中国传统封建教育的改革。中国的教育现代化在经过了洋务运动、戊戌变法和清末新政之后，迎来了短暂的春天。

---

　　*　作者简介：曲铁华，东北师范大学教育科学学院教授；李彩玉，东北师范大学教育科学学院硕士生。

　　①　《临时政府公报》第1号，1912年1月。

一、培养资产阶级社会的公民——人的现代化

(一)学校教育

千百年来,中国的教育更多地起着伦理约束和政治教化的作用,忽视个体差异和兴趣爱好。作为中国 19 世纪末 20 世纪初的重要政治力量的成员,辛亥革命的领导者绝大多数是知识分子,并且多数领导者均有出国留学背景。在长期的斗争实践中他们认识到,必须用革命手段推翻清廷,而要发动广大人民群众起来加入革命行列,则必须以教育唤起民众的觉悟。

在学校教育方面,资产阶级革命派把学校作为传播资产阶级民主思想的主要阵地,培养革命骨干的主要场所,这是革命发展的客观要求;而在民族危机严重、列强濒临的大环境下,培养专门人才也是时代发展的需要。在培养什么人的问题上,邹容在《革命军》中认为应该是"养成上天下地,惟我独尊,独立不羁之精神","养成冒险进取,赴汤蹈火,乐死不辞之气概","养成相亲相爱,爱群敬己,敬瘁义务之功德","养成个人自治,团体自治,改进人格之人群"的革命健儿。[1] 深受进化论影响的孙中山基于世界万物皆由进化而成,喜用进化的眼光思考问题,在教育目的上,他认为学校是"为国家培养人才、教育国民的重要机构,对个人则在于知识才能的发展、国民人格的陶冶;对国家则在于文明进化之源泉"[2],学校是国家的根本,担当培养人才和国脉的重任。

这一时期,各地学潮此起彼伏,学子们纷纷表达对传统教育的不满,要求接受新式教育,许多新式学校应运而生。1902 年,蔡元培等在上海创办了以"造成理想的国民,以建立理想的国家"[3]为目的的中国教育会;同年创立的爱国学社则以"重精神教育以自由独立为主"[4]为宗旨;1903 年,孙中山在日本创办青山军事学校,对中国留日学生进行军事训练和革命思想教育。此后许多新式学校纷纷创办,如被誉为"安徽革命的温床"的芜湖公学,浙江的大通师范学堂,湖南的明德学堂,福建的侯官两等小学等,不一而足,这些学堂在培养目

---

① 石峻:《中国近代思想史参考资料简编》,生活·读书·新知三联书店出版社 1957 年版,第465 页。

② 转引自王业兴:《孙中山与中国近代化研究》,人民出版社 2005 年版,第 348 页。

③ 高时良等:《中国近代学制史料》,华东师范大学出版社 1993 年版,第 689 页。

④ 冯自由:《革命逸史》,新星出版社 2009 年版,第 118 页。

标上都是培养革命骨干和领导力量。

　　辛亥革命胜利后，教育思想界针对如何改革不适合新时代需要的清末半殖民地半封建的教育、建立具有资产阶级性质的近代教育体制，培养资产阶级民主共和国需要的具有健全人格的一代新人，以发展资本主义政治、经济和文化等问题展开了热烈的讨论。对新时期教育，蔡元培指出："教育有二大别：曰隶属于政治者，曰超轶乎政治者。专制时代（兼立宪而含专制性质者言之）教育家循政府之方针以标准教育，常为纯粹之隶属政治者，共和时代教育家得立于人民之地位以定标准，乃得有超轶政治之教育。"①于是，在中华民国成立之初，民国教育部颁布了《普通教育暂行办法》和《普通教育暂行课程标准》，旨在适应中国民族资本主义发展的需要，清除封建教育残留的影响。作为民国首任教育总长的蔡元培在对人才的培养上，明确反对清政府的教育宗旨，着手研究新的教育宗旨，制定新教育的基本政策和法律法规。以蔡元培《对于教育方针之意见》为蓝本，教育部于 1912 年 9 月 2 日颁布"注重公民道德教育，以实利教育，军国民教育辅之，更以美感教育完成其道德"②的教育宗旨。以后又制定颁布了《壬子癸丑学制》。提倡男女平等，废除教育权利上的两性差别；取消教育上的等级制度，同时废除了清朝专为贵族子弟特设的贵胄学校等，这一学制反映了资产阶级共和国的性质和对人才培养的基本要求。

　　所谓教育现代化一般指"建立现代教育体系，采用现代教育理论和方法"③。新教育宗旨的颁布和《壬子癸丑学制》的制定，初步形成了一套系统而完整的现代教育体系，体现了现代教育关于人的和谐发展的思想，极大地促进了民国初年各级各类教育的发展，推动了学校教育的现代化。

（二）社会教育

　　资产阶级革命派进行社会教育，是为了揭露帝国主义的侵略本性和清政府反动卖国的罪行，提高广大民众的觉悟，使其投身到反帝反封建的革命阵营中来。资产阶级革命派深知思想宣传的重要性。孙中山认为"根本救国，端在唤醒国民"④。社会教育对民众革命意识的启迪、民族意识的唤醒起着其他教育无法替代的作用，"革命成功极快的方法，宣传要用九成，武力只可用一

---

①　蔡元培：《蔡元培教育名篇》，教育科学出版社 2007 年版，第 1 页。
②　赵廷为，李季开：《教育杂志》1912 年经 4 期。
③　王业兴：《孙中山与中国近代化研究》，人民出版社 2005 年版，第 15 页。
④　孙中山：《孙中山选集》，人民出版社 1956 年版，第 493 页。

成"①,因此,必须唤醒广大的人民群众。孙中山要求"把三民主义的道理,注入到人内心。要人人的心理都倾向共和"②。

为了唤醒民众,资产阶级革命派积极开展宣传活动,创办宣传机构和报刊杂志。据冯自由在《辛亥革命前海内外革命报一览》中统计:辛亥革命前,共创办报刊 67 种、杂志 49 种。当时影响最大的有《民报》、《国民报》、《浙江潮》等,其数量之多、范围之广可谓空前。

依据日本宗方小太郎在《辛壬日记·一九一二年中国之政党结社》一书中的描述,我们可以大致了解辛亥革命时期建立的形形色色的社团、政党,其规模之大、影响之广,可以说辐射到全国的各个角落,影响到社会的各个阶层。

如果说辛亥革命时期学校教育的受教育者,主要是广大的青少年和知识分子,那么,这一时期社会教育的受教育者则更为广泛,包括了主要由资产阶级和小资产阶级知识分子组成的"中等社会",以及主要由工农群众和士兵组成的"下等社会"。资产阶级革命派希望通过对"中等社会"的社会教育,使其走在革命事业的前列。而对于"下等社会",虽然工农群众和军队是革命的中坚力量,但他们的思想尚处于愚昧状态,需要对其进行启发教育,"下等社会为一国之主人,如何使完其人格,如何使尽其天职,培养其独立自营之精神,而后能为世界之大国民,以立于万马奔腾潮声汹涌之竞争场而不蹈"③。由于资产阶级派强有力的宣传,革命阵营愈壮愈大,为辛亥革命的胜利打下了坚实的群众基础和思想基础。

基于革命斗争中社会教育所发挥的重大作用,在夺取革命胜利果实之后,资产阶级革命派依然重视社会教育,在改革教育行政管理体制时,即将前清学部五司(总务、专门、普通、实业、会计)精简为三司(普通、专门、社会)一厅(总务),增设了社会教育司,并通电各省都督筹办社会教育"惟社会教育,亦为今日急务。入手之方,宜先注重宣讲";"至宣讲标准,大致应专注此次革新之事实,共和国民之权利、义务,及尚武、实业诸端,而尤注重于公民之道德"④。

---

① 孙中山:《孙中山选集》,人民出版社 1956 年版,第 493 页。
② 孙中山:《孙中山选集》,人民出版社 1956 年版,第 460 页。
③ 李书城:《学生之竞争》,《湖北学生界》1903 年第 2 期。
④ 璩鑫圭等:《中国近代教育史资料汇编——学制演变》,上海教育出版社 2007 年版,第 601—602 页。

二、从物质到精神——教育各个层面的现代化

(一)教育制度现代化

如前所述,辛亥革命前,革命党人已经创办了许多新式学校培养人才,但在不同的历史条件和革命形势下,这些学校的教学内容、教学方法、教学手段各有侧重点。

爱国学社的立学宗旨前文已经提到,事实上其章程上有详尽表述:"本社……重精神教育,重军事教育,而所授各科学者皆为锻炼精神,激发志气之助。"[1]中国教育会把这一办学宗旨归纳为三条:"一曰纯粹其质点,则沈浸学理,以成国民之资格也。二曰全其构造,则实践自治,以练督制社会之手段是也。三曰发达其能力。"[2]这些章程无疑反映了他们的教育思想和培养目标。爱国学社在学级上分寻常级和高等级两级,学习时间均为两年。寻常班开设的课程有修身、算学、理科等八门;高等级班第一学年开设伦理、算学、物理等九科,第二学年开设算学、化学、国文等课程。教师由公举产生,学生自己选择教师,相互教学,充分体现了"自治制"的办学宗旨。除教学外,学社的组织管理皆由学员自治,凡社中有重大兴革皆由评议会集体决定。爱国学社的章程,虽然功课门类和内容规定较多,但因所授各科的目的是为了激发革命斗志,因此实际上文化课上得较少,活动比较丰富。爱国学社甚至出版了自己的革命书刊,影响广泛,对学生的思想冲击巨大。

在日本创办的青山军事学校作为秘密军事学校,主要学习一般军事知识以及盒子炮、木炮和火药等武器的制造,特别注重学习和研究适合起义时使用的以寡敌众之夜袭法和散兵战术。此外,孙中山还十分注意军校学生的政治信仰以及意志品格的培养,规定军校学生必须宣誓,表示决心,效忠革命。青山军事学校的教学效果显著。有史料记载,1906 年,萍浏醴起义爆发后,"东京之会员莫不激昂慷慨,怒发冲冠,亟思飞渡内地,身临前敌,与虏拼命,每日到机关部请命投军者甚众。稍有缓却,则多痛苦流泪,以为求死所而不可得,

---

①　冯自由:《革命逸史》,新星出版社 2009 年版,第 118 页。
②　冯自由:《革命逸史》,新星出版社 2009 年版,第 118 页。

若莫甚焉"①。

　　辛亥革命胜利后,新的教育体制建立起来,适应政体的转变和发展资本主义的需要,前述南京临时政府关于教育方面的诸多改革举措,明确改变了辛亥革命准备时期的重点,建立了严格而系统的学制,加强了学校教育中自然科学课程学习的比重,增加了农工商业、法律、经济等实用课程,取消读经课和晚清文实分科制度,开始实行男女同校,促使各级学校走上正规化并得以大发展。

　　在教育制度层面,之所以认为辛亥革命是教育现代化进程中不可或缺的重要一环,主要在于,正是经过辛亥革命的冲击,传统封建教育的教育宗旨、教育理念、教育体系、教学内容以至于教育教学方法等才发生了不可逆转的根本改变。尽管此后中国教育现代化的进程中仍然充满曲折和反复,但辛亥革命所开辟的大方向一直是中国教育现代化的主题。

(二)教育思想现代化

　　南京临时政府成立之前,孙中山即提出"驱除鞑虏,恢复中华,建立民国,平均地权"的时代最强音,要求青年学生"将振兴中国之责任,置之于自身之肩上"。② 孙中山认为"立志是读书人最要紧的一件事",青年学生应该"重发达人群,为大家谋幸福",把国家和民众利益放在首位。在教育任务上,孙中山认为求知的主要目的在于实用,求知的目的应该是获得个人、社会的物质与精神生活的满足,知识应与实用并重;在教育内容上,孙中山主张人文科学、社会科学与自然科学并重,传统学科与现代学科并重,不可偏废,厚此薄彼;在道德教育上,孙中山以培养高尚人格为最高目的,至于道德教育的内容,孙中山认为应包括"忠孝仁爱信义和平八德、智仁勇三达德、互助与服务新道德"③。中国自古以来重视自发和内省,认为道德只是自身的自我完善,未将道德和社会服务联系起来,孙中山在继承传统道德教育的基础上有所创新,提出新的道德衡量标准。关于教学方法,孙中山提倡"津津启志,虽理至幽微,事至奥妙,皆能有法以晓谕之,有器以窥测之"④。主张先天理性的启发和后天经验的利用、改造并重,反对死读书、不求甚解的读书方法。孙中山提出教育必须培养德智体全面发展的先行者,体现了其对人才素质的整体要求。此外孙中山还积极

---

　　① 文史资料研究委员会:《辛亥革命回忆录》(一),文史资料出版社 1962 年版,第 12 页。

　　② 孙中山:《孙中山选集》上卷,人民出版社 1956 年版,第 66 页。

　　③ 王业兴:《孙中山与中国近代化研究》,人民出版社 2005 年版,第 351 页。

　　④ 孙中山:《孙中山全集》,中华书局 1986 年版,第 19 页。

倡导义务教育,男女平等享受受教育权,呼吁推行普及教育,建立师范学校等。

辛亥革命胜利后,孙中山任命蔡元培为教育总长,使三民主义和蔡元培的自由主义教育思想一道成为民初教育改革的理论导向。蔡元培是中国近代史上著名的资产阶级革命家、教育家,其渊博的学识和融合中外的气度一直为世人所景仰。蔡元培的教育思想与其一生的实践活动紧密相连,在辛亥革命前,从最初的与章炳麟共同组建中国教育会到后来创办爱国学社和爱国女校,目的都在于向学生和普通民众灌输革命知识、培养爱国志向。南京临时政府成立后,蔡元培利用教育总长的地位努力把自己的教育理想付之于实践。作为教育总长、北京大学校长和中央研究院院长,蔡元培在教育界、科学界、知识界有着广泛的影响和崇高的威望。可以说,在中国教育现代化的历史进程中,很少有哪一位教育家产生过如此巨大的影响,从这个意义上讲,辛亥革命又是中国传统教育思想实现现代转化的重要界标。

全国临时教育会议与民初教育改革

于　潇*

摘　要：在封建专制制度被推翻、民主共和制度初建的社会大转型时期，民初教育的改革势在必行，重审教育改革的价值取向、更新教育宗旨和完善学制系统等重大问题急需解决。因此，蔡元培主持下的教育部于1912年7月10日—8月10日在北京召开全国临时教育会议。此次会议的多数提案形成教育政策，并且在教育实践中影响深远。全国临时教育会议是民初教育改革的重大举措之一，为民初教育发展作出了较大贡献。

关键词：全国临时教育会议；议员；提案；民初教育改革

辛亥革命的爆发结束了晚清政府的统治，中华民国的建立象征着封建君主专制政体的瓦解和资产阶级共和制度的诞生，这是中国社会由传统走向近代的一个重要标志。民国伊始，百业待兴，教育亦不例外。在推动民初教育发展的诸多因素中，全国临时教育会议是一个不容忽视的重要因素。这次会议旨在"谋教育改良进步，亟欲征求全国意见"[①]，讨论内容包括教育改革的价值取向、教育宗旨和学制系统等一系列重大问题，会议成果在会后得到了积极的回应与落实，为民初教育发展奠定了坚实的基础。

一、会议背景与概况

1912年1月1日，中华民国在南京宣告成立。临时大总统孙中山在就职宣言中强调，新政府的任务是："尽扫专制之流毒，确定共和，以达革命之宗

　＊　作者简介：于潇，宁波大学教师教育学院讲师。
　①　《临时教育会议章程》，《政府公报》，第29号，1912年5月29日。

旨。"①政权的更迭不仅导致社会局势的剧变,思想观念也随之改变,依附于封建帝制的价值观念失去了政权上的支撑,社会各界对民主共和充满了向往。新政权确立后,必然要求教育与之适应,"欲改革政治,不可不先改造国民之品性。而欲改造国民之品性,舍用教育之方法外其又奚由"②。正是在这样一个由封建专制向民主共和转型的大背景下,教育事业的革新呼之欲出。

1912年1月3日,著名资产阶级革命家、教育家蔡元培被任命为民国首任教育总长。同月9日,教育部正式成立。此后,教育部颁布了《普通教育暂行办法》和《普通教育暂行课程标准》,力图稳定全国教育形势,肃清封建教育的影响。为了广泛征求全国教育界意见,集思广益,为民国教育打下一个坚实的基础,教育部成立不久,即决定召开全国教育会议,作为"全国教育改革的起点"③。

教育部很重视会议筹备工作,会前安排较为周全:设立负责筹备的专门机构——临时教育会议事务所;公布会议相关规程,申请会议专项资金;多次开会商讨议员选派与提案提交等事项。④ 社会各界对举办会议的消息反应热烈,《申报》《民立报》和《教育杂志》等各大报刊开辟专栏进行讨论,人们对即将召开的会议期望颇大。

议员是会议的参与主体,教育部和地方政府均比较重视议员的推选。依据规程要求,议员分为四类:"甲、由教育总长延请者;乙、由各行省及蒙藏各推举两人华侨一人;丙、由教育总长于直辖学校职员中选派者;丁、由教育部咨行内务财政农林工商海陆军各部派出者。"⑤经过多次协商,相关部门推选议员94人⑥,包括北京大学校长严复、中国近代职业教育创始人黄炎培和南开学校创办者张伯苓等知名人士。高素质的议员队伍为会议取得实效提供了有力保障。

全国临时教育会议于1912年7月10日开幕,8月10日闭幕,正式开会19次,提案92件⑦,内容涉及教育宗旨、学制系统和各级各类教育等诸多方

---

① 中国社会科学院近代史研究所中华民国史研究室等:《孙中山全集》(第二卷),中华书局 2006年版,第1—2页。

② 《论政治与教育之关系》,《盛京时报》,1912年3月2日,第1版。

③ 中国蔡元培研究会:《蔡元培全集》(第二卷),浙江教育出版社1997年版,第177页。

④ 《组织中央教育会》,《时事新报》,第2版,1912年5月10日;《教育部请发会费》,《大公报》1912年5月31日,第1版,第29号。

⑤ 《临时教育会议章程》,《政府公报》,1912年5月29日,第29号。

⑥ 于潇:《民初临时教育会议议员名单及人数考辨》,第125—130页,《宁夏大学学报》(人文社会科学版)2010年第4期。

⑦ 《临时教育会闭会情形、临时教育会议之议事成绩》,《时报》1912年8月17日,第3—4版。

面。尽管会议是在教育总长更迭①的情况下进行的,但是由于蔡元培和继任者范源濂等人的开明态度,会议进程有条不紊,会场讨论十分热烈。会后,多数提案以教育法令形式颁行。据统计,约76件提案形成相关法令约79条②,占提案总数的83%,基本达到了会议的预期效果,尤其在教育改革价值取向、教育宗旨和学制系统等方面,这次会议的影响比较明显。

二、会议与教育改革价值取向的初转

众所周知,维新运动以来,清政府所进行的历次教育改革,均以日本教育为模式,"取法日本"成了晚清教育改革的价值取向。政体的转变,为改变单一的价值取向创造了条件。

在全国临时教育会议开幕式上,蔡元培就提出:不要把目光完全局限于学习日本教育,要放眼于世界,"现在我等教育规程,取法日本者甚多。……日本学制本取法于欧洲各国……然日本国体与我不同,不可不兼采欧美相宜之法"③。亲身领略过欧洲文化教育精神的蔡氏,不仅阐明了日本教育由欧美而来的实情,而且发表了民初教育不可抛开国情生硬地导入外来模式的忠告。更难能可贵的是,在看到单一取向严重弊端的同时,他并未完全摒弃参考日本教育的积极作用,而是主张"兼采欧美"。可见,蔡氏对民初教育改革价值取向的思考多了一份理性。

在94人的议员队伍中,共有47人具有留日或赴日考察经历④,其比重为50%。他们多毕业于日本京都帝国大学和早稻田大学等当时日本著名学府,如时任北京师范学校校长夏锡祺和时任北京法政专门学校校长劭章等。再者,他们多曾赴日研究或考察过教育,如私立南开学校创办者张伯苓和近代音

---

① 因不满袁世凯专制,蔡元培请辞教育总长,辞呈于1912年7月14日获批,继任者为范源濂。

② 沈云龙:《近代中国史料丛刊三编第十辑:教育部行政纪要》,台北文海出版社1986年版,第7—17页。

③ 我一:《临时教育会议日记》,《教育杂志》1912年第6期。

④ 此类议员共有47人,占议员总数的50%。留日议员36人:侯鸿鉴、汤尔和、顾实、顾琅、刘宝慈、陈毅、陈榥、沈叔逵、黄立猷、陈衡恪、李元鼎、兰承荣、蔡漱芳、胡家祺、张佐汉、钱用中、陈润霖、陆鸿逵、杨保恒、仇埰、萧友梅、常恒芳、汪树德、彭清鹏、钱家治、刘以钟、吴曾提、李步青、劭章、陈宝泉、洪镕、吴鼎昌、夏锡祺、陶昌善、魏宗瀚和何燏时。赴日本考察议员11人:黄炎培、张伯苓、贾丰臻、俞子夷、伍达、唐文治、徐炯、胡均、贡桑诺尔布、姚锡光和舒鸿贻。见田正平、于潇:《教育决策民主化的最初尝试——民初临时教育会议考察》,《高等教育研究》2010年第1期,第77—86页。

乐教育先驱萧友梅等。可见,日本元素在参会主体方面占绝对主导地位。不过,会议期间,并未出现议员们倡导学习日本教育一边倒的局面,倒是在这些人中,不乏反思教育改革单一模仿日本的主张者。

张佐汉(1876—?),字莜良,直隶高阳人,1905 年毕业于日本东京明治大学师范科,曾任直隶省视学。在讨论"中央教育会组织议案"时,张氏指出:"此稿全抄日本高等教育会议规则,要知君主政体与民国不同,内容殊多不合,宜采法制,不宜采日制。"①审查此案的议员们也赞同,将原案变更为:"采法国高等教育会议制者十之七,采日本高等教育会议制十之三。"②值得一提的是,此案审查员有 13 人,即黄炎培、张佐汉、徐炯、李步青、萧友梅、俞子夷、劼章、陆鸿逵、贾丰臻、许名世、郭景岱、庄俞和郑林皋等,其中仅有 4 人没有留日或赴日考察经历,分别是许名世、郭景岱、庄俞和郑林皋。由此可知,一方面,具有赴日经历的议员们主张教育改革不可拘泥于学习日本,应"博采众长",这些人不乏像黄炎培、余子夷和萧友梅这样的知名人士。另一方面,无赴日经历的议员们也并没有随声附和地站在当时教育界影响较大的主日派一方,而是提倡"中央教育会"应融汇法国和日本等国的做法,可见议员们在议决提案时着实进行了一番"深思熟虑"。

再如议员贾丰臻(1880—?),字季英,江苏人,清末秀才。会议期间,32 岁的他已经到日本考察过师范教育,曾担任上海教育会会长。正是这样一位了解日本教育且从事过教育研究和管理工作的人士,在讨论"教育宗旨案"时指出:"日本天皇之敕语,非仅就教育一方面言者,我国今日,似不可效法。"③

由上可知,尽管议员队伍中留日或赴日考察者居多,但是他们并没有盲目地推崇日本教育,反而出现了一些反思改革取向单一指向日本、主张兼采欧美教育的提议。不难看出,民初教育改革价值取向问题在会议期间已经引起了议员们的关注,全面取法日本的做法受到了一些质疑,成为民国教育转向学习欧美的先声。

三、会议与教育宗旨的调整

"教育宗旨案"是会场上引发议员们争论最为激烈的提案之一,其获准过

---

① 《临时教育会议纪事》,《民立报》1912 年 7 月 25 日,第 7 页。
② 我一:《临时教育会议日记》,《教育杂志》1912 年第 6 期。
③ 《临时教育会议纪事》,《民立报》1912 年 7 月 21 日,第 7 页。

程可谓一波三折。从蔡元培提倡的"五育"（军国民教育、实利主义教育、公民道德教育、美育和世界观教育），到一些议员强调的"三育"（删除"五育"中的美育和世界观教育），再到会议公决后的"四育"（删除"五育"中的世界观教育）。据统计，20余人直接发表了意见，其中包括张伯苓、黄炎培和侯鸿鉴等知名人士。[①] 会议期间，教育宗旨的辩论不仅有议员们的参与，社会上一些相关人士也对此给予了评论，尤其以对会场上争议颇多的"美育"和"世界观教育"的关注最大。时任教育部职员的鲁迅曾在日记中写道："闻临时教育会议竟删美育，此种豚犬，可怜可怜！"[②]由于会议要删除"美育"和"世界观教育"，学者严修曾有这样的举动："访伯苓于南开中学，为教育宗旨事。初蔡总长拟教育宗旨五项：一、道德主义，二、军国民主义，三、实利主义，四、世界观，五、美感。而教育会议竟将四、五两条取消，大奇大奇，余劝伯苓力争之。"[③]可见，会议关于教育宗旨的讨论所引发的社会影响巨大。

其实，在政体更迭之际，颁行新教育宗旨早已成为政府与社会各界人士的共识，会场内外出现了一波教育宗旨的讨论热潮也不足为奇。相比而言，倒是会议议决通过的"教育宗旨案"的落实情况更让人期待。

会后，教育部于1912年9月2日颁布了教育宗旨，内容与会议的相关主张完全吻合："注重德育教育，以实利教育、军国民教育辅之，更以美感教育完成其道德。"[④]可以说，在教育指导思想问题上，议员们所付出的努力得到充分肯定。

综观教育宗旨的内容，除了"世界观教育"因过于抽象而遭到弃用，余者多是蔡元培相关主张的积极反映。事实上，早在1912年2月，蔡元培曾发表过《对于新教育之意见》一文，强调废止清末教育宗旨的必要性，"忠君与共和政体不合，尊孔与信教自由相违"[⑤]，并明确提出了"五育并举"的教育方针及内涵：军国民教育、实利主义教育、公民道德教育、美感教育和世界观教育，前三者隶属于"现象世界"，是"相对的"，从属于政治的。后两者隶属于"实体世界"，是"绝对的"，超越于政治的。当然，"现象世界"和"实体世界"是密不可分

① 《临时教育会议纪事》，《民立报》1912年7月26、27日，第7页。
② 鲁迅：《鲁迅全集》（第十五卷），人民文学出版社2005年版，第17页。
③ 严修：《严修年谱》，齐鲁书社1990年版，第279页。
④ 《法令：教育部公布教育宗旨令》，《教育杂志》1912年第7期。
⑤ 中国第二历史档案馆：《中华民国史档案资料汇编》（第三辑·教育），江苏古籍出版社1991年版，第22页。

的："现象实体,仅一世界之两方面,非截然为互相冲突之两世界。"①在全国临时教育会议开幕式上,蔡氏曾坦言:"君主时代之教育方针不从受教育者本体上着想,用一个人主义或一部分人主义,利用一种方法驱使受教育者迁就他之主义。民国教育方针应从受教育者本体着想,有如何能力方能尽如何责任,受如何教育使能具如何能力。"②随即,他重申了"五育并举"的教育方针。这些不仅对民初教育宗旨的确立起到关键性的导向作用,还对其内涵作出了最贴切地阐释。

一方面,"四育并举"摒弃了以"忠君"和"尊孔"为核心内容的清末教育宗旨的封建性,加入了"民主共和"的价值指向,显示出与"尊孔读经"的彻底决裂。另一方面,尽管"公民道德教育、实利主义教育、军国民教育"与清末教育宗旨的"尚公、尚实、尚武"具有一定联系,但是其含义有所拓展。更难能可贵的是,"美感教育"的加入使得民初教育宗旨颇具特色,"以美育代宗教"的主张更是影响久远。

概言之,在全国临时教育会议上形成并由教育部颁布的民初教育宗旨,对民初教育事业发展的意义颇大。一方面,它为民初教育发展指明了方向,为肃清封建教育的消极影响提供了思想保证,诸如中小学废止读经科和初等小学实行男女同校等多项教育改革举措均与此相关。尽管"四育并举"受到了封建复古教育的短暂影响,但是随着袁世凯皇帝梦的破灭,时任教育总长范源廉宣布"切实实行元年所发表的教育方针"③,"四育并举"继续担负起引导民初教育发展的职责。另一方面,"四育并举"强调德育、智育、体育和美育并重,关照学生的多方面成长,也成为近代中国教育关注"人的全面发展"的理论先导。

四、会议与学制系统的嬗变

学制系统问题是全国临时教育会议的讨论重点之一。1912 年 7 月 12 日的第一次全体会议,"学校系统案"被率先商议,最终经再读后获准通过。原案大部分内容得以保留,一些用词和各级学校学习年限在吸收议员意见基础上有所调整:初等小学改为小学校;大学本科阶段的医、法两科修业年限为 4 年,

---

① 中国蔡元培研究会:《蔡元培全集》(第二卷),浙江教育出版社 1997 年版,第 12 页。
② 我一:《临时教育会议日记》,《教育杂志》1912 年第 6 期。
③ 高平叔:《蔡元培年谱长编》(上册),人民教育出版社 1996 年版,第 598 页。

余者为 3 年；小学、中学补习科修业年限为 2 年。① 会后，教育部审核了会议议决的"学制系统案"，于 1912 年 9 月 3 日公布《学校系统令》，史称《壬子学制》，这份学制与会议议决通过的学制基本一致。

《壬子学制》是民国成立后第一份正式公布的学校教育制度，在清末民初学制嬗变过程中发挥着承上启下的重要作用。它借鉴并发展了清末《癸卯学制》的相关内容，并且与会议其他关于学校教育制度议决案相互补充，促成了 1913 年《壬子·癸丑学制》的出台，为民初学校教育的发展提供了制度保障。

(一)《壬子学制》对《癸卯学制》②的承接与发展

"在任何社会内，一切比较现代的特点都是由以前的特点变革而来的。"③作为中国近代教育史上第一部正式颁布并在全国广泛推行的学校教育制度，1904 年的《癸卯学制》尽管随着中华民国的成立退出了历史舞台，但是其相关内容对民初《壬子学制》具有一定影响，两者的日本元素均较为明显，尤其在框架方面，两者的关联度较大。

首先，在纵向上，即各级学校教育方面，《癸卯学制》分为三段七级，第一阶段是初等教育，包括蒙养院、初等与高等小学堂；第二阶段是中等教育，设中学堂；第三阶段是高等教育，包括高等学堂或大学预科、分科大学和通儒院。《壬子学制》沿用了初等、中等和高等三级衔接的学校教育体系，将《癸卯学制》的"七级"削减为"四级"。

其次，在横向上，即各类学校教育方面，《癸卯学制》划定了普通、实业和师范三种类型并行的格局，这也是《壬子学制》所认可的。此外，两者在一些具体规定上颇为相近，如初等普通教育阶段设有实业学堂，但不设师范学堂，直到中等和高等普通教育阶段，实业学堂和师范学堂才并行而设。

不过，旨在适应共和政体的《壬子学制》必然与《癸卯学制》有所不同，这也是有关人士拟定学制时所特别强调的，"民国既立，清政府之学制，最必须改革者"④。

其一，《癸卯学制》以"中体西用"为纲领，拥护君主专制的政体，具有浓重

---

① 《临时教育会议纪事》，《民立报》1912 年 7 月 25 日，第 7 页。

② 《壬子学制》和《癸卯学制》，载舒新城：《中国近代教育史资料》(上册)，人民教育出版社 1981 年版，第 223—227 页。

③ [美]西里尔·E.布莱克等：《日本和俄国的现代化——一份进行比较的研究报告》，商务印书馆 1984 年版，第 23 页。

④ 中国蔡元培研究会：《蔡元培全集》(第二卷)，浙江教育出版社 1997 年版，第 7 页。

的封建色彩。《壬子学制》则秉承"四育并举"的教育宗旨,意在扫除封建思想的消极影响,服务于资产阶级共和政体。

其二,在教学内容方面,《癸卯学制》宣扬"三纲五常"的封建伦理道德,主张传授以儒家经史子集为主的知识体系。《壬子学制》则提倡资产阶级的自由、平等与博爱,主张废止读经科,注重自然科学知识的传授。

其三,《癸卯学制》所拟定的学习年限过长,即 25 年至 26 年,不利于普及教育和培养人才。《壬子学制》将其"蒙养院、分科大学和通儒院"减掉,学制年限缩短为 17 年或 18 年,更有利于学生的成长。

其四,在女子教育方面,《癸卯学制》没有女子入学受教育的明确规定,只是后来学部颁布了一些补充条例。《壬子学制》则确立了女子受教育的权利,以期消减男尊女卑的封建观念。

总之,由临时教育会议成果形成的《壬子学制》诞生于封建专制政体被推翻、资产阶级共和体制刚建立的社会变革大背景下,它在框架上保留了《癸卯学制》的有关主张,但在指导思想和教学内容等多方面给予了较大调整,乃是学制改革过渡时期的产物。

(二)会议关于学校制度的议决案与《壬子·癸丑学制》[①]的内在关联

除转化为《壬子学制》的"学校系统案"外,会议还有一些有关学校教育制度的议决案,如"小学校令案"、"中学校令案"、"大学令案"、"师范教育令案"、"实业学校令案"和"专门学校令案"等,这些议决案于会后不久均转化为相关的政策文件。1912 年 9 月 28 日,《小学校令——附小学校教则及课程表》、《中学校令》和《师范教育令》问世;10 月 22 日和 24 日,《专门学校令》和《大学令》相继颁布;1913 年 8 月 4 日,《实业学校令》和《实业学校规程》出台。经比对发现,这些政策文件与会议相关议决案的内容大同小异。

此后不久,教育部公布了《壬子·癸丑学制》,这部学制可谓是民初学制改革活动的"完成品"。在随后的近 10 年里,它导引着民初各级各类教育取得了较大发展,直至 1922 年才被《壬戌学制》所取代。值得注意的是,检阅《壬子·癸丑学制》的内容后,不难发现,它是《壬子学制》和前述与学制相关政策文件的综合性成果。

首先,《壬子·癸丑学制》的框架沿用了《壬子学制》的"三段四级",所拟定

---

① 《壬子·癸丑学制》,载舒新城:《中国近代教育史资料》(上册),人民教育出版社 1981 年版,第 227—228 页。

的各段修业年限也与《壬子学制》完全一致。第一阶段为初等教育,分为初等小学堂和高等小学堂,共计 7 年;第二阶段为中等教育,只设一级,共计 4 年;第三阶段为高等教育,也只设一级,分为预科与大学,共计 6 年或 7 年;学制总年限 17 年或 18 年。其次,《壬子·癸丑学制》完全认同《壬子学制》关于普通教育、实业教育和师范教育并行设立的做法,诸如倡设补习科、专修科等主张也与《壬子学制》颇为相近。再者,《壬子·癸丑学制》倡导废止读经科、认可初等小学男女同校、增强实业教育及师范教育地位、突显高等师范学校及专门学校的学术性等观点是对前述有关学制政策文件的积极回应。最后,《壬子·癸丑学制》与《壬子学制》及其他相关的学制章程的指导思想是一致的,它们均力图肃清专制教育的流毒,推崇民主共和的体制,提倡人的德、智、体、美等全面的发展,与封建教育存在着本质区别。基于上述,会议关于学制的议决案对《壬子·癸丑学制》的产生确实起到了重要作用。

　　总之,民国第一部正式颁布的学校教育制度——《壬子学制》由临时教育会议议决的"学校系统案"直接转化而成,加上其他有关学制的议决案形成的教育政策文件,催生出较为完善的民初学校教育制度——《壬子·癸丑学制》。可见,临时教育会议议决案在扬弃清末旧学制、创建民初新学制方面作出了重要贡献。

五、结　语

　　全国临时教育会议召开于社会转型时期的民国初年,可谓责任重大,它担负着规划民国教育蓝图的重任。正如亲历者蒋维乔所言:"……邀集全国教育界领袖,开临时教育会议,议决全部学制。再经部中详细审查,陆续颁布,这是民元时教育部开始所做的最重要事件。"[①]尽管会议成果的落实受到了短暂的复古思潮和民初不同党派主张各异的某些消极影响,但是,从总体上讲,此次会议在很大程度上推动了民初教育的发展进程。

　　首先,全国临时教育会议确定了民初教育发展的指导思想。两千余年的封建专制政体随着辛亥革命的爆发而砰然崩塌,中国近代史上第一个资产阶级共和国随之建立。政体的更迭要求教育发展的指导思想随之转变,废止以

---

① 蒋维乔:《我的生平—与蔡孑民先生筹划开国时教育的始末》,《宇宙风》(乙刊,1939—1941),第 24 期。

"忠君"、"尊孔"为核心的清末教育宗旨已势在必行。临时教育会议召开前,蔡元培曾公开发表"五育并举"的教育宗旨,社会各界对此颇有共识。临时教育会议开幕式上,蔡重申"五育并举"的主张,经审议后,除世界观教育外,余者获准通过,该项议决案全文于会后不久得到教育部的完全认可并公布实施。就此,"四育并举"成为民国成立后第一份正式颁布的教育宗旨,导引着民初教育的发展道路。可见,民初教育宗旨在临时教育会议前已经被提及,但最终颁布的是经临时教育会议审议后的、对"五育并举"有所修正的议决案,不难发现会议在确立新的教育发展指导思想方面发挥了较大作用。

其次,全国临时教育会议为民初学校教育制度的初步成型作出了较大贡献。在借鉴清末《癸卯学制》部分主张和加入民主共和思想的基础上,临时教育会议议决的"学校系统案"制定了民初学校教育制度,并直接转化为民国成立后第一部正式颁布的学校教育制度——《壬子学制》。不久,《壬子学制》与会议其他有关学制的议决案形成的教育政策文件相互补充,最终形成了《壬子·癸丑学制》,其成为民初学校教育发展的重要纲领性文件,直到1922年才被《壬戌学制》所取代。

最后,全国临时教育会议议决案形成了与之相关度较高的多项教育政策文件,在一定程度上为民初教育发展提供了制度保障。据统计,会议92件提案转化为79件相关的教育政策文件,主要有:《小学校令》、《中学校令》、《大学令》、《师范教育令》、《专门学校令》和《实业学校令》等,而且其中约有30件相关政策文件在临时教育会议结束仅4个月便公布实施。再者,多项提案内容几乎未变就形成了有关政策,这些提案主要是:"学校系统案"、"小学校令案"、"中学校令案"、"实业学校令案"、"专门学校令案"和"师范教育令"等。

全国临时教育会议的总体情形是较为令人满意的,究其原因是:两千余年的封建专制被推翻、民主共和制度初建,为此次政府与民间平等商讨教育问题的会议营造了有利的外部环境。在新的历史场景中,教育改革势在必行,如科举制虽被废除,但是封建思想观念依然在学校教育中影响较大,清末教育宗旨和学制已经不符合共和政体的需要。可见,临时教育会议的举行具有应时势之需的重大意义。特别是,此次会议是由蔡元培主持召开的,虽然他未能全程参加,但是他的意图得到了继任者范源廉的高度认同和全力贯彻,所有这些保证了会议的顺利召开和会议成果的有效落实。

总之,全国临时教育会议在确立新的教育指导思想、初步构建学校教育制度和制定相关教育政策等方面作出了不小的贡献,为民初教育发展提供了思想、制度和政策方面的重要支持。

绍兴学界与辛亥革命
——以蔡元培为中心的考察

吴民祥　　张金超*

摘　要：辛亥革命前以蔡元培为代表的绍兴学界中的爱国志士，大都经历了由爱国到改良到革命的思想转变，走上了民主革命道路。他们一方面通过创办学校，著书立说等方式，大力宣传民主革命思想，为辛亥革命制造舆论；另一方面组织反清革命团体光复会，促使绍兴成为辛亥革命的重要基地和长江下游的革命中心。他们在参与革命实践的过程中表现出坚忍不拔、勇于献身的精神。这一群体以其特有的洞察力和先进思想引领了中国社会的变革，成为推动革命洪流向前发展的中坚力量。

关键词：蔡元培；辛亥革命；绍兴学界；民主革命实践

19世纪末20世纪初，正值中国政治风云变幻、社会剧烈动荡的时代。处于这个时代的蔡元培早年科举得意，跻身翰林院编修，然而他却义无反顾地抛弃功名，弃官南下，回乡兴办新式教育，随即走上了民主革命道路。在蔡元培的影响和带动下，绍兴学界中的徐锡麟、秋瑾、陶成章等"由批判的武器"走向"武器的批判"之人生道路，上演了一场"书生革命"。

一、甲午战后由爱国、改良到革命的思想转变

在西方冲击与民族危机日益深重的背景下，蔡元培从接受进化论开始，经世意识觉醒，开始留意时局的变化，接受西学的洗礼，思想为之大变。如蔡元培所云：阅严幼陵氏之说及所译西儒《天演论》，始知炼心之要，进化之义，乃证

---

*　作者简介：吴民祥，浙江师范大学教授；张金超，浙江师范大学硕士研究生。

之于旧译《物理学》、《心灵学》诸书,而反之于《春秋》、《孟子》及黄梨洲氏、龚定庵诸家之言,而恰然理顺,涣然冰释,豁然拨云雾而睹青天。①

(一)由"爱国"到赞同改良

1894 年中日甲午战争爆发,是时蔡元培正任职翰林编修,对清政府的腐败和民族危机有着深切的体会。7 月 15 日,蔡元培读了上海《新闻报》有关时局的报道后写下:"日人已发哀美敦战书,订期于昨日十二下钟开仗,据此,则中日已构兵矣。此间杳不得消息,未知若何!"②7 月 21 日,他在和李慈铭《廷树为风雨所折叹》一诗中写道:"聂木东隅旧,平平二百年。拜棠忌鼠器,横草警狼烟。三摘敦瓜苦,孤军瘵叶怜。将军旄大树,谁似节侯贤。"③表达了对民族危机的极大关注,谴责朝廷不派兵入朝作战。7 月 25 日,甲午战争爆发,自此蔡元培更加关注战争的进程,并在与友人的书信及日记中多次提到有关甲午战争进程、清军的溃败、朝廷有关上谕等信息。随着战事的不断扩大,蔡元培按捺不住焦急心情,于 10 月 7 日以翰林院编修的身份列名奏请清廷,力主抗战,反对与日妥协,指出:"与其议和而用为赔费,何如战胜而出以犒师,得失甚明,无可疑议。虽他日或有恃功之意,如回纥之需索于唐,然两祸相权,其轻于受侮于倭,则已多矣。"④

1895 年 4 月 17 日,清政府与日本签订了《马关条约》。对于清廷的丧权辱国之举,蔡元培悲愤不已,他在日记中写到:"韩、魏于秦,宋于金,不如是之甚也!圣上谦抑,博访廷议,而疆臣跋扈,政府阘茸,外内狼狈,虚疑恫愒,以成炀灶之计,聚铁铸错,一至于此,可为痛哭流涕长太息者也!"⑤其悲愤交集之情,拳拳爱国之心,溢于言表。

甲午战后,民族危机日深,蔡元培指出:"吾中国近二十年傍范睢远交近攻之策,甚睦于德,近又推诚于俄。不自强而恃人,开门揖盗,真无策之尤也。"⑥再次表达了其对清廷的不满与强烈的爱国情感。

甲午战败,先进的知识分子开始意识到,只有政治上的革新改良才能救亡图存。以康、梁为代表的资产阶级改良派发起了维新运动,西方的"新学"日渐

---

① 高平叔:《蔡元培全集》(第一卷),中华书局 1984 年版,第 257 页。
② 高平叔:《蔡元培年谱》(上册),人民教育出版社 1996 年版,第 96 页。
③ 高平叔:《蔡元培全集》(第一卷),中华书局 1984 年版,第 45 页。
④ 高平叔:《蔡元培年谱长编》(第一卷),人民教育出版社 1998 年版,第 71 页。
⑤ 高平叔:《蔡元培年谱长编》(第一卷),人民教育出版社 1998 年版,第 77 页。
⑥ 高平叔:《蔡元培年谱长编》(第一卷),人民教育出版社 1998 年版,第 114 页。

在中国传播。蔡元培亦开始倾向于改良主义思潮,并广泛涉猎西学,逐步从传统士大夫向近代知识分子转变。

(二)由赞同"改良"到推崇"革命"

1898年6月,光绪皇帝颁布上谕,"百日维新"拉开序幕。蔡元培赞同变法,诚如他所言:"维新党人,吾所默许。"①但"虽表同情,然生性不喜赶热闹,未尝一访康氏。我与梁氏虽为乡试同年,但亦未与见面"②。蔡元培在《口述传略》中说:康梁所以失败,由于不先培养革新之人才,而欲以少数人弋取政权,排斥顽旧,不能不情见势绌。③ 他认为在积弊甚深的中国,不从培养人才入手,仅靠几道上谕从事改革是不可能的。深感清廷政治改革"无可希望"的蔡元培,毅然抛弃职官南下,兴办新式教育,培养革新人才,投身革命洪流。

1898年冬,蔡元培离京返绍,被聘为绍兴中西学堂监督,开始委身教育,服务于新式学校,这也是蔡元培教育救国的起点。1901年8月,蔡元培出任上海南洋公学特办总教习,期间注重对学生进行爱国思想的教育,其思想开始由改良向革命的方向发展。

1901年,《辛丑条约》的签订使中国进一步沦为半殖民地国家。蔡元培已看清清廷的反动本质,开始抛弃改良主义,投身于民主革命运动。在南洋公学任职的蔡元培,身处爱国和革命知识分子聚集地深切地感受到时局的变化。他晚年回忆:"自三十六岁(1902年)以后,我已决意参加革命工作。"④至此,以革命为手段的民主主义思想开始成熟起来。

在内忧外患的历史环境下,以蔡元培为代表的绍兴学界思想发生着深刻的变化,他们"主张从教育入手,注重革命思想的宣传和人才的培养,组织和领导革命团体,直至用暗杀的手段来完成革命目标。尽管这种革命的方法,还处在探索的阶段,但是他所走的道路,正是当时革命派知识分子的共同经历"⑤。辛亥革命前绍兴学界由爱国、改良进而走上革命的道路,表明面临不断加深的民族与社会危机,一部分传统"士"阶层已逐步摆脱封建专制主义的束缚,走向民主革命的道路。

---

① 高平叔:《蔡元培全集》(第一卷),中华书局1984年版,第279页。
② 高平叔:《蔡元培全集》(第七卷),中华书局1984年版,第283页。
③ 高平叔:《蔡元培全集》(第三卷),中华书局1984年版,第320页。
④ 高平叔:《蔡元培全集》(第七卷),中华书局1984年版,第196页。
⑤ 蔡建国:《辛亥革命时期蔡元培的走向和作用》,载中国史学会编:《辛亥革命与二十一世纪的中国》(上册),中央文献出版社2002年版,第713页。

二、绍兴学界在辛亥革命中的作用

戊戌政变后,以蔡元培为代表的绍兴学界有识之士,积极投身于民主革命实践。他们一方面通过报刊、演说、撰文等形式进行革命宣传;另一方面通过参加暗杀团、创建光复会等暴力革命手段,加速了革命风暴的到来。

(一) 以"批判"作"武器"

1. 创办学校,著书立说,宣传革命

1902年4月,蔡元培与叶瀚、蒋智由、钟观光等人发起成立中国教育会,其目的为:教育中国男女青年,开发其智识,而增进其国家观念,以为他日恢复国权之基础。[1] 据蒋维乔回忆:三月,上海新党蔡子民(元培)、蒋观云(智由)、林少泉(獬)、叶浩吾(瀚)、王小徐(季同)、汪允宗(德渊)、乌目山僧(宗仰)等集议发起中国教育会,表面上是办理教育,暗中是鼓吹革命。[2] 中国教育会通过对民主革命的宣传,直接推动了反帝爱国运动,加快了革命形势的发展。

蔡元培等人还创办了爱国女学。在"教育女子,增进其普通知识,激发其权利义务观念"这一宗旨的指引下,一批追求新知识的女子进入学校接受教育。爱国女校在当时是培养革命女性的秘密机关。

1902年11月,蔡元培和中国教育会成员成立了爱国学社,"开会演说,昌言革命,震动全国"[3]。爱国学社和爱国女学在蔡元培的领导下很快成为宣传民主革命思想的阵地,为反清革命发挥了重要的舆论宣传作用。中国教育会和爱国学社还与《苏报》建立了合作关系,使之成为革命舆论机关。

同时,绍兴学界的爱国志士们还纷纷著书立说,如徐锡麟的《问罗马为意大利所踞、教皇权势已去而中国教祸反剧,其故何在?》、《光复军告示》等;陶成章著有《中国民族权力消长史》、《浙案纪略》、《龙华会章程》等,倡言新思想,启蒙国民。

据傅墨正回忆:"辛亥革命杭州光复,虽成于辛亥,而酝酿时期甚远。……先用文字鼓吹革命,发行报刊,分赴各地秘密宣传反清革命的意义。其时

---

① 高平叔:《蔡元培年谱长编》(上册),人民教育出版社1996年版,第236页。
② 高平叔:《蔡元培年谱长编》(上册),人民教育出版社1996年版,第239页。
③ 蔡建国:《蔡元培先生纪念集》,中华书局1984年版,第32页。

我正在杭州养正书塾肄业，受了陈叔通、马叙伦等先生的启发，以后在杭州励志社及两浙公学读书时，章、蔡两先生又数次到校宣传革命意义，并介绍我等阅读报刊，如《苏报》、《皇帝魂》、《浙江潮》等刊物。我同学等受了他们革命思想，有了初步认识，有的就投考浙江武备学堂（我亦在内），联系武备学生，为将来在军队方面的武装革命做准备。有的在社会方面活动。"①此正是绍兴学界对辛亥革命所作贡献的历史写照。

2.促使《苏报》成为中国教育会、爱国学社的言论机关

《苏报》原为日本人所办，后由陈范购其所有权。② 陈范受反清革命思想的影响，自愿将《苏报》作为中国教育会的言论机关。《苏报》特开辟《学界风潮》专栏对各种学潮消息给予及时报道与舆论支持。

蔡元培为《苏报》撰写了多篇富有民主革命思想的文章。他在《释"仇满"》中指出："满人之血统，久已与汉族混合。其语言及文字，亦已为汉语、汉字所淘汰，所可为满人标识者，惟其世袭爵位、及不营实业而坐食之特权耳。苟满人自觉，能放弃其特权，则汉人决无杀尽满人之必要。"③表达了甚为广义的民族革命思想。《苏报》专设的"学界风潮"先后报道了浙江吴兴得滨公学、南京江南陆师学堂、浙江大学堂、杭州教会学校惠兰书院、上海广方言馆等校的学生退学风潮，产生了广泛的社会影响。

《苏报》成为革命思想的宣传机关的过程中，蔡元培起了不可或缺的作用。1903年发生的震惊全国的"苏报案"的涉案人员几乎都与蔡元培所主持的中国教育会和爱国学社、爱国女校有密切联系，蔡元培也是其中之一。

3.舆论领导抗法拒俄运动

1903年春，广西巡抚王之春以广西全省矿路权作为条件向法借兵平定会党，此事引发了东京留学生的极大义愤，4月14日致电清廷要求惩办王之春，同时致电中国教育会给予响应。第二天旅居上海的绅商在张园开会，蔡元培在演说中着重指出：拒法"是全国人民的事，不是一二省的事。……现在我等对付王之春，要桂省人民先从本地阻挠此事，上海及各地遥为声援，遍告同志，就今日起立一团体，专为阻法兵干涉而设"④。

1903年10月，俄国重新武力占领奉天，激起了全国人民的愤慨。12月

① 浙江文史资料委员会编：《浙江辛亥革命回忆录》，浙江人民出版社1981年版，第180页。
② 陈范（1860—1913），字叔柔，号梦坡，湖南衡山人，举人出身，曾任江西铅山知县，因教案被清政府革职。中国教育会组织成立之后，陈范受蔡元培的邀请入会并参与发起爱国女学。
③ 高平叔：《蔡元培年谱长编》（上册），人民教育出版社1996年版，第260页。
④ 高平叔：《蔡元培年谱长编》（上册），人民教育出版社1996年版，第261页。

15 日蔡元培与王小徐、汪允宗等创办报纸《俄事警闻》，以此来指导推动全国拒俄运动。该报刊载了大量有关沙皇俄国对我国进行侵略的历史与现状方面的文章，结合俄事进行了民主革命宣传。《俄事警闻》在蔡元培的主持下成为当时很有影响的爱国报刊。

1904 年 2 月 8 日，蔡元培等人将《俄事警闻》改名为《警钟日报》，以"抵御外辱，恢复国权"为宗旨，蔡元培任编辑。该报继承了《苏报》《俄事警闻》的革命传统，强烈抨击清廷的腐败，大力宣传革命思想，倡言反清爱国拒俄，为辛亥革命准备时期的舆论宣传作出了积极贡献。

(二)以"武器"作"批判"

1.成立光复会，联络会党

光复会是在军国民教育会暗杀团的基础上组建的。暗杀团当时人数较少，力量也较为单薄，为了能够把分散的革命力量集中起来，蔡元培与章太炎商议之后决定成立光复会。蔡元培因在江浙一带素有声望，被推举为光复会会长。光复会成立后，蔡元培即动员嵊山、天台一带的会党首领徐锡麟加入该会，还安排徐锡麟与金华、衢州、严州一带的首领陶成章见面。陶成章在浙江金、衢、台、处联络会党，认为"会党之势力，乃日见其强大，时势逼人，乃复有革命党者，乘时奋兴，与会党结合，与之助其焰而扬其波"[1]，在辛亥革命中发挥了重要作用。蔡元培凭借其声望，加强了浙江一带各会党之间的联系，促进了浙江地区革命会党的团结。

蔡元培还利用自己的人脉关系，动员学界爱国人士秋瑾、柳亚子、赵声、黄炎培、马宗汉、刘师培等加入光复会，江浙地区的革命势力得到迅速发展。光复会的领导人与骨干大多是绍兴学界中人，如首任会长蔡元培，光复会实际领袖陶成章，1907 年皖浙起义领导者徐锡麟、秋瑾，重要骨干成员沈钧业、周树人(鲁迅)、陈仪、魏兰等。绍兴学界中的爱国志士博览综籍，深受民族传统文化熏陶和教育，他们在挽救民族危亡的过程中，投笔从戎，走上了对腐朽清王朝的"武器批判"之路，正所谓"鉴湖越台名士乡，忧忡为国痛断肠"[2]。

光复会与兴中会、华兴会等较早出现的革命团体交相辉映。它们都成为日后成立的中国同盟会的重要的组成部分，在蔡元培的影响下绍兴商学两界

---

① 绍兴县文史资料工作委员会编：《纪念辛亥革命 80 周年选辑》(内部印刷品)，1991 年，第259 页。

② 中央文献研究室编：《毛泽东诗集选》，中央文献出版社 1996 年版，第 205 页。

革命志士和各属会党头目纷纷加盟入会,推动了革命运动的进一步发展。

2.促使光复会的事权机构从上海转移到绍兴

徐锡麟、秋瑾、陶成章创办大通师范学堂和筹划皖浙起义,促使光复会的事权机构由上海转移到绍兴,使绍兴成为光复会坚固的根据地。

陶成章以绍兴为中心,把各地会党初步联合起来;徐锡麟先后会见了平洋党首领竺绍康、乌带队首领王金发、龙华会首领张恭,进一步联络和改造会党。秋瑾也到诸暨、义乌、金华、兰溪、东阳等地去联络会党发动起义。在联络会党的过程中,徐、秋、陶逐步认识到需要进一步整顿改造会党。1905 年 9 月,陶成章、徐锡麟、秋瑾等创建了大通师范学堂,目的是秘密训练会党骨干。光复会浙江联络点转移于大通学堂,光复会本部之事权亦由上海移至绍兴。1907正月初,秋瑾被公举为大通师范学堂督办,她继续联络地方,深入新军,制订号令,编定军队,组成了光复军,与徐锡麟共同发动了皖浙起义。虽然起事失败,却极大地动摇了清朝统治。

与同时代绍兴籍的其他革命人士相比,绍兴学界的爱国人士的特殊性在于他们都是受过传统教育的知识分子,其成长道路不同于职业革命家。处于"数千年未有之大变局"的时代背景下,以蔡元培为代表的绍兴学界在波澜壮阔的革命风潮中锐意进取,他们通过兴办学校、宣传革命思想、培养革命人才、领导与参与武装起义等方式促进了民族革命的发生与发展。

三、绍兴学界在辛亥革命中的独特性分析

辛亥革命前后,绍兴名人辈出,在中国政治、思想、文化教育等诸多领域叱咤风云,尤其是绍兴籍学界中人,以其群体自身的独特性,在辛亥革命中发挥了不可替代的作用。

下表为辛亥革命时期绍兴学界中革命精英群体主要成员概况。

辛亥革命时期绍兴学界中革命精英群体主要成员概况表

姓 名	出生年	留学经历	主要事迹
蔡元培	1868	1907 年留德	早年任绍郡中西学堂监督。后在沪发起成立中国教育会,创办爱国学社、爱国女校,宣传民主革命思想,与陶成章组织光复会,任会长,并加入同盟会。

续表

姓　名	出生年	留学经历	主要事迹
陶成章	1878	1902 年留日	1904 年与蔡元培等组织光复会，翌年五月与徐锡麟、龚宝铨等人在绍兴创办大通师范学堂。1908 年在日本主编《民报》。1910 年与章太炎重建光复会，任副会长。翌年又到南洋募款，支援国内武装起义。回国后在沪建立光复会秘密机关锐俊学社，积极筹划光复杭州、南京。
秋　瑾	1875	1904 年留日	同盟会评议员，浙江分会主盟人。先后在绍兴、湖州女校任教，并在江浙一带联络会党，建立秘密组织，武装起义。1907 年初，接任大通学堂督办，联络会党，组织光复军，与徐锡麟约期分头于浙皖起义。
徐锡麟	1873	1903 年赴日参观	1905 年加入光复会。同年九月与陶成章、龚宝铨等在绍兴创办大通学堂。翌年，为掩护革命活动，捐资入官，赴任安庆，先后任陆军小学堂会办、安徽巡警处会办与巡警学堂会办、陆军小学堂监督。
许寿裳	1883	1902 年留日	曾主编《浙江潮》。1904 年冬，加入光复会。1909 年回国，在杭州任教。
陈子英	1883	1906 年留日	与徐锡麟一起参加反清活动，加入光复会。同办热诚学校，任体操教员。
陈燮枢	1874	留日，毕业于早稻田大学。	协助徐锡麟办热诚学校，加入光复会，结识王金发等革命党人。曾任龙山法政学堂校长。绍兴光复后，任浙江临时议会议员、第一届众议院议员等。
范爱农	1883	1905 年留日	徐锡麟学生，由徐介绍参加光复会。留日回国后任绍兴府中学堂舍监。
陈大夏			辛亥革命前在上海爱国学社任教，因"苏报案"被牵连。后在上海任中学任教职。1911 年参加光复军，参与光复松江等地。
沈锡庆	1884	留日习司法	曾助徐锡麟办热诚学堂，并加入光复会。皖案后，徐锡麟弟徐伟被捕，沈营救甚力。
任元炳	1875	留日入早稻田大学	由陈赞卿介绍入光复会。

续表

姓　名	出生年	留学经历	主要事迹
徐乃普			协助徐锡麟创办热诚学校并任教，由徐介绍入光复会。1907年入大通学堂学习。
俞英崖	1877		曾任大通学堂教员，由蔡元康介绍入光复会，不久又经蔡元培介绍入同盟会。
陈楚青	1891		青年时就读于浙江武备学堂，参加光复会。曾赴广东、北京、汉口等地联络会党。
胡士俊	1878	随徐锡麟赴日	1904年与谢飞麟、周志由等组织"大同学社"，立志反清抗洋。1905年在绍兴大通学堂任职，加入光复会。1907年参加皖浙起义。
周仲贞	1870		1902年曾与同宗族人开办开元蒙学堂、工艺学堂、农学社。1907年与徐锡麟结识并加入光复会。
姚　麟	1869	1902年秋留日	早年在嵊县城内开设新学，留日时结识革命志士陶成章、龚宝铨等，参与反清革命，加入光复会。曾在绍兴大通学堂任教，又在绍兴创办震旦蚕业女校，自任校长。

资料来源：《绍兴市志》（第三册），浙江人民出版社1997年版，第1533—1540页。

考察表中所列这一群体的主要成员，可以看出绍兴学界中革命精英群体具有以下特征。

首先，他们大都有留日经历，经历了由爱国到改良到革命的思想转变过程。

清末浙省学生留学国家主要是日本。甲午战后，我国朝野深知日本的强盛，由于明治维新，加以中、日比邻，旅途较近，引发了留日的动机。自古文风昌盛的浙江，滨江临海的地理环境使其走在中国社会开放的前沿，浙江知识分子成为近代留日大潮中的主力军，"庚子拳祸既息，浙人以官私费赴日本游学者，相望于道"①。据光绪二十九年（1903）的《浙江留日学生名册》记载，当时浙江留日学生计119人（不计已毕业回国的15人及告假归国的11人），其中绍兴籍为26人，仅次于杭州籍40人，占第二位。② 绍兴籍留日学生，不少人

---

① 冯自由编：《革命逸史》（中编），新星出版社1990年版，第1页。

② 吴民祥：《早期现代化进程中的浙江教育研究——基于人口变迁的考察》，广西师范大学出版社2011年版，第81页。

在日结识了陶成章、章太炎等革命者,并经介绍加入光复会,走上民主革命道路;还有一部分人受中山先生的影响,加入了中国同盟会。留学日本、求新知于世界,促使他们从爱国、改良转变为革命者。

其次,受越文化的影响,他们大都有强烈的民族主义情怀和爱国精神。绍兴学界知识分子群体既有中国近代知识分子共有的特征,也有从其绅士阶层渊源中继承的带有浓厚越文化色彩的精神特征:一为强烈的爱国精神,二为坚韧的勇于献身的精神。这些特征对绍兴地区革命运动的发展产生了重大影响。绍兴学界传承发展了越文化的精神。安庆起义前,徐锡麟召集巡警学校学生演讲云:"我这次来安庆,专为救国,并不是为了功名富贵。大家也不要忘救国两字,行止卧坐,都不可忘。如忘救国二字,便不成人格。……余放救国二字,不敢自处于安全之地位,故有特别意见,再有特别办法,拟从今日发见,谘君当谅余心,务祈有以佐余而量力行之,是余之所仰望于诸君子也。"①慷慨激昂,闻者悚然。在面临民族灾难深重的时刻,绍兴学界中的仁人志士在参加革命实践的过程中表现出坚忍不拔、勇于献身的精神。孙中山曾说过:"其时慕义之士,闻风即起,当仁不让,独自一帜以建设者,踵相接也,如徐锡麟、熊成基、秋瑾也。"②秋瑾等人临死不惧·视死如归的精神,就是越人百折不弯的献身精神的体现。

再次,作为先觉者,绍籍学人运用手中的笔,上演了一场"书生革命"。章太炎曾言:"以前的革命,俗称强盗结义;现在的革命,俗称秀才造反。"③以蔡元培、徐锡麟、陶成章、秋瑾等为代表的绍兴学界爱国志士,他们利用丰厚的"旧学与新知",通过手中的笔,展开了一场思想启蒙运动。在面临民族危亡的重要关头,怀抱着抗清排满创建民国的共同理想,绍兴学界爱国志士团结在一起,以救亡图存为己任,站到了时代的前列,全身心投入到爱国救亡斗争中,上演了一场"书生革命"。

总之,在晚清社会变革的大潮中,以蔡元培为代表的绍兴学界,以其特有的洞察力和先进思想,逐渐由旧式文人演变为资产阶级民族革命的先驱。他们具有强烈的自我意识和主体精神,积极参与现实政治活动,成为清末政治改革的中坚力量,推动了革命的发展。

---

① 绍兴文史资料工作委员会编:《徐锡麟史料》(内部印刷),1986年,第75页。
② 孙中山:《孙中山选集》(上册),人民出版社1956年版,第177页。
③ 胡绳:《从鸦片战争到五四运动》(上册),人民出版社1981年版,第5页。

孙中山在港接受英文教育的学堂：马礼逊学堂的英文教育

张伟保 *

摘　要：马礼逊学堂是由马礼逊教育会创办的香港第一所西式学堂。马礼逊教育会的核心人物裨治文，认为中国教育的严重问题与中国汉字的特点有关，主张中国青年学习英文，以便更好地了解西方文化和基督精神。由于该会极为重视英文教育，因此，接受其资助的马礼逊学堂采取了中英双语教育，强调英文教育的根本性，并将英文贯穿到不同的学科之中。为了确保高水平的学习效果，马礼逊教育会亦十分注意对学员的考核，由此，马礼逊学堂的学生在英文上取得了一定的成绩。

关键词：马礼逊学堂；英文教育；先驱

一

众所周知，1866 年出生于香山县翠亨村的孙中山先生曾在香港接受中学和西医教育，两者皆发生在 1842 年成为英国殖民地的香港。而最早在香港开设的西式学堂便是位于香港湾仔与铜锣湾之间的摩利臣山（Morrison Hill）的马礼逊学堂。摩利臣山这个地方的命名源于 1842 年 11 月从澳门迁移至香港的马礼逊学堂（Morrison School），校长布朗（S. W. Brown）牧师，是一名毕业于耶鲁大学的优异生。

孙中山从檀香山回国后，因不能接受乡间的迷信偶像行为而破坏其中的神像，引致无法再留在家乡，父亲孙达成"遂使之离家至香港……初入拔萃书室学英文，继闻皇仁书院最为有名，因入该书院肄业"，延续了他的英文学习，

---

　*　作者简介：张伟保，澳门大学教育学院博士。

又巩固了他的宗教信仰。① 这方面对中山先生自然产生深远的影响。因此，回顾一下香港第一间西式学堂的英文教育，或可使我们对孙先生年轻时所受教育有更深刻的认识。

二

事实上，香港第一所西式学堂——马礼逊学堂，是由马礼逊教育会创办的。1834 年 8 月，第一位来华的新教传教士马礼逊牧师溘然长逝后，在广州的外侨居民在美国传教士裨治文牧师和马氏的儿子马儒翰等人的推动下，在 1835 年初召开了一个追思会，以纪念马礼逊牧师的生平事业及"将《圣经》翻译为中文，为在世界四分之一的人口中传播真理，从而为将基督教传遍世界而奠定了基础"的贡献。在这个活动后，相关人士便筹备马礼逊教育会，以推动中国新式教育。在裨治文给美部会的文件中附上追思会当日的发言记录。文件说：②

> 正如懂得汉语知识给外国人带来的强大优势一样，掌握英文将会给这个帝国的人民（带来）同样或更多的好处。为了让中国人获得这些好处，也为了继续马礼逊博士所开创的伟大事业，我们提议组建马礼逊教育会，以马礼逊博士毕生追求的目标为己任，使之成为一座比大理石或是黄铜还要不朽的丰碑。

关于马礼逊教育会创办的原因，笔者曾另文探讨，今不赘。③ 若要理解为何在当时有此动议，并获广州外侨的一致支持，则可从上述引文获得一些讯息，即让中国人掌握英文。在 1834 年因英国的官方商务代表律劳卑（William John Napier）的来华而触发的中英冲突，导致两广总督劳坤采取报复措施，加强对广州传教的规管。此一事件除引致马礼逊积劳成疾、撒手尘寰外，也迫使裨治文解散经办多年的小学校，4 名学童在 9 月 9 日离开了广州，梁发因被南

---

① 胡去非：《总理事略》，台北商务印书馆 1971 年版，第 10 页。

② 雷孜智：《千禧年的感召—美国第一位来华传教士裨治文传》，尹文涓译，广西师范大学出版社 2008 年版，第 88 页。

③ 拙文《中国第一所新式学堂的筹办—澳门马礼逊学堂》，载《第三届海峡两岸教育史论丛》（内部稿），北京师范大学教育学院，2009 年 10 月。

海县黄知县下令逮捕而被迫乘船逃往新加坡。① 裨治文的小学校始于1830年10月底，他"首先是领养了一个十来岁的名叫阿昌（Achan）的男孩……不久以后，他又接受了中国宣教士梁发的10岁的儿子。这个孩子叫梁进德（Leung Jinde），家里人叫他阿德。梁发将阿德托付给裨治文，是希望他学习英文，熟悉英文《圣经》，以便日后可以协助修订《圣经》的中译本"②。次年（1831年）初，裨治文又招收了一名叫阿强（Acheong）的15岁男孩。为此，裨治文需每月为每人支付2美元的日常开支。为了避免美部会的误解，他主动指出这"只是个试验……只是情势需要，我祈祷他们归入我主基督的门下"③。通过这个试验，裨治文开始重视教育的作用，他"清楚意识到了这种努力对于中国传教运动的长远意义。他甚至开始建议美部会考虑'为贫穷的孩子开设学校'"④。他也曾在《教士先驱报》"登载他来信中描述这几个孩子学习进展的片段"⑤。到1833年初，他向美部会报告说他将要收取第6名学生了。因此，至1834年8月，裨治文的"小学校"只有4名学生，意味着在一年半之内，学生人数略有下降的情形。在梁进德的个案中，可以肯定裨治文的"小学校"以英文教育为其中一个重点。众所周知，梁进德到了南洋后继续学习英文，并在第一次鸦片战争期间积极协助林则徐翻译外文报刊，以便林氏有效了解当时各国情势。

　　除了开设"小学校"外，裨治文在1830年11月13日向美部会报告在广州成立了"在华基督徒协会"，并获得"这里的几位英国和美国的朋友给我们捐助了540元"，用于出版一些传教小册子。据另一致美部会的函件，不少印刷费是来自同孚行（按：老板是奥立芬先生和陶伯特先生）的慷慨捐助。⑥ 正如裨治文传记的作者指出：⑦

---

　　① 雷孜智：《千禧年的感召——美国第一位来华传教士裨治文传》，尹文涓译，广西师范大学出版社2008年版，第84—85页。

　　② 雷孜智：《千禧年的感召——美国第一位来华传教士裨治文传》，尹文涓译，广西师范大学出版社2008年版，第67页。

　　③ 雷孜智：《千禧年的感召——美国第一位来华传教士裨治文传》，尹文涓译，广西师范大学出版社2008年版，第67页。

　　④ 雷孜智：《千禧年的感召——美国第一位来华传教士裨治文传》，尹文涓译，广西师范大学出版社2008年版，第68页。

　　⑤ 雷孜智：《千禧年的感召——美国第一位来华传教士裨治文传》，尹文涓译，广西师范大学出版社2008年版，第68页。

　　⑥ 雷孜智：《千禧年的感召——美国第一位来华传教士裨治文传》，尹文涓译，广西师范大学出版社2008年版，第68—69页。

　　⑦ 雷孜智：《千禧年的感召——美国第一位来华传教士裨治文传》，尹文涓译，广西师范大学出版社2008年版，第69页。

　　同孚行的经济支持对于美国在中国设立第一个传教站而言至关重要，若非同孚行的资助，美部会绝不敢轻易冒险采取这一行动。公司老板不仅为传教士们提供了"罗马号"和"马礼逊号"的免费船票，还支持传教士们尝试一些更大胆的活动，以鼓励他们发挥主动性，开展一些有风险的活动。

　　裨治文在致父母的一封信中又提及：他们（奥立芬先生和陶伯特先生）为赞助我和雅裨理兄弟而给美部会与海员之友支付的钱不下于 3000 美金。①

　　到了 1834 年 9 月以后，广州传教站的工作几乎完全停顿，对裨治文的传教工作造成重大打击。② 同时，广州外侨也迫切需要一些懂得英语的中国人为他们的业务工作服务。因此，在马礼逊追思会上，裨治文提出对中国孩童的英文教育便自然成为成立马礼逊教育会的一个主要理由。

　　裨治文是马礼逊教育会的核心人物，对其成立、发展扮演着难以取代的角色。经过两年的精心筹备，在 1836 年 9 月 28 日，马礼逊教育会终于在美国商馆裨治文的住处正式宣告成立。③ 在此期间，裨治文在《中华丛报》1835 年 4 月号发表了一篇重要的文字，题为《传教工作在中国》。他指出中国教育的问题严重，而此与中国文字的特点有关。中国基础教育的弱点是"范围十分狭窄。读写训练花费学生数年的学书时间，故对艺术与科学均欠缺认识。当他们熟练本国语文后，他们已算是达到学问的顶峰"。裨治文认为："汉语的异常困难导致中国教育的缓慢进步。学童需使用多年的时间才能对中国文字的形、音、义有所了解。当他们有了一些进步，仍会遇到不少困难，如错误地视经典为最高智慧的终极，而不再追求更高水平的学问，从而反映其教育的极端缺陷。"④

　　此外，鉴于中国青年学习外语有多方面的好处，不但能让他们更好地了解

---

　　① 雷孜智：《千禧年的感召—美国第一位来华传教士裨治文传》，尹文涓译，广西师范大学出版社 2008 年版，第 70 页。
　　② 曾引述裨治文至美部会安德森函，指出："自从上次给您写信之后，阴云笼罩了我们。马礼逊博士逝世，我的小学校被解散，我们的一些负责印刷和分发书籍的人被捕，这一切都让我们焦虑万分，在某种程度上阻碍了我们工作的进展。"（雷孜智：《千禧年的感召—美国第一位来华传教士裨治文传》，尹文涓译，广西师范大学出版社 2008 年版，第 85 页）
　　③ 雷孜智：《千禧年的感召—美国第一位来华传教士裨治文传》，尹文涓译，广西师范大学出版社 2008 年版，第 89 页。
　　④ 《中华丛报》1835 年 4 月。

西方文化和基督精神,并可能成为前辈为"他们的中国同胞讲授英语"①。然而,这方面的进度并不理想,因为凭着一些教导中国儿童的经验,裨治文表示当时感到十分失望。原因是中国人对英文文法的学习极感困难。他慨叹地说:"对中国人讲解英文基本文法是异常艰巨的工作。但是,如他们不能完全掌握其要点——这是精熟外国语文的关键——则用处是很微小的。他们能够迅速记住大量事实,使用零碎的字词来表达其一知半解的知识,但却不易明白抽象的观念,和掌握外国的熟语。"②

三

　　最近有学者指出,"马礼逊教育协会"的宗旨是以改善中国教育为目的,具体方法为:"通过建立或支持中国创办学校,使中国青少年受到教育,让他们学会说、写英文,并以此为媒介,使他们接受西方的各种学问,《圣经》和关于基督教义的书籍乃学校必读之物。"③她又引述容闳的回忆录:④

　　　　古夫人所设塾,本专教女生。其附设男塾,不过为马礼逊学校之预备耳。马礼逊学校发起于1835年,至1839年成立。未成立时,以生徒附属古夫人塾中。酌拨该校经费,以资补助。是予本马礼逊学校学生而寄于此者。
　　　　忆予初入塾时,塾中男生,合予并二人耳。后此塾逐渐扩张,规模益宏。夫人乃邀其侄女帕克司女士(Miss Parkes)姐妹二人,来华襄助。

　　认为马礼逊学堂已经成立,并附设于郭士立夫人设在澳问的女塾之中,并明确标示"1835—1839年是马礼逊学堂附设时期"⑤,这个观点与传统有异,主

　　①　关于中国青年掌握英语的好处,1836年9月会议后的宣传小册子也有相同的说法,参见《中华丛报》1836年9月,第374页。因此,英语教育也自然成为日后马礼逊学堂的主要学科。
　　②　《中华丛报》1835年4月。
　　③　梁碧莹:《近代中美文化交流研究》,中山大学出版社2009年版,第2页。
　　④　容闳:《我在中国和美国的生活》,恽铁樵等译,东方出版社2006年版,第4—5页;梁碧莹:《近代中美文化交流研究》,中山大学出版社2009年版,第3—4页。
　　⑤　梁碧莹:《近代中美文化交流研究》,中山大学出版社2009年版,第5页。

要是对附设和资助的性质的理解不同。事实上,由于获得马礼逊教育会每月
15 美元的资助,郭夫人每年均需要向教育会作出汇报,而裨治文也会亲自到
学塾了解学生的学习情形。因此,马礼逊教育会曾在第一次和第二次《年度报
告》中详述郭夫人办学的情形。例如 1837 年 9 月 27 日《第一次年度报告》
中载:①

　　教育会已经用基金对郭士立(按:Gutzlaff,又译作郭实腊)夫人
在澳门找到的几名孩子进行了支持,数额会在会计出具的报告中呈
现。我们几天前收到了一份报告,上面说,学校里共有二十位学生。
他们接受同样的教育,几乎相同的课程。孩子们参加初级的英语学
校,接受中国老师每天额外的中文阅读和写作课程,英文写作课则是
由葡萄牙的一位专家来教授的。
　　这所学校开始于 1835 年 9 月 30 日,有十二名女学生和两名男
学生,由女子协会捐助,这个组织的目的在于促进印度和东方女童接
受更好的教育。学生数量在 15 至 25 不等,也有可能更多,平均可达
20 人。学校为他们提供食宿等条件。学校的办学模式,尤其在选拔
学生方面,并不像委员们所希望的那样;但应该说,郭士立夫人遇到
了很多困难,她都一一解决,坚持了下来,我们相信更多的经验能够
进一步修改和提高教育体系,不枉费教育会对他们的支持,因为教育
会的目标之一就是向同类机构提供支持。

1838 年 10 月 3 日马礼逊教育会的《第二次年度报告》中载:②

　　澳门学校……仍未找到他们满意的管理上的改革。尽管如此,
为了不打击合作初期其具有的热情,教育会坚持每月支付 15 美元,
并保证 11 美元的非官方捐款,每年总金额为 312 美元。……从郭士
立先生九月上半月与委员的信中,我们得到以下详细情况。学校于
3 年前开设;现有 16 名男学生和 5 名女学生,郭士立先生为他们提
供住处,负责他们的衣食。他说,将女学生留在学校十分困难,她们
经常在几个月后被带走;迄今为止,没有一个女学生在学校学习的时

① 马礼逊教育会《第一次年度报告》,1837 年 9 月 27 日。
② 马礼逊教育会《第二次年度报告》,1838 年 10 月 3 日。

间超过 1 年。男学生也面临类似的问题，在进行了一些中文经典著作的学习，对英文还一知半解后，他们就会被退学，去父母开的店里工作挣钱。目前还没有任何契约和规定可以阻止退学情况的发生，现在入校时间超过两年的学生只有五六个。今年开学以来，退学情况比往年有所减少；入学申请为数众多。孩子们按年龄被分成 3 个班；他们都学习英文；第一个班的学生开设地理、历史和写作课；第二个班的学生开设读写课；第三个班的学生开设阅读课。《新约》是所有学生的必读篇目。中文学习方面，他们在中国老师的帮助下都有迅速提高，几乎毫无例外。

　　他说，学校整体上由郭士立夫人进行管理，她教英文课，另外一名助教协助她完成读写课程。郭士立先生则每周四次检测学生的中文，给学生上英文课。在信的末尾，他谈到了他们的资金和来自社会的捐助，他说，我们感谢捐款人的慷慨解囊，并承诺他们在可行的条件上接受他们一切改进学校的建议，我们希望他们能够继续为这些孩子们造福，我们也会贡献出全部的力量来协助他们的努力。

　　根据上述报告，清楚反映教育会与郭夫人学塾的关系主要是其对同类教育机构的财政支持。换言之，亦即是具有相对的独立性质。此外，我们可以其所涉及一定程度的英文教育，而进一步对容闳自传中所述及其所获的粗浅的英文知识有更确实的了解。

　　其后由于在 1839 年上半年中英关系的日趋恶化，终于迫使郭夫人将其学塾解散。到了 1839 年下半年，马礼逊教育会为了开展其教育活动，遂与郭士立协商，利用其原有校址作为马礼逊学堂的新校舍，并在布朗校长和夫人主持下在当年的 11 月 4 日开学。至此，马礼逊学堂才算是正式成立，并有实质的教学安排。因此，从实际办学而论，应以 1839 年 11 月为该学堂正式开始的时间，而视前者为筹办时期，是较符合历史事实的。

　　除了资助郭夫人学塾的澳门学生外，马礼逊教育会也对身处南洋的中国学生予以资助，而学习的内容也与英文有密切关系。《第一次年度报告》曾简单地提及有关情况：[1]

　　　　目前，五名学生正在接受教育会的援助。其中四名正在学习中

---

[1]　马礼逊教育会《第二次年度报告》，1838 年 10 月 3 日。

文和英文两种语言；另外一名六岁的孩子今年还停留在中文的基础学习阶段。如果教育会没有为他们提供教育机会，这名学生，连同另外一个男孩或许永远没有这样的机会。

而在《第二次年度报告》则有较详细的介绍，指出：

> 上次……提到的学生单中，除一人外，均在各自进行无间断的学习。他们中间又增加了另一名学生……
>
> 去年一月送去新加坡的那名学生，我们收到反馈，赞扬他学习上的进步和日常良好的表现。课程分为英文和中文两部分。他是个很有前途的学生；如果接受进一步的教育，他会在适当的时候有能力成为一名老师。委员们所希望学生们取得的成就正是如此。
>
> 新加坡的第二名男孩子于去年十月回到中国。在过去的八年里，这个年轻人大部分时间都忙于学习。他现在可以轻松阅读英文和中文，并具有一定正确率，每天学习地理、算术、生物和语法；完成中英文间简短的翻译练习，或口译、笔译……课余时间，他还为另外两个年龄较小的低年级学生担任助教。
>
> 这两名年龄较小的男孩子主要进行中文和英文的读写课程，同时也在地理和算术方面取得了一些进步。
>
> 第五名学生——一个九岁的小男孩——现在没有人负责他的学习，所以很难有进步。
>
> 我们名单中的第六学生是今年刚刚加入的年轻人，正在跟伯驾（Parker；一译作帕克）医生学习英文和医学的基础知识，每天去医院做三四个小时的助工。他略微通晓汉语文学，且十分上进。

教育会每月拨款 11.5 美元给中国的男孩子们——其中 2 人每月 2 美元；1 人 2.5 美元；还有另外 5 人。年龄最小的一个只支付 1 美元。为澳门学校继续支付每月 15 美元；给予"新加坡机构免费学校（Singapore Institute Free School）"同样的数额（每月 15 美元），为期 1 年。

由以上两段落文字可以看出，受到马礼逊教育会资助的学生，基本上都会接受英文教育，其中部分长时间受资助的学生都能在英文上有较良好的表现，反映教育会在英文教育方面的充分重视。

四

根据校长布朗的报告，刚成立的马礼逊学堂，其教学安排如下：①

> （1839 年）11 月 1 日……六名学生入学……除一人外，都来自
> 农村……年龄最大的学生十五岁，在之前几个月的学习中学会了英
> 语口语中的很多知识，因此……他一直担任学校的班长……马礼逊
> 教育会宪章中提出的教育会宗旨一直贯穿于我的工作中……怀着这
> 样的目标，我将每天一半的上课时间分配给中文，另一半给英文，早
> 上六点开始上课，晚上九点下课。这样，有八小时的时间学习书本知
> 识，下午三点到四点在户外运动、娱乐。

1840 年 4 月第一份报告里，简略地提到了整体的原则和计划，在那之后，
学校事务一直严格遵守。中英文教学时间上的分配与以前一样，每门各半天
时间。这样，每天早上是中文课，下午和晚上是英文课。……中国学生在阅读
本国语言的书籍时，还存在这样一个困难。汉语语言本身不是由字母组成的，
也不是由音节构成的。英国的孩子们学会了 26 个英文字母后，他就可以掌握
组成单词的几乎所有语音元素。中国孩子则不然，他们在学习阅读的时候就
没有这样一劳永逸的方法，因为他们不能只记住 26 个字母，他们必须记住读
到的几乎所有的汉字，它们的读音和意思。②

（1841 年）3 月 4 日，（马礼逊教育会的）委员们对学校进行访问。之后，学
生们在英文学习方面又取得了值得称赞的进步。根据其他年度的报告，马礼
逊学堂在 1850 年停办前基本上沿用上述方式安排教学，其内容虽或有一定的
改进，而基本办法则没有多大的改变，即强调英文教育的根本性，并贯穿于不
同的学科（包括宗教教育）之中。此外，除了阅读，还强调文法的学习和口语的
使用。③ 例如，在 1842 年 9 月的《第四次年度报告》中，布朗校长指出：④

---

① 马礼逊教育会《第三次年度报告》，1841 年 9 月 29 日。
② 马礼逊教育会《第三次年度报告》，1841 年 9 月 29 日。
③ 见马礼逊教育会历年报告。
④ 马礼逊教育会《第四次年度报告》，1842 年 9 月 28 日。

在过去的 10 个月里,学校一直由 16 名学生组成……每天上午进行中文和书法的学习,其余时间用于英文学习……大多数学生理解孟子著作的意思,一部分学生理解孔子的文章,最难的是《诗经》……有些学生可以将孟子的文章翻译成清晰的英文。在我的指导下,他们也或多或少地练习过翻译部分中文版的《新约》。在这方面,他们表现出不同程度的天赋,这基本上与他们掌握的英语语言知识成比例。偶尔我会要求他们用中文写信……结果他们自己说他们英文写作的能力比中文强,我对此深信不疑。

布朗校长又指出:

学校的学生们觉得英文写作比中文写作容易也不奇怪。任何由字母组成或构成音节的语言在本质上都比中文这样的语言容易掌握,在某些程度上说明,由于思想需要而发明语言,通常都会导致字母的产生。

他更强调:"马礼逊教育会采用的教学计划弥补了中国教育系统的缺憾。我们向学生们介绍了英文著作中的知识。虽然我们不会告诉学生中国教育的弊端,但我们会竭尽全力为他们传授西方知识,以此来保证他们作为中国人民受到重视和尊重,但同时也启发他们的智力。这部分教育,也就是推理,判断,想象,感情和良知,很遗憾地被忽视,在这里通过外国的方式提供给学生们。"[①]

同时,布朗校长介绍了学生们在英文学习上的进步。他说:[②]

去年秋天开学的班级,教育当然要从教他们阅读开始。为此发给他们《儿童初级读本》,这本书是著名作家写给孩子们的启蒙教材。跟随作者的计划,他们首先学习字母,之后学习名字。一开始,学生们好像并没有普通教学模式下进步得快,但一段时间之后,他们成绩显著,比起一开始通过发音或名称学习符号、字母,他们的兴趣也更加浓厚了。新方法在学习外语的时候还具有双重好处,这种方法进

---

① 马礼逊教育会《第四次年度报告》,1842 年 9 月 28 日。
② 马礼逊教育会《第四次年度报告》,1842 年 9 月 28 日。

行很多发音练习，而这种练习必须在年轻的时候进行，否则以后永远掌握不了。除了这些练习，学生们还学习使用简单的英文句子，理解并提问简单的问题。简单的疑问句"这是什么"一般最先学习，事实证明这是学习很多信息的关键，尤其在学习事物名称的词汇时。学完初级读本并完整地复习过后，他们可以读懂一些书，接下来的课本是在上一次报告中提到过的含有1200条英文短语的合集，翻译成对应的中文短语。他们将对这本书进行记诵，并复习若干次；学习在对话中使用地道的英文以及阅读英文文章对他们很有帮助。一年里的大多时间，他们每天都会背诵这本课本，还接受写作课和阅读课的课程。

布朗校长也提及阅读课所显示学童学习英语的一些困难。他说：①

　　阅读课程……显示他们思想的局限性……他们经常碰到以前从未接触过的观点，感情和事实，如果没有学习英文阅读，他们也永远不会想到。这些知识对于英国和美国普通阅读能力的儿童来说一点儿也不陌生，少儿读物的作者也想当然地认为可以被年轻的读者们理解，但对于（本）学堂里的学生来说，却是陌生而又惊奇的，因为这些话题完全是外来的，中国人要在上面动很多脑筋。

这便说明不同文化所用的英文教材其实尚有很大的差异，对教授非英语的学童应多加注意这个问题。至于其他学科与英文的关系，布朗校长又说学员"学习了盖尔（Guy）的地理课本和帕利（Peter Parley）讲述世界的故事，后者主要包括英美历史上发生的事件很能引发学员的兴趣……他们还认真学习并记忆了休姆《英国历史》的节选，已经学到了亨利八世时期"②。

此外，关于语法的学习，对学员而言是颇为困难的。布朗校长举例加以说明：③

　　玛瑞（Murray）和其他文法家用很多的篇幅规定了语法规则，学

---

① 马礼逊教育会《第四次年度报告》，1842年9月28日。
② 马礼逊教育会《第四次年度报告》，1842年9月28日。
③ 马礼逊教育会《第四次年度报告》，1842年9月28日。

生们对此一无所知。但是,他们从学习英文语言就开始接触语法,虽然方式方法完全不同。的确,他们不太可能,这种情况下的其他学生也不太可能,掌握一门外语而不学习语法。如果英文和中文不同,那他们必须要知道为什么不同,至少要了解不同在哪里;——这就是语法。我试图教给他们语言的普遍规则,也就是那些可以用于任何一门语言上的规则,因此他们能将大多文字分解成句子的组成部分,指出句子和命题的个数,并将这些句子再次分解成分,指出每个词的作用,概括他们为什么这样运用的原因。除此之外,他们对语法完全不了解,最起码十分有限。

在布朗校长的细心观察中,他发现:"大约 4 个月前,学校的男孩子们留意到一段评论,评论中表示,如果不开口说,人们永远也学不会英语。因此两个班的学生一致决定,他们交流将不再使用中文,只使用英语,除了与其他中国人交流,或在早课上向汉语老师背书的情况。为了保证对这些规定的重视,高年级学生违规的罚款是其他学生的五倍,当周的班长来收缴罚款,并将总额上缴给我,每周结束后,这些金额将被用于购买书籍,送给学校图书馆。最初阶段,罚款情况屡屡出现,每周总金额也相当可观,但现在每个学生都很少再说中文,逐渐减少到没有了。"①通过这种自发、积极的学习态度,不难理解,这班学员的英文程度日益提高,逐渐受到社会人士的肯定。

然而,由于这种以英文作为学习媒介,对入学年资较短的学员也产生一定的困难,需要老师更为贴身的指导。布朗校长曾经详细分析其原因,指出:"由于学校特殊,每个班级都需要老师密切关注。学生要学习新的语言,因为语言是他们获取知识的途径,他们入校后至少两年内,不能让他们长时间自学,因为不仅学科知识,语言对他们来说也是陌生而晦涩的,只能依靠老师口头上的讲解。所以,老师必须坐下来,用各种方法帮助他们解决遇到的所有困难,不论是内容上的还是语言上的。"可惜的是由于教师的人手,引致"老师在给一个班上课的时候,另外两个班就几乎学不到什么知识"②。这是因为不同程度的学员需混合在一起上课的结果。这种难以让人满意的状态直至学堂增聘多一名教师而减轻。

为了确保高水平的学习效果,马礼逊教育会从开始便十分注意对学员的

---

① 马礼逊教育会《第四次年度报告》,1842 年 9 月 28 日。
② 马礼逊教育会《第五次年度报告》,1843 年 10 月 1 日。

考核。以 1844 年 9 月的年度活动为例,安排委员亲自对各级学员都进行考核。根据当时的会议记录,各委员"被邀请对学堂进行审核",以英语作为查核的语文。以第四期学员的审查为例。这个班共有 10 名学员,"在学堂接受教育已有一年的时间。他们每人手里都有一本阅读课本,通过检查学员们在课上学的课文,可以看到他们在阅读,拼写和对自己所读材料的理解上取得的进步。这项测验完全用英语进行,这样一来也可以测验学员们所取得的进步,他们不但能够理解教员在说什么,也能够理解自己在做什么"①。由于绝大部分学员进入学堂之前都没有接触英文,因此,在仅仅只有一年的英文学习经验中,已经需要面对此种严谨的考查,实在反映学堂教学的优异成绩。另一班,也是最受瞩目的第一期学员,其表现亦极具水平。据当时的会议记录称:"第一期班级的学员接受了阅读,力学原理,地理,几乎是他们所有学过的内容的检测。他们英语作文的练习被出席大会的各位先生们传阅,并由在座的各位随便选择就一个练习的某个题目提问。有时候学员们被问到时反应会稍微有些慢,但他们尽可能使用流利的习惯用语来回答问题。最后,测验在一个有关道德的问题中结束:'你们对彼此的责任是什么?'学员们对此的回答是:'做有益于彼此的事。'"②

值得关注的是,英文教育亦与马礼逊学堂实行八年学制有十分密切的关系。布朗校长在 1845 年回忆说,"当 1839 年书院成立的时候,我要求将孩子送到书院就读的父母们签订一个协议,那就是他们的孩子们要满足在书院就读 8 年的时间……目的之一是为了防止学员流失"③,这个问题在学堂迁至香港已不再存在。然而八年学制仍坚持下来,主要原因是学员进校时包括:"几乎都是没有接受教育机会的人……平均年龄不超过 10 岁或 12 岁……目前,除了使用英语作为媒介,我们没有其他的办法来训练,扩展和充实他们的思维,这样一来学员就要用一定的时间来学习英语。同时,学员们也要学习汉语和中国文学,否则即便他们完成教育也不会成为有用的人才。……所以说,如果我们让学员在学堂接受 8 年的教育的话,那么大部分人将会在他们 18 到20 岁之间结业,并已经在英语和汉语的学习上各用了 4 年的时间。缩短学员的教育期限,同时又期望他们能够掌握流利的英语和汉语,这无异于我们在春

---

① 马礼逊教育会《第六次年度报告》附《会议记录》,1844 年 9 月 24 日。
② 马礼逊教育会《第六次年度报告》附《会议记录》,1844 年 9 月 24 日。
③ 马礼逊教育会《第七次年度报告》,1845 年 9 月 24 日。

天撒种,同时又期望也在春天收获一样。"①换言之,为了让学员获得实际的好处,学堂必须采取中英双语教育。而英文的重要性不仅在语文方面,更重要的是思想方面,即"扩展和充实他们的思维"。

五

在实践方面,马礼逊教育会资助的学生均有很不俗的表现,受到社会各界的肯定。这种学习与实践的紧密配合,正与先秦大儒荀子的"强学力行"主张相一致。荀子认为:"不闻,不若闻之;闻之,不若见之;见之,不若知之;知之,不若行之;学至行之而止矣。"②马礼逊学堂的学生在英文方面的优异表现,可从以下事例中加以证明。第一例是上文提及的梁进德。颠地(Dent)在 1841年 9 月 29 日《第三次年度报告》中发言说:③

一名高年级的学生十分聪明,之前也是接受教育会的援助,林总督,我可以称之为,诱惑他为其担任翻译,也就是在有关外国人习惯和观念方面提供意见和建议;他在林总督在位期间一直为其工作,翻译英文报纸书刊,享受高级待遇。这个例子很好的说明,男孩子对语言的精通以及我们教育系统的健全,将学习西方和中文糅合在一起。这是据我们所知由"外来蛮人"教育的第二或第三个学生被朝廷聘用,通过这种方法,我们会将人们对于外国人的偏见逐渐消除。

而布朗校长在 1840 年的第一份校务报告也提及:④

1839 年春天在澳门接收的一名学生⑤,经劝说,答应为朝廷高官承担英语口译和笔译的工作,对当日报纸的部分摘要进行翻译,例如玛瑞(Murray)的《四洲志》和其他外文著作中有关中国的文章。虽然只完成了教育的一部分,但是他在职期间所做的工作,却很好的说

---

① 马礼逊教育会《第七次年度报告》,1845 年 9 月 24 日。
② 《儒效》,载杨柳桥:《荀子诂译》,齐鲁书社 1985 年版,第 183 页。
③ 马礼逊教育会《第三次年度报告》,1841 年 9 月 29 日。
④ 马礼逊教育会《第三次年度报告》,1841 年 9 月 29 日。
⑤ 应是指梁发的儿子梁进德。

明中国人，即使身居高位，也需要接触外语及外文著作。这位官员对年轻人很好，给予他丰厚的待遇，年轻人也有很多机会增进对其母语的了解。林先生在职期间他一直从事这份工作，后来听从林先生的建议，开始学习中国作者所著的历史类文章和经典著作。但他的英语学习一刻都没有松懈。通过读书获得的很多信息也会供皇上审阅；林先生还建议他出版对外国进行调查的结果。据了解，他离开广东的时候把数据带在身上，也许不久后，他就会准备出版事宜。

这或可以视作马礼逊教育会的成绩，他的训练主要是经裨治文的"小学堂"和其后的南洋学习经验。至于马礼逊学堂的英文教学成绩，可看以下例子："（委员）马丁先生……认为学员的道德训练和培养是非常重要的……还提到他最近见到的在上海巴尔弗上校办公室工作的两名学员，他们性格温顺，是办公室值得信任的忠诚的助手。"①布朗校长补充说："能够看到这些学员不辜负赞助人对他们的期望，也不辜负自己，成为有用的人才，这是协会的愿望，自然也一定是所有学员的朋友们的期望。"②巴尔弗先生曾去信教育会："明确表示他对我们学员的能力和作风非常地欣赏，并且目前他打算完全免去通常的语言学家，雇佣更多我们的学员去他的办公室帮忙。如果我们能够向他提供更多的学员，巴尔弗先生将会非常高兴。"③

另一个充分显示学堂学员的英文教学成果的"是关于一个有关西方政治经济的专题著作，该著作由我们书院的一名学员翻译成中文，这本翻译现在正在广东进行印刷出版，将来会作为免费的刊物"。据布朗校长补充说："在这名学员翻译和几次修改之后，由一名中国的教员来帮他修改。一个在广东的绅士热心地帮助我们免除了出版和印刷这部作品的费用，所以这本翻译很有可能会出版，在（1846 年）10 月份的考试中，它就可以正式流通。"④他更感慨地说道："当我看着这部作品的时候，我会感到更加欣慰，因为这是实现马礼逊教育协会宏伟目标的开端，即用汉语将外国的科学介绍给中国。如果我们坚持不懈的话，那么也许我们会看到知识之花开在中国的那一天，从这件事中我们

---

① 马礼逊教育会《第六次年度报告》，1844 年 9 月 24 日。

② 马礼逊教育会《第六次年度报告》，1844 年 9 月 24 日。

③ 马礼逊教育会《第六次年度报告》，1844 年 9 月 24 日。

④ 马礼逊教育会《第八次年度报告》，1846 年 9 月 30 日，中译本名为《致富新书》；McVicker, J. *Outlines of Political Economy* [1825]，New York：Augustus M. Kelley，1966.

已经看到了曙光。"①

当然,判断一间学校的成败,家长应是有很大的发言权。以下一段文字极可能与中国极具影响力的唐景星三兄弟有关。在学堂成立初期,有一位家长将他大儿子交给学堂。其后,再将另外两个儿子交给学堂。这位父亲经过多年的亲身经验,深深感到教育会崇高的办学精神。布朗校长是这样追述他们的对话:②

> 当书院刚建立的时候,很少有人会把自己的孩子送过来,甚至还有一些人告诉我,送孩子到这里上学会担心一些不好的后果。第一个把孩子送到书院读书的家长说:"我不理解,为什么一个外国人会为我的孩子提供食宿和教育,而一分钱不收呢? 我们一开始感觉这其中一定暗藏着什么不好的预谋。有可能是想把孩子们从父母身边引诱走,一点一点地把他们送到国外去。"在所有的场合下,这对家长来说都像迷一样难以猜透。然而,仍然是这个家长在几个星期以前对我说:"现在我懂了。我的三个儿子自从入学以来在你们书院呆得都好好的,没有受到任何伤害。我的大儿子现在已经成为一名合格的口译员,为大众服务。其他的两个儿子也都没学坏。我一开始对你们教他们宗教心有余悸,但现在宗教使他们变得更好了。虽然我们国家的传统禁止我信仰这个宗教,但我个人相信这个宗教是真实的。我现在没有任何的顾虑了。你们的辛勤劳动并不是为了自己,而是为了他人。现在我完全理解了。"

这段记载一方面反映学堂初期招生的困难情形,另一方面也能在具体的成绩中让家长改变初衷。这种经验,对教育界同行也有很好的参考作用。

六

孙中山先生在推动革命运动的历程中,曾与马礼逊学堂第一期优异生容

---

① 马礼逊教育会《第八次年度报告》,1846 年 9 月 30 日。

② 马礼逊教育会《第七次年度报告》,1845 年 9 月 24 日。关于唐景星三兄弟在马礼逊学堂的学习情形,参见:Smith, C. *Chinese Christians:Elites,Middlemen,and the Church in Hong Kong*,Hong Kong:Oxford University Press,1985.

闳有过非常密切的接触和合作。恰巧是两人都出生于比邻澳门的农村，也都曾接受相近的西式教育和基督信仰，对中国的振兴都怀抱无比的信念。这种相似之处，大概与两人的教育和视野有密切关系。或许正如布朗校长预示：学习英文能让年轻人"扩展和充实他们的思维"。面对专制黑暗的晚清局势，两人通过英文这个新媒介接受西方文化的洗礼，实质上推动了中国的现代化。由此而言，马礼逊学堂——中国第一所西式学堂——的历史贡献，理应得到我们更多的肯定。

重构教育史观:1929—2009 年

张斌贤 *

摘　要:本文通过对 20 世纪 20 年代至 2009 年中国学者所撰写的部分外国教育史教材和著作以及有关成果的解读,梳理不同历史时期先后出现的"早期唯物主义教育史观"、"唯心主义教育史观"、"马克思主义教育史观"、"现代化教育史观"等,分析教育史观近百年的变迁,进一步探讨当代教育史观的重构。

关键词:教育历史;历史观;教育史观;重构

迄今为止,虽然教育史学者经常使用"教育史观"这个概念,但并未形成较为确定和统一的见解。①宽泛地表述,所谓"教育史观",主要是指史家对教育的历史进行认识、理解和阐释时,所具有的基本观念和认知体系。它包括三个基本方面。第一方面是教育史的"本体论",主要解答"什么是教育史"的问题,涉及关于教育历史的内在规定性、发展的基础和动力以及教育的"内部史"与"外部史"之间的相互关系等方面基本问题的主张。第二方面是教育史的"认识论",主要解答"如何认识教育史"的问题,包括对作为认识客体的教育历史

---

　*　作者简介:张斌贤,北京师范大学教育历史与文化研究院教授。本文为北京师范大学"中央高校基本科研业务费专项资金资助"重大项目"美国高等教育史"阶段性成果。本文曾刊于《高等教育研究》2011 年第 11 期。

　①　史小禹、曲铁华:《教育改革中的教育史学科的问题与发展》,载贺国庆主编:《教育史研究:观念、视野与方法》,河北大学出版社 2009 年版,第 146 页;周采:《论外国教育史学观念的更新》,载张斌贤、孙益主编:《探索外国教育史研究的新领域与新方法》,广西师范大学出版社 2009 年版,第 83－84 页;李立国:《现代化理论视野下教育发展史之反思》,载张斌贤、孙益主编:《探索外国教育史研究的新领域与新方法》,广西师范大学出版社 2009 年版,第 89－95 页;张斌贤、王晨:《整体史观:重构教育史的可能性》,《清华大学教育研究》2010 年第 1 期。

进行认知和解释的理论视角、规范、概念、框架、方法等。第三方面是教育史的"价值论"，主要解答"为什么认识教育史"的问题，包括对教育史研究功能的评价等。

每一个时代都有其独特的教育史观，这种独特性既来自个体认知的差异，也源于不同时代主流意识形态的不同。因此，时代的交替、学科的演进实际上也是教育史观不断变迁、不断重构的过程。

一

在我国，外国教育史作为一个专门的教学科目和学术研究领域，始于 19 世纪末、20 世纪初。最初的外国教育史著作大多为我国学者对外国著作的译介，如李家珍的《泰西教育史》（上海昌明公司，1893 年[①]）等。从 20 世纪 20 年代开始，外国教育史著作的编撰出现了从直接翻译过渡到综合借鉴国外学者的成果撰写相关著作、再到独立编写教材或著作的趋势。尽管有学者认为最早由我国学者独立编撰的外国教育史著作是姜琦先生的《西洋教育史大纲》（商务印书馆，1921 年[②]），但根据姜琦先生在《西洋教育史大纲》"凡例"中所述，该书是作者在南京高等师范学校授课讲义的基础上修改而成，并且，"本书以赖乌曼尔（Raumer）、斯密的（Schmidt）、斯密特（Schmid）、弗舒尔（Vogel）、迪得斯（Dittes）、弗尔克曼（Volkmer）、格列佛斯（Graves）、斯利（Seeley）、大瀬甚太郎、田中义能、已竹岩造、入泽宗寿、吉田雄次、渡边政盛等所著《教育史》或《教育思想史》为本，间或参以己意"[③]。从这些文字可以看出，《西洋教育史大纲》虽非直接译自某一种国外学者的著作，但也并非中国学者的独立著述，而是对多种国外教育史著作的综合。

从现有资料看，杨贤江先生的《教育史 ABC》（世界书局，1929 年）应当被认为是较早由中国学者独立编撰的有关国外教育史的著作。此后，一系列由中国学者独立撰写的著作和教材先后出版，包括：瞿世英先生的《西洋教育思

---

① 洪明教授在其《外国教育史学科建设的回顾与反思——基于著作类出版物的分析》一文中认为，该书为"我国最早的关于外国教育史通史类著作"，载杨孔炽主编：《百年跨越——教育史学科的中国历程》，鹭江出版社 2005 年版，第 99 页。

② 贺国庆：《外国教育史学科发展的世纪回顾与断想》，载贺国庆：《外国教育专题研究文集》，河北大学出版社 2001 年版，第 190 页。

③ 姜琦编：《西洋教育史大纲》，商务印书馆 1933 年版，"凡例"（二）。

想史》(商务印书馆,1931 年)、蒋径三先生的《西洋教育思想史》(商务印书馆,
1934 年)、雷通群先生的《西洋教育通史》(商务印书馆,1934 年)、姜琦先生的
《现代西洋教育史》(商务印书馆,1935 年)、王克仁先生的《西洋教育史》(中华
书局,1939 年),等。除《教育史 ABC》和瞿世英的《西洋教育思想史》外,上述
著作多为师范院校相关课程的教材。

　　杨贤江的《教育史 ABC》的内容主要涉及外国教育史或世界教育史。正
如作者所说:"本书是世界教育史的性质。"[1]值得注意的是作者关于教育历史
的观念。他在该书"例言"中指出:"作者之教育史的见地,自信颇与一般编教
育史者不同,……故本书之性质内容乃至体例都与一般所称为教育史教科书
者相异。"[2]这种不同主要表现在他对教育史研究的使命的认识。他指出,教
育史研究的"更根本更重大的任务",是解答"教育之意义与目的怎样变迁"、
"教育思想变迁的真义与教育制度变迁的根据何在"、"支配阶级与被支配阶级
在教育上之关系何如"等基本问题。为解答上述问题,杨贤江运用阶级分析方
法,将人类教育"以文明时代为界",文明时代以前的教育是"全社会的,是实践
的,即劳动与教育相一致的"[3],文明时代之后的教育经历了奴隶制度、中世纪
的农奴制度(即封建制度)和近代的资本制度三个阶段,但其本质"终是阶级
的,为供支配阶级之'御用'的"[4]。杨贤江的《教育史 ABC》一般被认为是中国
"第一部试图运用历史唯物主义观点和方法研究教育史的专著"[5]。从该书中
已经可以较为清晰地看到阶级分析方法的运用以及由不同社会形态而推演而
来的五种教育形态。

　　与杨贤江不同,瞿世英《西洋教育思想史》主要受到柏格森的生命哲学和
黑格尔历史哲学的影响,认为"教育进化的历程是为教育理想所支配的"[6],

---

[1]　杨贤江:《教育史 ABC》,载任钟印编:《杨贤江全集》(第三卷),河南教育出版社 1995 年版,第
54 页。

[2]　杨贤江:《教育史 ABC》,载任钟印编:《杨贤江全集》(第三卷),河南教育出版社 1995 年版,第
54 页。

[3]　杨贤江:《教育史 ABC》,载任钟印编:《杨贤江全集》(第三卷),河南教育出版社 1995 年版,第
149 页。

[4]　杨贤江:《教育史 ABC》,载任钟印编:《杨贤江全集》(第三卷),河南教育出版社 1995 年版,第
149 页。

[5]　吴式颖:《关于拓展外国教育史研究领域和改进方法的思考》,载张斌贤、孙益主编:《探索外国
教育史研究的新领域与新方法》,广西师范大学出版社 2009 年版,第 22 页。

[6]　瞿世英编:《西洋教育思想史》,福建教育出版社 2011 年版,第 1 页。本文所引瞿世英和雷通
群著作皆为瞿葆奎教授、郑金洲教授主编"二十世纪中国教育名著丛书丛编"收录重印。谨此对瞿葆
奎先生赐书表示衷心感谢。

"我们承认物质的条件,但只有用理想史的方法,方能了解其意义"。① 而思想史演进目的则是"求自由"。① 雷通群则强调:"教育既属文化之一种,故教育史亦即是文化史之一种,当与关于文化之其他方面的宗教史、道德史、美术史等并列。"② 他主张教育史研究的目的是"究明全体的教育事实之变迁发达的次序"。为了达到这个目的,他认为教育史研究应当从以下六个方面展开:(1)对教育理论的探讨;(2)对教育实际的探讨;(3)对不同时期的教育变迁进行比较;(4)对教育家的探讨;(5)对不同时代特征的探讨;(6)对不同时代教育事实发生环境的探讨。③

从上述具有代表性的著作中可以看到,在 20 世纪 20—40 年代,教育史家的教育史观已经表现出明显的多样性和差异性,既有初步尝试运用历史唯物主义研究教育史而形成的"唯物主义教育史观",又有借鉴西方近现代哲学思潮而产生的"唯心主义教育史观",也有介于二者之间的"文化教育史观"。这些教育史观既受到外来思想观念的明显影响,又反映出史家个人对教育史的理解。另一方面,由于处于教育史学科的早期发展阶段,以上教育史观往往既缺乏系统性,也具有显著的模仿外来思想的色彩。

二

从 1949 年到 20 世纪 70 年代末、80 年代初,尽管社会文化环境发生了巨大而复杂的变化,但外国教育史学科教学和研究的总体格局并没有发生根本性的改变。这个时期最为显著的特征是,经过短暂的自主探索之后,又重新回到了全盘接受国外学者研究成果的状况。1950 年,三联书店出版了米丁斯基的《世界教育史》。此后不久,人民教育出版社出版了康斯坦丁诺夫的《世界教育史纲》。这两种著作被视为苏联教育史编撰模式的主要代表,对我国的教育史研究产生了重大的影响。之后,曹孚先生采用上述两种著作的主要内容,汇编成《外国教育史》(人民教育出版社,1962 年),作为高等师范院校教育系外国教育史课程的教材,由此进一步扩大了苏联教育史编撰模式的影响。

在米定斯基和康斯坦丁诺夫等苏联教育史家看来,教育史应以"马克思主

---

① 瞿世英编:《西洋教育思想史》,福建教育出版社 2011 年版,第 4 页。
② 雷通群:《西洋教育通史》(上册),福建教育出版社 2011 年版,第 4 页。
③ 雷通群:《西洋教育通史》(上册),福建教育出版社 2011 年版,第 5—7 页。

义关于社会发展的学说为指南"①。根据他们对唯物史观的理解,"各种教育学理论、学制、教育和教学的组织、内容和方法,归根到底都是为社会物质生活的条件所决定的,但是前者对社会的发展也能发生一定的影响"②。在他们看来,教育史是有党性的。教育史的主要使命是"研究自远古到近代各个历史时期教育、学校和教育学理论的发展。它根据辩证唯物主义的原理揭示阶级社会中教育理论和实践的阶级本质和局限性,揭示在这个领域中唯物主义跟唯心主义的斗争,进步的教育理论跟反动的教育理论的斗争,并且揭示教育理论和实践发展的规律性"③。

概括起来,以米定斯基和康斯坦丁诺夫为代表的教育史观的主要观点有:第一,教育历史的性质是由社会的经济基础和上层建筑决定的,因此,不同的社会形态造成了不同阶级性质的教育。与人类社会一样,人类教育先后经历了从原始社会、奴隶社会、封建社会、资本主义社会到社会主义社会这样一个从低级阶段到高级阶段的发展。第二,教育历史发展的根本动力是社会经济基础与上层建筑之间的矛盾,这种矛盾进一步表现为阶级之间的冲突。第三,这种矛盾和冲突反映在教育历史中就成为唯物主义与唯心主义的斗争、进步与反动的斗争。第四,教育史研究的主要目的和功能在于运用阶级分析这一基本方法,揭示历史上的一系列斗争,并"帮助我们抛弃一切对共产主义教育来说是过时的和不需要的东西,另一方面,还可以用批判地改造的形式来吸取一切对马克思列宁主义教育学和共产主义教育的实践有用的东西"④。

这种教育史观的基本缺陷在于,首先,片面注重、甚至夸大了社会物质生产在推动教育发展中的决定性作用,忽视了社会生活其他方面因素的意义以及物质生产本身与人类其他活动之间的相互关系及其在促进人类教育演化中的影响。这样,就造成了某种程度上的"经济决定论"倾向。更为重要的是,以单一的经济因素考察历史,并不符合历史唯物主义的基本原理。其次,机械地和教条地将社会历史发展的宏观原理简单搬用到对教育历史的认识,夸大了社会发展与教育演变之间的同一性,忽略了二者间客观存在的差异。而这种差异性的存在,正是教育史研究之所以能够成为一项专门学术事业的实际前提。再次,阶级分析方法被不加限制地运用到教育史研究的一切方面,并被简

---

① 曹孚编:《外国教育史》(第二版),人民教育出版社1979年版,第2页。
② 曹孚编:《外国教育史》(第二版),人民教育出版社1979年版,第2—3页。
③ 曹孚编:《外国教育史》(第二版),人民教育出版社1979年版,第1页。
④ 曹孚编:《外国教育史》(第二版),人民教育出版社1979年版,第2页。

单化、教条化为一种标签式的方法。①

20 世纪 50—70 年代,苏联教育史家的这种教育史观不仅作为一种学术观点,同时也作为意识形态的组成部分,凭借着强大的制度力量,影响了我国的外国教育史教学和研究。20 世纪 80 年代国内学者编写的外国教育史教材,在编写体例、历史分期、教育历史人物评价以及对教育历史发展动力的认识等方面,都受到这种教育史观的深刻影响。即使到今天,也很难说已经完全摆脱了它的影响。

三

从 20 世纪 70 年代末、80 年代初开始,教育史观的探索再一次重新启程。从那时以来的 30 年间,教育史观的探索大致包括三个主要阶段:第一,恢复重建阶段;第二,多元探索阶段;第三,"史观断裂"阶段。

(一)恢复重建

1979 年 12 月在杭州召开的全国教育史研究会第一届年会、1982 年 5 月在西安召开的第二届年会和 1983 年 9 月在黄山召开的"外国教育史学科体系讨论会"是教育史观重新探索的重要起点。在这三次会议上,教育史界分别对苏联教育史编撰模式的利弊、教育史研究中观点与史料的关系、教育史研究范围以及教育历史人物评价以及外国教育史学科体系建设等问题,展开了空前热烈的讨论,形成了一系列重要的、具有启蒙意义的主张。② 期间,赵祥麟教授、滕大春教授、金锵教授等陆续撰文,对苏联教育史编撰模式将马克思主义的方法论公式化和简单化的倾向以及历史虚无主义进行批判,并从多方面探讨如何更为科学地把历史唯物主义的观点、方法运用到外国教育史研究中,使教育史研究更加深刻和全面地解释教育历史现象、历史过程以及科学评价教

---

① 本文作者曾著文对苏联学者影响下形成的教育史观进行讨论。参见张斌贤:《历史唯物主义与教育史学科的建设》,《教育研究》1988 年第 9 期。

② 《教育史研究会首次年会纪略》,《教育研究》1980 年第 1 期;安徽省教育史研究会编:《外国教育史学科体系探讨会论文集》(内部交流),1982 年。

育历史人物和教育史遗产。①

　　上述会议的召开和学者的主张对 20 世纪 80 年代前期教育史观的探索，发挥了重要的推进作用。这种作用首先表现在对杜威等教育史人物的重新评价。由于杜威是西方教育史上具有重大影响的教育家，也是我国教育史界存在争议较大的教育史人物，因此，对他的重新认识不仅有助于客观、准确地理解他本人的思想，而且有利于促进对其他教育史人物的合理评价。更为重要的是，对教育史人物的评价首先是一个教育史观的问题，对杜威的再认识必然涉及对一系列教育史观问题的深入思考，进而涉及整个学科的全面重建。外国教育史学科以后 30 年间的发展表明，正是由于以杜威的重新评价为突破口，才使学科研究迅速在废墟上重建并得到长足发展。

　　对杜威进行重新评价的关键在于，正确认识教育家的阶级立场、哲学倾向与其教育思想和历史贡献之间的关系问题。在此之前，由于受当时政治形势和苏联教育史观的影响，人们往往把二者等同起来，简单地从教育家的阶级地位和哲学倾向“推绎”出其教育思想的“阶级属性”，从而加以绝对否定。从 1980 年开始，一些教育史家率先发表文章，对杜威等人的教育思想进行再认识。赵祥麟教授较早明确提出了要对杜威教育思想进行具体研究，既要看到其思想的阶级实质，又要从发展的眼光分析其中的有价值的成分，从而客观评价杜威在教育思想史上的地位。② 此后，陈景磬教授、王天一教授等先后著文，从杜威的道德教育学说、杜威学说与赫尔巴特理论的比较等角度，广泛、深入地探讨杜威教育思想，以更加客观、辩证地评价杜威。③

　　1983 年 9 月召开的“外国教育史学科体系讨论会”从各个方面探讨了外国教育史学科体系的建设问题。④ 与会学者认为，应当扩展外国教育史学科范围，更加深刻、全面地阐述教育发展的基本规律，认真研究教育历史的分期，等等。特别重要的是，学者们一致认为应摆脱苏联教育史模式的束缚，建立具有中国特色的社会主义的外国教育史学科体系，使之适应我国社会的新需要。

　　① 金锵：《外国教育史研究中的几个理论问题》，《教育研究》1980 年第 1 期；滕大春：《试论〈外国教育史〉的学科体系和教材建设》，《教育研究》1984 年第 1 期。赵祥麟：《关于外国教育史学科体系的几个问题》，《华东师大学报》（哲学社会科学版）1984 年第 2 期。
　　② 赵祥麟：《重新评价杜威实用主义教育思想》，《华东师范大学学报》（哲学社会科学版）1980 年第 2 期。
　　③ 陈景磬：《〈杜威的道德教育思想批判〉补充》，《教育研究》1982 年第 9 期；王天一：《杜威教育思想探究》，《北京师范大学学报》（哲学社会科学版）1982 年第 3 期。
　　④ 载安徽省教育史研究会编：《外国教育史学科体系探讨会论文集》（内部交流），1982 年。

　　这次会议的标志意义在于,教育史学界明确表明了自觉摆脱苏联教育史编撰模式的束缚、自主发展教育史学科和重构教育史观的自我意识。

　　曹孚、滕大春、吴式颖、姜文闵教授合著的《外国古代教育史》(人民教育出版社,1981 年)和王天一、夏之莲和朱美玉教授合著的两卷本《外国教育史》(北京师范大学出版社 1984 年出版上册,1985 年出版下册)等著作和教材的先后出版,是这种自我意识的最初显现。

　　由于成书时间较早,这两种著作仍带有较为明显的苏联教育史编撰模式的痕迹,例如强调教育的阶级性、注重阶级分析方法的运用以及根据五种社会形态确定教育历史分期,等等。尽管如此,就当时的社会条件和认识水平而言,这两种著作已经在一些方面初步突破了苏联教育史的编撰模式。《外国古代教育史》属于断代史研究,书中所涉及的古代教育的内容较为丰富。《外国教育史》所涉及的时空范围远非米定斯基和康斯坦丁诺夫著作所能比。更为重要的是,在对教育历史人物的分析和评价中,这两种著作都尽力避免简单地以人物的阶级地位和哲学倾向"划线",力求客观地阐释和评价教育家的思想,公正评价其历史贡献。总体上讲,这两种著作代表了 20 世纪 80 年代早期中国学者在力图摆脱苏联教育史撰写模式、自主探索中国特色的外国教育史学科体系所取得的阶段性成果。这其中当然包括了对教育历史性质等问题的重新认识。

(二)多元探索

　　从 20 世纪 80 年后期开始,外国教育史学科进入了一个重要的发展时期,一系列著作和教材先后出版,如赵祥麟教授主编《外国现代教育史》(华东师范大学出版社,1987 年)、吴式颖教授等的《外国教育史简编》(教育科学出版社,1988 年)、滕大春教授主编《外国近代教育史》(人民教育出版社,1989 年)、滕大春教授任总主编的多卷本《外国教育通史》(山东教育出版社,1990 年)、王天一教授主编《西方教育思想史》(湖南教育出版社,1996 年)、吴式颖教授主编《外国教育史教程》(人民教育出版社,1999 年),等等。研究成果日益丰富的过程,同时也是学科自我意识不断觉醒、教育史观逐步更新的过程。

　　这个时期重构教育史观的努力主要表现为,在批判苏联教育史编撰模式的基础上,进一步探讨外国教育史学科研究的基本问题,这其中主要包括:继续分析外国教育史学科研究存在的主要问题及其主要原因,继续探索如何更为科学地把历史唯物主义的观点、方法运用到外国教育史研究中,使教育史研究更加深刻和全面地解释教育历史现象、历史过程以及评价教育历史人物,等等。① 到 20 世纪 90 年代,这个方面的努力逐渐转向借鉴相关学科的理论和方法,重新对外国教育的历史发展进行建构。一些研究者开始尝试运用现代化理论的方法和概念,对教育历史发展的本质进行分析。根据这种研究范式,教育的历史进程被认为是教育现代化的过程,教育的制度化、世俗化、法制化、普及化、科学化等被认为是教育现代化的基本指标,现代性的获得被认为是教育现代化过程的目标。这方面的代表性著作主要有吴式颖教授主编的《外国教育现代化进程研究》、《俄国教育史:从教育现代化视角所作的考察》等。

拓展对教育史的认识,摆脱单纯的学校教育史模式,走向通史、专题史、国别史、断代史相互并存的多元化格局,是这个时期教育史观重构努力的又一个重要方面。20 世纪 80 年代以来,先后出版了数十种由我国学者撰写或译介的国别史、断代史、专题史著作,如《世界幼儿教育史》、《日本教育史》、《简明英国教育史》、《德国教育史》、《美国教育史》等等。这些著作不仅丰富了外国教育史研究,为深化通史研究奠定了基础,而且从一个非常重要的方面突破了普通学校教育史的编撰模式,拓展了对教育史的认识。

"以论代史"是苏联教育史编撰模式的重大缺陷。长期以来,外国教育史学科研究存在着一个非常重要的不足,那就是史料建设落后。史料不足为"以论代史"提供了客观依据,并且进一步助长了"以论代史",从而使教育史研究日益成为社会历史观念的注解。与过去大半个世纪相比,这个时期在史料建设所取得的成就是无与伦比的。1986 年后,先后出版了《西方古代教育论著选》、《西方思想家论教育》、《世界教育史教学、科研参考资料》等史料汇编。从这个时期开始,人民教育出版社组织翻译了大量外国教育名著。这些努力初步改变了史料建设长期滞后的局面,为教育史研究奠定了良好的基础。

(三)"史观断裂"

2000 年以来的十年间,外国教育史研究一方面延续了 20 世纪 80—90 年代的"传统",即大型、通史性的著作编写,其中最有影响的是吴式颖、任钟印教

---

① 张斌贤、刘传德:《浅谈外国教育史研究中的一些问题》,《教育研究》1986 年第 4 期;孔炽《坚持教育史研究中的科学的方法论——全国教育史研究会学术研究会述要》,《华中师范大学学报》(哲学社会科学版)1987 年第 5 期;张斌贤:《再谈外国教育史研究中的一些问题》,《教育研究》1987 年第 8 期;赵卫:《也谈外国教育史研究中的一些问题》,《教育研究》1988 年第 10 期;李文奎:《也谈外国教育史学科建设》,《教育研究》1989 年第 5 期;张斌贤:《再论外国教育史研究中的现实感》,《教育研究》1989 年第 5 期。

授主编的十卷本《外国教育思想通史》(湖南教育出版社,2002 年)。这部巨著从策划到出版,历时十余年,动员了当时全国大部分外国教育史教学科研人员,基本上反映了中国学者关于外国教育思想史研究所达到的水准。此外,为适应新时期人才培养的需要,先后出版了部分教科书,如单中惠教授的《外国教育思想史》(高等教育出版社,2000 年),张斌贤和王保星教授主编的《外国教育思想史》(高等教育出版社,2007 年),周采教授的《外国教育史》(华东师范大学出版社,2008 年),张斌贤和王晨主编的《外国教育史》(教育科学出版社,2008 年),王保星教授的《外国教育史》(北京师范大学出版社,2008 年),贺国庆、于洪波和朱文富教授等的《外国教育史》(高等教育出版社,2009 年)等。

如果把上述著作和教材与此前出版的同类著述相比,可以清晰地看到,除吴式颖教授为《外国教育思想通史》起草的长篇导言之外,大多数著述似乎都自觉或不自觉地回避从本体论意义上讨论教育史观问题,而主要从认识论和价值论层面阐述教育史观。在某种意义上,可以把这种现象称之为教育史观的"断裂",即史家已不再关注整体的教育史观,而只关注教育史观中的某一两个方面,尤其是教育史观中的认识论方面。

这种教育史观"断裂"的现象由于这个时期外国教育史研究更为重要的进展而变得格外显著。2000 年以来,大量基于博士学位论文撰写的专题研究著作的相继出版,成为外国教育史研究新世纪第一个十年最为重要的发展标志。与以往的系统著述不同,这些著作往往以某一历史时期或某一个国家的某一个教育历史现象或问题为研究对象,而不涉及宏观或整体的历史线索。因此,研究者所关注的主要是基本文献的搜集、整理以及运用某些认识论意义上的理论和方法对史料所建构的历史片段进行解释,而基本不涉及教育史观中的本体论问题。这就进一步强化了教育史观的"断裂"。

从近百年学科发展的历程看,专题研究成果的大量出现正说明外国教育史学科研究方向的重大转变,即从综合走向分析,从宏观把握转向微观研究,从整体认识转向具体探微。这种转变实际上意味着外国教育史研究正日益摆脱教科书传统的束缚,逐渐回归历史研究的本性。只有当教育史研究充分获得了历史研究的本质,才有可能真正获得学术合法性,才有可能真正成为一个学术研究的重要领域,也才有可能充分发挥在课程教学中的作用。

教育史观的"断裂"并不意味着史观的缺失,而是教育史观探索的重大的和方向性的转变。这种转变的首要意义在于,有助于从根本上克服长期以来存在的把宏观历史观念简单套用到教育史研究的弊端,从而使教育史研究成为一种真正的学术研究而非观念的注解。其次,由于主要强调对教育本身的历史现象、历史过程的认识以及对这种认识的"再认识",有利于教育史研究不断更新方法、转换视角,从而切实推进学科研究的发展。近十年来教育史研究的进展并不是因为在教育史的本体论有什么突破,而主要表现在方法和方法论的变换。

四

在经历了近一个世纪曲折复杂的变迁过程之后,教育史观的重构将如何继续? 或者说,在全球化、信息化、多元化趋势不断加剧的当代社会,如何重构当代的教育史观?

不管可能会形成何种教育史观,重构教育史观的努力首先应当自觉地摆脱四种束缚,寻求思想的独立与解放。第一,自觉摆脱对国外学术思想的盲目崇拜、一味追随、简单搬用。随着国际学术交流的不断增进,来自境外的思想学说将更为广泛和深刻地对包括教育史学科在内的学术研究产生影响;教育史学科只有进一步开放,才有可能从当代的学术思想成果中获取自身发展所必需的营养。这些都是不言而喻的。问题的关键在于,应当以科学的态度和方法吸收借鉴国外的学术成果,不能仅仅停留在对名词、术语和概念的表面化的掌握和应用,不能只关注研究的结论而忽视研究的背景和过程,不能只见树木、不见森林,孤立地认识和理解某一种学术观点而漠视不同学术观点之间的联系,更不能把国外的学术成果奉为神圣而不加批判地照单全收。

第二,自觉摆脱对其他人文社会科学学科的简单"比附"。与人文社会科学其他学科之间的联系,始终是教育史学科发展的不竭动力。应当说,从教育史学科发展所经历的过程看,在这方面所做的工作还远远不够,要走的路还很长。但问题同样在于,教育史研究如何以科学的态度和方法借鉴人文社会科学的研究成果,而不是采取"拿来主义"、实用主义,仅仅停留在对某些理论或观点的表面的、一知半解的甚至是望文生义的"比附"。在这方面,外国教育史研究是有着深刻教训的。只有深入理解人文社会科学相关学科的理论和方法,只有全面把握这些理论和方法运用到教育史研究的适切性与合理性,才有可能真正科学地借鉴人文社会科学的成果,而不是简单的"比附"和套用。

第三,自觉摆脱"意识形态化"思维方式的束缚。教育史观受到宏观历史观念或社会历史观的直接和深刻的影响是必然的。但如果把二者完全等同起来,或者以社会历史观取代教育史观,并不能科学地认识教育历史的本质,也难以实现教育史研究的学术化或学科化,这是多年实践已经证明了的事实。尽管如此,由于苏联教育史编撰模式的深刻影响,外国教育史研究很难完全突破原有"意识形态化"思维方式的羁绊。在一些研究实例中,机械地、简单化地照搬"生产力与生产关系"、"进步与保守"、"唯心主义与唯物主义"模式的做法仍有一定市场。在这种情形下,教育史的研究往往成了运用简单的政治公式对历史事实的裁剪,或者成为对历史人物的道德审判。需要不断重申的是,"教育史应当、而且必须首先是教育的历史"①。教育历史发展的特殊性是教育史研究"安身立命"的基础。教育史研究的使命和目的不是去验证某些被公式化和意识形态化的历史解释,而是为着更为科学地认识、解释人类教育的历史变迁,以便深化和拓展当代人对教育的理解。对教育的理解本质上是对人类自身理解的重要组成部分。

　　第四,自觉摆脱教科书传统的束缚。众所周知,在我国,包括教育史学科在内的教育学科是适应近代师范教育的需要而兴起的,教育史学科最初是作为师范院校的教学科目而形成的。由于这样的原因,逐渐产生了对教育史学科性质、功能的片面认识和一种特殊的学科传统。在相当长的时间里,教育史学科更多的是作为教学科目而非专门的学术研究领域,教育史学界更多的是在课程教学的范畴中思考教育史学科的建设和发展。直到现在,关于教育史学科建设和发展的论述仍然主要是从课程教学的需要出发的。由于实质上把教育史作为教学科目,并主要从课程教学的角度探讨教育史学科建设,因而事实上形成了一种"教科书传统"(这同时也是整个教育学科的共同传统)。在通常的情况下,教科书是为即将进入某一知识领域的学生提供的入门导引。为了使学生能系统掌握知识体系,在通常情况下,教科书所强调的主要是知识的完整性和系统性,注重的是知识的"宽度"而非"深度",关注的是知识的传递而非知识的创造。这种状况如果仅仅限于教科书的编写还不致造成不良的后果,但现实是它恰恰成了教育史学科建设的一种很重要的思路,并在很大程度上影响了对教育史问题的研究方式和方法。多年来,教育史学界常满足于"宏大叙事",关注大问题、大事件、长时段,忽视对个别的、具体的教育史实的研究以及对史料的深度挖掘,某种程度上正反映了"教科书传统"在研究领域中的深刻影响。

　　在当代社会和知识发展的条件下,重构教育史观的根本在于史家自觉地

---

① 张斌贤、刘传德:《浅谈外国教育史研究中的几个问题》,《教育研究》1986 年第 4 期,《新华文摘》1986 年第 12 期全文转载。

形成一种"中级理论"——即专门的教育史学理论或观念。这种中级理论虽然受到宏观的社会历史观的影响,但主要反映史家本人对教育及其历史变迁的本质、动力等方面的认识,反映史家对教育历史的本体论、方法论和价值论的基本理解。这不仅有助于形成丰富和多元的教育史研究的领域、路径和方法,而且有利于促进教育史研究中哲理探讨和哲理追求。只有当对具体教育历史现象和过程的探讨能够成为一种基于充足史料之上的哲理探讨,教育史研究才能最终完成自己的使命:促进人类对教育历史本质的深刻认识。

从教育史学科发展的过程看,在学科领域中发生的任何一次重大变革和转折都直接来源于以某种社会文化哲学为背景的"中级理论"或教育史观的更新。从认识论的观点来看,"中级理论"实质上是认识客体与认识主体之间的联结点,或者说是主体的认识工具。"中级理论"的变更实际上是认识手段和认识角度的转换,因而必然导致主体和客体相互关系的变迁。从这个意义上讲,"中级理论"是教育史学科不断发展的巨大杠杆。

教育史学科建设的新方向:教育活动史研究

周洪宇*

摘　要:本文对何谓教育活动史、教育活动史与教育思想史、教育制度史的关系、教育活动史研究的重要性与必要性、教育活动史研究的主要内容以及如何研究教育活动史,作了比较全面系统的阐释。提出当前应加强教育活动史研究,以适应社会、教育与学术发展的多重需要。

关键词:学科;建设;新方向;教育活动史

"半亩方塘一鉴开,天光云影共徘徊。问渠哪得清如许,为有源头活水来。"这是南宋大诗人、大教育家朱熹所做的那首脍炙人口的七绝《观书有感》。全诗以方塘作比,生动形象地表达了一种十分微妙的读书感受。虽然这种感受仅就读书而言,却寓意深刻,含义丰富,可以作广泛的理解。尤其是"问渠哪得清如许,为有源头活水来"两句,比喻人要心灵澄明,慧思泉涌,就得认真读书,补充新知,故而也常被人们用来比喻只有不断学习新知识,才能达到新境界。只有思想活跃,广纳新知,勇于创新,不断开拓,学术智慧与创造之源才能永远"清如许",才会始终有"活水来"。

有鉴于此,笔者近年来重点对教育史学科建设问题作了若干探讨,先后在《教育研究》、《教育研究与实验》、《华东师范大学学报》(教科版)等刊物单独或合作发表《新世纪中国教育史学的发展趋势》、《对教育史学若干基本问题的看法》、《全球化视野下的教育史学新走向》、《教育活动史:视野下移的学术实践》、《教育活动史研究述论》、《教育史学科建设的历史自觉意识》等文章,多次在全国教育史年会上呼吁加强教育史学科建设,积极开展教育活动史研究。撰写出版学术专著《学术新域与范式转换——教育活动史研究引论》(华中科技大学出版社 2011 年版)、《文化与教育的双重历史变奏——周洪宇文化教育

---

　*　作者简介:周洪宇,华中师范大学教育学院教授。

史论》(华中科技大学出版社 2011 年版),主编《教育活动史研究与教育史学科建设》(山东教育出版社 2011 年版)和八卷本《中国教育活动通史》(近期将由山东教育出版社出版)。这些文章和专著试图立足于国际学术发展的宏观背景,思考国际教育史学与中国教育史学的发展趋势,提出以"活动"为基础与主轴,"思想"与"制度"为派生与两翼的新的教育史研究对象理论。着眼于学科建设的长远目标,倡导在原有教育思想史、教育制度史研究的基础上,大力开展更为本源、更为基础的教育活动史研究,拓展教育史学的研究对象与领域,转换研究范式,加强教育史学科建设。令人欣慰的是,这些努力开始见到成效,一些学者表示赞同,一批年轻的朋友积极参与,"教育活动史"近日已正式列入国务院学位办新调整的《全国教育学一级学科目录》,作为教育史学科的研究对象之一,与教育思想史、教育制度史并列。但问题似乎并未彻底解决,仍时有学者质疑,需要再作辨析,以求达成共识。

一

长期以来,各种权威教育史学论著都告诉人们,教育史学是研究教育历史及其规律的学科,其研究对象就是教育思想史和教育制度史。这样说对吗?当然不能说完全错误,但细究下来,是不准确、不全面、不科学的。

笔者认为,这种说法遗漏了教育史学研究的另外一个甚至更为基础、更为重要的对象,那就是教育活动史。如同教育学不研究人们的教育活动,就无法进行一样,教育史学不研究人们的教育活动史,再怎么研究教育思想史和教育制度史,也缺乏前提和基础,只能是一门"见人不见行"、"见物不见事"的教育史学。

从教育学研究来看,最能充分体现教育本质的是人们的"教育活动"。这里的"教育活动"是专指直接以促进人的有价值发展为目的的具体活动的总称,也是指教育者与受教育者以各种方式参与教育过程并进行互动的方式的总合。教育活动是教育现象得以存在的基本形式。正如前苏联学者休金娜所说:"人的活动是社会及其全部价值存在与发展的本原,是人的生命以及作为个性的发展与形成的源泉。教育学离开了活动问题就不可能解决任何一项教育、教学、发展的任务。"①同时，教育活动也是影响人发展的决定性因素。人的发展是主、客体相互作用即活动的结果。个体的活动是个体发展的决定性因素。确定教育活动是影响人发展的决定性因素，不仅不排斥教育在人的发展中所起的主导作用，而且为教育在人的发展中的主导作用的发挥指明了努力的方向。人们无法想象，教育学不研究教育活动，如何找到教育的规律？如何解决教育教学问题？如何促进人的有价值的发展？所以，任何国家的教育学研究，都把人们教育活动的研究放在极为重要的地位。

同样道理，教育活动史也应该成为教育史学研究的一个极为重要的内容。教育活动史是教育者与受教育者以各种方式参与教育过程并进行互动的历史，是影响人们的教育思想和教育制度发展过程的关键性因素。它既是教育思想史和教育制度史的起源，又是教育思想史和教育制度史存在的前提和基础，还是连接教育思想史和教育制度史的中介和桥梁。教育活动史与教育思想史、教育制度史构成一种倒三角关系，教育活动史是起源、前提和基础，教育思想史和教育制度史是派生物和结果。没有教育活动史，就没有教育思想史和教育制度史。三者相辅相成，三足鼎立，缺一不可。离开了教育活动史，教育思想史和教育制度史犹如无源之水，难以维持，又如无桥之岸，无法沟通。因此，研究教育史，必须研究教育活动史。

其实，早在上世纪二三十年代，中国第一代教育史学者就在他们的著作里明确指出了研究教育活动史的必要和可能以及途径和重点，如王凤喈在其被列为教育部部定大学用书的《中国教育史》第一编"绪论"中明确指出"教育史为记载教育活动之历史"②，研究教育史，不能孤立地研究历史上的教育活动，而是应与政治制度、社会思想乃至社会之全部相联系、比照来进行，应将教育史放到广阔的社会背景中去研究。而陈青之在他那本列入商务印书馆大学丛书的《中国教育史》中也写道："教育史之内容，包括实际与理论两方面，教育制度、教育实施状况及教育者生活等等，属于实际方面；政府的教育宗旨，学者的教育学说，及时代的教育思潮等等，属于理论方面。"③雷通群在其《西洋教育通史》中更强调，教育事实"包有两种要素，其一为教育理论方面，其二为教育实际方面。前者是关于教育理想或方案等一种思想学说，此乃构成教育事实

---

①　瞿葆奎主编、吴慧珠等编：《教育学文集·课外校外活动》，人民教育出版社1991年版，第2页。

②　参见王凤喈：《中国教育史》，1935年在1925年商务印书馆出版的《中国教育史大纲》基础上重新编写，1943年国立编译馆出版，正中书局印行。

③　陈青之：《中国教育史》，商务印书馆1936年版。

之奥柢者,后者是根据上述的思想或学说而使其具体化者,如实地教学、教材、设备、制度等均是。……此等理论或实际,若为某教育家所倡导或实施时,须将其人的生活、人格、事迹等,与教育事实一并考究"①。十分清楚,陈、雷两位此处讲的"教育实际",不仅包括了教育制度,而且也包括了教育实施状况与教育者生活,以及人的生活、人格、事迹等,而这些正是典型的人的教育活动。对其作历史的研究,正是教育活动史研究。

颇堪玩味的是,或许是当年的教育史学者在具体研究和表述时,仍然习惯采用源于传统的"知与行"范畴的"教育理论与教育实际"两分法,而对"教育实际"的表述又多用于教育制度,而少用于教育实施状况与教育者生活,以及人的生活、人格、事迹等。因此,后继的教育史学者渐渐无形中将"教育实际"的内涵逐步窄化,最后趋于混淆和消解。久而久之,沿袭下来,以至于习焉不察,司空见惯,使得学术界(包括迄今为止那些有代表性的各种教育史教材、通史和权威学者的专著)仍通常认为,教育史学就是研究教育思想史与教育制度史,而不包括教育活动史。教育活动史不是一个独立的研究对象,它就囊括在教育思想史与教育制度史之中。研究教育思想史和教育制度史,就是研究教育活动史。这种忽视教育活动史研究,只注重教育思想史和教育制度史研究的做法,将教育活动史混同于教育思想史和教育制度史之中,导致"只见物不见人","只见思不见行",无疑是过往教育史研究极大的缺陷和不足,也是长期以来教育思想史和教育制度史研究大多流于平面和肤浅,无法形成立体多层动态研究,难以真正深入、取得实质进展的根源所在。

如果进一步细究,除了上述学者们"理论与实际"的思维两分法和对"教育实际"认识的逐步片面化、笼统化原因,可能还与研究教育活动史需要的具体过程和细节史料极为缺乏难寻有密切关系,毕竟绝大多数学者的心理都是"趋易避难"。常言道,"巧妇难为无米之炊",既然如此,为何不放弃研究相对困难的教育活动史而从事相对容易的教育思想史与教育制度史呢?

不过,这些都不构成教育活动史无需也不可能独立作为研究对象的充足理由。反过来,正好说明,教育活动史是一个被人们长期遗忘的角落,一个长期无人开垦的处女地,恰恰是我们今天的教育史学者应该格外关注和重视的一个学术领域,这个长期的学术空白完全应该也有可能成为今后教育史研究取得重点突破的领域。以往将教育活动史融化在教育思想史和教育制度史中的理解和做法,是不妥当的。那不是重视教育活动史,而是忽视教育活动史、

---

① 雷通群:《西洋教育通史》,商务印书馆1934年版。

消解教育活动史。

　　对于教育活动史的研究，在今后的研究中，应该作为一个相对独立的内容来予以重视和强调。可以预言，一旦如此，将会带来教育史研究的重大变化，甚至带来学科建设的根本性变革。

　　倘若我们不再将自己的眼光局限于国内教育史研究领域，而是拉开视野，转换角度，放眼国际学术界，就会发现从上个世纪70年代末起，国际历史学界已发生了研究对象与研究方式的新变化，"新史学"得到进一步发展，即由注重研究精英的思想和国家的制度转向研究普通百姓的日常生活，由包罗万象的宏大叙事转向具体细微的微观叙事。作为新史学新发展具体体现的是以意大利史学家卡洛·金兹伯格（Carlo Ginzberg）等人为代表所倡导的微观史学的兴起，以及受其影响而兴起和发展的德国的"日常史"、法国的"日常生活史"和英国的"个案史"研究热潮。这些史学新潮，尽管各自的研究方法并不一致，但是作为一种研究趋势，有其明显的特点，多是以研究人们的日常生活为重点，通过历史资料的重新挖掘和整理，运用大量细节的描述，深入的分析重建一个微观化的个人、家族或是小区。他们的研究，虽然是具体的或者局部的，但是这种具体的结论有助于加深对整体结构的认识。

　　特别值得注意的是，近年来，欧美史学又出现了以美国历史学家施皮格尔（Gabrielle M. Spiegel）等人为代表的"实践史学"的新动向。张弛指出，这种"实践史学"的出发点是"做事"，"就是行动本身，是人如何有意识有策略地利用各种资源，实现预定目标"，这是它与"新文化史"的根本区别。"新文化史关心的是行动背后的意义，对它来说，行动不过是意义的表现，是过渡到意义的桥梁，本身缺乏独立分析的价值"，而"实践史学的分析逻辑是比较复杂的，人是存在于一定的社会文化条件下的。对于行动主体而言，这些经济的以及文化的条件既是资源，也是限制。人是完全可能发挥他的创造性和能动性的，但是他必然是在现有条件下发挥，也只能利用现有的资源。换句话说，他不可能随心所欲"。"实践史学"与"新文化史"的另一个区别是，它"强调文化是一个结构化的过程，而不是一种静态的统合的结构。实践依赖于文化结构，仅仅是因为后者提供了行动方案所依赖的资源，而不再具有某种决定性的力量。另一方面，文化结构也唯有依靠实践才得以延续"。俞金尧指出，"实践的历史"在当前已成为"受到社会理论与文化理论影响最大的历史写作的新领域之一"。根据英国社会史学家彼得·伯克的介绍，"实践的历史"涉及的新题材有语言史（尤其是言语史，即说话的历史）、宗教实践史、旅游史、收藏史、阅读史等。在社会史的传统题材如婚姻、家庭、亲族关系的研究中，"实践的历史"也有新的收获。在一定程度上,或许可以说,对实践理论和实践历史的探索代表了欧美史学家超越文化/语言转向所作的最新努力,它最终能否成为历史研究的新范式,还有待进一步跟踪观察。但是,这种探索表明,后现代主义主导史学的局面正在成为过去。① 笔者认为,我国历史学界包括教育史学界有必要密切关注"实践史学"的动向,作出适时反应,汇入到世界史学与教育史学的主流之中,并走出自己的路子。

意大利"微观史学"、德国"日常史"、法国"日常生活史"、英国"个案史"以及近年欧美"实践史学"的出现与西方学术发展趋势密切相关。20 世纪以来,社会日常生活越来越多地进入西方哲学家的视野。胡塞尔(E. Edmund Husserl)、维特根斯坦(Ludwig Wittgenstein)、海德格尔(Martin Heidegger)和卢卡奇(Ceorg Lukacs)等哲学家都在其著述中从不同的角度对日常生活进行了探讨。福柯(Michel Foucault)通过研究认为,现代史中的日常生活越来越受到"规训"的约束。德国社会学家安德烈亚斯·雷克维茨、史学家戈夫·埃利、美国人类学家马歇尔·萨林斯等人则对"实践"问题及其理论给予高度重视,把实践看成既是接受文化,也是改造文化的地方,强调社会秩序以及个体都不是话语塑造的结果,也不是顺从某种期待的产物,相反社会秩序和个体都是在日常生活中人们用实践改变周遭世界的时候创造出来的。施皮格尔认为,实践是一种行为的例行化的模式,包括一套相互关联的因素:仪式化的身体表现、心态活动、情感,以及理解世界各种"事物",明白它们如何使用的习惯性的思路。马克思的理论对"实践"论述尤多,从某种意义上说,马克思主义就是实践唯物主义(又称辩证唯物主义、历史唯物主义,其实实践唯物主义、辩证唯物主义、历史唯物主义三者是一而三、三而一的关系)。马克思主义对"实践的历史"有着重要的指导价值。在俞金尧看来,马克思主义关于人民自己创造历史的观点,指出了人作为行动者,作为主体的能动作用,与"实践的理论"所关注的并无差别。马克思主义认为,人不能随心所欲地创造历史,人们是在既定的、制约着他们的现实社会环境(这当然也包括文化与传统)中创造历史的。这又指出了人的行动的约束性因素,此外,马克思主义对于作为个体和集体的人的作用作出了区分,在很多情况下,作为集体的行动显然能发挥更大的作用,历史是在许多单个意志的相互冲突的过程中被创造出来的。推动历史发展的力量是无数个力的"平行四边形",而无数人的行动最终可能出现谁都没

---

① 俞金尧、张弛、加布里埃尔·M·施皮格尔:《欧美史学新动向——实践史学》,《光明日报》2011 年 9 月 13 日。

有预想到的结果。可见,马克思主义理论不仅对于"实践的历史"具有指导意义,而且可以进一步发展实践理论,推动实践理论与实践史学的深化。

国际学术界的发展趋势,给了人们一个重要的启示,那就是目前国内教育活动史的兴起,不仅是教育史研究的题中应有之义和内在需要,也顺应了社会发展和学术发展的大趋势,是时代的必然产物,而非少数人凭空臆造的结果。从这个角度来说,学者们更应具有一种学科建设的历史自觉意识。只有站在时代和世界的高度,才能看清学术的前沿所在,才能自觉地为学术的发展贡献个人的力量。

这里有个相关问题需要附带说明,"教育活动"不等于"教育实践","教育活动史"也不等于"教育实践史",这是两组既有联系又有区别的概念。首先,从教育实践概念的内涵来看,教育实践不等于教育活动。广义的教育实践,是指人类特有的能动地培养或塑造符合一定时代需要的现实人的实践活动,这种活动主要包括社会上一切影响人的思想品德、增进人的知识和技能的活动,包括教育思想、教育制度,也包括教育活动。而狭义的教育实践,主要以学校教育为主,具体体现为学校教育活动主体之间的相互关系及活动机制。其次,从教育活动与教育实践的关系上看,教育活动也不等同于教育实践。教育活动是介于教育行为和教育实践概念之间的中位概念。教育活动的概念大于具体的教育行为,但小于宏观的教育实践。由此也可知道,"教育活动史"不等于宏观的、涵盖了教育思想史、教育制度史、教育活动史的"教育实践史",也不等于具体而微的各种教育行为史。但教育活动史与教育实践史、教育行为史有着密切的关系,研究教育活动史,也是在某种程度上研究教育实践史和教育行为史。

二

明确了教育活动史与教育思想史、教育制度史的关系,清楚了研究教育活动史、教育思想史、教育制度史的同等重要性,那么,三者各自包含的具体的研究内容又是什么呢？换句话说,教育活动史应该研究哪些具体内容呢？

依笔者之见,教育活动史主要以历史上感性的、实在的、具体的教育活动的发展及演变历史为研究对象,重点研究人类历史上各种直接以促进人的有价值发展为目的的具体活动以及教育者与受教育者参与教育过程,进行互动的各种方式的发展、演变的历史。具体包括:分析教育史上教师、学生、教育行政管理人员等在教育过程中的内外部活动及其表现形式和特征,探索这些活动发生、发展的规律及作用;分析研究家庭教育活动、社会教育活动的内容、形式的演变历史及其规律等。主要研究各类教育行为史、各类学校办学史、各种教学史、教师活动史、校长活动史、家庭教育史、社会教育史、民间教育史、教育社团活动史、科技教育活动史、宗教教育活动史、文化教育传播史、海外教育活动史等。教育制度史则主要是研究有组织的教育和教学机构体系,包括学校教育制度和教育行政制度的历史发展与变迁,也包括对教育政策和法规产生、发展及演变历史的研究。主要是研究学校教育制度史、教育行政制度史、教育管理史、教育宗旨史、教育政策史、教育法规史、教育立法史等。而教育思想史主要以教育历史上的教育理论思维为对象,研究教育思想形成、发展的历史过程及其主要内容,同时也兼及对教育历史人物评价以及对社会阶层、学术流派、社会团体的教育主张和思想进行研究,并在此基础上,把握教育思想、教育思潮、教育流派发展的特点和规律。主要研究教育概念史、教育范畴史、教育主张史、教育思潮史、教育流派史等等。

由于教育活动史的研究重点,在于人的微观、具体和日常活动。教育是培养人的活动,人是教育的出发点,也是教育最直接、最基本的着眼点。因此,要着重研究教育历史上学校教师和学生的日常活动,包括教师教学实况展示、教师生活状况、学生学习生活、校长治校活动等与日常的微观的教育情节;探究历史上的家庭家族教育活动,包括家庭发蒙活动、家庭品行教育、家法惩戒活动等家庭教育的一般场景;探究历史上社会教化活动,如乡规民约教育活动、宗教礼仪教育活动、民风民俗传承活动。

具体而言,教育活动史研究重点包括:一是研究学校教育教学活动。主要分析教育史上教师、学生、教育行政管理人员等在教育过程中的内外部活动及其表现形式和特征,探索这些活动发生、发展的轨迹及影响。重点研究教育政策制定活动、官方教育改革活动、学校经费筹集活动、学校日常教学活动、校长日常管理活动、教师日常生活状况、教师选聘考核活动、师生交往互动活动、学生日常学习生活、学生课余生活、学生应试活动、学生教学实习活动、学潮学运活动、学校后勤服务活动等,这些都是基层教育的日常活动,看起来平淡无奇,恰恰能够真实反映不同历史时期的教育教学活动实况。二是分析研究家庭教育活动。主要挖掘不同历史时期家庭教育活动的活动内容、形式的演变历史,从中总结出家庭教育活动的规律,从而为当今独子女家庭提高教育效率提供历史借鉴与启示。重点研究家庭家族教育活动、宗族宗派教育活动、家庭启蒙教育活动、家族家法教育活动、家庭礼仪教育活动、家庭艺术教育活动、家庭婚姻教育活动等，力求展示真实生动的家庭教育历史情景。三是研究社会与民间教化活动。主要研究不同历史时期的社会教化活动、民间教育活动的演变历程，总结不同时期的表现形式与特征，探究社会教育活动的影响及规律。重点挖掘乡规民约教育活动、民风民俗教育活动、宗教礼仪教育活动史、民间科技教育活动史、民间文艺教育活动、民间武术教育活动、民间社团教育活动、社会各界助学活动、民间女子教育活动、民间教育交流活动等。四是研究历代文教政策的形成及其实施过程。主要研究从先秦、秦汉、魏晋南北朝、隋唐、宋辽金元、明清、晚清、民国、新中国等不同历史时期，重大文教政策的酝酿、制定、出台、颁布过程，以及历代文教政策在学校教育、家庭教育及社会教育的实施与落实情况。重点从活动的视角，去审视历代文教政策的制定与实施，而不同于教育制度史只注重于描述历代教育制度的内容与文本，重在研究制度生成之前，教育家与民众的呼吁、官方的重视、制度制定过程、颁布后教育的反映以及对教育活动的影响等。以上这些就是教育活动史应该研究的主要或基本内容。

三

　　那么，应该怎样研究教育活动史呢？笔者认为，在研究取向上，应该以问题研究为导向。"取"即选取，"向"即方向，"问题取向"研究就是选取问题作为研究方向的一种研究策略、研究思路或研究范式。其目的主要不是学科知识的积累或学科体系的完善，也不是建立新的学科，而是为增进、更新、深化和拓展对特定问题的认识，从而有助于人们对该问题的了解、评价，并有助于该问题的解决。"问题取向"研究中的问题是指"反映到人们大脑中的、需要探明和解决的教育实际矛盾和理论疑难"，它包括通常所说的存在的不足、缺陷、困难，但更主要的是指引起认知主体疑惑、疑虑或感到疑难的种种现象。它既可以根据研究价值的有无分为"常识问题"和"未决问题"，也可以根据问题探讨的深度不同分为"表象问题"和"实质问题"，还可以根据问题涉及范围的宽窄分为"'大'问题"和"'小'问题"等。① 吴康宁根据是否符合教育理论发展或教育实践改善需要及研究者本人是否有研究欲望和热情两个维度将研究问题分为"互通的问题"、"炮制的问题"、"异己的问题"以及"私己的问题"四类，其中

　　①　孙喜亭等：《简明教育学》（修订本），北京师范大学出版社1988年版，第2页。

只有"互通的问题"也就是既符合教育理论发展或教育实践改善的需要且研究者本人又有研究欲望和热情的问题才是"好的"问题、真问题。①

以往的教育史学研究更多的是"体系建构"取向。张斌贤认为,"体系建构"取向是指在学科研究中更多地关注概念、范畴本身的确定性,更多地关注概念与概念、范畴与范畴之间的逻辑关系,更多地关注学科体系的严谨、完整和包容性,也就是总是以学科自身的需要、学科自身的建设等作为研究的出发点。这对于学科的创立、重建、发展与成熟无疑是必不可少的,但是这种意识一旦成为不自觉的集体"冲动"时,当这种意识导致为体系而体系、把体系建构当作学科建设的全部目的,从而忽略了学科体系之外的世界、忽略了建设学科体系的最初动因和所要达到的最终目的时,这种意识就会成为一种经院习气,成为束缚学科本身不断更新和发展的力量,成为阻碍教育史学研究不断拓展和深入的不利因素。②"体系建构"取向的教育史学研究关注的焦点是上层人物、宏观制度,而微观的细节问题、日常问题则很少有人问津,成为当前教育史学研究的空白。

"问题取向"的教育活动史研究首先应当树立问题意识。问题意识是指"人们在教育研究和实践活动中,以专门的教育知识和经验为基础,逐步形成的认识教育问题的实质和类型、发现并提出需要解决的教育问题的意识和能力"③。问题意识对任何研究来说都是至关重要的。布洛克曾说:"一件文字史料就是一个见证人,而且像大多数见证人一样,只有人们开始向它提出问题,它才会开口说话。"因此,"历史学研究若要顺利开展,第一个必要前提就是提出问题"。历史学工作的好坏同提出问题的质量高低有直接关系。④ 教育史学研究也是这样。因此,教育活动史研究首先应当树立问题意识,尤其是应将研究的重心转向教育教学的具体问题、微观问题和日常问题。比如教学,它会涉及教材、课程、教学方法、教学组织形式,包括各种教规、要求等,这些都要把它们描述出来、介绍出来,通过这些微观的、具体的描述,达到"以小见大"的目的,也即是可以通过它们来说明一个时代的教育状况以及社会经济状况。法国教育史专家卡斯巴(Pierre Caspard)就主张研究教学过程中与教科书和

①　吴康宁:《教育研究应研究什么样的"问题"——兼谈"真"问题的判断标准》,《教育研究》2002年第 11 期。

②　张斌贤:《从"学科体系时代"到"问题取向时代"——试论我们教育科学研究发展的趋势》,《教育科学》1997 年第 1 期。

③　黄甫全:《关于教育研究中的问题意识》,《华南师范大学学报》(社会科学版)2003 年第 4 期。

④　[法]巴勒克拉夫:《当代史学主要趋势》,杨豫译,北京大学出版社 2006 年版,第 44 页。

学生的书写物相关的问题。就教科书而言,可以研究关于教科书的立法、教科书编者的身份、教科书的生产与销售、教科书的内容与科学研究的关系、教科书的使用及其对学生的影响等相关问题;就学生个人书写物而言,可以研究学生的作业簿的书体及质量、作文、日记与书信的内容、学生的图画及雕塑作品的主题等,通过分析这些最基本的日常的微观的教育史料,来探讨当时的教学实况。①

　　当然,问题的微观化并不等于结论的微小化,而恰好应该做到结论的重大化。要能够通过教育反映一个时代、一定时期的整个社会;甚至可以透过一定时期的教材,如教材的内容、价格、出版、体系等反映出一定时期的教育,进而反映出一定时代、一定时期社会的整体情况。因此,即使在历史发展的某些时段找不到完整史料,也可以专就发现的这部分史料进行重点研究,通过这些史料的深入研究也就能达到"看时代"的目的。所以,一方面要追求整个历史的系统性、完整性、全面性,另一方面在一些具体时段、具体专题的处理上要灵活变通,有时候可能是"以大见大",有时候可能就是"小中见大"了。

　　在研究资料上,应秉持地上与地下、史学与文学、书面与口述三结合的大史料观。

　　史学研究通常运用实证研究方法,与主要运用规范研究方法的理论研究不同,它强调以史料为依据,凭史料才能说话,而且是"一份证据说一份话",不能无根据胡说,不能主观臆测、草率论断。没有史料就没有历史,没有史料就像加工厂没有加工原料一样加工不出任何产品。

　　戴逸在谈到近代史料研究的重要性时也说:"马克思主义不赞成用史料学去代替历史科学,但历史研究必须以史料的收集、整理、排比、考证为基础。史料的突破常常会导致研究的突破,修正或改变人们对重大历史问题的看法。每个历史研究工作者必须勤奋、艰苦地做史料工作,在大量、丰富而准确、可靠的史料的基础上,才能有科学的历史研究。"②而且,没有合理的或者说科学的史料观,也不能收集到全面、系统、原始、科学以及真实的史料。既然教育史学研究的视域扩大了、视野下移了、史观调整了,那么史料观也必须作相应的调整,那就是必须树立大史料观。大史料观就是要突破以往教育史学研究中只重视地上史料、正史史料以及文字记录即文献史料的狭隘史料观,拓宽史料的

　　①　周洪宇,申国昌:《新世纪中国教育史学的发展趋势》,《华东师范大学学报》(教育科学版)2007年第9期。
　　②　戴逸:《中国近现代史的研究如何深入》,《人民日报》1987年7月17日。

来源,树立地上史料与地下史料并重、正史史料与笔记小说史料并行、文字记录或文献史料与口述史料并举的大史料观。

其一,地上史料与地下史料并重。在教育活动史研究的过程中,一方面要充分重视地上史料的运用,另一方面要加强地下史料的挖掘、发现、整理与运用。孔子有言:"文献不足故也,足则吾能征之矣。"教育活动史研究当然也必须充分借鉴人类数千年流传下来的丰富史料。不管是已整理的还是未整理的、公家的还是私人的档案史料,不管是直接的还是间接的、中文的还是外文的各种文集、笔记、日记、家谱、族谱、年谱、方志、实录、纪事、报刊、杂志等书报记载史料,不管是回忆录、传说、歌谣等口碑史料还是各种文物、图片、绘画、教具、学具等实物史料,都是我们教育活动史研究所必须首先收集、鉴别、考证、分析、整理以及充分运用的史料。与此同时,还必须重视对地下史料的发现、挖掘、整理和运用,时刻掌握考古动态,善于将考古的最新发现准确、及时地运用到教育活动史的研究当中。因为"有孔子壁中书出,而后有汉以来古文家之学;有赵宋古器出,而后有宋以后古器物、古文学之学"。也即是史料有新发现,史学研究便有新进展;史料有突破性的发现,史学研究必然有突破性的进展。而且,这种地下发掘的史料正如史学家王国维所言:"我辈固得据以补正纸上之材料,亦得证明古书之某部分全为实录,即百家不雅驯之言,亦不无表示一面之事实。"①因此,要扩大史学研究的范围、拓宽史料来源,不要局限在"整齐百家言"、从文献到文献的研究模式中,要使研究向更广、更深的方向发展。通过"古史新证"、"纸上遗文"与"地下出土文献"互证,提高教育活动史研究的可靠性、可行性和科学性。

其二,正史史料与笔记小说史料并行。以往的教育史学研究只注重正史史料或官修史籍史料的运用,正史或官修史籍史料主要包括正史、编年史、纪事本末、别史、杂史、诏令奏议、传记、史抄、载记、时令、地理、职官、政书、目录、史评等十五类,这些无疑是史学研究包括教育史学研究最主要乃至最重要的史料来源,但是它们绝不应该是教育史学研究的唯一史料来源,尤其是对于视域极度扩大、视野大大下移的教育活动史研究来说更是如此。由于一方面官修史籍大都"事多隐讳"、"语焉不详"、人物传记"呆板枯滞",甚至于如鲁迅所说:"涂饰太厚,废话太多,所以很不容易察出底细来。正如通过密叶投射在莓苔上面的月光,只看见点点的碎影。但如看野史和杂记,可更容易了然了,因

---

① 王国维:《古史新证》,清华大学出版社 1994 年版,第 2 页。

为他们究竟不必太摆史官的架子。"①另一方面,官修史籍大多记载的是典章制度、政治沿革、帝王将相和官吏升沉的有关上层、精英的各类史实,而教育活动史的研究视野下移到了民间和大众,因此要把经部的易、书、诗、礼、春秋、孝经、五经总义、四书、乐、小学,子部的儒家、兵家、法家、农家、医家、天文算法、术数、艺术、谱录、杂家、类书、小说、释家、道家,以及集部的楚辞、别集、总集、诗文评、词曲等全部纳入教育活动史研究的史料来源范围,尤其要加强吸纳、运用以往史学研究中被当作"诬谩失真、妖妄荧听者"之类或属于"寓劝诫、广见闻、资考证者"之流的笔记小说中所蕴涵的丰富史料。② 在这方面,史学家陈寅恪就曾通过杜甫的诗论证过唐朝历史,给后人树立了典范。

其三,文字记录与口述史料并举。由于中国历朝历代都注重对历史的记载和整理,很早就设有专门掌管史籍整理、记载的史官,故流传下来了大量丰富的浩如烟海的历史文献,它们无疑是今人研究历史、了解历史的珍贵史料。但是如前所述,由于教育活动史研究视域的扩大以及视野的下移,因此面临的突出问题就是基层教育活动史史料收集的困难。因为留下的书面史料大都是官方或精英活动的记载,而有关民间的、下层的各种具体教育活动的记载则是非常有限的,这就需要人们在重视文献史料的同时,必须借助口述的方式来完成史料的搜集任务,以口述史料弥补文字记录的不足。

其实,借助口述的方式来完成史料搜集任务历史上早已有之,如太史公马迁的《史记》在撰述曹沫(即曹刿)持匕首劫持齐桓公迫使其退还侵鲁土地时就借助过口述史料。③ 而现代意义上的口述史学则是指"通过有计划的访谈和录音技术,对某一个特定的问题获取第一手的口述证据,然后再经过筛选与比照,进行历史研究"的一种新学科和新方法。④ 现代意义的口述史产生于20世纪40年代的美国,60—80年代在世界各国特别是发达国家中迅速发展,并形成了一定的学术规范。

新中国成立之后国内也有过一些口述历史研究的范例,如1961年原华中师范学院(现华中师范大学)历史系现代史组进行的有关辛亥革命中学会组织的调查,就借助了口述史料开展研究。不过,现代意义的口述史学是从20世纪80年代中期才真正登上中国的历史舞台。最早从事现代意义中国口述史

①　鲁迅：《华盖集》,人民文学出版社1973年版,第12页。

②　纪昀等编撰：《四库全书·子部五〇》,卷一四〇,中华书局1965年版,第1182页。

③　王清：《从口述史到文本传记——以"曹刿-曹沫"为考察对象》,《史学史研究》2007年第3期。

④　张广智：《西方史学史》,复旦大学出版社2000年版,第331页。

学研究的是美籍华人唐德刚教授,他从 1957 年开始参加哥伦比亚大学口述历史研究室中国口述历史学部的工作,完成了多部口述史著作,特别是其《胡适口述自传》一书的影响很大。这本书运用口述史料真实地介绍了胡适先生的家世、求学、治学的主要经历与学术成就。[①] 中国本土教育口述史学研究从 20 世纪 90 年代起也陆续有不少的成果问世,如杨立文的《创造平等:中国西北女童教育口述史》、赵仁珪的《启功口述历史》和齐红深的《日本侵华教育口述史——抹杀不了的罪证》等。尤其是随着近几年北京师范大学出版社"教育口述史系列"《顾明远教育口述史》和《潘懋元教育口述史》的出版,教育口述史学研究被推上了一个新的高度。

这些都启示人们,教育史学研究(包括教育活动史研究)必须树立大史料观,做到地上与地下、史学与文学、书面与口述三结合,为教育史学研究提供更为坚实宽广的基础,为教育史学的新突破、新发展创造必备的条件。否则,教育史学的新突破、新发展就是一句空话。

在研究方法与理论上,应"视情而定",善加选取。

古人云:"工欲善其事,必先利其器。"这说明了作为手段和工具的方法的重要性。方法正确,可使研究工作顺利达到目的,取得丰硕的成果;方法不正确,就会在研究中走弯路,事倍功半,甚至徒劳无功。在科学研究中取得过杰出成就的物理学家爱因斯坦(Albert Einstein),根据自己的科研实践经验曾总结出如下公式:成功=艰苦的劳动+正确的方法+少说空话。对于教育史学研究特别是教育活动史研究来说也是如此,"具有系统且现代的研究理论与方法,是教育史学科永葆青春的重要保证,也是教育史学科真正成熟的标志之一"。如何在教育活动史研究中合理运用理论与方法,教育史学研究者应该对此作出自觉地探讨。

笔者认为,教育活动史研究理论与方法是一个由研究方法的理论基础、一般研究方法和具体研究方法三个大的方面及其相关层次构成的研究系统。[②] 第一,研究方法的理论基础。它一方面是指马克思主义的唯物史观、五种社会形态理论等这类宏观历史理论和经济决定理论、阶级阶层理论、人民群众创造历史理论等这类中观史学理论;另一方面是指兰克(Leopold Ranke)、斯宾格勒(Oswald Spengler)、汤因比(Arnold Toynbee)、布洛克、费弗尔、布罗代尔

---

① 杨祥银:《当代中国口述史学透视》,《当代中国史研究》2000 年第 3 期。

② 周洪宇:《对教育史学若干基本问题的看法》,《河北师范大学学报》(教育科学版)2009 年第 1 期。

(Fernand Braudel)、勒高夫和勒韦尔(J. Revel)等人史学理论中值得借鉴的合理因素。第二，一般研究方法。它是哲学思维方法在社会历史(包括教育历史)研究中的运用，主要包括历史分析法、阶级分析法、比较分析法、逻辑分析法、系统分析法、结构分析法等，其功能是分析社会历史(包括教育历史)现象的内在辩证关系和本质特点，在更深层次上更好地把握教育历史的规律。第三，具体研究方法。它是指带有较强技术性和专门性、用来处理和分析教育史料、进行基础研究的方法和技术，其功能为复原教育史实和基本线索，为深入研究打下坚实基础、创造有利条件。具体说来，又可细分为两个方面：一是历史学科一般使用的方法，主要包括历史考证法、文献分析法、口述历史法、历史模拟法等；二是跨学科方法，主要包括田野调查法、个案分析法、心理分析法、计量分析法等。

　　这三个方面属于三个不同的层次，它们各有自己的适用范围和领域，分别处理不同层次的问题，研究方法的理论基础是最高层次，解决的是研究的立场和指导思想问题。一般研究方法是中间层次，它解决的是对社会历史(包括教育历史)现象及其原因、本质的认识，以便更好地把握教育历史的规律。具体研究方法是最低层次，它所要解决的是教育史料的处理和分析，恢复教育史实和基本线索，为深入研究铺平道路。三个方面相辅相成，缺一不可。教育史学研究者从一开始就要清楚地知道自己要解决的问题是什么，要选择的理论是什么，要使用的具体方法是什么，需要运用的技术和手段是什么等问题。

　　需要指出的是，方法只是人们完成某项任务、达到某种目的的手段和工具，是达到目标的桥梁，也就是方法必须要为我们的研究任务、研究目的服务，不能为了方法而方法，更不能为了追求方法的新颖、独特而选择不适合于研究任务的方法。没有绝对正确合理的方法，旧方法未必无能，新方法也未必有效。在选择理论和方法时必须时刻注意理论、方法与问题的相容性、相适性，也就是必须做到"视情而定"。比如要研究中国清代与英国维多利亚时代教育活动史的异同，就可以选择比较史学的方法；要研究一个地区、一个民族或一个国家不同时期教育活动的规模与发展速度，就可以使用计量史学的方法；要鉴别所收集教育活动史料的真实性，就可以使用历史考证的方法；要研究某一少数民族教育活动史，就可以使用人类学田野调查的方法。

　　总之，教育活动史研究须"视情而定"来选取相应的理论与方法，切忌"以不变应万变"，只会机械地运用某种单一的理论与方法。

　　在叙述方式上，可采取"善序事理"的叙事形式。中国史学家历来重视史学著作的叙事形式(习称"序事")，认为好的叙事形式有助于史学著作内容客观真实与生动形象的表达。他们对"善序事理"多有论述。① 例如,班彪就推崇司马迁的史文表述"善述序事理,辩而不华,质而不野,文质相称",班固也赞扬司马迁"服其善序事理,质而不俚,其文直,其事核,不虚美,不隐恶"。《晋书》中则称陈寿"善叙事"为"奋鸿笔"和"骋直词"。

综观古代史学家、史学批评家对"善叙事"的理解,主要有以下几方面:其一,真实。也即是班固所言的"其文直,其事核",离开了历史的真实,史学就失去了根本,失去了价值。其二,质朴。质朴就是史学家刘知畿所说的"体质素美"。其三,简洁。刘知畿认为史学家"叙事之工者,以简要为主",而且"简要"要做到"文约而事丰"。其四,含蓄。刘知畿的"用晦"就是这个意思。而且"用晦"要做到"省字约文,事溢于句外",要做到"言近而旨远,辞浅而义深,虽发语已殚,而含意未尽。使夫读者望表而知里,扪毛而辨骨,睹一事于句中,反三隅于字外。"其五,"闳中肆外"。即史学家章学诚所言的"言以声其心之所得"。也即是只有心有所得,方可言之于外。其六,"史笔飞动"。只有把历史写得"飞动"起来,才能感动人。如史学家梁启超认为:"事本飞动而文章呆板,人将不愿看,就看亦昏昏欲睡。事本呆板而文章生动,便字字活跃纸上,使看的人要哭便哭,要笑便笑。"②

从中国传统历史叙事的整体特点来看,王靖宇认为,整体来说,中国作者在涉及人物描写的时候倾向于依靠对话和行动,而其他方法相比之下不多见,直接的心理探究方式则更是鲜见。从中国传统历史叙事的结构方面来看,杨义认为,顺序性、联结性和对比性是中国叙事结构的三个要素,并且认为三者是"相互贯通、互动互补的,顺序以见结构的模样和层次感,联结使结构的各部分承接、转折、组合、贯穿,形成整体,而对比则使结构参差变化、波澜曲折、比例协调,使整体性中增加了生命感"③。其实,不仅在中国传统史学著作中是如此,《论语》也是这种思维方式的叙事作品。作为中国教育叙事传统,《论语》通过孔子学生的回忆、口述,以故事的方式描述了孔子及其弟子在不同时候的教学与交往故事,从中折射出了孔子的生活和思想,从而构成了中国第一部教育意义丰富多彩的教育叙事作品。如在《颜渊第十二》中,通过孔子与颜渊、子贡、齐景公、季康子等之间以及司马牛与子夏、棘子与子贡、哀公与有若等之间有关"仁"、"明"、"政"、"友"、"君子"以及"崇德"等问题的讨论、对话,就将已经

---

① 瞿林东:《中华文化通志·史学志》,上海人民出版社1998年版,第319—325页。
② 梁启超:《中国历史研究法补编》,商务印书馆1934年版,第38页。
③ 杨义:《中国叙事学》,人民教育出版社1997年版,第122页。

逝去的春秋时期的一个个教育事件生动形象地展现在了人们的面前。遗憾的是，这种古代史学优秀传统相当长一段时间内在我们的史学著作包括教育史学著作中失传了，许多著作内容贫乏、叙事单调、文字呆板，令人不堪卒读。

中国教育活动史研究要避免回到"目中无人"、"见人不见行"、"见物不见事"的教育史学老路上去，就必须很好地承继和发扬中国传统历史叙事的优点，采取"善叙事理"的叙事方式，发扬以各部分以及部分之间存在的联结性或对比性的关系形成结构张力、以视角的流动贯通形成整体性思维特点、依靠对话和行动并借助有意味的表象的选择、在暗示和联想中把意义蕴涵于其间等中国传统历史叙事优点。注意使自己的研究方式叙事化或过程化，在叙事中注意写具体过程、写细节。虽然过去的教育制度史研究也写过程，但其过程大都写得粗略、简单。教育活动史研究不能一般性地写这个过程，而必须写得具体、深入、详细，最好能通过描写对话与行动，反映其心理活动与潜意识。不能走传统教育制度史写法的老路。而且，进一步说来，这不仅仅只是一个叙事或写法上的不同，更多的是史观上的不同，是思维方式上的变化，是研究范式的转换。应该看到，教育历史叙事必须经过研究者对教育历史的感知而进行选择、修饰和重组，因此教育史研究者必须具备必要的体验能力和想象能力，这一点常常成为研究是否能够取得突破的重要因素。

在研究过程中，应注重运用叙事和口述等方法，尤其是研究现代教育活动史。叙事与口述研究可弥补教育活动史研究中第一手资料史料不足的问题，也是教育史研究视野下移的必然选择。视野下移所遇到的突出问题，是基层教育活动史料搜集的困难，因为留下的书面史料大都是官方或精英活动记载，而下层活动的书面记载非常有限，这就需要借助叙事与口述研究法完善史料。而且叙事与口述研究具有其他表述所缺乏的优越性：一是叙事与口述史料的"在场性"、"生活性"、"精神性"特征可以更好地发挥"存史"与"释史"功能。二是叙事与口述方法贴近生活，具有可读性，可以与官方史料形成互补，为教育政策的制定提供民间的声音，更好地服务现实。三是叙事与口述史学可以将教育史学工作者从书斋中解放出来，更好地参与、服务与享受生活。四是叙事与口述作品以第一人称的视角讲述故事，融教育于生活之中，极富现实性和鲜活性，读来通俗易懂，具有大众教育的功能。

民族主义与西方教育史学

周　采*

摘　要：民族主义是一个释义多元的概念。无论学者们的定义如何不同，民族主义及其与西方教育的发展以及与西方教育史学研究之间的关系，都具有重要的理论意义和现实价值。本文试图借助民族主义的视角，从相关概念的简要综述入手，关注当代西方民族国家史学的转型，以及民族主义对西方教育历史发展的深刻影响，进而反思近代以来西方教育史学历史发展的若干问题。

关键词：民族主义；民族国家史学；西方教育史学史

英国学者尼克·史蒂文森（Nick Stevenson）在《全球化、民族文化与文化公民身份》一文中认为："全球化进程日益促成世界主义的文化。"但他同时认为，在全球化的背景下，民族主义和民族认同并没有终结。"真正世界主义的文化只可能借由民族文化的革新而产生，这些民族文化依然是比许多人似乎意识到的更强势的璀璨群星。"① 笔者认为，民族主义与西方教育发展的关联问题始终是教育史研究中的一个重要课题。另一方面，西方教育史学史是教育史研究中的一个重要领域。教育史研究者不仅要研究过去的教育，也要对自己的过去即对教育史学这一学科的过去给予足够的关注。基于上述考虑，本文试图从与民族主义相关的研究综述入手，关注近代西方民族国家史学的兴起及其当代转型，以及民族主义对西方教育历史发展的深刻影响，进而反思近代以来西方教育史学的历史发展的若干问题。

一、民族主义释义的多元性

"民族主义"及其引申概念"民族"之类被证明是出了名的难于界定的概

---

　　*　作者简介：周采，南京师范大学教育科学学院教授。本文曾刊于《大学教育科学》2012 年第 1 期。

　　①　翟学伟、甘会斌、褚建芳：《全球化与民族认同》，南京大学出版社 2009 年版，第 49 页。

念。中西方学者研究成果汗牛充栋，但令人莫衷一是。民族主义释义的多元性早已为中外学者所公认。本文不准备给予民族主义概念以确切的定义，只是通过对中西方学者的相关主要研究作一些简要介绍，以作为进一步讨论的理论支点。

西方学者关于民族主义的研究成果十分丰富。以赛亚·伯林（Isaiah Berlin）认为，有一个控制了 19 世纪欧洲的思想和社会运动，这个运动就是民族主义。英国著名左派史学家埃里克·霍布斯鲍姆（E. J. Hobsbawm）在《民族与民族主义》(1989,1992)一书中将 19 世纪的历史诠释为"民族创建的世纪"。他认为："最能掌握民族与民族运动及其在历史发展上所扮演角色的著作，当推自 1968 年至 1988 年这二十年间所发表的相关文献，这二十年的表现较之之前的任何四十年都来得辉煌。"①他列举了这个时期发表的 16 种文献，这些著作都提出了"民族是什么"的问题。霍布斯鲍姆认为："在处理'民族问题'时，先从讨论'民族'的概念（即民族主义，nationalism）入手，会比从民族的实际面着手要有收获得多。因为'民族'乃是通过民族主义想象得来的产物，因此，我们可以借着民族主义来预想'民族'存在的各种情况；但是，真实的'民族'却只能视为既定的后设产物，难以讨论。"②他和许多学者一样，不认为"民族"是天生的一成不变的社会实体，而认为民族是特定时空下的产物，是一项相当晚近的人类发明。"民族"的建立跟当代基于特定领土而创生的主权国家（modern territorial state）息息相关。因此，若不将领土主权国家跟"民族"或"民族性"放在一起讨论，所谓"民族国家"（nation－state）将会变得毫无意义。他和欧内斯特·盖尔纳（Ernest Gellner）都特别强调在民族建立的过程人为因素的重要性，如激发民族情操的各类宣传与制度设计等。后者著有《民族和民族主义》(1983)一书。霍布斯鲍姆和盖尔纳的同名书在中西方学界有着广泛而深刻的影响。"简言之，民族主义早于民族的建立。并不是民族创造了国家和民族主义，而是国家和民族主义创造了民族。"③

英国牛津大学社会和政治理论教授戴维·米勒（David Miller）在《论民族性》一书中捍卫了民族性原则，主张民族认同是个人认同的合法源泉。他承认

---

① [英]埃里克·霍布斯鲍姆：《民族与民族主义》，李金梅译，上海人民出版社 2000 年版，第 3 页。

② [英]埃里克·霍布斯鲍姆：《民族与民族主义》，李金梅译，上海人民出版社 2000 年版，第 9 页。

③ [英]埃里克·霍布斯鲍姆：《民族与民族主义》，李金梅译，上海人民出版社 2000 年版，第 10 页。

同胞之间的特殊义务是正当的,但是承认民族性的主张并不意味着压制个人认同的其他源泉。基于20世纪晚期民族认同正在消解的政治主张,他及时而富有挑战性地对民族性命运提供了一种最有说服力的辩护。米勒指出:"在20世纪最后十年中,民族性诉求逐渐在政治中获得支配地位。……国家信奉自由市场还是计划经济或者某种介于两者之间的东西,似乎不再那么重要。更重要的是将国家的边界划在何处,谁被包括在内,谁被排除在外,使用什么语言,认可什么宗教,提倡什么。"①他强调民族性的开放性,即民族认同可以为不同政治纲领服务。爱因斯坦把民族主义描绘成幼稚病,即所谓"人类的麻疹",当哈耶克用"部落情绪"解释民族主义时也采纳了同样的看法,但米勒从两个方面反对这种说法。他认为,第一,这种观点在经验上没有说服力。"假如民族主义确实是人类的麻疹,那么迄今为止人类都没有表露出任何超越其幼年期的迹象。"②第二,民族性观念是一群人有意识的创造,我们不能真正远离民族性观念。

　　列宁在《论民族自决权》中表述的观点为许多中西方学者所认同。他认为,民族国家是近代以来开始形成的"典型的正常国家形式"。新兴资产阶级要求扫除封建割据,建立统一的民族市场,打败异族竞争,确保资本主义生产方式的顺利发展。以建立资产阶级民族国家为目标和内容的民族运动,不仅出现在最早由封建社会跨入资本主义社会的西欧,也在随后几个世纪先后确立资本主义生产方式的其他欧美地区及亚洲的日本等,也具有普遍性。列宁指出:"在全世界,资本主义战胜封建主义的时代,是同民族运动联系在一起的";"建立最能满足现代资本主义这些要求的民族国家,是一切民族运动的趋势"。③霍布斯鲍姆在《民族与民族主义》中认为,列宁的民族主义论曾主导了19世纪末以迄今日的相关论辩。

　　中国学者在民族主义研究方面也有丰富的著述。李宏图在《西欧近代民族主义思潮研究》中系统介绍了从启蒙运动到拿破仑时代西欧民族主义思潮的历史发展,研究了近代国家观念的出现、法国启蒙运动时期的民族主义、18世纪法国的世界主义思潮、法国大革命中的民族主义、19世纪初德意志的民族主义。他认为,中世纪西欧社会的主导观念是地方主义和普世主义,而这两

---

① [英]戴维·米勒:《论民族性》,刘曙辉译,译林出版社2010年版,第1页。
② [英]戴维·米勒:《论民族性》,刘曙辉译,译林出版社2010年版,第5页。
③ 列宁:《论民族自决权》,《列宁选集》(第2卷),第509页。

种观念极大地压抑和阻碍着民族情感和民族意识的产生。[①]到 16—17 世纪，在西欧摧毁瓦解了普世世界国家，建立了以王权为中心的君主国家，但这种君主国家还不是民族国家，只是"王朝国家"。而王权在那时体现着历史的进步，代表着民族与分裂作斗争，从而促进着民族国家的形成。但启蒙思想家一致认为，专制之下无祖国，并更进一步探讨了近代民族国家的目的和基础。在批判王朝国家过程之中所产生的近代民族主义带有强烈的政治色彩，表现在以人民主权取代王权，并使人民主权成为构建新型民族国家的中心和基石，用民族利益取代王朝利益。总的趋势是从"王朝国家"向"民族国家"转型。

徐迅在《民族主义》一书中的观点是富有启发意义的。他在该书的引言中指出，民族主义也许是当今世界最为引人注目的政治和文化现象了，民族主义是社会科学和人文科学的前沿课题。他注意到："近现代的社会科学和人文科学的巨匠如马克思、韦伯、杜尔凯姆等无不注意到民族主义现象的存在，无不注意到民族和民族主义与历史的社会运动的密切关系，并留下了经典性的论述。谈到资本主义的产生和发展，现代国家建构、文化传统和社会政治运动（包括革命），谈到种族、宗教和文化等范畴，谈到世界近现代史，民族和民族主义问题就不可或缺。"[②]徐迅认为，民族主义是多义的和复杂的概念，所以民族主义语词常常被滥用。"在学术研究领地，民族主义问题是一个开放的和富有争议的领域，并不存在一个统一的关于民族主义的理论，更没有以学术传统为依据的民族主义学流派。尽管关于民族主义的著作和论述纷繁复杂，但许多基本问题，如什么是民族，什么是民族主义，民族形成的起因和基础，文化和意识形态与民族主义的关系，等等，争议极大。当'民族主义'这一词汇被使用时，其定义是非常含混的，其适用的范围和理论的前提也是十分随意的。有关民族主义的理论研究，处于异常的困境。"[③]他进一步认为，当一个社会范畴没有学术研究的传统，就意味着不会有定义清晰的概念，也不会有完整的理论框架，更说不上有以特定的方法论为特征的学术流派。民族主义正是这样一个概念模糊、理论框架松散和学术传统缺乏的领域。但这种情形给予民族主义研究以很大的空间。

徐迅认为，要理解"民族主义现象"就要回到历史，而不能把它处理成价值

①　李宏图：《西欧近代民族主义思潮研究》，上海社会科学出版社 1997 年版，第 250 页。
②　徐迅：《民族主义》，中国社会科学出版社 2005 年版，第 5 页。
③　徐迅：《民族主义》，中国社会科学出版社 2005 年版，第 3—4 页。

和道德问题。"民族主义"是一个历史现象和历史概念,有着自己的起源和历史。①他的研究引进国家问题,给予民族主义以历史的参照,特别强调民族主义的历史起源,指出民族主义现象是在世界历史的特定阶段出现的,与现代民族国家相应而生,并力图在提供历史起源的背景和条件下,勾勒出民族主义与国家问题的主要线索,描述它的主要的社会功能和发展趋势。他在《民族主义》一书中强调以下三个方面:第一,民族主义以及相关的思潮和运动有其历史的起因,它们不是从人性或文化神秘地发生的,而是世界历史发展的独特阶段。把"民族"神话和把"民族主义"当作不证自明的真理,都有其政治上的动机和文化的功能。第二,民族主义是现代现象,反映了现代政治、经济和文化在世界范围的格局。即民族主义是不同的共同体进行文化、政治和经济关系交换的有效方式。这特别反映在国家关系领域。第三,民族主义问题紧密地和国家问题联系在一起,特别是和国家政治制度和国家权力合法性交织在一起。在这个意义上说,民族主义是一种意识形态,直接为国家权力服务,或是国家权力的重大功能之一。②

　　余建华在《民族主义:历史遗产与时代风云的交汇》中对百年民族主义基本问题进行了探讨,研究了民族的释义与民族的形成,民族主义的内涵与要素,近代民族主义的渊源、形成与要素,以及 20 世纪三次民族主义浪潮。③

二、民族主义对近代西方教育的影响

　　民族国家教育在早期履行着重要的意识形态功能。霍布斯鲍姆认为,现代性(modernity)是现代民族国家的基本特征。但多半人认为民族认同是天生自然的情感,根深蒂固,比人类历史还要久远。但现代意义及政治意义上的民族,是相当晚近才出现的。"民族"最重要的涵义是其在政治上所彰显的意义,这是大多数文献所着力探讨的问题。在近代许多西方国家,"民族"往往是国民的总称,国家成为民族政治的精神的展现。"无论民族的组成是什么,公民权、大众的普遍参与或选择,都是民族不可或缺的要素。"④穆勒(J. S. Mill)

① 徐迅:《民族主义》,中国社会科学出版社 2005 年版,第 5 页。
② 徐迅:《民族主义》,中国社会科学出版社 2005 年版,第 6 页。
③ 余建华:《民族主义:历史遗产与时代风云的交汇》,学林出版社 1999 年版。
④ [英]埃里克·霍布斯鲍姆:《民族与民族主义》,李金梅译,上海人民出版社 2000 年版,第 21 页。

在他那本有关代议政府或民主制度的论著 *Utilitarianism*, *Liberty and Representative Government*(1919)里面探讨了民族认同问题,他不仅从民族情感来界定民族定义,还特别强调隶属于同一民族的认同感。使大众能参与选举一直是教育史学者解释普及教育发展的主要观点之一。霍布斯鲍姆注意到,"自19世纪80年代以降,'民族问题'便受到愈来愈严肃而热烈的讨论,尤其是在社会主义阵营里面,因为民族主义口号往往能打动一般大众,特别可以借此动员广大选民,并把他们吸纳为政党的支持者,这种趋势已成为当时的政治实况。"①这个问题就与教育有密切关联。霍布斯鲍姆强调指出,只要有可能,国家和政权都该把握每一个机会,利用公民对"想象的共同体"的情感与象征,通过教育来加强国家爱国主义。

民族主义在建设近代民族国家历程中的意识形态的意义显然值得关注,教育在培养人们的民族认同方面显然具有重要的价值。英国学者安迪·格林(Andy Green)在《教育、全球化与民族国家》一书从后现代主义和比较教育的视角,探讨了西方主要国家的教育和早期民族国家的形成,教育和战后民族主义等问题。他指出:"历史上,教育既是发展中的民族国家的本源,又是其产儿。民族性国家教育体系是一种普及的、公共的制度,它首先产生于欧洲革命后期,它是国家形成的一种工具,它提供了建造和统一新民族国家的强有力的手段,并成为其重要的制度支撑之一。从此以后,很少有国家在没有依赖于其意识形态的潜在力量时就开始国家独立的进程。"②格林认为,民族性国家体系最早是作为建立现代民族国家的国家形成过程的组成部分而创建的。学校不仅为新兴的科层制、崛起的工业和民用计划方案培养管理者和工程师,在小学水平上,学校也培养可靠的军队招募新兵和忠诚的庶民。正是在法国大革命以后的民族国家形成时期,民族性国家学校教育规划开始付诸实施,因为正是在这个时期,人民—民族被明确地引入了主权独立和领土完整的国家综合体系中。在格林看来,国家通过多种方式创造公民和民族。最重要的是,国家教育公民。通过民族性国家教育体系,国家培养了遵守纪律的工人和忠诚的士兵,创造和颂扬民族语言文学,普及了国家历史和起源神话,传播国家法律、习俗和社会公民道德,并对管理人民的方式和人民对国家义务作了一般解释。

---

① [英]埃里克·霍布斯鲍姆:《民族与民族主义》,李金梅译,上海人民出版社2000年版,第45页。

② [英]安迪·格林:《教育、全球化与民族国家》,朱旭东等译,教育科学出版社2004年版,第1页。

　　民族语言教育在近代民族国家建立的过程中也有着异乎寻常的意义。安迪·格林看到一种新型的民族主义于19世纪后期出现在欧洲,它强调语言、传统文化,并且在极端的形式下强调种族。"其意识形态的根源在于费希特和赫尔德的浪漫主义,两者都是日耳曼文化的产物,这种文化长期倾向于强调语言和种族性的确定原则,它反映了日耳曼民族因领地纷争而造成的四分五裂的历史。"①霍布斯鲍姆注意到,有关族群差异、共同语言、宗教、领土以及共同的历史记忆等,都是当时民族主义者宣扬建国运动时喜欢谈论的观点。在近代,语言间接影响到一般人对民族性的认定,因此,语言对民族的重要性遂成为大家耳熟能详的事情。尤其是文化民族主义强调民族性和语言是民族认同的基础。在费希特对德意志人的讲演中以及在乌申斯基关于教育的民族性原则的论述中都能看到这个特点。霍布斯鲍姆认为,强调语言与文化群体正是19世纪的发明。他把拥有悠久的精英文化传统并拥有其独特的民族文学与官方语言视为构成民族的要件之一。根据语言民族主义的古典模式,通常都是有一种族群方言被发展成全方位的标准化民族书写语言,然后这种民族语言又顺势变成官定语言。"这正是意大利与德国宣称他们是民族国家的依据,虽然他们的民族并无一个固定的国家可资认同。对意大利与德国来说,他们主要便是借共通语文来凝聚其民族认同,虽然他们所宣称的民族语言,其实并非绝大多数平民百姓在日常生活中的语言。"②于是,方言会逐渐被国语淘汰,甚至就此消失。最容易受到官方书写语言影响的是社会地位普通但受过教育的中产阶级,受过教育显然是这个阶级的主要特色。"国语"问题很少只被当作实用问题看待,它通常会引发强烈情绪。很多人至今仍无法接受国语乃是人为建构出来的事实,是人们借着附会历史或发明传统所创造出来的。霍布斯鲍姆指出,国家会运用日益强势的政府机器来灌输国民应有的国家意识,特别是会通过小学教育,来传播民族的意象与传统,要求人民认同国家、国旗,并将一切奉献给国家、国旗,更经常靠着"发明传统"乃至发明"民族",以便达到国家整合的目的。

---

　　① ［英］安迪·格林:《教育、全球化与民族国家》,朱旭东等译,教育科学出版社2004年版,第149页。

　　② ［英］埃里克·霍布斯鲍姆:《民族与民族主义》,李金梅译,上海人民出版社2000年版,第34页。

三、反思近代西方教育史学

美国新泽西州罗文大学历史系王晴佳教授认为："新文化史的兴起，代表了当代史学的一个新趋势。这一趋势的形成，在史学上看，是挑战了自近代以来民族国家史学主持史坛的局面。"他进一步指出："有关民族主义的研究，在当今学界仍然有点热火朝天，但似乎以批判的眼光为主。以此为结果，民族主义史学目前正在经受一场挑战，正在慢慢转型。"①他从全球比较史学的角度考察了民族主义史学的兴起与缺失，认为："民族主义史学是近现代史学的主要潮流。自17世纪从西方兴起以后，随着西方殖民主义的扩张而走向全球，至今不衰。对于非西方地区的史家而言，民族主义史学为他们抵御西方军事和文化的侵略，从事民族国家的建设，起了重要的作用。尽管如此，民族主义本身是西方历史与文化的产物，并不完全适用于解释中国和印度等地区的历史。因此，需要从比较史学的角度，以西方、东亚、伊斯兰和印度等地民族主义史学的发展特点为例，分析民族主义史学的共性，及其在近年所面临的挑战，以展望全球史学在未来的发展走向。"②

霍布斯鲍姆认为"民族"创建可以说是19世纪西方国家的历史核心，也是当时人们心中的伟大事业，致力于创造出一种结合"民族国家"与"国民经济"的新"民族"。民族原则曾纵横于1830年后的欧洲政坛，促成一连串新兴国家的建立。这种始自19世纪欧洲的民族意识，原来被安置在由人民—国家—民族—政府（people-state-nation-government）所构成的四角地带之内，但民意调查已证明，这种理所当然的组合对今天那些拥有悠久历史的大型民族国家来说，已不再是天经地义。不少老牌民族国家的民族意识开始出现动摇危机。他强调"民族"概念脱离了"民族国家"这个实体，就会像软体动物被从其硬壳中扯出来一样，立刻变得歪歪斜斜、软软绵绵。对集体认同的渴望使民族认同一直十分重要。虽然"民族国家"在今天显然失去了其旧有的一项重要功能，亦即组成一个以其领土为范围的"国民经济"。尤其是自20世纪60年代以来，"国民经济"的角色已逐渐隐身，甚至因国际分工这项重大转变而显得令人质疑。"以上所言并不表示民族主义在今日世界政坛上已不再受人关注，或其

---

① 王晴佳：《新史学讲演录》，中国人民大学出版社2010年版，第67页。
② 王晴佳：《论民族主义史学的兴起与缺失》（上），《河北学刊》2004年第4期。

受关注的程度已稍减。我想强调的毋宁是,虽然民族主义耀眼如昔,但它在
20 世纪早期的丰采,再度化身为全球各地的政治纲领。它至多只能扮演一个
使问题复杂化的角色,或充任其他发展的触媒。"①决定今天世界大势的政治
冲突其实与民族国家关系不大。因为近半个世纪以来,19 世纪那种欧洲模式
的国家体系早已不复存在。

在王晴佳看来,西方近代史学的主要特征是民族主义史学。在被称为"历
史学的世纪"的 19 世纪,西方史学家写作了大量国别史。被誉为"科学史学鼻
祖"的德国史家兰克的学术生涯也以民族史和国别史的写作为主。于是,民族
主义史学成为近代史学的主干。而民族史的写作,往往追随某个民族的最初
的历史,具有"发明"的成分。但从史学史的角度来说,民族国家史学并不是想
象出来的东西,其发生和发达,在西方有其一定的背景。②兰克史学的成功就
在于确立了民族国家史学的范式。

学界反省了民族国家史学的许多明显弊端:第一,民族国家在欧洲形成,
因而只是欧洲历史的产物。其他地区的民族国家的建立都有牵强的地方,其
形成是由于抵抗欧洲列强侵略的需要,而不是内在的发展所至。第二,民族国
家史学所提倡的历史观念,其根本就是一种目的论,即用现在的目光考察过
去,并进而塑造过去,使之成为一种理所当然。第三,民族国家史学归根结底
就是西方中心论在历史著述上的集中反映,即是强势文化的优势或文化的霸
权。而当代新文化史的兴起是对民族国家史学的一种扬弃,妇女史和性别史
的研究,则往往直接挑战了其思维模式。民族革命兴起之时,妇女的形象常常
被利用来激励民族精神,而在民族国家建立之后的妇女地位并没有显著改
变。③王晴佳强调,在注意民族国家史学的暂时性和局限性的同时,也应注意
到其历史功用和地位。

上述学者的研究对近代西方民族国家史学的深刻反思,无疑对我们研究
西方教育史学史富有启发意义。首先,我们应从民族主义视角关注近代以来
西方各国教育史家的教育史著述中的有关论述,研究民族主义思潮或思想如
何影响了近代以来西方教育史学的发展。其次,我们还应从比较教育史学的
视角研究西方各国民族主义对教育史研究的民族风格。再次,我们还应关注
民族国家史学的转型对于西方教育史学的影响。

---

① [英]埃里克·霍布斯鲍姆:《民族与民族主义》,李金梅译,上海人民出版社 2000 年版,第 223 页。
② 王晴佳:《新史学讲演录》,中国人民大学出版社 2010 年版,第 68 页。
③ 王晴佳:《新史学讲演录》,中国人民大学出版社 2010 年版,第 80—83 页。

由实体转向关系:教育史研究探微

闫广芬　许衍琛*

摘　要:伴随着现代哲学思维方式由实体性思维向生成性思维的转向,教育史研究需要反思以往的研究实践,重视教育史学理论的建构。教育史既是历史学的分支学科,同时也是教育学科体系中的基础学科。反思以往的研究实践,可以发现,教育史实的再现所追求的是一种结构性的本质性的存在,这种存在造成了重实体轻关系的研究惯习,一定程度上影响到教育史研究领域的开发;分析视角、方法的创新,研究结果的新意、影响力,直接影响到教育史研究的活力乃至生命力。由实体转向关系既是研究对象、教育历史本身的繁复性、矛盾性所规定,也是不断走向深入、多元的教育史研究的必然。这是近些年来教育史研究的重要努力方向。走向关系即是走向理解、复杂、中观。走向关系也便拓宽了教育史研究的视野,活化了教育史研究的思维,彰显了教育史研究的活力与生命力。

关键词:实体;关系;教育事实

教育史学科自 20 世纪初产生以来,至今已走过一个多世纪的时间。无论是从学科研究所取得的量的成果还是质的水平,应该说都达到了历史的高度,以至于每每研究要找寻一个好的选题都感到难乎其难! 所谓好,无非有两点鲜明的标准,一是空白点,一是突破点,而要做到这些,发现新的资料,或者以新的观点或理论解读旧的资料都是不可或缺的。发现、掌握史料是教育史研究最为基本的前提工作,是教育史研究尊重史实的重要表征。"绝对地无条件地尊重事实,抱着忠诚的态度来搜集事实,对表面现象表示相当怀疑,在一切情况下都努力探讨因果关系并假定其存在。"① 中国教育史学科奠基时期的陈

---

*　作者简介:闫广芬,南开大学高等教育研究所教授;许衍琛,南开大学高等教育研究所研究生。

①　[英]W·C·丹皮尔:《科学史》,李珩译,商务印书馆 1979 年版,第 411 页。

东原、盛朗西和舒新城以"注重史料的可靠性、史实的具体性、叙述的客观性"为我们日后研究树立了典范,也成为日后教育史研究一以贯之的追求。然而伴随着教育史研究的深入,新资料的不断被发现、运用已经变得十分不易,我们除了不断寻求新的搜集史料方法和开启新的研究领域,更为重要的是今天我们面临着现代哲学思维方式:实体性思维向生成性思维的转向,以及所引发的教育思维方式的转变,我们愈发感到理论、理解的重要,恰如福柯所言:我们研究的弱点其实不在于史料不全或无法复原,而是因为在目的论的单线框架下,历史认知变成了一把恼人的思辨剪刀。"在这把剪刀的挥舞中,为了强调其本质特征、最终含义或它们初始的和最终的价值,许多史实被故意简约掉了。"①其实,柯文构建中国中心观的意蕴也便在于此,"力图按照中国人自己的体验",而不是"按照当时的实际情况"去重建中国的过去。R·G·科林伍德在《历史的观念》中提出"历史如同过去的经验的再现",在这里,"experience"的意思应该包括历史学家对历史知识反省式的理解,再现历史虽然只能是对历史经验的再现,②但并非意味着可以不反思过往历史经验的认知前提。以此来反观教育史研究,可以说,教育史研究的进步,一方面取决于再现教育历史经验而不是重复教育历史事实的能力,另一方面更决定于其反省这些经验前提的能力。也可以概括为,取决于教育史学理论的研究与教育史研究的重要地位作用。本文对此作些初步的思考。

何谓教育史?在我们的教科书中大致有三层意思的表述:一发现教育史实;二总结经验、教训,进而探寻规律;三为现实服务,发挥"资治"功能。循着这一线索,我们可作如下思考。

一、教育史实再现:结构化、本质化

追求史料的全、真、新是作为历史学分支的教育史学的首要任务,其目的是为再现教育史实这一研究目的服务的。或许这也是困扰、阻滞研究者深入、全面、细致研究的渊薮。教育史学家舒新城,也曾在教育史资料的收集与研究

---

① 转引自杨念群:《中层理论—东西方思想会通下的中国史研究》,江西教育出版社 2001 年版,第 38 页。

② [法]亨利一伊雷内·马鲁:《历史如同知识》,载金重远编:《现代西方史学流派文选》,上海人民出版社 1982 年版,第 69、81 页。

中,深感史料的困难与问题。如何确保史料的真实性? 在他看来,史实正在延续,史料未经时代筛选;存在着政治与人的忌讳问题;教育研究者常以"师表"形象示人,未必是真面目,与社会间就形成虚假的隔膜。为此,他"自民国十年来即注意于此,五年间历游长江各省,无时无地不留意"。除收集文献资料外,"凡与新教育有关系之人,亦多走访,藉以探询各种史实"。舒新城在搜集、整理、分析史料的过程中形成了系统的史料观,具有独到的价值。如审定史料要注意创造性、冲突性、普遍性、影响和背景,即要重视那些有独特价值的史料、反映事件冲突性及其内因的史料、真实公正的多侧面史料、反映普遍环境和产生影响的史料。①

当然,舒新城在中国教育史研究中的地位,并不仅仅因为他所独有的丰富、系统的史料以及鲜明创见的史料观,而且还因为他基于史料基础上所形成的关于中国近代教育史研究的丰厚的著作和深刻的洞见。他认为,对中国近代教育的研究实有助于理解现实,是为了明既往,究未来。他认为中国选择近代教育是被迫的,走过的路程不能算成功,是表面上取西学,内里实更排斥。中国教育现代化正是因为外力压迫,社会民众不理解,保守势力抵触,他企图通过自己的研究,使人们明晰教育与社会组织的关系,并探究其后面的文化因素,启发人注重国本,重建中国教育。

我们不能说舒新城所作的努力不成功,影响不深远,但是,在这里以他为例,要提醒我们思考的是,为什么在长期的研究中我们却形成了这样的研究理路:重西学的影响和反应而轻中国内部的分析;重功能而轻冲突;重主流、精英而轻民众、下层等等。我们多引用舒新城的史料而对之教育史观不重视,或严重一点说是忽视! 因此,当下教育史研究的重笔与其说史料及其研究,更不如说是教育史学理论的建构。"如果历史学家没有'理论',他们也许可以为撰写历史提供材料,但他们自己不能书写历史,他们虽可以以此自娱,但他们不能如实记录。"②

教育史学理论的构建首当其冲需要我们反思自身的研究实践,是在怎样的一种史观影响、指导下进行的? 诚如持中国中心观的柯文所深悟的,历史事实虽俱在,但这些"事实"有如康德的"物自体",其真相人类无法探知,因为在史家接近这些事实时无法摆脱自己心中已有的种种"范畴"。我们承认,在我

---

① 舒新城:《近代中国教育史问题》,《中华教育界》1928年第2期。
② [美]C·赖特·米尔斯:《社会学的想象力》,陈强、张永强译,生活·读书·新知三联书店2005年版,第156页。

们的研究中,其观念虽然是层累式地建构在前人的经验结构基础之上的,但它同样为我们自身的经验所塑造和限定。汤因比就承认:"我们的历史观是被我自己生活经验涂染上一层色彩的,它是由我一生的公共事物中所发生的各种各样好的和坏的事情的经验所促成,我可摆脱不了它。"[1]

教育社会学奠基性人物法国社会学家迪尔凯姆曾对社会学研究对象的"社会事实"作出了严格的定义。在他看来,社会事实可以被作为"物"来考察,因为社会事实可以在当下被审知和掌握,因为它们是活生生地存在于日常生活并能直接感知的,是"具有其固有存在的",与之相反,历史事实作为研究对象是通过文本分析进行的,而文本的构设纯然是主观的产物,即使最古老的历史文献也是经过阐释而择定流传下来的;历史事实完全不同于社会事实的客观性,历史学视界里的客观历史事实是复杂的,因为中间有文本参与主观活动,所以,我们的研究,除却深刻检视自身的主观认知之外,还要全面分析所存在的史料、史实、著述形成之时的主观设计意图。

当我们带着反思自身的研究实践以及研究现状这一任务,走进中国教育史研究的当下,立足于发现问题,尤其是普遍性的问题之时,就会发现,我们所努力挖掘的史料、展现的史实却是一种结构化、本质化的存在。

教育史既是历史学的分支学科,同时也是教育学科体系中的基础学科。教育学之于教育史研究的意义在于其理论的指导。教育基本理论(原理)建构基于两大线索或者说两大原理,一教育与人的发展的关系原理;二教育与社会关系的原理。在此基础上,推衍出两大教育规律,一是教育发展的内部规律:即遵循人的发展规律或者也可以解析为遵循教育发展规律;二是教育发展的外部规律:即遵循教育与社会发展的规律。可以说,教育的内、外部规律学说构成教育发展的根本理路,也是教育史研究的根本立足点。在收集中国教育发生发展产生的史料的基础上,通过归纳或演绎印证两条规律的存在便成为中国教育史研究的一般图景。透过这一图景的表象,深入其背后,我们可看到或理解这一结构化、本质化存在的诸多表现或内在含义。

首先,前提性假设(预设的目的性)。"为了要进行研究,就需要具备一副眼光,并且把它贯注于你想要了解的事物"[2],也就是背景性的世界观、价值观及其思维方式。基于结构化、本质化的基本假设:世界的本原是坚固的实体性

① [英]阿诺德·汤因比:《汤因比论汤因比》,载金重远编:《现代西方史学流派文选》,上海人民出版社 1982 年版,第 136 页。

② [法]卢梭:《爱弥儿》,李平沤译,人民教育出版社 2001 年版,第 701 页。

及所认识的对象性。反映在教育史的研究中具有鲜明阶级属性的教育目的观;传道授业解惑的教师观;教育促进社会发展和谐的功能作用观以及接受知识的学生观。

其次,本质主义的研究导向。据学者考证,"本质主义"是从西方科学方法中引申而来。"本质主义"者认为,个体事物除了具有偶然性质之外,也含有本质或本质性质。某物之所以为某物的性质是它本身所固有的。反映在教育史的研究中是企图在教育历史中找寻规律,在文化中淘炼出本质,认为只有揭示出这些本质教育内容的存在,才能说明教育历史、文化发展的合理性。

再次,注重教育的外部导向性。突出表现为重视不同历史阶段教育作用的分析研究,并且强调教育于社会发展的进步意义(正向功能)。

最后,化约的。教育与外部关系的揭示是教育史研究的一条主线。而在"对外"(社会)关系的分析中将社会解构为政治、经济、文化的存在。

二、教育史研究:实体性思维方式及其突破

其实,以上诸多结构化、本质化的教育史研究取向是一种实体性思维方式的体现。实体性思维是人类发展过程中的重要思维方式。它的主要基础是经典科学,而经典科学是科学发展的相对初级阶段,并且与人类认识的初级性相关。人们基于这种科学观所认识的社会、世界显然是相对简单的。怀特海曾评论牛顿的宇宙观:"它强化了关于时空的'容器'理论,弱化了那种潜在性因素。"[①]控制论创始人维纳说,经典科学"所描述的宇宙是一个其中所有事物都是精确的依据规律而发生着的宇宙,是一个细致而严密地组织起来的、其中全部未来事件都严格地取决于全部过去事件的宇宙"[②]。在经典科学影响下的教育史研究主要表现为:

首先,强调确定性和稳定性的教育存在,在其背后归根到底追求一种教育的标准化,而对每一历史发展阶段教育标准化的探究便成为教育史研究的重要导向。

---

① [英]阿尔弗雷德·诺斯·怀特海《过程与实在—宇宙论研究》,杨富斌译,中国城市出版社2003年版,第127页。

② [美]维纳:《人有人的用处》,载苗东升、刘华杰:《混沌学纵横论》,中国人民大学出版社1993年版,第192页。

其次，主、客体二元对立。在这里，所谓主体即在每一历史阶段推动教育发展的动力。客体即认知或被改造的对象。政府（政策）、政治家、思想家、教师等为能动性、支配性的主体存在，而学校、学生、教育内容、教育活动等为服从、接受、被改造的客体存在。

第三，注重宏大叙事。在这里表现为国家教育方针政策、教育制度、政治家或思想家的教育思想具有主导的研究地位与价值。

第四，单线的线性联系。更多的时候表现为政治、经济、文化对教育的决定（控制）作用，教育对社会的政治、经济、文化的反作用。

在这样的研究取向下，本来复杂、多变的教育史实被简单化、固化了，一定程度上影响到教育史研究领域的开发，分析视角、方法的创新和研究结果的新意、影响力，甚至直接影响到教育史研究的活力乃至生命力。

教育史研究突破以上研究惯习，成为近些年来教育史研究的态势，从而研究水平也获得了较大的提高。主要表现在：

突破宏大的教育史实叙事，关注中观、微观区域教育史、个体教育史的研究。可以说这是对我们习以为常的整体结构观、正统史观的一种突破。中国在空间上的辽阔性及其所表现出的差异性，进入研究者的视野。

突破主流、精英的研究取向，视角下移，关注民众、下层群体教育的状况。

突破和谐的功能论取向，关注新教育形成与发展过程中的冲突现象的揭示。

突破化约论的影响，将教育放在广阔的生活的视野中，挖掘、发现影响教育发展的多种因素以及揭示教育与社会关系的多面复杂图景。

突破对稳定的、确定的、显性的再现教育史实的追求，力求展示教育历史发展中的非确定性因素、潜在的（隐性）的心理因素的剖析等。

总之，教育史研究的新进展表现在研究领域、视角、方法等等各个方面或层面，教育史研究探究的不再是整体的认同而是差异比较，不再仅仅是道德判断而是深入到权力解析层面等等。当然，以上所列诸多的突破点，是以其丰硕的研究成果作注脚的，限于篇幅，在此不作陈述。

三、走向关系：教育史研究理论的建构

教育史学理论的提高一方面是学科本身发展水平所致，同时也是时代的一种呼唤。当我们深感教育史学学科研究的困顿、迷思，甚至在繁杂、充满着

矛盾、冲突的教育现实的面前,教育史学科为现实服务的学科功能招致外在的以及内在的质疑的形势下,我们不得不深思研究理论的指导价值。因此,研究理论的建构就显得十分重要。

互构:理论之基础。如果说教育史研究的理论基础在于教育学理论的"教育内外部关系"理论,那么,教育史研究理论首先需要直面这一现实。由"内外部关系"理论所蕴含的教育与社会关系以及教育与人的关系两大线索,发展为教育、社会、人三者互构的关系。所谓互构,是指个人、教育与社会的关系(或行动关联)具有突出的交互性建塑和型构的特征。在这种关系中,个人、教育、社会形成的相应的、协同的、共时的演变,从而使得个人、教育与社会的行动关联得以构成一种新型的关系性状。我国当代著名学者郑杭生基于对现代化宏大过程及其理论的考察与体悟,指出:"个人与社会关系问题是浓缩和聚焦现代社会一切重大问题的符码。""'社会互构共变',是对转型期个人与社会的行动关联……的一种新的理论概括。"这一理论意涵可以概括为"交互性"、"形塑性"、"多元性"、"谐变性"和"实践性"。① 我们在这里借用或以互构论为指导,强调个人、教育、社会的互构,其意指十分明确,在于突破二元对立以及实体性的思维方式。因此,可以说"关系"是当下教育史研究需要重视的关键词以及其背后的多种理论学说。

理解:理论之形成。理论是对经验性事实的反思和体悟基础上的智识性提炼和升华。理解即建构,而非再现。理解是进行历史研究的重要步骤,也是认识历史的唯一途径。在这里我们将教育发展的历史视作以被理解的方式存在的存在物,是指教育史是在理解之中被建构出来的,如此也就决定了我们对于其教育历史的理解、研究不过是要进行一轮新的建构的活动。什么才是真正的理解?我们在阅读文本时,往往设想文本中存在一种内在意义,认为它就是作者试图反映出的真正意图,一旦我们的理解与作者的意图相符合时,就实现了真正的理解。可是,有着鲜明的历史性以及价值观的我们要理会历史流变中的作者的意图,这简直是不可能的。因此,理解的重要步骤包含着自我的反思。社会学家卢曼在分析社会系统时发明了"自我指涉"概念。所谓自我指涉,是指通过自我观察进而在自己与他者之关联中直陈出自己的一种运作。在自我指涉的运作过程中,不只观察自己,同时也观察自己如何进行观察,并观察"他者"如何观察,这种对观察的观察,可使系统看到自己观察的盲点。加

---

① 郑杭生、杨敏:《社会互构论:世界眼光下的中国特色社会学理论的新探索》,中国人民大学出版社 2010 年版,第 526—528 页。

强教育史学研究,即是对自身、他者研究的反思、再研究,亦是教育史研究理论形成的前提和立足点。

复杂性:理论之面向。教育史研究欲在教育－社会－个人三者互构的理论框架中,突破"教育内外关系"学说,搭建出一套新的分析理论,这一理论必然是十分复杂的。可以说复杂性将是教育史研究理论的重要特征。

复杂性即是由教育史研究对象教育历史本身的繁复性、矛盾性所决定。"教育－社会－个人"三者的互构,其过程是多种意义的沟通过程。卢曼将意义界定为"可能性的视域",在教育与社会、教育与个人、社会与个人多种关系的教育历史视域中存在着许多的可能性,当从众多的可能性中进行选择,使"可能性"变成"现实性"时,"意义"就在这个"选择"过程中产生了;换句话说,意义是发生在进行"选择"之时。也可以说,教育的发展过程,是多元主体的行动关联、互为主体、客体的互构共变的过程,也是其意义的交互渗透的过程。具体地说,社会主体在教育过程中,凭借一套可理解的符号和物质手段作为媒介,形成了相互间的意义效应,如国家、政府的方针政策、市场的人才需求、学校的目标要求、家长的期盼、个人的诉求等所赋予教育的多种意义中所形成的效应。即教育主体通过把他方的教育意义内化,与教育自我赋予的意义进行分析比较,在意义调适或冲突的基础上形成多种意义的综合效应过程。在这一过程中,教育的意义不是被理解为某一行动主体单向地一次性给定的,而是参与的多元主体、行动的多种意义以及多种意义复杂的、多次往复的"效应"的结果。教育史的任务在于揭示不同的历史发展阶段教育的主体性存在;主体赋予其教育的意义所在以及多种意义沟通、调适的过程。

同时,这一复杂性也是不断走向深入、多元的教育史研究的必然。复杂的教育史实迫切需要掌握、运用复杂性的思维方式。何谓复杂性思维?法国著名思想家埃德加·莫兰在复杂性理论中提出了一个"恰切的认识的原则"。要理解"恰切"一词的含义,需要把握"背景"、"总体"、"多维度"、"复杂性"四个关键词。"复杂性"是指意味着各个东西交织在一起,"当不同的要素(比如经济的、政治的、社会的、心理的、感情的、神话的)不可分离地构成一个整体时,当在认识对象与它的背景之间、各部分与整体之间、整体与部分之间、各部分彼此之间存在着相互依存、相互作用、相互反馈作用的组织时,就存在复杂性"。[①] 教育即是人们彼此之间不断的相互作用亦即互动的关系网络所构成

①　[法]埃德加·莫兰:《复杂性理论与教育问题》,陈一壮译,北京大学出版社 2004 年版,第 27 页。

的。对于教育史研究来说,应该把关注的重心放在人、群体、组织等相互关系上,而不应放在超人的结构上。

　　注重关系,一个迫切的任务是要加强我们对教育历史的"中层判断"的能力。墨顿提出"中层理论"概念,在墨顿看来巨型理论与低级经验研究之间必须由"中层理论"来加以衔接,才能避免大理论的空疏与经验研究的琐碎。"中国史学不乏通贯古今的庞大解释架构,也不乏细密精审的史料整理术,可就是缺少能在两者之间的中层环节建构解释框架的能力。"①将宏大叙事与史料钩沉衔接起来,既避免目的性极强的对教育的政治图解或琐屑的朴学遗风。教育史研究近些年来所取得的一系列成果,即是中层理论的有效诠释。如教育生活史的研究;地方(市民、民众)教育史研究;教育本土化研究,等等。

　　总之,教育史研究由宏大的实体性思维转向关系性思维(生成性),复杂、理解、中观是其现实的重要选择。走向关系也便拓宽了教育史研究的视野,活化了教育史研究的思维,彰显了教育史研究的活力与生命力。

---

　　① 杨念群:《中层理论——东西方思想会通下的中国史研究》,江西教育出版社 2001 年版,第42页。

从教育学图像历史发展解读新教育学之价值与特性

吴家莹　　何意中*

　　摘　要：本论文旨在从台湾教育学图像之发展中，探索新教育学存在之价值与特性之定位，以让新教育学更能获得珍赏重视及更焦点化其研究方向。就问题意识而言，为彰显"新教育学价值"，将透过回答"新教育学为教育学发展史注入怎样的新成分"回答之；为界定"新教育学特性"，将透过回答"新教育学在教育学发展脉络中彰显出怎样的特性"说明之。为厘清教育学发展脉络，基于在德语世界、英语世界及华文世界等各自都有其教育学发展的故事，因之教育学发展被描绘的历史面貌，在各个语文世界也是呈现变异性的。基本上我将以华文世界中台湾教育学者之论著来建构其图像。经探讨结果，新教育学之价值，在其具有可让教育学展现独立自主学术地位之功能；新教育学之特性，在其彰显为以教育行动是新的教育研究取向。

　　关键词：教育学；图像；历史发展；新教育学；价值；特性

前　言

　　我在教育研究中较自觉地展开学术创新，是始自 1987 年在《现代教育》杂志发表"移植式教育学的超越"一文，不过这篇不长的文章仅初步表露出我的企图心。较具体地成为要追寻的理想，是在 1999 年因着"教育科学：本土化与国际化"研讨会之需要，我写了一篇名为《一个梦之追寻：建构植基于教育实践者经验之教育学体系》的论文，提出建构"教育学新形貌"之梦想，并以架构图

---

　　* 作者简介：吴家莹，东华大学教育行政与管理学系教授；何意中，东华大学应用数学系退休教授。本文收入吴家莹著：《新教育学的建构——创新教育知识的经验》一书，台北学富文出版社 2011 年版。

（图1）示意之。不过对其更深刻的实质内涵，则尚未做更专精的与更系统的解析，于是难免给人"我仅提出体系架构"[①]之印象。这确实是个缺憾，当然非我所乐见，也希望有所补足。但我也知道这并不容易，因知识之孕育与累积不是想要有就会有，尤其是面对一个正在被开拓的教育新研究取向，那么为有助于对其珍赏心的孕育与滋长，而愿意不懈地投入研发它，则有关"新教育学价值"之解读是必要的，将透过回答"新教育学为教育学发展史注入怎样的新成分"予以说明之；同时为有助于对其探索方向与范围之聚焦，而彰显出独特的教育学术研究课题，则有关其特性之界定也是必需的，将透过回答"新教育学在教育学发展脉络中彰显出怎样的特性"来解析之。

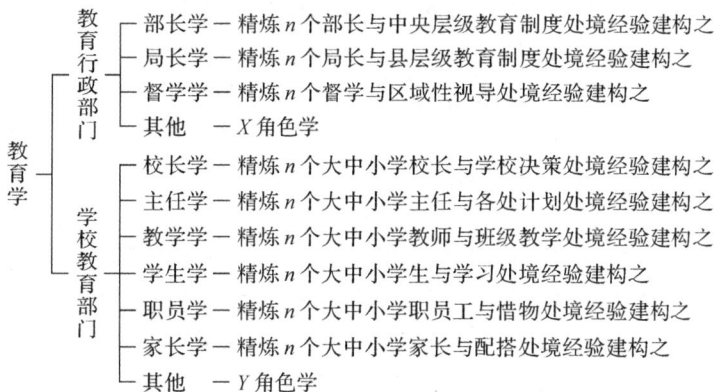

教育学
- 教育行政部门
  - 部长学 —— 精炼 n 个部长与中央层级教育制度处境经验建构之
  - 局长学 —— 精炼 n 个局长与县层级教育制度处境经验建构之
  - 督学学 —— 精炼 n 个督学与区域性视导处境经验建构之
  - 其他 —— X 角色学
- 学校教育部门
  - 校长学 —— 精炼 n 个大中小学校长与学校决策处境经验建构之
  - 主任学 —— 精炼 n 个大中小学主任与各处计划处境经验建构之
  - 教学学 —— 精炼 n 个大中小学教师与班级教学处境经验建构之
  - 学生学 —— 精炼 n 个大中小学生与学习处境经验建构之
  - 职员学 —— 精炼 n 个大中小学职员工与惜物处境经验建构之
  - 家长学 —— 精炼 n 个大中小学家长与配搭处境经验建构之
  - 其他 —— Y 角色学

图1　吴家莹新教育学体系

资料来源：吴家莹：《一个梦之追寻：建构植基于教育实践者经验之教育学体系》，载台湾师范大学教育学系主编：《教育科学的国际化与本土化》，台北扬智文化公司1999年版，第234页。

　　那么我企图研发的这个新教育学体系，到底存在怎样的价值与彰显出怎样的特性呢？

　　若从教育学之发展史加以观察，相信能得到更清楚的权衡与定位。亦即我将从教育被当作一门学问探索以来，所走过而积累的知识体系之演变，来对比并推断以"新教育学之名"所拓展的研究内涵，是否有可能呈现创新的成分，以估计其价值，并同时深究其特点之所在。故首先需说明教育学过去的发展情形，而后再剖析新教育学与之传承及启后的关系，以说明其独特的价值与特性。兹分述如下：

---

① 林明地：《校长学——工作分析与角色研究取向》，台北五南出版社2003年版，第5页。

一、教育学发展图像曾被我们教育学者勾勒与描绘的情况

为勾勒教育学之发展图像，首先需说明教育学这个词到底指称什么意涵？郭为藩认为："教育思想的起源很早，在公元前四、五世纪时，我国的孔、孟、荀子及西洋希腊贤哲苏格拉底、柏拉图以及稍后的亚理斯多德，业已提出相当成熟的教育思想。可是教育思想的发展，并不意味着教育学的存在，因为教育学的建立，是西洋近代科学形成以后的事。"[①]显然地，郭氏是有画出一条"教育思想"与"教育学"之区分线的，那就是有无将教育当作一种"独立科学"来研究，于是即使到了 17、18 世纪教育思想蓬勃发展之时，像洛克、鲁索、裴斯泰洛齐等人的思想，虽然开启了现代新教育运动，他认为仍旧不能算是一种教育学理论[②]。那么在近代科学化运动下所发展的教育学，若真的已创造出有关科学性之教育理论体系，那到底会是怎样的面貌呢？

郭为藩是具体提出"系统化（体系化）"与"科学化"作为鉴别指标，就如同他认为社会学理论是系统社会学发展以后才存在的一样，同样只在系统教育学形成以后，教育学理论也才会存在。[③] 若根据这个论点，则由教育思想过渡到教育学理论，过程中最需努力的是建立教育学体系。但这不是件立即可达成的事，故郭为藩接着论述到："从教育思想过渡到教育学理论，通常有一前科学期或先科学期，这时期所产生的教育理论，虽已接近科学的教育学理论，但仍然只能称为一种先进的学说（metatheory）。所谓先进学说，特指一种科学理论发展初始时，超乎科学理论的学说。以社会学为例来说，有些学者认为在社会学未成为一种独立的社会科学之前，必有一种先于社会学的科学（science before sociology）或超于社会学的科学（science beyond sociology）以为先导。故孔德虽然创立社会学这个名称，可是他肇造的社会学，严格而论，与现代社会学体系尚有一段距离，只能算作先进社会学（metasociology），提供方法论上的必要条件，确定学科的性质与范围，指出科学研究应循的途径，以为真正的社会学铺路。对这种社会学体系发展前的理论，有些学者另运用社会学说

---

① 郭为藩：《教育的理念》，台北文景书局 1983 年版，第 114 页。
② 郭为藩：《教育的理念》，台北文景书局 1983 年版，第 114 页。
③ 郭为藩：《教育的理念》，台北文景书局 1983 年版，第 114 页。

(socialtheory)称述之。"①参考这个模拟,郭氏认为从教育思想过渡到教育学理论间,会出现教育学说阶段,但究竟起于何时,事实上很难作明确的论断,或许赫尔巴特(Johann Friedrich Herbart,1776—1841)可当作迈进这一过渡阶段的里程碑。因为赫氏首先提出了"科学的教育学"的观念,毕生对教育的科学化努力不辍,有建立教育学体系(图2)的尝试。② 但并未十分成功。

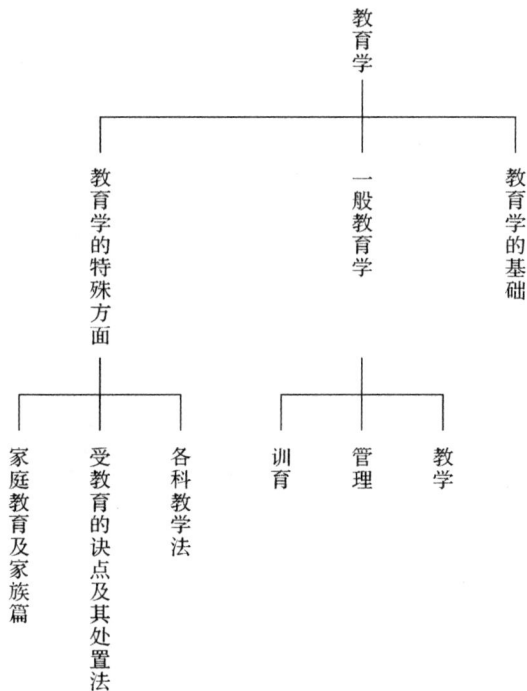

图2　赫尔巴特教育学体系

资料来源:雷国鼎:《教育学》,台北五南出版社1988年版,第5页。

其后赫氏弟子赖因(Wilhelm Rein,1847—1929)秉承师志,继续钻研教育学系统化问题,于1887年有《系统教育学》一书,更完整地将教育学体系分成历史的教育学与系统的教育学两大类(图3),郭氏称许它已接近现代教育学之概念,虽然还有规模未备之限制。③ 这说明教育学体系在系统化上已有一些成就,那么它在科学化方面的进展,又如何呢?

---

①　郭为藩:《教育的理念》,台北文景书局1983年版,第115页。

②　郭为藩:《教育的理念》,台北文景书局1983年版,第116页。

③　郭为藩:《教育的理念》,台北文景书局1983年版,第233页。

教育学
- 系统的教育学
  - 实际论
    - 教育事业论
    - 应用教育学
      - 教导论
        - 训育论
        - 儿童管理论
        - 养护论（卫生）
      - 教学论
        - 各科教学论
          - 选择及统合
          - 各科教学目的
        - 一般教学论
          - 教程论
          - 教案论
      - 学校行政论
        - 教师进修论
        - 教师养成论
        - 学校管理论
        - 学校设备论
        - 学校制度论
      - 教育形式论
        - 团体教育
          - 公私立补习教育
          - 公立学习教育
            - 专门学校
            - 普通学校
          - 私立教育
            - 养护学校（疗养学校）
            - 寄宿学校（书院）
        - 个人教育
          - 家庭教育
          - 私人教育
  - 基础论
    - 方法论 — 心理学 — 教育目的之现实
      - 管理论
        - 卫生论
        - 教导论
        - 训育论
      - 教学论
        - 各论 — 各科教学
        - 通论
          - 教程论
          - 教案论
    - 目的论 — 伦理学 — 教育之目的学
- 历史的教育学

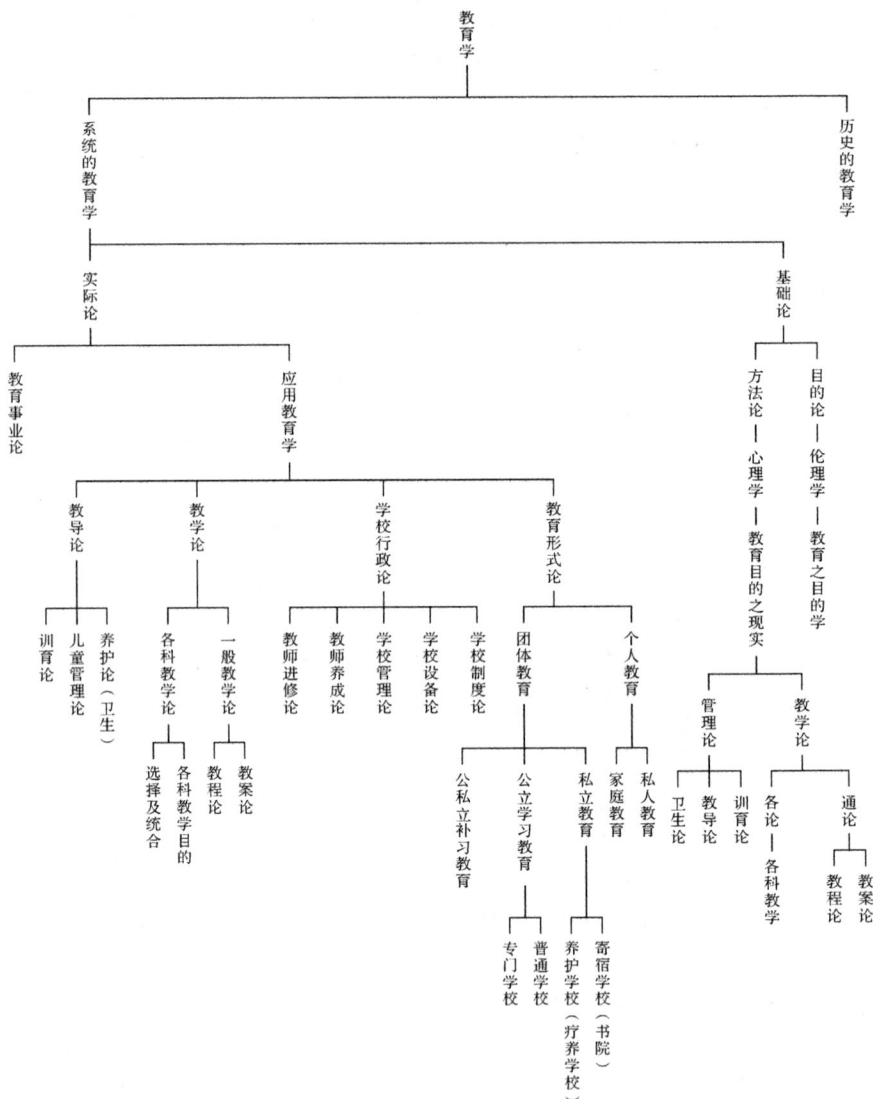

图 3   赖因教育学体系

资料来源：雷国鼎：《教育学》，台北五南出版社 1988 年版，第 6 页。

由于赫尔巴特对教育学科学化之努力，被认为还是"仅止于直观的哲学思辨"，接续使其得以被承认跨进科学门槛的关键，这与 19 世纪末至 20 世纪初，社会科学共同趋向自然科学化的表现是有相关的，如实验教育学创始人之一雷伊(W. A. Lay)曾师法当时在物理学、化学、生物学、生理学及医学着重实验法的研究趋势，于1896年进行了著名的拼法教学实验，1898年又做过数学教学实验。[①] 同样缪曼(E. Meumann)于1914年也刊行《实验教育学大纲》，强调教育学的科学性质在于其素材虽可能来自其他领域，像伦理学、心理学及逻辑学的研究结果，却依然可以从教育的观点加以处理与运用，且在方法上若出之以严格确实的实验及观察进行科学研究，也可得明确无误性的结果。[②] 这种将"自然科学模式"的方法观引进教育研究之倡导，基本上是更包装了教育学之科学性形象，而使赫尔巴特"科学教育学"中的"科学"意涵在教育理论中彰显得更具体可理解。

经由上述之说明可知：教育学之系统化与科学化在经过德国学者这一段期间的努力后，到20世纪初期，已呈现初步雏形与成就，因其更符合当时自然科学式之学术发展典范，而能与其他学术社群起共鸣。不过，无论是在系统化或科学化上仍有继续充实之空间。

之所以描绘教育学在德国初期发展这段史实，主要是为论述我国教育学者姜琦在20世纪40年代所提出的教育学新体系(图4)铺路，因姜琦之教育学新体系是依据19世纪末及20世纪初德国教育学者克理克、洛霍奈二人对于教育学的区分法，同时又参照中国固有的治学方法和当时的教育实际情形而拟定的[③]。这说明：我国教育学者在建构教育学之演变时，确实是有承继德语世界这个源头的，且我们的教育研究社群也是有心为教育学体系增加新的成分。

姜氏之后，教育学体系再被重新建构与扩增，根据我搜集到的数据显示，是由郭为藩在20世纪70年代初所提出。其缘由，他指出："一门科学的发展形态往往有其时代背景。今日的教育学，由于客观情势的演变以及教育功能扩张的要求，再也不能故步自封于传统形态，所以现代教育学体系跟二、三十年前姜琦先生所构画的一套系统，实际上有很大的距离，同时也自应有差异。"[④]显然地是近30年之教育新情势与社会科学之新思潮，使得郭为藩感受到重构教育学体系(图5)之必要性，且认为应会与姜琦的有较大出入。

郭氏之教育学体系，扩增最大与最多的是"专门教育学"之领域。而对专

---

① 郭为藩：《教育的理念》，台北文景书局1983年版，第156页。
② 杨深坑：《科学理论与教育学发展》，台北心理出版社2002年版，第151页。
③ 姜琦：《教育学新论》，台北正中书局1946年版，第14页。
④ 郭为藩：《教育的理念》，第238页，台北文景书局1983年版。

教育学（广义的）
├─ 教育学（狭义的）教育值现象的研究
│   ├─ 应用教育学（实际科学）
│   │   ├─ 教育技术论（各科教材与教学法、教育心理、学习心理、测验与统计、训育实施法）
│   │   └─ 教育行政论（政、学校行政，包括学制系统、师资培养）
│   ├─ 理论教育学（规范科学）
│   │   ├─ 教育方法论（包括课程、科目、教材、教学法、训育、养护等）
│   │   └─ 教育目的论（包括教育之意义、目的和制度）
│   └─ 教育历史——教育之历史和社会的研究（记述科学）
│   ├─ 历史的（中外教育史）
│   └─ 现在的（包括现代教育思潮、比较教育、教育社会学等）
└─ 教育哲学——教育之本质和价值底研究（特殊哲学——对一般哲学而言）

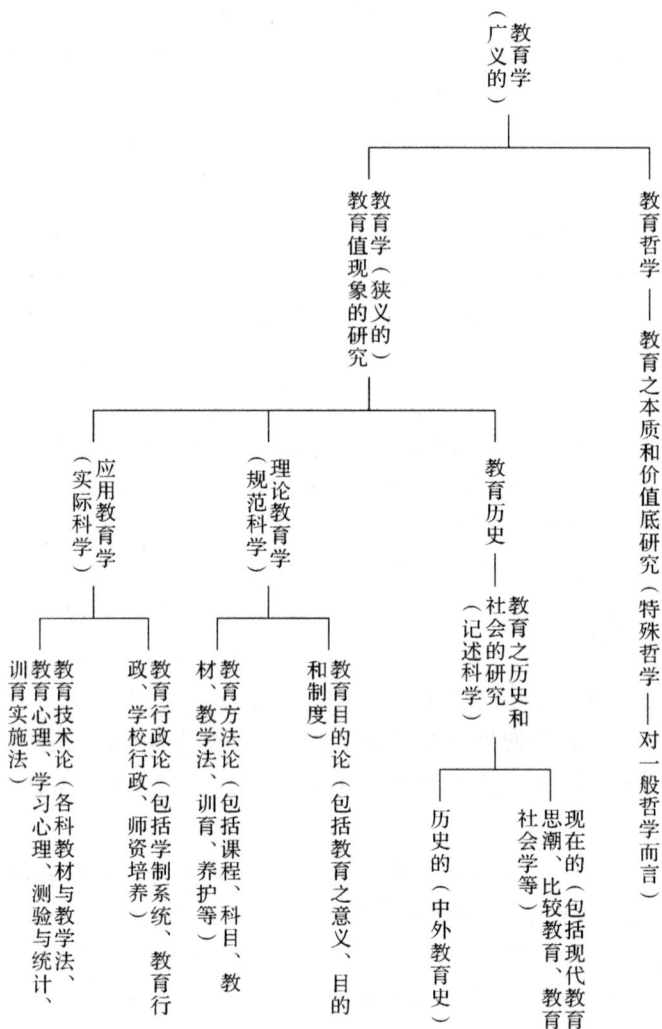

图 4　姜琦教育学体系

资料来源：姜琦：《教育学新论》，台北正中书局 1946 年版，第 14 页。

门教育学这样越来越高度分化的新学科发展，其代表的意义，郭为藩认为是意味着教育学的成熟。① 亦即经过专门教育学这么多学科领域的扩增滋长，象征着教育学体系在 20 世纪 70 年代就已"日趋完整"与"渐具规模"。

① 郭为藩：《教育的理念》，第 236 页，台北文景书局 1983 年版。

教育学

专门教育学　　普通教育学

方法的学门　　边际的学门　　教育结构论　教育方法论　教育目的论

实验教育学（实验法）
特殊教育学（诊断法或临床法）
教育测量学（测量法）
教育统计学（统计调查）
教育制度学（比较法）
中外教育史（历史法）

教育经济学
教育人类学
教育行政学
教育社会学
教育心理学
伦理学论实验法）
教育哲学（包括教育伦理认识、

巨观　　微观　　　　　巨观　　微观

总体教育学　　　　　个体教育学

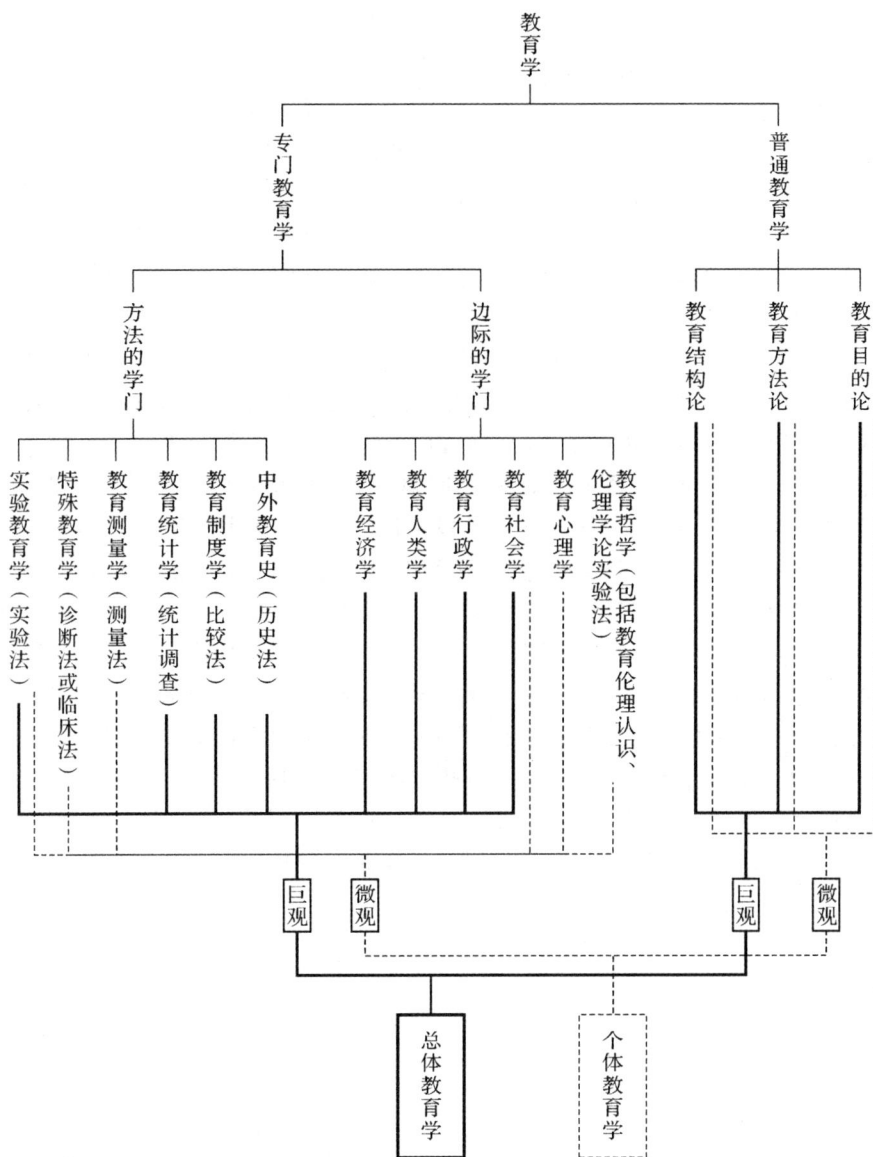

图 5　郭为藩教育学体系

资料来源：郭为藩：《教育的理念》，台北文景书局 1983 年版，第 245 页。

综合以上之说明可知：自清末引教育学入华人世界，直至 20 世纪 70 年代，对教育学怎样加以系统化，是我们教育学者关注较多的课题，且也获得相当之成绩,而更新了教育学在德语世界早期所建构的体系面貌。

至于教育学科学化之课题,我们则是自 20 世纪 80 年代后才渐被重视与反省,如伍振鷟与陈伯璋在 1985 年合作出版的《我国近四十年来教育研究的初步反省》①一文就指出:"我国近四十年来,教育活动相当蓬勃地发展,教育研究方面,也颇有进步。但是不可讳言的,其中仍存在着许多问题。为使我国教育的发展能更进步开创新的格局,因此有必要对这近四十年教育研究的发展作一反省与检讨,从中发现问题,并针对问题加以改进,如此才能因教育研究的更上层楼,而使教育的发展能有成功的保障。"②因之他们认为:"教育研究的目的,除了验证理论外,最重要的还在于协助教育问题的解决。而任何国家或社会都有其独特和重要的教育问题,这可能关系着国家的发展与文化的绵延。因此对这些问题作系统的研究,也可说是教育上相当重要而有意义的活动。例如考试制度、师生关系、留学问题等都是值得我们更进一步探讨的问题。"③故在展望中建议:从六方面积极推展中国化,并于其中第二小项强调"对我国重要而独特的教育问题,作有系统的研究"④。但以我国过去 40 年来的教育研究,有助于满足这样的需要吗?答案是否定的。他们的论断是:"过去教育的研究由于受到理论的移植、研究方法加工性的影响,一直未能对这些问题加以系统的研究。"⑤故今后的教育研究,若为能满足探索我们社会教育问题的需要,则对长期以移植性的实证主义理论及加工性的复制研究方法为导向之教育研究,就须有所调整并增补,但他们也提醒:"我们不是要情绪作用式地以'现象—诠释学'来打击'实证主义',或是以'社会批判理论'来对抗'实证主义',而是要以反省和批判的精神,并全面而公平地理解这三种理论的特性、背后预设及其限制。"⑥

---

① 伍振鷟、陈伯璋:《我国近四十年来教育研究的初步反省》,载陈伯璋:《教育思想与教育研究》,台北师大师苑 1987 年版,第 233 页。

② 伍振鷟、陈伯璋:《我国近四十年来教育研究的初步反省》,载陈伯璋:《教育思想与教育研究》,台北师大师苑 1987 年版,第 233 页。

③ 伍振鷟、陈伯璋:《我国近四十年来教育研究的初步反省》,载陈伯璋:《教育思想与教育研究》,台北师大师苑 1987 年版,第 258—259 页。

④ 伍振鷟、陈伯璋:《我国近四十年来教育研究的初步反省》,载陈伯璋:《教育思想与教育研究》,台北师大师苑 1987 年版,第 258 页。

⑤ 伍振鷟、陈伯璋:《我国近四十年来教育研究的初步反省》,载陈伯璋:《教育思想与教育研究》,台北师大师苑 1987 年版,第 258—259 页。

⑥ 伍振鷟、陈伯璋:《我国近四十年来教育研究的初步反省》,载陈伯璋:《教育思想与教育研究》,台北师大师苑 1987 年版,第 261 页。

　　但这种多元的教育研究典范,若要在教育研究社群生根,则还需要解决一些质疑与挑战,如第一个质疑是:它真能有助于教育学之发展吗?因每一种领域要成为一门独立自主的学问或科学,常被要求需具备有效而独特的研究方法,像这种包容并借用多元领域的教育研究方法之新倡议,不是就背离了一个学门成立之标准吗?再如第二个质疑是:这个新倡议在教育研究场域中,真能找到实际之例子吗?或只能望梅止渴呢?因若有,则其说服力就较强,被接受性也就更高;若无,则教育研究社群还需更努力创作以证明之。类似这样的困惑问题皆有待一一厘清,才能使"多元并容之教育研究取向"稳固地落实。而这也是透过重建方法论基础,赋予教育学"科学化"形貌须面对的问题。

　　之后,在贾馥茗及杨深坑的教育著作中,也发现确有与这两个问题有关的响应,如贾馥茗在20世纪90年代所出版的《人格教育学》①一书中,对教育学研究方法之独特性所指称的意涵,作出富有创意的诠释。为了要将教育学建构成一门研究性的学问,于是她除了用"人格"一词标志其对教育学之独到见解外,也用"兼采而统括"一词标志教育学研究方法独特之处。而对教育学研究方法之独特性作此描述,恰是与有些论者持"一门独立学问之能够成为学,应该有其独特的研究方法"②之主张是相悖离的,故她对其所持的理由及经过的思考历程又作了进一步阐明。

　　其实教育学是否能如哲学、科学和史学一样,有其独特的研究方法,一直是被质疑的。贾馥茗也曾有过同样的困惑,因教育研究使用的研究方法确实是由多个领域假借而来,于是如何验证教育研究存在有效而独特之方法,是建立教育学须面对的难题之一。为解决这个难题,她经过再三思考后发现:"所有的学问都是人创造的,而教育则是教人的活动,学问不能没有从事研究的人,有人就需要教育。那么任何一种学问所用的方法,用来研究教育人,不但不是剽窃,而且是不离大宗。"③在认定借用其他学问之方法于教育学研究的正当性后,她进而论述其理由,是因"要说明教育的必然和根源,就不能不用思辨。要确定教育的效果,就不能不做实际观察。要了解教育的今昔,就不能不用史学方法。如果一定要教育学有一种独特的方法,这种方法就是为达到工作目的而选择适当工具,那么就必须采取各种个别方法之所长,来研究教育中性质不同的问题。如是从教育学的整体说,研究的方法颇似包罗万象,且在万

----

① 贾馥茗:《人格教育学》,台北五南出版社1999年版。
② 贾馥茗、杨深坑主编:《教育学方法论》,台北五南出版社2000年版,贾序。
③ 贾馥茗:《人格教育学》,台北五南出版社1999年版,第9页。

象之中,也难以衡量轻重之别。因教育学需要思辨以求得充分的理性说明,也需要缜密的观察以获得实际的真相,更需要后顾与前瞻以确定不易的法则"①。故而贾馥茗作出论断:"教育学的研究方法,如果一定要指出其独特之处,便在于兼采而统括上。"②对这个说法,她又接着强调:"不是自圆其说,也没有丝毫强词夺理,而是全然的必须。"③经由这样的说明,可知:20世纪90年代贾馥茗对教育研究方法论所提出"兼采而统括"之独特理念,与20世纪80年代伍、陈二氏强调公平对待所有方法派典之论点是采取同样基调的。且由于她对"多元并容的教育研究取向"之合理性与必要性,又作了更深度之论述,从而更强化了此教育研究新取向之说服力。

接着,杨深坑在2002年出版的《科学理论与教育学发展》④书中,对论证"多元并容的教育研究取向"也是合乎科学化这个问题,又有了更深刻的着墨。他不但从深究科学理念的历史发展及受其影响之研究典范背后的哲学预设着手,以更根本地确立"实证主义"、"现象-诠释学"与"社会批判理论"三种研究典范皆合乎"科学"一词所指称之内涵,且分别以"经验的教育科学"、"精神的教育科学"及"批判的教育科学"名之,这使得教育学之科学化更能直觉性地显现其正当性。而且还以德国教育学之发展史实作例子,将三种不同科学形态的教育学在该国之源流与演变,作了较系统性的论述及评析,这让"多元并容的教育研究取向"之可行性也更易被体认与感受到,因其论据是建立在曾有过的教育学史实上,而不是徒托空言。

杨深坑主张:"对教育现象或研究对象的观察,应从多层面来观察,在不同研究典范的时空坐标描述下,才能使教育研究更能恰如其分地把握教育现象。"(图6)这等于为"多元并容之教育研究取向"可共同建构真正的教育事实之可能性,从方法论层次奠下多元基础,使得教育学科学性之根扎得更稳。

经由以上之说明可知:教育学之发展,在系统化上,已形塑出体系日益完备的各种教育学门;在科学化上,也合法化了三种具有"科学性格"的教育研究形式。由此观之,教育学似乎已取得了相当的成就表现,那么今后又将能如何往前呢? 这首先在能透视出目前教育学展现形态,可能潜藏的问题与挑战? 我所谓的新教育学之价值与特性也将在响应这些问题之挑战中逐一述说之。

---

① 贾馥茗:《人格教育学》,台北五南出版社1999年版,第10页。
② 贾馥茗:《人格教育学》,台北五南出版社1999年版,第10页。
③ 贾馥茗:《人格教育学》,台北五南出版社1999年版,第10页。
④ 杨深坑:《科学理论与教育学发展》,台北心理出版社2002年版。

建构融入国际学术主流的本土教育理论

教育决策

教育媒介

各类教育

各级教育

教育媒介

学生 学生 学生

教师 教师 教师

社会层面

以本土教育实验考验

本土教育研究资料分析与资料库的建立

理论体系

研究体系

研究主体

西方理论与本土教育资料之对比分析

国际主流教育理论的比较分析

修正理论与主流理论再行对比分析

中西认知形式之对比分析

方法1、2、3……………n、n+1

基础理论1、2、3……………n、n+1

研究典范1、2、3……………n、n+1

哲学假设1、2、3……………n、n+1

教育学理论体系						
教育史学	教育人类学	教育社会学	教育经济学	教育心理学	教育工学	比较教育学
教育哲学						

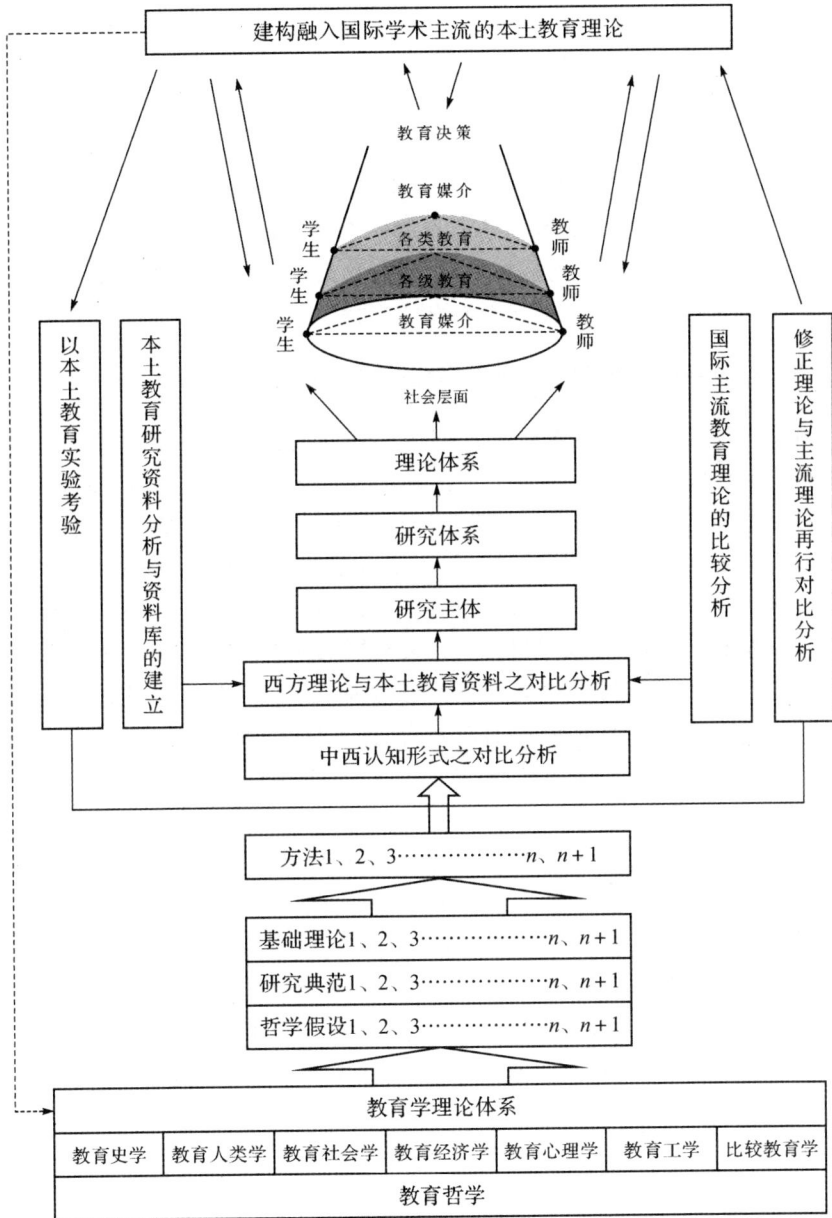

图6 杨深坑教育学体系

资料来源:杨深坑:《科学理论与教育学发展》,台北心理出版社2002年版,第282页。

二、新教育学对现存教育学体系潜存问题之响应

为描绘我们教育学者所建构之教育学发展过程,如上所述,我是从系统化与科学化两角度探索之,故有关其面对的问题与挑战,亦将着眼于这两方面。首先讨论的是其在系统化之危机,由中将彰显出新教育学之价值,其次探讨的是科学化之转折,由中将凸显出新教育学之特性。

(一)新教育学对教育学往前发展能产生的价值

对这套经过百年发展之教育学,就其系统化的内容而言,到底潜藏了怎样的危机或问题呢? 由于对现行教育学知识体系内容构成来源的评断,较公允且可被接受的观点是:"独属自身者少而取借于外者多"[①],而这种"繁杂借用"对教育学发展的危机,主要是造成:教育学自主性的学术地位掩没不彰。既然现存教育学繁杂借用与多重移用之情况,显现为有变成附庸学科之危机,则新教育学若要有价值,就需要对这样的课题有所响应,并作出贡献。我确实也关注过这样的课题,如在"移植式教育学的超越"[②]一文中,曾陈述过同样的论点,如指出:教育学发展至今,一直被视为是应用科学,故也就一直在借用其他学科的概念来发展其知识体系,由哲学到心理学到社会学到行政学,无所不借,所以也难怪其一直被视为是附庸性的学科。而教育研究者在这应用的形象下,也几乎忘了自己主动的创造力,而未能积极地去开创一套更能掌握住教育现象的知识体系或研究方法,以供其他学科借用,反而停留在借用的层次。我国这种情形更严重,仅能作移植式的借用,教育研究者大部分将心思用来译述或印证外国之研究发现,而较少将脑力有系统地用来思索、挖掘、诠释或解析我国教育系统中所潜存的问题、现象。[③] 在反省之余,我当然也希望教育学能超越此借用之困境,故在该文中我也强调:我国的教育研究者应有志发展一套对教育工作者及其他学科能作更大贡献的教育学知识体系。并提出努力之道是在:真诚地对我国教育系统中某些现存的教育课题作关切,倾心地去开

---

① 郭为藩:《教育的理念》,第 231—233 页,台北文景书局 1983;贾馥著:《人格教育学》,台北五南出版社 1999 年版,第 9 页;陈伯璋:《教育思想与教育研究》,台北师大师苑 1987 年版,第 232 页。

② 吴家莹:《移植式教育学的超越》,《现代教育》1987 年第 2 辑,第 4 期。

③ 吴家莹:《移植式教育学的超越》,《现代教育》1987 年第 2 辑,第 4 期。

发,并持续地、长期地及有系统地去接触、起共鸣,作出超越既有的发现,写出富启发性的专著。当这种类型的发现及著作累积得愈多,则教育学被赋予自主性的地位及性格,相信必大为提高。① 显然地,我所谓的新教育学是指朝着这个方向钻研出来的知识体系,它将会具有创新之内涵,能为教育学注入新的成分,故其价值是在于能将教育学之自主性格彰显出来,而减少其借用之分量。

　　那为什么进行这种扣紧教育情境之研究及深入探索我们教育系统问题之努力,就能增加教育学之自主地位呢? 其理由是教育研究者能因着与真实的教育情境直接地作直观的感知及体悟,那么心思就比较不会被书本上既有之抽象概念完全束缚住,而保有更大之创意空间。亦即脑中所装的理念在与事实处境作对话后,就较有机会被检证,尤其是现有的理念若未能如预期展现启示之光时,则契合所处时空之新知识就更能被孕育并萌芽。这种经验我亲自尝过,因自 1999 年起,我进入中小学现场,投入很多时间伴随第一线教育工作者,经历他们所面对的学校课程改革问题并共同解决之,从中让我对所研读过的教育著作之鉴别力大为提升,不但知道它们的功用,也理解它们的局限,因而更激荡我的创造力,并将独特的心得写成《追寻新学校之路》②一书,故该书不是盲目抄袭而得,而是真诚深入思考之所见。而当我在反观杜威之各种教育著作时,也发现他是为解决 20 世纪初期美国学校教育系统所遭遇困扰的转型问题而写,非无的放矢。故渐渐地我较有把握说:教育原创性著作产生之秘诀是根源于教育研究者有真诚的心愿要彻底地与一个真实存在的教育问题缠斗并解决之行动意志,在其过程中所产生的心得将非一、两篇论文或一本书所能述尽,一系列相关的著作相继而生将是可期许的。我相信:今后专门研究教育者若能这样扎实地来发展具有创见的教育知识体系,则教育学之学术地位由移植性提升为自主性,将指日可待。

(二)新教育学在教育学发展脉络中彰显出来的特性

　　就这套现存的教育学体系之科学化趋向而言,基本上无论是经验分析的教育学、精神科学教育学或批判教育学,均认为"教育科学理论之建构是植基于某种基础上"③。但这种取向之教育科学理论建构,杨深坑指出:自 20 世纪

　　① 吴家莹:《移植式教育学的超越》,《现代教育》1987 年第 2 辑,第 4 期。
　　② 吴家莹:《追寻新学校之路》,台北五南出版社 2004 年版。
　　③ 杨深坑:《科学理论与教育学发展》,台北心理出版社 2002 年版,第 290 页。

80年代以降,在后现代主义思潮强调反基础主义、反本质主义及反再现主义信念的影响下,其基础产生根本动摇。因在这些信念下的方法论,真理与证据失其意义,研究不再是对真理的探索,也非对世界建构一种可靠的表现方式。研究毋宁说是故事的叙说,产生一些叙述,让各种不同的观点发出声音。在这种倡导下,90年代,教育与社会科学研究已经超越了正统与异说,而达到理论多元主义与研究特色异质时期,否定了只有一种认知方式才具有合法性的说法,任何研究途径只要符合其特殊的立意与需要,均有其合法性的地位,不必追求知识的普遍有效性规范。① 于是杨深坑认为:前述三种教育科学既有流于李欧塔所批判的"后设叙述"之危险,应予以摒弃,不同认知方式所获得的教育知识,应考虑的是在实作或实践上是否行得通,不必考虑其是否具有普遍有效性。② 亦即后现代强调的是以实做取代理论,仅试图从实做中发展出适合该情境的局部性论述。那么,这种研究之新取向,对历来教育学科学化之走向,到底代表怎样的意涵呢? 我认为它是进一步扩大所谓"合法性研究"一词之适用范围,于是各种教育研究典范除了可从研究过程之主体与客体关系论证其所创造知识(或理论)之有效性外,更可从研究发现之理论与实践关系论证其所创造知识之有效性,这除了也承认原来已争取到合法化地位之"经验分析-精神诠释-意识批判"等三种科学研究取向外,更为其他新教育研究观点之出现也开启了可能性,我认为这将更能让教育研究契合各种复杂与多元教育情境之需求。由于合法化教育知识之有效性是多元的取向渐被承认,那么从研究方法独特性的标准,论述教育学之特性就较不具意义了。既然从研究方法的角度难彰显新教育学之特性,那么还能从怎样的角度切入呢? 由于一般在论述教育研究的取向时,通常是会处理研究方法与研究对象两个子题,故尚可从研究对象角度再进行论述。

由于我所谓的新教育学新研究对象,是在探讨我国教育体系中,教育实践者面对理想与现实、理论与实践差距如何处理之课题。显现于研究上之实质课题,包括如部长学是在探索部长角色扮演者与中央层级教育制度处境之互动经验;局长学是在探索局长角色扮演者与县市层级教育制度处境之互动经验;督学学是在探索督学角色扮演者与区域性视导处境之互动经验;校长学是在探索大中小学校长角色扮演者与学校处境之互动经验;主任学是在探索大中小学主任或各长角色扮演者与各处计划处境之互动经验;教师学是在探索

① 杨深坑:《科学理论与教育学发展》,台北心理出版社2002年版,第290页。
② 杨深坑:《科学理论与教育学发展》,台北心理出版社2002年版,第291页。

大中小学教师角色扮演者与班级教学处境之互动经验;学生学是在探索大中
小学学生角色扮演者与学习处境之互动经验;职员工学是在探索大中小学职
员工角色扮演者与惜物处境之互动经验;及家长学是在探索大中小学家长角
色扮演者与配搭处境之互动经验等内涵。从上述之问题形态,可知新教育学
是在处理"人与角色情境"交互作用之经验,并希望从中理出各类角色扮演
者——"人"——"心中之理(含理想与理论)"与"处境之势(含权势与局势)"互
动中所衍生的变化曲折情况。亦即它是不偏于探讨作为"主体之人",也不偏
于探讨"客体之势",是着重于研究两者交互作用后所产生之混和、化和或中和
之经验体。

这样的研究焦点与过去教育所实行的两种研究对象是不同的,根据郭为
藩之分析,若就教育研究对象加以分类,可分为巨观探讨的总体教育学与微观
探讨的个体教育学两种,前者的对象为整个教育制度的分析,并深究其与社
会、文化、经济结构的关系;后者的对象是个别教育情境中教学过程及师生关
系的分析,着眼于如何使教学行动更为有效、如何引发学习动机、如何评量学
习结果及如何改变学生行为等。[①] 显然地,无论是偏重整个教育制度分析的
巨观探讨,或偏重个别教育情境分析的微观探讨,皆以所谓的教育事实或教育
现象为对象,是视教育学为教育事实的科学。而我探讨的对象则聚焦于教育
实践者与教育情境交互作用所产生的教育行动,是视教育学为教育行动的科
学,虽然两者都同样要寻觅一些有关的教育原理或理论,但还是有区别的,因
教育实践者在前者之论述中是较隐没的,在后者之论述中则是要显为主体的,
故新教育学之特性,可说是在于其教育知识体系之建构是植基于教育实践者
经验之上,但不为其所局限。

结　语

综合上述所言:有关新教育学之价值,我是赋予在能展现教育学独立自主
(相对于借用移植而言)之学术地位,可透过教育研究者深入探索我们学校系
统存在的教育课题,并写出具原创性的专著达成之。至于新教育学之特性,由
于透视到我们学校系统之教育实践者最关切的是理论与实际、理想与现实之
差距问题,这个课题所反映的意涵,是教育研究不能只停留于"为理解教育而

---

① 郭为藩:《教育的理念》,台北文景书局 1983 年版,第 240 页。

研究",也需关注"为实践教育而研究",而彰显出"寻觅教育行动经验之理"(相对于"寻觅教育事实现象之理")的研究取向,可透过研究"主体(教育实践者)与客体(教育情境)"互动所产生的教育经验达成之。

论革命史范式的教育史学实践

刘来兵*

摘　要:1949年至1976年间的中国教育史学实践,在政治主导一切的时代境遇中,由于对马克思实践学说的"革命"而非"历史"的理解,形成一种以革命史标准为标准、以革命史分期为分期、以领袖人物的结论为结论的革命史范式。革命史范式的历史解释模式,是指革命史观成为指导教育史学实践的根本史观,它以是否支持革命为立场、以革命的实践为内容、以阶级分析法为方法评判教育思想与实践。它不在生活与实践的历史情境中去理解教育历史,而机械地以革命立场去寻找历史分析的原因,仅停留在教育历史解释者为政治服务的动机中,唯物史观由此被庸俗化应用于教育史学实践。

关键词:革命史范式;庸俗唯物主义;中国教育史

中国教育史学科建设在1949年新中国成立之后,进入了一种新的学术生态之中,那就是马克思的唯物史观作为根本的教育史观被应用于教育史学实践中。然而,新中国成立后相当长时期内,人们对于马克思经典著作中的实践、历史、阶级、革命等学说的理解与应用并不一致。这些基本概念的理解,直接影响着人们对教育历史实践活动的理解,带来教育史观上革命史观与唯物史观之间的博弈。尤其是"文革"后,一批坚持"为学术而学术"理想的教育工作者,以辩证、历史的唯物主义来分析教育问题,都被革命史观立场所批判。其中所反映的问题本质是,在政治主导一切的特定时代境遇中,教育史学实践遭遇政治史、革命史的视域与立场干扰,而逐渐使历史唯物主义的教育史学处于失语状态。革命史观与唯物史观之间的博弈与社会实践的走向保持一致,仅就学术实践本身而言,其实质是两种历史解释模式的话语之争。

＊　作者简介:刘来兵,华中师范大学教育学院讲师。

一、革命史范式的形成

为何说革命史观与唯物史观之间的博弈是两种历史分析范式之争呢？从根源上看,这两种历史分析都是从马克思那里阐发出来的,与他对社会(历史)的理解直接相关。在马克思看来,生产力与生产关系之间的矛盾是社会发展的根本动力。人类社会历史的第一个实践是生产物质生活本身,包括生产个人生活的实践及与他人交往的实践。在交往的过程中,产生了语言和意识,随着生产实践的扩大化,劳动分化为物质劳动和精神劳动,社会分工正式形成。分工的发展产生了个人利益与所有相互交往的人们的共同利益之间的矛盾,这种分工不是在观念中而是在现实的生产实践中形成的,即生产关系随之形成了。生产力与生产关系之间的矛盾有内部矛盾和敌对矛盾之分,一旦发展为敌对矛盾,阶级便随之产生,人群被分离,形成支配阶级与被支配阶级,大多人最终成为无产者。在此情形下,无产者不能通过生产实践而获得个人生活及与他人交往中的利益。他们一方面必须承担社会的重负,另一方面又无法享受社会的福利,被排斥在主流社会之外。当这个阶层成为社会的大多数时,从他们中间产生了必须实行彻底革命的意识,即共产主义意识,他们从生产实践转而从事革命的实践。也就是马克思所谓的"实际上和对实践的唯物主义者,即共产主义者说来,全部问题在于使现存世界革命化,实际地反对和改变事物的现状"①。马克思在对社会发展的历史性分析中,最终得到了革命的结论,当然它的前提是敌对阶级的出现且阶级矛盾不可调和。因而,在马克思的社会历史分析中,以实践为基点形成了两个关注点,即革命与历史。

美国学者德里克(Arif Dirlik)认为马克思社会历史分析的关注点摇摆于革命与历史之间,分别形成了两极性模式(bipolar model)与构造性模式(structural model)。两极性模式适用于"革命的"形势,强调阶级对抗为社会变革提供终极推动力;构造性模式则更能说明"正常的"历史状态,视社会为一个动态相互关联的,包含政治、经济、意识形态等成分在内的复杂系统。马克思本人在《资本论》中应用的是构造性模式,而在《共产党宣言》中却使用的是两极性模式——在革命性大变革的时刻,社会在其内在矛盾运动(辅以革命实

---

① 《马克思恩格斯选集》(第1卷),人民出版社1995年版,第75页。

践)的作用下,复杂的社会系统就像即将分解为两大敌对的阵营。① 马克思在
分析社会历史时,根据不同的社会历史形态采取两种不同的分析方法,对于处
于稳定发展阶段的社会多应用"系统分析法",对于处于变革时期的社会多采
用"阶级分析法"。因而,对于马克思历史分析方法的理解应视具体的社会情
境而论,如果以某一种僵化的眼光分析社会历史,则可能导致对马克思史学观
点的误读。以此观之,革命史观与唯物史观之间的博弈,实质上是两极性模式
与构造性模式的应用之争。

　　为何会出现这种历史分析之争呢? 马克思认为,支配着物质资料生产的
阶级,也支配着精神资料的生产,他们作为思想的生产者调节着自己时代的思
想,并赋予这种思想以普遍性的形式,把它们描述成唯一合乎理性的、有普遍
意义的思想。② 从 1949 年至 1966 年间屡次反复的思想变动来看,试图通过
思想改造以追求思想的唯一性、普适性,并没有得到预期的效果,最终寄托"文
化大革命"这种极端形式来实现。正如德里克所分析的:"那些坚持认为阶级
斗争是历史发展原动力的马克思主义者,从革命形势下的范式来理解历史,更
倾向于社会发展的两极性模式。对于那些坚信社会两极分歧决定了中国历史
的性质和道路、阶级分立是中国历史'最根本的'史实的中国马克思主义者,情
形就是如此。"③基于此,新中国成立以来"思想战线"的博弈已经很明晰。最
终的结果是,多元思想之间的论战与批判被定性为两个阶级之间的思想斗争,
而一旦确认阶级的存在,思想的革命必随之而来,即马克思所谓的"一定时代
的革命思想的存在是以革命阶级的存在为前提的"④。生产力与生产关系之
间的矛盾,在该时期究竟是属于人民内部矛盾,还是属于不可调和的阶级矛
盾,此处不予以考察。仅就学术实践的现实而言,革命史观取得了绝对的支配
地位,是不争的事实。换句话说,德里克所提及的两极性模式获得历史分析的
唯一的合法性地位。革命史观与两极性模式的确立,要求人们肯定革命在社
会变革中的价值,是在所难免的。因而,对于革命的正面理解与评价,便形成
了学术界通常所谓的"革命史范式"。

　　有学者认为,"革命史是中国近现代史研究的唯一'范式',即唯一的解释
模式"⑤。以革命史范式来理解教育的历史,所形成的教育历史认识势必会偏

①　[美]德里克:《革命与历史》,翁贺凯译,江苏人民出版社 2008 年版,第 214—215 页。
②　《马克思恩格斯选集》(第 1 卷),人民出版社 1995 年版,第 98—100 页。
③　[美]德里克:《革命与历史》,翁贺凯译,江苏人民出版社 2008 年版,第 215 页。
④　《马克思恩格斯选集》(第 1 卷),人民出版社 1995 年版,第 99 页。
⑤　罗荣渠:《现代化新论续编》,北京大学出版社 1997 年版,第 99 页。

离教育历史实践活动的内在逻辑。而一旦离开教育活动本身来理解教育史，即使宣称以马克思的唯物主义为指导，在革命史范式之下，也会走向庸俗的唯物主义。然而，1966 年后的教育史学实践却无法回避地在这种新的解释模式中起步，转变为革命的批判的教育史学。学说失语，学科停滞，合乎科学与理性的学术实践也就无从谈起。

二、一元论的教育历史解释

以马克思的实践观来分析教育这一实践活动，它是一种以教育生活实践与交往实践为主体性实践的活动。尽管教育具有一定的阶级性，但将教育视为阶级剥削的工具，则有将教育活动从生活实践拉向革命实践的意图。原本基于生活实践来解释教育历史的分析模式，被转化为基于革命实践之上的阶级分析模式。基于生活与交往实践之上的历史分析模式，是极具开放性的，但基于革命实践之上的阶级分析模式，教育历史被解读为直线式的一元化发展。面对一元直线的教育历史实践，有关教育历史的解释也就成了单线一元论。

一元论的教育历史解释，是指革命史观成为指导教育史学实践的根本史观，它以是否支持革命为立场、以革命的实践为内容、以阶级分析法为方法评判教育思想与实践。相比 1949 年前多元化的教育史学实践，与 20 世纪二三十年代教育史著作中普遍存在关于"什么是教育史"的阐述不同，一元论的教育历史解释不再就这一前提性问题进行自觉的反思。究其原因，与一元论的教育历史解释模式，将教育历史视为一部教育革命史不无关系。在此情形下，即便与杨贤江等唯物主义教育史家相比，尽管一元论的教育史学实践，同样宣称坚持以唯物史观的指导，但由于不是在生活与实践的历史情境中去理解教育历史，机械地以革命立场去寻找历史分析的原因，仅停留在教育历史解释者为政治服务的动机中，唯物史观实质上是全面走向庸俗化。

在此，有必要简述一下唯物史观，以方便展开唯物史观全面庸俗化的具体表现。唯物史观在马克思主义文本语境中被称为"唯物主义历史观"，恩格斯称其为"唯一的科学的历史观"。1924 年李大钊在《史学要论中》中第一次明确使用了这一概念，称"马克思的历史观是唯物史观"。马克思主义作为一门学说在近代中国兴起之后，有关唯物史观又形成了"辩证唯物主义"、"历史唯物主义"的说法，并一直延续到新中国建立之后。20 世纪 80 年代，一批马克思主义研究者主张回到马克思的原初文本语境之中重新理解马克思的唯物史观,又提出了"实践唯物主义"这一新指称,并引发了学界关于马克思的唯物主义究竟是什么的大讨论。辩证唯物主义、历史唯物主义与实践唯物主义之间的关系问题,成为学界争论激烈、意见难以统一的难题。杨耕教授认为,马克思的哲学本身就是历史唯物主义,辩证唯物主义与实践唯物主义只不过是历史唯物主义的代名词,以前者为指称是为了凸显历史唯物主义所内含的辩证法及其批判性和革命性,以后者为指称是为了凸显历史唯物主义所内含的实践维度及其首要性和基本性。① 唯物主义地探讨历史,是马克思的历史观的基本立场。马克思认为在费尔巴哈那里,历史与唯物主义是完全隔离的。因而正如杨耕教授所指出的,马克思的唯物主义,既是历史的唯物主义,也是辩证的唯物主义,还是实践的唯物主义,三者同为马克思唯物史观的不同指称。基于此种认识,下文试分别以辩证唯物主义、实践唯物主义、历史唯物主义为指称,分别凸显"辩证"、"实践"、"历史"在教育历史解释中的被曲解,进而阐述唯物史观在中国教育史学实践的应用中被全面庸俗化的表现。

首先,辩证唯物主义的庸俗化表现为,非此即彼的两极化思维方式取代一分为二的辩证思维方式。辩证唯物主义强调以辩证的观点一分为二地认识事物,并作批判的或革命的分析。但在革命史范式之下,"一分为二"被曲解为"非此即彼",在"唯物与唯心两大阵营"、"革命与改良两条路线"的政治定位下,形成非唯物即唯心、非革命即改良的两极化思维方式,对教育人物及其思想作出非进步即反动的评判。"批判地继承"这一原则被彻底抛弃,不仅不提继承,直接由批判进入革命性的否定。这种极端的教育史学实践在为"儒法斗争"的政治服务中体现得最为明显,如有研究者指出:"以儒家为代表的奴隶主复辟势力,极力维护割据,反对统一,妄图恢复已经失去的'天堂'。因而,两个阶级、两条路线的斗争仍然是尖锐的。这种斗争反映到教育领域,就是教育为巩固和发展新兴地主阶级专政服务,还是为复辟没落奴隶主阶级的反动统治服务。荀子坚决站在新兴地主阶级一边,坚持法家路线,反对儒家路线,坚持进步,反对倒退。"②此类叙述方式较为普遍地存在于该时期教育史学实践中,表现在对儒家教育代表人物、唯心主义思想人物、资产阶级改良派代表人物的批判上,不胜枚举。

---

① 杨耕:《为马克思辩护——对马克思哲学的一种新解读》,中国人民大学出版社 2010 年版,第6 页,"代序"。

② 陈勇:《读〈劝学篇〉——兼驳"法家无教育"》,《陕西师范大学学报》(哲学社会科学版)1974 年第 4 期。

在非此即彼的思维方式之下,教育历史人物是儒家还是法家、是唯物还是唯心,以是否赞成革命为评判的唯一标准与根本立场,不管这个人物是当代的,还是过去的。"判断一个历史人物是进步的还是反动的,首先要看他对人民革命的态度,还要看他对当时的社会变革是支持还是反对。"①因而孔子被指为"站在奴隶主阶级的反动立场,对春秋末期新兴地主阶级采取的一切政治、经济革新措施,都是坚决反对的,还对代表新兴地主阶级的法家,进行了血腥的镇压"②。显然,非此即彼的两极化思维不是辩证法所寻求的一分为二地分析历史,它本质上所要达到的是"一",即支持革命。因而,辩证唯物主义的庸俗化主要体现在以支持革命为唯一的研究立场。

辩证的唯物主义是把唯物主义和辩证法有机结合起来的哲学理论,它认为物质世界是按照其本身所固有的规律而运动、变化和发展。它揭示了事物发展的根本原因在于事物内部的矛盾,矛盾双方在对立中统一。教育活动有其自身的发展规律,教育系统中也存在大量的矛盾,但这种矛盾属于教育内部,而非政治层面,要求教育总是站在革命的立场,显然是不符合教育本身的发展规律的。

其次,实践唯物主义的庸俗化表现为,实践被片面地理解为革命实践,生活实践被遮蔽。前已述及马克思的实践具体指生产实践与革命实践,生产实践包括生活实践与交往实践两种。在日常生活世界中,生活实践与交往实践是人们生存于世界的基本方式,实践的主体是活动的人,现实的人的实践活动创造历史。而在革命史范式之下,"人民革命是历史前进的动力"。为了确立革命在教育发展中的决定性作用,革命与阶级斗争成为教育实践活动的本质,教育发展史被视为教育革命史。教育史研究被视为"是搞好无产阶级教育革命的需要";"中国教育史被涂抹成一部儒家反动教育思想一统天下的历史。研究中国教育史上的儒法斗争,就是要把历史的本来面目还给历史,把颠倒的历史再颠倒过来,用马克思主义占领这个阵地"。③ 有研究者这样分析:④

孔丘为什么搞教育?

孔丘要维护奴隶制,按照他的如意算盘,当然是希望能够佐朝廷,握权柄,发号施令,扼杀新兴的封建势力,镇压奴隶大众的造反。

---

① 冯天瑜:《孔丘教育思想批判》,人民出版社 1975 年版,第 7 页。
② 冯天瑜:《孔丘教育思想批判》,人民出版社 1975 年版,第 7 页。
③ 北京师范大学教育系等编:《教育史上的儒法斗争概况》,人民教育出版社 1975 年版,第 1—2 页。
④ 刘文义:《孔丘——反动的奴隶主阶级的教育家》,《光明日报》1974 年 1 月 26 日。

但是，因为他要开历史的倒车，不合时宜，所以官运受阻，仕途不达。于是便以教育为业，把教育作为阵地，一面鼓吹奴隶制思想，制造反革命舆论；一面精心培养反革命复辟力量，伺机而动。

从革命的角度理解教育实践，诸如法家、新兴地主阶级、秦始皇、农民起义军、唯物主义者、无产阶级等阶层的教育活动受到推崇，而与之相对的所谓"没落阶级"的教育则受到批判。在此革命史范式下，孔子成为中国教育史上最大的"反革命"典型。"孔老二披着'教育家'的外衣，挂着'私学'的招牌，干的全是反革命的勾当。他的'私学'是搜罗和培植反革命复辟势力的黑据点，是制造和传播反革命舆论的大本营！"[①]以此来评价孔子的教育思想与教育活动，不仅没有一点进步性可言，全部都是阻碍教育的发展。"有教无类完全是骗人的鬼话"，孔子的私学"就是一个奴隶主贵族的'还乡团'"。而邓析、少正卯被视为"代表新兴地主阶级的法家的先驱"，他们的私学是"向没落奴隶主阶级夺取教育阵地"。甚至"焚书坑儒"被视为"革命措施"，"是新兴地主阶级在意识形态、文化教育领域防止奴隶制复辟的巨大胜利"。[②]从中可以看出，选择何种实践的立场与视域，得出的结论很可能截然相反。实践唯物主义的庸俗化便表现以"革命的实践"为社会实践的内涵。

以实践的唯物主义来看，教育活动属于人类生产知识、技能与德行并以之与他人进行交往的实践活动，它从根本上属于马克思所言的生产实践（包括生活实践与交往实践）活动。教育活动中也有革命性气质，但这种革命性不可能像一个阶级推翻另一个阶级那样具有颠覆性，而是一种指向教育活动本身的变革，如教育观念、教材教法等的更新。那么教育史学的任务就在于把握教育历史变迁，这种变迁有时是发生在教育思想领域，有的则是在教育制度层面，更多的则是在人们的日常教育活动中。

再次，历史唯物主义的庸俗化表现为，阶级分析取代历史分析，成为教育史研究的唯一方法。萨明（T. Shamin）认为马克思的历史分析有两种类型：系统分析和阶级分析。系统分析聚焦于劳动和特定的政治经济、生产方式和社会结构的设计分析；而阶级分析则主要致力于政治经济学以及表现于历史集团对抗中的利益冲突和集团意识的发展。这两种分析对历史会得出不同的结论。[③]这种认识与李达在《社会学大纲》中使用的"历史主义"与"阶级观"是

---

① 北京师范大学教育系等编：《教育史上的儒法斗争概况》，人民教育出版社 1975 年版，第 4 页。

② 北京师范大学教育系等编：《教育史上的儒法斗争概况》，人民教育出版社 1975 年版，第4—17页。

③ ［美］德里克：《革命与历史》，翁贺凯译，江苏人民出版社 2008 年版，第 214 页。

有相似之处的。历史分析是阶级分析的上位概念，即面对不同的历史实践，应使用不同的分析方法。然而，由于革命史观在教育史研究中的确立，实践被窄化地理解为革命的实践，与此对应的便是以阶级分析教育革命的实践，而更能揭示教育在整个经济、文化、政治领域变迁的系统分析被遮视。

在教育史学实践中，教育的阶级性被无限放大，教育史成为教育斗争史。"教育作为阶级斗争的工具，是通过为一定的阶级培养人体现出来的。"①教育实践活动一旦被定性为阶级斗争的工具，阶级分析法也就理所当然地被这样应用于教育史理解之中："在阶级社会里，一切教育都是属于一定的阶级，属于一定的政治路线的。不论是官学还是私学，都有鲜明的阶级性……离开阶级斗争和路线斗争，离开教育为哪一个阶级服务，用'官办'还是'私办'来评价办学是反动还是进步，这是十分荒唐的。"②尽管此时有研究者自称使用历史分析法与阶级分析法，但从其分析的话语来看，实质上仍是属于阶级分析，如有学者在分析时指出，孔子的学说对战国时期被孟子和荀子分别发展为唯心主义学派和唯物主义学派，在秦汉时期成为巩固封建生产关系的上层建筑的组成部分，一直到"五四"运动之后才受到马克思主义的科学批判。此处似乎在做一个长时段的"历史"分析，却将各个时期的一切问题算到孔子身上，甚至"抵制进步势力和麻痹人民群众"、"对抗马克思主义的传播和抵制无产阶级革命"。③这显然不是历史的分析，马克思所阐述的历史主义是回到历史的时代境遇之中考察历史，而不是以今天的眼光来苛求历史。这种将后世所有一切的结果都追溯到历史人物身上的分析法，对于历史人物而言是极其不公正的，也是毫无理由的。正如马克思所言："事情被思辨地理解成这样：好像后一个时期历史乃是前一个时期历史的目的，例如，好像美洲的发现就是要引起法国革命。"④从该时期孔子教育思想研究的诸多文本来看，其所普遍存在着的，将后世一切与孔子的学说相关的教育思想与制度，放置于孔子身上而加以批判的，都是有违历史主义的本真的。因而，历史唯物主义的庸俗化便体现在将阶级分析视为历史分析的全部。

---

① 冯天瑜：《孔丘教育思想批判》，人民出版社 1975 年版，第 39 页。
② 北京大学、清华大学大批判组：《孔子是怎样利用教育进行反革命复辟活动的》，载《孔丘反动教育思想批判》，湖北人民出版社 1975 年版，第 13 页。
③ 冯天瑜：《孔丘教育思想批判》，人民出版社 1975 年版，第 20 页。
④ 《马克思恩格斯选集》（第 1 卷），人民出版社 1995 年版，第 88 页。

　　上述唯物史观的庸俗化表现,实际上是"影射史学"①主导下的历史产物。"影射史学"的思想根源于古为今用的观念,其源头可追溯到"批林批孔"运动,1973年8月7日,《人民日报》发表了杨荣国的《孔子——顽固地维护奴隶制的思想家》一文,有研究者认为,此文直接导致了"有关孔子学说的学术讨论开始与'批林批孔'运动这种政治现实需要结合起来,开了学界在'批林批孔'运动中从事不正常的学术研究之门"②。8月13日,《人民日报》又刊发了杨荣国的《两汉时代唯物论反对唯心论先验论的斗争》,迎合"批林批孔"运动。这两篇文章在后来"批林批孔"、"儒法斗争"运动中引用率极高,成为"影射史学"的范本。1974年6月,"批林批孔"运动转化为"评法批儒"运动,矛头直指周恩来等中央领导人。1974年8月,中共中央召开第十次全国代表大会,"四人帮"全部进入政治局。9月,《光明日报》、《红旗》、《人民日报》、《北京日报》、《教育革命通讯》、《学习与批判》等刊物成批涌现署名梁效、唐晓文、罗思鼎的批孔文章,"影射史学"掌控思想界的局面正式形成。

　　总之,革命史范式的教育史学实践,是一种以革命史标准为标准、以革命史分期为分期、以领袖人物的结论为结论的革命史范式。就对马克思主义的理解而言,它是背离了马克思经典著作的唯物主义。就马克思主义的应用而言,它是庸俗的马克思唯物主义在指导着中国教育史学实践。尽管该时期众多教育史学工作者公开发表的著述,均为政治主导下教育史工作者非自觉的学术实践成果,但毕竟已经永久地留在了历史时空之中,无法抹去。

---

　　① "影射"一词最早见于列宁发表在1917年6月23日《真理报》上的《影射》一文。列宁指出:"只有知道多数不在自己一边、人民群众也不赞成自己的人,才会如此野蛮地发作,才会在恶毒的文章里作这样的影射。"参见《列宁全集》(第二版),第30卷,第295页。新中国成立前,郭沫若、翦伯赞、范文澜、吴晗等史学家即采用过影射手法对国民党的极端专制主义进行过批判。"文革"后,在古为今用的实用主义追求下,影射手法表现出不良倾向。1976年第6期《历史研究》编辑部发表《痛打落水狗梁效、罗思鼎》的评论文章中指出:"他们恣意歪曲,编造历史,以古喻今,借古讽今,指桑骂槐,影射比附。"该文所提及的"影射"一词专指"四人帮"及其御用学者所使用的影射手法。1977年第5期《教育革命》发表宁学的署名文章《古为帮用的影射史学》,正式形成了"影射史学"这一专门指称。

　　② 汪征鲁:《中国史学史教程》,福建人民出版社2006年版,第307页。

论"家庭策略"方法在教育史研究中的运用

武翠红*

摘　要:本文分析"家庭策略"方法应用于教育史研究的可能性。以加拿大教育史学家进行的"家庭策略"研究实例,说明如何把"家庭策略"方法运用于教育史研究,并在此基础上,展示了家庭史和教育史相结合在方法上的互补优势;分析"家庭策略"方法的介入是如何拓展和深化了教育史研究的手段;最后,对"家庭策略"方法应用于教育史研究的不足作出了分析,提出避免将日常生活与重大事件截然分开的分析方法,尝试将具有转折意义的家庭决策还原回日复一日的平凡生活中,以期给我国教育史研究一些借鉴意义。

关键词:家庭策略;教育史研究;加拿大

　　20世纪80年代,加拿大教育史学家运用"家庭策略"(Family Strategy)的理论和方法成功地将教育史研究从"社会控制"(Social Control)理论的结构功能主义转向了"家庭策略"理论的个体化脉络之中,运用"家庭策略"的方法来说明各种家庭决定(Family Decision)和家庭利益最大化的关系,从而进一步丰富了过于强调"理性人"的理性选择理论,把理论重心进一步推向个体行为。发展到今天,"家庭策略"从弹性的"策略"概念入手突破了"结构与行动"的二元对立,已经成为加拿大教育史研究的主流理论和方法。本文即是以加拿大教育史学家进行的"家庭策略"研究为例,来解析"家庭策略"方法是怎样应用于教育史研究的。

　　基金项目:本研究为江苏省2011年度普通高校研究生科研创新计划项目"创立与变革:英国教育史学的历史演变"的阶段性成果(项目编号:CXZZ11_0848),同时本文还是2011年度南京师范大学研究生科研创新计划资助项目"创立与变革:英国教育史学的历史演变"的阶段性成果。
　　* 作者简介:武翠红,南京师范大学教育科学学院博士生。本文曾刊于《教育学术月刊》2012年第1期。

一、从"家庭策略"视角研究教育史的可能性

20 世纪 60 年代前后,随着新社会史的兴起,欧美国家的历史学家对西方家庭史研究产生了极大的兴趣,运用社会科学的理论和方法,对历史上的家庭进行跨学科研究,形成了史学的一个新领域——新家庭史。新家庭史和传统家庭史不同,不再附属于事件史,而是把家庭当作一个微观的社会组织来进行研究,以客观的历史研究结果来表明对历史上家庭的看法,借以揭示家庭与宏观社会历史进程的关系。新家庭史从属于新史学,是第二次世界大战后史学发展新潮流中形成的富有成果的一部分,具有新史学发展中的三个特点,其一,提出新的研究问题;其二,提出改革史学传统领域的新方法;其三,提出史学领域中的新的研究对象。[①]

新史学回答时代所提出的一切现实的社会问题,新家庭史的出现就是为了回答与家庭有关的现实问题:"今天的家庭危机就是感情上……依恋和抛弃……的危机,所以,追溯感情的往事,这是历史学家义不容辞的责任。"[②]在研究对象上,家庭史最能体现史学研究对象的变化,因为西方家庭史研究的重点正是历史上普通民众的家庭生活,儿童和妇女进入历史学家的视线,同时把家庭史与社会变迁结合起来考察,尤其是研究家庭演变与近代社会形成的关系,从家庭变革的内部探讨了社会发展的动力,形成了一些理论模式和研究流派,如"生命进程"论、"家庭策略"、"原始工业化"等。在研究方法上,西方家庭史重视的是跨学科研究方法。由于历史学家面对着的是一些从来都是无声无息地生活着的人民大众,他们的日常生活本来就是一些琐碎的小事,没有人详细地去描写他们的衣食住行,记述他们的思想、感受。历史资料的零散和贫乏,迫使历史学家必须跳出传统史学的治史方法,放弃从文献记载、档案材料中寻找史料的做法,充分发掘和利用以前不曾注意过的材料,比如教区登记、税册、日记、信件、住房结构、玩具、服装等等,运用人口学、经济学、心理学、社会学等理论和方法,对这些材料进行分析、解释,找出其中的意义。

20 世纪 70 年代末,为了更好地理解工业化过程中家庭的作用,以研究家庭面临新的外部环境时的决策过程的"家庭策略"成为当代西方家庭史研究的

---

①　姜芃:《西方史学的理论和流派》,中国社会科学出版社 2005 年版,第 274 页。

②　Shorter, E. *The Making of the Modern Family*. New York: Routledge, 1975, P. 9.

一个重要领域。家庭策略在这里被解释为家庭及其成员的决策过程和时机，如何时让孩子接受教育、选择什么样的学校、何时让孩子离家谋生、何时更换住所等。学者们试图利用个人日记、信件等材料去推断人们的家庭行为模式。20 世纪 80 年代，家庭策略研究的最大贡献在于强调文化观念对决策过程的影响。家庭行为不完全由经济决定，也受文化因素的制约。[①]

对家庭策略的研究是家庭决策的表现，谁在家庭决策中起主导作用？各个家庭成员在决策过程中分别在多大程度上和以什么方式最终影响了家庭策略？考察这类问题可以从中理解家庭成员之间的关系和家庭的性质，进而理解家庭对社会的影响。20 世纪 70 年代，西方学者在对东西方家庭研究中普遍注意到家庭决策绝不仅仅是一种相互商量和民主的过程，其中充满了支配与被支配、充满着夫妻争执和父母与子女的争论。如在 19 世纪的"家长制"式的家庭中，丈夫由于是家庭生存的经济支柱，他在关于迁移、家庭成员工作经历这类问题上有较大的决策权。但在教育、家庭开支等方面妻子仍有很大的发言权。在传统型家庭向近现代型家庭转变中，儿童中心趋势就变得越来越显著了。[②]

"家庭策略"加深了对个人、家庭和社会变迁三者之间相互关系的理解。家庭不是被动地受社会变迁的影响，而是要以自己原有的特点对社会作出反应，这种反应的结果就是家庭各成员之间的合力，合力的方向或家庭策略的取向取决于各成员在家庭中的地位，因此，家庭的性质又必然影响社会的变迁，而教育变迁属于社会变迁的一部分。由此可见，从家庭策略的角度探讨教育的变迁亦是可行。

二、"家庭策略"方法在教育史研究中的兴起和运用：以加拿大为例

（一）"家庭策略"方法在加拿大教育史研究中的兴起

20 世纪 70 年代中期开始，加拿大教育史学者开始意识到，在研究 19 世纪和 20 世纪早期公立教育系统时，"社会控制"的理论和方法就很难运用，或

---

① 张永健：《家庭与社会变迁：西方家庭史的新动向》，《社会学研究》1993 年第 2 期。

② Hareven, T. K. "Family Time and Historical Time," *Daedalus*, Vol. 106, No. 2. 1977, pp. 57－70.

者说社会控制理论家将工业资本主义和操纵公立教育系统之间的关系运用到
19 世纪的加拿大是无效的。从"社会控制"理论方法的两大特点：集权化和官
僚化来分析，19 世纪加拿大还没有实现城市化，直到 20 世纪早期加拿大还是
单级或者单班学校，加拿大政府国内服务和教育官僚机构还处于萌芽阶段。
之后，"社会控制"理论的倡导者开始反思该理论的局限性。① 20 世纪 80 年代
初，加拿大教育史学家开始将注意力转到对父母和父母群体的兴趣或者物质
需求对待学校教育的态度。历史学家开始发现非英国移民工人阶级和农村孩
子的父母对教育形式产生重要影响。戴维·琼斯（David C. Jones）重点给出
了 20 世纪农村孩子父母对其孩子不能像城市孩子享受同样的教育权力所表
示出来的不满。② 1980 年，加拿大教育史协会（Canadian History of Educa-
tion Association，CHEA）成立，该协会的成立有力地促进了"家庭策略"方法
在加拿大教育史研究的运用。在加拿大教育史协会的第一次会议上，与会学
者就以"家庭策略"方法在教育史研究中的运用为主题进行了讨论。苏珊·休
斯敦（Susan Houston），先前"社会控制理论"的倡导者之一，指出："19 世纪教
育机构的多样性被不同的社会阶级以不同的但是有效的方式所利用，为工人
阶级进入现代城市社会做好了铺垫。"③普伦蒂斯（Alison Prentice）从妇女史
的观点认为"尽管女性在学校中会受到不公平的待遇，处于受压迫的地位，但
是女性为了实现自己的抱负仍旧在争取教育的权利"④。查德·加菲尔德
（Chad Gaffield）则推断"教育史不能简单地被看作对被压迫人们强迫实行的
学校教育，完整的公立学校教育史不仅是一部从属史和欺骗史，还应该是地方
适应和干涉史，社会控制和社会同化史"⑤。威尔逊（J. Donald Wilson）则提
出有关加拿大少数种族教育史的看法："少数种族和主流文化两者之间的关系
是一种辩证的关系。两者之间的关系不是固定的，传统观点认为是压迫或从

---

　　① Davey, I. "Book Review," *History of Education Quarterly*, Vol. 21, No. 3, fall, 1981, p. 376.

　　② Jones, D. C. "The Strategy of Rural Enlightenment: Consolidation in Chilliwack, B. C, 1919 –
1920," in Jones, D. C. Sheehan, N. M., and Stamp, R. M. (eds.) *Shaping the Schools of the Canadian
West*. Detselig: Calgary, 1979, pp. 136 – 151.

　　③ Wilson, J. D. "From Social Control to Family Strategies: Some Obervations on Recent Trends
in Canadian Educational," in Lowe, R. (ed.) *History of Education: Major Themes*. London and New
York: Routledge Falmer, Vol. 1, 2000, pp. 299 – 315.

　　④ Prentice, A. "Towards a Feminist History of Women and Education," in Jones, D. (ed.) *Ap-
proaches to Education History*. Winnipeg: University of Manitoba Press, 1981, pp. 39 – 64.

　　⑤ Chad, M. G. "Demography, Social Structure and the History of Schooling," in Jones, D. (ed.)
Approaches to Education History. Winnipeg: University of Manitoba Press, 1981, p. 111.

属的关系,让受压迫者没有独立行动的自主权,这种观点如今已经不被接受了。"①这次会议就是否引进"家庭策略"的方法及如何引进进行了深入讨论,以前被忽略的研究对象、史料、方法进入教育史家的视线。

(二)"家庭策略"方法在加拿大教育史研究中的运用

加拿大教育史学家运用"家庭策略"方法研究教育史成果丰富,其中尤其以研究家长对公立教育的需求和态度最为著名。罗伯特·吉德尼(Robert Gidney)和道格拉斯·劳伦斯(Douglas Lawrence)在《埃杰顿·莱尔森斯和安大略中学的起源》(Egerton Ryerson and the Origins of the Ontario Secondary School)一文中,运用"家庭策略"的方法对 19 世纪安大略湖省教育发展的情况进行研究。在他们的研究中显示,从教育政策部门获得的信息,父母对教育的需求随时都会改变。尽管在 19 世纪中央控制教育还占主导,然而,人民会不厌其烦地向政府及教育机构阐述自己的教育需求,并且这些需求大部分会得到关注,甚至是独裁者埃格顿·瑞尔森(Egerton Ryerson),他也会作一些改变使自己的控制变得隐蔽些。同时,作者还强调人民在教育和官方机构制定措施时所起的作用,极大地修正了激进主义修正派关于将官僚化看作中产阶级统治的砝码观点。罗伯特·吉德尼和道格拉斯·劳伦斯注意到家长的教育需求与当时的社会背景相关,将家庭所具有的价值和规范,也包括家庭成员的心理所构成的一个氛围,尤其是由社会和家庭主要成员个人的价值观所型塑的家庭价值取向,与大的社会背景即社会变迁联系起来,证明了在 19 世纪官僚组织形式怎样服务于全体人民的兴趣而不是精英人士的。只是到了 20 世纪初,官僚机构变得集权化和工具化,很少服务于下层人民尤其是工人阶级。②

1986 年,艾尔西·艾娜·沃茨(Elsie Ina Watts)运用人类学、社会学和心理学的方法,探讨了加拿大温哥华岛维多利亚殖民地时代家长对公立教育发展的态度。沃茨认为过去教育史研究过多地关注政府、教育者和教育机构,而忽视了孩子父母的态度对国家公立教育发展的作用。研究发现,孩子根据父母的选择入学,父母一般选择私立学校,但是如果符合父母价值观和态度的私

---

① Wilson,J. D. "The Picture of Social Randomeness:Making Sense of Ethnic History and Educational History," in Jones,D. (ed.) *Approaches to Education History*. Winnipeg:University of Manitoba Press,1981,p. 34.

② Gidney,R,D. and Lawr,D,A. "Egerton Ryerson and the Origins of the Ontario Secondary School," *Canadian Historial Review*,Vol. LX. No. 4,1979,pp. 442-465.

立学校学费很昂贵,那么父母一般选择将孩子送到非宗派的公立学校。因此,在维多利亚周围广阔的人口稀少的农村,专门的私立学校是不可行的,公立教育更多地被农村孩子父母接受而不是城市孩子的父母。[①] 在运用"家庭策略"方法时,沃茨将关注点放在教育选择的形成过程上,即谁在教育选择的形成中起主导作用? 各个家庭成员分别在多大程度上和以什么方式最终影响了家庭策略的形成,显然,沃茨想考察的是家庭策略的形成机制及在它形成中反映出来的家庭成员的关系,这种关系可能会因为地区的不同而呈现出不同的特点,从而成为比较研究的前提。另外,沃茨在研究中还使用一种综合的研究方法。也就是说,从变动、相互联系和个性与共性的结合这一视角去把握父母在选择教育时家庭策略的产生和执行。所谓变动,就是把家庭策略的决定和实施看作是一个动态的过程,首先它产生于家庭成员的互动;其次,它会随社会的变动而改变,因此,它在与社会不断的相互作用中实施与完成。另外,沃茨还注意到单个家庭的家庭策略固然有其自己的特殊性,但是作为"类"的家庭(比如工人家庭、农民家庭、知识分子家庭)也会表现出其共性,所以沃茨在用定量分析和定性分析相结合的方法去达到对家庭策略的产生机制的一般过程及其对社会作用的认识,并由此窥视在家庭策略制定过程中,人际互动中反映出来的由教育变迁导致的家庭关系的变化,及这种变化所具有的家庭制度变迁的性质。

在关注"家庭策略"的教育史家那里,加拿大教育史实际上是有关孩子受到的教育形式,政府的愿望和孩子父母的愿望之间不断相互影响和对话的过程,而这一过程并不像注重"社会控制"理论的教育史学家所说的那样。早在1966年,马斯格雷夫(Frank Musgrove)就明确指出:"孩子受到的教育形式实际上取决于中产阶级家庭父母的态度。虽然中产阶级家长父母与政府的目的一般是相符的,但是也会存在一点冲突。而劳工阶级和移民家庭,由于面对国家官僚机构的压迫而会有敌意和挑战行为。"[②]其后,皮瓦(Michael Piva)、科珀(Terry Copp)、戴维(Ian Davey)都对19世纪和20世纪加拿大教育发展受家长对公立教育的态度影响的观点进行了分析,当家庭的经济条件不能承担

---

① Watts,E. I. *Attitude of Parents Toward the Development of Public Schooling in Victoria, B. C. During the Colonia Period*. M A Simon Fraser University,1986,pp. 11—12.

② Wilson,J. D. "From Social Control to Family Strategies:Some Observations on Recent Trends in Canadian Educational," in Lowe,R. (ed.) *History of Education:Major Themes*. London and New York:Routledge Falmer,Vol. 1,2000,p. 302.

起学费时,家长会有各种理由让孩子辍学。①

　　除了研究家长对教育的需求及态度之外,加拿大教育史学家还成功地运用"家庭策略"方法研究种族教育历史和儿童教育历史。他们认为由于个人不同的生命轨迹,不同职业、社会地位和价值取向的家庭对公立教育的态度不同,在面对教育变迁时,家庭所采取的策略也就不同。同时,在家庭策略形成过程中的互动、家庭结构的特征、家庭成员的人格特征等,这些因素相互作用下,从而使得家庭策略的形成过程中呈现出不同的特点,也使不同家庭的家庭策略的实施呈现出一种多样性和复杂性。因此,加拿大每一个种族群体都在调整自己以适应政府的压力,或者是根据自己的兴趣进入公立教育,或者是顽固地抵制公立教育,如杜科波尔派通过学校抵制政府措施的实行。但是有一点在加拿大教育史学家那里是非常清晰的,就是少数种族和主流社会之间的关系是一种辩证的关系,总是处于不断变化的过程中。② 而在儿童教育史方面,关注点已经由学校的排外性转移到社会福利性的政策系统以及其他帮助儿童的机构。③ 教育史学家调查发现在对儿童的关注下,家庭与学校之间的关系不断改变,在这方面,加拿大教育史学家取得丰硕的研究成果。④

三、"家庭策略"方法应用于教育史研究的评述

　　"家庭策略"方法应用于加拿大教育史研究之所以取得如此成功,与战后加拿大修正派的"新教育史学"实践是分不开的。从凯茨开始,修正派教育史学家最突出的特征就是将新兴学科的理论及新型的研究方法应用于教育史研

① See Also, Copp, T. *The Anatomy of Poverty* Toronto:Mcclelland and Stewart,1974; Piva. J. *The Conditions of the Working Class in Toronto*,1900－1921. Toronto:University of Ottaa Press,1977.

② See Dahlie,J. "No Fixed Boundaries:Scandinavian Responses to Schooling in Western Canada," in Lee D. J. (ed.) *Emerging Ethnic Boundaries*. Toronto:University of Ottaa Press,1979, pp.11－129.

③ See Parr,J. (ed.)*Childhood and Family in Canadian History*; Rooke,P. T. and Schnell,R. L. (eds.) *Studies in Childhood History:A Canadian Perspective*. Calgary,1982;Grubb, W. N. and Lazerson, M. *Broken Promises:How Americans Fail Their Children*. New York: Basic Books,1982.

④ Wilson,J. D. "From Social Control to Family Strategies:Some Observations on Recent Trends in Canadian Educational," in Lowe,R. (ed.) *History of Education:Major Themes*. London and New York:Routledge Falmer, Vol. 1,2000,p. 309.

究中。加拿大著名教育史学家威尔逊(J. Donald Wilson)评论道:以加拿大教育史学会为中心的加拿大修正派的教育史学家们,在 20 世纪 80 年代以来,他们一方面批判"社会控制"理论的局限性;另一方面,他们引用"家庭策略"的方法,深刻改变了是什么构成教育史以及是谁创造了教育史的各种概念。他们提出了一种与 20 世纪 70 年代之前大多数教育史家所主张的单一研究路数大为不同的另一种研究路数。实际上,从加拿大传统教育史学家查尔斯•E•菲利普斯(Charles E. Philips)和亨利•约翰逊(Henry Johnson)以及他们以后朝着社会科学定向的加拿大教育史学家,都是通过单一维度来观察教育历史,而采用"家庭策略"方法的教育史学家则强调影响教育因素的相对性和多维性而修改了教育史研究的路径。从某种程度上正如威尔逊所说,运用"家庭策略"方法的教育史学家的努力扩大了教育史概念的内涵。"他们在主题和方法方面扩大了教育史学家对父母、孩子和教育各侧面感兴趣的范围。"[1]他们把教育史和最广义的"家庭史"结合起来,他们向教育史著述的传统的狭隘观念进行了挑战。总之,加拿大教育史学家运用"家庭策略"的新方法、新视角、新思维模式重新审视教育史,为研究教育历史作出了不可磨灭的贡献,所以"家庭策略"的方法应用于教育史研究是非常值得肯定的。

首先,"家庭策略"方法倡导将宏观社会变迁的背景与家庭成员互动结合起来进行考察的观念使人们容易摆脱传统教育史学的线性思维方式的一些错误认识,从而在某种程度上克服了教育史研究在打破了老教育史学的局限之后出现的过度分散化,所研究的课题越来越细小分散,彼此之间缺乏联系的危机。将家庭策略具体化为孩子策略、父母策略以及策略之间的动态对话过程,即弥补了以往研究对家庭策略的忽视,又注重孩子的主体视角,强调孩子的主体性,是构建整体教育史的一种新路径。从"家庭策略"方法在教育史研究中运用来看,家庭策略表明家庭不是被动地受教育变迁的影响,而是以自己原有的特点对教育变迁作出反应,也就是说,它体现了家庭对教育的反作用。而家庭在对教育作出反应的前提,则是教育变迁对家庭产生的影响,这也正是我们想了解的。

其次,家庭策略的研究使我们关注家庭决策的产生过程,因而也必须关注家庭成员之间的互动及在互动中体现出来的家庭成员之间的关系,拓宽了教

---

① Wilson, J. D. "From Social Control to Family Strategies: Some Observations on Recent Trends in Canadian Educational," in Lowe, R. (ed.) *History of Education: Major Themes*. London and New York: Routledge Falmer, Vol. 1, 2000, pp. 299—315.

育史家的视野。按照家庭策略理论的要求,其分析框架一般包括三个层面的内容:(1)从弹性的"策略"概念入手突破"结构与行动"的二元对立;(2)注重个体生命历程与教育历史变迁的结合;(3)关注"家庭"、"家庭成员"这些分析单元的多层次性。具体到历史上家庭对教育选择问题上,整个家庭作出是否上学以及上哪种学校等最后决策需要考虑几个因素:"1.决策主体。家庭策略是一个集体概念,但是在分析的时候具体决策者仍然落在父母、子女的身上。2.决策过程。整个决策过程是不同行为主体之间的博弈,因此研究的重心应该放在行为主体的角色力量对比和博弈过程上。3.影响因素。我们需要弄清楚有哪些因素影响了个体决策,又有哪些因素最后超越个体层面促成了家庭决策,这也是整个家庭策略动态研究的关键。"①"家庭策略"方法促使了教育史学家对人们观念及文化习惯进行研究,而这些东西对于得出人类教育选择行为的一般性结论具有重要价值,也是以往传统教育史学所不能提供的。

最后,"家庭策略"方法应用于教育史研究极大地改善了教育史学家们对"史料"的看法。应该说自从"社会控制"理论和方法运用到教育史学以来史料观念就得到了某些更新。但是真正使教育史学家"对什么构成史料"这一观念产生彻底改变的还是"家庭策略"的方法引入教育史研究之后。运用"家庭策略"方法的教育史学家比"社会控制"理论的倡导者更关注微观的文本材料:如教区登记、点名册、日记、信件、遗嘱等,除此之外实物材料、语言材料、行为材料等非文本的材料也进入教育史学家的视野,如研究学习工具、玩具、服装等等,大大扩充了史料的范围。

"家庭策略"方法应用于教育史研究中在彰显成功的同时,也暴露出一些明显的弱点。教育史学家在对"家庭策略"进行分析时,往往不自觉地将"家庭策略"视为重大决策,与日常生活脱离了关系。如罗伯特·吉德尼和道格拉斯·劳伦斯从官方机构中找寻家庭在面对突发事件中的态度和决策的证据,忽略了日常生活对教育选择的影响。因为,家庭策略具有在一个时期中会处于一种相对稳定状态的特性,随之而来的一系列家庭决策则都从属于这一策略从而形成一个彼此互相联系的过程,同时又表现出一种整体的特性。因此,在运用"家庭策略"方法研究教育史时,应避免将日常生活与重大事件截然分开的分析方法,尝试将具有转折意义的家庭决策还原回日复一日的平凡生活中,从细微之处体察家庭面临教育变迁的关键性选择时看似意外、实际必然的

---

①　韩晓燕:《"隐性抗争"与"隐性合谋":城市新移民家庭策略的互动模式——以上海市流动人口家庭的初中后教育选择为例》,《云南师范大学学报》(哲学社会科学版),2011年第2期。

做法。

　　综上所述,尽管自 20 世纪 90 年代以来,对"家庭策略"理论和方法的责难不断兴起,同时"家庭策略"理论和方法本身存在的上述缺陷也日渐暴露,但是总体看来,"家庭策略"理论和方法对教育史研究具有一定的启示意义,批判了"社会控制"理论的极端,寻找教育的另一方对教育的态度和影响,拓展了研究教育历史的手段,推动教育史学成为一门"更为科学"的学科。但是,"家庭策略"方法并没有从根本上否定社会教育史学和传统教育史学的研究方法,它和传统教育史学、社会教育史学的研究方法也不是一种更新换代的关系,而是更为强烈地体现出一种互补性,教育史学家的这种努力极大地增加了教育史学的价值。

检讨中国教育西化成效的新视角：
海峡两岸百年西化历程的比较刍议

周愚文[*]

摘　要：西式新教育引入中国，已逾百年，在澳港台大陆先后展现出不同的形式与结果。过去虽有个别的教育史研究，但罕做海峡两岸的横向比较研究。本文倡议可做此方向的探索。主要理由有二：一、西方教育不再等于先进、正确及好的教育，需要找新方向。二、海峡两岸有共通的历史文化脉络，却有不同教育发展过程与反应模式值得比较。本文先鸟瞰两岸西式教育的发展过程，其次提出：一、制度主要来自移植与模仿；二、殖民政府的政策各不同；三、政府干预的程度不同；四、教育宗旨不同；五、教育制度分歧等五项特征。之后再列举出：一、应试教育挂帅，升学压力大；二、品德教育日趋式微，学生行为问题日趋严重；三、家长社会重视普通教育，职业教育受轻视；四、高等教育扩张与市场化与失业四项共同问题。最后列举从事两岸教育史比较研究的三点困难，但仍值得继续研究。

关键词：西式新教育；中国近现代教育；海峡两岸；比较取向

一、前　言

过去研究中国近代教育发展，多半是从时间轴的角度着眼，纵贯地看如何现代化、如何西化，时间上分为近代与现代两阶段，或者照着政权的更迭作讨

---

*　作者简介：周愚文，台湾师范大学教育学系教授。

论。然而鲜少采取比较的观点进行研究,无论是作中西比较或中日比较,更少比较海峡两岸不同的西化过程、模式及其得失。此外,只见到中国大陆、台湾、香港、澳门四地个别教育史的研究,而没有横向的比较研究。因此如果要讨论近代中国整个教育西化历程的成败得失,只看一地的发展变化,显然有所不足。

如果吾人放大视野,以 1840 年为起点,范围扩及四地,则可以发现澳、港、大陆、台湾是先后开始经历到教育的西化。而如今已逾百年,在这段期间各自发展的历程与模式却不尽相同,出现不同的特征,而成效也有高低,因此很值得并在一起看。而且过去这种西式教育,是否真的适用于华人社会,应该好好检讨反省,如今正值新世纪的开始,以严谨客观的学术角度,从海峡两岸百年发展的经验中,分析比较,总结出好的教育与经验及较合适的模式,以作为未来规划的方向。

以往海峡两岸的教育史学者彼此较陌生,对于四地教育发展的历史研究成果也多少不一,但是自 20 世纪 90 年代以后,彼此交流增加;而 2007 年澳门大学首次举办《海峡两岸教育史研究论坛》,开始提供讨论交流平台,更激发进行比较的灵感,因此本文拟论述此种比较观点的价值与可能性。

二、为何要进行四地比较

为何要进行四地的比较,理由有以下两点:

(一)西方教育不再等于先进、正确及最好的教育,需要找寻新方向

19 世纪中国引入近代西式教育时,一面倒的认为西式教育就是新的教育、就是好的教育、就是进步的教育,引进西式教育,就是教育的现代化,也是国家现代化的一环,或是重要关键之一。然而这种"西方至上"的潜意识,百年之后应该可以视为一种价值观的迷思。因为当时的西方教育,百年来也不断在改变,自 19 世纪发展迄今,已出现许多问题,不再是完美无瑕,有许多错误,例如学校功能不断扩张,造成家庭功能弱化;都市化的教育形式,不适用于乡村地区;宗教与道德教育的不重视,导致学生品德行为问题日增。历经"师夷长技以制夷"、"中体西用"到"全盘西化"的中国,百年来一味仿效学习西方,是否也该清醒,重新检视一下过往历程,找出自己未来该走的路,而不是再执着依循"西方至上"的路。

(二)海峡两岸有共通的历史文化脉络,却有不同教育发展过程与反应模式,值得进行比较研究

海峡两岸在历史文化的主要元素上,有许多地方是共通的,当面对近代来自西方的挑战时,由于历史的偶然性,四地先后在不同时间接触到西方,各自依环境与需要,引入了不同的西方教育制度,经过百年的运作,变化出不同的模式,这种经验是很宝贵的。就好像有四组受试者,参与了一场百年西式教育制度的大实验。如今是检视实验结果,比较得失的时机。由于四地有许多共通的因素,更有利于观察分析各自的反应。其可靠性,应超过中英、中美或中日的历史比较。

三、海峡两岸近代教育西化过程的鸟瞰

百年来四地的教育,如何从传统走向现代需要说明,以下先说明引入时间,之后再简述其过程。

(一)引入时间

四地接触西式教育,进而建立西式教育制度的时间并不一致。可能最早是澳门,其次是台湾,之后是香港,最后才是中国内地。而各自在历史发展过程中,曾经历过巨变。

首先,就澳门言,16世纪中明代西方传教士及商人到澳门,1594年耶稣会将学塾升格,成立圣保罗书院(Colegio de St. Paulo)以培养准备进入中、日、越的神职人员[1(P23)],应为引进西式教育之始,但1835年被毁。1849年葡萄牙强占澳门,进行殖民统治,西式教育才有进一步发展。1974年4月葡国政变,建立共和国,实行非殖民地政策。1979年2月中葡建交,1987年4月中葡签订联合声明,1999年12月澳门回归中国,[2(P2、44)]教育发展则进入另一阶段。

其次,就台湾而言,接触西式教育可追溯至17世纪,当时荷兰人占据台湾,明崇祯九年(1636)曾在台湾南部新港设学校,以罗马字教原住民读写及教理大要。之后扩及目加溜湾、萧垄及麻豆[3(P50−51)]。西班牙占据北台则未设校。当明郑及大清统治期间,又回到传统科举与学校制度。直到1885年刘铭传担任首任台湾巡抚,在台北大稻埕六馆街设西学堂教外语;又于1888年于建昌街设立电报学堂培养电报技术人员,才重新引入西式教育。不过,1891

年新巡抚邵友濂继任后便废止之[4](P194-195)。1895 年 8 月台湾割让给日本,日本开始实施日制教育,而该制则是学习西方,自此才全面引入西式教育制度。1945 年 8 月,日本战败投降,国民政府接收台湾,一改日治,回归中国制度。1949 年后,台湾全面依中国制度实施迄今。

第三,就香港而言,1842 年根据中英南京条约,香港割让给英国,但 1841 年元月,应已实际占领香港岛[5](P75)。1860 年中英北京条约,再割让九龙半岛以南[6](P119)。1898 年则租借九龙半岛以北土地,称为新界[7](P222)。于是在英国殖民统治下,初期维持中国传统式教育,一方面引进西式教育。而 20 世纪以后,中文教育与英文教育并行。1984 年签订《中英联合声明》[8](P356),未来将实施"一国两制"。1997 年 7 月香港回归中国,但制度配合内外形势已进行改革。

最后,就中国内地而言,晚清清廷自 1862 年配合洋务运动,设立京师同文馆开始,开始引入西式学堂,至 1902 年颁布《壬寅学制》,则是全面建立西式教育制度之始。民国以后及人民共和国阶段延续之,但又有一些重要的变化(后详)。

由上所述可知,四地在不同时间起跑点上,各自先后引入不同的西式教育。

(二)四地教育发展过程简述

1.澳　门

首先,就澳门言,全面引入西式教育起于 19 世纪,主要透过三条途径。首先,是教会私办,又分为天主教及基督新教。其次葡澳政府官立。第三是华人私办。

就天主教言,除 1594 年成立的圣保禄学院外,1726 年[①]又设圣若瑟书院,为其分校,培养中国籍传教士。之后 1762-1862 年间,因为澳门政府屡次驱逐耶稣会士而式微,直到 1925 年才恢复[9](P23)。1848 年云仙仁爱会修女管理的圣罗撒培幼院创立。1910 年因葡国革命,新执政者仇教,驱逐修女离澳,直到 1932 年才恢复。1906 年天主教慈幼会开办圣母无罪孤儿院。1911 年开始注意中文教育,首先在凼仔办圣善学校,1923 年教友在望德堂区办公教学校。1931 年办圣若瑟中文部等。之后陆续增设,1935 年这些学校纷纷向南京政府注册立案[10](P28-30)。

---

①　唯冯增俊主编(1999:61)事在 1727 年。

　　至于新教，为纪念马礼逊(Dr. Robert Morrison，1780－1834)，1835 年发起成立马礼逊书塾(Morrison School)，1839 年开课。1842 年迁港[11](P87－89)。1906 年教友成立中华基督教会至道堂，并设小学。1919 年教友余美德倡办至道堂幼儿园，是第一所西式幼儿园。1932 年该堂成立蔡高纪念学校[12](P31－32)。

　　其次，就葡澳政府言，1847 年创立葡文官立中心小学及学校教育基础学校[13](P65)。1894 年①成立官立中学(称为利宵中学，Liceu de Macau)。打破教会对中等教育的垄断。1910 年葡国改制共和后，澳门中央官立中等教育、初等教育、幼儿教育与补习教育连成系统。以上都只收葡人。另外，地方自治机构于澳门及离岛所办议事公局学校，转变成中葡学校(Escola Luso－Chinesa)，另有一所民主学校(Escola Republica)，以收华人子弟[14](P27－28)。又 1878 年振兴学会成立当数商业学校。1906 年成立圣母无原罪工艺学校，推动职业技术教育[15](P73)。

　　第三，华人私办，由于澳港政府不承认华人所办学校，故其只能称为学塾，这些多设于氏族宗祠或庙宇。其中以 1899 年陈子褒兄弟所设子褒学塾及子韶学塾较有名，1912 年改名为灌根学校。1905 年清廷宣布废除科举后，澳门学塾也纷纷改为学堂。除此之外，革命分子也设新学，宣统初，康梁党人设立华商学堂，为全澳第一所华人学堂。1914 年华人树学会，开办澳门英文学校，仿英制，用英语授课，是第一所英文学校[16](P32－36)。

　　至于，葡人私办只有一所，1871 年伯多禄等所创葡文商业学校，比例极少[17](P36)。

　　中日战争期间，因为葡萄牙保持中立，广东许多学校迁澳，促进澳门教育发展。

　　1949 年以后，教育又有变化。首先，是 20 世纪 50－60 年代，各同业公会、职工会、民间社团纷纷办理中小学及成人夜校。而天主教会及基督教会也为新移民办理平民学校。至于葡澳政府，1960 年代对于华人子弟教育是"撒手不管"。至于官立学校，1950 年代初，何东爵士捐赠成立官立何东中葡小学，男女各一，取代议事公局学校及民主学校。与原有官立中学、小学及幼儿园，共同形成只供少数人的一个公费教育系统[18](P42－43)。以上各类学校中，私校是主体，官校是补充。其中，1998 年以前天主教会学校学生数约占总人数的 47%[19](P31)。

　　随着中国改革开放，中葡建交，1987 年进入过渡期后，葡澳政府教育政策

也出现改变。一方面开始执行"普及双语制总政策",一方面朝向承担公共教育,实施普及的免费教育(后详),及制定教育法规[20(P37)],如 1991 年 2 月公布高等教育法令,8 月颁布《澳门教育制度》[21(P100、121-122)]。

2.台　湾

其次,就台湾言,如前所述,最早接触西式教育可上溯到 17 世纪前期荷兰统治时期,但未形成制度。19 世纪末清廷的西学堂,也只是昙花一现。一直到 1895 年日本殖民统治台湾后,才有结构性转变。

1895-1945 年日本统治台湾 50 年期间,基于国家主义教育思潮及现代化意识,以教育作为同化及开化台人的手段。教育政策配合殖民政策转变,分为三阶段,初期采渐进主义原则,未建立学制,本于隔离政策,日人入小学校,台人则入六年制公学校,原住民入蕃童教育所。一次大战后,依据同化主义施政方针及差别原则,1919 年台湾总督府颁布《台湾教育令》,确立台湾人的教育制度,仍持严格隔离政策。1922 年颁布《新台湾教育令》,改采内地延长主义,明订中等以上学校,取消台日人的差别待遇与隔离教育,实施日台共学。1937 年中日战争爆发后,殖民政府积极推动皇民化政策,1941 年推动皇民化运动,修正《台湾教育令》,并依《国民学校令》,表面上取消小学校与公学校差别,一律改为国民学校,但实质上课程上仍分第一、第二及第三号课表[22(P249-253、660-661)]。

1945 年国民政府接收台湾后,实施中国化政策,消除日本殖民统治色彩,自 1946 年 2 月起调整学制,9 月起完全依照国府制度,实施 6-3-3 制,法令与课程亦同[23(P89-90)]。1949 年后,制度无根本改变,直到 1968 年,将国民教育由六年延长为九年。起初国中阶段虽免学费,但因条件所限并未强迫入学,故不属于义务教育,只称为国民教育。1979 年《国民教育法》公布,确定为九年国民教育为义务教育。惟直到 1982 年修正公布《强迫入学条例》后,6 至 15岁学童才全面强迫入学。这是结构的大改变。1990 年随着解除戒严,进入教育改革年代,再度大幅引进美国现行制度与观念,扩张后期中等教育与高等教育,结果引发混乱。2003 年时,批判十年教改之声大起。2011 年元月政府宣布将自 2014 年起国民基本教育延长为 12 年,预料将会带动另一波变革。

3.香　港

第三,就香港言,1841 年英国统治香港后初期,政府维持中国传统式的塾馆教育,至于西式学堂,则本于民主精神,任教育自由发展,港府只是从旁积极鼓励私人或团体去兴学。因此,1841 年以后,早期教育主要是志愿团体及热心人士的努力。其中教会是重要力量[24(P85)]。1841-1858 年期间,主要的教会团体有马礼逊教育协会（Morrison Education Society）、美国浸信会（American Baptist Board of Foreign Mission）、伦敦传道会（London Missionary Society）、美国公理会（American Board of Commissioners for Foreign Missions）、英国圣公会（Church of England Missionary Society）及罗马天主教会[25(P86)]。

马礼逊教育协会主要是在 1842 年将马礼逊学塾由澳门迁入，1843 年开设英文部，并新建马礼逊书院 11 月完工，为港岛规模最大者[26(P89-90)]。之后因故于 1849 年春结束[27(P92)]。美国浸信会最早是 1842 年由叔未士牧师（Rev. John Lewis Shuck）夫妇设立宏艺书塾，宣扬教义。次年另设女塾[28(P92-93)]。伦敦传道会则是 1843 年由理雅各布（Dr. James Legge，1815-1897）牧师将英华书院（the Anglo-Chinese College）自马六甲迁港。1846 年另设英华女学[29(P94-95)]。美国公理会于 1844 年时亦设书塾一所。英国圣公会则于 1849 年设圣保罗书院（St. Paul's College），以培养本地牧师[30(P97)]。罗马天主教会，1848 年时共设三间书馆[31(P98)]。虽然早期教会办理各类书馆，但明显呈衰退状态[32(P100)]。

港英政府自 1847 年起，首次补助维多利亚城、赤柱及香港仔三间学塾，并另设教育委员会予以监督，这是公众教育制度的开端[33(P103)]。正当教会学校衰退时，1854-1859 年新任港督鲍宁重视教育，于是将先前支助书塾由政府纳入管理，成为皇家书馆（government schools），1855 年共有 10 间，1859 增至 19 间，而 1857 年时订定《皇家书馆则例》（Rules and Regulations for Government Schools）[34(P110-111)]。

1858 年签订《中英天津条约》允许教士自由到内地传教，1860 年以后教会学校再度活跃。学校数由 1871 年的 13 所，10 年后增至 37 所，15 年后增至 101 所[35(P129)]。

此外，1861 年理雅各布建议停办维多利亚城所有皇家书馆，将学生集中于新的中央书院（Government Central College）。同年港督批准计划，1862 年二月开课[36(P132-133)]，是为第一所官立中学[37(P27)]，称为大书院。1884 年扩张迁校并改名为皇后书院（Victoria College），1889 迁新址。1894 年改为皇仁书院（Queen's College），次年取消中文部[38(P171-172)]。

1870 年英国通过《小学教育法》（the Education Act，1870）后，1871 年港府首任教育司史钊活（Frederick Steward，1838-1889）加以适度修正后施行，另提出《补助书馆计划》（Grant-In-Aid Scheme），以推动世俗教育，以取代原法有关宗教教育的良心条款。但教会反对，不过仍于 1873 年经立法局批准实行，补助对象包括五类书馆：中文教育的书馆、中文教育而附有英文科的书馆、西式教育的中文书馆、西式教育的任何欧洲语言书馆、西式教育的任何欧洲语言而附有中文科的书馆[39(P146-148、150)]。补助计划之后不断修订。由于该计划,政府管理的书馆分为两类,一是皇家书馆(或称国家义学),一是补助书馆(或称辅翼义学)[40(P158)]。实施状况,据不完全统计,1872 年只有 30 间政府书馆,其中 15 间由政府维持,15 间由政府补助。次年补助书馆有 6 间。至 1898 年时,补助书馆增为 100 间,政府书馆 15 间[41(P164、332)]。

20 世纪以后,1901 年港府委任教育委员会调查香港的教育状况。次年提出《1902 年教育委员会报告书》,其中将学校分为英童书馆、汉文高等学堂、汉文书馆、官立英文书馆、皇仁书院、英文辅助书馆等类[42(P224-225)]。由于 1902 年起,清廷也开始全面实施西式教育,先后颁行《钦定学堂章程》及《奏定学堂章程》,民国以后延续之,也促使香港新设许多新式学校。1912 年因为中国革命,引起港府对学校监督的关注。1913 年首度经立法程序公布《1913 年教育条例》,规定所有公私立学校需接受政府的监督;又所有学校除非获特别豁免,否则一律依法要向教育司署注册,并遵守该条例的规定[43(P250-251)]。1920 年设立官立汉文师范学堂。1926 年设立官立汉文中学[44(P265)]。1937 年香港教育司举办全港中学会考[45(P268)]。1939 年设立香港师资学院,1941 年更名为罗富国师范学院(Northcote Training College)[46(P294-295)]。1950 年代重点在扩展小学教育学额。1960 年代在发展中小学教育及师范教育。1970 年代则开始免费小学教育及实施九年义务教育[47(P20)]。以上是初等及中等教育的状况。

关于高等教育方面,1880 年时曾讨论是否将中央书院提升为高等书院,委员会认为不合经济原则而作罢[48(P169)]。1887 年民间设立香港西医书院(Honk Kong College of Medicine for Chinese)[49(P36-37)]。《1902 教育委员会报告书》中,仍认为设高等学院尚非其时[50(P226)]。1905 年报纸建议建立大学。1908 年港督卢押爵士(Sir Frederick Lugard)也公开倡议。经各方士绅响应集资,1910 年香港大学奠基,1911 年制定宪章,1912 年宣告成立,初期由原香港西医书院、工学院合并。再次年才增设文科[51(P249)],成为香港第一所大学。

1949 年以后,陆续设立一些学院及专科,如新亚书院(1949)、崇基书院(1951)、官立文商专科学校(1951)、葛量洪师范专科学校(1951)、联合书院(1956)、柏立基师范专科学校(1960)等。1963 年将崇基、新亚及联合书院三校合并,组成香港中文大学,成为第二所大学[52(P344-347)]。之后扩张情形后详。

4.中国内地

最后,就中国本土言,在晚清时期,清廷引入西式教育的策略,主要有两种,一是在国内尝试设立西式学堂,一是选派学生出洋留学。前者,分为由国人自设,及外人设立(特别是教会学校)。后者,则分别送幼童留美及成人游学欧日。关于国人自设学堂,则是自 1862 年设京师同文馆开始,之后学堂数量上日增,性质上,由外国语学堂及技术学堂,逐渐扩增至军事学堂与实业学堂。1901 年清廷推行新政后,正式一改传统学制,欲建立西式学制。1902 年的《壬寅学制》及 1904 年的《癸卯学制》,则是总结过去洋务运动的经验,从个别西式学堂的设置,发展到完整西式学制的建立。修业年限从 16 年延长到 20 年,并引入义务教育观念。这两个学制,主要是模仿日本学制。

1912 年民国成立后,在先前基础上修订学制,是为《子癸丑学制》。直到 1922 年北洋政府公布新学制,由仿日转向仿美,引入 6－3－3 制,才有根本性改变[53(P71-72)]。1928 年国府虽修订公布《壬辰学制》,但基本结构未变。

1949 年中华人民共和国成立后,一改前制,学制历经变化,1949 年学制历经数变,1949－1951 年为沿用阶段,1951－1957 年为俄化阶段,1958－1960 年为大跃进阶段,1961－1965 年为调整阶段,1966－1976 年为"文革"阶段,1977－1984 年为四个现代化阶段,1985－1993 年为体制改革阶段[54(P24)],1993 年以后迄今。有关教育改革的重要文件,有 1951 年的《政务院关于改革学制的决定》,1958 年《关于教育工作的决定》,1961－1963 年间的《高校六十条》、《中学五十条》及《小学四十条》(一百五十条),1966 年《关于无产阶级文化大革命的决定》,1985 年《中共中央关于教育体制改革的决定》,1986 年《中华人民共和国义务教育法》,1993 年《中国教育改革和发展纲要》等[55(P8-17、194)],1995 年《中华人民共和国教育法》,1997 年《中华人民共和国高等教育法》,1999 年《面向 21 世纪振兴教育计划》及《关于深化教育改革全面推进素质教育的决定》[56(P460-461、513)],决定了各阶段发展的重点。

四、特征分析

从过去四地发展的过程中,约可归纳出五点特征,其利弊互见,兹说明如后。

(一)制度主要来自移植与模仿

近百年来四地的西式教育制度,都不是源自本土,而是由移植、模仿或抄袭西方而来。

澳港因为分别是葡萄牙及英国殖民地,自然实行殖民母国制度。而台湾先后实施荷制及日制,而日制又是仿欧制。1945年以后国府统治以后,主要是仿美制。

至于中国本土,晚清以来百年间先后历经仿日、仿德、仿美。1949年以后,引介苏联以凯洛夫为代表的教育理论与办学经验[57(P88)],1951—1957年间,一度以俄为师,学习苏联教育经验,中小学学制仿俄改为十年制,全盘搬用苏联学校教学模式、教材、教学组织形式[58(P9)]。蒋纯焦指出,学习苏联教育,主要表现在"请苏联专家来"、"派留苏学生"、"兴办中国人民大学"、"采用五级分制"、"实行红领巾教学法",以及"六节一贯制"[59(P76)]。另外,学习苏联中等专业教育及仿苏高等教育模式进行院系调整亦是[60(P82)]。关于高等教育,1949年之前东北已先学习苏联,1952年实施"一五计划"期间,则是通过全面系统的学习苏联高教经验,建立社会主义高教体系[61(P81)]。1960年代中苏关系恶化才停止。1978年以后,开始转仿效美制。

由上述历程可知,当四地不断模仿引入外国制度,其是否真正适合本地,西化百年后是一个必须严肃思考面对的问题。外国月亮一定圆的心态必须调整,橘逾淮为枳的缺失必须改正。透过四地比较,也许可找到一条未来的路。

(二)殖民政府的政策各有不同

由于澳、港、台皆曾经成为外国殖民地,而葡萄牙、英国和日本三国的殖民教育政策,却显然不同。首先,就澳门而言,是采取双轨政策。对于殖民者本身子弟,则以政府资源施以精英教育;但是对于被统治的华人,则采放任政策,长期以来,葡式与中式两种教育并存,各自独立。官方资源充足,民间匮乏。对于民间政府消极、不负责,"撒手不管",由天主教及基督教、工会、社团及私人承担教育责任,包括最基本的初等教育。直到1990年代,回归前夕才有所改变[62(P43)]。此外,在语言政策上,葡文虽是官方语言,但是并未打压中文,也未强迫学习葡文。1907年至1974年间,澳门政府曾八次强调葡文小学、中学及商业学校要教授中文。1919年训令自1920年元旦起,官立、市立、传教士或其他政府津贴小学必须教授葡文,并设奖学金予以鼓励[63(P67)]。直到进入过渡期后,葡澳政府开始执行普及双语制总政策[64(P37)]。1988年初澳督开始强调推广葡语。二月,教育司也强调以中葡两语[65(P115)]教学。1990年研拟《澳门教育制度纲要法》时,官方坚持强制私校教授葡语,后因教育团体及澳大教育学院反对而修改。

其次是香港。政府对于教育,不论对英文或中文教育,基本上是消极的。对于中文教育,一贯表示尊重,但不热心发展,实际上只关注英文教育[66(P325)]。

政府角色只是管制与提供补助再予以监督。至于语言上，英语虽是官方用语，但并未禁止中文学校设立，或英语学校教中文。使用两文三语，一直是常态。

最后是台湾，日本殖民政策，历经三变，由初期的无方针主义及渐进政策，到一次大战后的内地延长主义，到1930年代以后的皇民化政策[67(P50-51)]。在教育上一直采取同化政策，实际措施上对台人始终维持差别待遇与隔离教育。虽然，之后因太平洋战争爆发，表面上取消歧视，但实质未变。至于语言政策，一开始就本于语言同化主义，推动普及国语（日语）政策，透过学校教育及社会教育或社会动员途径积极实施[68(P254)]。因而引发民间反抗，造成台北士林芝山岩国语传习所六位教育官员遇害事件。之后，虽允许教授汉文的书房存在，即在公学校教授中文，但日文是官方语言。直到1937年因中日战争爆发，公学校废除汉文科，并汉文书房全面遭禁。1943年实施义务教育，于是书房完全停办[69(P79)]。

由上述可知，看到政府采取了放任及管制两种态度，但是都出现针对殖民者及被殖民者的双轨制度。

（三）政府干预的程度不同

至于政府在近代教育发展所扮演的角色，如前所述，1975年以前澳葡当局对教育采取放任态度，置私立学校于正规教育之外，不予理睬。除于1946年规定任何私立学校须在政府登记立案始可运作外，不作其他处理。葡国改共和后，1977年起调整对私校政策，开始以津贴形式支持学校。1990年代才开始立法兴教[70(P77)]。港英政府则是消极态度，提供经费补助然后予以监督。1945年以后国民政府在整个教育发展过程中，居主导地位，但允许并鼓励私人兴学。

至于中国本土，晚清时期是由中央主导整个西式学堂及学制的建立，由上而下；民国初期，由于政治动荡不安，中央政府权力不彰，因此教育发展主要是由地方政府及民间教育社团负责。北伐成功全国统一后，国民政府则主导整个国家教育的发展方向，制订各项规章。1949年以后，中国共产党以党领政，党决定国家教育方针与发展方向。总之，不论是民初政府倡导的"教育救国"，或20世纪末主张的"科教兴国"，都重视政府的角色。1987年以后才允许民间力量参与办学，但仍由政府主导。

由此可知，两岸长期以来，政府扮演主导教育发展的角色，港澳则政府放任，由私人负责。不过，政府过度干预有其短处，但完全委由私人也不妥。公私之间的角色与责任如何划分，四地的对比经验很值得检讨。

(四)教育宗旨不同

就教育宗旨或目的言,澳港政府并未订定或规范,放任民间自行决定。至于公共教育,则以培养殖民地统治精英为主。

至于中国本土及台湾地区,都由政府订定教育宗旨,引领教育方向。

首先,中国本土,晚清时期1906年清廷首次公布"忠君、尊孔、尚公、尚武、尚实"五项教育宗旨[71(P32)]。民国元年改为"注重道德教育,以实利教育、军国民教育辅之,更以美感教育完成其道德"。1915年改为"爱国、尚武、崇实、法孔孟、重自治、戒贪争、戒躁进"[72(P117,120)],不久即废。之后受杜威为"教育无目的说"影响,北洋政府未再颁布。直到全国统一,1928年国民政府公布"中华民国教育宗旨及其实施方针",内容为:"中华民国之教育,根据三民主义,以充实人民生活,扶植社会生存,发展国民生计,延续民族生命,为目的;务期民族独立,民权普遍,民生发展,以促进世界大同。"[73(P200)] 1947年《中华民国宪法》第158条规定:"教育文化,应发展国民之民族精神,自治精神,国民道德,健全体格,科学及生活智能。"其精神与前颁教育宗旨一贯[74(P276)],以上这些宗旨都是以国家立场为主。

1949年以后,中国大陆于1950年第一次全国教育工作会议后,确定教育为工农服务及为国家生产建设服务的工作方针[75(P25)]。1958年《关于教育工作的指示》,修正教育工作的方针为"教育为无产阶级政治服务,教育与生产劳动相结合"。1978年实施改革开放以后,1982年《中华人民共和国宪法》第13条规定:"教育必须为无产阶级政治服务,同生产劳动相结合。"[76(P295)] 1993年《中国教育改革和发展纲要》则修正为"教育为社会主义现代化建设服务,与生产劳动相结合"[77(P36-37)]。本质上,由强调为国家政治服务为主转向为经济服务。

其次,台湾在被日本殖民统治时期,强调培养效忠皇民。1945年以后延续"中华民国教育宗旨"及之后宪法158条的规定,直到1999年订定《教育基本法》,第二条规定:"教育之目的以培养人民健全人格、民主素养、法治观念、人文涵养、强健体魄及思考、判断与创造能力,并促进其对基本人权之尊重、生态环境之保护及对不同国家、族群、性别、宗教、文化之了解与关怀,使其成为具有国家意识与国际视野之现代化国民。"才在国家与社会目的外,加入个人发展的理念。

总之,该不该由政府来订定教育宗旨,规范教育发展方向,两岸及港澳正好又提供两组截然不同的经验,可以提供反省。

(五)教育制度分歧

1. 学　　制

至于学制，四地不一。就澳门言，回归以前实施四种学制，以 1998－1999 年为例，一是 6－3－3－4 制，沿用中国学制，学生数比率占 80.5％；二是 6－5－2－3 制，此是英国制，由英文学校采用，学生比率约占 12.8％；三是 4－2－6－4 制，此是葡国学制，学生数约占 1.2％；四是 6－5 制，即中葡学校学制，收华人子弟，实施中葡双语，学生数不到 5.5％[78(P84、49)]。

香港 19 世纪并无完整学制，1928 年为因应中国实施 6－3－3 新学制，中文学校也是实施 6－3－3 制[79(P298、335)]。1961 年香港教育委员会建议中文学校学制改为 6－5－1－4 制，1963 年将小学减为 5 年，1965 年又改回 6 年[80(P346－347)]。1988 年教育统筹委员会建议学制改为 6－5－2－3 制，1989 年确定大学 3 年[81(P359)]。1997 年回归以后，维持旧制。但 2005 年教育局发表《高中及高等教育新学制——投资香港的未来行动方案》报告书，将落实 6－3－3－4 制。

至于台湾，日本殖民时期 1922 年以后是实施 6－5－2－4 制[82(P252)]。1945 年以后改实施 6－3－3－4 制迄今。

而中国本土，学制历经多变，从晚清的 4－3－3－4－3－3《壬寅学制》、4－5－4－5－3－3《癸卯学制》，到民国初的 4－3－4－3－4－3－4《壬子癸丑学制》，直到 1922 年才确定实施 6－3－3－4 制。1928 年公布《中华民国学校系统》(称《戊辰学制》)[83(P207)]。

1949 年后中国大陆学制历经数变，1949－1951 年为沿用阶段，1951－1957 年为俄化阶段，1958－1960 年为大跃进阶段，1961－1965 年为调整阶段，1966－1976 年为文革阶段，1977－1984 年为四个现代化阶段，1985－1992 年为体制改革阶段[84(P24)]，1993 年以后迄今。1951 年时将小学由 4－2 制改为 5 年一贯制，中学分初高两级，各 3 年，大学与专门学院 3－5 年；1953 年因条件不足，小学又改回为 4－2 制[85(P48－50、42－43)]。1958 年大跃进时，实施两种制度、两条腿走路的方针，1958 年起进行学制改革的试验，次年订定办法试图缩短中小学年限[86(P141、145、131)]。1960 年开始试行 10 年一贯制(含小学五年一贯制)，1963 年起，又恢复 6－3－3 制。于是出现多种学制。1964 年大力推动试行"两种教育制度、两种劳动制度"。文革时期闹教育革命，学制一度缩短 2－3 年，中小学合计 9 或 10 年[87(P181－182、239、236)]。1980 年时教育部规定中小学制 10 年，其中小学 5 年，中学 5 年(3－2 分段)，逐渐改为 12 年。并于 1980 年代一度实验5—4制。1986年实施9年义务教育后,大中城市及部分农村以6—3—3制为主,另有5—4—3制,5—3—3制,及九年一贯制[88(P396、389—390、39—42、95)]。

2.义务教育推动与年限

首先,就澳门而言,长期以来葡澳政府对华人教育"撒手不管"。1933年调查,学生数只占6%[89(P36)]。官办公费教育系统,主要是对葡人,二战后占全澳学生数不到10%[90(P43)]。迟迟未实施义务教育,私校生占90%以上[91(P27)]。1983年开始提出实施六年免费教育构想。1995年实施七年制普及和倾向免费教育,范围是小学前1年及小学6年。1997年加入初中3年,才完成10年免费教育[92(P45—46)]。

就台湾而言,日治时期,迟至1943年始推行六年义务教育[93(P253)]。1945年国民政府接收台湾,一度停止,1946年起恢复。1949年后,国民义务教育是6年。1968年起延长为9年,不强迫入学,故不属于义务教育,只称为国民教育。1979年《国民教育法》公布,确定为九年国民教育为义务教育[94(P374)]。惟直到1982年修正公布《强迫入学条例》后,6—15岁学童才全面强迫入学。2014年起,国民基本教育将延长至12年,惟后3年非义务教育,只免学费但不强迫入学[95(P6—7)]。

就香港而言,长期以来重视精英教育忽视普及教育[96(P172)],迟至1971年始六年小学免费教育,范围包括官立、津贴及补助三类中文学校,但不包括英童学校及私立学校[97(P350)]。1978年实施九年普及免费教育,次年强迫入学[98(P352—353)]。但1997年以后,精英教育精神仍继续维持,只是由"排斥性精英教育"转为"分隔式精英教育"[99(P172)]。自2008/9学年度起,在公营学校实施免费高中教育,但不强迫入学。

就中国本土而言,1904年颁布《癸卯学制》时已有义务教育色彩,1905年学部咨行各省筹施强迫教育,次年颁布《强迫教育章程》,但未实施。1911年学部召集中央教育会议,倡议规划实施四年义务教育[100(P42)],但未及实施清亡。民国以后,自1935年起始实施1—2年义务教育,1944年国民教育6年,其中义务教育为4年[101(P115—116)]。

1949年以后,中国大陆初期重点在普及初等教育,1958年大跃进时期曾要求在三五年内普及小教育[102(P155)]。文革时期普及初等教育受到严重破坏。1978年以后努力普五年及小学教育,1980年政府颁发办法普及小学教育[103(P322—323)]。1982年大力提倡普及初等教育;1985年决定实施九年制义务教育,1986年完成《义务教育法》立法,开始推动[104(P356、372、376;102—103)]。1994年进一步规划分三步走,期于1990年代基本普及九年义务教育[105(P467—468)]。

3.高等教育

长期以来,四地的高等教育都是属于精英教育。日治时期,只有一所台北帝国大学,主要招收日人。

就澳门言,发展甚迟,1981 年始由香港私人公司成立私立东亚大学,仿英制,预科 2 年,本科 3 年。1988 年澳门政府成立澳门基金会予以收购,改为公营。1991 年改名为澳门大学。1992 年设立原澳大理工学院独立为澳门理工学院。另成立亚洲国际公开大学,之前 1989 年成立澳门高等警官学校。1995 年原旅游高等学校易名为旅游高等学院,1996 年成立公教大学进修学院[106(P191-194、77-78、80)]虽已扩张,但 1995—1996 年度高等教育学生数,只占总数的 3.51%[107(P30)]。回归后,2001 年时虽陆续增加高教机构至 11 所,但人数有限[108(P84)]。

至于香港,如前所述,1980 年以前,只有 2 所大学,专上教育数量不足。1984 年签订声明后,政府开始扩张高等教育,当年城市理工学院开始招生[109(P357)]。1988 年筹划设香港科技大学,1991 年开课[110(P359、361)]。1989 年港督卫亦信及提出增加大学学位计划。1994 年透过升格及合并增校,1972 年成立的理工学院改为香港理工大学、城市理工学院改为香港城市大学、1967 年成立的浸会书院改为香港浸会大学。另将原葛洪亮教育学院、罗国富教育学院、柏立基教育学院、香港工商师范学院及语文教育学院等校合并,成立香港教育学院。1989 年成立的香港公开进修学院,1997 年升格为大学[111(P84-92)]。目前香港的大学校院有 15 所,其中 9 所由公帑资助。

至于台湾,日治时期高等教育采精英政策,只有一所台北帝国大学,台人只能就读该校医科,或是农林、商业、工业等专门学校[112(P255)]。1949 年后,机会虽较日治扩张许多,但仍维持精英教育政策。高等教育发展大致可分为停滞(1945—1953 年),成长(1954—1972 年),紧缩(1973—1985 年),开放(1986—迄今)等阶段;由精英型转变至大众型[113(P8-10)]。台湾 1994 年"四一〇教改游行",高倡"广设高中大学",大学校数从 1949 年的 3 所增至 2008 年 162 所,77 年净在学率超过 15%,迈入大众化阶段;2004 年人数超过 50%,迈入普及化阶段[114(P33-34)]。

中国大陆 1977 年恢复统一高考,有 570 万人报考,仅录取 27.3 万人[115(P339)]。之后虽逐渐增加,但仍属精英教育。直到 1999 年,高教开始大幅扩张,《面向 21 世纪教育振兴行动计划》规划,2000 年入学率为 11%,2010 年时高校毛入学率能到 15%[116(P514)],当年高校招生总数增至 153 万人,但到 2007 年时已初步达到高等教育大众化目标,2008 年达 23%,招生总数达 599

万,普通本科 300 万人,高等职业教育 299 万人[117(P100−101)]。

　　4.留学教育

　　晚清以降,选派学生出洋留学一直是政府重要教育政策。民国以后持续推动,民国成立后延续先前政策,持续办理留学教育,除中央政府及地方政府提供官费选送学生出国外,另有英美退还庚子赔款所设基金奖助留学,及自费出国。国民政府成立后,1929 年起,乃订颁登记办法,学生如愿自费出国留学,需将留学计划呈请教育部核准登记,领取留学证书后再行出国。1933 年教育部颁布《国外留学规程》,规定应考资格及管理留学生办法。抗战发生后,因管制外汇,限制学生出国,自费出国人数渐减。1943 年教育部公布《自费留学派遣办法》,同年底举办第一届自费留学生考试。至于公费部分,起初严格管制,1944 年及 1946 年以后曾举办多项公费留学考试。1947 年教育部颁布《国外留学规则》,仍规定凡国外留学生出国前均应经教育部考试及格。但自1948 年起,因战乱外汇支绌,暂停公自费留学生考试。1949 年后,台湾地区延续上述留学政策。自费部分,1953 年起分别举办大专自费及奖学金留学考试[118(P768−779)]。1962 年起试行免试。因留学人数大增,1969 年起改为甄试,直到 1976 年始废止自费留学考试办法。公费部分,1955 年度恢复公费留学考试。之后每年举办。1960 年正式编入预算[119(P95)]。随着 1987 年台湾解严及国际化程度加深,2000 年废止"国外留学规则",留学教育更加开放。20 世纪90 年代以后,扩大公费留学学门及奖学金名额。2003 年起制度有所调整,除原一般公费留学外,新增留学奖学金,给予部分补助。另 2004 年起开办留学就学贷款。

　　至于中国大陆,1949 年以后,1950 年派出第一批留学生前往东欧波兰、捷克、罗马尼亚、保加利亚及匈牙利五国。1951 年起派往苏联[120(P75,81)],1951−1960 年共派出 8163 名。中苏交恶后,1961−1965 年人数锐减至 206 名,1966年告停[121(P155)]。另 1957 年起开始向资本主义国家派出留学生[122(P148)]。"文革"时亦停。1972 年恢复对外教育交流,但规模很小[123(P436)]。1978 年以后,在邓小平倡导下恢复留学政策[124(P140)],自当年起向五大洲派出留学人员[125(P382)];1992 年确定工作方针为"支持留学、鼓励回国、来去自由"[126(P144)]。出国分为公费与自费两类[127(P137)]。1988 年中苏恢复交流计划[128(P156)]。

　　澳门本地高教机会不足,1982 年葡澳政府也开始提供奖助学金及贷款,资助学生出国留学,1990 年以后升学管道主要是到大陆或台湾,其他有葡、港[129(P31,90−91)]。

　　以上只是交代四地教育制度变化的简要过程,至于其所反映出的教育成效高低,更值得进一步分析比较,看看何种制度或措施,更适合未来所需。

五、出现一些共同关注问题

四地过去教育发展中,也出现一些共通关注问题,兹简述如下。

(一)应试教育挂帅,升学压力大

虽然清末 1905 年废除科举,但是考试在学校教育中仍扮演一定角色。在香港,在 1978 年实施九年义务教育之前,从幼儿园到大学要经过六次重要考试[130(P43)]。之后虽减少,但压力未见减少。每年仍有小六学业能力测验、香港中学会考及香港高级能力会考,竞争激烈,造成相当压力[131(P152)]。在大陆由于中考及高考的影响,考试始终是影响教育的指挥棒,学生与家长追求重点中学及重点大学之心强烈,靠教育脱贫翻身的信念强烈。中小学普遍存在片面追求升学率现象。1999 年政府发布《关于深化教育改革全面推进素质教育的决定》[132(P516)],希望将应试教育导正为素质教育。在台湾,长期以来,升学主义挥之不去,升高中及升大学竞争激烈,考试始终领导中学教学。纵使 20 世纪末出现少子女化趋势,高中及大学已出现供过于求现象,但压力未减。因为家长及学生追求明星学校之心未减,仍认为教育是向上流动的敲门砖必须全力争取。

由于三地竞逐名校(明星或重点学校)的观念存在,尽管中等及高等教育的量不断增加,但升学压力一直无法有效减轻。虽然 2000 年以来中国大陆及香港一直强调要从应试教育转向素质教育,但始终无法落实。而台湾地区一直反对升学压力,要追求适性教育、正常教学及快乐学习,似乎也是困难重重。连带产生的问题是,正式教育的年限虽不断延长,但学生主动学习的意愿却日趋低落,且平均能力有可能反较父母辈低。

(二)品德教育日趋式微,学生行为问题日趋严重

由于重考试,学校教育强调智育,加上家庭教育功能式微,社会及大众传播媒体不良影响日增,使得中小学品德教育难以发挥功效,学生偏差行为日趋严重。青少年迷恋网络游戏、吸烟吸毒、学校霸凌,甚至犯罪行为日渐增加,都是现象之一。

(三)家长社会重视普通教育,职业教育受轻视

受到传统士大夫"万般皆下品,唯有读书高",及"劳心者治人,劳力者治于人"等传统价值观念的影响,海峡两岸的家长与社会,一般重视普通教育,而轻视职业教育。虽然晚清以来,推动实业教育,但是整体成效有限。1949年以后,在台湾配合经济发展,持续加强职业与技术教育的投资,打通技职教育体系升学管道,但是许多家长、学生与教师在观念上,一直视职业教育管道为次要选择,普通高中地位一直优于职业学校。在大陆也有类似现象。至于香港受到中英传统文化的影响,长期重视文法教育忽视职业教育[133(P175)]。

(四)高等教育扩张与市场化与失业

20世纪末,随着高等教育机会大量扩张,教育经费不足现象也出现了,因此两岸政府都试图引入市场化竞争机制来解决。此举却造成大学教育日趋世俗化与商业化。另外,由于高教扩张,由大众化朝普及化前进,两岸大学生失业或待业问题也浮上台面。大陆原本高校实施统包统分,包当干部的就业制度,但自1993年起改行少数毕业生国家安排就业,多数毕业生自主择业的就业制度[134(P338-339)]。待业问题,也日趋严重[135(P103)]。毕业即面临失业,亟待解决。

以上只列举四点四地长期发展过程中所出现的一些共同关注的问题,而这些相对于其他国家地区,可能是华人社会所特有的,值得逐项作更深入的比较分析。

六、结　语

研究历史的主要目的之一,即是鉴往知来。近代中国引入西式教育,已逾百年,当迈入21世纪时,未来该如何走,总结历史的经验与教训是很重要的。过去百年来,海峡两岸先后引入不同的西式教育制度,而推展的速度、方式与模式不相同,所产生的成效也互异,因此今日很值得进行比较研究。本文首倡此一比较研究取向与视野,希望能抛砖引玉,引起学界重视与投入;透过介绍四地过去发展的历程、特征及共同关注问题,并尝试加以比较。不过要进行此一角度的研究,有其难度。首先,研究者必须能了解四地各自的教育发展历史,然而港澳地区的教育史研究才初起步,相对于其他两地偏弱。其次,要能

同时了解四地发展,那人数更有限。此外,还要了解四地教育发展的历史背景与影响因素,以及葡、英与日等殖民国的教育史则更难。不过。透过近四年海峡两岸教育史论坛的举办,已使四地教育学者能够交流对话,让此一研究方向逐渐成为可能,期待未来能成为一新课题。

参考文献

1. 9. 10. 12. 14. 16－18. 62. 65. 66. 90. 91. 93. 刘羡冰编著. 世纪留痕——二十世纪澳门教育大事志. 澳门:自印,2002.

2. 21. 冯增俊主编. 澳门教育概况. 广州:广东教育出版社.1999 年;刘羡冰编著. 世纪留痕——二十世纪澳门教育大事志. 澳门:自印,2002.

3. 4. 94. 张胜彦,吴文星,等. 台湾开发史. 台北:空中大学,1997.

5－8. 11. 24－36. 38－46. 48. 50－52. 69. 80－82. 98. 99. 110. 111. 王齐乐. 香港中文教育发展史. 香港:三联书局,1996.

13. 15. 63. 71. 冯增俊主编. 澳门教育概况. 广州:广东教育出版社,1999.

19. 20. 64. 92. 108. 109. 130. 刘羡冰. 澳门教育史. 北京:人民教育出版社,2002.

22. 张胜彦,吴文星,等. 台湾开发史. 台北:空中大学,1997.

23. 53. 周愚文,等. 教育类国家档案审选事项委外编订案报告. 档案管理局委托. 未出版,2005.

37. 49. 张礼恒,何启. 胡礼恒传. 南京:南京大学出版社,2000.

47. 单文经,郑胜耀,等. 香港教育. 台北:商鼎文化,2000.

54. 周愚文,等. 大陆教育. 台北:商鼎文化,1999.

55. 杜作润主编. 中华人民共和国教育制度. 香港:三联书局,1999;章小谦. 乘风破浪 1992－2009:共和国教育 60 年(第四卷). 广东:广东教育出版社,2009.

56. 方晓东,李玉非,等. 中华人民共和国教育史纲. 海口:海南出版社,2002;郝维廉,龙正中. 中华人民共和国高等教育史. 海口:海南出版社,2000.

57. 60. 76. 77. 方晓东,李玉非,等. 中华人民共和国教育史纲. 海口:海南出版社,2002.

58. 78. 128. 杜作润主编. 中华人民共和国教育制度. 香港:三联书局,1999.

59. 蒋纯焦. 筚路蓝缕 1949－1966:共和国教育 60 年(第一卷). 广东:广东教

育,2009.

61.103.116.126.134.郝维廉、龙正中.中华人民共和国高等教育史.海口:海南出版社,2000.

68.69.83.113.张胜彦,吴文星,等.台湾开发史.台北:空中大学,1997.

70.吴文星.日据时代台湾书房之研究.思与言.1978年第3期

72－75.84.95.101.郑世兴.中国现代教育史.台北:三民,1990.

79.107.冯增俊主编.澳门教育概况.广州:广东教育出版社,1999;刘羡冰.澳门教育史.北京:人民教育出版社,2002.

85.周愚文,黄烈修等.大陆教育.台北:商鼎文化,1999.

86－88.方晓东、李玉非等.中华人民共和国教育史纲.海口:海南出版社,2002;卓晴君,李仲汉.中华人民共和国中小学教育史.海口:海南出版社,2000.

89.方晓东、李玉非等.中华人民共和国教育史纲.海口:海南出版社,2002;卓晴君,李仲汉.中华人民共和国中小学教育史.海口:海南出版社,2000;张继玺.柳暗花明1976—1992:共和国教育60年(第三卷).广东:广东教育出版社,2009.

96.教育部.十二年国民基本教育实施计划.台北:"教育部",未出版,2011.

97.100.112.单文经,郑胜耀等.香港教育.台北:商鼎文化,2000.

102.119."教育部"教育年鉴编辑委员会.第三次中国教育年鉴.台北:正中,1958.

104.106.卓晴君,李仲汉.中华人民共和国中小学教育史.海口:海南出版社,2000.

105.方晓东,李玉非,等.中华人民共和国教育史纲.海口:海南出版社,2002;张继玺.柳暗花明1976—1992:共和国教育60年(第三卷).广东:广东教育出版社,2009.

114.黄国维.战后至年代初期台湾的大学教育发展研究(1945－1972).台湾师范大学教育学系硕士论文,未出版,2011.

115."教育部".第八次"全国"教育会议中心议题四升学制度与十二年国民基本教育座谈会手册.台北:"教育部",2010.

117.123.124.132.方晓东,李玉非,等.中华人民共和国教育史纲.海口:海南出版社,2002.

118.122.129.135.章小谦.乘风破浪1992－2009:共和国教育60年(第四卷).广东:广东教育出版社,2009.

120. 周愚文,张锽焜,等.教育类国家档案审选事项委外编订案报告.档案管理局委托,未出版,2005.

121. 方晓东,李玉非,等.中华人民共和国教育史纲.海口:海南出版社,2002;蒋纯焦.筚路蓝缕 1949—1966:共和国教育 60 年(第一卷).广东:广东教育出版社,2009.

125.127. 张继玺.柳暗花明 1976—1992:共和国教育 60 年(第三卷).广东:广东教育出版社,2009.

131.133. 单文经,郑胜耀,等.香港教育.台北:商鼎文化,2000.

136. 贺国强.当前香港教育问题.香港:中大出版社,1987.

137. Choa,G. H. *The Life and Times of Sir Kai Ho*. Hong Kong:Chinese University Press,2000.

大学核心理念——历史的视角

贺国庆*

摘　要：本文从历史的视角，论述大学核心理念的来龙去脉。本文认为：大学核心理念包括：学术自由、大学自治、教学与研究相统一、通识教育与专业教育相结合、精英教育与大众教育兼顾、大学国际化等。上述理念实际上已成为大学普适的价值和精神。中国建设世界一流大学的目标能否实现，除无法控制的外在因素外，以上大学理念能否真正付诸实施至关重要。

关键词：大学；一流大学；核心理念

现代大学起源于中世纪，中世纪最早的大学迄今已有八百多年历史。据统计：1520 年之前全世界创办的组织现在仍用同样的名字、以同样的方式、做着同样的事情的，只剩下 85 个，其中 70 个是大学，余下的 15 个为宗教团体。那么，是什么使大学长盛不衰而青春永驻呢？笔者认为，正确认识和处理传统与变革的关系，是大学永葆生命和活力的源泉。传统与变革缺一不可，在保持传统中孕育着变革，在变革中保留传统精髓，大学就能够历经千年而不衰。

在某种意义上，大学是一个具有普适性质的概念。虽然大学起源于欧洲，但 19 世纪以后已成为具有全球意义的机构。不论是民主国家还是专制国家、不论是发达国家还是发展中国家、不论是西方国家还是东方国家，都以大学作为培养人才、发展科学和服务本国社会经济建设的工具。不论各国以何种眼光看待大学，但大学之所以为大学的共通理念或普适理念的存在是不容置疑的。本文从历史的视角，从六个方面探讨大学核心理念的演变，以期从中获得若干启示。

---

　　* 作者简介：贺国庆，河北大学教育学院教授。本文曾刊于《河北师范大学学报》（教育科学版）2012 年第 1 期。

一、学术自由

在大学理念中，恐怕没有什么比学术自由更重要的了，学术自由是公认的大学核心理念。可以说，没有学术自由，就没有现代大学。一部大学发展史，就是大学争取并保护学术自由的历史。

学术自由的源头可追溯到古希腊。苏格拉底的"自由地追求一种论点，而不论其引向何方"，是对学术自由最早的表述。

在中世纪大学，除了哲学和神学，"在法律、医学、语法和数学领域，人们只要愿意，一般来说都可以自由地教学与争论"①。即使在神学领域，虽然有诸多限制和对离经叛道的惩罚，但争论几乎从未停止过。经院哲学创始人、巴黎大学"第一个教授"阿伯拉尔"作为一位基督教思想者，他始终立足于最核心的研究领域；而作为时代的引领者，他在宗教虔诚的同时亦作为独立的宗教知识研究者，最为彻底地遵循了学术的自由原则和无限追求真理的信念"②。

学术自由不是从天而降的，是学者及其组织通过与教会及世俗当局的斗争逐渐获得的。公元1158年，神圣罗马帝国皇帝腓特烈一世颁布一项保证学者安全活动的法令，规定学者在国内受到保护，如遭到任何不合法的伤害将予以补偿。该法令被看作向学者保证其学术活动不会招致惩罚的最早的步骤。1219年，教皇颁布命令，规定未经其明确同意，巴黎主教不得开除任何教师的教籍或学生的学籍。英国学者科班（Alan B. Cobban）说："学术自由思想的提出以及永久的警戒保护它的需要，可能是中世纪大学史上最宝贵的特征之一。"③

宗教改革导致了欧洲教会的分裂，宗教论争严重破坏了大学教授的学术自由。在意大利，所有教授都须宣誓效忠罗马天主教。在西班牙，宗教法庭以一份禁书目录为标准，重新审查所有的教科书，教师们被监视。在德国，从1592年开始，维滕贝格大学所有的教授都要签名宣布无条件支持路德派的奥格斯堡信纲。在维也纳大学，要求神学教师的教学建立在天主教教义学者的

---

① ［美］查尔斯·霍默·哈斯金斯：《大学的兴起》，梅义征译，生活·读书·新知三联书店2007年版，第33页。

② ［英］海斯汀·拉斯达尔：《中世纪的欧洲大学》（第一卷），崔延强、邓磊译，重庆大学出版社2011年版，第43页。

③ 贺国庆等：《外国高等教育史》，人民教育出版社2006年版，第49页。

著作的基础上。在巴黎大学，政府最终于 1600 年实现了对学术生活的全面和永久的控制，国王亨利四世宣布，从此以后巴黎大学将由国家直接掌管，政府将详细规范巴黎大学的课程和学术程序。①

　　现代意义的学术自由起源于 18 世纪的德国。创办于 1694 年的哈勒大学是学术自由的发祥地，德国学者鲍尔生说："哈勒大学之所以声望昭著，由于它有两个主要特点。第一，它采纳了现代哲学和现代科学；第二，它以思想自由和教学自由为基本原则。在此之前，新教设立的大学和天主教的大学一样，都以教会肯定的教条为教育原则，教授要保证不触犯这些教条。"②创办于 1734 年的哥廷根大学既是效仿哈勒大学的产物，也是哈勒大学的对手。正是这两所大学的成功，"研究自由和教学自由已成为人所公认的原则"③。

　　18 世纪的哈勒和哥廷根两校奠定了学术自由的基础，而 19 世纪初创办的柏林大学则使学术自由成为大学的基本原则。柏林大学创办人洪堡认为，柏林大学的"准则不是一致与服从，而是自由与独立。教授并不是从事教学、组织考试的国家官员，而是独立的学者。教学工作并不需要遵循既定的程序，而是将教与学的自由作为行动的出发点。教育的宗旨不是向学生灌输百科全书式的知识，而是让他们了解真正的科学文化。不再认为学生仅仅是为将来成为国家公务员做准备，而是把他们看作需要通过无所禁忌的科学学习，在思考独立、思想自由和道德自由的环境中得到培养的年轻人"④。洪堡还从国家利益的观点指明了学术自由对大学生存的重要意义。在洪堡看来，自由与国家并不是矛盾的对立面，他的立场是：不是要通过摆脱国家享有自由，而是要在国家中享有自由。"如果没有国家的参与，事情将不会最终朝好的方向发展。"⑤具体地讲，国家对大学的作用体现在两个方面：一是国家提供科学研究工作所需要的设备和条件；二是保证大学与中小学之间的不同，即保证大学自由地发展。⑥ 由于看到了大学有赖于国家的支持，洪堡容忍了国家对大学的有限介入，如为大学提供必要的物质基础，聘任大学教师的最终决定权等。从某种意义上说，德国大学的学术自由，实质是一种国家保障的自由。

---

　　① 贺国庆等：《外国高等教育史》，人民教育出版社 2006 年版，第 70 页。
　　② ［德］弗·鲍尔生：《德国教育史》，滕大春等译，人民教育出版社 1986 年版，第 79 页。
　　③ ［德］弗·鲍尔生：《德国教育史》，滕大春等译，人民教育出版社 1986 年版，第 83 页。
　　④ ［德］弗里德里希·包尔生：《德国大学与大学学习》，张驰等译，人民教育出版社 2009 年版，第 53—54 页。
　　⑤ 周丽华：《德国大学与国家的关系》，北京师范大学出版社 2008 年版，第 63 页。
　　⑥ 周丽华：《德国大学与国家的关系》，北京师范大学出版社 2008 年版，第 63 页。

德国学术自由包括两层含义：一是学习自由；一是教学自由。学习自由指学生在学习过程中不受行政管理强制。学生可以来去自由，任意选择想要学习的知识；学生有选择课程及其学习顺序的自由，并且不必向任何人保证出勤；除期末考试外，学生不必参加任何考试；学生自行选择住处，其私人生活不受外界干扰或控制。教学自由包括两层含义：教授有从事任何研究的自由，并有以讲座或出版物的形式公布其研究成果的自由，也即教授享有教学和研究的自由。教学自由与学习自由一样，意味着在教学过程中不受行政管理的干涉。①鲍尔生说："没有学术自由，任何院校都没有资格称为'大学'。"②

德国不仅是近代学术自由的发源地，还是世界上最早将学术自由原则纳入国家宪法的国家。早在1849年的法兰克福宪法中，学术自由原则就与人身自由、言论自由、信仰自由等一起被写入了法律之中，1850年的普鲁士宪法、1919年的魏玛宪法以及1949年的联邦德国基本法都保留了有关学术自由的条款。事实上，学术自由原则已成为当今世界高等教育所信奉的基本组织原则，并在不少国家以法律的形式确定下来。③

早期受英国模式影响的美国高等教育基本没有学术自由可言，高等学校多由各教派创办，宗教正统观念就是当然的准则。在人们的意识中，真理是单数而不是复数，宗教真理由神的"启示"所证明，不可动摇，任何怀疑都是愚蠢的。甚至到19世纪80年代，进化论教学在普林斯顿、威廉斯、拉斐特和阿默斯特等学院都是被禁止的。

19世纪中叶开始，大批美国人赴德国留学或考察，德国大学学术自由原则极大地影响了美国因循守旧的英式学院。先有选修制的实验，为学生提供了在学科上的选择自由；后又于1876年创办约翰·霍布金斯大学，该校排除"教会主义或党派偏见"的影响，成为一所自由自在的寻求真理的非教派机构。

1913年，在杜威等人的支持下，美国经济学会、美国社会学学会、美国政治学学会等学术团体呼吁成立一个专业组织以保护学术自由。来自60个机构的867名教授出席了会议，创办了美国大学教授协会（AAUP）。1915年，美国大学教授协会首次拟定并公布了关于学术自由与终身聘任制的原则声明，声明主张学术自由包括：允许学者追求学术研究不管其将导向何处的自

---

① 贺国庆、梁丽：《柏林大学思想及其对美国的影响》，《高等教育研究》2010年第10期。

② ［美］沃特·梅兹格：《美国大学时代的学术自由》，李子江等译，北京大学出版社2010年版，第29页。

③ 周丽华：《德国大学与国家的关系》，北京师范大学出版社2008年版，第3—4页。

由；在校外在本专业的范围内讲话的自由；就一般的社会和政治问题以体面的适于教授身份的方式发表意见的自由。① 为了保证研究和教学自由，建议大学实行教授终身聘任制、教授会裁判以及司法听证会制度。② 1915 年的原则声明被看作"学术自由在美国正式的起源"，是"美国有史以来有关学术自由原则的最全面的最有影响的宣言"。③

1940 年，美国大学教授协会与美国学院协会联合发表学术自由与终身聘任制的原则声明，强调学术自由既包括大学教师在校内的教学、研究自由以及言论自由，也保障大学教师作为公民的言论自由；声明还分别对学术自由和终身聘任制原则作了相应的规定，如明确指出所有教师经过最长不超过 7 年的试用期合格之后，必须授予终身教职，不得无故解聘教师。④ 截至 2001 年底，宣布接受美国大学教授协会关于学术自由与终身教职的原则声明的专业性学术团体或组织已达 173 个。⑤ 1940 年原则声明逐渐成为美国学院和大学处理学术自由事件的准则，被称之为"学术自由宪章"。

正是学术自由原则的有效实施，确保了今日美国大学当之无愧的霸主地位。

二、大学自治

大学自治与学术自由是一对孪生概念。大学自治是指大学不受外来干涉自由决定和管理自己的事情，包括有权处理与外部的关系，监督成员的录用，制定自己的章程等。大学自治是伴随着大学的起源而产生的，是被西方大学奉为圭臬的学术传统和核心理念。大学自治既包括教授治校，也包括学生自治。

中世纪的博洛尼亚大学以学生管理著称于世。博洛尼亚的学生不仅来自意大利，也来自西欧其他国家。这些外来的学生远离家乡，无人保护，在法律上处于很不安全的状态，遂自行组织起来相互保护和帮助，先是按种族、地理出身组成四个同乡会，后形成山南人团体和山北人团体两个学生团体，这种组

① 陈学飞：《当代美国高等教育思想研究》，辽宁师范大学出版社 1996 年版，第 82 页。
② 李子江：《学术自由在美国的变迁与发展》，北京师范大学出版社 2008 年版，第 64 页。
③ 张斌贤等：《大学自由、自治与控制》，北京师范大学出版社 2005 年版，第 119 页。
④ 张斌贤等：《大学自由、自治与控制》，北京师范大学出版社 2005 年版，第 142 页。
⑤ 张斌贤等：《大学自由、自治与控制》，北京师范大学出版社 2005 年版，第 236 页。

织就是大学的肇端。

在博洛尼亚大学，由学生管理学校事务。学生行会自行选举校长（由两位学生担任，任期两年）、任命教师，甚至决定学费的数额和教师的薪酬。大学的最高管理机构则是全体学生参加的大学全体会议。

学生自治并不是完全排斥教师的权力。如在博洛尼亚大学，教师也有自己的社团，也有相应的权力，如自主引进新成员以及授予学位的权力。

学生自治的大学模式曾对法国、西班牙、葡萄牙等国的若干大学产生较大影响。直到 16 世纪，由于永久性校园的建立以及外来学生的锐减等原因，学生治校逐渐被教授治校所取代，但学生社团形式一直被保留下来。19 世纪以来，尤其是二战后，随着高等教育民主化的进程，学生自治得到较大发展，形式多种多样，学生社团更是方兴未艾。

与博洛尼亚大学学生自治相对的，是巴黎大学教授治校的模式。美国中世纪史学者哈斯金斯说："中世纪是教授控制大学的黄金时代"，"在很大程度上，大学是自我管理，敝帚自珍的"。① 巴黎大学的自治源于与教会当局和世俗当局的不断抗争。1208 年，罗马教皇批准巴黎大学师生可制定自己的章程，之后大学逐渐拥有了各种权力和特权，如自治权、结社权和罢课权等。与博洛尼亚大学不同，巴黎大学由教师行会主导，校长由教师选举产生。开始是每月改选一次，后改为 3 个月改选一次，16 世纪后则是 1 年改选一次。

大学自治权来自教皇和国王的授予，一旦与教皇或国王的利益发生冲突，大学自治权随时可能被收回甚或面临灭顶之灾。随着世俗君权的强大，15 世纪的巴黎大学已成为"法兰西国王的长女"。"百年战争"中，由于巴黎大学一度屈从于英国，并参与了对圣女贞德的审讯和迫害，法王于 1437 年下令取消了巴黎大学免税的特权，1445 年和 1449 年又分别取消巴黎大学的司法特权和罢课权，巴黎大学完全臣服于国王。1791 年，巴黎大学甚至被剥夺了法人资格，曾经的"大学之母"颜面扫尽。当然这是极端的案例。

教授治校在西方大学逐渐形成两种模式，即偏重教授个人权力的讲座制形式和注重教授集体领导的评议会形式。前者如德国、法国甚至英国，后者如美国和英国。

讲座制源于中世纪大学"教授治校"的传统，19 世纪成为德国大学主要特征之一。讲座制的特点是教授拥有很大的权力，不仅负责一个学科的学术

---

① ［美］查尔斯·霍默·哈斯金斯：《大学的兴起》，梅义征译，生活·读书·新知三联书店 2007 年版，第 32 页。

事务,还负责诸如学生的录取、课程的设置、人员的招聘及经费的管理等行政事务。德国历史学家莫姆森(Wolfgang J. Mommsen)甚至将近代德国大学的成功归功于讲座制这种"规模小、高度自治的自给自足的学术生产单位"①。

美国大学的自治来自欧洲中世纪大学传统,但形成了自己的特点,即外行董事会和教授治校的有机结合。所谓外行董事会系在殖民地时期形成的校外人士管理体制,即校外人士组成董事会掌握学校的决策权,与此并行的是由全体教授组成的大学评议会或教授会掌管校内事务,其特点是董事会最终决策权之下的教师的民主参与权力,这种体制赋予所有教师相当的独立性而没有欧洲大学的隶属关系。美国不仅私立大学是完全自治的机构,公立大学在相当程度上也是自治的。哈佛大学前校长博克说:自治和竞争使美国大学更具有进取精神,更多样化,更适应变化。

从法律上确立大学的自治地位至关重要。

三、教学与研究相统一

大学的根本任务是为社会培养人才,因而教学是大学永恒不变的职能。19世纪英国教育家纽曼说:大学是一个教授普遍知识的场所。大学教学就是要保存和传递人类已有的文化知识。

中世纪大学是专事教学的机构,虽然大学一直不乏新知识的研究,但大学教师的任务除了教学外并无其他。尽管中世纪以来各个时期都有大名鼎鼎的学者、思想家乃至科学家任教于大学,但研究至多是他们的副业而已,并没有成为所在机构对他们的专门要求。

近代德国大学率先确定了科学研究的职能。早在18世纪的哈勒大学和哥廷根大学,科学研究即受到提倡和支持。19世纪初创办的柏林大学不仅明确了科研职能,而且确立了"教学与科研相统一"的原则。柏林大学教授鲍尔生说:"英国许多杰出的学者,如达尔文、斯宾塞、格罗特、穆勒父子、卡莱尔、麦考莱、吉本、边沁、李嘉图、休谟、洛克、舍夫茨别利、霍布斯以及培根,都与大学毫无关系";在法国,科学研究者、伟大的学者都属于研究院,属于法兰西研究院;"而另一方面,德国所有的大学教授都是研究者和学者,所有的研究者和学者都是大学里的教师","在德国知识发展的长河中,如果撇开大学教授的贡献

---

① 单中惠:《外国大学教育问题史》,山东教育出版社2006年版,第261页。

的话,那么所剩下的内容也就不太多了"。①

在教育史上洪堡是第一个提出大学教学应当与科研相结合的人。他宣称只有教师在创造性活动中取得的研究成果,才能作为知识加以传授,只有这种教学才真正配称大学水平的教学。在洪堡等人的影响下,尊重自由的学术研究成为柏林大学的精神主旨,科学研究成为教授的正式职责,甚至是第一位的职责。柏林大学所开创的新的学术自由和科学研究精神,成为德国大学发展的方向,并深深地影响了世界其他国家。

1876 年,美国以柏林大学为模式,创办了约翰·霍普金斯大学,重视研究生教育而不是本科教育,重视科学研究而不是传授已有知识。经过 20 多年的发展,约翰·霍普金斯大学享誉美国和世界,成为美国研究型大学的源头。

大学研究职能的确立,又引发了大学服务职能的出现和最终确立。19 世纪下半叶大量研究所和习明纳在德国大学的建立,决不单纯是为了发展科学的需要,许多研究所和习明纳直接服务于国家和社会发展的需要。阿尔特霍夫(Friedrich Althoff)任普鲁士文化部高等教育处负责人期间(1882—1907),帮助 9 所大学开办了 176 个研究所和习明纳,其中有部分研究所和习明纳是针对本时期德国都市化迅速发展所带来的问题而建立的。19 世纪末美国威斯康星等州立大学服务于州经济建设的需要,许多成果是通过科学研究而实现的。威斯康星大学校长范海斯(Charles Richard Van Hise)曾告诫为州提供服务的大学教师"在校外承担重要的服务性工作的时候,不应当忘记最大的服务是自己的创造性的研究工作和培养新一代的学者,要尽可能地把社会服务与创造性研究结合在一起"②。

二战后,美国研究型大学取得长足发展,而注重科学研究成为判断一所大学是否属于研究型大学范畴的一项重要标准。

研究型大学重视研究固然重要,但因此而忽视教学同样不可取。20 世纪80 年代以来,美国社会对研究型大学本科教育质量提出了质疑和批评。1998年,卡内基教学促进基金会博伊研究型大学本科教育委员会发表《彻底变革大学本科教育:美国研究型大学的蓝图》,指出:"研究型大学的本科教育状况处于一种危机之中。在知识创新和完善方面,美国的研究型大学已是非常成功

---

① [德]弗里德里希·包尔生:《德国大学与大学学习》,张弛等译,人民教育出版社 2009 年版,第4—6 页。

② 单中惠:《外国大学教育问题史》,山东教育出版社 2006 年版,第 446 页。

的,但在本科教育方面,它们做的还不够,甚至是失败的。"①主要原因是"重科研、轻教学"的导向,知名教授忙于科研,鲜于授课,尤其是鲜于给本科生授课。学生们抱怨说虽然学校里的名教授车载斗量,却都难得一见。本科绝大多数课程由缺乏教学经验的研究生担任。可见,教学与研究相统一,仍是当今大学应该遵循的重要原则。

四、通识教育与专业教育相结合

通识教育的源头是亚里士多德的自由教育,以发展理性和智慧为目的。自由教育与个人在社会中的政治、经济地位有关,因此只适合于与奴隶、工匠相对的少数"自由人"。②

提倡自由教育的观点认为课程中存在永恒的自由学科,七艺中的前"三艺"(文法、修辞、逻辑)即是典型的自由学科,是永恒的学问。也有人认为中世纪大学的七艺即是自由教育,中世纪大学由文法神医四个学院组成,七艺主要由文学院传授,文学院毕业方能分别升入法学院、医学院和神学院学习,这三个学院是专业学院,以职业训练为主要目标。由此可见,中世纪大学即有了普通教育和专业教育的区分。

有学者认为:19世纪以前,自由教育是西方高等教育中占据主导地位的思想,19世纪以后专业化成为近代高等教育的一大特征。③ 为了应对专业化的挑战,纽曼曾极力维护博雅知识的价值和尊严,强调博雅知识并不是为了哪一种特殊用途而存在的,但却能使人终生受用。作为学习博雅知识的大学应该提供一种"自由教育",教学生学习以古典语言和文学以及古代历史和哲学为主要内容的"博雅知识"。④ 自由教育的目标就是发展和培养理智。

专业教育指为学生将来从事某种职业而进行的教育或训练。工业革命以来,自由教育受到专业教育的严重冲击,高等教育专业化使自由教育面临困境。19世纪德国大学的教学自由和美国大学的选修制更是打破了古典人文学科的支配地位,专业教育迅速崛起,大有一统天下之势。但过分强调专业教

① 贺国庆等:《外国高等教育史》,人民教育出版社2006年版,第426页。
② [美]约翰·S·布鲁贝克:《高等教育哲学》,王承绪等译,浙江教育出版社1987年版,第82页。
③ 李曼丽:《通识教育——一种大学教育观》,清华大学出版社1999年版,第3页。
④ 单中惠:《外国大学教育问题史》,山东教育出版社2006年版,第434,437页。

育的弊端在 20 世纪二三十年代被关注,通识教育重获提倡。1945 年,哈佛大学发表《自由社会中的通识教育》,亦称《红皮书》,旨在"探求在我们珍爱的自由社会里证明是正确的普通教育的概念"。报告书宣称:"作为高等教育,必须对学生进行普通教育,为其社会成员提供共同的知识体系,如果没有这种共同的基础,社会就会分崩离析。"①哈佛通识教育红皮书对战后美国高等教育产生了较大的影响。

1957 年苏联人造卫星事件和 60 年代的美国社会动乱冲击了通识教育实践。许多人抨击规定的通识教育课程,认为它僵硬、狭隘,不能满足学生的需要,只反映了对世界的狭隘看法,导致 60 年代末 70 年代初美国大学通识教育要求呈下降趋势。1978 年,哈佛文理学院院长罗索夫斯基提出《核心课程计划》,重新点燃人们对通识教育的热情,至少有一半以上的学校对其课程进行改革,以适应通识教育的目标。《挽救我们的精神遗产——高等教育人文学科报告书》《学院:美国本科生教育的经验》等报告均提出了通识教育的要求和建议。

关于通识教育和专业教育的关系,哈佛通识教育红皮书有一段精辟论述,照录如下:"通识教育和专业教育不是,也必须不是出于相互竞争的位置。通识教育不仅为学生选择专业提供了足够的根基,而且还为学生充分发展其专业潜能提供了环境。专业化只有在更宽广的通识语境下才能实现其主要目的,它不能切断有机的联系。通识教育是一个完全的、整合的有机体,专业教育是有机体的一个器官,它在有机体的整体范围内完成特殊的功能。专业教育教会学生能做什么和怎样去做,通识教育教会学生需要做什么以及为什么需要。通识教育是对事物之间的有机联系的理解和认识,这种认识和理解赋予专业教育以意义。在某种程度上,通识教育应当渗透在所有的专业教育中。"②

五、精英教育与大众教育兼顾

从中世纪到 20 世纪前半叶,大学基本实施的是精英教育,只有少数人有

---

① 贺国庆、华筑信:《国外高等学校课程改革的动向和趋势》,河北大学出版社 2000 年版,第 19 页。

② [美]哈佛委员会:《哈佛通识教育红皮书》,李曼丽译,北京大学出版社 2010 年版,第 154 页。

机会入大学深造。在中世纪,有 1000 名学生的大学即可称为大型大学,号称"最大的中世纪大学"的巴黎大学在 1464 年有约 2500 名师生和其他与大学有关的人员。中世纪大部分大学属中型大学,每年注册人数约为 150—200 人,小型大学一年仅有 50 人注册。①

柏林大学于 1810 年开学,第一学期仅有 58 名教授和 256 名学生。美国约翰·霍普金斯大学 1876 年创办时只有 54 名研究生和 35 名本科生,1895 年也只有 406 名研究生和 149 名本科生。其中不乏杜威、威尔逊(W. Wilson)等学界和政界的精英人物。

美国学者马丁·特罗认为高等教育入学率在 15％以下是精英型的高等教育,达到 15％以上,进入高等教育大众化时期,达到 50％后,则进入高等教育普及化阶段。

高等教育大众化起步最早的是美国,1940 年美国高等教育毛入学率即达到了 16％,70 年代又达到了 50％,率先迈入高等教育普及化阶段。

继美国之后,西方国家高等教育在 20 世纪 60 年代先后进入大众化时期,由精英过渡到大众,是历史的必然。

然而,西方国家高等教育大众化主要是通过建立独立于传统的精英大学教育之外的"第二种高等教育"来实现的。与此同时,传统的精英大学在其高等教育系统中仍占主导地位,两种体系并行不悖,各司其职。如美国 3941 所高等院校中,授予博士学位的研究型大学有 261 所,仅占 6.6％。

在高等教育大众化时期,传统精英大学入学门槛不降反升。像哈佛这样的大学,恐怕永远都是精英大学的象征。正如科南特(1933—1953 年任哈佛校长)所说:"我们要在全国范围内吸引那些最有前途的年轻人到哈佛来学习。"②二战前,哈佛本科生院申请者中的 80％—90％都可以被录取,1953 年,本科生院录取了 3400 名申请人中的一半多一点。10 年以后,申请人数上升到 4155 人,其中大约 38％的人被录取。1965 年,哈佛从 6700 名申请人中招收了 1500 人。③ 到 1998 年,1.818 万报考者中只有 11％的人能够被录取,其中 95％以上的人中学毕业成绩名列班级前 10 名。④ 如今,哈佛每年大约 2 万

---

① [比利时]希尔德·德·里德－西蒙斯:《欧洲大学史》(第一卷),张斌贤等译,河北大学出版社 2008 年版,第 206—207 页。

② [美]莫顿·凯勒等:《哈佛走向现代化》,史静寰等译,清华大学出版社 2007 年版,第 30 页。

③ [美]莫顿·凯勒等:《哈佛走向现代化》,史静寰等译,清华大学出版社 2007 年版,第 423、427 页。

④ 朱国宏:《哈佛帝国》,上海人民出版社 2002 年版,第 21 页。

名申请人中有 90％的人都会遭到拒绝,可见竞争之激烈。

培养过钱学森的加州理工学院只有 1000 余名研究生和 900 余名本科生,是精英学府的典范。迄今为止,该校有 31 位毕业生和教师获得 32 次诺贝尔奖。

高等教育大众化的方向永远是对的,但培养精英的大学对一个国家和民族的未来也是不可或缺的。

六、大学国际化

中世纪大学宗教色彩非常浓厚,它继承和保留了教会的特点,包括教会的世界性质和国际性质。博洛尼亚大学和巴黎大学的学生来自欧洲各国,甚至不少外国人曾担任巴黎大学校长。中世纪大学的同乡会也大多是由外国人根据国家或民族组成的。

以巴黎大学为例:"13 世纪以来,巴黎大学已经是如此具有世界性,以至于其已无法过多地关注法国内部的政治事务。法国国王会为那些前来巴黎求学的外国教士提供保护,即使在两国交战期间法国国王的态度也不会有所改变。尽管对于现代人而言这几乎是难以理解的事情,但 12、13 世纪的欧洲知识分子的确堪称不折不扣的世界公民。自阿贝拉尔以后,几乎欧洲所有伟大的经院学者都曾经在自己生命中的某段时间任教于巴黎,但与此同时却几乎没有一位顶级的巴黎学者是土生土长的法国公民。"①

14 世纪前后,随着大学数量的增多,尤其是民族国家的出现,大学逐渐为国家所控制。14 世纪末,人们对地方性大学或邻近大学的偏爱越来越普遍,大学和民族国家也采取各种措施阻止而不是鼓励学生的流动,一些国家甚至以剥夺公职的惩罚来强化进入国外大学的禁令,大学的国际性被严重削弱,巴黎大学从一所繁荣的国际性大学变为一所狭隘的区域大学。法王路易十一所采取的限制政策,彻底导致了巴黎大学的国家化。1470 年他强迫身处巴黎的勃艮第公爵臣民必须宣誓向自己效忠,否则便会被逐出这座城市。大约有4000 位勃艮第学者因为拒绝宣誓而被迫离开法国。不久,另外一则涉及某个

---

① [英]海斯汀·拉斯达尔:《中世纪的欧洲大学》(第一卷),崔延强、邓磊译,重庆大学出版社2011 年版,第 159 页。

宗教团体的国王敕令又规定外籍人士不得竞选主事职位或者其他的大学公职。① 巴黎大学的国际学者几乎无立锥之地，只得作鸟兽散。

16 世纪开始，在意大利人文主义影响下，游学之风重新流行开来。"知识分子和人文主义者被著名的教授或其他有名望的人吸引着，从东到西、从北至南地游遍欧洲各国，从一个学习中心转移到另一个学习中心。"②16 世纪后半叶和 17 世纪上半叶，欧洲大学的学生和教师地域流动性无论在绝对数量还是比例上都达到顶峰。以至于现代研究者发现：1985 年不到 1％欧洲学生有在国外学习的经历，而在数百年前我们的学生祖先就已达到了 10％③。

洪堡曾在 1810 年成功地恳请普鲁士国王废除以前执行的禁令，使学生重新获得在国外学习的自由。从此，"普鲁士人不再只是被迫仅仅在国内大学学习"④。

19 世纪到一战前，德国大学吸引了成千上万的外国学生。仅美国就有近万名学生在德国大学学习，英国也不下数千人。

二战后，国际化成为美国高等教育发展的重要目标。1930 年在美国学习的外国学生仅有 9643 人，到 1953 年达到 33647 人，1969 年达 121362 人，1976 年达 216000 人，1988 年达 360000 人，1994 年增到 449000 人。与此同时，美国鼓励本国学生出国学习，1965－1966 年有 18000 人出国学习，到 1989－1990 年增加到 70727 人。⑤ 20 世纪 80 年代以来，高等教育国际化正成为一种世界性的趋势。

当代大学国际化是在民族化基础上发展而来的，因而国际化不能无视民族化，民族化和国际化你中有我我中有你才能够相得益彰。当然，这种民族化不是狭隘的民族化，大学民族化就是要建立符合民族国家利益的具有本民族特色的与国际接轨的大学制度。

---

①　[英]海斯汀·拉斯达尔：《中世纪的欧洲大学》（第一卷），崔延强、邓磊译，重庆大学出版社 2011 年版，第 186 页。

②　[比利时]希尔德·德·里德－西蒙斯：《欧洲大学史》（第二卷），贺国庆等译，河北大学出版社 2008 年版，第 436 页。

③　[比利时]希尔德·德·里德－西蒙斯：《欧洲大学史》（第二卷），贺国庆等译，河北大学出版社 2008 年版，第 460 页。

④　[比利时]希尔德·德·里德－西蒙斯：《欧洲大学史》（第二卷），贺国庆等译，河北大学出版社 2008 年版，第 465 页。

⑤　陈学飞：《高等教育国际化：跨世纪的大趋势》，福建教育出版社 2002 年版，第 37、45 页。

结　语

　　以上六者为大学理念之核心,或曰大学核心之理念。这些理念或源于中世纪大学初创之时,或形成于 19 世纪近代大学奠基之时,至今仍是西方乃至世界大学遵奉或努力遵奉的圭臬。如果说大学背离了这些理念,大学就不再称之为大学。可以断言,在未来的数百年,这些理念仍将是大学核心的价值或精神,仍将在新形势下发扬光大。

　　当下,改革开放的中国正在致力于建设世界一流大学的目标,"以史为鉴"是实现目标的捷径。对照上述核心理念,中国大学的差距在哪,应该是一目了然的。虽不能至,心向往之,我们拭目以待。

近代西方道德教育理论的
传播与民国德育观念的变革

肖 朗 田海洋*

摘 要：从清末起,近代中国人开始有意识地传播西方伦理道德思想以变革传统道德及其教育,但直到 20 世纪 20—30 年代,近代西方的道德教育理论才系统地传入中国。这一时期,伴随着国内社会政治形势的变化,杜威、涂尔干和康德等人的道德教育理论相继传入,从而促进了民国德育观念的变革。杜威道德教育理论的传播使传统的修身教育向着进步主义德育转变,而几乎同时传入的涂尔干道德教育学说和康德伦理道德思想及其德育观,不仅对此进行了修正,而且也使国内德育观念趋于多元化。民国德育观念的变革构成了中国教育现代化的重要组成部分,其成功的经验和存在的不足均为当前中国德育的改革和发展提供了有益的借鉴。

关键词：近代西方；道德教育理论；民国时期；德育观念

西方工业革命与科学技术的发展,不仅带来了经济和社会的繁荣,而且也促进了近代教育制度的建立,伦理道德思想及教育理论空前发达,而道德教育理论即为其中的重要组成部分。从卢梭、康德、赫尔巴特(J. F. Herbart),到斯宾塞、涂尔干(E. Durkheim,亦译迪尔凯姆)、杜威,都形成了各具特色的道德教育理论。自清末起,近代中国人便热衷于传播西方伦理道德思想,并将其作为改造本国传统伦理道德的重要理论资源。如梁启超仅在 1902 年就通过《新民丛报》系统导入了西方自古希腊至近代民族国家有代表性的政治与伦理思想,而王国维担任主编的《教育世界》也发表了诸如《西洋伦理学史要》、《伦理学概论》、《现代之伦理学》等论著。所有这些对当时德育观念的转变都起到了一定的启发和促进作用。早在 1909 年便有人在《教育杂志》上发文,谴责中

---

* 作者简介：肖朗,浙江大学教育学院教授；田海洋,浙江大学教育学院博士生。本文曾刊于《社会科学战线》2011 年第 7 期。

小学堂的德育,不仅对其强行要求小学生读经提出了严厉批评①,而且也对修身课程专讲儒家言论表示不满②。但这种影响毕竟十分有限,一方面是由于受到清朝封建体制及整个社会状况的制约,另一方面,伦理道德思想毕竟不同于道德教育理论,还不能直接为中小学堂的德育实践提供明确的指导。辛亥革命推翻了帝制,也重塑了教育理想。鉴于旧制度下的德育无论观念还是方法皆难以适应新时代和社会的要求,故而自20年代初起,学人便开始有意识地系统引进西方道德教育理论,藉以变革既有的德育观念,并指导学校的德育实践。然而,德育观念变革是一项深远而复杂的教育事业,也是教育核心价值观的直接体现。近代西方道德教育理论在促进民国德育观念变革的同时,也留下了一系列值得后人加以反思和总结的问题。

一、民国西方道德教育理论传播概况

1. 杜威的道德教育理论

辛亥革命后共和政体的建立以及此后不久新文化运动的兴起,使西方近代"民主"和"科学"的理念与思想在中国广为传播。在此大背景下,伴随着胡适、蒋梦麟、陶行知等留美学生纷纷回国以及杜威来华讲学两年有余,美国的实用主义哲学和进步主义教育思想传入中国,其中包括杜威的道德教育理论。正如《民主主义与教育》一书所指出的:"一切能发展有效地参与社会生活的能力的教育,都是道德的教育。这种教育塑造一种性格,不但能从事社会所必需的特定行为,而且对生长所必需的继续不断的重新适应感到兴趣。对于从生活的一切接触中学习感到兴趣,就是根本的道德兴趣。"③杜威的道德教育理论在本质上与其教育思想体系相吻合,主张学校德育必须遵循儿童身心发育的规律并与社会生活紧密地结合在一起。就在杜威来华前夕,蒋梦麟曾在《新教育》"杜威号"上发表《杜威之伦理学》及《杜威之道德教育》等文,成为国内介绍和传播杜威道德教育理论的开山之作。蒋梦麟评价道:"杜威把道德和社会联在一块儿,照他的意思,讲道德离不了社会,讲社会的幸福就是讲道德,他说

---

① 顾实:《论小学堂读经之谬》,《教育杂志》1909年第4期。
② 缪文功:《论修身教授不可专用儒家言》,《教育杂志》1909年第12期。
③ [美]杜威:《民主主义与教育》,王承绪译,人民教育出版社2001年版,第379页。

社会的价值就是道德的意思。"①1921 年,仍值杜威在华讲学之际,中华书局出版了元尚仁翻译的杜威《教育上的道德原理》(中文译名《德育原理》),该书较为系统地展示了杜威的道德教育理论体系。关于其翻译的初衷和动机,元尚仁在"译者小言"中写道:"道德到底是什么东西呢? 说来是平常得很的。它就是一种完全生活的法则,一种做人的法则;并不是什么'四勿''三从'一类的消极的防范。""德育是什么呢? 简单说就是教儿童'实行'那完全生活的法则,改良那做人的道理……所以现今学校中所通行的'修身教科书',非但是蛇足,而且是大背德育原理的。"②这表明他译介杜威道德理论旨在变革以消极灌输的修身教育为主体的传统德育,使德育重返儿童的现实生活。此后,直至 40 年代,国内各大出版机构竞相出版杜威的著作,宣传他的教育思想以及贯穿其中的德育观。

表 1　民国时期杜威著作中译本一览表③

作者/译者	英文/中文名称	出版单位/年代
J. Dewey ①刘经庶编译;②刘伯明译;③丘瑾璋译;④孟宪承、俞庆棠译	How We Think(1910) ①《思维术》;②《思维术》;③《思想方法论》;④《思维与教学》	①南京高等师范学校,1918;②中华书局,初版1921,第 9 版 1926;③世界书局,1935;④商务印书馆,1936
J. Dewey 刘衡如译	The School and Society(1899) 《学校与社会》	中华书局,1921
J. Dewey ①元尚仁译 ②张铭鼎译	Moral Principles in Education (1909)《德育原理》	①中华书局,1921 ②商务印书馆,1930
J. Dewey 郑宗海译	The Child and the Curriculum (1902)《儿童与教材》	中华书局,1922
J. Dewey 张裕卿、杨伟文译	Interest and Effort in Education (1913)《教育上的兴味与努力》	商务印书馆,1922

---

① 蒋梦麟:《杜威之道德教育》,《新教育》1919 年第 1—3 期。

② [美]杜威:《德育原理》,元尚仁译,"译者小言",中华书局 1921 年版。

③ 北京图书馆编:《民国时期总书目(1911—1949):教育·体育》,书目文献出版社 1995 年版;中美百万册(CADAL)。

续表

作者/译者	英文/中文名称	出版单位/年代
J. Dewey & E. Dewey 朱经农、潘梓年译	School of Tomorrow(1915) 《明日之学校》	商务印书馆,初版 1923,第 1 版 1933,第 2 版 1935
J. Dewey 邹恩润译	Democracy and Education(1916) 《民本主义与教育》	商务印书馆,初版 1928,第 1 版 1947,第 2 版 1948;万有文库本 初版 1929
J. Dewey 张岱年、傅继良译	The Sources of A Science of Education(1929)《教育科学之源泉》	人文书店,1932
J. Dewey ①许崇清译 ②胡适、唐擘黄译	Reconstruction in Philosophy (1920) 《哲学的改造》	商务印书馆 ①1933,②1934
J. Dewey & J. H. Tufts 余家菊译	Ethics(1908) 《道德学》	商务印书馆,1935
J. Dewey ①李培囿译 ②李相勖、阮春芳译	Experience and Education(1938) 《经验与教育》	①正中书局,重庆初版 1942,上海第 1 版 1946;②文通书局,初版 1941,第 1 版 1946
J. Dewey 吴耀宗译	A Common Faith(1934) 《科学的宗教观》	青年协会书局,初版 1936
J. Dewey 董时光译述	Education Today(1940) 《今日的教育》	商务印书馆,1946

这一时期,学界除翻译杜威教育著作直接传播其道德教育理论而外,还翻译了与杜威道德教育理论关系较大的几位学者的作品,主要有美国学者朴墨(Palmer)的《德育问题》(1921)、察忒斯(W. W. Charters)的《理想的培育法》(1930)、斯密斯(W. R. Smith)的《建设的学校训育》(1936)和普林格尔(R. W. Pringle)的《中学训育心理学》(1937)等,这些著作在道德教育问题上基本采取了杜威进步主义的主张,从而对杜威道德教育理论的传播起到了推波助澜的作用。

2.涂尔干的道德教育学说

就在教育界大力传播和应用杜威的道德教育理论之际,舒新城等一批教育家便对杜威所宣扬的美国式的"民主"及其教育是否适合中国国情的问题进行反思并提出了质疑,他们也不赞成当时的学校对青少年的德育采取放任自流的态度与措施。特别是南京国民政府成立后,加强了对学校德育及训育的管理和控制。伴随着"杜威热"的逐渐降温,法国社会学家、教育学家涂尔干的道德教育学说逐渐引起国人的关注,1929 年教育学家崔载阳即翻译了他的代表作《道德教育论》(亦译《道德教育》)。该书原为涂尔干于 1902—1903 年间在巴黎大学索邦学院教育学系讲授道德教育课程时的讲稿,他死后由其弟子、索邦讲座教授保罗·富科内(P. Fauconmet,亦译福孔奈)整理成书并于 1925 年出版。① 在西方学界,它被视为德育学科独立的重要标志。相对于西方的历史经验,涂尔干道德教育学说的最大特点与贡献在于它有力地推动了道德教育的世俗化,即与宗教相分离,以及使用社会学实证方法力图创立"科学的"道德教育理论。这种努力在《道德教育论》中得到了充分体现。在这部著作中,涂尔干首先明确区分了理性道德教育与宗教道德教育并梳理了两者之间的关系,遂将道德教育的基础完全建立在儿童的理性之上,从而取代了宗教默启的教义和方法。其次,他一反传统道德学的主观主义方法而采用社会学的实证方法,从历史与现实的事实中分析那些具有规律性的德性元素,从而得出纪律精神、牺牲精神及意志自由为人必须服从的道德律。最后,他在此基础上进一步论述了如何通过教学来培养儿童的各种品德。涂尔干的道德教育学说改变了欧洲历史上长期以来形成的以个体为本位的伦理观,因而相应地被视为社会本位的道德教育论。

事实上,从清末起法国中小学的道德教育就一直为国内学者所关注,尽管所介绍的还不能直接说成是涂尔干的道德教育思想,但从其实际内容来看,以社会为导向的倾向则十分明显,而这与涂尔干道德教育学说的价值趋向颇为一致。例如,《教育世界》第 73 号(1904 年 4 月)发表的《法国修身教授法之一斑》、第 145 号刊载的《法国之道德教授》以及《教育杂志》第 4 卷第 1 号刊登的《法国中小学修身科教授要目》、第 4 卷第 12 号登载的《法国之修身教授》等等,细读这些文章就会发现,在法国近代学校德育中存在着很明显的社会导向。涂尔干道德教育学说的代表作译成中文后,《教育杂志》于第 22 卷第 6 号、第 23 卷第 4 号上先后发表《法国教育集权与自由之精神》、《涂尔干的社会学的教育学说》等文,崔载阳自己也在《教育研究》上发表《涂尔干的教育学说》,进一步对涂尔干的教育思想包括其道德教育学说进行阐述与补充。1933

---

① 陈桂生:《中国德育问题》,福建教育出版社 2006 年版,第 220 页;[法]涂尔干:《道德教育》,陈光金译,上海人民出版社 2001 年版,第 3—4 页。

年,教育学家吴俊升又翻译了法国著名哲学家拉郎德(A. Lalande)的《实践道德述要》,由中华书局于 1935 年出版;该书按社会道德生活领域并采用社会学的调查法逐条罗列德目,最后厘定人类社会具有普适性的德目共 225 项,以此作为指导儿童行为的标准。

3. 康德的伦理道德思想及其德育观

与涂尔干道德教育学说几乎同时传入的另一种道德教育理论是康德的伦理道德思想及其德育观。在西方,康德的伦理道德思想所代表的伦理学是一种规范伦理学,也是一种强调人的善良意志、主张道德行为的"至善"主要有赖于它的动机而无需涉及它的效果的形式论的伦理学。康德的伦理道德思想在清末民初便由梁启超、王国维、蔡元培、杨昌济等人导入中国,并对民初的教育方针产生过一定影响。① 30 年代康德的伦理道德思想再度受到中国学界注目,其原因是多方面的,但主要原因则在于国内政治和社会形势的变化。随着南京国民政府的建立,一个"破坏"的时代宣告结束,代之而起的是所谓"建设"的时代,围绕如何"建设"的问题,学界从不同的方面和角度展开了广泛而热烈的研讨。就德育方面而言,促成康德伦理道德思想及其德育观"复兴"的具体因素主要表现在:其一,清末民初介绍导入康德的伦理道德思想主要停留在哲学和教育方针的层面,而对学校的德育实践层面却影响甚微,但如前所述,五四新文化运动后美国进步主义教育思想及杜威的道德教育理论传入中国后对学校德育既产生的积极的作用,也带来了负面的影响,而南京国民政府成立后加强了对学校德育及训育的管理和控制,于是康德伦理道德思想再度受到中国学人的关注,他们不满足于仅仅从哲学或教育方针的层面来阐释和发挥康德的伦理道德思想,而试图进一步结合康德的教育思想来揭示其德育观并将之运用于指导学校的德育实践。其二,从国际上看,19 世纪下半叶西方兴起了"回到康德去"的运动,致使新康德主义应运而生并逐渐形成了影响广泛的社会思潮,它强烈地吸引了中国一批知识分子的注意力,其中以张君劢、张东荪等为代表人物,后者更自称是"康德派"和新康德主义者,②他们曾与国际相呼应组织并推动了国内康德 200 周年诞辰的纪念活动,一些有影响的报刊如《学灯》、《晨报》等纷纷发表纪念和研究文章,而《学艺》(1924 年第 6 卷第 5 期)及《民铎》(1925 年第 6 卷第 4 号)杂志还出版了"康德专号"。上述这一

---

① 肖朗:《康德与中国近代教育思想》,《教育研究》2003 年第 10 期;肖朗:《吸收与改造:康德伦理道德思想在近代中国》,《社会科学战线》2005 年第 5 期。

② 叶青:《张东荪哲学批判》,辛肯书店 1934 年版,"序言"。

切,都为国内康德伦理道德思想的"复兴"创造了一种时代氛围,引导学界进一步研究和阐发其德育观。

值得一提的是,这一时期的教育学者直接参与其中,发挥了重要的作用。例如,1924年留学哈佛大学的瞿菊农(又名瞿世英)编译了《康德教育论》,商务印书馆于1926年将此书收入"师范小丛书"中初版;之后,为适应教育形势发展的需要,商务印书馆又于1930年出版"万有文库"本,并于1933年再版。再如,教育学家范寿康撰著了《教育哲学大纲》一书,结合康德的批判哲学体系介绍了其道德教育思想。至30年代,康德关于道德哲学的代表作均已译成中文出版,如张铭鼎译《实践理性批判》(商务印书馆1936年版)、唐钺译《道德形而上学探本》(商务印书馆1937年版)等。这些成果对传播康德的伦理道德思想及其德育观无疑起到了极大的促进作用。

二、从传统的修身教育理念到进步主义德育观

清末民初,部分先进人士逐渐明确地意识到道德变革的重要性。严复率先将中西社会不同之根源归结为"自由不自由异耳"①,从而开启了清末伦理道德转型之端绪。梁启超继而发出了"发明一种新道德,以求所以固吾群善吾群进吾群之道"②的诉求,章太炎也认为"无道德者之不能革命"③,进而陈独秀又提出了"伦理的觉悟为吾人最后觉悟之最后觉悟"④的观点,这些呐喊都强烈地表达了"启蒙"与"救亡"的时代使命感。本着这种使命意识,他们急切地将西方政治及伦理道德思想导入中国,经此冲击,传统伦理道德终于步出两千多年封建社会的重围而开始了现代转型。伦理转型为教育目标重构提供了全新的价值诉求和有利的思想背景,但"修身即德育"⑤的传统观念依旧统摄着人心,而且清末"修身"的具体内容又不同于明治日本导入的西方近代"修身学",而依旧是以儒家伦理观念及其德目为旨归。因此,改革修身教育就不仅

---

① 严复:《论世变之亟》,载王栻主编:《严复集》第一册诗文卷(上),中华书局1986年版,第2页。
② 梁启超:《新民说》,《饮冰室合集》专集之四,中华书局1936年版,第15页。
③ 章太炎:《革命之道德》,载张枬、王忍之编:《辛亥革命前十年间时论选集》第二卷上册,生活·读书·新知三联书店1963年版,第513页。
④ 陈独秀:《吾人最后之觉悟》,《青年杂志》1916年第1—6期。
⑤ [日]牧懒五一郎:《教育学教科书》,王国维译,《教育丛书》(第二集),教育世界社1902年版,第12页。

仅是德育本身的需要，更是实现教育的人才培养目标由封建臣民向近代国民转变的必然要求。日后，有的学者因感于欧美道德教育之发达，曾针对中国教育的现状切中肯綮地指出："中国之所以兴教育数十年而未得教育之效果者，实原于未讲求道德教育之故。今欲求补救之方，则亦不可不先从事于道德教育。"①

辛亥革命及随后兴起的五四新文化运动促使民主思潮勃兴，教育面临的首要任务因之而转变为通过造就具有健全人格的国民，以发扬共和精神。在这种情况下，传统的修身教育再也难以适应教育改革的需求，于是创立新型的道德教育便成为当务之急。早在民初，蔡元培即力倡"五育并举"的教育方针，并以追求"自由"、"平等"和"博爱"等价值取向的公民道德教育为其中坚，从而确定了民国道德教育的基本走向。五四新文化运动期间，胡适也旗帜鲜明地提出"非个人主义新生活"的主张，反对脱离现实社会生活的独善的个人主义，而提倡杜威所说的"真的个人主义"或"个性主义"。② 他们所倡导的德育观都远远超越了传统修身所囿于的个人视界，把道德教育的目标从传统狭隘的、孤寂而静修式的"束身寡过主义"推向广阔而丰富的现实社会生活，从一己的"小我"推进到社会的"大我"，从而把个人的道德修养与社会的改革发展紧密联系在一起。而杜威的道德教育理论便对此时德育观念的转变起到了直接的推动作用。

在《德育原理》一书中，杜威指出道德教育首先要区分"道德的观念"与"观念上的道德"③，因为两者之间有着本质的区别，而道德教育旨在培养前者，而不是后者；换言之，有意向学生灌输种种德目的教育根本不可能培养起学生的美德。杜威的这种认识来源于美国教育的现实，因为在一定程度上可以说其道德教育理论是针对美国资产阶级民主社会培养公民的要求而提出的。他曾批评美国学校中普遍存在的以公民知识灌输和公民资格训练为主要内容的公民教育是一种很狭隘的教育，认为这种教育培养出来的公民将无法承担起应尽的社会责任。④ 进而，他反对学校通过直接设置道德课程以使儿童死读书本的方式来开展德育，而主张儿童通过各种形式的学习、活动并以参与社会生活的方式来接受道德教育。由此出发，杜威以社会学和心理学为依据系统地

---

① 蒋拙诚：《道德教育论》，商务印书馆 1919 年版，第 4 页。
② 胡适：《胡适文存》卷四，上海书店出版社 1989 年版，第 174 页。
③ 〔美〕杜威：《德育原理》，元尚仁译，中华书局 1921 年版，第 1 页。
④ 〔美〕杜威：《德育原理》，元尚仁译，中华书局 1921 年版，第 6—7 页。

论述了对儿童进行道德训练的要求和方法,形成将学校生活、教学方法与课程相统一的"三位一体"的德育模式。一些美国学者认为,"有意研究正当的行为不见得能产生道德"[1],"新制度的训育施行虽然不易,但在道德教育上,比较任何专制的统治,更为有力的成分"[2],类似的看法都表达了对以杜威为代表的进步主义德育观的认可。杜威所表达的德育观在当时被认为是"间接德育"或"积极德育"的杰出代表,而且也与当时中国的教育改革形势及其要求相契合。当这种德育观传入中国后,其思想本质符合民初培养"共和国民健全之人格"的教育方针,既有助于肃清以造就封建臣民为宗旨的传统德育思想,又在一定程度上纠正了清末传入的德国教育学家赫尔巴特以教师和课堂为中心的训育观念,从而给那些有志改革中国学校德育现状的教育界人士以深刻启发,并对民国时期的学校德育实践产生了深刻的影响。有的学者在论述民国时期的中学训育时即指出:"旧时的训育,因为太着重纠正和抑制,以致妨碍学生个性的自然发展,不能获得教育上实际的效果。由于教育思潮的变迁和新教育学说的灌输,已经发现那种训育再没有存在的价值,适合时代需要和吻合教育目的的进步的训育,便应运而生了。"[3]这里所说的"新教育学说",主要指的是杜威的道德教育理论,尤其是它所提倡的"三位一体"的德育方法和打破智德体"三育"分野的教育精神。

三、回归秩序:进步主义德育观的转变

南京国民政府成立前后,学校教育所面临的纪律松懈和秩序紊乱的问题是相当严峻的。五四新文化运动以来对传统道德持续的批判确实取得了思想解放的成效,但与此同时也削弱和动摇了道德本身的权威性。一些学校当局及管理部门对学生的德育及训育采取放任自流的态度,更使正常的教学秩序受到严重的干扰和破坏。如何使学校重新回归秩序,遂成为这一时期教育界人士共同关心的问题,也引起了政府部门的极大关注。1932年南京国民政府行政院颁布的《整顿教育令》声称:"十余年来,教育纪律愈见陵替,学校风潮,日有所闻。学生对于校长,则自由选举,如会议之推主席。对于教授,则任意

---

① [美]朴墨:《德育问题》,王克仁、邰爽秋译,中华书局1921年版,第9页。

② [美]斯密斯:《建设的学校训育》,范寯梅译,商务印书馆1936年版,"原序"。

③ 杨同芳:《中学训育》,世界书局1941年版,第4页。

黜陟,如宿舍之雇用庖丁。甚至散布传单以谩骂,聚群众以殴辱。每有要求,动辄罢课以相挟持;及至年终,且常罢考以作结束。"①关于造成这种现象的原因,蔡元培在国民党五中全会上主要从政治的层面分析道:"往者中央党部国民政府在广州,举国大半在军阀之下,不得不厚集革命之力量,以颠覆窃据。故吾党当时助青年学生之运动,不复虑及其一时学业之牺牲,虽有所痛于心,诚不能免乎此也。及后革命势力克定长江,学生鼓励民气之功业已著,而牺牲青年学生训练之流弊亦彰,改弦易辙,人同此心。"②胡汉民则借全国教育会议之机直指以往教育之不当,认为"近几年来教育界亦有专事向外国搬来以行之中国者,但搬来时坏多而好少……到现在已经到了无可拘束之时,只能以放任主义,亦可谓方便主义,听学生以自由"③。他将以往教育界不问国情、直接搬用杜威思想的做法视为导致学生习于散漫、学校纪律松弛的重要原因。而有的教育学者更是就学校德育本身批评道:"新教育家注重教育活动之统整性,不顾从教育活动中分别德育而注重之。如杜威即曾反对专为德育而设置道德课,斥为不能灌输真正之道德观念,以为真正之道德观念须在儿童之活动中方可于不觉间自然养成。此种见解推之极端,一切道德上劝诫训勉之手段,均认为失当,而除奖励儿童从事社会活动外,更无任何德育设施之可言。起初此种见解,原期在儿童活动中,无时无事不具德育之效力,但因无明确之目标,反至无任何时、无任何事,以德育为旨归矣。故德育之受忽视,此种新教育之见解,亦不能不负一部分之责任也。"④在此大背景下,涂尔干的道德教育学说开始进入国人的视野。

作为社会学家的涂尔干,社会秩序及其整合是其毕生研究的主题,这也源于他所生活的时代和环境。近代法国社会的动荡不安,促使涂尔干希望通过研究社会学来解决社会的现实问题,从而有助于国家达到安定。在他看来,宗教、法律、道德等都是社会学特定的研究对象,道德遂被纳入他所设定的社会事实中。涂尔干认为,社会事实先于个体生命而存在,因此,它不取决于个人而取决于社会,并且将以社会的外在形式给个人以"强制"的影响和约束。从这个角度出发,他宣称"以个人为目的的行为,不算是道德的行为","以他人为目的的行为,亦不算道德的行为","道德的行为只可来自一超个人之物,即只

---

① 宋恩荣、章咸选编:《中华民国教育法规选编》(修订版),江苏教育出版社 2005 年版,第 116—117 页。

② 李相勗:《训育论》,商务印书馆 1935 年版,第 279—280 页。

③ 《第二次全国教育会议始末记》第二篇,江东书局 1930 年版,第 60 页。

④ 吴俊升:《德育原理》,商务印书馆 1935 年版,第 12—13 页。

可来自社会"。① 在涂尔干的社会组织和团体的概念中,最重要的是"祖国"。他说:"道德价值之最高的是政治社会,是祖国。"因此,他宣称:"学校绝应变成培养祖国道德的环境。"②尽管涂尔干的道德教育学说并未否定儿童的个性,但其立足点则在社会,其核心是提倡德育应以培养儿童"委身社会"、"服务祖国"的价值观念为根本目标,这些显然有别于杜威的道德教育理论,而且的确有助于弥补后者之不足。戴季陶读了《道德教育论》后评价道:"余……觉涂氏之所言皆为余之所言而不能尽,或欲言而未能者。同声则相应,同气则相求,能使余于百忙中竟读其书者,殊非偶然也。曾忆曩年杜威来华讲学,于是中国学风为之大变,适于其前后来华传授其思想学说者二三人,皆各揣其种以玄。十年之间,教育上之是是非非无不与此数西洋学者有甚深之因缘,而其结果不特不能使中国得其益,且反受其弊。此虽非各传其道之西洋学者之咎,而其理论之过与不及亦有相当之责任,正不止不合国情已也。"③在这里,戴季陶不仅表达了他对涂尔干有"同声相应、同气相求"之感,而且更重要的是通过与杜威等人的比较而表达了涂尔干的学说正为当时之中国所需要的看法。

关于道德本身的内容和形式,涂尔干又认为:"吾人不应混两种极不同之情感为一事:对于旧规律感觉有代以新规律之需要,此一事也;对于一切规范,均不能忍耐,对于一切训练,均加仇视,此又一事也。在一定情况之下,第一种情感乃属自然的、健全的、有意识的;第二种情感则属变态的,因其诱致吾人自外于生活之根本条件也。……从来许多革命事业之毫无效果,或所得之效果,与若辈所下之努力功夫常不相应,正坐此病。其实正惟在反对规律之时代,更应感觉规律之需要。正惟在推翻规律之时代,吾人应常存一不可缺乏规律之心,因惟遵此条件,吾人之工作,始得积极之效果也。"④这反映出他主张在德育过程中应注意区别道德内容与道德形式,前者可以因社会变化而改变之,但后者则是不变的,因为道德形式反映的是道德精神,而人无论何时何地都不能不遵从道德精神,以维护道德的权威。可见,涂尔干的道德教育学说侧重于维护社会道德的权威性,强调任何社会的道德及其教育对人都发挥着"引导"甚至是"强制"的正当作用,这种观点在一定程度上切中当时中国学校德育的弊端,难怪教育学家吴俊升感叹道:"涂氏之言,宛若为中国之道德现状而发

---

① [法]涂尔干:《道德教育论》,崔载阳译,民智书局,1929 年版,第 50—54 页。
② [法]涂尔干:《道德教育论》,崔载阳译,民智书局,1929 年版,第 71 页。
③ [法]涂尔干:《道德教育论》,崔载阳译,民智书局,1929 年版,"戴序"。
④ [法]拉郎德:《实践道德述要》,吴俊升译,中华书局 1935 年版,"译序"。

者。"①就道德教育实施的具体方式而言,涂尔干十分重视课堂教学的作用,如他认为培养牺牲精神的基本途径之一是通过各科教学来对学生施加影响,同时主张利用课堂从培养班级精神、树立集体荣誉感入手来增进学生的社会意识。凡此种种,均与杜威的道德教育理论大相径庭,并对当时中国的学校德育产生了一定的影响。

批评杜威的道德教育理论而迎来了涂尔干的道德教育学说,这是当时中国社会发展客观需要使然。但涂尔干的学说所展示的教育理想是要求对社会道德秩序的服从,尽管如前所述他并没有否定儿童的个性,但高扬的社会性会对儿童个性构成冲击甚至压制,这也是毋庸置疑的。其实,法国在"政体"上是开创西方资产阶级民主共和国的先驱,但在"治体"上却采用了中央集权的管理模式,而其近代学校教育制度也早已受到人们的批评,如罗素就断言:"在法国,国立学校如同被宗教控制的学校那样,是专断独行的。"②客观地说,20世纪20—30年代传入的涂尔干道德教育学说,为纠正美国进步主义德育观的偏差提供了理论依据,但在一定程度上也成为南京国民政府实施"训政"的工具。

四、德育观多元化的冲突与融合

一般来说,道德教育总是在具体的社会规约或规范下进行的,这些规约或规范构成了德育的实际内容和必须遵循的基本原则。在社会学的视野中,道德律即为社会的道德规范,它是衡量和判断人类行为道德性的主要标准,而道德教育的目的正是通过教导、指导和劝导儿童行为合于社会的道德规范,最终养成儿童符合道德律的品格。然而,道德律发挥作用所依赖的社会制裁方式也具有强制性,道德教育在这种强制性面前如何实现人的道德性呢?杜威和涂尔干给出了几乎是不同的回答。杜威倡导通过"间接德育"的方式来培养儿童的意愿以形成道德行为,然而,在道德义务面前,仅凭意愿而行,其力量则十分脆弱,不足以保证道德行为的有效性。涂尔干尽管没有完全否定杜威的设想,但他显然更注重外在训练的重要性。这就关系到人类德性生成的基本问题,即德性究竟由"外铄"还是靠"内发"而成?古今中外,不少哲学家在理论上确立起道德的理想,并规定德育实施的原则;同时,教育学家为使德育实施有

---

①　吴俊升:《德育原理》,商务印书馆1935年版,第7页。

②　[英]伯特兰·罗素:《罗素自选文集》,戴玉庆译,商务印书馆2006年版,第83页。

充分的理论依据,也无时不在寻求道德哲学的原则。

　　可以说,康德在上述两种答案之外,给出了另一种解答。学界公认道德哲学是康德哲学体系的核心,对此张东荪曾解释道:"康德之研究知识问题仍以求得人生问题之圆满解决为其背景,故吾谓康德哲学以人生价值(即道德)为归宿也。"①如前所述,康德的伦理道德思想所代表的伦理学是一种规范伦理学,强调人的善良意志对其道德行为的形成具有决定作用,进而宣称道德行为的"至善"主要有赖于它的动机而无需涉及其效果。康德认为,道德行为应以"至善"为唯一的目的,即人在自由意志的基础上完全出于"义务"来执行道德法则,而与任何需求、爱好、利益或结果无关,用他自己的话来说,即"不论做什么,总应该做到使你的意志所遵循的准则永远同时能够成为一条普遍的立法原理"②。因此,他主张道德行为应该只受"义务心"的驱使而"自发地"产生和实现,这与杜威的"情愿"行为不同,更与涂尔干的"纪律训练"有异。康德的这一观点尽管也可以纳入"内发"说,但与杜威基于本能、情绪、智慧等的主张显然有区别,因为康德的"自发"行为是超越"自愿"行为之上的道德行为,是一种自觉的责任体认,是意志自律的结果,它只受"义务心"的支配。质言之,儿童的道德行为"非为利害之计较,非为对于行为本身情愿执行,乃为受义务心之驱迫"③。

　　对儿童道德行为的教育和训练究竟以何者为标准,是依据"强制",还是"自愿"? 这个问题曾在民国教育界引起争论,并导致不同的看法。拥护杜威的人每每谴责传统德育对儿童本性造成压抑④;批评杜威的人则认为其德育失却标准,没有明确的目标,因而对德育失败的现状负有不可推卸的责任;赞成涂尔干社会学立场的人更是坚信教育的社会基础⑤,认为教育的本质只能从社会的角度加以说明,教育的目的也只能用社会的要求来规定,因为教育与道德、宗教等一样都是社会的产物⑥。而康德的伦理道德思想反映在教育上,则强调道德律是一种"绝对命令",道德教育旨在培养儿童的道德义务心,使之

①　张东荪:《道德哲学》,中华书局1930年版,第308页。
②　[德]康德:《实践理性批判》,关文运译,商务印书馆1960年版,第124页。
③　吴俊升:《教育哲学大纲》,商务印书馆1935年版,第122页。
④　杨同芳:《中学训育》,世界书局1941年版,第17页。
⑤　庄泽宣:《教育之社会的基础》,《教育杂志》1938年第28—7期。
⑥　崔载阳:《涂尔干的教育学说》,《教育研究》1929年第13期。

从小就在心目中形成履行道德义务的自觉意识。① 瞿菊农评析道："康德认定道德教育是最高的教育,不以知识教育为满足。而本分的观念(即义务的观念——笔者注),尤其是他的教育思想的中心。"②较之杜威和涂尔干的道德教育理论和学说,康德的伦理道德思想及其德育观并未对民国时期学校德育的实践产生广泛的影响,但它试图排除政治因素和意识形态的干扰,立足于道德本身来探讨德育,毕竟为道德教育树立起崇高的标的,此后"德性"、"义务"、"至善"这些道德要求也进一步受到中国教育界的重视。当然,涂尔干也很重视"义务"、"至善"之类的道德要求,正如有的学者所指出的："'纪律精神'与'牺牲精神'实际上也就是通常所谓'义务观念'与'至善观念'。"③与康德相比,涂尔干的贡献在于使这些抽象概念的内涵具体化了,进而有助于落实到学校德育的实践和操作层面。

从历史上看,任何时代当多种理论并存之际,价值观念趋向多元并相互冲突是无可避免的现象。就道德教育而言,每一种理论都不是绝对正确和一劳永逸的,但也并非绝对冲突而不可调和,只要真正把握了每一种理论各自的本质及其特点,通过比较借鉴、扬长避短,就有可能在道德教育过程中达成统一,以实现理论间的融合。如果说杜威的道德教育理论旨在充分发展儿童的个性并引导儿童进入社会,那么涂尔干道德教育学说的主旨则在牢固地维系社会,而使社会之生命延展及儿童。从表面上看,两者大不相同,但就本质而言,它们在道德教育的社会性问题上是一致的。康德的伦理道德思想及其德育观注重品格陶冶与意志训练,为道德行为固本培元,可谓把握住了道德的根本;虽然康德所说的道德具有抽象性,在德育的具体实践中又注重培养"善意"而不注重训练"善行",且有排斥感情因素的倾向,使得道德行为的实现成为一个过分依靠理性而冰冷的过程,但上述不足的方面均可通过与杜威道德理论相结合而得到克服。有鉴于此,有的学者主张,理想的德育最初应该"以外部制裁为手段;其次应侧重杜威主张,使儿童自我逐渐扩展,与个别义务合而为一,乐于执行;最后应以康德之道德理想为最高原则,训练儿童依抽象义务原则而执行道德行为"④。认为这样就能将上述三派的理论完全统一在整个道德教育过程中,从而更有利于教育者对儿童道德发展与品德陶冶规律的认识与提高。

---

① 肖朗:《人的两重性和教育的两重性——康德教育哲学思想探析》,《南京大学学报》(哲学·人文科学·社会科学)2003年第1期。
② [德]康德:《康德教育论》,瞿菊农编译,商务印书馆1933年版,"序"。
③ 陈桂生:《中国德育问题》,福建教育出版社2006年版,第229页。
④ 吴俊升:《德育原理》,商务印书馆1935年版,第77—78页。

虽然限于当时的历史条件,民国时期德育观念的变革仍然留下了许多问题有待后人解决,但由于学术界和教育界的共同努力,德育理论建设终于在现代化的道路上迈出了一大步,其成功的经验和存在的不足均为当前中国德育的改革和发展提供了有益的借鉴。

小学道德教科书中"班会"的百年考察

——从大陆时期(1912—1949)到台湾现况(1950—2011)

方志华[*]

摘　要:以"班会"为核心,民国以来的小学道德领域教科书主要历经了五个发展时期,即,民主初肇与摸索奠基期、统一抗战与党义期、"复兴基地"与威权期、在地扎根与民主贯彻期以及九年一贯与道德统整期。通过这五个发展时期的各版本小学道德领域教科书的考察,得知:班会活动的教科书教学直到目前都没有间断,同时,民主权利的行使隐藏其中,公民社会的道德实践也在其中。可以说,开会是一种重要的民主德性的潜在课程,反映出班会的功能和时代的需求。

关键词:小学道德教科书;班会;百年考察

前　言[①]

本文是以小学道德领域教科书百年之发展中"班会"为核心的版本考察。台湾地区小学的教科书在 1945 年国民政府接管后即沿用大陆自民国以来演变的教科书,在内容上有其延续性,然而因应台湾从戒严时期步入民主化社会的需求,教科书也与时俱进地在传统的基础上迭有变革。

在各种民主社会公民的学习活动中,班会是小学生学习民主生活的初步,本文即以最基本的"班会"为核心进行小学教科书内容考察。研究对象是直接翻阅百年来与公民道德相关的教科书,以修身、公民、公民与道德、生活与伦理、社会、道德与健康、综合活动等书为主进行考察分析。教科书的来源主要是位于台北的教育研究院教科书发展中心图书馆之典藏教科书,而司琦《小学

---

　　*　作者简介:方志华,台北市立教育大学学习与媒材设计学系副教授。

　　①　本文由台北市立教育大学课程所郑琪臻同学和郑佳钰同学收集大部分相关数据,郑琪臻同学并进行初步的目录分类工作,方能顺利完成,特此致谢。

教科书发展史——小学教科书纸上博物馆》(2005)一书除了有各年代小学课程标准的相关史料外,也有部分教科书影印节录本的介绍,虽不完整,但弥足珍贵,仍辅佐参考。

以下即分为五个时期分别探索,每个时期又各依课程标准之变革而各又再分为二期。

一、民主初肇与摸索奠基期:民主共和国之建立与课文中的会议场景(1912—1927)

(一)民国元年四年学制——道德领域"修身科"附加"公民须知",《公民故事读本》第一课即出现以开会为背景的动物寓言

1. 时代背景与教科书依据

在时代背景上,由于西风东渐,延续清末"中体西用"和"全盘西化"之论辩,在道德学习的教材上,显然在民初的教育走向,是全盘西化较占上风,这由民国元年即废止读经可见一斑。虽历经民国4年袁世凯短暂的恢复读经,然在其恢复帝制失败后,废止读经已成定局。从此以后在儿童道德教育方面,以诵读儒家经典为主的教学,消失在小学正式课程中。直到七八十年后,在台湾民间儿童读经①的风潮中,儒家经书才再度成为小学教师选择道德教学的诸多课外教材选项之一。

民国元年和民国4年皆规定"修身"为必修科,这延续了清末将修身科定为第一主科。而"公民须知"讲授法制大法,是附于修身科而提及。

2. 有关学习开会的课文

在"民主初肇期"早期的"修身"教科书,对于开会这个民主能力、与其中尊重、守法、服从等德性的教导,是付诸阙如的。

本期收集的道德教科书共有8个版本(参见附录一书目),可让人对民国初小学公民教科书的撰写,有着多元的想象,其中2本内容与开会有关:

(1)民国6年《国民学校.公民读本》(中华)——第一本公民读本,意义深远。

---

① 台湾王财贵教授以及华山讲堂大力推展儿童读经,可参见〈读经通讯〉网站:http://www.chinese-classics.com.tw/magizine/,查询日期20110525。

目前看到最早的公民版本是国民学校《公民读本》(中华,民 6)[1(P1008－1013)]，其编辑大意有"本书在授以公民必需之知识及道德"，编辑要点有一条是"自治制之大略及其能力之养成"。这本民国以来第一本公民教科书的校阅者，是民初著名的政治家王宠惠和文化出版界的陆费逵[2]。由司琦收录的部分缩影本可看出，该本《公民》以文言文形式[①]，传授公民的政治知识，与《修身》并行教授。与之后的公民教科书既教授公民知识，也教导公民道德不同；该书虽供初小第三、四学年使用，意简言赅，但内容实适合成人，然而在袁世凯称帝失败后不久马上出版，又有政治家校阅，特具意义。[3](方志华,2010)

(2)《国民学校用.新法公民故事读本》(商务,民 11? 版)——最早的公民故事读本即以开会为故事背景，饶富深意。

民国 11 年(? 版)[②]商务印书馆国民学校用《新法公民故事读本》[4(P1014－1026)]。第一册是动物寓言故事，第一课即以召集开会作为全书开头，主题以老羊和羔儿来让儿童了解成人有投票的权利。内容像章回小说，颇引人入胜。内文开头是以成人有开会资格而儿童没有为主题，开会是重要民主社会活动的潜在课程，隐然成形。

整体而言，针对民国初年 8 个版本道德教科书之分析，在开会内容上，除了商务《公民故事读本》以开会作为寓言中动物的活动以及商务《公民读本》有关自治事务的课文以外，尚无有关在班级中开会的教导。

(二)民国 11 年新学制——"修身科"取消、"公民科"属社会科,商务版已出现"集会的方法"课文

1.时代背景与教科书依据

民国 8 年的五四运动唤起了知识分子对于新文化的追求，对科学与民主的向往与追求，也影响教育的方向。留美学生相继归国、美国教育学家杜威、克伯屈等到华讲学，也使得教育界开始接受美国教育思潮和制度。依据民国 11 年《新学制》、12 年《新小学课程纲要》时期道德的课程设计重点[5] 为:(1)修身涵养不设科。(2)公民养成始设科。(3)公民道德的教学要启发改良社会的常识和思想，养成适于营现代生活(如热心从公等)的习惯。

由本期收集 4 个版本教科书(外加一本教授书，即教师手册)发现，这个时

---

① 如第一课"中华民国"课文第一段为:"我中华立国已五千余年。开化之早，冠于世界。当各国草昧之时，我国文化开明，已为四邻之望。"是浅白的文言文。

② 该缩复印件看不出初版年代。

期的教科书多在书名上加"新小学"名称,可想见在当时定是时代新气象的来临(参见附录二书目)。

2.有关学习开会的课文

中华书局的三个版本,课文虽有公民的权利与义务、参政、国会、地方自治、直接民权等课文标题,但都并无教导学生直接进行民主开会的相关课文。

而商务印书馆(小学后期用)《新法公民教科书》(民12年3月初版)[6(P1323—1341)]则开风气之先,已开始教导开会的方法。其第一册的前三课分别为:第一课游戏的规则、第二课集会的方法、第三课会议的方法。

这样的安排让高小一年级(小学五年级)学生由了解游戏规则的重要,引导至如何集会以及会议规则的遵守。其中第二、三课课文,后来延续出现在商务印书馆民国22年高小《复兴公民教科书》中,民国22年版并加入课文前后的讨论作业。[①]

综而言之,在民国元年到民国12年两次学制及课程纲要的变革,是民主之初肇期。道德教科书由修身转向公民,教学由修身德行为主、转向公民社会以民主为核心之德性实践。在开会学习上,后期商务版公民教科书已有"集会的方法"、"会议的方法"课文出现。

二、统一抗战与党义期:道德教科书之党国化、课本开始全面加强以"民权初步"为本、由成人教导的开会方法(1928—1950)

(一)民国21、25年小学课标——从《党义》,到《公民》加《公民训练》

1.时代背景与教科书依据

民国15年在广州出版了一本小学版的三民主义教科书,这本前期小学《三民主义教科书》[②](戴季虞编,民15)提到:

---

① 可参见附录五《高小·复兴公民教科书》(商务,民22)课文:第十七课集会的方法。然而民12年(小学后期用)《新法公民教科书》节录自司琦(2005)复印件,没有完整的课文内容年版。

② 民国15年初版、16年15版《前期小学三民主义教科书》(广州:共和书局)编者:戴季虞(本书依据广州国民政府制定《小学规程》有三民主义一种),本书不是因应课纲而编,不编在附录书目中。参见司琦:《小学教科书发展史——小学教科书纸上博物馆》(上)(中)(下),台北华泰2005年版,第1342—61页。

孙先生觉得要发达中国四万万人的民权,必须从团结人心,纠合群力入手;要团结人心,纠合群力,又当从集会入手。因为集会是发达民权的初步。

中国人受了几百年集会的严禁,合群的天性,差不多已完全失去;对于集会的原则、集会的条理、集会的习惯、集会的经验,一点不知道。因此民国虽已成立,而人民站在主人翁的地位,一时竟有手足无措的情况。民权初步就是教国民初步使民权方法的书,引导国民慢慢地进入民权大道中去。

这本书好比兵家的操典、化学的公式,不是阅读的,是要练习的。如果中国四万万人都能把他练习纯熟,那么人心自结,民力自固了。[7(P1347)]

该书出版不久,在政治上国民革命北伐顺利,于民国 16 年国民政府定都南京,完成北伐,全国统一。当时党化教育呼声正盛。[8(P1291)] 本期的教科书[9] 重点包括:党化教育、八德教育、民权初步演习开会方法。

2.民主开会的课文

本期搜集到 8 个版本教科书(书目参见附录三),开会这个民主活动学习全面加入各版本课文,然而编排差异颇大:

(1)新国民图书社版——有介绍三民主义内容的相关课文,没有开会的课文。

(2)世界书局版——以《民权初步》说明会场规则、作业演习开会,课文后有实践作业,将步骤皆清楚说明。

(3)中华书局版——以《民权初步》的演习贯串四课课文[①]。

(4)商务印书馆 21 年版——描述学生自己召开级会、起草章程到组织自治会;高小《复兴公民教科书》(商务,民 22)第二册 17 课《集会的方法》课文以要召开"卫生促进会"为例,把学生的准备工作和如何草拟社团的"章程"条文都呈现出来。对于小学五年级学生而言,仍是以大人世界的观点在说话。但这课课文在民国 12 年即已出现,一直沿用到民 22 年,有其进步意义。

(5)商务印书馆 26 年版——已有从会议到地方自治的大单元结构编排;第一册以"会议"为始,以"地方自治"为终,考虑到从学习开会能力,渐及于扩大在行使政治权力,编排逻辑上将"级会"作个别说明,可以作为学生练习,以及进行大单元设计的基本需求。

---

① 《高小·小学公民教科书》(第三册),中华书局 1934 年版。

（二）民国 31 年二修小学课标、37 年三修小学课标——战后本《高小公民》（国编馆，民 36）课文，运用级会作为加强新生活实践的方法

1.时代背景与教科书依据

民国 34 年抗日胜利后，教育部陆续研讨修订课标，于民国 37 年公布《小学课程（三修）标准》，恢复"公民训练"。[10(P1876)]

2.教科书中的开会——不只学习开会形式，并加入成人规定的学习内容

国编馆于民国 36 年出版的"战后本"《高级小学公民》。其中五上第一册第六课《新生活的实践》以"级会"和"级会公约"作为课文的题材[11]，本教科书示范了开会的功能，级会可成为学生讨论共同事宜和合作学习的方法。[①] 全册像是学生在生活中向成人学习、听师长教导的过程，而开会是在成人的教育需求下指导完成的。

综合言之，本期各版本教科书全面以民权初步为本，教导学生如何开会。前期为民间各版本的多元编辑，战后本则是由国编馆集大成并加入新生活政策倡导，统一编辑。

三、威权期：民族精神教育之加强、道德教科书统一化、开会方法细致化生活化（1951－1992）

（一）1952、1962 年学校课标——从《公民》加"公民训练"到《公民与道德》

1.时代背景与教科书依据

台湾地区在之前日本殖民统治的 50 年中，小学教育并无公民课程，只有修身科，重视勤劳、服从、卫生、礼节等德行，对于民主社会要求自治精神的发挥，是禁止的，因此由班会到自治这样的课文，在文献上付之阙如。[12]而从国民政府迁台以后，则直接改为接续大陆时期的教科书内容，对于本土自治的意识仍是压抑；到了 1987 年解严之后才逐渐重视本土化的教学内容。然而班会教学从未被抹煞，班会课文内容也是直接沿用大陆时期，再加以修改。

2.教科书中有关开会的课文

(1)《高级小学公民课本》（台湾版，1951 年）（依据 1942 年小学社会课程

---

① 本版本在司琦（2005）书中缩复印件并不完整，只能就呈现的部分说明。

标准)。

　　高级小学《公民课本》(台湾版,1951 年)(依据民 31 课标)第一册延续在大陆时期的各标题,但有由近到远、循序渐进的编排。第一册的后半册是以团体和集会为核心的单元编排,让会议的意义更结合社会的需求,其目录也延续大陆时期的编排。其中第十课"会议的程序"课文比之前各版本而言,语气更白话,内容精简。

　　(2)《国民学校公民课本・高级》(修订暂用版,1960 年)(依据 1952 年《国民学校社会课程标准》内的公民科纲要及教学要点)。

　　这个版本将和学校生活有关的主题放在第二册中,单元"会议的程序"即在其中,前 5 课为:国民学校的组织、学校生活的规律、学生的自治活动、会议的程序、选举权和罢免权。

　　(3)《国民学校 公民与道德・高级》(修订暂用本,1968 年)(依据 1962 年国民学校 公民与道德课程标准)。

　　1962 年课程标准下《公民》改为《公民与道德》,1968 年《修订暂用本》五上第一册第八课《开会的一般常识》中,对于小学生如何开会,以条例说明。这是到目前为止,将如何开会说明得最深入、又是小学生最能跟着实施的版本。连会议记录都还有附注:"议事纪录应由主席和纪录分别签署。"

　　由大陆迁台的早期,从《公民》到《公民与道德》的教科书编辑上,比较特别的有两点:

　　第一,曾以责任代替权利说——来台后第一个版本《高级小学公民课本》(台湾版,1951 年)(依据民 31 年小学社会课程标准)在课文标题上,没有明显强调人民的"权利"和"义务",而代之以"个人对于社会的义务和责任",直到 1952 年课纲的第二个版本,才又恢复为"人民的权利与义务"(1960 年版,第三册第五课)。但在其之后的统编本,虽有出现权利与义务的对等语,但这时期的教科书内容仍强调义务和责任较多。这已远离大陆时期百家争鸣、重视研究调查与公民权利的论述。

　　第二,教科书中开会的学习延续不断,未因战乱而空白——虽然 1951 年的过渡时期版本,曾一度未强调权利而强调责任与义务,但对于开会的学习,从未中断。民初以《民权初步》作为开会学习的源头,此期已不再强调,而是直接以民主社会需求切入。且在开会技术的指导上,更形精进。这对于公民道德与素养的培养,无疑是跨进了一大步。

(二)1968、1975 **年课标九年义务教育《公民与道德》改为《生活与伦理》，开会与德目开始结合**

1.时代背景与教科书依据

由于台湾经济逐渐成长，社会安定，一方面为了配合经济人才素养提升与供应的需求，一方面为了解决小学升学、中学恶性补习和升学考试的压力，1968 年实施九年义务教育。小学"公民与道德"改为"生活与伦理"，增加健康教育一科。语文及社会学科，以民族精神教育、国民生活及实用知识为基础，并注重力行实践，以发扬我国文化，使学生成为现代化公民[13(P2550−2553)]。

2.学习开会的课文——开会与守法德目学习相结合

1968 年暂行课标之下，小学《生活与伦理》成为道德的核心科目，每课皆为德目为中心而编写。1970 年"国编"本课本将《会议的程序》编在第九册（五上）第 14 周"守法"德目单元中。课文内容对开会程序有简易而有条理的介绍，适于小学生练习。

四、在地扎根与民主贯彻期：在地民主改革加速、道德教科书同步改革(1993—1999)

(一)"改编本七版"《生活与伦理》(民 85 年起)统编本旧瓶新酒

1.时代背景与教科书依据

20 世纪 90 年代是自 1987 年以来，台湾地区迈向民主社会更上一层楼的年代。1996 年"改编本七版"《生活与伦理》虽是依据 1975 年"国民小学"课程标准，然而由于时代的变迁，本土意识的抬头，社会解严开放，自由民主的风气更加盛行，教科书已逐步开放，改编本七版是大幅度改革下的产物。虽然是 1975 年的课纲，然而课文已是真正以学生为中心的编排，因之称为"旧瓶装新酒"。

"改编本七版"是在 1989 年(1987 年解严)的基础上再加以改编。从目次可以看出：以主题事件为核心编写，德目退到副标题。如六上第五册第八课标题为"创造好的生活"，副标"守法"，该课正是以开会为内容。

2.学习开会的课文

1975 年《课程标准》下，1977 年试用本、1985 年修订初版、1990 年改编本初版，三个版本的《生活与伦理》对于开会的标题稍有变更。如标题《开会的常

识》,"改编本"将其整合在五年级上学期"守法"这个中心德目内。本期班会相关课文比较值得注意之处有:

(1)道德教学方法的指引丰富化。

1989年初版改编本的《生活与伦理教学指引》开始运用大量篇幅,加入道德教学方法的理论与实例示范;如第三册10－33页,介绍道德讨论教学法,34－49页介绍价值澄清法,49－54页介绍角色扮演,内容详尽。

(2)开会的教学指引,政治倡导被开会的程序正义取代。

《生活与伦理》(1990年改编本初版)除了《教学指引》详细充实以外,《教学指引》当中的参考数据删去政治人物的演说文章(如孙中山、和蒋中正),保留说明表决顺序等的文章。20世纪30年代课文当中的《民权初步》,也仅出现在《教学指引》"教学准备"一节中一句带过。1985—1990年《教学指引》中的政治倡导,已被程序正义的研究所取代。

(3)会议演练的主题开始以学生为中心。

有关开会主题,过去不是未交代,就是以"卫生促进会"这样严肃的主题,建议学生演练。而《生活与伦理》(1990年改编本初版)在《教学指引》中建议教师以"举行远足"为题,让学生讨论。也就是说,教科书编者开始想到让学生去讨论和学生自己喜欢的事物(远足),而非大人眼光重要的事物(如卫生促进)。

(4)教科书中的"班级选举",有现实生活中"总统选举"的民主见证。

1995年改编本初版(1984年初版)《社会》第12册六下,第一单元《民主与法治》一开始民主的意义即指出:

> 我们生活在团体中,每一个人都是平等的。为了使团体更好,团体中的事务,要由大家一起参与,共同决定,而不是由少数人专断独行。例如:班级的事情,透过班会由全班同学共同讨论和决定;乡、镇、县、市地方上的公共事务,由当地居民共同表达意见,并经过适当的方式做决定;国家的事务则由全体人民一起参与,以人民的意见做基础,这就是民主。(pp.4－5)

而在次年(1996年)大选,教科书中从班会民主到国家事务的民主,可以在现实中得到印证,而非只是理想的宣示。

(5)1997年改编本七版——开始尝试以"班级自治"设计大单元教学。

(1997年改编本七版)《社会》第五册三上课本,共有三大单元,其中第一单元班级的自治,即占了 21 页的篇幅,每个小单元的标题都有两整页与班会相关的图画或照片可供观摩。在第一单元"班级的自治"之后,接着的单元二"我们一起来学习"、单元三"大家都是好朋友",贯串了小学中年级学生在学校生活中人际事务的学习。

(6)"群己伦"或"第六伦"在讨论生活秩序和班会时,收入课文。

1999 年改编本七版(71 年初版)第八册四下《社会》,在单元主题《有秩序的学校生活》时,除了提到要遵守班规和校规外,另也提出:

群己(团体和个人)关系需要建立,"群己"伦理也需要加强。

"忠"和"恕"是群己伦理的一种准则。"忠"是尽自己的责任,"恕"是替其他人着想。具体的做法,就是每个人要尊重别人的权利,发挥公德心,进而对社会的事务付出更多的关怀和爱心。(pp.66-8)

这样的文字进入教科书中,从《论语》中的"忠恕"思想到"第六伦——群己伦"的联结,有着从传统道德走向现代道德论述的整合企图。①

(7)扩大班会的德目意涵——以"和平"为德目的班会场景。

1996 年改编本七版的第二册四下《生活与伦理》,配合单元九德目"和平",以开班会为场景,描述出班会时同学抗议之前球赛裁判不公平,整篇课文以话剧为文体,单元包括"角色扮演"、"报告"、"经验分享"、"反省"等,以带动学生进行价值澄清和问题解决。这一课开会的德目不是"守法",而转为"和平",隐喻开会可以处理纷争,转纷扰为和平,而开会本身也需要秩序和理性和平的态度,才能解决问题。

(8)由"班会纪录簿"和课文的集大成,反映开班会已成为学生学习生活的一部分。

《生活与伦理》(1996 年改编本七版)的五下课文标题已由过去《开会的常识》转为《怎样开会——守法》(第八课),课文内容中有关开会要遵守的种类、方法、规定、注意事项等,可以说是之前各版本课文的修订和集大成。课文中会议准备有提到"准备纪录簿",显示当时开会已成为学生学校生活中的一部分,这"纪录簿"正是各班级每周开班会要缴交的书面纪录。

---

① 群己伦或第六伦是由李国鼎先生提出,他被誉为台湾的"科技教父",眼见台湾科技与经济发展迅速,但精神与道德生活仍赶不上现代的水平,于 1991 年发起"中华民国群我伦理促进会",倡导第六伦的观念,是对于传统五伦的现代化创发。参见(台湾)"中央"研究院近史所制作〈李国鼎网站〉,http://ktli.sinica.edu.tw/index.html,查询日期 20110525。

(二)1993 年课程标准统编本《道德与健康》、《社会》，以学生为中心的编排，班会的教导由之前的五年级改为三年级

1.时代背景与教科书依据

新课程标准于 1993 年制定，重点在于将道德课程时间更加缩减，编写方式更加符合学生中心和问题解决的编排。《道德与健康》将 1975 年旧课标的 18 个德目加以统整，化简为守法、爱国、礼节、正义、仁爱、孝敬、勤俭、信实等 8 个德目。在人与自己、人与人、人与事物环境三个层向上，再与健康教育的 10 个类别加以整合，形成大单元的教科书内容。前三个年级是两个科目完全统整，四到六年级仍采道德与健康分科教学。

2.学习开会的课文——从过去的五年级改为统整在三年级的《社会》和《道德与健康》

1993 年课标下的《道德与健康》部编本，不但在一到三年级有考虑到将道德与健康作统整教学，在班会这个议题上，也有考虑到不同科别和不同年级的相互联络和统整。如二上《社会》教科书已开始对于在团体中的表达沟通进行预备的教学；三上《社会》教科书中有学生班级自治活动的完整练习；到了三下《道德与健康》有班会表决的延伸故事，注重人际关系的问题解决。班会作为教科书的题材有普及化的趋势。

1997 年版教科书对于开班会的教导，已从之前的五年级下降到小学三年级，不但有完整的说明，也联结到生活问题的解决思考与表达方式练习，虽然内容比之现实仍有理想化的现象，然而以学生生活为中心的编写，较之以前的版本而言是很明显的。

五、九年一贯与道德统整期——民主社会道德融入各领域课程、道德教科书退位、在《社会》课本中班会是校园自治生活的一部分(2000－2011)

(一)九年一贯课程道德教科书的退位

由于台湾社会的日益多元和自由化，教育改革的声浪日益高涨，社会要的不只是教科书本身编辑得更好而已，而是全面的、多元的观点与学习观念的表达。因此，开放自由编写教科书成为九年一贯课程中重大的改革之一。其次，以课程纲要取代课程标准，也是顺此自由开放趋势下的结果。

2003年正式实施的《国民中小学九年一贯课程纲要》,道德科目已取消,小学没有《生活与伦理》或《道德与健康》,所有的道德学习皆融入七大学习领域当中。"缺德"课程成为另一种新的忧虑。

九年一贯课程民间常用教科书的版本有翰林、南一、康轩三个版本,对于班会的编排设计皆完整而细致、多元联结而版面丰富,也各有重点不同,皆放在《社会》中,南一版又加上《综合活动》课本。

(二)民间本翰林版《社会》——强调班会的校园自治功能与守法的品德

翰林版《社会》第一册三上第二课"我会开班会"图文并茂,"讨论举行园游会"的全页图片可供师生讨论,还有"选举班级干部流程"照片、"常见表决方式"照片、"讨论站"提出很实际的开会问题,要学生思考讨论:

1.担任主席时,如果有两位同学,同时举手要求发言,你要怎么处理?

2.班会讨论的提案,哪些是适当的? 哪些是不适当的? 请举实例说明。

单元页首标明"品德教育核心德目:守法",提醒道德教育的内涵。将开会这个主题置于校园自治的大主题中,讨论的问题已是会议中很细微的处理事项。

(三)民间本康轩版《社会》——强调民主生活中,思考如何达成目的及评价班会的效益

康轩版三上以大单元"学习与成长"为题,包涵从"自我学习"、"班级自治"到"学校是个小社会"等三课,课文中指出:"在学校我们也会学习班级自治,以培养民主生活应有的态度。"页面的角落出现一些让学生延伸思考的问题,如:"在选举不同的班级干部时,要考虑哪些不同的条件?""想想看,开班会的好处有哪些?"已由如何开班会,进入到思考如何达成目的及评价班会的效益。

(四)民间本南一版——《社会》教开班会的方法和功能,《综合活动》教问题解决与道德情感的细腻疏通

南一版教科书,将开班会中的"选举班级干部"编入三年级《社会学习领域》教科书,而将"班级公约与班会的关系"编入同年级《综合领域》教科书。三上《综合活动》第五册《让班级更好》课文中,开班会是解决问题的选项之一,已不是在教导如何开班会,而已进入到应用、评价的层次。学生需要评估争执问题的大小和性质,而也要了解开班会本身的用处和程序技术,才能作出选择。藉由课程间的统整,也达到生活的统整,诸如尊重、服务、沟通、协调、感恩等德

性能力,在班会此一主题一再出现时,学生可有达到"学而时习之"的效果。

结　论

(一)学校是小型的道德社会,学生在其中演练,班会是第一步,教科书的介绍是重要的示范来源

开会和开会的程序中争取发言、表达意见、说服别人等,是权利的展现,强调遵守法制、积极地维护每个人平等的需求,并让事情可以圆融解决,达到和平的相处,都是班会可以发挥的道德德性。开会的积极参与、真诚地表达意见与需求、尊重与服从表决的结果、如觉仍有不公则继续循会议程序表达抗议的正义感等,公民社会的道德实践,即在其中。

(二)开会是一种重要的民主德性的潜在课程,例如开会的德目曾出现过守法,以及和平,这些都反映出班会的功能和时代的需求

不论版本如何更换,时代如何演变,开会置于何种教科书中,从 20 世纪民国初年教科书出现开班会课文开始,班会活动的教科书教学到进入 21 世纪千禧年之后,一直没有间断过,民主权利的行使隐藏其中,民主道德的学习也在其中。而且教科书对于这块的编撰,一直在精进中。上述南一版用"开一班一会一了!"作为课文标题,应唤起台湾许多人小时候在班上开班会的回忆。就在学生响应教科书所设计的各种如何开班会的问题中,正潜在地培养学生民主自治的能力和德性。这百年前国父孙中山先生大声疾呼的民权初步——民主自治能力的养成——百年后在台湾小学生开班会时,正逐步落实体现。

参考文献

1. 2. 4. 6. 7. 8. 10. 11. 13. 司琦. 小学教科书发展史——小学教科书纸上博物馆(上)(中)(下). 台北:华泰,2005.

3. 方志华. 教育史地图的想象连结与搜索填充;台湾师范大学主办. 第四届海峡两岸教育史研究论坛《多维视野的教育史》. 台北:2010.

5. 9. 盛朗西编. 小学课程沿革. 上海:中华书局,1934.

12. 王锦雀.日本治台时期教育政策与公民教育内容.公民训育学报,2005 年
　　第 16 期;郭渝蓴.日据时代台湾公学松修身科课程之研究.社会科教育学
　　刊.1991 年第 1 期.

附　录

附录一　民国元年四年学制 道德领域教科书书目

1. 初小《新修身》(商务,民 11)共八册,第一册 684 版
2. 初小《新制中华修身教科书》(中华,民 2)第一册 20 版
3. 初小《新编中华修身教科书》(中华,民 3 年 1 月初版)(引自司琦,2005:
　 933－945)
4. 初小《新式修身教科书》(中华,民 12)第一册 82 版
5. 高小《新制中华修身教科书》(中华,民 12)第一册 12 版
6. 高小《订正最新修身教科书》(商务,民 3)共四册,第一册 9 版
7. 国民学校用《公民读本》(商务,民 6)(共二册供第三、四学年使用)(引自司
　 琦,2005:1008－1013)
8. 国民学校用《新法公民故事读本》(商务,民 11? 版)(共二册供第三、四学年
　 使用)编纂者:沈圻,校订者:庄俞(引自司琦,2005:1008－1013)

附录二　民国 11 年新学制 小学道德领域教科书书目

1. 初级《新小学公民课本》(中华,民 12)(共八册,第一册民 12 年初版,已 17
　 版),编者:董文,校者:陆费逵、邓费澜
2. 高小《文体公民教科书》(中华,民 14)(共四册,第二册初版),编者:张鸿英
3. 高小《新小学公民课本》(中华,民 19)(共四册,第一册 34 版)
4. 高小《新小学公民课本教授书》(中华,民 12),(有二、三册),编者:朱文叔、
　 赵光荣、洪鍪
5. 小学后期用《新法公民教科书》(商务,民 12 年 3 月初版),编纂者:杨贤江,
　 校订者:王岫庐、朱经农(引自 司琦,2005:1323－41)

附录三　民国 21、25 年课纲 小学道德领域教科书 书目

1. 初小《新中华公民课本》(新国民,民 19)(初版民国 17 年 8 月)1－8 册,编

　者:陆绍昌、刘传厚

2.初小《新中华公民课本教授书》(新国民,民 19)1—8 册,编者:闻吉甫等

3.《高级公民课本》(世界,民 21) 1—4 册,编者:潘文安、戴渭清

4.《高级公民课本教学法》(世界,民 20)1—4 册,编者:潘文安、罗宗善

5.高小《小学公民教科书》(中华,民 23)1—4 册,编者;赵侣青等(依据民 21 课纲)

6.高小《复兴公民教科书》(商务,民 22)1—4 册,编者:胡锺瑞、赵琼(依据《小学公民训练标准》)

7.高小《复兴公民训练教本》(商务,民 22)编者:盛子鹤等(依据《公民训练条目》)

8.高小《复兴公民教科书》(商务,民 26)1—4 册,编者:吕金录、宗亮寰、赵景源(依据民 25 课标)

清代苏南女性在家族教育活动中的作用探析

蒋明宏*

摘　要:从教育的角度考察清代苏南女性,是一个具有新意的课题。文章分析了清代苏南女性学养的教育特点及其辐射性影响,指出这些特点的意义远不止于家族文化的层面,而是制约着家族教育的可持续发展。文章还结合较多的实例,就苏南女性在家族子弟教育中所起的勖勉志气、督促就塾、塾余温补和直接授学等突出作用作了具体阐述,并就清代苏南家族间的"文教联姻"及其对女性教育作用的保障机制及意义进行了初步探讨。清代苏南女性之所以在家族教育中具有特殊的作用,是具有文化、社会、历史和家族特色等多重背景及内涵的。

关键词: 清代;苏南;女性;家族教育活动;作用

从文化的角度研究苏南女性,多年来成为国内外学者研究的热点。近年来也有学者注意到了苏南女性与教育的关系,并有成果问世,但主要还是对区域及家族文化作延伸研究,即"才女文化"研究。[①]本文则以教育的视角,来看苏南女性及其学养的作用。

一、苏南女性学养之教育特点及辐射价值

苏南家族(尤其是望族)女性较其他地区受到更多文化熏染、具有较高学养,这成为明清(尤其是清代)苏南的社会和文化特点之一。从教育的角度分析,苏南女性的学养又具有一些引人注目的特点。

---

*　作者简介:蒋明宏,江南大学田家炳教育学院教授。本文曾刊于《河北师范大学学报》(教育科学版)2011 年第 1 期。

①　[美]高彦颐:《闺塾师:明末清初江南的才女文化》,江苏人民出版社 2005 年版。

其一，清代苏南家族相当多女性受教育较早，在年幼时就能接受一定的教育。

比如，清初昆山"三徐"（徐乾学、徐秉义、徐元文三进士）之母顾氏"四岁能属对，诵唐诗"①。又如，同光间元和县潘尚志之妻姚氏（与潘同邑），"五岁就塾，稍长颇耽吟咏"②。邵广仁号称乾嘉道间常熟县"虞山女史"，也是五六岁时"即能吟诵"。③翁同龢之母许夫人、翁同龢长姊翁寿珠也相仿。清代相当多苏南女性的幼年受学现象值得关注。

其二，苏南女子受教育虽不能说有普及性，但具有相当的广泛性。

《巢林笔谈》作者、康乾间昆山县人龚炜曾自称："予胞妹四人，皆识字，晓文义，盖先夫人敦诗悦礼之遗也。"④龚氏母女显然都有一定学养。上文提到昆山"三徐"之母顾氏自幼熟读诗书，其实顾母何氏更"淹洽书史"，顾氏诗书正是其母所授。⑤可见昆山徐、顾和何三族都重视女子教育。

清初常州张绮的女、媳个个才学出众。长女镠英"博览诸史"；三女姗英"幼喜为诗"；四女纶英书法过其父，"日本、高丽诸贡使辄购其书以归"；五女纨英"尤工古文、篆法"；其儿媳包令媞亦"能诗工书"。名士才女济济一堂，"暇则讲论文艺，一门风雅，自成师友"，真是蔚为奇观⑥。吴县张氏也出过文学七姊妹，各有诗集，其下两代女性子弟亦无不工诗。如此女性群体擅文学，并辐射多族，实属惊人。⑦ 吴江县叶、沈联姻，"父兄、妻子、母女、姊妹莫不握铅椠而怡风月，弃针管而事吟哦"⑧的奇观……

总之，清代苏南女性受教育具有相当的广泛性，甚至超出了少数望族的范围，超出了少数几个精英的"才女文化"范围。

其三，从受教育的程度看，有相当多清代苏南女性的学养较高。

同光间有一位吴县才女江文棣，"年及笄，四子书及古文、唐诗、《列女全书》、名家试帖，俱通习之"。又得益于其母俞夫人对山水画的造诣（著有《吟素

---

① ［清］徐乾学：《先妣顾太孺人行述》，《憺园全集》卷三二"行状"，光绪癸未年钜月吟馆刊本。

② ［清］潘尚志：《亡室姚安人事略》，吴县《大阜潘氏支谱》卷九"志铭传述"3，民国16年松麟庄铅印本。

③ ［清］钱泳：《闺秀诗》，《履园丛话》，中华书局1960年版，第653页。

④ ［清］龚炜：《姊妹皆晓文义》，《巢林笔谈》，中华书局1960年版，第183页。

⑤ ［清］徐乾学：《先妣顾太孺人行述》，《憺园全集》卷三二"行状"。

⑥ 光绪《武阳志余》卷三一"才媛"2。

⑦ 民国《吴县志》（卷74下）"列女十一·才慧·吴县"三一。

⑧ ［清］陈去病：《五石脂》，《丹午笔记·吴城日记·五石脂》，江苏古籍出版社1999年版，第299页。

楼画册》),工于山水及人物画。如此年龄,已有如此文化修养,丝毫不让须眉。①光绪《宜兴荆溪县新志》中还载有一位清末傅姓才女的事迹:②

> 名隐兰,字文卿。幼慧,喜读,每绣余,辄吟咏忘倦。诸姊嘲之曰:"将作女博士耶?"微笑不应,长更高自期许。(程)嘉杰慕其名,遂有玉台之聘。嘉杰故名士,暇日诗词唱和,律益精。既而从官江右,缙绅夫人及女公子学操翰者多愿效焉。蒲桃之树,芍药之花,满筐盈箱,执贽者相接。自是程门立雪,多咏絮才矣。尤好作回文绝句,工妙天成。

如此"程门立雪",却以女子学高而引发,真令人称绝。

其四,有些苏南家族女性的整体学养较高。

上文所述常州张氏已是闻名江南,吴江沈氏与叶氏、吴县张氏等也相似。江南多才女,这一现象在清代的这些文化望族中表现得更为突出,通常说苏南"才女成群",而在这些家族中则表现为"才女成族"。

清代苏南女性的学养是苏南家族教育的产物,而这种学养所具有的某种辐射价值,更构成了苏南家族教育中的特殊亮色。由女性身份特点所决定,清代苏南的家族女性在抚养后代、居家持家上拥有家族男性所无法比拟的便利,在督塾执教上又拥有韧性耐劳、无偿尽心等特殊优势,当出现家族变故、陷于困境的时候,这种具有较高学养和身份优势的女性自然就会在教育中显示出不可替代的作用力。此时,家族女性只要一转身,也就成了业师。这些从下文可以进一步看到,而这也是本文的论述重点。

二、苏南女性在家族教育中的作用

本文所论述的家族女性,指家族女性长辈或年岁稍长者,母亲是其中的主要角色,祖母、姑母甚至姐姐等往往也会起不可忽略的作用。关于女性在清代苏南家族教育中的作用,主要体现在以下多个方面。

1.勖勉志气

女性常在勖勉儿孙读书志向和影响儿孙的学习态度上起着特殊的作用。

据薛福成回忆,他的母亲顾氏对他少时的读书影响很大。薛母鼓励的方

---

① ［清］江文梓:《归吴氏妹江夫人传》,《皋庑吴氏家乘》卷九"家传",光绪七年刻本。
② 光绪《宜兴荆溪县新志》卷八"才淑"59。

式往往是旁敲侧击,常以他人为例,"为言某能读书,身享令名、荣及父母,某不能读书,污贱危辱、濒于死亡",令儿子闻之而"耸听汗下,罔敢自逸。故督责非甚严,而所学或倍常程"。①

也有的女性赠诗激励。江阴缪氏即有多例,如江阴缪静贞曾书赠侄儿缪聪一诗《勉侄聪励学》:"聘得名儒为尔师,尔须绳步并追随。相期默感春风化,品学端方无愧之。"类似方式也为道光时期的缪余氏所采用,她以《勉男之镕励学》诗二首勉励其子,其中一首为:"尔与诗书恰有缘,自然爱好是天然。尚嫌意气犹浮躁,须学沉潜志乃专。"②诗里有激励,有婉转的批评,也有中肯的指点,其春风化雨之功对教育儿孙子侄自然是很有益的。

有些女性的劝勉方式较为严厉。无锡尤侗回忆其母督子读书"颇严",常派丫环潜往侦看儿子是否读书,"云读则喜,赐茶果,否则诟责随之。"③这种督子方式比起薛母令子闻言而"汗下"、缪静贞则相期"默感春风化"的打动心灵来,反差鲜明。

2.督促就塾

督子入塾是女性的当然责任,其中艰辛与甘苦难以尽述。

清代学者、常州洪亮吉5岁入塾。因父早逝,由母亲督其入塾。他以诗记录了这一情形:"送儿书堂去,窗疏尚见星。母勤三岁织,儿穷一年经。影小扶簾入,声长隔院听。敝衣经数补,莫讶未纯青。"④洪母督塾的艰辛与温情跃然诗间。还有的女性在家塾陪儿孙读书,上海王寿康的祖母王张氏就如此。时人作诗咏之:"如瓶泻水书声清,母耳尚聪含笑听。翩翩文彩看雏凤,前堂弦歌后堂诵。"⑤书声清耳,雏凤翩翩,睹之闻之,乐莫大焉!

令母亲不可容忍的是逃塾。晚清时,上海县有一位王祝氏,督子入塾"除疾病、时节、例假外,从不许稍有规避"。一日,其子欲逃学,奶妈"方匿避之",王祝氏知悉,"立取裁衣尺作掌责,势命入塾乃已"。⑥有时母亲的严责也会适得其反,太仓人、近代教育家唐文治6岁入塾,次日就逃塾,其母胡氏"执大杖,当门痛责之,曰:'汝父就馆苏台,汝废学,何以对汝父?归当挞死'"。唐文治

① [清]薛福成:《先妣事略》,《庸庵文编》卷三,光绪间刻本。
② 江阴《东兴缪氏宗谱》卷三八"艺文内集六·诗",宣统元年衍泽堂木活字本。
③ [清]尤侗:《先室曹孺人行述》,《西堂全集》三集卷三"述",清刊本。
④ [清]洪亮吉:《附塾篇》,《洪亮吉集》第5册"附鲒轩诗"卷一《机声灯影集》,中华书局2001年版。
⑤ [清]张澹:《太原乐府·课诸孙》,上海《王氏家谱》卷六"世章",道咸间抄本。
⑥ 王纳善:《吾母之历史》,上海《续修王氏家谱》卷二"世传·维字辈",民国13年铅印本。

次日"仍复逃","复痛责之,文治遂不敢归"。①逃学有个原因是怕塾师板子,可母亲却以大杖督塾,这真是传统教育下的悲剧。

但客观地说,女性长辈之督儿孙入塾,总是寓慈于严,或严慈结合,对就塾读书更多起积极作用,儿孙也不以母亲或祖母督责稍严而记恨的。

3.塾余温补

督促儿孙复习塾课,并作预习,也是许多家族女性的每日要事。

薛福成忆少时塾余生活,其母"亲理塾中余课,每至夜分,不少倦"②。史学家赵翼的儿媳谢氏考温其子塾课颇有规律:"夜则篝灯卧室,俟不孝(旧时自称)等家塾归,首问先生安否,次及日课,往往漏三下始就枕。"③常州庄氏家族女性的课余考温及预习较有章法,一是按程温课:"幼时每自塾回,太孺人必问一日所课,不中程辄加严责,而令补如程"④;还要督促儿孙预习:"翌日所当诵,必隔宿令温习。"⑤

塾学之余,家族女性往往还给儿孙补课,以弥补塾师集体授徒的不足。如洪亮吉11岁入旁舍外塾学《尚书》时,塾中同学十余人,塾师授课十分粗疏,每篇读音舛讹者常至10多处。"日夕归,蒋太孺人(洪母)令之背诵,必为泣而正焉。"⑥清末无锡杨寿枢的母亲张氏为太仓人,文学修养较高,在塾学之外,也常为子授唐诗,又授之以"《永和宫词》、《琵琶行》、《圆圆曲》诸什",还教其做诗。⑦上文所述吴大渥祖母唐氏,也常在晚上给孙子"谈说稗官野史及古今忠孝事",唐氏说来"忽悲忽喜,娓娓动听",竟引得贪嬉的吴大渥"夜必听讲,不思出外也"。⑧

为防儿孙因嬉戏耽误功课,有的女性会严格限制儿孙的塾余兴趣。比如,薛福成祖母顾氏在"塾课之暇,禁诸儿偷觑拍球、蹋蚕、掷骰、放筝诸戏",甚至

① 唐文治:《先妣胡太夫人事略》,《茹经堂文集》卷五"家乘类",(台湾)文海出版社影印本。
② [清]薛福成:《先妣事略》,《庸庵文编》卷三。
③ [清]赵忠弼、赵起:《先妣谢太恭人行述》,武进《西盖赵氏族谱》卷十"艺文外编"后卷,光绪十二年木活字本。
④ [清]陈去病:《五石脂》,《丹午笔记·吴城日记·五石脂》,第299页。
⑤ [清]庄清华:《先妣刘太夫人事略》,民国《毗陵庄氏增修族谱》卷十二下"事述"。
⑥ [清]吕培等:《洪北江先生年谱》,《北京图书馆藏珍本年谱丛刊》(第116册),北京图书馆出版社1999年版。
⑦ 杨寿枢:《苓泉居士自订年谱》,《北京图书馆藏珍本年谱丛刊》(第192册),北京图书馆出版社1999年版。
⑧ [清]吴大渥:《先祖妣唐太孺人行略》,光绪吴县《皋庑吴氏家乘》卷九"家传"。

对邀诸儿观堞阳赛会的窗友"拈朴出责",以绝彼此之往来。①但也有因势利导、寓学于游戏的,杨寿枏母亲张氏就是其一。有一回清明日,旧俗不就塾,杨寿枏与小伙伴玩风筝,不巧崴了脚,其父怒而"将施夏楚",张氏不忍,请"解之,罚作风筝诗"。杨寿枏即时咏成绝句:"清明时节好风天,齐向春郊放纸鸢。莫道常偕童子戏,青云得路独登仙。"其父笑曰:"词虽俚,有寄托。"②终于免去了一番鞭挞之痛,而张氏则巧妙地又教儿子做了一回诗。这种机智的教法,只有这种富有较高学养的女性才可能行得来。

督促儿孙复习也罢,给儿孙补课也罢,对于较有学养的清代苏南女性来说,显得游刃有余。

4.直接授学

在早期启蒙阶段,或在"小学"前几年,也或者是更多一段时间里,家族女性甚至直接承担起了给儿孙授学的使命。

比如,常州庄贵甲"所业经史,多太孺人(其祖母顾氏)口授者"③。常州张绮诸女也有授学子侄之举。如张绮三女张纶英奉遗命佐弟理家事,"弟妹所生子女,皆受书文法于纶英,各得其传"④。赵翼的祖父赵斗煌出生数月,就已丧父,稍长,两个寡母纺织之余即教课之,"朱孺人粗通训诂,为之字栉句疏,不数年(公)即能自涉经史"⑤。追溯清代著名史学家赵翼的家学渊源,其中之一竟然是他的曾祖母、寡妇赵朱氏!

在苏南,女性长辈给儿孙授学是平常事,甚至还不乏以塾师为业的。

比如,乾隆至道光年间无锡县有位朱王氏,在丈夫亡故后的数十年中,以训蒙养家,"族中幼童咸就节母教授","遇元旦及长至族中揖贺者数百人,皆执弟子之礼"。⑥这是一位典型的家族女塾师,族中竟有数百子弟先后受教于他,并常年行弟子之礼,绝不亚于诸多男性塾师。晚清昆山县也有一位女塾师朱真义,其夫常年在外行医,朱氏则以教授为业,人称"若名宿"。至其去世,有人作挽诗悼念云:"而今桃李门墙盛,共仰星溪女塾师。"⑦哀情真切,更见桃李

① [清]薛锦堂:《荆室顾孺人传》,无锡《薛氏族谱采遗》卷四"清节楼诗文钞",光绪五年木活字本。
② 杨寿枏:《苓泉居士自订年谱》,《北京图书馆藏珍本年谱丛刊》(第192册),北京图书馆出版社1999年版。
③ [清]庄贵甲等:《顾太孺人事略》,《毘陵庄氏增修族谱》卷十二下"事述"。
④ 光绪《武阳志余》卷十一"才媛"2。
⑤ [清]赵翼:《禹九公、骈五公、子容公三世家传》,光绪武进《西盖赵氏族谱》卷九"艺文外编"。
⑥ 《节母王孺人传》,《无锡古吴朱氏宗谱》卷八"文征集·传略",光绪九年惠山叙伦堂木活字本。
⑦ 民国《昆新两县续补合志》卷十六"列女·贤淑"2。

丰硕。

笔者曾对清代苏州、常州、松江和太仓四府州的方志、谱牒作过一些梳理，发现类似的情况有数十例。除上述两例外，康熙朝时吴县"自授女徒，以资（儿女）脩脯费"的寡妇翁夏氏①、人称"顾绣"的清初上海县女塾师顾玉兰②、康乾间元和县年方二十就"以训蒙为生"的管汤氏③、道咸同年间终生训蒙而不出嫁"以所得脩脯供父母膳食"的昆山县杜昭仁④，还有同时期的昭文县王张氏（"课徒自给"）、南汇县顾胡氏（"继夫职课徒"）、华亭县张鉴冰、沈陆氏、吴县吴赵氏、长洲县杨朱氏、无锡县顾杜氏、赵羊氏、宝山县徐秀贞，等等，也大多以授徒来养家赡亲。由此也可以判断，塾师并不一定出于望族，苏南女子的学养并非仅是望族专利。

清末，有些苏南女子还创办家族新学，成为当时家族教育的新气象。如无锡县王运新母女初在胡氏家塾执教，光绪二十八年（1902）又参与改设并执教"胡氏公学"女子部，并组织女子留学。⑤宣统三年（1911），无锡县荣氏家族寡妇张浣芬以田租、首饰及上海荣广大花行、无锡南宝康当典自己名下的部分官红利为日常经费，冲破世俗偏见，创办了"荣氏女塾"。⑥清末，常州女子陈警也创设了"涤氛蒙养院"，后又附设初等小学以供升学。⑦

总之，苏南女性塾师在整个清代都有存在，且数量越来越多。

而清代苏南有相当多女性塾师不仅授学女徒，也授学男徒，不仅在家内授徒，也面向邻里授徒（由宗法社会聚族而居的特点和女性地位所规定，一般都是族内授学），一如上文所述无锡县朱王氏、昆山县朱真义等。常州陈警所办的涤氛蒙养院常开"家族恳亲会"，显示了该蒙养院也是家族性的。有的女性设塾办学还达到了相当大的规模，朱王氏、朱真义、张浣芬与王运新等均可为例。

如果说，上述女性教育作用的前两点未必是清代苏南所独有（程度、影响有所不同），那么作用的后两点，尤其是直接授学（包括女塾师较大规模地授学儿孙），则为同期其他地区所罕见或未见。综合励志、督塾中祖母、母亲、姑母

---

① 《庭闻公暨配夏宜人行略》，《洞庭东山翁氏宗谱》卷十一"志传"，道光二十三年重辑本。
② 嘉庆《松江府志》卷七一"列女传八·才女"。
③ 同治《苏州府志》卷一一九"列女"7。
④ 光绪《昆新两县续修合志》卷四一"列女"6。
⑤ 胡周辉：《先母传略》，胡雨人辑《锡山二母遗范录》卷一。
⑥ 张浣芬口述、蒋宪基记录整理：《荣氏女学和桃园》，无锡史志办公室档案 32—3(1)。
⑦ 庄先识：《继室陈二觉孺事略》，民国《毗陵庄氏增修族谱》卷十二下"事述"。

等的种种作用情况,可见清代苏南女性的教育作用已经超出了传统"母亲教子"的家庭范围①,具有鲜明的家族属性。

三、联姻"家教之族":苏南女性家族教育作用之保障

在清代时的苏南,尤其是在望族之间,盛行着"无家教之族切不可与婚姻,娶妇固不可,嫁女亦不可"的婚嫁原则②,这从另一个角度彰显了苏南女性在家族教育中的重要地位,而这恰恰也成了苏南家族女性作为教育支柱作用的保障机制。

无锡城中薛氏是个诗礼之族。薛福成的曾祖母许氏"自幼工吟诗,名句属机杼",有一定学养。她早年守寡、辛苦操持,为子择媳时,她强调"不羡门第贵,不取服用奢;但得贤淑女,读书种子夸"③,在家境相当贫寒的情况下,不忘择媳要选择贤淑之女,以期培育"读书种子",这是对"无家教之族切不可与婚姻"联姻原则的最生动诠释。

我们不妨梳理一下苏南某些家族的婚姻谱系,以加深对此原则的理解。

还是先从无锡城中薛氏说起。薛氏婚嫁谱系,其与无锡望族顾氏的联姻较多,薛福成的祖父、父亲都娶于顾氏,而薛福成的唯一姊妹则又许配顾氏。而薛福成的曾祖母许氏、长媳吴氏(安徽桐城人)等,也都是出自书香名门。其中吴氏被其子称为"不仅为之母也,且为之师"④,可见其学养绝不亚于许氏、两位顾氏等前辈。由此足以显示"但得贤淑女,读书种子夸"的婚嫁标准在薛氏家族源远流长,并非许氏一人的心血来潮。

有一种两姓之间的联姻很值得关注,吴江叶、沈两族的联姻即如此。叶、沈都是吴江文学世家,二姓"互为姻娅,事绝类朱陈",好比白居易《朱陈村》诗中的朱、陈两姓"世世为婚姻"。叶天寥娶沈宜修,育有 15 个子女,其中次女又嫁给沈氏,所育一女"才慧如其母",竟再度嫁给了叶天寥的长孙!⑤ 当然,叶、

---

① 李琳琦、宗韵:《明清徽商妇教子述论》,《华东师范大学学报》(教育科学版)2005 年第 3 期。

② 《石林家训》及《石林治生家训要略》,吴县《吴中叶氏宗谱》卷二"家训",宣统三年东洞庭逑公宗祠木活字本。

③ 〔清〕薛锦堂:《诗状》,光绪无锡《薛氏族谱采遗》卷四《清节楼诗钞》。

④ 薛学潜、薛学海、薛学濂:《先慈吴夫人哀启》,民国间石印本。

⑤ 〔清〕陈去病:《五石脂》,《丹午笔记·吴城日记·五石脂》,江苏古籍出版社 1999 年版,第 299 页。

沈联姻与《朱陈村》情形还是有不同,古丰县朱、陈联姻后"家家守村业(田舍)",而叶、沈通婚守的是"读书种子"。常熟翁、许二族累世联姻的情况与此颇类似,翁同龢祖父翁咸封娶于许,而外祖许龚又受业于翁咸封,许龚再以女许配其子翁心存。从外祖的"博学工书"与祖父的"研精经训,熟于注疏"看[①],缔结翁、许二姓婚姻的纽带就是家族学养。

吴县洞庭王氏的婚姻有所不同,在清代娶过多位不同姓氏的才女。如王伯瑚之母徐氏,能和女婿姚樊桐一起论史,且"举异同得失,侃侃而对,靡不合前人义旨"[②];王珊渔妻许氏也是"幼攻书史,通文翰"[③];王士瀛之妻吴氏同样"为学博,通经史,有诗名"[④]。一族一朝有此三例,足显该族之风气了。毕竟苏南重文兴教成风,家族往来又广,婚嫁标准是"有家教之族",而不是固定的姓族,因此大多数家族的通婚并非两姓通婚。

为能得"读书种子夸",苏南家族争娶有学养的淑媛,这使苏南家族教育有了稳定不竭的生命力。同时,这种机制所保障的家族女性的特殊教育作用,也使苏南教育在近代转型中有一种特殊的动力:苏南是中国女子新学的主要起源地(沪、锡在当时都出现了女子新学,甚至家族女留学生),并由此迅速辐射开去,原因大抵亦在于此,这当然也有利于这一区域近代国民教育的普及。笔者曾亲聆一位西方学者在讲学中认为,清代苏南女性的文化造诣和教育作用是一种可贵的"近代因素",在西方近代都难以找到,平心而论,此言不虚。

四、苏南家族教育之女性作用的多重内涵

清代苏南家族教育中女性的作用突出、特点鲜明,其内涵是多方面的。概括起来,主要有以下几点。

首先,重文兴教的文化内涵。清代苏南家族教育生于人文渊薮的氛围中,无论是家训化育、教育组织形式,抑或教育者、教育对象等,都不可避免地受到熏染。当重文兴教成为风气时,家学渊源不只是惠及和归功男性,女性的学养与作用也成了自然结果。"读书种子夸"的希冀,既然是家族的追求,自然就成

---

①　《常熟璇洲里翁氏统宗谱》六,常熟《海虞翁氏族谱》,同治十三年刻本。

②　[清]王伯瑚:《长孺公两世纪略》,《洞庭王氏家谱》卷二十"碑志类",宣统三年木活字本。

③　[清]王晋阶:《节妇许孺人传》,宣统《洞庭王氏家谱》卷三"奏牍类"。

④　[清]许大鋐:《床山王公墓志铭》,宣统《洞庭王氏家谱》卷二十"碑志类"。

了女性承担一定家族教育责任乃至出为塾师的动因。

其次,开放流动的社会内涵。苏南是清代流动性最突出的地区之一。流动有来有往,而且总是男性流动为多,出仕从幕、游学业医、经商务工等等,这使家族教育职能不得不较多地由女性承担,女性也就成了家族教育的亮丽风景线。正是这种社会流动性为苏南女性施展教育作用提供了机遇。

再次,开明进步的历史内涵。这指的是清代苏南女性整体地位较高。清代苏南女性常常当家理家,但她们的活动范围并不严格限于家庭内,也能在家族范围内发挥作用,这和社会流动性大有关;女性受教育机会整体上也较多,不仅家内女学较多见,也有家族女塾(上文有所见),甚至有随男性子弟附塾就读的。苏南的相对开明进步成为苏南女性作用活跃(包括在家族教育中)的重要内在因素。这也就是西方学者所谓的"近代因素"。由此也可以解释为什么苏南多见女塾师,女塾师也常常兼授男徒了。

此外,苏南家族制的特色内涵。苏南家族制度相当发达,但由尚文民风影响,在发展中日益体现出柔性胜于刚性的特点,即更注意慈善教化,而不是严厉惩罚,入清以来更是如此。其地盛行的义庄族学就是这种柔性的反映。这给女性提供了特殊的活动舞台,由此也可以解释为什么苏南女性能在家族范围内发挥教育作用。

初探台湾教科书研究趋势(1956—2010)

张芬芬*

摘　要:优质教育是联合国教科文组织(UESCO)近年努力的重点,而好的教科书可为优质教育奠定基石,故教科书研究有其重要性。台湾近年出现大量与教科书相关的研究。本文探究台湾55年来(1956—2010)与教科书有关的博硕士论文,整理其研究概况与趋势。先介绍整体概况与社会背景,说明论文激增缘于:教科书之自由化政策、研究法之引介、学界新力量之加入。接着梳理55年来的研究趋势,分由学习领域、学制阶段、研究主题、研究方法等面向说明。

关键词:台湾;教科书;研究趋势

前　言

1. 问题背景与研究目的

教科书乃兵家必争所在,因为教科书是人为产物,其产制与运用均涉及意识形态、政治、价值观等问题,这些意识形态、政治、价值观可在不同层级的权力、地位与影响力中发生作用,教科书自然成为各个权力团体竞逐之地。主流团体期藉教科书增进同构型,主张教科书应反映主流团体认定的重要知能与价值观,期藉此建构共同的合法观念,甚至创造国家集体记忆,以符合主流团体在文化、经济、观念、社会等面向所认定的必要需求。[①] 然若从批判教育学(critical pedagogy)观之,教科书也应传递多元观点,尊重差异。假如某历史

　＊　作者简介:张芬芬,台北市立教育大学学习与媒材设计系教授。本文系对台湾教科书研究历史之初探,后再经扩充与改写,成为《半世纪台湾教科书研究之概况与趋势(1956—2010)》,曾刊于《教育研究》(台北)2012年第217期。

　①　Crawford, K. "The Role and Purpose of Textbooks," *International Journal of Historical Learning, Teaching and Research*, 3(2), pp. 5 — 10. 2003. Retrieved2010/8/1from http://www. ex. ac. uk/education/historyresource/journal6/nichollsrev. pdf

教科书省略重要史实与史观,则将严重局限学生未来看待历史事件的方式。①
简言之,教科书是各种权力团体相互竞争的结果,许多国家均激烈争辩教科书
的内容。② 准此以观,考虑教科书的内容、认可/授权(authored)、出版与运用,
实则在考虑学校教育目的。③ 为正确了解学校教育实际上可达成的目标,深
入研究教科书自属必要。黄政杰、欧用生、蓝顺德④均对此多所倡议。

　　优质教育(quality education)是联合国教科文组织(United Nations Edu-
cational, Scientific and Cultural Organization,简称 UNESCO)近年来努力的
重点,而好的教科书可为优质教育奠定基石。⑤ UNESCO 于 2005 年为教科
书与学习媒材提出新计划"Comprehensive Strategy for Textbooks & Learn-
ing Materials"。该计划表示:"UNESCO 的角色在:协助会员国发展政策、规
范与标准,以裨益教科书与其他学习媒材之供应,而教科书与媒材应促进优质
教育。"⑥UNESCO 为推展此一政策,便需各国更深入研究教科书,了解教科
书内容究竟是怎样呈现的。而此亦反映"研究本位活动"(research-based ac-
tivities)应是国家重要政策的前导,UNESCO 期藉好的教科书研究与修订,改
善教育质量,增进国际间相互的理解与善意,降低冲突的可能,最终裨益世界
的和平与共荣。凡此皆显示教科书研究应更受重视。⑦

　　台湾地区自 1987 年 7 月 15 日解除军事戒严,自此不仅走向"政治自由
化"路线,同时亦走向"教育自由化"大道。⑧ 此波教育自由化改革,可谓以课

---

　　① Griffin, W. L. and Marciano, J. *Teaching the Vietnam War*. Monclair, N. J.: Allenhead,
Osmun,1979.

　　② *UNESCO Guidebook on Textbook Research and Textbook Revision*. (*2nd revised & updated
ed.*)Hannver: Hahn,2009.

　　③ Crawford, K. "The Role and Purpose of Textbooks," *International Journal of Historical
Learning, Teaching and Research*, 3(2). pp. 5－10. 2003. Retrieved 2010/8/1from http://www. ex.
ac. uk/education/historyresource/journal6/nichollsrev. pdf

　　④ 黄政杰:《重建教科书的概念与实务》,《课程与教学季刊》2003 年第 1 期;欧用生:《内容分析
法及其在教科书研究上的应用》,载庄梅枝主编:《教科书之旅》,台北教材研究发展学会,2005 年;蓝顺
德:《教科书意识形态历史回顾与实证分析》,台北华腾,2010 年。

　　⑤ Pingel, F. *UNESCO Guidebook* on *Textbook Research and Textbook Revision*(2nd revised &
updated ed.)Hannver: Hahn,2009.

　　⑥ UNESCO, *Comprehensive Strategy for Textbooks & Learning Materials*. 2005.

　　⑦ 张芬芬:《文本分析方法论及其对教科书分析研究的启示》,载《开卷有益:教科书回顾与前瞻》
(暂定),待出版。

　　⑧ 郭为藩:《教育改革的省思》,台北天下文化出版公司 1995 年版。

程与教学为主轴[①]；而此课程与教学改革又以教科书开放为核心。[②] 台湾近年来出现大量与教科书相关的博硕士论文——从 1956 年到 1970 年无任何一篇相关论文，而 2009 年一年即高达 151 篇，其间的增长速度极为惊人。台湾"全国博硕士论文信息网"搜集了 1956 起的博硕士论文[③]，从 1956 到 2010 年教科书相关博硕士论文，计达 1127 篇。本文即以 1956 年为探究起点，了解 1956 年(含)至 2010 年[④]间台湾博硕士论文中与教科书相关的研究，其整体的变化如何？ 何以出现如此惊人的数量增加？ 相关社会背景为何？ 这 55 年来台湾教科书研究呈现哪些趋势？ 在学习领域、学制阶段、研究主题、研究方法等面向各有哪些趋势？

　　准此，本研究目的如下：

　　目的一：说明 1956 年到 2010 年台湾博硕士论文中有关教科书研究之整体概况与社会背景。

　　目的二：分析 1956 年到 2010 年 55 年来的研究趋势，分由学习领域、学制阶段、研究主题、研究方法等四面向探究。

　　2.研究范围与名词释义

　　本文将探究台湾教科书研究的概况与趋势，搜集 1956 年至 2010 年 55 年间与教科书相关的博硕士论文。应可反映台湾半个世纪以来的教科书研究趋势。

　　要搜集哪些"教科书研究"论文？ 此取决于何谓"教科书"，本文采广义界定：教科书系指依据政府法令公布之课程标准(纲要)，或编写者自订的教学目标，选择适当材料编辑而成书本形式之教材，作为学校教师教学及学生学习之主要依据，其体例大都为"分年级"、"分学科"、"分单元"；包括课本、学生习作、教学指引，以及随同课本使用之各种媒体教材。准此，从幼儿园、小学、初中、高中(职)，以迄于大学、特殊教育、成人教育(补校)等阶段均含括在内。且编写者不限于官方组织与民间书商，也包括各县市政府、民间社群、个别学校，乃

---

　　① 张芬芬、陈丽华、杨国扬：《台湾九年一贯课程转化之议题与因应》，《教科书研究》，2010 年第 1 期，第 1—40 页。

　　② 蓝顺德：《教科书的政策与制度》，台北五南出版社 2006 年版；蓝顺德：《教科书意识形态历史回顾与实证分析》，台北华腾文化 2010 年版。

　　③ 依据台湾地区教育部门有关统计数据，1951—1955 年之间，台湾大学院校完成的硕士论文有 35 篇，其中 1955 年就有 28 篇，1951—1954 年合计只有 7 篇。1957 年台湾方出现第一篇博士论文。

　　④ 本研究于 2011 年 5 月底搜寻资料，对 2010 年的博硕士论文仅获得 58 篇，不尽完整。可能有相当比例的毕业论文尚未纳入数据库。

至个别教师所编写的教学材料在内。凡符合此定义的台湾博硕士论文,均列入本文所谓"台湾教科书研究"的统计范围。[①] 蓝顺德[②]曾以此为范围,搜集了1984 年至 2003 年 20 年间的博硕士论文,共 272 篇,进行分类探究。而本文则加长搜集的年代,从 1956 年至 2010 年共 55 年,其间与教科书研究相关的论文多达 1127 篇,将其逐一分类。[③]

表 1   台湾教科书研究之主题分类清单

研究主题大类	主题类别	
教科书的内容探析	教材内容(内容属性)	
	教学设计(教学属性)	
	图文编排(物理属性)	
	可读性(语文运用)	
	意识形态	政治意识形态
		性别意识形态
		族群意识形态
		地域意识形态
		阶级意识形态
		宗教意识形态
教科书的发展过程	政　策	
	市　场	
	编　辑	
	审　查	
	选　择	
	使　用	
	评　鉴	

3. 主题分类

对这些论文进行主题分类时,本研究主要采蓝顺德(2006,2010)的类别,将主题分为两大类:"教科书的内容探析"[④]与"教科书发展过程研究"(表 1)。

---

①　本文分析的论文与蓝顺德(2006)有所重叠(1984—2003 年),本文亦大致采蓝的分类架构,唯经细究后有少部分论文之归类并不相同,故统计数值与蓝的计算略有出入。

②　蓝顺德:《教科书的政策与制度》,台北五南出版社 2006 年版。

③　台湾的教科书研究除由研究生完成之博硕士论文外,另外也有刊登于期刊上的论文。这类研究较不易完整搜集,且这类研究有些是由博硕士论文改写而成,为避免重复计算,故不列入本文探究范围。

④　蓝顺德称此类为"教科书内容分析研究",本文为避免与一般所称之"内容分析法"此特定分析法混淆,故改称为"内容探析"研究类。

"教科书的内容探析"系指直接分析实体教科书或教材的内容,不包括笼统讨论课程内涵者。而"内容探析"大类又再细分为五类:教材内容(内容属性)、教学设计(教学属性)、图文编排(物理属性)、语文运用(可读性)、意识形态(包括政治、性别、族群、地域、阶级、宗教)。

"教科书发展过程研究"系指对教科书的生产、发行、使用历程进行探究,其下再依蓝顺德的分类,包括教科书的政策、市场机制、编辑、审查、选择、使用、与评鉴等七小类。

以下分别由整体概况与社会背景、研究趋势等两方面,说明1956年至2010年台湾教科书研究情形。

一、整体概况与社会背景

(一)六时期之划分

本文将台湾近55年来的教科书研究分为六时期(表2)。划分标准有二,一是重要教育政策事件,尤其是与教科书相关的政策或行动。二是教科书研究界出现的重要变化,如:教育学门出现首篇教科书研究,或出现首批严谨的量化内容分析论文;另一变化是教科书研究的论文数量明显增加,如:由零到一,由不足5篇到5篇以上,由个位数到十位数、百位数等。

第一期(1956－1970)平均每年0篇,谓之沉寂期。1971年出现第一篇教科书研究,进入第二期(1971－1983)每年平均0.7篇,打破挂零纪录,谓之酝酿期。1984年开始明显出现多篇教科书之硕士论文,进入第三期(1984－1993),每年平均3.7篇(增长5倍余),谓之育种期。1994年新颁《国民中学课程标准》,初中增"认识台湾"、"乡土艺术",教科书开始备受社会关注,进入第四期(1994－1998),每年平均9.4篇(已近10篇),谓之萌芽期。1998年9月公布《国民中小学九年一贯课程纲要总纲》,1999年出现27篇相关论文,系前一年(1998年6篇)的4.5倍,进入第五期(1999－2004),每年平均43.5篇(近50篇),谓之茁壮期。迨至2005年"国立"编译馆创设"教科书研究优良博硕士论文奖",当年论文总数已超越百篇(114篇),此后每年均在百篇以上,平均165.2篇,研究进入第六期(2005－2010),谓之深耕期(详见表2)。

表 2 台湾教科书研究(1955－2010)：六时期大事记

期别	年代	教育政策/改革重要事件	教科书研究/学界重要事件
	1949		• 1951 台湾大学热带医学研究所改为公共卫生研究所，成为授予硕士学位的研究所。 • 1954 政治大学在校复校，成立四硕士班（教育、政治、新闻、外交）。 • 1955 台湾师大成立教育研究所硕士班。
沉寂期	1956－1970	• 1968 国民义务教育从小学 6 年延长为初中小学共计 9 年。	• 1956 政大政治研究所设全台第一个博士班。 • 1968 中小学教科书采"统编本"（或称"国编本"），由国立编译馆负责编辑。
酝酿期	1971－1983		• 1971 政大教育所谢建三完成"台湾与日、韩初中一年级英语课本之比较研究"，其成果为台湾首篇教科书研究之硕士论文。 • 1979 欧用生《日据时代台湾公学校课程之研究》：学者撰述的第一篇教科书量化分析论文。 • 1979 盘治郎的《中共对儿童政治社会化之研究》：首篇采量化内容分析法之硕士论文（政治类研究所）。 • 1981 黄政杰教授于台湾师大教育研究所开课引介"内容分析法"。
育种期	1984－1993	• 1987.8 台湾 9 所师专全部改制为"师范学院"，小学师资提升由大学培养。 • 1987.8"教师人权促进会"成立。 • 1990.5"大学教育改革促进会"成立。 • 1993.9 颁布《国民小学课程标准》。其中开放审定本：小学艺能科、活动科目；小学增加"乡土教学"。	• 出现首批采量化内容分析法之硕士论文（教育类研究所）。 • 1984 余兴全《"国中"环境教材及学生环境知识与态度之研究》。 • 1984 杨丽芬《国民中学消费者教育课程内容研究》。 • 1985 余霖《影响国中生政治社会化学校因素》。 • 1985 蓝顺德《国民小学公民教育内涵分析》。 • 1985 李景美《台北市国民中学二年级学生防火安全知识、态度调查暨火灾流行现况、教科书教材内容分析之研究》。 • 1992 成立"中华民国"教材研究发展学会

续表

期别	年代	教育政策/改革重要事件	教科书研究/学界重要事件
萌芽期	1994—1998	• 1994.2 颁布《师资培育法》，开放一般大学培育师资。 • 1994.4"四一○教育改革"大游行。 • 1994.9 成立"行政院"教育改革审议委员会。 • 1994.10 颁布《国民中学课程标准》。"国中"增"认识台湾"、"乡土艺术"。 • 1995.2 台湾教育当局公布《迈向 21 世纪的教育远景》教育白皮书。 • 1996 教育当局全面开放中小学教科书为审定本。 • 1996.12"教改会"公布《教育改革总咨议报告书》。 • 1998.9 公布《国民中小学九年一贯课程纲要总纲》。	• 1996 成立"中华民国"课程与教学学会，颁发"课程与教学学会优良博硕士论文奖"。 • 1998《课程与教学季刊》创刊。
苗壮期	1999—2004	• 2000.6 公布《国民中小学九年一贯课程暂行纲要》(暂纲)(第一学习阶段)。 • 2000.6"国立"编译馆停编教科书。 • 2001.5 政党轮替：陈水扁上台，民进党执政。 • 2001.8 初中小学九年一贯课程开始分阶段实施。 • 2003.1 公布《国民中小学九年一贯课程纲要》(正纲)。 • 2004.8"国中小九年一贯课程"全面实施，所有教科书均采审定制。 • 2004.12"国编本"重行加入教科书市场(数学、自然)。 • 2004.8 公布《普通高级中学课程暂行纲要》，原预计 95 学年实施(95 暂纲)。	
深耕期	2005—2010	• 2008 修订公布《国民中小学九年一贯课程纲要总纲》。 • 2008.5 二次政党轮替：马英九当选，国民党执政。	• 2005"国立"编译馆开始颁发"教科书研究优良博硕士论文奖"。 • 2008"国立"编译馆创刊《教科书研究》。

(二)社会背景

表 3　台湾教科书研究(1955－2010):六时期论文篇数

期　别	年　份	该期总篇数	每年平均篇数
沉寂期	1956－1970	0	0
酝酿期	1971－1983	9	0.7
育种期	1984－1993	37	3.7
萌芽期	1994－1998	47	9.4
茁壮期	1999－2004	261	43.5
深耕期	2005－2010	773	128.8

(三)整体变化与影响因素

1.研究数量逐年递增,近十年更惊人倍增

由六期论文总数看(表 3),沉寂期(1956－1970)论文篇数为 0;酝酿期(1971－1983)出现 9 篇,平均每年 0.7 篇;育种期(1984－1993)增为 37 篇,平均每年 3.7 篇;萌芽期(1994－1998)平均每年增为 9.4 篇,5 年共 47 篇;茁壮期(1999－2004)平均每年 43.5 篇,6 年共 261 篇;深耕期(2004－2010)平均每年高达 128.8 篇,6 年计 773 篇。其间从 1956 年至 1970 年每年挂零,到 2009 年仅 1 年即达 151 篇,其增长速度相当惊人。

2.论文激增缘于教科书自由化政策、研究法引介,与学界新力量

半世纪来台湾教科书研究呈现如此惊人成长,从无人耕耘的原始森林,到耕者渐增的学术小社群,至今成为学术人口繁盛的红火社群,其背后因素有以下数端:

(1)教科书政策改走开放路线

自 1987 年 7 月 15 日解除军事戒严(表 2),自此我们不仅走向"政治自由化"路线,同时亦走向"教育自由化"大道。[①] 此波教育自由化改革,可谓以课

---

①　郭为藩:《教育改革的省思》,台北天下文化出版公司 1995 年版。

程与教学为主轴①;而此课程与教学改革又以教科书开放为核心②。所谓教科书开放,是指将长久由"国立编译馆"掌理的中小学教科书的编辑权,释放给民间出版商——经审查通过后出版,再由学校自由采择使用。

1993 年 9 月台湾"教育部"修正发布的《国民小学课程标准》系此一开放改革之先声,此后开放程度逐步扩大,由小学到初中,由艺能科、活动科到一般科目,由部分开放到全面开放。开放编辑权之后,相应的教科书审查、选择、使用、评鉴,以及教科书市场(经营、销售、印制等),乃至教科书政策与制度等议题,均成为博硕士生选题的重要范围,下文将指出开放后这类论文的惊人激增量。准此,台湾近十余年来教科书研究之蓬勃发展,与政府对教科书采松绑政策有着密切关联。

(2)重要研究方法被引介

教科书分析最主要的研究法即是古典内容分析法。③ 台湾师范大学教育研究所从 1981 年起由黄政杰教授开设"教育研究法"与"潜在课程"两门课,课中黄教授引介内容分析法,并阅读相关以此法完成之重要论文,鼓励研究生采用内容分析法。自 1984 年起教育类研究所最早完成的数篇严谨的量化内容分析硕士论文④,均为黄教授的学生,包括论文指导的门生、研究法修课学生、或黄师口试学生。自 1984 起台湾教科书研究可谓开始迈入专业化阶段,因为与过去比较,此后这类研究所采方法已更为严谨、有系统——清晰说明研究范围、分析对象、分析单位、分析架构与类目,及计次方式、信度计算公式,并进行信度考验(reliability test),以显示所用工具与分析者具有良好的稳定性、一致性,期达到科学研究的基本要求。

(3)学界新力量的加入

徒法不足以自行。即使教科书政策与制度改弦更张,然无论是新制之规

———————————

①　张芬芬、陈丽华、杨国扬:《台湾九年一贯课程转化之议题与因应》,《教科书研究》,2010 年第 3 期,第 1—40 页。

②　蓝顺德:《教科书的政策与制度》,台北五南出版社 2006 年版;蓝顺德:《教科书意识形态历史回顾与实证分析》,台北华腾文化 2010 年版。

③　"古典内容分析法"(classical context analysis)是文本分析法中唯一在经验主义(empiricism)社会科学中发展出来的分析法,是一种系统化的分析法,系依照定义好的分析类目,对文本内容做有系统的分析、归类、进行数量之统计,进而由量化数据说明该文本的特征与意涵。

④　包括余兴全:《国中环境教材及学生环境知识与态度之研究》(1984);杨丽芬:《国民中学消费者教育课程内容研究》(1984);余霖:《影响国中生政治社会化的学校因素》(1985);蓝顺德:《国民小学公民教育内涵分析》(1985);李景美:《台北市国民中学二年级学生防火安全知识、态度调查暨火灾流行现况、教科书教材内容分析之研究》(1985)。

划、执行、与考核,均需学界以更多研究予以细究。故原本之研究所、学术团体与期刊,已难以因应新需求,遂需增设新的研究所、学会与期刊(表 2)。1990年代起台湾新设大量的教育类研究所,2000 年代起更增设不少"课程与教学研究所",这些研究所学生正是从事教科书研究的主力。而新学会(如:1992年成立的"中华民国"教材研究发展学会、1996 年成立的"中华民国"课程与教学学会)、新期刊(如:1998 年创刊的《课程与教学季刊》、2008 创刊的《教科书研究》)、新奖助(如:"中华民国"课程与教学学会、1996 年开始颁发的"课程与教学学会优良博硕士论文奖"、"国立"编译馆 2005 年开始颁发的"教科书研究优良博硕士论文奖"),以及无数学术研讨会,都是甚为有效的新力量,共同推动台湾教科书研究。

二、学习领域的研究趋势

(一)各学习领域论文数量依序是社会、国语文、英语文、数学、艺文、生活科技、自然

表 4 显示近 55 年台湾教科书研究中,"社会"[①]学习领域之论文最多,占22.8%;次为"国语文"[②]17.0%,再次是"英语文"[③]10.6%,"数学"7.9%,"艺文"[④]6.6%,"生活科技"[⑤]5.5%,"自然"[⑥]4.8%。其他的"生活"、"综合活动"、"成人基础教育"、"特殊教育"等各占比例均在 2.1%以下。

(二)1999 年代起乡土教育之论文日增,反映台湾主体意识崛起

值得说明的是"乡土教育"这类占有 3.6%,第五期起(1999 年起)这类研究开始出现,迄今达 41 篇。此反映 1990 年代后期"台湾主体意识"崛起,亟欲摆脱 1949 年起由中国国民党长期执政而极为强调的"大中国意识"之笼罩,这在呼应前述台湾教育改革走向自由化的同时,也蕴含着走向本土化的政策

---

① "社会"包括:社会、历史、地理、道德、公民与道德、公民与社会、三民主义等科目/学科。
② "国语文"包括:国语、国文、国语文、华文、汉语等。
③ "英语文"包括:英文、英语。
④ "艺文"包括:艺术与人文、艺术、音乐、美术、美劳、表演艺术等。
⑤ "生活科技"包括:工艺、家政、烹饪与生活科技等。
⑥ "自然"包括:自然、地球科学、物理、化学、生物、科学、信息科学等。

走向。

表 4　台湾教科书研究篇数统计(1955—2010):学习领域(科目)分布

西元	学习领域	国语文	英语文	日语文	数学	社会	自然	艺文	健体	生活科技	生活	综合活动	乡土教育	成人教育	特殊教育	全部科目	不分科目	跨多领域	合计
1955—1970	篇数																		0
1971—1983	篇数	3	2		1				2										9
	%	33.3	22.2		11.1				22.2										
1984—1993	篇数	2	1	1	1	8	2	2	2	4						3	7	3	37
	%	5.4	2.7	2.7	2.7	21.6	5.4	5.4	5.4	10.8						8.1	18.9	8.1	
1994—1998	篇数	4	6		1	12	6	2		3						2	9	1	47
	%	8.5	12.8		2.1	25.5	12.8	4.2		6.4						4.2	19.1	2.1	
1999—2004	篇数	44	43		14	59	21	16	3	8		6	2	4	2	4	25	7	261
	%	16.9	16.5		5.4	22.6	8.0	6.1	1.1	3.1		2.3	0.8	1.5	0.8	1.5	9.6	2.7	
2005—2010	篇数	139	82	5	72	178	21	53	21	49	9	22	37	3	2	11	54	17	773
	%	18.0	10.6	0.6	9.3	23.0	2.7	6.9	2.7	6.1	1.2	2.8	4.8	0.4	0.3	1.4	7.0	2.2	
总计	篇数	192		140	89	257	54	74	28	62	15	24	41	5	2	20	95	28	1127
	%	17.0		12.4	7.9	22.8	4.8	6.6	2.5	5.5	1.3	2.1	3.6	0.4	0.2	1.8	8.4	2.5	100%

三、学制阶段的研究趋势

表 5 显示:由学制阶段看,近 55 年台湾教科书研究博硕士论文中以小学类最多,占 54.8%;次为初中 26.8%;高中 11.8%,高职只有 1.8%。至于幼儿园、师专、大学、成人基础教育(补校)、特殊教育等类,比例均低于 1%。另由各期变化可看出如下趋势。

(一)由国民教育向上向下延伸作探究

最早的教科书研究属小学与初中类,从第二期(1971—1983)即出现。幼儿园、高中职类的论文则出现于第三期(1984—1993)。大学类的研究出现最晚(第六期 2005—2010)。需说明的是"师专类研究"虽于第二期即出现,但此仍显示早期着重的是国民教育,因师专系培养小学教师,故小学师资培育教科书有其重要性,因而受到探究,然其数量相当稀少。

表 5   台湾教科书研究篇数统计(1955—2010):学制阶段分布

西　元	学习阶段	幼儿园	小学	初中	高中	高职	师专	大学	特教	成教	无①	总计
1955—1970	原始篇数	0	0	0	0	0	0	0	0	0	0	0
1971—1983	原始篇数		3	5			1					9
	加权后篇数②		3	5			1					9
	%		33.3	55.5			11.1					
1984—1993	原始篇数	1	10	13	3	3					2	37
	加权后篇数	1	16	19	6	4	1				2	49
	%	2.0	32.7	38.8	12.2	8.2	2.0				4.1	100.0
1994—1998	原始篇数		18	15	7	2			1		2	47
	加权后篇数		19	17	9	2			1		2	50
	%		38.0	34.0	18.0	4.0			2.0		4.0	100.0
1999—2004	原始篇数		138	60	28	4			2		7	261
	加权后篇数		152	81	42	5			2		7	289
	%		52.6	28.0	14.5	1.7			0.7		2.4	100.0
2005—2010	原始篇数	2	445	153	63	6		6	3	3	29	784
	加权后篇数	2	491	211	89	11		6	3	3	29	845
	%	0.2	58.1	25.0	10.5	1.3		0.7	0.4	0.4	3.4	100.0
总　计	加权后篇数	3	681	555	146	22	2	6	6	3	40	1242
	%	0.2	54.8	26.8	11.8	1.8	0.2	0.5	0.5	0.2	3.2	100.0

(二)由普通教育到特殊教育、技职教育、成人教育作探究

普通教育包括小学、初中、普通高中,相对来看,这类研究出现较早。而非普通教育类的研究出现较晚,例如:技职教育、特殊教育出现于第三期(1984—

① "无":是指不专门针对某阶段来研究,而是与所有学习阶段均有关。例如:教科书政策、市场、编辑、审查等类,其中有部分论文探究的议题即是跨所有学习阶段的。
② "加权后篇数":指该类别的原始篇数,加上与该类别相关的跨学习阶段类之篇数。

1993);成人教育出现于第四期(1994—1998),且有渐增趋势,此现象反映的仍是台湾社会变迁的轨迹——早期的成人教育类论文系探究中小学夜间开设的补校教材,施教对象是早年失学/不识字的民众。而近年这类识字班招收的对象已转变为台湾的新移民——外籍配偶和外籍劳工;故学界转而关注这些新移民的识字教材,第六期(2005—2010)就有 3 篇这类论文。

(三)小学类研究快速增加,跟小学教师进修硕士者大增有关系

学制方面有另一现象亦可一提,早期的初中类多于小学类,第二、三期(1971—1993)皆如此,到第四期(1994—1998)这两类研究的比例已相近。迨至第五期(1999—2004)小学类则已明显高于初中类(52.6%＞28.0%),第六期(2005—2010)的差距更为扩大(58.1%＞25.0%)。

此现象应与研究生之背景有关。因为一般而言探究国中教科书之研究生大多曾/正/将任教于初中,探究小学者则与任教小学有关。而台湾自 1987 年起将培养小学教师的师范专科学校全部升格为大学(表 2),自此小学教师学历逐步提升至大学,至 1990 年代末期已有越来越多的小学教师进修硕士学位,自然从事小学类研究者所占比例日增。顺便一提,2010 年时台湾小学教师中获博硕士学位者已达 30.22%。[①]

四、研究主题的趋势

研究主题方面,表 6 显示,由总数看近 55 年台湾教科书研究博硕士论文,"教科书内容探析"大类约占三分之二,而"教科书发展过程研究"大类约占三分之一。"内容探析"大类中又以"教材内容"最多,占总数的 47.9%,"意识形态"类的 9.5%。至于"教科书发展过程研究"大类中以"教科书使用"最多,占 11.9%;次为"教科书选用"的 6.1%。相对而言,"教科书编辑"、"市场"、"政策"、"评鉴"与"审查"等均较低。而近 55 年来台湾地区教科书研究的主题呈现以下趋势:

---

① 台湾师资的统计资料,参见:http://www.edu.tw/files/site_content/b0013/detail.xls

表 6　台湾教科书研究篇数统计(1955—2010):研究主题分布

西元	主题	教科书内容探析														教科书发展过程									合计
		教材内容	教学设计	图文编排	可读性跨主题	小计	政治意识形态	性别意识形态	族群意识形态	地域意识形态	阶级意识形态	宗教意识形态	跨主题	小计	政策	市场	编辑	审查	选择	使用	评鉴	跨主题	小计	
1955—1970	篇数																							0
1971—1983	篇数	1	1		2		1													5				9
	%	11.1	11.1		22.2		11.1													55.6				
	小计					3 (33.3%)								1 (11.1%)									5 (55.6%)	(100%)
1984—1993	篇数	19	4				8									1		1		3				37
	%	51.4	10.8				21.6									2.7		2.7		8.1				
	小计					23 (62.2%)								8 (21.6%)									5 (13.5%)	(100%)
1994—1998	篇数	12	1	2	1		7	1				1					2	3	4	9	4			47
	%	25.5	2.1	4.2	2.1		14.9	2.1				2.1					4.2	6.4	8.5	19.1	8.5			
	小计					16 (34.0%)								9 (19.1%)									22 (46.8%)	(100%)
1999—2004	篇数	91	21	2	7		20	16	2			1			6	10	8	2	27	37	9	2		261
	%	34.9	8.0	0.8	2.7		7.7	6.1	0.8			0.4			2.3	3.8	3.1	0.8	10.3	14.2	3.5	0.8		
	小计					121 (46.4%)								39 (14.9%)									101 (38.7%)	(100%)
2005—2010	篇数	417	42	17	5		25	14	4	4			1		16	14	44	4	37	80	8	32		773
	%	54.0	5.4	2.2	0.6		3.2	1.8	0.5	0.5			0.1		2.1	1.8	5.7	0.5	4.8	10.3	1.0	4.1		
	小计					488 (63.1%)								50 (6.5%)									235 (30.4%)	(100%)
总计	篇数	540	65	25	11		61	31	6	4		2	3		22	25	54	8	69	134	21	34		1127
	%	47.9	5.8	2.2	1.0		5.4	2.8	0.5	0.4		0.2	0.3		2.0	2.2	4.8	0.7	6.1	11.9	1.9	3.0		
	小计					652 (57.9%)								107 (9.5%)									368 (32.7%)	(100%)

(一)早期内容探析多,过程研究少,近年过程研究大增

表 6 显示:早期教科书研究以"教科书内容探析"为多,"教科书发展过程研究"相对较少,第三期(1984—1993)时前者占 86.5%,后者只占 13.5%。迨至第四期(1994—1998)过程研究类激增至 46.8%,第五期(1999—2004)降至 38.7%,第六期(2005—2010)则占 30.4%。过程类研究明显增加的现象,乃与教科书自由化政策有关,因自由化政策使得教科书发展过程获得更大空间可供发挥,制度、政策、市场、编辑、审查、选用、使用与评鉴等议题,均成为研究生选题标的。

(二)教科书的潜在内涵与显著内容同受重视

教科书内容也可分为显著与潜在两种(表 6)。显著内容包括"教材内容"与"图文呈现",潜在内涵则包括"教学设计"、"可读性"、与各式"意识形态"。55 年来台湾教科书研究博硕士论文对潜在与显著内容都相当重视,探究显著内容者有 551 篇,约占全部教科书研究 1127 篇之半数;探究潜在内涵者有 183 篇,占 16.2%,也不算少。

(三)意识形态始终受关注,然研究动机迭有变化

表 6 显示教科书中的意识形态始终受到台湾研究生青睐,55 年来共有 107 篇这类博硕士论文,从第二期的 11.1%,到第三期的 21.6%,第四期的 19.1%,第五期的 14.9%,到第六期的 6.3%。始终维持相当热度。

若细究这些意识形态类的教科书研究可发现其中微妙变化,最早一篇这类研究是 1979 年盘治郎的《中共对儿童政治社会化之研究》,系采量化内容分析法探究当时的"敌人"中共;1985 年起的 4 篇政治意识形态类的教科书分析[①],研究动机则从"了解敌人"改换为想要"了解自己"——欲知台湾教科书中与政治教育有关的主题有哪些? 比例如何? 迨至 1990 年代教育自由化的改革启动后,这类意识形态类的研究还是不少,其研究动机则转为"批判"与"启蒙":揭露台湾主流团体在教科书中潜藏的意识形态有哪些(如:男尊女卑、

---

① 最早一批台湾教科书中政治意识形态的硕士论文,包括:余霖《影响国中生政治社会化的学校因素》(1985);谢清德《我国儿童政治社会化之研究》有关小学教科书的内容分析(1987);李丽卿《国中国文教科书之政治社会化内容分析》(1988);刘定霖《政治意识形态与国民中学"公民与道德"教材之分析》(1989)等。

汉族中心），期藉此批判其中的不平等，进而启蒙民众。其间的研究动机从早期的"敌情了解"，到中期的"自我了解"，再到近期的"批判主流团体"。此一过程亦可谓从"求真"（敌我了解），到"求善"（启蒙民众、改革现状）的过程。

表 7   台湾教科书研究篇数统计(1955－2010)：国际/地区比较分布

篇数	中国大陆	香港	日本	美国	新加坡	韩国	马来西亚	芬兰	法国	英国	德国	澳大利亚	合计
1955－1970													
1971－1983	1		1		1	2	1				1		7
1984－1993	1		4										5
1994－1998	6		3										9
1999－2004	9	2	7	2		1	1		1				23
2005－2010	31	12	11	11	7	1	1	3	1	1		1	80
总计	48	14	26	13	8	4	3	3	2	1	1	1	124

（四）国际研究与比较研究渐增，比较对象则有变化

近半世纪台湾教科书研究之国际化情况亦有更迭（表 7），近年来有大增趋势。1956－1998 年间国际研究不多，除 1 篇德国研究外，其他全集中于亚洲国家（日、韩、新加坡、马来西亚），迨至 1999 年起篇数明显增加，且探究对象亦扩及欧美澳等国（美、英、法、芬兰、澳）。近来全世界对北欧国家的兴趣日增，因其在各项国际评比（如：PISA，PIRLS，TIMSS）之表现优异，台湾也出现 3 篇研究芬兰教科书的论文。

中国大陆与香港的教科书也是台湾研究生选题重点。尤其自 1990 年代起探究中国大陆教科书者大增，并与台湾作比较，此与 1987 年台湾开放至大陆探亲、开放两岸文教交流之政治环境改变有关；另一微妙转变是 1989 年以前研究中国大陆教科书的论文只有 2 篇，且均由政治类研究所学生完成[①]，1994 年之后研究中国大陆教科书的论文则转为主要由教育类研究生完成，且数量日增，1994 年迄今已达 46 篇。而对香港教科书的探究也有日增趋势，近 5 年即有 12 篇这类论文。对新加坡的研究近 5 年亦达 7 篇，此系出于同为中华文化影响地区，教科书内涵与相关制度均甚有比较与参考价值所致。

---

① 这两篇硕士论文是：1979 年盘治郎的《中共对儿童政治社会化之研究》，政治大学东亚研究所；1987 年高英根的《中国大陆中小学政治社会化之研究——中小学语文教科书的内容分析》，政治大学政治研究所。

整体来看,台湾教科书研究的国际化渐增,研究之国度亦有更迭,早期亚洲国家是主要对象,后逐渐扩及欧美澳;近年则对芬兰之兴趣增加。而近30年来对大陆教科书的研究亦激增,研究者则由政治类学生转换为教育类学生。值得一提的是,日本始终是台湾地区研究者有兴趣之对象。

(五)论文主题由宽泛到细致,由传统到新兴

若细究台湾教科书研究博硕士论文的主题,近年探究的细致度渐增,例如与"衔接性"相关之论文增加——此系探讨"课程纲要"、"能力指标"、及"教科书内容"之间的衔接性或符合度,可能探究课内与课间、册内与册间、学习领域内与领域间、科目内与科目间、年段内与年段间、学制阶段内与阶段间。这些面向的探究是教科书编制时较为细致之问题,早期较少这类的论文出现。

此外因社会变迁而出现的新兴议题,近年来亦受教科书研究者关注,包括人权教育、海洋教育、性别平等教育、环境教育、世界观教育、经济教育、防灾教育等,这些均系教育部规定或提醒宜应纳入教学之主题,对增进社会福祉有其重要性。然另有些与个人成长有关的主题亦逐渐为教科书研究者所重视,如:负面情绪调节策略、亲情、亲子角色、自我观、家庭概念、利社会行为等。甚至也有教科书研究者探究:后现代现象、同性恋、计算机病毒、绿建筑概念、节能减碳概念、永续发展概念等——这类既新颖又重要的议题也已开始被关注。

五、研究方法的趋势

(一)初期只作概略的内容探究,唯兼采多种方法

1984年以前的教科书研究不多,只有9篇(表3)。与后来的研究相较,这些论文用的教科书分析方式较为松散,不像1984年以后明显涌现的量化内容分析研究那样——有清晰的分析范围、分析单位、分析架构、类目表、记次方式,甚至计算出多种信度数据。然而最早期的研究常兼采多种研究法,除分析教科书外,有些亦辅以问卷调查、实验/准实验、历史文件分析等方法。

(二)中期多单采量化内容分析法,小题细做

1984年起教育学门的量化内容分析论文明显增加,所做分析较诸过去严谨,进行更有系统的探究,得到明确的量化数据,亦即采用的是"古典内容分析

法"。这阶段的研究有不少仅仅采此"古典内容分析法",未辅以其他资料搜集的方法,与前期相较,这类论文可谓小题细做。

(三)近期出现批判论述分析等文本分析法

长久以来台湾教科书内容研究主要采用古典内容分析法,近年则逐渐出现其他文本分析法。表 8 显示:1999 年出现首篇采"批判论述分析"[①]的论文,迄今有 5 篇论文采用此方法。2006 年出现首篇"故事分析"[②]的论文,迄今有 6 篇这类论文。2005 年出现首篇采"论辩分析法"[③]的论文,迄今有 2 篇这类论文。

表 8   台湾教科书研究:三类文本分析法之论文清单

方法	公元	研究生	论 文 题 目
故事分析	2006	陈玉玲	"国小"国语教科书寓言教材研究
	2008	萧文家	国民小学国语教科书性别角色研究分析——以故事类课文为例
	2009	陈怡霓	海峡两岸小学国语教科书童话类课文比较研究
	2009	张嘉真	"国小"六年级国语教科书记叙文之篇章结构分析
	2009	吴丽珍	"国小"国语科神话阅读教材研究
	2010	李慧君	九年一贯国语教科书剧本研究

---

①   "论述分析"(diacourse analysis)探究的对象是论述,论述是一个以上的句子、带有论理讨论性质的文本。准此,教科书中带有论理成分的文本,均适合由论述分析角度进行探究。受批判理论(critical theory)影响,论述分析研究近年来日益强调批判与解构等企图(参见张芬芬,出版中)。

②   "故事分析"(narrative analysis)探究的对象是故事,故事是有头、有腹、有尾等情节发展的一种文体。教科书中可被视为故事的文本至少有:历史事件、记叙文,当然还有教科书中通常也会收录的童话故事、历史故事、神话故事、小说等。故事分析的架构可从故事的元素切入,也可从故事的功能、说故事者的想法或手法作分析,或采 Griemas(1966)的二元对立的分析架构(参见张芬芬,出版中)。

③   "论辩分析法"(argumentation analysis)探究的对象是论辩,论辩是针对某议题而写/说、具有说服意图的一种文本。教科书中这类文本不少,可能多以论说文体出现。收录于课本里古今中外的论说文均可作为分析对象。此外,专为教科书而撰写、针对某议题、欲达成说服目的之课文亦可做为探究对象。而数理教科书尤其着重说理之清晰,故可分析论辩元素(如:数据、保证、支持、限定词、宣称、否证/驳斥)之完备程度(参见张芬芬,出版中)。

续表

方法	公元	研究生	论　文　题　目
批判论述分析	1999	卢立伟	以真理之名——教科书"认识台湾"相关辩论之语艺批评
	2003	詹美华	九年一贯课程改革教科书开放主要议题之论述分析
	2009	李世达	高中历史教材台湾史书写的批判话语分析
	2009	潘志煌	社会学习领域课程纲要本土化变革之批判论述分析
	2010	陈怡伶	台湾与中国意识在"国中"历史教科书中的角逐——以台湾历史为例
论辩分析	2005	李哲迪	高中物理教科书与学生关于力的话语与合法化的语言策略
	2008	蒋佩桦	当今中英文教科书之议论文修辞策略比较

结　语

(一)教科书分析需要实证研究,也需理论体系,尤需教科书政治学观点

过去台湾的教科书分析研究已累积丰硕数量,然而绝大多数教科书研究均花大部分篇幅去说明分析所得的数字或课文字句,对于诠释所需的理论基石,相对而言研究者是较为薄弱的;更遑论由分析所得去建构教科书理论了。[①]

Crawford[②] 表示:未来应努力让教科书实证研究建立在理论模式上,例如:后现代主义(postmodernism)、结构主义(structuralism)、社会建构主义(social constructionism)、论述分析(discourse analysis)、政策社会学(policy sociology)等。Crawford 进一步建议可用"社会行动政治学"(politics of the social movement)去探究教科书内容。因为基本上教科书是政治角力之所在,是冲突妥协之产物,故教科书含有冲突的记号,这便需要教科书政治学去探究:学校知识对妥协之需求,并揭示其中潜藏的更深危机——在经济、意识形态与权力之关系中的危机。

准此,教科书分析者宜强化理论涵养,尤其是教科书政治学的理论涵养,

---

① 张芬芬:《文本分析方法论及其对教科书分析研究的启示》,载《开卷有益:教科书回顾与前瞻》(暂定),待出版。

② Crawford, K. "The Role and Purpose of Textbooks," *International Journal of Historical Learning, Teaching and Research*, 3(2). pp. 5—10. 2003;Retrieved2010/8/1 from http://www.ex.ac.uk/education/historyresource/ journal6/nichollsrev.pdf

以期深化对分析所得之意涵诠释,进而能裨益教科书理论之建立。而强化理论涵养之起点可能在于觉察自己的知识论立场(自问:知识是传递/建构的?好教科书的样貌?……)、社会政治立场及其与所用分析法和类目之间的符合程度,这是一种后设思考的训练。

(二)超越内容分析法,可用论述分析、故事分析、论述分析

教科书内容是一种文本(text),近些年由于整个人文社会科学均出现"语言学转向"思潮,文本分析方法论的发展甚为蓬勃,故教科书研究应可从由文本分析的各种方法中汲取养分。本文作者[①]曾为文介绍四种文本分析法:古典内容分析、故事分析、论述分析(含历史的、批判的)以及论辩分析等。这四种分析法均适合用来分析教科书。而在这四种方法中,过去台湾普遍采用古典内容分析法,占相关研究之绝大多数。近十年来论述分析渐受重视,此类论文陆续出现。至于将故事分析与论辩分析应用于教科书分析者,尚属极少数(表8)。可多加以尝试,以探究教科书不同面向。

由各方法比较显示:古典内容分析法倾向于点与线的描述,难及于面的解释。[②] 在知识论方面古典内容分析法属于实证主义与写实主义,而其他三方法则倾向建构主义,论述分析尤其强调社会脉络之分析,可帮助分析触及面的解释。而论述分析所融入的批判精神,使得教科书研究除了"求真"的目的之外,亦带有"求善"的企图,期盼揭露潜藏于教科书中不均的结构问题,唤起人们的注意,进而能采取改善的行动。

(三)古典内容分析法有其价值,可兼采其他研究法相辅相成

古典内容分析之长处在于可描述具广度的概况,然无法说明深度,亦拙于解释原因。无论如何,了解广泛的概况是研究的起点,因此古典内容分析法有其相当大的贡献,不容抹煞。它所需要的是辅以其他长于深度和能解释原因的方法,论述分析、故事分析与论辩分析可发挥这方面的优势。至于问卷调查法、访谈法、参与观察法等,当然亦可依研究问题之性质,做合宜选择,以多元方法透彻且完整探究教科书各面向。

---

① 张芬芬:《文本分析方法论及其对教科书分析研究的启示》,载《开卷有益:教科书回顾与前瞻》(暂定),待出版。

② 张芬芬:《文本分析方法论及其对教科书分析研究的启示》,载《开卷有益:教科书回顾与前瞻》(暂定),待出版。

美国哥伦比亚大学师范学院中国留学生博士论文之初步分析(1914—1959)

刘蔚之*

摘　要:论文以1914—1959年期间哥伦比亚大学师范学院中国留学生的博士论文为对象,考察了56篇留美博士论文的地域分布、指导教授,在此基础上,选择其中十篇具有代表性的论文分别从内容和对中国近代教育的影响两个维度,作进一步分析。研究发现,这些论文内容大多与中国有关,中国教育是留学生关心的主题;除了学校教育之外,留学生也非常关注社会教育;同时发现,依据目前所搜集到的论文,J. Dewey并未直接指导哥伦比亚大学师范学院中国留学生任何一篇博士论文。

关键词:哥伦比亚大学师范学院;中国留学生;博士论文

一、前　言

美国对中国近代教育之影响,无论从教育哲学理论,到典章制度与器物工具等层次,均极为深远,其中尤以哥伦比亚大学师范学院(Teachers College, Columbia University)为甚。一般教育史虽能对美国教育学影响有概略了解,但实质具体的影响过程至今犹仍缺乏深入研究。例如,美国教育学在20世纪上半叶对中国之影响,目前多以重要事件,如杜威(John Dewey, 1859—1952)、孟禄(Paul Monroe, 1869—1947)、克伯屈(William H. Kilpatrick, 1871—1965)等知名学者访华,或是对个别高知名度人物,包括胡适之、蒋梦麟、陶行知等人探讨为主。但是,除了这些少数"明星级"人物之外,美国教育学,或曰哥大师范学院的教育学典范,究竟还透过哪些途径、经由哪些人持续

---

　*　作者简介:刘蔚之,台湾师范大学教育学系助理教授。取材自国科会项目计划 NSC 98—2410—H—003—007—MY2 年版。

而深入地传入中国,进入大学教育学殿堂,从事教育研究或师资培育工作? 具体而言,除了前述高知名度学者之外,以教育学为主修领域的哥大师范学院中国留学生曾透过哪些著述与行动,实质性地发挥影响? 或是受限于个人或时代因素,这些为数众多的留学生对于中国教育学建立的贡献实际上是有所局限的?

唯有将上述这些问题一一厘清,我们才能进一步评估、探索"美国影响"究竟表现在教育学内容的哪些面向? 是否表现在大学教育学的学科规训之中,培养新的中国教育学者或教育工作者? 是否曾经具体累积出哪些理论知识,或产生过实际行动? 上述论题高度攸关中国教育学建立的历史过程之再理解,然而长久以来,关于这类动态取径的历史研究却一直未曾积极展开。

本研究以哥伦比亚大学师范学院的中国留学生博士论文为分析对象,探讨这些学者负笈美国修习教育学,他们的博士论文如何呈现对于美国教育学最为原初而关键的理解与转化? 他们的指导教授是谁? 学术专长为何? 这些学生学到哪些教育学的知识内容? 又如何以其独特的观点诠释所习得的知识? 这是研究他们学成归国之后相关专业实践开展的起点,也是建立中国近代教育学发展史努力尝试解释"美国影响"的关键点。为进行此一历史考察,目前本研究所搜罗的论文书目数量计有 56 篇,时间分布在 1914—1959 年(此即为本研究时间断限的依据)。数量上,约占同时期全美中国留学生所完成教育学领域总共 132 篇博士论文的 42%;换言之,在美修习教育学并完成博士学位的中国学生之中,就读哥伦比亚大学师范学院者即占四成以上。此一高度集中的特殊现象,足以说明该校对于中国近代教育学理论与实践所产生的影响应是重要的,同时也可凸显本研究之意义与价值。

基于上述背景与问题的说明,本研究主要目的是:

1. 以 1914—1959 年期间哥伦比亚大学师范学院的中国留学生为研究对象,厘清中国教育学接受美国教育学影响的一段关键历史过程;

2. 分析与诠释上述历史过程,从而探索其在中国近代教育发展史上的意义。

本研究将先解说这 56 篇论文的全貌,继而拣选其中 10 篇具有代表性的论文深入分析,以呈现重要的内涵与意义。

本研究论题具教育学史研究的重要性,且由第一手史料直接切入,期能呈现崭新的研究结果,与现有研究相互补充、修正与对话,尚祈学界先进不吝指教。

二、哥大 56 篇中国留学生博士论文概述

(一)博士论文主题领域分布

首先以表 1 呈现这 56 篇论文的相关特性：

表 1　博士论文主题领域分布

主题领域 ＼ 研究对象（国别）	中国	美国	无特别指涉	篇 数	排 名
教育心理学/教育测验	4	1	8	13	一
教育政策与行政	3	3		10	二
教育财政	3		1		
教育哲学/教育史	5		1	6	三
课程	4		1	5	四
乡村/平民教育	3			3	五
留学教育与国际文教交流	3			3	五
比较教育（中国）	2			2	
英语教育	1		1	2	
音乐教育	2			2	
健康教育与体育		1	1	2	
教育人物与团体	2			2	
科学研究现况		2		2	
高等教育	1			1	
师范教育	1			1	
妇女教育	1			1	
科学教育	1			1	
研究对象	36 篇 (64.3%)	8 篇 (14.3%)	12 篇 (21.4%)	总计 56 篇(100%)	

在论文主题分布领域方面,有下列发现:

1. "教育心理学与教育测验"计有 13 篇,占 23%,居各领域之首。

2. "教育政策与行政"类有 6 篇,「教育财政」类有 4 篇,这两项较相近领域合计 10 篇,占 18%,居第二。

3. "教育哲学与教育史"类有 6 篇,占 11%,居第三。

4. "课程"类有 5 篇,占 9%,居第四。

5. "乡村与平民教育"与"留学教育与国际文教交流"各 3 篇,占 5%,并列第五。

在研究主题与对象所涉及的国别方面:

1. 56 篇中共有 36 篇是以中国为研究对象,占 64%。

2. 有 12 篇并未指涉研究的国别,占 21%。

3. 有 8 篇述明是以美国为研究对象,占 14%。

综言之:

1. 中国留学生较为趋之若鹜者,主要是教育心理与测验(13 篇)、教育行政与教育财政(合计 10 篇)、课程(5 篇)等。此一"实用"趋势显示切合中国当时的实际需要、对个人未来就业出路较具有直接效益;若与同时期欧洲教育学相比,这三大领域可谓是美国教育学当时最先进、蓬勃发展的领域。

2. 有超过六成的论文是以中国为研究对象,显示影响多数留学生决定论文主题的关键因素,应该是对于中国教育问题的关切;或是基于西方对于中国教育相关现象与问题仍不清楚,故有系统研究与整理的必要;或是对于中国题材熟悉度较高,比较容易入手所致。未指涉研究国别的 21% 研究论文,或许可以看成是纯粹学术兴趣的展现,受大脉络下历史与社会现实条件的影响较小。至于以美国为对象做研究的 14%,可能是考虑研究进行的便利性,或是研究者对中国教育文化的经验、关切并未别具影响力(例如在美生活已久)。不过,上述推论还需进一步深入研究,才能定论。

3. 至于研究教育哲学或教育史者虽仅占 11%,但 6 篇中有 5 篇是研究中国相关议题,且至目前所知,指导教授均非教育哲史专长,例如郭秉文(1914)写教育制度史,指导教授是教育行政领域的 F. Farrington。蒋梦麟(1917)撰传统教育原理,指导教授是教育行政领域的 D. Strayer。陈震东(1951)论当代教育文化思潮,指导教授是比较教育学者 Tewksberry。换言之,中国学生无人专门处理美国教育哲学,或者当时已经有所成就的实用主义教育哲学。这显示对于中国留学生而言,西洋教育哲学或是西洋教育史等领域可能较不实用,或不能直接拿来救国;而即使对于哲史研究有兴趣的中国学生,受限于研究的主客观条件,例如语言的精到或文化传统的习染等,导致难以入手。值得注意的是,我国学界咸以为美国实用主义教育哲学对近代中国教育学影响甚巨,但对照哥大师范学院中国学生的博士论文,初步看来却是缺少直接师承的。

(二)指导教授分析

在指导教授方面,依目前掌握到的论文,以表2显示如下:

表 2　指导教授名单

指导教授		专　　长
1. Gates, A.	心理学	学习心理学、社会心理学、人格发展、教育测验与评量
2. Jersild, A.		儿童心理学、发展心理学
3. Lloyd-Jones, E. *		辅导、谘商心理学
4. Pintner, R.		心理学、智力测验、心理测量(Leipzig Universitaet 毕业)
5. Thorndike, E. (两篇)		教育心理学、学习心理学
6. Thorndike, R.		教育与心理测量
7. Farrington, F.	教育政策与学校行政	学校行政、法国教育、中等教育
8. Strayer, G. (两篇)		学校行政
9. Norton, J. (两篇)		教育行政与领导,学校调查
10. Fretwell, E.		教育诊断、教育领导、休闲活动领导
11. Hillegas, M.		初等教育、学校调查、英语作文评量
12. French, W. (两篇)		中等教育
13. Brunner, E.	乡村与成人教育、教育社会学	社会学,乡村教育
14. Cyr, F.		乡村教育行政
15. Hallenbeck, W.		乡村社会学、成人教育

续表

指导教授		专　　长
16. Childs,J.	教育哲学	教育哲学、宗教教育、进步主义教育
17. Tewksbury,D.（三篇）	比较教育	国际与比较教育
18. Abbott,A.		英语教学
19. Craig,G.		科学教育
20. Wann,K.		课程与教学，儿童教育
21. Linton,C.		公共学校、宗教教育
22. Church,N.		音乐教育
23. Mursell,J.		音乐教育
24. Rathbone,J.＊		健康与体育
25. Sturtevant,S.＊		妇女教育

说明：注记"＊"符号者为女性，未标者为男性。仅指导一篇者，姓名后不特别注明。

依据表 2，可初步归纳如下：

1. 专长为比较教育（东亚地区）、本人在中国出生且深谙中文、曾在燕京大学任教（1922—1927）的 D. Tewksbury（1894—1958），指导了三篇博士论文（赵冕，1946；陈震东，1951；台镇华，1954），居哥大师范学院所有教授之冠，不过三篇出现的时间均较晚近。

2. 美国学习心理学、教育测验与评量领域权威 E. Thorndike，指导朱斌魁与刘湛恩两篇论文（均为 1922 年），其子 R. Thorndike 亦指导一篇（曾性初，1952），父子合计指导三篇中国学生论文。20 世纪早期正是美国教育心理学开始蓬勃发展、将欧陆其他国家相关心理学典范抛诸脑后的关键时代，而哥大师范学院的教育心理学研究阵容相当庞大，人才辈出，对一般修习教育学者而言，特别是对于历经五四运动之后渴望民主、科学的中国学生，相较于其他教育学次领域，教育心理学（特别是心理测验），应该是可以满足"科学"研究想象与期待的当红领域。

3. 教育政策与学校行政方面，以学校行政为专长的 G. Strayer（指导蒋梦麟，1917；Hoh，1933）、以教育行政与领导以及学校调查为专长的 J. Norton（指导阮康成，1940；朱炳干，1947）、以中等教育为专长的 W. French（指导

Thom,1946;高麟英,1951),三人各指导了两篇论文。

4.综言之,纯就论文指导教授来看,影响中国学生最大的哥大师范学院学者,可能是 Tewksberry 这位比较教育学者,或是 Thorndike 父子,而非哲学家 Dewey。

过往在探讨哥大对于中国的影响,主要集中在 Dewey、Monroe,或 Kilpatrick(1871—1965)等人,若与以上针对哥大中国学生博士论文的初步分析比对,长期以来的历史图像与结果似乎差异甚大,故需进一步探究。

三、个别论文分析

本研究接下来选取十篇论文进一步分析。选取标准是以目前取得的论文中年代较早者开始,其撰写方式较能反映研究者本人问题意识、反映时序脉络下全部论文的时代变迁趋势者为主。以下先概述各该论文,再分从不同角度综合讨论。

1.郭秉文(1914):主题是中国教育沿革史,指导教授 F. Farrington。该文为哥大师范学院最早一篇中国人撰写的博士论文,撰写背景与动机是基于直至当时为止,西方世界以英文撰就介绍中国教育的书实在太少,故而认为实有必要对于中国公共教育制度在不同时代之长期演进,以及新的共和国成立之后更张的新教育体制,进行系统而整体解释,尝试为英语世界民众解开复杂的中国教育史[1(Preface:V)]。郭秉文认为,这种一般且广泛的描述(而非特定时代或专题探究)对西方读者帮助较大,且对进一步研究有贡献,故有优先处理之必要[2(p2)]。在架构处理上,从上古时代谈起,前三章处理上古与中古时代,第四章开始处理近代(1842—1905 年),第五章处理晚清(1905—1911 年),第六章处理共和国教育变革,第七章处理当前重大教育问题,第八章则进行结论[3(Preface:VII—IX)]。本研究诚如作者所言,以通论为主。参考资料中文部分主要是马端临《文献通考》,西文部分则是 E. Biots 1847 年的 *Essai sur l'Histoire de l'Instruction Publique en Chine*[4(Preface:VI)]。在文献整理之余,本研究较能显现作者观点的是第七章,指陈中国当前重大教育议题为教会学校与公共教育体系之关系、教育与道德发展、学校与管理、新教育的财政问题,以及教育与生活之关系等[5(Preface:IX)]。

值得注意的是,参考文献总共列了 54 本,中文原典有 17 本,约占三分之一,其他为当代相关研究(含中文、英文与法文),约占三分之二。事实上,由于距离近代中西文化开启大规模交流的时代相当近,本研究所能引用的西文数据尚属有限,而且也非常依赖有中国经验的外国传教士与西方早期汉学家的作品。例如前述该研究非常倚重的 *Essai sur l'Histoire de l'Instruction Publique en Chine* 一书,作者 E. Biot(1803—1850)即是法国著名的工程师及汉学家,而郭文发表距该书的成书时间已近 70 年,可见文献颇为缺乏。其他援引的 E. Renan(1823—1892),亦为法国著名的中东古文明、古语言学家,以及哲学家、作家;此外,英国传教士傅兰雅(J. Fryer)分别为美国加州大学及美国教育部所撰的资料,也为郭秉文参考。而美国丁韪良(W. A. P. Martin)于1881 年所撰 *The Chinese*,*Their Education*,*Philosophy and Letters*,以及1901 年出版的 *The Lore of the Cathay*①,甚至是德国籍身兼传教士与汉学家的花之安(E. Faber,1839—1899)原著,后为长期于香港与日本传教的 A. Hutchinson(1841—1919)所翻译之 *Faber's Mind of Mencius*②,也在参考书目之列。至于美国第一位汉学家卫三畏(Samuel Wells Williams,1812—1884)于 1848 年出版,被视为 19 世纪最重要汉学著作之一及美国汉学兴起之标志,全书长达 1200 页之 *The Middle Kingdom*,自是不能或缺的参考著作。郭秉文的参考书目中这种倚重早期西方汉学家与传教士通论性质介绍中国之作品的情形,主要原因应系该论文成书时间甚早(距今已约 100 年前),当时西方一般有关中国的书籍仍不多,遑论针对中国教育专门领域之研究。所幸,郭秉文之研究亦属于通论性质,尚属相称。另一方面,此篇博士论文也称得上是开山之作,稍后哥大师范学院中国学生撰写博士论文,郭秉文的博士论文不断被引用。

　　2. 蒋梦麟 1917 年完成的博士论文,主题是中国教育原理③,指导教授 D. Strayer。本研究属于中国教育思想方面的先驱研究,作者想用清晰语言、西方化的组织与系统重新厘清传统的模糊宣称,把散落的思想编织为关联的整体,并在某种程度上以更佳的、现代的想法来解释。蒋梦麟认为中国教育思想有很多是相当具有现代意义的,许多当时即颇先进的教育理论,迄今(1910 年代)仍能持续发展与进步[6(Preface:III)]。足以显现作者学术素养的是,撰写论文时刻将下列事项谨记在心:(1)选择与当前问题有关的材料,亦即问题意识在今日,而以过去的光来照耀;(2)特重时序脉络,以见出前后影响;(3)尽量做比较

---

① 中译本题名为《汉学精华》。
② 中译本题名为《孟子的心灵》。
③ 本研究参考的是蒋梦麟《中国教育原理》,1924 年上海商务版。

研究,包括中国不同学派,以及中西方之间;(4)重视教育思想与一般思想趋势之关联性,以避免孤立情境下意义性解消[7(Preface;III—IV)]。

本研究架构与传统中国哲学撰写方式迥异:第一章先述人性论,第二章论"学"之原则,第三章论"教"之原则,第四章论德育原则。第五章结论,归结中国文化问题,讨论现代西方之个人、社会与国家等各种理想与中国教育文化间之可能关系,以及作为现代教育理论与实践的教育科学与艺术应扮演的功能与地位。在致谢词中,蒋梦麟感谢 Strayer、J. Dewey、W. Kilpatrick,以及 P. Monroe 等哥大师范学院老师[8(Preface;IV)]。有趣的是,除指导教授之外,另三位教授皆曾访问中国。在参考文献部分,全为中国经典,总计 45 本,显示曾经参加童试且中过秀才的蒋梦麟,国学底子堪称深厚。西文的引用仅出现在相关的脚注中,也以哲史方面的教科书、通论性质著作为主,例如 Dewey 之 *How We Think*(p. 54,注 10)、*German Philosophy and Politics*(p. 178,注 25、27;p. 179,注 28、29),两书还不完全算是 Dewey 的重要之作。另 Dewey 和 Tufts 所著的《伦理学》(*Ethics*)共计引注五次(p. 146,注 30,至 p. 165,注 38)。此外,Rogers(1913)所著 *Students' History of Philosophy*,Monroe 所著 *Textbook on the History of Education*,均属教科书性质。

3. 朱斌魁(1922),主题是探讨在美中国学生表现卓越所需的质量,或曰这些学生"学业成绩和领导两表现与中、英文能力的相关研究"[9(p3)]。指导教授是 E. Thorndike。研究者以问卷、语文(含阅读与字汇)测验、在校成绩(含在中国与美国时期)、Thorndike 的心理与社会量表(Mental and Social Measurements),针对 664 位在美就读大学与研究所的中国学生进行研究。作者进行此研究时,正值 1872 年中国首度派遣幼童留美届满 50 周年之时,时间上可谓相当具有历史意义[10(p1)]。不过,朱斌魁发现,这些为数越来越多的中国留学生,有许多心理上的问题从未受到注意或解决,若能有效关注,对未来甄选与培训留美学生的方法之改进,将有很大帮助[11(p1)]。朱斌魁也认为,幸运的是,心理测验的科学在美国正有极大的进展,可以直接借用来解决前述问题,且间接为中国打开教育实验研究的新领域,故本研究可视为一个开始。研究设计的思维与推理上,作者论述在美中国学生的成功应包括学业表现(scholarship)与领导(leadership)两方面,前者可包括智力、努力、企图心、语言能力和专注;后者包括人格、个性、创新、决断、力量(force)。但是由于现有知识不足以客观测量上述诸变项,故选择以英文和中文知识,作为研究的重要变项[12(p2)]。

朱斌魁的推论反映了早期量化与实验研究之思维模式,从今天来看可能略为素朴,还待进一步斟酌,但其研究实是目前所掌握到的论文中,第一篇量化典范下、有关心理与教育测验的论文。作者的出发点是中国留美学生问题,结论部分亦针对此而提出:(1)因为英文比起中文,对学业及领导有更高相关,建议未来选送学生应首重英文成绩;(2)但考虑中文在回国后的重要性,仍须要求一定素质,两者应互相增益;(3)发现留学时间长短与学业、领导或英文的相关性甚低,故建议应缩短在美留学时限,选送已在中国修毕大学学业,获得学士学位者至美就读研究所即可。这种进修高级学位的学生,身心较成熟,在美待三至四年即可,而好处也较多,包括费用省、不易忘失本国文化与国家观念、更能判断与吸收西方文明,以及更能尊敬祖国人民、具有奉献的准备[13(p51-53)]。这些建议,堪称科学依据下相当务实的意见。

4. 同年(1922),刘湛恩也在 E. Thorndike 指导下,撰就为中国人而研发的非口语智力测验之研究。与朱斌魁相较,本研究企图心颇有不同。刘湛恩观察到,心理测验在美国应用极为成功,中国也已开始尝试展开测验运动。但是,由于文盲比例太高,方言又众多,在翻译美国文字类型的智力测验时,遇到很大困难,致使在中国,特别是语文测验的传播,受到阻碍。所以,发展非口语测验,实为必要。本研究致力于发展非口语的智力量表,刘湛恩认为去除了语言和学习因素,或许可以在中国作为独立的普通智力测量,或作为语言测验之补充[14(p1,6)]。他选用五种智力测验,在纽约市一所由 90% 意大利裔,5% 华裔组成的学校,对大约 400 位学生进行实验,进而修正发展出包含五个分测验的"中文非口语测验"(the Chinese non-verbal tests),希望未来用作编班、升级、诊断,或职业引导之用。虽然直接运用在中国儿童身上时还需进一步修正常模等标准化程序,但在避免学校教育、文化影响,或事先练习上,已有颇大效果。此外,对象为小学生,以团体形式施测,时间不超过 30 分钟,均有助于在中国情境下实施而让老师评量出儿童真正、原有的能力[15(p75-76)]。本研究的问题意识与处理格局之不同,在于朱文的研究对象是中国精英中的精英,而刘湛恩关心的则是中国广大未受教育的文盲或受很少教育之儿童,希望研发真正适合他们的测验工具,找出不受语言、学习影响的真正人才。

在文献分析中,刘湛恩的处理相当别出心裁。他回到传统脉络来"同情理解"中国的"心理测验"历史,包括预测子弟是否聪颖、未来生涯与命运的看相与算命[16(p1)],以选才为目的的科举考试[17(p2)],或是对字、填词这种"完成测验"[18(completion tests, p. 2)],九连环、七巧板这一类的"表现测验"[19(performance tests, p. 3)];这些或许并非严格心理学定义下的智力测验,缺乏成熟的技术,但的确存在了数个世纪,也在相当程度上检测出"智力"。刘湛恩认为,今日在建立中国真正的智力测验时,仍非常有可能由这些老方法、老材料得到灵感[20(p5)]。他同时也对过去数年中国刚兴起的测验运动作了说明,包括最早由 W. Creighton 于1915—1917 年在密苏里大学(University of Missouri)W. Pyle 指导下,于广东省进行的儿童与青少年心理与身体特征研究,受试者介于 10—18 岁,包括 25 名女生,约 500 人,但这个研究即遭遇到无法克服的方言问题,这一语言困难,竟成为心智测验上最大限制[21(p5)]。而 1918 年 G. Walcott 在北京清华学堂高级班以修订过的比奈氏量表(Binet Scale, Standford Revision)且辅以 Scott Group Tests 来测量学生智力时,也在缺乏足够同龄者作为常模之外,遭遇语言困难,致使研究结果并不十分令人满意。至于 1920 年代以来,包括陈鹤琴与廖世承等人努力推动下,南、北京高师推动以心理测验作为入学考试之用,但与一般学业成绩的相关也仍然太低[22(p5-6)]。刘湛恩认为,测验应避免涉及受试者的语言反应,应由所有人都熟悉的社会材料来命题,尽可能排除学校影响,尽可能有趣以引发正确反应,同时还应该是为团体施测而设计,以求省时、省力与省花费;材料应便宜,轻巧少配件,易于使用与收藏,这在中国特别适用[23(p13-18)]。

5. 1928 年,夏瑞卿在 A. Gates 指导下,完成小学儿童社会能力(sociability)之研究,该研究欲以学生记录、智力测验、Thorndike-McCall 阅读测验,社经地位量表、问卷,以及作者自行研发的社会能力测验,来探讨 5—8 岁儿童在生理年龄、心智年龄、智商、阅读能力、社经背景与好友数量等变项,与社会能力之间的关系。本研究属于社会心理学领域研究,所参考资料以人格特质、人格测量、社会心理学理论、社会态度、社会知觉为主,包括 E. Thorndike(四篇期刊论文)、美国应用心理学先驱 H. Hollingworth(1880—1956,两本),以及 Thorndike 门生、前述 Hollingworth 之妻,且以研究资优儿童著称的 L. Hollingworth(1886—1939,一本),以及 G. Gates(三篇期刊论文)、G. Watson(五本/篇)、R. Pintner(两本)等相关理论与研究[24(p.59-64)]。参考文献方面,受到哥大师范学院心理学者相当深刻的影响。成果之呈现是相当技术性的讨论,作者呈现纯然的学术兴趣,中规中矩,并未提及中国。

6. 同样是 1928 年,陈选善在 R. Pintner 指导下,也完成一篇心理测验领域的研究,主题是不同智力测验在"可训练性"(coachability)方面的比较。他在纽约市一所学校,找了 300 位 5—6 年级的小学生作为受试者[25(p23)],分为两组,施以前、后测,其中一组施以 8 天的训练,看不同测验之可训练性是否有别。本研究之学习与智力观深受 E. Thorndike 之学习定律影响[26(p1)],且引用 L. S. Hollingworth 对于智力的解释,认为智力并非西方传统以来所想象的固定实体,应该是一种先天的能力,只能作为抽象的、无法直接而只能间接测量的概念。另一方面,智力只是在标准情境下所测得人之反应的有效性,所有智力测验均无法免除环境影响,或是不同程度地可透过练习而改进。所以,作者假定,愈无法透过练习改进的测验,愈是好的智力测验[27(p3)]。本研究在参考文献方面,受到哥大师范学院心理学者相当深刻的影响:A. Gates(计六篇),E. Thorndike(五篇),R. Pintner(三篇),以及 W. McCall(二篇),H. L. Hollingworth(二篇),L. S. Hollingworth(一篇)。本研究也未提及中国。

7. 1933 年,Hoh Yam Thong 在 Strayer 指导下,完成一篇有关各国退还庚款与中国教育发展的论文。作者在赴美之前,为岭南大学前身基督教学院之毕业生,且曾出任该校附属中学校长、岭南大学董事会成员,以及教育系教师。他先于 Standford 取得教育学硕士学位,继之就读哥大师范学院,主修领域是教育行政。Hoh 认为在主要国家军事、经济上壁垒分明,战争一触即发的国际关系下,基于善意、免除债务、以奖学金与交流代替军事攻伐、以合作建立友谊桥梁或破除藩篱的政策,无疑是更佳的(Introduction)。本研究分述各国退还庚款之源起、发展,并分析中国在教育文化上的运用、控制与管理、分配等现况。研究方法使用历史与文献分析方法,以及访谈法。研究发现,这些款项的运用主要集中在高等教育、选送学生出国、科学研究,以及文化保存[28(p450)]。换言之,经费分配并不均等,享用人数过少,且沿海地区、都市地带、富裕之人远较内陆地区、乡村地带、终日劳苦之人所享有者多。作者呼吁,后面这一群人也应该得以分沾庚款之雨露[29(p452)],他们不但占总人口四分之三以上,更是最需要教育的一群,唯其如此,才称得上是臻于"最大多数人的最大幸福"[30(p453)]。更重要的是,庚子之乱起于对外人之攻击、清廷之保守,以及对贫穷群众的忽视,去除前两项因素的努力,也就是要发展国际友谊与善意、训练更佳领导人才,某种程度上可谓有了成效,但是第三个因素却仍然被忽略;社会与政治的不安、危险与威胁,仍弥漫乡村,生产方法未改进,旱涝蝗灾仍普遍,农民流离失所,成为盲流,连带地都市也蒙受威胁[31(p453-54)]。因此,作者建议这些被遗忘的数百万农民,应得到更多庚款帮助,以获得更好生活。

8. 1936 年,沈祎在 E. Fretwell 指导下,为上海某初中规划针对资优生与非资优生之共同教育方案。沈祎认为,自西力冲击以来,中国传统以家族为核心的宗教、道德等社会运作法则已濒解体,学校作为建立新文化的社会机构,显得特别重要。另一方面,学校教育不应在少数与多数、天才与平庸之间画上等号,精英教育与普通教育都应重视[32(p1-2)]。本研究要探讨天才儿童之培育,但是却又同时强调所有儿童均应考虑在内,而此教育方案包括课程、教学以及课外活动等部分[33(p3)]。文献分析方面,沈祎发现原先视为至高原则的培育天才儿童课程之加速原则(principle of acceleration)晚近已遭动摇,而同质分班搭配分化课程(homogeneous grouping and differentiated courses),以及本研究瞩之的深化(enrichment)原则,开始受到相当承认[34(p26)]。在经过相关教育原则之考察后,沈祎所提出的教育方案,背后有下列主要引导原则:(1)教育需有社会目的,特别是以民族文化为基础;而"三民主义"既有固有文化为依据,又带社会主义色彩,既追求政治的、又追求经济的民主,可谓是新中华文化所要实现的[35(p27—28)]。沈祎特别强调,教育总有特定社会目的、特定地理与文化位置,它是特定的、本土的,以及充满动能的(dynamic),而非通则性、普遍性与不变的,教育是在历史长河中特定时间、特定地点与特定社会的菜单现,所以,学校作为一种社会机构,其菜单现即在于帮助个人成长,使其进而参与、贡献于所属文化社会[36(p28)]。(2)教育应寻求每一个体臻于最佳发展,除培养共同信念、习惯与技艺外,还应尊重个别差异,视每个人都为独一无二,分化的个人才能因此形成"社会"这个有机整体[37(p28—29)]。(3)教育要有效,必须清楚认识学习历程之本质,亦即:有机体在持续与环境互动历程中,一旦有新处境产生,且旧反应无法因应,心智即会失去平衡,但若新反应能有效降低困扰,未来即会沿用,学习也因之产生。结果是,学习者行为会产生某种程度的改变[38(p29—30)]。

　　至于本方案的课程安排原则,包括了社会统整原则,以及个人统整原则,但社会统整将渐减少,而个人统整将渐增多,因为,初中课程不宜过度分化[39(p34—35)]。而在教材选择方面,本研究援引 Dewey 之说,认为应包含观察的事实、回忆旧经验、阅读与讨论,并发展一种具有目的性的情境。所以,事实、讯息、原则、材料,都应用来达成所欲的目标,让个人能运用,教材因此必须更为动态[40(p38)]。此外,方案还包括课外活动、教学方法、实施办法等[41(p40—50)],于此不再赘述。在结论中,沈祎再度强调,民主与教育机会均等是新中国的理想,但绝非平庸化的齐头平等[42(p55)]。本研究参考文献中,引用 Dewey《民主与教育》[43(p57)],Fretwell 之中学课外活动研究,L. Hollingworth 之资优儿童研究共四篇(本)[44(p57—58)]等,显见哥大教授群之教育哲学、课程以及心理学等研究,的确产生相当影响。

　　9. 1940 年,中国抗战已两年之时,阮康成在 J. Norton 指导下,写就一篇献给中国苦难的大众(扉页),题名为"中国过渡时期教育方案"的博士论文。由于战争之故,阮康成就学面临经济困难,特别在致谢词中感谢 Norton 与 Strayer 两位教授的财务资助。阮康成认为,中国正在危难时刻,民族若欲复兴,教育更是极度重要,过去教育系统多为外国移植而来、消化不良的进口货所组成,未能充分整合在民族整体之中,进而确保民族发展;所以,教育应该更本土化以及更实际[45(Preface, III)]。此外,对于中国教育进行诊断性的研究(diagnostic study),仍不够用来作为民族重建之方案,一个批判性的回顾与教育之重新规划,实有必要。本研究旨在勾勒中国于过渡期之平民教育方案,其定义的"转换期"(transition)为:中国仍在寻求适应世界所需的哲学与意识形态,以及实际生活上的根本适应;新中国应保留文化遗产,但又能适应现代生活的精华要素,才可能完成此一转化。在关怀面向至广且深的情形下,本研究首先对中国当前相当西方化的教育体制进行一诊断性评量,其次搜集近年来非体制内的教育运动之最新发展,并解释其意义;再次,分析中国文化里头对于新教育方案有重大影响的相关要素之长处与缺失,最后宣示方案的教育理想,与达成此理想的步骤[46(Preface, IV)]。阮康成强调,此平民教育方案应该为所有人服务,使得一个独立、民主而进步的新国家可以成为事实[47(Preface, V)]。虽然深知自己野心太大,任务太艰巨,但还是奋力一试[48(Preface, VI)]。

在 H. Galt 的 *The Development of Chinese Educational Theory*、G. Twiss 的 *Science and Education in China*、前述郭秉文 1914 完成的博士论文《中国教育制度史》、C. Peake 之 *Nationalism and Education in Modern China*,以及廖世承介绍中国中等教育的研究等基础上[49(p1-44)],阮康成进行相关诊断分析,他佐以 Kandel、Norton、K. Latourette 之意见,并断言未经深层适应与修正的教育体制移植,乃是对本土智慧、独特社会政治情境的侵犯,时下中国之教育可说是"外国文化之进口与消化不良的移植"[50(p8)]。他分就其中四大缺失论述:中央集权的教育体制[51(p20-27)]、美国式 6-3-3 学制[52(p28-36)]、西方化教育内容[53(p37-43)]、教师与师资培育[54(p43-45)]。在第二章中,阮康成继续就近年来中国直接担负转换期发展的著名教育实验运动,如平民教育运动、妇女教育运动、青年运动,以及民族主义运动等,进行分析。其中晏阳初的河北定县实验[55(p53-63)]、梁漱溟山东邹平的实验[56(p63-68)]、广西省政府(1933-1939)的国民基础教育运动[57(p68-77)]、红军的平民教育方案[58(p77-85)],蒋经国在江西的乡村重建运动[59(p86-92)]等,最为关键。由此,阮康成归纳下列启示:(1)民族解放、重建与繁荣之基础途径在于平民教育;(2)上述非正规学校体制的平民教育运动建立在对于国情与文化传统的全面理解上,适合社会真正需求;(3)任何有效教育改革方案应如上述诸例包含妇女教育;(4)教育改革方案应如上述诸例,财务精省而刻苦力行[60(p113-116)]。在第三章中,阮康成回过头来分析中国文化与地理等要素,找出对教育发展的有利与不利之处。在这个极庞大工程中,他考察了中国道德伦理特质[61(p118—130)]、自然地理特性[62(p130—135)],经济发展[63(p136—153)]、政治概况[64(p154—162)]、社会情境[65(p163—170)],结论是:现实是苦难而多冲突的,只有积极面对,提出对症的教育方案,才有可能解决[66(p170—172)]。在第四章,阮康成提出受到哥大师范学院 Dewey、Childs、Strayer、Kilpatrick 等人影响而研拟的教育方案之目标:改善平民处境、提升发展经济、促进民族独立与真正民主,以及重建社会生活[67(p191—203)]。他所提议的四项平民教育方案的课程内容,系分别针对政治启蒙、经济改善、社会进步、个人进步而提出[68(p210—219)]。最后,更详就此平民教育方案之实施策略[69(p220—245)]、方法[70(p246—251)]、师资[71(p252—258)]、财务[72(p259—280)]等,一一厘定。

由阮康成的论文旨趣与研拟的方案中可以发现,在国难方殷之时,身处美国最高学府的一位知识分子是如何殷切地思索擘划中国广大平民教育之未来出路,其情至为可感。

10. 同样在 1940 年,刘桂焯在 Childs 指导下,为原先位于广东,但因战乱迁至香港的岭南中学[73(p57)],规划课外活动方案。虽然刘桂焯为他曾就读六年、任教两年的母校岭南中学[74(p2)]提出的是相当具体而微的课程方案,但此研究值得注意处,却是课程方案背后的学理基础堪称扎实细密,足能见出在哥大师范学院所受训练的影响。举例言之,在方案的心理学基础上,他强调全人成长的个体观,不将个体视为个别发展总和,而重视其总体人格,又援引 Childs 之说,认为学习是贯时性的、互动的、持续的历程,故认为在今日不能只依赖正式课程,更需课外活动课程来关照学生全人发展[75(p10)]。刘桂焯又援引 Kilpatrick、Dewey 以及 Childs 等人[76(p15—19)],强调有机体与环境互动的学习观,认为学习是不断重新建构的历程,其结果会影响整个有机体[77(p10)]。他强调,学习观已由材料观(subject matter point of view)或是刺激—反应观(stimulus-response idea),转换到对学习的有机诠释观(organismic interpretation of learning)[78(p14—15)]。事实上,此一论述正可说明当时在哥大师范学院中,已由早年世界当红、强调教材与教法之德国赫尔巴特学派,以及 20 世纪初期注重外显行为养成的行为主义心理学等两大典范,过渡到强调学习主体与环境互动、学习系建构而来,以及重视个别差异,兼具实用主义、实验主义与认知心理学色彩的研究典范了。

在教育哲学基础上,刘桂焯首重 Dewey 之教育即生活观。他引《民主与教育》一书,强调衡量学校教育价值之标准在于,它所创造的持续成长的渴望,以及提供此渴望能有效实现的方法之程度[79(p21—22)]。而学校即是社会,课外活动更应发挥此一功能[80(p23—24)]。其次,本研究另受进化论影响,强调演进、变迁与动态的世界观[81(p26)]，相对地，在心灵观方面，也强调人作为有机体，与自然或社会环境互动，自会寻求目的；这不再是传统所持守的心灵实体观，已转变为功能观了[82(p26-29)]。由刘桂焯引用的书籍来看，Childs 的实验主义哲学与进步主义教育思想，影响颇大[83(p28-29)]。最后，作者强调教育的民主观，认为民主即是平等（equality，智力得以自由发挥的最高形式）与自由（liberty，对人格所表现最高的尊敬形式），自由并非不受限制，其价值在于个人的智力与力量之得以发展，以处理各种处境[84(p32-33)]；而获得民主的历程，应由既存社会条件，和平有序地一步步追求，无法一蹴而就。相形之下，这与五四时期中国所习见的解放式的民主与自由观，实已有相当大的进步。本研究环环相扣，面面俱到，显示用心颇深。由最根基的教育哲学与心理学基础开始，来贯穿特殊处境下的岭南中学，方案之各个细节莫不时时与哲学目的相呼应，殊为不易。

在参考文献部分，作者分类加以载明：一是教育之社会与哲学基础，又细分为一般教育与中等教育两部分，而以进步主义与实验主义研究为主，其中以 Childs（一本）、Boyd Bode（两本）、Dewey（四本）、Kilpatrick（三本）为要。二是心理学基础，以学习心理学为主，以 Boyd Bode（一本）、Dewey（一本）、James Mursell（两本）为要。三是课程之观念，又分为正式与非正式课程，包括 Kilpatrick、Norton 有关课程之理论基础，也包括 H. Caswell and D. Campel 两本合着的课程发展作品，以及 H. Bejamin 的剑齿虎课程（Saber－Tooth curriculum）。四是课外活动之原则与实务。五是方案评鉴，包括 R. Tyler 之五本着作。六是学生之活动领导。七是教师成长[85(p182-191)]。

四、综合分析（代结论）

本研究发现：

1. 就研究主题之时序演变趋势而言，这里分析的论文数量仍不多，但目前呈现的是：有关中国教育史与教育哲学类论文最先出现（郭秉文，1914；蒋梦麟，1917），接下来是为数不少的教育心理学，特别是教育与心理测验领域之论文（朱斌魁，1922；刘湛恩，1922；夏瑞卿，1928；陈选善，1928）。至 1940 年代左右，则以教育方案或课程方案之规划为趋势（沈祎，1936；阮康成，1940；刘桂焯，1940）。

2. 所分析的十篇论文，有八篇与中国有关，显示中国教育仍是留学生极关心主题。从大架构、大脉络的教育制度史（郭秉文，1914）、传统教育思想（蒋梦麟,1917),以至有科学(主指心理学)研究或哲学依据的留学生选拔(朱斌魁,1922)、非口语智力测验(刘湛恩,1922)、资优教育方案(沈祎,1936)、中学课外活动方案(刘桂焯,1940),再至与平民教育关怀有关的庚款用途分析(Hoh,1933)、平民教育方案(阮康成,1940),范围涵盖颇广。

3. 除了中国体制内学校教育之外,留学生也相当关心为数更多的平民教育问题。刘湛恩(1922)想从非口语测验找出不受教育或学习影响的真正人才,Hoh(1933)要求广大平民也能均沾庚款雨露,而阮康成(1940)更是直接为转型过渡期的中国规划平民教育方案。

4. 依据目前所搜集到的论文,J. Dewey 并未指导哥大师范学院中国学生任何一篇博士论文。即使在各篇论文的致谢词中,也罕见 Dewey 之名(只有蒋梦麟提到,但其指导教授是 G. Strayer)。不过,在各论文的基础理论、文献分析或是参考书目方面,则明显可见 Dewey 的影响力的确存在,构成相关博士论文进一步实验或规划课程方案的基础,而且越晚近(至 1940 为止),这种趋势越明显;不过初步看来似乎并非深入严谨的探讨,引用的内容是否为杜威学说之关键,或是引用的层次如何,均待进一步探讨。

依据目前的初步分析,几位曾造访中国的著名学者如 Dewey、Monroe、McCall,或 Kilpatrick 等人,对留学生的影响似乎并不大,这一推论亦仍待进一步研究加以确认。至于指导教授中唯一一位以教育哲学(特别是进步主义教育)为专长,且曾于 1916—1928 年居留中国的 J. Childs,虽有触及方案背后教育哲学理念的探究,严格来说却非教育哲学领域之作。

仍待进一步分析的论题还包括,这些留学生与哥大师范学院之学术师承关系。例如在教育心理学与教育测验领域各个指导教授彼此间的学术理论或师承、夫妻、父子关系等,以及他们整体又在美国教育心理学界扮演何种角色,是否重要或关键等。至于教育行政学、课程领域也均值得进一步分析,以适当定位这些留学生之所学。

参考文献

1—5. Kuo, Pingwen(郭秉文). *The Chinese System of Public Education*. 1914

6—8. Chiang, Monlin(蒋梦麟). *A Study in Chinese Principles of Education*. 1917/1924

14—23. Liu, Herman Chan—en(刘湛恩). *Non-verbal Intelligence Tests for use in China.* 1922

24. Hsia, Jui Ching(夏瑞卿). *A Study of the Sociability of Elementary School Children.* 1928

25—27. Chen, Hsuan Shan(陈选善). *The Comparative Coachability of Certain Types of Intelligence Tests.* 1928

28—31. Hoh, Yam Tong. *Boxer Indemnity Remissions and Education in China.* 1933

32—44. Shen, Ye(沈祎). *A Proposed Program for a Chinese Junior High School in Respect to the Education of Gifted Children as Compared with Other Children.* 1936

45—72. Juan, Kang Cheng(阮康成). *An Educational Program for China in Transition.* 1940

73—85. Lau, Kwei Chuek(刘桂焯). The formulation of a plan to be proposed to the faculty of Lingnan Middle School, Hong Kong, for the improvement of extra-curricular activities in the school and for the guidance of pupil participation in these activities. 1940

从政治教育学到民生教育学

程斯辉　李中伟[*]

摘　要:中国共产党已经走过 90 年的风雨历程,梳理中国共产党领导教育发展的基本线索,大致可以划分为三个比较清晰的发展阶段:即政治教育学阶段、经济教育学阶段、民生教育学阶段。政治教育学阶段主要对应毛泽东时代,显著特征是立足于政治目标来思考、定位教育问题,安排教育活动。经济教育学阶段主要对应邓小平时代和江泽民时代,这一阶段的主要特征是教育工作服从和服务于经济建设大局,立足于社会经济建设目标的实现来思考、定位教育,谋划教育。民生教育学阶段,主要表现为以胡锦涛为代表的新一代领导集体在新世纪里以科学发展观为指导,领导教育科学发展的一系列论述和举措。这一阶段对教育本质和功能的认识有着明显的升华,并立足"民生"主题来思考、定位、规划教育事业的发展。三个发展阶段,三次思想飞跃,其过程漫长而艰难,但实现了与时俱进。

关键词:中国共产党的教育事业;政治教育学;经济教育学;民生教育学

中国共产党已经走过 90 年的风雨历程,在波澜壮阔的中国近现代史上留下了光辉灿烂的业绩,其中包括党领导教育事业所取得的卓越成就。以毛泽东、邓小平、江泽民和胡锦涛同志为代表的党的历代领导集体,在长期的革命和建设实践中,根据时代、社会和人的发展要求,从教育发展的实际出发作出了一系列关于教育的指示或决定,开展了轰轰烈烈的教育探索,形成了特色鲜明的中国共产党教育思想。回顾中国共产党人为什么重视教育、怎样重视教育的观念和活动,梳理中国共产党领导教育发展的基本线索,总结、探寻其中的经验和规律,无疑具有重要的理论价值和重大的实践意义。我们认为,中国

---

　*　作者简介:程斯辉,武汉大学教育科学学院教授;李中伟,武汉大学教育科学学院博士生。本文曾刊于《复旦教育论坛》2011 年第 4 期。

共产党领导教育发展,大致可以划分为三个比较清晰的发展阶段:即政治教育学阶段、经济教育学阶段、民生教育学阶段。

一、政治教育学阶段

政治教育学阶段,集中体现为革命战争年代、社会主义改造和社会主义建设时期的毛泽东教育思想。在这个阶段,"教育为无产阶级政治服务",教育被视为直接的阶级斗争工具。显著特征是立足于政治目标来思考、定位教育问题,围绕政治目标来给教育提要求、定任务,政治目标左右教育目标。具体可以从如下方面来考察。

(一)从教育功能看:教育的核心作用是为无产阶级政治服务,为阶级斗争服务

无论是革命战争年代,还是新中国成立后的毛泽东时代,中国共产党始终把教育当作一种武器,使它适应革命斗争的要求,积极地为革命斗争服务。教育工作是整个革命事业的重要组成部分,"是革命总战线中的一条必要的和重要的战线"[①]。抗日战争时期,为了使教育适应战争的需要,当时定制的文化教育政策是:"第一,改订学制,废除不急需与不必要的课程,改革管理制度,以教授战争所必需之课程及发扬学生的学习积极性为原则。第二,创建并扩大增强各种干部学校,培养大批的抗日干部。第三,广泛发展民众教育,组织各种补习学校,识字运动,戏剧运动,歌咏运动,体育运动,创办敌前敌后各种地方通俗报纸,提高人民的民族文化和民族觉悟。第四,办理义务小学教育,以民族精神教育新后代。"[②]抗日战争时期的教育,在动员和组织群众进行全面抗战,在巩固和扩大抗日根据地,在反对敌占区的奴化教育等方面,都起了重要的作用。

1949 年后,中国共产党继承了教育为革命服务的传统,建国初期将教育作为改造敌人、团结同志的工具和纽带。在《中国人民政治协商会议共同纲领》等文件中指出:中华人民共和国的教育是新民主主义的教育,它的主要任务是提高人民文化水平,培养国家建设人才,肃清封建的、买办的、法西斯的思

---

① 毛泽东:《毛泽东选集》(第二卷),人民出版社 1991 年第二版,第 708 页。
② 毛泽东:《毛泽东同志论教育工作》,人民教育出版社 1958 年版,第 33 页。

想,发展为人民服务的思想。同时明确中华人民共和国的教育是民族的、科学的、大众的教育,首先要为工农兵服务,为当前的革命斗争与建设服务。随着形势的发展,1958 年 9 月,中共中央、国务院在《关于教育工作的指示》中明确宣布:"党的教育工作方针,是教育为无产阶级政治服务,教育与生产劳动相结合。"[①]在随后的贯彻落实中,教育为政治服务被不断强化,最终在"文化大革命"中教育成为直接的阶级斗争工具;教育与生产劳动相结合也逐渐超越文化知识的学习,成为改造人的手段并走向极端。

(二)从教育目的看:教育的根本目的是培养和训练革命者、接班人

虽然在不同的时期制定了不同的教育方针政策,存在不同的教育目的或人才培养目标规定,但在革命战争年代,总的精神都是为了通过教育提高人民群众的革命觉悟,通过教育使知识分子干部劳动化、工农化,使工农出身的干部知识化,造就大批革命人才。1925 年 5 月,中国共产党第二次全国劳动大会通过的《工人教育的决议案》提出,"我们办教育的最终目的就是促进工人阶级的觉悟,对于工人的一切解释、批评、教育、训育等,都要明确地站在我们无产阶级的观点上,我们的一切言论行动,都不可违背了阶级的意识"[②]。1934年 1 月,毛泽在中华苏维埃共和国第二次全国工农兵代表大会上阐述了苏区教育的根本方针"在于以共产主义的精神教育广大的劳苦民众,在于使文化教育为革命战争和阶级斗争服务,在于使教育与劳动联系起来,在于使广大中国民众都成为享受文明幸福人"[③]。

如果说在革命战争年代中国共产党确定的教育目的主要是训练革命者的话,新中国成立后根据形势和任务的变化,1957 年 2 月,毛泽东在《关于正确处理人民内部矛盾的问题》中,明确提出:"我们的教育方针,应该使受教育者在德育、智育、体育几方面都得到发展,成为有社会主义觉悟的有文化的劳动者。"[④]这实际上是对社会主义教育培养人之规格的明确,也是对教育的根本问题即"培养什么样的人"与"怎样培养人"的回答。在这一方针的指引下,教育得到较好的发展。但随着政治形势的风云变幻,"社会主义觉悟"实际成为政治觉悟,"又红又专"的标准实际被"红"的政治标准取代,重视智育、业务

---

①　何东昌:中华人民共和国重要教育文献(1949—1975),海南出版社 1998 年版,第 859 页。

②　中华人民共和国教育部《中国共产党教育理论与实践》编写组:《中国共产党教育理论与实践》,北京师范大学出版社 2001 年版,第 10 页。

③　陈元晖等编:《老解放区教育资料》(一),教育科学出版社 1981 年版,第 20 页。

④　毛泽东:《毛泽东著作选读》(下册),人民出版社 1986 年版,第 780—781 页。

和专业水平被贬为走"白专道路"。在入学、出国、晋升、毕业分配、工作安排等方面,优先选拔使用所谓"根红苗正"、政治上清白可靠的人员。

(三)从教育内容看:教育的中心内容是政治教育

革命战争年代的教育始终坚持用思想政治教育来提高受教育者的思想政治觉悟,政治主义挂帅,政治风气盛行,意识形态的内容受到特别重视,科技知识仅仅是革命战争和阶级斗争的附属工具。毛泽东说:"学校一切工作都是为了转变学生的思想。政治教育是中心的一环。"[①]为了把思想政治教育落到实处,在进行思想政治教育的时候常常是把革命的大道理和群众的日常生活实际联系起来,把马克思列宁主义、毛泽东思想的理论教育和时事形势教育结合起来,运用多种多样、生动活泼的方法向受教育的干部和群众灌输革命意识。通过强制划一性的开展思想政治教育,使受教育者懂得革命的道理,明确政治方向,坚定革命信念,培养出大批忠于革命事业的人才。

为了强化政治思想教育,在课程设置与教材编写上注重政治性,贯穿政治教育与知识教育、劳动教育相结合的原则。毛泽东多次强调课程设置与教材建设的社会化、政治化、劳动化和实际化,重视课程、教材的政治方向性和为战争、为根据地建设服务的问题。在革命战争时期教材内容及编写上的鲜明特点是思想政治观点明确,密切联系革命战争、阶级斗争和生产劳动的实际,革命性和思想性强。

新中国成立后,为了将教育为无产阶级政治服务、将培养社会主义事业的接班人落到实处,在课程设置上,无论是基础教育还是高等教育都将政治课作为必修课程。在教材的编写上,无论是政治课本身还是其他科学文化课程,都强调社会主义意识形态的渗透,重视马克思列宁主义、毛泽东思想的指导和统领。这里蕴含的逻辑就是只有不断强化思想政治教育才能培养社会主义事业的接班人。

(四)从受教育对象看:理想是面向全体大众并保障工农群众优先享受教育的权利

中国共产党成立后始终把保障工农劳苦群众接受教育的权利作为一项基本政策。但教育的对象实际上是面向具体,面向赞同、支持、参与革命的人和愿意被改造的人。1931年11月,中华苏维埃第一次全国工农兵代表大会宣

---

① 毛泽东:《毛泽东同志论教育工作》,人民教育出版社1992年版,第69页。

布："工农劳苦群众,不论男子和女子,在社会、经济、政治和教育上,完全享有同等的权利和义务";"一切工农劳苦群众及其子弟,有享受国家免费教育之权"。① 1934 年,第二次全国苏维埃代表大会通过的《中华苏维埃共和国宪法大纲》中对此作出了更明确的规定:"中华苏维埃政权以保证工农劳苦民众有受教育的权利为目的,在进行国内革命战争所能做到的范围内,应开始实行完全免费的普及教育。"②在当时的历史条件下这是一种理想目标和愿景设想。

苏区的教育不仅以保障工农劳苦大众受教育的权利为目的,而且把这一权利放在比其他阶级和阶层优先考虑的地位:"这里一切文化教育机关,是操在工农劳苦群众的手里,工农及其子女有享受教育的优先权。"③因此,作为义务教育阶段的小学教育,虽然原则上"对于一切儿童,不分性别与成分差别",但在当时,首先予以保证的是"劳动工农的子弟得受免费的义务教育"。④ 在其他类别的学校中,也将工农子弟与富农、地主子弟加以区别对待。对于工农分子实行免费的教育,对于地主商人及一切依靠剥削别人劳动的"苟活"分子,征收特定额的学费。

新中国建立之后继续实行工农兵及其子女优先享受教育的政策,其中在学校教育制度的设计中,专门为工农兵及其子女设置速成学校,如成人初等学校、工农速成中学、业余中学以及各级各类补习学校等,明确和充分地保障人民特别是工农干部受教育的机会,体现了教育为工农服务的方向。

(五)从教育方法或原则看:教育教学的主要方法是将教育活动融于政治活动之中,强调教育与生产劳动相联系,理论与实际相结合

苏区教育始终反对把教育与生产劳动对立起来的倾向,坚持教育与生产劳动相联系。湘鄂赣省苏维埃政府第 1 号训令规定:"教育与工业生活农业生活结合,即劳动与教育结合,劳心与劳力结合,理论与实际结合,达到消灭精神劳动与肉体劳动的对立。"⑤同年,毛泽东在苏维埃文化教育的总方针中提出了"使教育与劳动联系起来"的主张。强调教育与生产劳动相联系的根本要求是体力劳动与脑力劳动的结合,其根本目的是要消灭体、脑对立,是为了使知

---

① 陈元晖等编:《老解放区教育资料》(一),教育科学出版社 1981 年版,第 27 页。

② 陈元晖等编:《老解放区教育资料》(一),教育科学出版社 1981 年版,第 28 页。

③ 陈元晖等编:《老解放区教育资料》(一),教育科学出版社 1981 年版,第 18 页。

④ 陈元晖等编:《老解放区教育资料》(一),教育科学出版社 1981 年版,第 308 页。

⑤ 顾明远总主编:《中国教育大系·马克思主义与中国教育》(下),湖北教育出版社 1994 年版,第 1030 页。

识分子走与工农相结合的道路。如前所述,教育与生产劳动相结合,教育与人民群众的生活实际相结合同样成为新中国教育的基本方针,也是基本原则,也是教育教学中要坚持的基本方法。它适应了新民主主义革命政治和经济的需要,因而大大地推动了教育事业的迅速发展,有力地支援了当时的革命战争和阶级斗争。

毛泽东批判了中国革命过程中曾经出现过并为中国革命造成极大危害的理论脱离实际、理论与实际分离的教条主义、主观主义的学风和方法,提出了理论结合实际、理论和实际统一的马列主义的原则,而且把这个问题提到方法论的高度、学风的高度、党性的高度来加强认识。当时中国革命的实际,是生产比较落后的农村的实际,是面临着不同教育对象,特别是干部教育的实际。因而其时的教育改革,从学制到课程,从教材到教法,都不能不考虑到上述的客观情况。与此同时,理论与实际的结合无论是革命战争年代还是社会主义建设时期,都成为教育教学需要坚持的基本原则和方法,如干部教育要与革命实际相结合、要与干部的实际相结合,群众的教育要与群众的实际相结合,学生的教育要与学生的实际相结合,农村的教育要与农村的实际相结合,城市的教育要与城市的实际相结合,不同的专业教育诸如采矿专业要与矿山的实际相结合,海洋专业要与中国的海洋实际相结合,农学专业要与中国的农业实际相结合等等。通过强调理论与实际的结合,改变中国传统教育只重视书本学习、只局限于校园的弊端,处理好直接经验与间接经验的关系。

(六)从教育管理看:教育管理的突出特征是高度集中与统一,为典型的集权制管理

从总体上看,苏区的教育管理体制强调中央对于教育的集中统一领导,强调下级对于上级的绝对服从。新中国成立后,起初由政务院文化教育委员会直接领导教育事业,并指导教育部(高等教育部)的工作。无论是教育部与高教部并存时期,还是在教育部、高教部合并时期,先后发布的《关于高等学校领导关系的决定》、《关于整顿和发展中等技术教育的指示》、《中学暂行规程》(草案)、《小学暂行规程》(草案)、《幼儿园暂行规程》(草案)、《关于修订高等学校领导关系的决定》、《关于改进中等专业教育的决定》等文件,对各级各类教育的领导体制作了详尽而又明确的规定,其主要精神是对教育实行集中统一领导。就高等教育而言,强调中央人民政府高等教育部必须与中央人民政府各有关业务部门密切配合,有步骤地对全国高等学校实行统一与集中的领导,并对各高等学校的直接管理工作作出明确分工。可以说,这一时期的教育领导权、管理权按教育的高低层次,分别集中在中央、省、县三级政府及其教育行政机关。从某种意义上讲,省级、县级人民政府所起的作用也只是执行作用,至于学校基本没有自主权,主要是作为培养人的执行机关和教育行政部门的附属机构而存在。在整个教育管理工作上,强调整齐划一,异常严格细致,缺乏灵活性和能动性。

(七)从教育发展的动力看:政治需求直接推进教育的发展与变革,政治力量成为推动教育发展的直接动力

在革命战争和阶级斗争年代,政治始终是决定教育发展最重要、最活跃的因子。政治力量、政治因素直接影响、支配、调节、制衡着教育的发展。政治意识形态通过钳制教育思想,确定教育方针,制定教育政策、颁布教育法令、确定教育内容、委派学校校长、订立校规校训等途径对教育活动进行直接地控制。在革命战争年代和社会主义建设时期,政治斗争的需要,影响着教育类型的发展,影响着课程与教育内容的安排,影响着教育对象的选择,影响着教育经费等教育资源的配置,甚至影响着教育教学方法的倡导。在教育为革命服务、为政治服务、为阶级斗争服务的总要求下,教育的形态呈现出明显的政治特征,教育的发展呈现出明显的政治推动痕迹。

二、经济教育学阶段

经济教育学阶段,具体表现为建设有中国特色社会主义新时期的邓小平教育理论和面向新世纪的江泽民教育论述上。在这一阶段,"教育必须为社会主义现代化建设服务"成为主旋律,教育工作服从和服务于经济建设大局,立足于社会经济建设目标的实现来思考、定位教育,谋划教育。主要表现在以下方面。

(一)教育的经济功能受到前所未有的重视

改革开放以来,以邓小平为核心的第二代领导集体提出并阐明了社会主义现代化建设必须重视教育和科学技术,必须把教育放在优先发展战略地位的思想。正是基于教育在社会主义现代化建设中战略地位和作用的认识,邓小平反复强调,"不抓科学、教育,四个现代化就没有希望,就成为一句空话"①。他要求:"各级领导要像抓好经济工作那样抓好教育工作";"我们不是已经实现了全党全国工作重心的转移了吗？这个重点就应当包括教育"。②邓小平的这一系列精辟论述,奠定了优先发展教育、"科教兴国"的理论基础。1985年5月《中共中央关于教育体制改革的决定》指出:"教育必须为社会主义建设服务,社会主义建设必须依靠教育。"③这非常鲜明地厘清了教育与社会主义建设的关系,亦即教育与经济的关系,教育的经济功能被凸现出来。此后就优先发展教育问题作出了一系列重大决策。1992年,十四大提出:"科技进步、经济繁荣和社会发展,从根本上来说取决于提高劳动者的素质,培养大批人才。我们必须把教育摆在优先发展的战略地位,努力提高全民族的思想道德水平和科学文化水平,这是实现我国现代化的根本大计。"④1994年,江泽民在全国教育工作会议上进一步强调指出,落实教育优先发展的战略地位,这是实现我国现代化的根本大计。"在整个社会主义现代化建设的过程中,教育优先发展的战略地位必须始终坚持,不能动摇。"⑤1995年,《中共中央、国务院关于加速科学技术进步的决定》指出:"实施科教兴国战略,是全面落实科学技术是第一生产力思想的战略决策,是保持国民经济持续、健康、快速发展的根本措施,是实现社会主义现代化宏伟目标的必然抉择,也是中华民族振兴的必由之路。"⑥1997年,十五大进一步强调实施科教兴国战略的地位和意义,并作出了实施这一战略的具体部署。教育经济功能的凸现与强化,不仅表现在国家层面的宏观决策上,也表现在对学校办学的要求上,即强调学校要为社会主义经济建设服务,尤其是职业技术教育和高等教育要直接为经济建设服务。

(二)教育的目的重在培养建设者

十一届三中全会后,我国进入了建设中国特色社会主义的新的历史发展时期,其根本任务是集中力量进行社会主义现代化建设。随着这一根本任务的确定,培养人的规格要求也发生了一些变化。在继承毛泽东所提出的教育

---

① 邓小平:《邓小平文选》(第二卷),人民出版社1993年版,第68页。
② 邓小平:《邓小平文选》(第三卷),人民出版社1993年版,第120页。
③ 袁振国主编:《中国当代教育思潮(1949—1989)》,三联书店上海分店1991年版,第398页。
④ 江泽民:《加快改革开放和现代化建设步伐,夺取有中国特色社会主义事业的更大胜利——在中国共产党第十四次代表大会上的报告》,1992年10月12日。
⑤ 江泽民:《在全国教育工作会议上的讲话》,《人民日报》1994年6月14日。
⑥ 《中华人民共和国国务院公报》,1995年第13号。

方针的基础上,培养各类建设人才成为教育的主要任务。1978 年 4 月,邓小平在全国教育工作会议上强调,要"把毛泽东同志提出的培养德、智、体全面发展,有社会主义觉悟的有文化的劳动者的方针贯彻到底,贯彻到整个社会的各个方面"[①],同时要求教育加强与社会的联系,教育部门要按照现代化建设的要求培养各级各类建设人才。此后,在培养什么样的人的问题上,邓小平反复强调要培养有理想、有道德、有文化、有纪律的社会主义人才。1990 年 12 月通过的《关于制定国民经济和社会发展十年规划和"八五"计划的建议》中提出:"教育必须为社会主义现代化服务,必须同生产劳动相结合,培养德、智、体全面发展的建设者和接班人。"[②]中共中央、国务院 1993 年 2 月印发的《中国教育改革和发展纲要》重申了这一方针。在培养建设者和接班人的规定上,虽然蕴含着毛泽东时代对人"又红又专"的要求,但教育实际工作的重心已转移到培养建设者上,作为接班人的政治素质等培养要求没有了毛泽东时代凸现和为主的特征。

(三)教育内容中强调现代科技知识的跟进、职业技术的渗透

邓小平提出科学技术是第一生产力,这是对科学技术推动经济发展、社会发展作用的新认识。为了实现教育为社会主义经济建设服务的价值,在培养社会主义建设者的过程中,必然要传授科学技术知识,培养人的职业技术素养与能力。因此,在以经济建设为中心的时代里,教育的内容也就必然适应着时代的要求,由政治教育为主转向科技知识教育和职业技术教育为主。事实上,科技与教育发展的关系至为密切,它对教育的变革有着巨大的、全方位的影响。在新的历史时期,国家已经关注到课程内容滞后、落后于当代科学文化发展的问题,关注到专业设置过于狭窄、脱离经济社会发展需要的问题。因此,强调在科技进步过程中,要改变传统教育内容单一、知识陈旧的状况,广泛吸纳科技最新成果,在教学计划中持续设置新课程,不断删除旧的材料,更新和补充新的信息,把现代科学技术、文化的成果完整及时地反映在教育教学内容中,实现教育教学内容的现代化。

这一时期,中国共产党对职业技术教育的认识进一步提升,发展职业技术教育的举措进一步加强。《中共中央关于教育体制改革的决定》明确指出:"社会主义现代化建设不但需要高级科学技术专家,而且迫切需要千百万受过良

---

①　邓小平:《邓小平文选(1975—1982)》,人民出版社 1983 年版,第 104 页。

②　中华人民共和国教育部编:《共和国教育 50 年》,北京师范大学出版社 1999 年版,第 164 页。

好职业技术教育的中、初级技术人员、管理人员、技工和其他受过良好职业培训的城乡劳动者。没有这样一支劳动技术大军,先进的科学技术和先进的设备就不能成为现实的生产力。"①为了改变职业技术教育薄弱的局面,中共中央对中等教育结构进行了调整,并改革招生招工制度。在随后不断强调发展职业技术教育的过程中,1996 年 5 月经全国人大讨论通过了《中华人民共和国职业教育法》,成为我国职业教育法制化的开端,为职业教育的发展提供了法律保障,使职业教育步入了规范化发展的快车道。

职业技术教育重要性及其发展的影响,推进了职业技术在普通教育中渗透,一些普通高中和职业高中就如何处理升学与就业的关系,兼顾二者目标进行探索,教育部门则明确提出了构建职业技术教育发展立交桥的设想。

(四)追求教育普及化的实现,为受教育者"有学上"奋斗

让全体人民尤其是工农劳苦大众都能享受到教育的权利,都能接受基本的教育一直是中国共产党人为之奋斗的一个理想。随着改革开放的扩大、深入和经济建设走上正轨,党中央决定实施九年义务教育。《中共中央关于教育体制改革的决定》中明确指出:义务教育"为现代生产发展和现代社会生活所必需,是现代文明的一个标志"②。基于这种认识,中央决定:把实行九年义务教育当作关系民族素质提高和国家兴旺发达的一件大事,突出地提出来,动员全党、全社会和全国各族人民,用最大的努力,积极地、有步骤地予以实施。自 20 世纪 80 年代开始到 20 世纪末的近 20 年时间里,中国人民为普及九年义务教育进行了艰苦的努力和积极的探索,创新管理体制,改进学校管理,加强分类指导,改革教育资源配置方式,终于在 20 世纪末完成了基本普及九年义务教育的目标,实现了让所有适龄儿童"有学上"的梦想。

与此同时,为进一步提高中华民族的文化科技水平,党中央积极推进高等教育的改革和发展,并在 20 世纪 90 年代明确提出了"高等教育要适应加快改革开放和现代化建设的需要,积极探索发展的新路子,使规模有较大发展,结构更加合理,质量和效益明显提高"(《中国教育改革和发展纲要》)的目标,随后在改革高等学校招生和毕业生就业制度的基础上,在 90 年代末又作出了高等学校扩招的决定,开始了中国高等教育大众化进程。

要指出的是,在为受教育者"有学上"而奋斗的过程中,如何处理好"公平

---

①　袁振国主编:《中国当代教育思潮(1949—1989)》,三联书店上海分店 1991 年版,第 401 页。

②　袁振国主编:《中国当代教育思潮(1949—1989)》,三联书店上海分店 1991 年版,第 400 页。

与效率"的关系,如何处理好"普及与提高"的关系,成为这一时期需要直面的问题。在实际决策过程中,存在着效率优先、提高优先的倾向,如这一时期普遍存在着的重点学校政策,以及考试筛选制等,严重影响了"教育公平",从另一方面无形中加剧了教育不平等。

(五)教育教学强调以课堂教学为主,以校内学习为主,以实习实训为主

如前所述,在政治教育学阶段,强调在培养人的过程中要将教育活动融于政治活动之中,强调教育与生产劳动相联系,理论与实际相结合。但在执行过程中,与政治活动相结合变成了以政治活动为主,与生产劳动相结合变成了以生产劳动为主。因而正常的课堂教学、校内系统的知识学习受到严重冲击。十一届三中全会以后,经过指导思想上的拨乱反正,人才培养的主要方式逐渐回到了以课堂教学为主,以校内学习为主;需要理论联系实际的、需要增加实践环节的则以实习实训的方式为主。因此,从教育教学方式方法上考察,在经济教育学阶段,课堂教学、班级授课是教育教学中普遍使用的方式,也是最有效率的方式。实习实训作为教育教学活动中不可或缺的环节在这一时期日益受到重视。一是加强"实习基地"建设,即针对职业岗位需求,建立实验室、实习车间等场所,让学生在其中进行各种实验、实践等活动。二是加强"实训基地"建设,派遣学生到相关企业进行顶岗,直接从事生产实践活动,即通常意义上的"实训",实训的企业称为"实训基地",学生在实训基地从事的各种活动被视为一种"校企合作"。人才培养方式以课堂教学为主、以校内学习为主、以实习实训为主可以视为是教育教学规律的回归。

(六)教育管理开始了分权进程并以经济手段来调控教育

改革开放以来,为了促进教育事业的快速发展,以1985年《中共中央关于教育体制改革的决定》颁布为标志,开始了中国教育管理体制改革的历程。其中集中体现在调整中央与地方政府的关系,政府与学校的关系,学校与市场的关系等方面。在中央与地方政府的关系调整上,逐步扩大地方政府教育管理的权力、职责,其中义务教育逐渐明确了分级办学分级管理的体制。在高等教育方面则逐渐将高等专科学校、高等职业学校的设置权等下放到省级政府,到20世纪末形成了中央和省级政府两级管理、以省级政府为主的高等教育管理体制。在政府与学校的关系上,政府逐渐明确了学校作为办学主体的法人地位,确定在中小学实行校长负责制。1998年颁布的《中华人民共和国高等教育法》则明确规定"高等学校应当面向社会,依法自主办学,实行民主管理",同

时还具体明确了高等学校的七项办学自主权。

上世纪 90 年代开始,随着中国经济体制改革是建立社会主义市场经济体制的目标的明确,市场竞争、市场配置资源等等逐渐成为政府部门常常运用进行教育调控的手段。市场逻辑的引入,推进了中国教育管理体制的改革,改变了政府包揽教育的格局,拓宽了教育经费来源的渠道,优化了教育资源的配置。但与此同时,也出现了市场经济因素对教育的过度渗透,影响了教育公平尤其是义务教育的均衡发展。

(七)经济因素成为推动教育发展的直接力量,政治力量开始退隐

在经济教育学阶段,推进教育发展的直接力量可以明显地感受到与政治教育学阶段的不同。如果说在政治教育学阶段,政治因素直接左右着教育的发展,那么在经济教育学阶段,经济因素则成为影响教育发展的直接力量。经济因素在这一阶段对教育的影响不仅表现在党的教育方针政策的制定与精神实质都强调教育为经济建设服务,更表现为把教育本身作为经济建设的重要内容和推动经济发展的重要手段。从微观层面考察,这一时期的经济因素影响着教育教学的内容设置、影响着教材的编撰与选择、影响着教育者的待遇、影响着办学条件的改善、影响着教育对象的受教育机会等等,甚至影响着教育教学方式方法的选择。对于经济因素对教育的作用,党中央一方面从积极的层面加以引导,其中突出的就是进行办学体制改革,强调要逐步建立以政府办学为主体、社会各界共同办学的体制,鼓励和支持社会团体、个人依法办学;另一方面通过推动立法来规范经济因素对教育的影响,以减少经济因素对教育的负面作用。

三、民生教育学阶段

民生教育学阶段,主要表现为以胡锦涛为代表的新一代领导集体在新世纪里以科学发展观为指导领导教育科学发展的一系列论述和举措上。这一阶段,在继承毛泽东思想、邓小平理论、"三个代表"思想基础上,对教育本质和功能的认识有着明显的升华,并立足"民生"主题来思考、定位、规划教育事业的发展。

(一)彰显培养人的教育本体功能,重视教育改善民生的价值

如果说此前教育的政治功能、教育的经济功能等外在功能因时代原因被强化,教育的本体功能即培养人的功能被忽视的话,那么在民生教育学阶段,党和政府对教育培养人的本体功能给予了格外的重视,2010 年颁布的《国家中长期教育改革和发展规划纲要(2010—2020 年)》提出要把育人为本作为教育工作的根本要求:"要以学生为主体,以教师为主导,充分发挥学生的主动性,把促进学生健康成长作为学校一切工作的出发点和落脚点。"

胡锦涛在 2010 年 7 月 13 日召开的全国教育工作会议上的讲话中指出:"教育是改善民生、促进社会和谐的重要途径,必须坚持以人为本,促进教育公平,保障公民依法享有受教育的权利。"他还指出:"教育是国计,也是民生;教育是今天,更是明天。"①彰显教育培养人的本体功能,不是弱化教育为政治服务的价值,更不是弱化教育为经济建设服务的功能,而是真正抓住了教育为政治服务、为经济服务的根本。只有把人培养好,教育才能服务好政治建设、服务好经济建设。同样,把教育看成民生,重视教育改善民生的价值,不是削弱教育的地位,而是从根本上强化教育的地位。教育是民生,是真正认可教育是人生不可或缺的权利,也是真正认可教育如同老百姓之衣食住行一样是"天大的事",是党和政府必须时时牵挂的事。

(二)教育目的重在培养全面发展的人和具有创新精神的人

在民生教育学阶段,党和政府虽然反复重申"教育的根本目的是培养德智体美全面发展的社会主义建设者和接班人",但其重心与此前强调的培养革命者、接班人或建设者已有所区别,在民生教育学阶段更强调人的全面发展,更强调教育促进人的全面发展,将贯彻党的教育方针核心指向在"解决好培养什么人、怎样培养人的重大问题"上,强调面向全体学生,强调促进学生的全面发展,强调培养学生服务国家服务人民的社会责任感、勇于探索的创新精神和善于解决问题的实践能力。

在全面发展上,党中央提出了更加明确的要求,诸如要求全面加强和改进德育、智育、体育、美育;要求在培养人的过程中"坚持文化知识学习与思想品德修养的统一、理论学习与社会实践的统一、全面发展与个性发展的统一"

① 胡锦涛:《在全国教育工作会议上的讲话》(2010 年 7 月 13 日),《中国教育报》,2010 年 9 月 9 日。

（《国家中长期教育改革和发展规划纲要（2010－2020 年）》），同时要求加强劳动教育，加强心理健康教育，要求重视安全教育、生命教育、可持续发展教育等等。培养创新精神和实践能力成为教育目的中的新要求，不仅要促进学生全面发展，而且要鼓励个性发展。胡锦涛提出：要"把培养人的创造性和培养拔尖创新人才有机统一起来"；要"更加重视打牢创新基础、倡导创新精神、激发创新活力，更加重视发展创新文化、完善创新机制、营造创新氛围，大幅提高教育培养创新人才能力和水平"。① 由此可以看出，民生教育学阶段，为每一名学生提供适合和需要的教育，培养全面发展的人，为学生的健康、和谐与可持续发展奠定基础的教育终极目的得到复归。

（三）教育内容强调科学教育与人文教育的渗透融合

培养全面发展的人，培养学生的创新精神，在内容选择上强调科学教育与人文教育的渗透融合是民生教育学阶段的显著特点，其中以新课程改革体现得最为充分。新世纪初开始的新课程改革，将中小学的人文教育问题推到了前台。在新课改中，特别强调"情感态度与价值观"，关注和重视学生的"情感态度与价值观"，实质是重视人文教育，在具体的课程改革中，则以提倡课程内容的生活化、综合化、人本化等来体现。针对高等教育"过弱的文化陶冶，过窄的专业教育，过重的功利导向，过强的共性制约"等问题，提出了"普遍提高大学生的人文素养和科学素养"的要求；具体到美育的强调，就是要求通过美育来"培养学生良好的审美情趣和人文素养"（《国家中长期教育改革和发展规划纲要（2010－2020 年）》）。"科学教育与人文教育渗透融合"在办学实践中的落实对于转变教育观念、培养全面发展的人、培养具有创新精神的人将发挥重要的作用。

（四）追求教育公平，为受教育者"上好学"奋斗

在经济教育学阶段，我国教育事业发展取得了巨大的成就，但在教育事业大发展的过程中，出现了城乡、区域教育事业发展的不均衡，出现了学校之间的过大差异。胡锦涛在分析我国教育事业发展存在的问题时指出："有学上的问题基本解决，但上好学的问题依然突出，人民群众不断增长的多样化教育需

---

① 胡锦涛：《在全国教育工作会议上的讲话》（2010 年 7 月 13 日），《中国教育报》，2010 年 9 月 9 日。

求还不能得到很好满足。"①基于对教育公平是社会公平的重要基础的认识,在民生教育学阶段,党中央把促进教育公平作为基本的价值追求和国家基本教育政策。一方面,坚持教育的公益性和普惠性,将教育公平作为促进社会公平的重要基础性任务;另一方面,明确了教育公平的关键、基本要求、重点与根本措施。胡锦涛指出:"教育公平的关键是机会公平,基本要求是保障公民依法享有教育的权利,重点是促进义务教育均衡发展和扶持困难群众,根本措施是合理配置教育资源。"(《国家中长期教育改革和发展规划纲要(2010-2020年)》)这一时期,为促进教育公平,中央采取了一系列措施,如改进教育资源配置方式,加大中西部贫困地区、农村地区、薄弱学校的投入;建立国家资助政策体系,向家庭经济困难学生发放补助;重视城市流动人口子女和农村留守儿童的教育问题;改进高等学校的招生考试录取制度,实施高校招生"阳光工程"等等,使教育公平得到了切实的推进。与此同时,适应人民群众"上好学"的需要,发出了办人民满意的教育的号召,提出了"要把提高质量作为教育改革和发展的核心任务,摆在各级各类教育更加突出的位置,树立以提高质量为核心的教育发展观,坚持规模和质量的统一,注重教育内涵发展"②的指导思想,要求努力办好每一所学校,教好每一个学生。教育公平强力推进,标志着中国共产党领导的教育事业迈向了新高度。

(五)重视活动教学,重视校内校外活动的结合,重视过程与方法的统一

教育教学方式回归课堂教学、校内学习为主,对于提高人才培养质量和效益起着关键作用。但由于受片面追求升学率的影响,受高校招生考试激烈竞争的影响,教育教学方式出现了重智育、轻德育,重结果、轻过程,重记诵、轻探究,重教学、轻活动,重知识、轻能力等倾向。对此,在推进基础教育课程改革的过程中,特别强调教师在教学过程中应与学生积极互动、共同发展,要处理好传授知识与培养能力的关系,注重培养学生的独立性和自主性,引导学生质疑、调查、探究,在实践中学习,促进学生在教师指导下主动地、富有个性地学习。教师应尊重学生的人格,关注个体差异,满足不同学生的学习需要,创设能引导学生主动参与的教育环境,激发学生的学习积极性,培养学生掌握和运

① 胡锦涛:《在全国教育工作会议上的讲话》(2010年7月13日),《中国教育报》2010年9月9日。
② 胡锦涛:《在全国教育工作会议上的讲话》(2010年7月13日),《中国教育报》2010年9月9日。

用知识的态度和能力,使每个学生都能得到充分的发展。要改变课程过于注重知识传授的倾向,使获得基础知识与基本技能的过程同时成为学会学习和形成正确价值观的过程。

为了使教育教学方法能够适应培养创新精神和实践能力的需要,《国家中长期教育改革和发展规划纲要(2010—2020年)》明确提出了创新人才培养模式的任务,具体提出了注重学思结合、知行统一、因材施教的人才培养要求。在学思结合上,要运用启发式、探究式、讨论式、参与式教学,帮助学生学会学习,要激发学生的好奇心,培养学生的兴趣爱好,营造独立思考、自由探索、勇于创新的良好环境。在知行统一上,要求坚持教育教学与生产劳动、社会实践相结合;要求开发实践课程和活动课程,增强学生科学实验、生产实习和技能实训的成效;要求充分利用社会教育资源,开展各种课外及校外活动。在因材施教上,要求关注学生不同特点和个性差异,发展每一个学生的优势潜能。这些主张不仅反映了教育教学规律,遵循了人才成长规律,对具体的人才培养过程具有切实的指导意义;而且反映了党中央对教育教学活动的深入研究和教育教学思想的先进性、科学性。

(六)教育管理强调"以人为本",处理好政府、学校、社会的关系

如果说在经济教育学阶段中国共产党推进教育发展的方式更多的具有刚性制度色彩,在宏观的教育行政管理和微观的学校管理层面都有体现;那么在民生教育学阶段,教育管理无论宏观决策还是微观执行,都凸显了"以人为本"的主题。胡锦涛指出:"推进教育事业科学发展,必须坚持以人为本。"[①]要求教育要以实施素质教育,全面提高国民素质为本;要以学生为主体,以教师为主导;要体现育人为本,德育为先。在教育政策制定或教育管理实践中要突出公平、均衡、民主、和谐。"以人为本"的教育管理理念,促进了以刚性管理、量化管理、标准化评估和政府过度集权为主要特征的教育管理模式的转变,其中突出的就是在政府、学校、社会三者之关系方面强调深化改革。

胡锦涛在2010年举行的全国教育工作会议上指出,要深化教育管理体制改革,正确处理政府、学校、社会的关系,落实和扩大学校办学自主权,建设依法办学、自主管理、民主监督、社会参与的现代学校制度。要以转变政府职能和简政放权为重点,提高公共教育服务水平,明确各级政府责任,规范学校办

---

① 胡锦涛:《在全国教育工作会议上的讲话》(2010年7月13日),《中国教育报》,2010年9月9日。

学行为,形成政事分开、权责明确、统筹协调、规范有序的教育管理体制。温家宝也指出:政府要减少和规范对学校的行政审批和直接干预,更多运用法规、政策、标准、公共财政等手段引导和支持教育发展。各级政府都要按教育规律管教育,各级各类学校都要按教育规律办教育。政府、学校、社会在办学、推进教育发展中责任和关系的明确,将使我国教育事业的发展更加充满生机与活力。

(七)顺应人民群众的教育诉求,推动教育事业科学发展

教育是一项涉及千家万户的伟大民生工程,是与广大人民群众根本利益关系最为密切的事业之一。教育的一切工作,都必须把满足广大人民群众日益增长的接受更多良好教育的愿望和需求放在十分重要的位置来考虑。十六大提出,教育要"为人民服务,办好人民满意的教育"。这实际是为新世纪的教育提出了新的目标,体现出对教育的更高要求:其一,培育实现中华民族伟大复兴的一代新人,是教育为人民服务的集中体现。其二,让人民享有接受良好教育的机会,是教育为人民服务的前进方向。其三,办让人民满意的教育,是为人民服务的最高宗旨。

"教育为人民服务"和"办好人民满意的教育"不仅是我们党在推进教育改革和发展的过程中,对新情况不断研究而形成的新认识,而且是对人民群众期盼的正确回应。由于我国社会发展进入全面建设小康社会的新时期,人民群众的物质生活、温饱问题基本得到解决,还由于较长时期实行独生子女政策等等原因,因而精神文化生活、子女的教育问题,尤其是受良好教育的问题便成为人民群众关注的热点和焦点问题。事实上,近年来人民群众对教育的热情越来越浓,对教育的关心越来越强,对教育的要求越来越高,对教育的意见也越来越多。正因为此,胡锦涛指出:"要切实保障人民群众对教育的知情权、参与权、表达权、监督权,建立和完善群众利益表达渠道和对教育建言献策的平台,积极利用社会力量监督和评价教育,参与教育管理。"[1]可以说,不仅在当下,而且在今后,人民群众的教育诉求都会成为推进教育事业改革和发展的强大力量。

---

　　① 胡锦涛:《在全国教育工作会议上的讲话》(2010 年 7 月 13 日),《中国教育报》,2010 年 9 月 9 日。

四、从政治教育学走向民生教育学的历史必然性

以毛泽东、邓小平、江泽民和胡锦涛为代表的中国共产党人,始终坚持用马克思主义的基本观点分析和指导我国的教育事业,根据不同时代主题的变化而进行教育主题的转换,实现了领导教育事业发展的与时俱进。但是,他们关于教育的理念或论述,他们领导教育事业发展的举措不是孑然独立、毫不相干的,而是相互贯通,实现了在继承基础上的创新。由"教育革命",到"教育开放"、"教育优先发展",再到"以人为本"、"教育为人民服务",完成了我国教育发展的历史性调整。

政治教育学阶段对应的毛泽东时代,中华民族的中心任务是实现民族解放,使中国人民从"三座大山"的压迫中解脱出来,站立起来。中国共产党人经过艰苦探索得出的结论就是进行无产阶级革命,走社会主义道路。因而,将教育定位为"阶级斗争的工具",要求教育为无产阶级革命服务也就成为必然。教育是一定社会的政治的反映,又为一定社会的政治服务。在阶级社会里,教育往往是阶级斗争的工具。无产阶级在夺取政权和巩固政权的过程中,必须进行教育革命,才能把教育由资产阶级专政的工具改变为无产阶级专政的工具。在阶级社会里,尤其是在充满激烈阶级斗争的社会里,教育从来都是属于一定阶级,属于一定的政治路线的,所谓"超阶级"、"超政治"的教育是没有的。毛泽东所处的时代,正是无产阶级政党为夺取政权、巩固政权而艰苦奋斗的重要时期,政权意识在他的头脑中占据特别重要的位置。他关心和重视教育,甚至自己亲自抓教育,办学校。新中国成立以后,他从各种角度关注教育,但他更多地考虑教育同政治、同政权的关系,在他一系列关于教育的论述中,"教育为无产阶级政治服务"是核心思想。我们不可能对毛泽东的这一思想做简单的肯定或否定,应该看到,这是当时历史条件、社会条件使然,无论哪一个政治家,无论哪一个刚刚建立政权的执政党,都会这样考虑问题。不过,毛泽东把这一思想不恰当地绝对化了,甚至推向极端,导致了"文化大革命"的悲剧。但无论如何,毛泽东奠定了中国共产党加强对教育事业领导的基本思路和基本思想,从某种意义上讲,毛泽东的教育思想是"穷人教育学"、"无产阶级教育学"。

经济教育学阶段主要对应着邓小平时代,面对着"文化大革命"的创伤,面对着站起来的中国人民依然过着贫穷的生活,邓小平清醒地认识到中国人民

迫切需要尽快富起来,需要解放生产力,发展经济,因而必须以经济建设为中心。事实上,中国共产党坚持不懈努力奋斗的目的就是要实现民族振兴、国家富强和人民幸福。显然,为政治服务的教育、为阶级斗争服务的教育已不适应时代发展的需要,因此教育必须改革,必须开放,必须为社会主义经济建设服务。基于党的中心任务的转移,围绕经济建设这一中心任务来思考教育,谋划教育如何为社会主义现代化建设服务也就成为必然。随着世界发展趋势的变化,尤其是经济全球化进程加速,知识经济时代初现端倪,可持续发展观对传统发展模式和发展价值的排斥和限制,国际竞争加剧所带来的巨大挑战等等情势的出现,第三代领导集体在继承邓小平教育思想的基础上,从我国社会主义初级阶段国情和解决现代社会主义建设发展道路与发展动力需要出发,立足于对跨世纪世界知识经济、高新科学技术革命和综合国力剧烈竞争的深谋远虑,提出了实施科教兴国战略这一具有重大现实意义和深远历史意义的重大决策,赋予了教育新的历史地位和作用。总体看,无论是党的第二代领导集体,还是第三代领导集体,关于教育的重大决策和指示,都主要是从如何使教育更好地为社会主义现代化建设服务,如何使中国人民富裕起来这一主题出发的。从这个意义上讲,邓小平的教育思想又可谓之"富人教育学"。

民生教育学阶段对应着中国迈入全面建设小康社会的新时期,这一时期的时代主旋律是实现中华民族的伟大复兴,是富裕之后的中国人民要强盛起来,要生活得幸福快乐和有尊严。如何使解决了温饱的中国人民强盛起来呢?只有培养全面发展的人,主动发展的人,有创新精神的人,有实践能力的人,有社会责任感的人,才能实现中国社会的全面、协调、可持续发展,中华民族的伟大复兴才会真正有保障。同样,只有实现了人的全面发展,主动发展,个性发展,人才不会因片面发展而缺乏社会适应性,缺乏幸福感。因而"培养什么样的人"和"怎样培养人"的问题便成为以胡锦涛总书记为代表的党的第四代领导集体关心的重大民生问题,提出教育事业"必须坚持以人为本"的理念便成为必然。其实,一切为了人民,一切依靠人民,是马克思主义政党最鲜明的政治立场。以人为本体现了中国共产党立党为公、执政为民的本质要求。因此,关注民生、改善民生,是党的根本宗旨和执政理念的集中体现。教育是民生之本,民心所系,直接关系到人民群众的切身利益。教育是民生之基,国运所系,是面向所有人并为其提供终身服务的事业,是惠及民生的长远大计。教育的本质就是为了人的全面发展,教育功能应转向人的发展,树立人的全面发展观,满足人获得持续发展能力的需要和终身教育的要求。从人民的立场,从人的全面发展、幸福尊严来思考和谋划教育,具有鲜明的时代性和发展性。从这个意义上讲,以胡锦涛为代表的第四代领导集体的教育主张又可谓之"幸福教育学"。

中国共产党在不同时代的领导集体,他们的教育思想,他们领导教育事业的举措既有共性,又有个性。其共性在于他们都继承了马克思主义教育思想的活的灵魂:坚持马克思主义的立场和方法,坚持马克思主义教育思想的实践性,做到实事求是,理论联系实际。其个性则主要体现在:由于所处历史时期和时代背景不同,所面对国内外形势和具体实践任务有变,其教育思想和领导教育事业的举措又无不打上各自时代的烙印。共性表现为继承和坚守,个性表现为发展与创新。共性与个性的结合,则充分见证了马克思主义教育思想在中国,既一脉相承又与时俱进的中国化历程。综上可知,中国共产党探索中国特色社会主义教育的自主发展道路,其教育价值体现了"革命教育"、"兴国教育"、"人的教育"的一脉相承,其教育方针实现了为阶级斗争服务、为现代化建设服务、为人民服务的转换推进,其教育内容经历了"政治挂帅"、"经济实用"、"科学人文"的选择取舍,其教育对象经历了"工农优先"、"考试选拔"、"面向全体"的扩大普及,其教育方法实现了教育与生产劳动、与社会实践、与学校课堂的深入结合,其教育管理经历了从高度集中统一到与社会主义市场经济相适应的管理体制、机制的变革创新,其教育发展动力经历了"政治决定"、"经济刺激"、"百姓需求"的此消彼长。反思过去,把教育作为阶级斗争的工具时,从某种意义上讲教育是培养政治人;把教育看作经济增长的因素,强调为经济建设服务时,从某种意义上讲教育是培养经济人;在倡导以人为本的新时期,高度关注人、关怀人,关心人的情感状态和心理状态,关心人的身心健康,教育是要培养全面和谐发展的人。三个发展阶段,三次思想飞跃,其过程漫长而艰难,但实现了与时俱进。

民国高校学业竞试的实施及启示

郑若玲　吕建强*

摘　要：学业考试作为高校教学与管理的重要一环,不仅起到以考促学的作用,同时对高校教学任务的完成起到必要的监督。近年来,随着高校扩招带来的教学和管理压力,以及社会不良风气等因素的影响,学业考试出现了形式化、舞弊问题突出、毕业论文质量下降等新问题。本文通过梳理南京国民政府教育部实行的高校学业竞试,结合对当今我国普通高校学业考试制度的实证调查,分析民国学业竞试制度对当今高校学业制度改革的启示,并在此基础上提出具体的改革建议,以期对我国高校学业考试制度的完善与高等教育质量的提高有所裨益。

关键词：民国；学业竞试；高校学业考试

20世纪40年代初,我国的高等教育因持久抗战而颇受损害。国民政府教育部为鼓励高校学生在困难时期坚守学业,改进高等教育质量,1940年2月决定在专科以上学校学生之间举行全国高校学业竞试,自1940年始连续举行了六届,直至抗战胜利。学业竞试作为战时状态下一种学业考试制度,激发了广大学子专心投入学业,督促了高校教学管理,有效检验并提升了各高校教学质量,这一制度于今仍富有启发性。新中国成立后,我国高校经过多年的探索,逐步建立了包括学业考试制度在内的各项教学管理制度。但遗憾的是,高校学业考试制度长期以来没有受到应有的重视,使之未能发挥良好的教学促进功能。尤其近年来,随着高校教学管理改革的进一步深化以及社会发展对人才培养质量提出更高的要求,高校学业考试制度面临诸多亟待解决的问题。本文拟系统梳理民国高校学业竞试的概况,以观照当今高校学业考试制度的现状,略陈己见。

---

*　作者简介：郑若玲,厦门大学教育研究院教授；吕建强,天津商业大学高教研究所实习研究员。

一、民国时期高校学业竞试概况

抗战时期,虽然政局动荡不安,国民政府教育部仍把提高高等教育质量放在首位,要求学校严格执行各项考试制度,一方面提高学生水平,另一方面也期望通过考试加强对高校的管理和控制。例如:1940 年,教育部为提高高校学生素质和高校办学水平,制定了《专科以上学校学生学业成绩考试办法》;1943 年 8 月公布了《专科以上学校学生学籍规则》。尤值一提的是南京国民政府于 1940—1945 年连续举行的六届全国性学业竞试。

(一)学业竞试的种类、程序及奖励

1940 年,教育部颁布了《全国专科以上学校学生学业竞试办法》、《全国专科以上学校学生学业竞试奖励办法》和《专科以上学校学业成绩考覆办法》,对学业竞试的种类、程序、奖励等作了详细的规定。

竞试分甲、乙、丙三类:甲类竞试国文、外语、数学三科,各院校一年级学生可自由报考一至三科;乙类竞试各科系主要科目,各院校二、三年级学生可自由报考各该年级指定之科目;丙类竞试毕业论文,各院校四年级学生一律参加。

竞试程序包括初试和复试。在初试中,甲类以学院为单位选拔各科成绩最优者 1 人为初选生,超过 80 名者,每科各增加 1 人;乙类以年级为单位,各科系每年级有学生 5 人以上者,选拔成绩最优之学生 1 人为初选生,不足 5 人者,应并入本科系其他年级合选;丙类以学系为单位,选各系本年度毕业论文最优之学生 1 人为初选生。初试由各院校组织的学业竞试委员会办理,以院长、教务长、系主任为委员,院长为主任委员。各类初选生应由学校造具名册,呈送教育部复选,丙类需附毕业论文。复试则由教育部分区举行,甲类选拔每科成绩最优之学生各 10 名为决选生;乙类选拔各科系每年级成绩最优之学生 1 名为决选生;丙类由教育部组织毕业论文评选委员会,选拔毕业论文最优者 30 名为决选生。

凡参加甲、乙及丙类竞试各校选拔之初选生,除学校发给奖状外,教育部也将考生姓名公布。参加甲类之决选生,每科第一名由教育部奖给书券 300元,第二名至第五名各奖给书券 250 元,第六名至第十名各奖给书券 200 元。由教育部发给奖状,并公布姓名记录于荣誉学生名册。参加乙类之决选生由教育部奖给书券各 300 元,其余奖励同甲类。参加丙类竞试选拔之决选生,第一名由教育部奖给书券 300 元,第二名至第十名各奖给书券 250 元,第十一名至第二十名各奖给书券 200 元,第二十一名至三十名各奖给书券 100 元,由教育部发给奖状,论文酌予出版,并优先介绍工作,由教育部公布其姓名,并记录在荣誉学生名册。学生参加竞试成绩特优之院校,除由教育部传令嘉奖外,还公布院校名。[①]

(二)历届学业竞试一览

第一届学业竞试有 83 所公私立大学、独立学院参加,专科及专修科暂未参加。1940 年 5 月 15 日各校举行初试。甲、乙类的复试由教育部统一命题,7 月 27 日在重庆、成都、香港等 10 区同时举行。该届竞试初选生共计 1269 名,其中甲类 410 名,乙类 619 名,丙类 240 名。复试或复选共录取决选生 135 名,其中甲、乙两类分别为 31 名、62 名,丙类 30 名,丙类成绩次优特予奖励者 12 名。教育部传令嘉奖取得优异成绩的国立中央大学、私立岭南大学、国立武汉大学等 12 所高校,其中厦门大学、武汉大学、中央大学、浙江大学、中山大学、四川大学、西南联大等分列国立高校前八名,受到教育部嘉奖。

第二届学业竞试增加了各类专科学校及临时政治学院。1941 年 5 月举行初试,甲、乙、丙类竞试的初试改由学生该年学期考试成绩来代替。复试分为 19 个区,由教育部令各区办理,统一于 1941 年 8 月 1 日、8 月 2 日举行考试。该届初选生共计 1822 名,其中甲类 847 名,乙类 721 名;共录取决选生 132 名。

第三届学业竞试甲类、丙类照旧办理。乙类竞试科目改为一科,大学各年级学生均可参加。凡已修习各类竞试科目的专科、专修科学生也可参加。甲、乙类初试仍免于举行,由各校甄选该学科成绩最优者 2—5 名参加复试;丙类毕业论文每系科甄选最优论文 2 篇参加复选。复试分为 17 个区,甲类复试科目为三民主义、国文、英文、数学,考生任选一、二科参加复试;乙类复试科目由教育部分学系规定一科,凡未规定者,得参加相近学系复试。参加甲、乙类复试的学生,可由学校酌免本年星期实习之一部或全部。本届竞试初选生共计 1937 名,共录取决选生 176 名。

第四届学业竞试没有举办甲、乙类考试,只单独举行了丙类——毕业论文竞选。各校推选出本校最优论文 2 篇,共 234 篇,于 1943 年 7 月呈送教育部

---

① 杨学为等编:《中国考试史文献集成》(卷七·民国),高等教育出版社 2003 年版,第 26 页。

评审,由教育部聘请专家组织论文评选委员会详阅,最后选出 30 篇最优论文,成绩次优者 11 名。决选生分布在浙江大学、武汉大学、中山大学等 12 所高校。

第五届学业竞试仅举行国文竞试,限定以蒋介石的《中国之命运》为题材。公私立专科以上学校各年级学生一律参加竞试。竞试试题由教育部统一颁发,各校于 1944 年 5 月 20 日同时举行。各校初选生共计 642 名,选拔决选生 30 名。

第六届学业竞试仅举行三民主义、物理、化学、数学四种。文、法、商、师范类各院校学生一律参加《三民主义》课程的竞试,理、工、农、医类各院校学生均应在物理、化学、数学三科中任选一科参加竞试。竞试日期统一定于 1945 年 5 月 31 日举行,先由各校初选,教育部选拔每科 20 名为决选生,予以奖励。第五、第六届学业竞试因交通困难,各项试卷均未如期呈报教育部,其材料在途中浸水被毁,因此,未能公布决选生的结果。①

从学业竞试的获奖学校名单中,我们不难发现日后许多著名高校位列其中,如浙江大学、西南联大、厦门大学等国内知名大学。另一方面,学业竞试业绩所获的好评,对这些大学教学质量及品质的提升也是一种助力。例如,厦门大学以得奖人数比率第一、得奖系数比率第一、得奖生所需经费最省、得奖生总数第五的成绩,获第一届学业竞试总成绩第一,得到国民政府教育部传令嘉奖。② 第二届学业竞试厦大蝉联冠军,为 29 所获奖学校中成绩最优者。在同一时期,厦大的办学成绩已获得国内外普遍认可。1943 年南京国民政府教育部长陈立夫到长汀视察,对厦大倍加称赞。1944 年初,英国纽凯索大学英国文学教授雷立克来华参观著名学府,在重庆听到厦大多次受到教育部嘉奖,于是不顾路途辛劳,特意到长汀参观厦大,对厦大的学风和设备十分赞扬。美国地质地理学家葛德石在遍游印度等国和西南各地后,到厦大参观讲学,对厦大亦称赞不已,称厦大为"加尔各答以东之第一大学"。③

---

① 以上学业竞试的人数参见杨学为等:《中国考试制度史资料选编》,黄山书社 1992 年版,第 776—773 页。

② 杨学为等编:《中国考试史文献集成》(卷七·民国),高等教育出版社 2003 年版,第 165—166 页。

③ 孙敦恒:《萨本栋与抗战时期的厦门大学》,《抗日战争研究》1997 年第 3 期。

　　学业竞试是在抗日战争的艰苦条件下举办的,对激励学生学习[①]、提高高校教学质量不无裨益。前三届竞试科目较完备,考试形式、方法多样,既有笔试,也有毕业论文评比;采用高校自行选拔与教育部组织统一命题考试相结合,较为科学合理。特别是通过进行毕业论文竞选,创造一种新的激励机制,推动了各校的教学改革和专门人才培养质量的提高。但是,后面几届竞试的党化教育和意识形态控制逐步加强,强求学生全部参加,致使竞试渐失本意,作用也大打折扣,加之战乱频繁,最后不得不废止。

二、当今我国普通高校学业考试制度存在的问题

　　新中国普通高校的学业考试发展总体上可分为普通高校学业考试制度的建立时期与发展完善时期两个阶段。20 世纪 60 年代以前,学业考试主要是学习苏联的经验。20 世纪 60 年代以来,开始探索符合自己国情的学业考试及其成绩管理办法。"文革"结束后,普通高校学业考试制度渐趋完善。20 世纪 80 年代初期《中华人民共和国学位条例》的颁行以及 80 年代中期开始的学分制改革试验后,普通高校逐步建立了一套完整的具有中国特色的学业考试制度。[②]

　　普通高校学业考试制度既有教育主管部门的统一规定,也有各高校自己的制度。近年来,顺应扩大高校自主权的趋势,统一的管理也由紧而松、由注重共性强调个性,近十几年来国家教育主管部门没有出台统一的学籍管理规定。与高考制度颇受关注不同的是,高校学业考试制度除了考试作弊的话题有少量研究成果外,其余方面鲜有论及。为了解我国普通高校学业考试制度实施的现状,笔者于 2010 年 10 月对福建省 9 所高校在学学生进行实证调查,希望能为学业考试制度改革提供一些理论依据。

　　调查按系科抽样的方式,选取厦门大学、福州大学、集美大学、厦门理工学院、厦门城市职业学院、福建师大、闽江学院、福建警官职业学院、漳州师院等

---

　　①　在历届学业竞试中成绩优异的学生日后很多成为所在领域的专家学者,如第二届乙类竞试数学科第一名获得者为武汉大学数学系见可,后来成为知名数学家、武汉大学教授,国家首批授予的博士生导师之一;第三届乙类竞试中理学院物理学系第一名获得者为西南联大的杨振宁,后来成为诺贝尔物理学奖获得者;第三届竞试工学院机械工程学系第一名获得者为浙江大学的王启东,后来成为著名的机械工程学专家、浙江大学校长,等等。
　　②　刘海峰等:《中国考试发展史》,华中师范大学出版社 2003 年版。

福建省9所普通高校一至四年级在校生,按文、理两大专业分类,共发放问卷2330份,收回问卷2252份,问卷回收率为96.65%,有效问卷为2055份,有效率为91.25%。[1] 调查问题设计学业考试的功能、实施情况、作弊现象、高校教师对学业考试影响、毕业论文质量、影响学业考试的其他因素、对学业考试总体评价等七个方面。借助SPSS 16.0进行统计分析,按照学校、专业、性别、年级四个影响因子进行统计。对于开放性的问题,作适当的归类处理。通过调查分析,我们发现当今高校学业考试制度存在以下主要问题。

(一)学业考试的功能发挥不充分

统计表明,学业考试激励学习的作用得到了大部分被访学生的认同,一定程度上说明学业考试的重要性。但现行学业考试在反映学生能力和水平上还有很大欠缺,不能很好地考查学生的能力。学业考试在培养学生专业素质方面还有待加强。总之,各个群体对学业考试功能的总体评价都不高,学业考试的功能还没有很好地发挥出来。数据反映出大一学生对待学业考试较为认真,随着年级的升高应付考试的行为越来越多。在对学业考试作用的评价上,年级之间的差异都非常显著,随着年级升高对学业考试作用的评价降低,原因可能是低年级学生对学业考试还"心存幻想",高年级则"逐渐死心",这一现象希望能引起教育者的注意。

(二)学业考试形式单一、内容陈旧、教师重视程度不够

高校学业考试大多采取重结果的总结性评价而不是更科学的形成性评价,基本上是一次考试决定学生一学期甚至一年的学习,这是今后需要改革的一个重要方面。考试内容只注重书本知识,忽视对学生能力的培养,且与往年的重复率太高,存在着知识陈旧、不重实践的缺陷。此外,高校拥有学业考试的绝对自主权,尽管学校与基层学院对学业考试制度较为重视,但负责实施考试的任课教师对学业考试的重视不够,对学业考试的试卷编制不够科学与合理,考前划范围的现象普遍存在,考后评析环节十分薄弱,不利于考试查缺补漏功能的发挥。

(三)考试作弊问题较突出

各类大学学生认同"学业考试作弊现象很普遍"的比例都在半数以上,说

---

① 调查对象的专业、性别、学校及年级等分布情况因篇幅有限略去。

明大学学业考试的作弊现象比较严重。年级因素上,随着年级的升高学生认为作弊的普遍性也在上升,各年级差异显著,大一和大四两个群体认为作弊的普遍性较低,大二、大三两个年级认为作弊的比例较高。及格是摆在很多学生面前的"重要课题",不少学生为了及格而作弊。同时也应看到学业考试制度本身的问题也导致一部分学生作弊。在被问及如何看待考试作弊和论文造假时,大部分学生还是坚持应有原则,反对考试作弊和论文造假,同时也有相当一部分学生不讲原则,一定程度上纵容了学业考试作弊的继续发生。这一问题应引起教育者的反思,对学生道德观念的教育不容忽视。尽管绝大多数学生不希望通过考试作弊来应对考试,但"作弊的普遍性"又说明一部分学生在实际考试中违背初衷采取了作弊行为。

(四)毕业论文质量堪忧

毕业论文是学业考试的重要组成部分,对学生的综合素质是一次很好的锻炼和考核,毕业论文也可以说是大学生在学校里的最后一次考试。遗憾的是,半数以上受访者认为毕业论文"缺少创新性,大部分是复制、粘贴而来"。学生在做论文时进行实际调研的机会太少,过分依靠书本和网络资源,由于书籍等资料的时效性,一些毕业论文引用的数据相当陈旧,大大降低论文的价值和意义。在问及如何看待论文作用时,七成以上的被访者认为毕业论文已经沦为一种形式,没什么实质性的作用,只是获得文凭的手段,甚至有人认为毕业论文可以取消。

从被访学生对学业考试的总体评价看,学生对学业考试的满意度偏低。造成这一结果的原因有多方面:既可能是高等教育进入大众化阶段高校学业管理制度改革未能及时跟进所致,也可能是高校与教师对学业考试的重视程度不够所致;既可能有考试技术缺陷的影响,也可能有社会不良风气的影响。无论何种原因,都表明当今高校学业考试教育功能的弱化已不容忽视。高校既要从思想上高度重视与关注学业考试,又要更新学业考试的理念,并借鉴吸收古今中外的优秀经验,与时俱进地进行高校学业考试制度改革。

三、学业竞试对当今高校学业考试改革的启示

民国时期的高校学业竞试是高等学校系统内举行的学业考试,从1940年5月到1945年5月,国统区高等学校先后举办了六届。虽然最后由于种种原

因未能继续施行,但其激发学生学习和研究热情、提高高等教育质量的初衷基本达到。在抗日战争艰苦卓绝的条件下能取得如此成绩实为不易。在我国高等教育已实现大众化的今天,再施行全国性的学业竞试较为困难,但当今高校仍可借鉴民国学业竞试之科学理念,以为高校学业考试制度改革之依据。

(一)校内考核与校外监督相结合

学业考试属于校内考试范畴,主要由各个学校自己负责,政府教育行政机关主要负监督之责。现今高校基本拥有了考试自主权,可以独立自主决定考试形式和内容。在考试自主权加强的同时,外部监督机制却没有及时跟进,这是高校学业考试流于形式、舞弊频发的一大原因。反观民国时期,政府为了克服单纯校内考试造成的弊病而有意地加强校外监督的力度,如:1940 年初颁布《全国专科以上学校学业竞试办法》中规定全国高校必须参加学业竞试,并设立学业竞试委员会办理相关事务;1940 年 5 月公布《专科以上学校学业成绩考覆办法》规定,学业考试的试卷、学生平时的笔记"在一年内,本部得随时令饬调阅,或于派员视察时,按照课程抽阅之"[1]。这些规定的意义在于敦促高校加强学业考试的考查力度,防止"走过场"的考试,同时加强教育部对高等教育质量的监督。

(二)加强毕业考核的力度,保持一定的淘汰率

2010 年,我国高等教育毛入学率已达 26.5%[2],已经进入高等教育大众化时代,对于大多数高校而言,高等教育基本呈现"宽进宽出"的态势。2011年,总分不到 200 分也可以上大学。在高等教育规模急剧扩张、教育资源有限的背景下,教育质量令人担忧。作为督促学生学习、监督教育质量手段之一的学业考试的重要性则更为凸显。目前,高校普遍实行学分制,不能很好地激发学生学习的积极性,加之其他因素的影响,学业考试几成摆设,作为毕业最后一道关口的毕业论文也流于形式,不断为人诟病。

笔者认为,首先,应加强学业考核力度,设定一定的淘汰率,达不到标准的学生或者重修或者劝退,以此促使学生重视学业考试,发挥学业考试"以考促学"的功能。南京国民政府教育部规定毕业考试不及格者不得毕业的严格规

---

① 杨学为等编:《中国考试史文献集成》(卷七·民国),高等教育出版社 2003 年版,第 180—181 页。

② 董洪亮、肖思圆:《我国高等教育毛入学率达 26.5%》,《人民日报》2011 年 3 月 29 日。

定就是一个很好的借鉴。其次,在加强对学生平时学业的考核力度之外,还应着重提高对毕业论文的考查。目前我国大部分高校的本科课程还是采取以教师讲授为主导的学习方式,学生基本上仍处于被灌输的被动学习地位,加上本科生的学习任务较重,必修课程较多,没有充裕的时间主动、深入地进行研究性学习,导致本科学生综合运用知识、独立解决和分析问题等能力未能得到很好的锻炼,本科毕业论文恰恰在相当程度上能弥补这一缺憾。[①] 因此,毕业论文作为提高本科生综合能力的重要环节,其考核理应受到重视。南京国民政府在学业考覈与竞试办法中,对毕业论文的考核规定"竞选毕业论文,各院校四年级学生,一律参加……优秀论文酌予出版,并优先介绍工作;由教育部公布其姓名,并记录于荣誉学生名册。"[②]通过对毕业论文的筛选考核,保证了毕业论文的质量,同时也把严了高校出口这一关,颇值借鉴。改变当今高校毕业论文"剪刀＋浆糊"式的消极应对、流于形式的现状,提高毕业论文在学生心目中的分量乃当务之急。

(三)深化考试改革,激发学生参与热情

高校学业考试效果之所以不能令人满意,有学生自身的原因,但更多的是考试制度不完善所致。按学分制的规定,只要学业考试及格,学生均可获得相同的学分,"考多考少一个样"的现实为"60 分万岁"提供了思想土壤。即使引入了绩点制,也并未从根本上解决学生厌学、应付考试的状况。这一状况除了学业管理制度不足所致外,也有考试形式较为陈旧的原因,例如基本上采取闭卷、笔试等方式,命题偏重知识立意,考试题型是千篇一律的选择、填空、问答、论述等,这种令学生厌倦的考试形式要提起他们的兴趣,显然力不从心。因此,考试形式应多样化,内容要灵活丰富,根据课程体系、教学内容和学生特点采取多样的考试方式,如在传统的书面考察形式中增加一定分量的口试或实验考核,将会更具活力,而且学生无法作弊,能较真实地检测学生的学业。[③]考试内容的改革则要从强调对知识的识记为主转变为对知识的理解运用和培养创新能力为主。可以借鉴民国学业竞试的做法,在本校或几所性质及水平相近的高校联合举行单一学科或多学科的学业竞试,对成绩优秀的学生予以

① 郑若玲、陈为峰:《取消本科毕业论文的时机尚不成熟》,《软件工程师》2007 年第 7 期。
② 杨学为等编:《中国考试史文献集成》(卷七·民国),高等教育出版社 2003 年版,第 180—181 页。
③ 郑若玲:《防止大学生考试作弊的措施之一——改革命题形式》,《中外教育》1995 年第 3 期。

表彰,激发学生参与的热情,提高其学习研究的兴趣。

此外,受社会不良风气及其他负面因素影响,学生厌学、考试作弊的情况有所增加。高校教育管理者在加强对学生科学文化素养考核的同时,要注重学生道德价值观的养成,充分尊重学生的个性,把规范教育和道德教育、理论教育和道德实践相结合,摒弃生灌硬输的空洞说教,使学生体验到自身的价值感和荣誉感,进而主动维护考试的纪律性和严肃性。

从功能上说,高校学业考试不仅可以测量学生的知识和能力,还可以全面评价和改进教学质量,是保障高等教育质量的重要手段。当然,考试再重要,毕竟也只是众多的评价手段之一,无法全面反映学生学习和高校教学的状况。然而,在我国高校学业考试作用及其受重视程度以及学业考试研究均日渐式微的当下,回顾我国高校学业考试的历史,借鉴域外高校学业考试的先进理念及制度,以此观照我国当前高校学业考试制度的弊端,有着迫切而现实的意义。

以教促政:民国时期山西社会教育研究

申国昌*

摘　要:民国时期,为了提高国民文化素质,山西省提倡大力实施社会教育,以使民众达到识字、看报、写信和记账的程度。由于规划周全,措施得力,因此取得了显著的实施效果。直到 30 年代初山西社会教育机构数一直为全国第一,形成了以多种多样的施教主体、异彩纷呈的教育活动、施政启智并重的教育内容、动之以情的教化方法为特征的山西社会教育体系,从而确保了政令的推行和社会的稳定。

关键词:民国时期;山西;社会教育

社会教育是学校教育以外的一切文化教育设施对青少年、儿童和成人进行的各种教育活动。①民国时期山西实施社会教育主要围绕政令宣传展开的,同时注重改良社会风气以及实施对各种正规教育的有益补充。尤其是在剔除旧习以净化社会风气、宣讲政策以保证全面实施、推行国语与注音字母等方面取得了较好的成绩,以兴办时间早、机构数量多、办学有特色而享誉全国。

一、社会教育主体:多种形式并用的施教机构

民国时期,山西倡导社会教育的主要目的,既承继和吸收了古代社会教育的传统指归,又根据当时山西的政治统治与社会状况提出了新的目的。当时山西确立的社会教育目标是帮助民众领悟政策、"补助学校教育所不及"②、养成好国民、改良社会风气。为了实现这些教化目的,先后成立了许多施教机

---

　　* 　作者简介:申国昌,华中师范大学教育学院教授。本文系第三批中国博士后科学基金特别资助项目(201003488)阶段性研究成果。

　　① 　《中国大百科全书·教育》,中国大百科全书出版社 1985 年版,第 313 页。

　　② 　参见"专件",《山西省教育会杂志》1926 年第 2 期。

构,以保证社会教育在广度上扩展和深度上延伸,从而达到保证政策实施、提高国民素质、改良社会风气等教育旨归。

(一)学校式社会教育机构

为了实现社会教育帮助学校以外失学儿童和成人文盲识字、受简易教育的目的,山西省设立以下几种学校式社会教育机构:公众补习学校主要是为成人补习文化知识而设立的社会教育机构。据《教育部公布 1916—1918 年全国通俗教育各项学校概况》,全国抽样调查的 13 个省中共有 76 所公众补习学校,山西有 5 所,居全国第三位,全省共有公众补习学校学生 300 人。[1] 半日学校是专门为"幼年失学便于半日或夜间补学者设立"[2],招生对象为 12—15 岁从未入学者,对已入学而中途辍学者应插入相应班次,开设的课程是初等小学课程,每周授课 18 小时,修业年限为 3 年。1918 年,全国调查统计的 21 个省共有半日学校 1676 处,其中山西省有 314 处,每校有 2 个班,每班平均学生人数为 20 人,全省约有学生人数为 12560 人,居全国第三位。[3] 简易识字学校的教育对象是年长失学者,旨在为其补习小学教育之不足,以期实现无人不学的目的,教授内容以初小课程为主,学习时间为晚上 7—9 点和星期日,往往附设于各初等小学校内,教员也由初小教员兼任,学生免收学费。1918 年,山西省共有简易识字学校 260 处,共计约有学生 10400 人,居全国第四位。[4] 1919 年山西共有此种社会教育机构 284 个,学生数为 25142 人,教员共有 260 人,岁出经费 24939 元。[5] 1929 年社会教育机构总数猛增至 12291 个,比上年增加 40.5 倍,一跃成为全国第一;学生数为 210386 人,比上年增长了 14 倍,由上年全国第五名上升为第二名;职教员数为 17411 人,比上年增加了 92.6 倍,排在全国第一位。只是因中原大战的影响,导致 1930 年社会教育机构数、学生数、职教员数及其相应排名均有所下降,但各项排名仍居前五名。

---

[1] 朱有瓛主编:《中国近代学制史料》第三辑下册,华东师范大学出版社 1992 年版,第 730 页。

[2] 中国第二历史档案馆编:《中华民国史档案资料汇编》(第三辑·教育),江苏古籍出版社 1991 年版,第 547 页。

[3] 李桂林等编:《中国近代教育史资料汇编·普通教育》,上海教育出版社 1995 年版,第 1012 页。

[4] 中国第二历史档案馆编:《中华民国史档案资料汇编》(第三辑·教育),江苏古籍出版社 1991 年版,第 570 页。

[5] 山西省公署统计处:《山西第一次学校系统以外教育统计》,1919 年,第 3 页。

(二)流动式社会教育机构

流动式社会教育机构是指有稳定的教育组织但不设固定施教场所的社会教育机构,往往定期或不定期地流动于城乡各地,是一种灵活的社会教育方式。民国时期山西的流动式社会教育机构主要有:

其一,通俗教育讲演所。通俗教育讲演所是以讲演为形式,"以启发国民以改良社会为宗旨"①,讲演内容有鼓励爱国、劝勉守法、增进道德、灌输常识、启发美感、提倡实业、注重体育、劝导卫生等。讲演时还采取现代设备如幻灯、影片、图画、留声机、军乐、仪器和标本等,以增强趣味性和吸引力。据 1915 年统计,全国 26 个省共有通俗教育讲演所 1876 所,其中山西省有 113 所,比北方大省直隶多 13 所,是南方教育强省江苏的 2.9 倍。据山西省政府统计处统计,1925 年山西省通俗教育讲演所数量猛增至 615 所,是 1915 年的 5.4 倍;讲演员多达 1544 人,听讲人数达到 186493 人。②

其二,巡行讲演团。这是针对 200 户以下的乡村所设立的一种教育机构,一般由县区公所领导、由 200 户以下相邻的乡镇联合起来筹款设立,主要活动区域在联合出资乡镇所辖的乡村,巡行讲演团保证每星期至少讲演 3 次,每次到一个村庄,讲演员的要求是 25 岁以下,师范或中学毕业且具有较好的国文功底和较强的演说能力。讲演内容与农村生活相关,春夏主要劝导农民植树、耕作、养蚕、种桑,秋冬讲演公民常识、家事村政等。③ 1918 年全国共有巡行讲演团 743 处,其中山西省有 49 处,是陕西和广东的 3 倍多,每周平均讲 3 次,每次平均听的人数为 70 人,那么每年听讲人数约为 535080 人次,总体来看,居全国第四位。

其三,平民问字处。最早由山西倡导设立,一般在城乡人员聚集的集市旁、道路口、村口等地方设平民问字处,免费专门为识字不多或不识字的人解决认字的困难,有时还为平民代笔起草应用文稿等。从 1918 年开始山西全省各县就广泛设立平民问字处,收到了良好的效果,因而教育部通令全国各省推广山西的经验,于是从 20 年代开始全国各地普遍设立平民问字处。1925 年有人撰文评价道:平民问字处"此法山西阎锡山早已行之有年,且教育界已承

① 李桂林等编:《中国近代教育史资料汇编·普通教育》,上海教育出版社 1995 年版,第 952 页。
② 山西省政府统计处:《山西省第十次教育统计》(1925 年),1930 年,第 200 页。
③ 参见"专件",《山西省教育会杂志》1926 年第 2 期。

认其方法之成功"①。这种社会教育形式是一种流动性的教育组织,哪里有集市或人员聚集,平民问字处就出现在哪里,主要为民众解决日常认字困难,帮助他们扫除文字障碍。

(三)场馆式社会教育机构

场馆式社会教育机构主要是指社会教育具有稳定的活动场所,通过定期提供场馆内的服务设施来为民众实施社会教育的机构。

第一,稳定的社会教育机构——图书馆及博物馆。俞庆棠说过,图书馆"并不是专藏几部书便能济事,它要真能做到是知识的流通机关,则须使馆内有生气,注重联络与活动,注重设法增加事业之效果,注重如何使民众可以获得受教育之机会"②。山西省非常重视图书馆的设立,视其为社会教育的重要途径和山西文明进步的标志。一是公立图书馆及博物馆。1918 年 3 月开始筹建,馆址设在太原市文庙,1919 年 10 月更名为"山西教育图书博物馆"③,馆址在太原府文庙;1925 年 3 月改名为"山西公立图书馆",附设博物部;1932 年 3 月并入山西省立第一、第二通俗图书馆。据 1930 年统计,全馆面积 27 亩,有藏书室 30 间,阅书室 11 间,博物陈列室 39 间。藏书总册数为 12 万册,其中西文 2000 余册,日文 9000 余册。④ 阅览书报者,平均每天约 100 人左右;参观博物部者,平均每天约 150 人左右。

第二,民众教育的补助形式——阅报所和书报阅览处。这两种机构均系各县为民众解决读书报难而设立的社会教育机构,最早创设于 1912 年,省立阅报所附设于省立图书馆。阎锡山兼任山西省长后,为了让民众了解其所实施的政策,下令各县必须设立阅报所。据统计,1925 年山西全省各县共有阅报所 105 所,平均每县 1 所,报纸种类共有 643 种,年投入经费 3500 元,阅览人数达 112855 人。⑤ 书报阅览处是针对没条件设立图书馆的农村地区,为了便于民众及时阅读报刊、小说以及实用性的书籍,1928 年山西省政府下令各县先在城镇人口稠密处设立书报阅览处,然后逐渐推广到乡村;还规定"除日报、杂志随时订购外,书籍须有党义、政治、经济、卫生、地理、历史、农工商业及

---

① 许达年:《平民教育论》,《山西省教育会杂志》1925 年第 3 期。

② 茅仲英主编:《俞庆棠教育论著选》,人民教育出版社 1992 年版,第 217 页。

③ 丁致聘编:《中国近七十年来教育记事》,国立编译馆 1935 年版,第 74 页。

④ 山西省图书馆编:《山西省图书馆史料汇编》,山西人民出版社 2003 年版,第 63 页。

⑤ 山西省政府统计处:《山西省第十次教育统计》(1925),1930 年,第 201 页。

各项统计,并其他与民族精神有关之图书小说等类"①。

第三,民众健康教育场所——体育场和国术操练场。20 年代在太原就始建了体育场,只是附设于公立图书馆。1928 年以后,体育场独立设立,场内设有篮球场、网球场、铁棍架、秋千架,并且为了规范管理,还制定了《省立公共体育场规则》。② 1932 年教育部督学在视察后认为,"省城有公共体育场一所,各县亦多有之"③。说明当时全省各县也大都设立了公共体育场。为了弘扬中国武术传统,1932 年由教育厅主持成立了省立国术操练场,配备有教师 3人,指导员 3 人,事务员 2 人,书记员 2 人。操练项目有太极拳、八翻手、罗汉拳、八卦拳等,拥有各种武术器械百余种,而且精良适用,每天来操练者达 200多人。教育部督学评价说:"该省人士注重国粹,在太原设有国术操练场二处,作为奖励民众体育之所,拟俟办有成绩,再推行于各县,该场面积宽敞,器械齐全",成为"全省国术操练之模范"。④

(四)社团式社会教育机构

首先,社会教育的专门研究机构——通俗教育研究会。该会是由省县教育行政机关附设的社会教育机构,主要以研究通俗教育、改良社会普及教育为宗旨,⑤内设小说股、戏曲股、讲演股,负责调查、创作、编辑和完善新旧小说,调查、搜集、撰译和排演适合民众口味的戏曲节目,负责审查和编辑讲演稿件等。1918 年全国共有 311 处通俗教育会,其中山西省有 8 处,会员为 155 人,居全国第十一位。⑥ 1925 年全省通俗教育会增至 29 所,会员人数为 4349 人,经费数为 2806 元。⑦ 其次,富有特色的社会教育团体——学生讲演团。成立于 1919 年的学生讲演团,是为了向民众宣讲"六政三事"、"整理村范"和《人民须知》而成立的社会教育团体。学生讲演团是主要由各县的大、中学生和高小生组成,利用寒暑假将村庄分区、学生分组,然后分赴各地,将所分配的讲演任务完成。

---

① 山西省教育厅编印室:《山西教育公报》,1928 年第 259 期,第 5 页。

② 山西省教育厅编印室:《山西教育公报》,1928 年第 274 期,第 11 页。

③ 山西省教育厅编印室:《教育部督学视察山西省教育报告》,1933 年,第 13 页。

④ 山西省教育厅编印室:《教育部督学视察山西省教育报告》,1933 年,第 129 页。

⑤ 李桂林等编:《中国近代教育史资料汇编·普通教育》,上海教育出版社 1995 年版,第 952 页。

⑥ 中国第二历史档案馆编:《中华民国史档案资料汇编》(第三辑·教育),江苏古籍出版社 1991年版,第 566—567 页。

⑦ 山西省政府统计处:《山西省第十次教育统计》(1925),1930 年,第 200 页。

二、社会教育方法：凭热情感化民众

美国社会学家丹尼斯·朗（Dennis H. Wrong）将"权力"分为三种形式：武力、操纵与说服。"武力"是将权力等同于不顾反抗强迫服从的能力；"操纵"是掌权者对权力对象隐瞒其真实意图，诱导权力对象按其意图行事的能力；如果掌权者向权力对象提出呼吁或劝告，权力对象根据自己的价值观独立地估量其内容之后，接受掌权者的意见并作为其行为依据，这就是"说服"。武力带有明显的强制性，操纵具有一定的诱骗性，说服体现出公平性和互惠性。[①] 民国时期山西的社会教育与政策宣传，基本上是"操纵"与"说服"兼而用之，后者居多。设立"洗心社"就是利用操纵方式将统治意志灌输于民，运用儒家思想禁锢民众头脑，以此来维护统治，这是典型的"操纵"。然而，在大街张贴标语、宣讲员耐心讲解、上门劝导戒鸦片等一系列活动，体现更多的是权力中的"说服"。因为"说服"有两个显著特点——公平性和广延性，其关键是取决于权力对象对说服者意见的自由接受。当说服的意见与权力对象的利益相吻合时，权力对象就会自觉去采纳说服者的意见，其中权力对象有着充分的自主决定权。总结山西社会教育方法，主要有以下特点。

（一）充分利用文告形式进行社会教育

山西广泛使用文告形式进行社会教育，闻名全国，《申报》记者在全面调查的基础上撰写了"模范省文告"的专题报道：[②]

> 山西省之规程文告，几乎与义务教育有并驾齐驱之势，盖已普及山右全省矣！不独太原省城街巷之电灯杆、各市场石柱、图书馆墙壁，到处皆阎锡山氏格言。现在省外各县城、各乡村，凡公共场合，道旁壁上为人所易触目者，阎氏之格言告谕皆累累然层出不穷。

记者从山西专门从事印刷业的兴旺程度和印刷费的高涨，就可看出文告在山西社会教育中所占的突出地位。山西用来进行社会教育的文告之多，可以通过山西之印刷业兴盛得以印证。据《申报》记者说："仅太原商务印书馆一

---

① Wrong, D. H. *Power: Its Forms, Bases, and Uses.* Rutgers University, New Brunswik, 1994. pp. 26—41.

② 欧沧：《太原市电灯杆上格言》，《申报》1922 年 2 月 22 日，第 3 版。

家,每年结账阎督印刷费约三十万,京师《北京日报》每年亦代印四、五万。其他印刷局尚不在此数。"①标语内容大都是格言与文告,如,"要想教自己的儿子好,教他上学校";"男人吃鸦片、女人缠足,真是亡国败家的根源",等等。②

(二)广泛调动各界人士参与教育活动

山西实施社会教育始终注重社会各界人士参与教育活动,让他们分别从各自不同职业角度去开展教育,去影响和教育全社会民众,以期达到开启民智、领悟政策、改良社会的目的。第一,宣讲员是社会教育的主力军。在社会教育过程中,各种教育机构的宣讲员大都受过正规的学校教育,而且是专门挑选出来的具有表演和演说能力的中青年骨干,这些人政策水平高、领悟能力强,是实施社会教育的主力军。第二,学生是社会教育中人数最多、最热心的推动者。从 1918 年就开始调动学生利用寒暑假到农村向民众宣讲整理村范、劝导女人放足、教育男人禁烟,1919 年又让学生宣讲《人民须知》。第三,教员是一支成熟的社会教育力量。"学校为社会教育的中心点",教员是"社会之表率"③,在社会教育中的责任尤其重大。30 年代在实行"造产救国"的运动中,山西仍注重发动教员在社会宣传中的作用。第四,商人绅士在社会教育起辅助和带动作用。1927 年,阎锡山讲过:"振作民众的精神,尤须藉商人宣传指导之力,商人之言语往往为百姓所乐意听。"④各地商铺、店面内均设有便民识字牌,向民众解释一些政策和法令,有效地起到了社会教育的作用。

(三)开展形式多样的社会教育活动

民国时期山西省在实施社会教育的过程中,为了实质性地取得成效,采取了多种多样的形式,开展了丰富多彩的活动,譬如:识字运动、村民讲演、散发印刷品、流动图书馆、标语公告、免费散发书籍、游艺活动、歌谣戏曲等,通过多层面的教育活动,力争全方位提高民众的文化素质和认识水平。开展识字运动,主要是为了"启发民智,并增进民众之常识,务使不识字者识字,识字者多识字"⑤。有阳高、洪洞、崞县、临汾等 16 个县成立了识字运动宣传委员会。⑥

---

① 欧沧:《模范省文告择要》,《申报》1922 年 3 月 24 日,第 3 版。
② 欧沧:《模范省文告择要》,《申报》1922 年 3 月 24 日,第 3 版。
③ 朱复:《教育对于社会的责任》,《山西省教育会杂志》1922 年第 3 期。
④ 《民国阎伯川先生锡山年谱长编初稿》(二),台北商务印书馆 1988 年版,第 798 页。
⑤ 刘伯英:《改进山西社会教育之计划》,《山西教育研究》1932 年第 1 期。
⑥ 《第一次中国教育年鉴》(丙编),开明书店 1934 年版,第 576 页。

从 1918 年开始,山西城乡各种街道、牌楼、路口、铺面、车站、集市等人员流量较大和人数聚集较多的地方,均张贴了标语公告,就连电线杆和树干上均贴满了各种标语,这些标语内容涉及政策、法令、生产、家庭、职业、道德等各个方面,如:"当兵、纳税、受教育,为国民之三大义务";"人能有所发明,才算真本领"等。[①] 同时,还大量印发社会教育宣传品,如《人民须知》、《家庭须知》、《诉讼程序》、《杨柳种植法》、《注音字母教本》等,这些印刷品广泛散发于民间,以提高民众对政策的领悟能力。据《申报》记者调查,1918-1922 年"四五年来,山西单行之出版品不下千余种,即阎氏手制之《人民须知》一种,共印 270 万本,其他章程、条例无不斐然可观,宣传之收效宏矣也"[②]。

(四)阎锡山的直接参与推动了山西社会教育

为了让全省民众充分了解"用民政治"的具体内涵,增强其对政策的领悟能力,阎锡山亲自参与到社会教育之中,力图通过识字运动扫除民众中的文盲,达到能看懂标语文告的程度;通过各种宣讲使所有民众都知晓当时的政策,以期赢得广大民众的支持;采取各种教化活动提高国民道德水准,实现改造社会与净化风气的目的。具体表现为:第一,亲自组织编写社会教育读物。1919 年他组织编写了《人民须知》、《家庭须知》、《村长须知》等普及读物,这些读物均采用便于老百姓接受的语言,以便为民众提供现成、通俗的学习内容,有利于普通民众提高认字能力和政策理解能力。第二,亲自组织编制标语内容。阎锡山所编制的标语内容,涉及各个层面和各个领域,可以说无所不包,无所不有,既有宏观方面的政治方略,又有中观的工农业生产技能,还有微观的个人品德和家庭事宜。譬如:[③]

> 要想教自己的儿子好,教他上学校;举手打人、开口骂人,真是野蛮人;最可恨的二件事:男人吃鸦片、女人缠足,真是亡国败家的根源;溺女的一件事残忍的很,亦罪大的很;纳妾是家败人亡的祸根,有子息的万万不可做。

第三,经常视察各县农村,了解和督促社会教育。《申报》多次报道阎锡山深入民间调查社会情况,并亲自对民众进行教化。如:"1922 年 7 月 26 日,阎锡山今又出省赴榆次县查视整理村范矣。其巡视太原、清源各县,还省未匝旬

---

① 《民国阎伯川先生锡山年谱长编初稿》(二),台北商务印书馆 1988 年版,第 493 页。
② 欧沧:《模范省文告择要》,《申报》1922 年 3 月 24 日(第 3 版)。
③ 欧沧:《模范省文告择要》,《申报》1922 年 3 月 24 日,第 3 版。

日,今又风尘仆仆亲巡田野,与农夫野老相周旋。地方大吏此种举动,求之今日已不易得。"①

(五)特别注重凭热情去感化民众

山西进行社会教育倡导凭借真情感化民众,即奉行"感化主义"。感化是一种软办法,通过教育者的真情来感动施教对象,使之自动产生自觉克服缺点的心理,"以理性自制其欲性"②。在实施社会教育过程中,各类施教者力求做到耐心讲解,诚心感化,采用类似传教的方法去教化民众,当时《申报》对此作了专门报道:③

> 阎氏以类似传布宗教之方法行之。一不从,再教之;再不从,三教之。勤勤恳恳,委婉动人,务使其明白这个道理而后已,务使其实在做出晓得的这个道理事业而后已。其进行方法,又文字与口舌并用。

阎锡山本人"擅长演讲,而又时时喜欢与乡民谈话",以此来带动各级官员和宣讲员深入民间去耐心教育乡民。当时教化民众之难被社会所公认,因此,山西要求各级宣教人员要有万分的耐心和热情,通过苦口婆心的教育去感化民众。这一社会教育法,既收到了良好的实施效果,又得到了当时社会的认可。

三、社会教育效果:社会风气明显好转

通过全方位实施社会教育,民国时期山西民众的文化素养和政策领悟能力均得到了较明显的提高,社会风气得到了一定程度的改善。总括山西社会教育的成效表现在以下几方面。

(一)社会教育机构数与经费数不断增加,社会教育事业呈现出繁荣景象

有据可查的史实有:1919 年山西省创办平民学校,"文盲减少约为人口总数的 1/10,成绩为全国第一。其办法多系强迫各小学校兼办,以小学教职员

---

① 欧沧:《模范省教民概述》,《申报》1922 年 8 月 2 日,第 3 版。
② 《民国阎伯川先生锡山年谱长编初稿》(二),台北商务印书馆 1988 年版,第 637 页。
③ 欧沧:《模范省教民政策》,《申报》1922 年 3 月 11 日,第 3 版。

兼任民校教师,故校数多而需费少,且民众认为有利于己,故费用虽多由乡镇长就地筹措,而地方不扰民,民无怨情。此办法之最足供参考者也"①。山西省社会教育机构数与经费数,总体来看逐年递增,社会教育机构数增幅较大时间段是1925年至1929年,5年增加了12814个,增加了278个百分点;经费数在此期间也有大幅度增长,5年内增长了368个百分点。这种增幅在全国亦是少见的,这主要是由于到1925年,山西的义务教育入学率已达到了70%多,政府对义务教育的投入无须增加,有精力来顾及社会教育的投入,因此,这段时间的社会教育经费投入较前有较大增长。山西社会教育机构数在30年代以前一直居全国第一,以1933年为例,社会教育经费数为146505元,占教育经费总数1498320元的9.8%;民众教育馆数为4个,民众教育馆经费数为1832元;民众书报处有468个,民众书报处经费数为11186元;通俗讲演所有542个,通俗讲演所经费为4259元,通俗讲演所职员数为770人;公共体育场有50个,公共体育场经费为3058元。②总之,抗战前,在省立民众教育馆的带动下,全省社会教育事业稳步发展,机构数量不断增加,社会教育经费逐步增长。

(二)通过多种形式的社会教育活动,民众自觉意识得到了提高

20世纪二三十年代山西社会教育形式多种多样,活动丰富多彩。可以说是动用了一切能够动用的人员,开展了条件许可的各种活动,利用了可以利用的各种渠道,力求进行全方位的社会教育,使民众的知识水平、思想观念、道德品质均得到一定程度的提高。这些活动有力地促进了山西民众文化素质与自觉意识的提高,他们进一步认识到弃恶从善、投身生产劳动的重要意义。广大民众自觉遵守法律法规、积极维护社会秩序的意识大大增强,能够自觉摒弃不良行为习惯,将主要精力用到生产活动当中。因而农业生产取得较大进步,据《申报》记载:"就今年上半年的记载讲,水利以开渠、凿井与蓄水池为要途,分新开之渠为156道,凿井3300余眼,蓄水池8个,此三项可灌田70余亩。……蚕桑,全省新种桑树计达5000万余株,先后自浙湖购桑秧300余石,以山西从来不务蚕桑,故除省城设立女子蚕所,又设立女子蚕桑讲习所,又在太原设立蚕业工厂,现在虽不有一载,山西人便可川[穿]自织的绸缎矣。种树则据

---

① 《第一次中国教育年鉴》(丙编),开明书店1934年版,第617页。
② 中国第二历史档案馆编:《中华民国史档案资料汇编》(第三辑·教育),江苏古籍出版社1991年版,第732-743页。

每人一株计,已有 1200 余万株,而公私互为保护,而又划定区域为省林区之基。"①这些均是实施社会教育,调动了广大民众的生产积极性所带来的好处。

(三)社会风气大大好转,犯罪与离婚率明显下降

据统计,1921 年山西全省共有罪犯 43056 人,由于 1922 年开始了大规模的以整理村范为内容的社会教育运动,动用社会上各类文化人员,如政府官员、学校师生、店铺商人等深入民间苦口婆心地教育广大民众,摒弃各种不良嗜好,向着积极进取的方向发展,收到了较好的效果。到 1923 年犯罪人口下降到 24488 人,两年内减少了 18568 人(见下表),比 1921 年下降了 43%。由于阎锡山从 1919 年就亲自编写了《家庭须知》,从家庭道德、家庭礼节、家庭规则、家庭教育、家庭卫生、家庭生活等方面教育民众要弃恶从善,劝导广大民众要尽心尽力构建好家庭,"改良家庭中不好的事",希望"人人有个好家庭"。②因而,就现有资料来看,1921 年至 1923 年间山西省的离婚率明显逐年下降,1922 年比 1921 年离婚人数减少了 760 人,下降了 35.7%;1923 年比 1922年,又减少了 408 人(见下表),下降了 29.8%,说明 20 年代山西社会教育的效果较为显著。

1921—1923 年山西省罪犯与离婚人数变化表 　　　(单位:人)

年　份	1921 年	1922 年	1923 年
罪犯人数	43056	41329	24488
离婚人数	2127	1367	959

资料来源:山西省政府统计处编:《山西省第六次社会统计》,1928 年编印。

综上所述,民国时期山西社会教育表面执行"改良风俗、开通知识"③的任务,实则以维护统治、稳定秩序为终极目标。将社会教育作为推动山西政治文明、开启社会进步之门的钥匙,正是基于这样的认识,极力倡导兴办社会教育,尤其注重识字教育和政策宣传,旨在让更多的人能识字、会看书,这样全省人民就能通过看书、看通告来知晓其各项政策,有利于更多的民众充分理解其治晋方略。为了说服下层人民弃恶从善,服从管治,专门成立了许多社会教化机构,印发了大量的《人民须知》、《家庭须知》,散发于民间,劝导民众戒除陋习、

---

① 欧沧:《模范省教民政策》,《申报》1922 年 3 月 11 日,第 3 版。
② 阎锡山撰:《家庭须知》,山西六政考核处,1919 年版,第 1 页。
③ 《民国阎伯川先生锡山年谱长编初稿》(一),台北商务印书馆 1988 年版,第 264 页。

积极进取、诚实守信、勤劳致富,切实收到了改良社会、开通风气的良好效果,客观上促进了民国时期山西社会的文明与进步。因此,陶行知评价说:"山西省政教清明,凡百事业皆能有秩序之发展。"①

---

① 华中师范大学教育科学研究所编:《陶行知全集》(第 1 卷),湖南教育出版社 1984 年版,第 566 页。

边纳尔改革教育学之探究

梁福镇*

摘　要:本研究采用教育诠释学的方法,探讨边纳尔改革教育学的思想渊源、主要内涵、优劣得失和重要启示。边纳尔的改革教育学注重改革教育学与常规教育学的关系、改革教育学历史撰写的形式、现代教育学在德国的发展等问题的探究,具有扩大改革教育学的探讨范围、转变改革教育学的撰写方式、澄清改革教育学的核心关系、充实改革教育学的实质内涵和指出教育改革运动的优劣得失等优点。尽管边纳尔的改革教育学存在着一些问题,但是其改革教育学的观点仍然可以作为我们建构教育改革理论和进行教育改革活动的参考,在学术研究和教育实务上值得我们加以重视。

关键词:边纳尔;改革教育学;常规教育学

一、前　言

教育改革主要在使个人足以具备探究能力,开启自然中的理性秩序,解除传统、宗教与迷信的桎梏,而得到真正的自由与解放。扫除文盲运动、自然主义的教育运动和泛爱主义教育运动的教育改革,宗旨虽然未尽一致,但是都在透过教育的活动,点燃人类的理性之光,使人类能够勇于运用理性,以控制自然与社会,而提斯土于天堂。① 因此,世界各国无不重视教育改革。但是,教育改革如果没有理论的指引,实施的结果势必成效不彰。因此,教育改革理论的建立相当重要。在这种情况下,"改革教育学"的研究应运而生。传统的定义主张"改革教育学"(Reformpädagogik)是一门研究 19 世纪以来,一些重要教育改革运动的学科。这些重要的教育运动包括艺术教育运动、乡村教育之家

---

　*　作者简介:梁福镇,台湾中兴大学师资培育中心暨教师专业发展研究所教授。

　①　杨深坑:《序》,载《教育改革——从传统到后现代》,台北师大书苑 1996 年版。

运动、工作学校运动、青少年运动、学校改革运动、社会教育运动和进步教育运动等。① 经过 70 多年的发展,改革教育学的定义已经开始改变。到了今天,改革教育学是指一门从教育反思的观点出发,探讨欧洲启蒙运动时期迄今,各国重要的教育改革运动和教育改革思想,提出教育改革理论,以改善教育改革实际的学科。②

　　边纳尔③(Dietrich Benner,1941—)曾经在其改革教育学时期的著作中,从实践学的观点出发,应用哲学分析的方法,探讨德国教育改革运动、国家教育政策和教育科学理论的发展,厘清一些错误的教育改革理念,探讨国家教育政策,阐述教育科学的演变,紧密地结合教育理论与教育实际,分析许多教育改革运动成败的原因。④ 因此,笔者采用教育诠释学方法,进行其改革教育学的探究。⑤ 首先分析边纳尔改革教育学的思想渊源,接着探讨边纳尔改革教育学的主要内涵,然后评价边纳尔改革教育学的优劣得失,最后阐述边纳尔改革教育学的重要启示,为建立教育理论和改善教育实际提供参考。

---

　　① Böhm,W. *Wörterbuch der Pädagogik*,Stuttgart:Alfred Kröner Verlag,2000,pp.443—444.

　　② Benner,D. & Kemper,H. *Theorie und Geschichte der Reformpädagogik*. Teil 1: Die pädagogische Bewegung von der Aufklärung bis zum Neuhumanismus,Weinheim:Deutscher Studien Verlag,2001,p.9.

　　③ 边纳尔是德国当代非常重要的教育学家,1941 年出生于莱兰的诺伊维德镇,1965 年获得奥国维也纳大学哲学博士学位,1970 年任教于波昂大学、1973 年转到敏斯特等大学,曾经担任《德国教育科学会》(Deutsche Gesellschaft für Erziehungswissen-schaft) 会长 (1990—1994),德国柏林洪保特大学第四哲学院院长,2004 年获颁为中国华东师范大学荣誉教授,现任波兰华沙大学教育科学讲座教授,边纳尔不仅位列《德国名人录》(Wers Wer in Deutschland),担任著名刊物《教育学杂志》(Zeitschrift für Pädagogik) 的主编多年,而且创立了实践学取向的教育学,在德国教育学术界占有举足轻重的地位。

　　④ Benner,D. & Kemper,H. *Theorie und Geschichte der Reformpädagogik*. Teil 1: *Die pädagogische Bewegung von der Aufklärung bis zum Neuhumanismus*. Weinheim:Deutscher Studien Verlag,2001;Benner,D. & Kemper,H. *Theorie und Geschichte der Reformpädagogik*. *Teil 2*: *Die pädagogische Bewegung von der Jahrhundertwende bis zum Ende der Weimarer Republik*. Weinheim:Deutscher Studien Verlag,2002;Benner,D. & Kemper,H. *Theorie und Geschichte der Reformpädagogik*. *Teil 3.1*: *Staatliche Schulreform und Schulversuche in SBZ und DDR*. Weinheim:Deutscher Studien Verlag,2004;Benner,D. & Kemper,H. *Theorie und Geschichte der Reformpädagogik*. *Teil 3.2*: *Staatliche Schulreform und Schulversuche in den westlichen Besatzungszonen und der BRD*. Weinheim:Deutscher Studien Verlag,2007.

　　⑤ 梁福镇:《普通教育学——人物与思想》,台北师大书苑 2009 年版;Danner,H. *Methoden geisteswissenschaftlicher Pädagogik*,München:UTB Verlag,1994,pp.96—105.

二、边纳尔改革教育学的思想渊源

根据相关教育文献的分析，边纳尔的改革教育学的思想渊源①如下。

(一)鲁索的教育学思想

边纳尔在《改革教育学理论与历史》(*Theorie und Geschichte der Reformpädagogik*)一书中，指出泛爱主义(Philanthropismus)学校、康拉第主义(Conradinum)学校、乡村教育之家(Landerziehungsheim)、自由学校区(Freie Schulgemeinde)、欧登森林学校(Odenwaldschule)等教育运动，都受到鲁索(Jean−Jacques Rousseau)教育学思想的影响②，边纳尔主张"积极教育"和"消极教育"都有其存在的必要性。在"积极教育"和"消极教育"关系的看法上，边纳尔深受鲁索教育理论的影响。

(二)康德的批判哲学

边纳尔的《改革教育学的理论与历史》一书也从批判的观点出发，探讨国家政策、教育运动与教育科学的关系，将教育学区分为"常规教育学"和"改革教育学"。③ 事实上，边纳尔在维也纳大学的指导教授海特尔(Erich Heintel，

---

① 梁福镇：《改革教育学：起源、内涵与问题的探究》，台北五南图书公司 2004 年版，第 462－465 页。

② Benner，D. & Kemper，H. *Theorie und Geschichte der Reformpädagogik. Teil 1：Die pädagogische Bewegung von der Aufklärung bis zum Neuhumanismus*。Weinheim：Deutscher Studien Verlag，2001；Benner，D. & Kemper，H. *Theorie und Geschichte der Reformpädagogik. Teil 2：Die pädagogische Bewegung von der Jahrhundertwende bis zum Ende der Weimarer Republik*. Weinheim：Deutscher Studien Verlag，2002.

③ Benner，D. & Kemper，H. *Theorie und Geschichte der Reformpädagogik. Teil 1：Die pädagogische Bewegung von der Aufklärung bis zum Neuhumanismus*. Weinheim：Deutscher Studien Verlag，2001；Benner，D. & Kemper，H. *Theorie und Geschichte der Reformpädagogik. Teil 2：Die pädagogische Bewegung von der Jahrhundertwende bis zum Ende der Weimarer Republik*. Weinheim：Deutscher Studien Verlag，2002；Benner，D. & Kemper，H. *Theorie und Geschichte der Reformpädagogik. Teil 3.1：Staatliche Schulreform und Schulversuche in SBZ und DDR*，Weinheim：Deutscher Studien Verlag，2004；Benner，D. & Kemper，H. *Theorie und Geschichte der Reformpädagogik. Teil 3.2：Staatliche Schulreform und Schulversuche in den westlichen Besatzungszonen und der BRD*. Weinheim：Deutscher Studien Verlag，2007.

1912—2000)是一位新康德主义的哲学家。早在 1967 年出版《教育学基础绪论》(Prolegomena zur Grundlegung der Pädagogik)时,边纳尔就采用康德"实践优位"(Primat der Praxis)的观念,强调教育学是一门来自于实践,应用于实践的科学。[①] 因此,他的教育学深受康德批判哲学的影响。

(三)赫尔巴特的普通教育学

边纳尔在《改革教育学的理论与历史》一书中,不仅接受了赫尔巴特(Johann Friedrich Herbart)"教育性教学"的概念,同时对于教育理论与教育实践关系的探讨也深受赫尔巴特普通教育学的影响。[②] 赫尔巴特主张"教育性教学"(erziehender Unterricht),认为教师在进行教学活动时,只有将教育和教学结合在一起,才是真正完善的教学。[③] 教育是指品德的养成,而教学是指知识的传递,两者兼顾才是教育性教学。边纳尔深受赫尔巴特的影响,主张真正的教学必须是教育性教学。

(四)洪保特的语言哲学

边纳尔在其《普通教育学》一书中,非常强调经济(Ökonomie)、伦理(Ethik)、教育(Erziehung)、政治(Politik)、艺术(Kunst)和宗教(Religion)等六大人类存在的基本现象,主张人类存在的特性包括"自由性"(Freiheit)、"历史性"(Geschichtlichkeit)、"语言性"(Sprachlichkeit)和"身体性"(Leiblichkeit)四项,其中"语言性"的观念就是来自于洪保特(Wilhelm von Humboldt)的语言哲学。边纳尔也把教育的过程视为是人类与世界的交互作用,这种观念充分的反映在他的普通教育学之中。[④] 其次,边纳尔也在《改革教育学的理论与历史》一书中,探讨洪保特哲学与教育理论对于普鲁士王国教育改革的影

---

① Benner,D. & Schmied-Kowarzik,W. *Prolegomena zur Grundlegung der Pädagogik I：Herbarts praktische Philosophie und Pädagogik*. Ratingen：Henn Verlag,1967.

② Benner,D. & Kemper, H. *Theorie und Geschichte der Reformpädagogik. Teil 1：Die pädagogische Bewegung von der Aufklärung bis zum Neuhumanismus*. Weinheim：Deutscher Studien Verlag,2001.

③ Herbart, J. F. *Sämtliche Werke*. 12 Bände, Herausgegeben von Gustav Hartenstein, München：Mikrofiches Verlag,1991.

④ Benner,D. *Allgemiene Pädagogik*. München Juventa Verlag,1987.

响,指出洪保特对于普鲁士王国的教育改革具有重要贡献。① 因此,边纳尔深受洪保特语言哲学的影响。

(五)黑格尔的辩证哲学

边纳尔 1965 年随著名哲学家海特尔修读博士课程,以《理论与实践:黑格尔与马克思系统理论的考察》(Theorie und Praxis. Systemtheoretische Betrachtungen zu Hegel und Marx)一文②,获得维也纳大学哲学博士学位。由此可知,边纳尔对黑格尔哲学有相当深入的研究。边纳尔在《改革教育学的理论与历史》一书中,应用黑格尔(Georg Wilhelm Friedrich Hegel)的辩证法来说明教育运动、国家政策与教育科学的关系。③ 因此,边纳尔深受黑格尔辩证哲学的影响。

(六)史莱尔玛赫的教育理论

边纳尔指出过去教育领域中的"世代关系"是一种"权威关系",到了史莱尔玛赫(Friedrich Ernst Daniel Schleiermacher)的《教育理论》(Theorie der Erziehung)一书,将这种关系改变为"平等关系"这种观念彻底改变了人类在政治、经济、宗教、伦理、艺术和教育等行动领域的关系,因为教育实际偏向传统的权威关系,教育反思站在平等关系的立场,而教育论辩则是前述两种观点并陈,这使得教育论辩、教育反思和教育实际产生差异。边纳尔在《改革教育学的理论与历史》一书中,对于史莱尔玛赫的"教育理论"与"世代关系"有详尽

---

① Benner, D. & Kemper, H. *Theorie und Geschichte der Reformpädagogik. Teil 1: Die pädagogische Bewegung von der Aufklärung bis zum Neuhumanismus*. Weinheim: Deutscher Studien Verlag, 2001.

② Benner, D. *Theorie und Praxis. Systemtheoretische Betrachtungen zu Hegel und Marx*. Wien: R. Oldenbourg Verlag, 1966.

③ Benner, D. & Kemper, H. *Theorie und Geschichte der Reformpädagogik. Teil 1: Die pädagogische Bewegung von der Aufklärung bis zum Neuhumanismus*. Weinheim: Deutscher Studien Verlag, 2001; Benner, D. & Kemper, H. *Theorie und Geschichte der Reformpädagogik. Teil 2: Die pädagogische Bewegung von der Jahrhundertwende bis zum Ende der Weimarer Republik*. Weinheim: Deutscher Studien Verlag, 2002; Benner, D. & Kemper, H. *Theorie und Geschichte der Reformpädagogik. Teil 3.1: Staatliche Schulreform und Schulversuche in SBZ und DDR*. Weinheim: Deutscher Studien Verlag, 2004; Benner, D. & Kemper, H. *Theorie und Geschichte der Reformpädagogik. Teil 3.2: Staatliche Schulreform und Schulversuche in den westlichen Besatzungszonen und der BRD*. Weinheim: Deutscher Studien Verlag, 2007.

的论述,指出其"世代关系"的观点不同于传统,具有教育改革的重要意义。①
因此,边纳尔深受史莱尔玛赫教育理论的影响。

(七)芬克的存在现象学

芬克(Eugen Fink,1905－1975)指出人类终将面临死亡,人类如何面对自
身的死亡和同类的终结,将文化继续传承下去,就显现出人类有接受教育的必
要性,而教育如何让人类坦然面对自身的死亡和同类的终结,并且保存、传递
和创造文化,就促成各种教育思想和教育行动的兴起。② 因此,人类生活(生
命)的有限性是各种教育思想和教育行动的基础。边纳尔的"普通教育学"和
"改革教育学"非常强调人类与世界的交互作用,而且注重"共同存在"(Co－
Existenz)的观念③,这些观念都来自于芬克的著作。由此可知,边纳尔深受芬
克存在现象学的影响。

(八)德波拉夫的实践学

德波拉夫(Josef Derbolav)1969 年在《综合教育学教育理论的基础》(*Die
Bildungstheoretischen Grundlagen der Gesamtpädagogik*)一文中,谈到教育
学在实践学范围中的地位。④ 他的实践学来自奥地利经济自由主义学派的米
塞斯(Ludwig von Mises),可以追溯到古希腊哲学家亚里士多德(Aristotle)
的哲学,主张从人类整体的实践出发,来建立综合教育学的教育理论。边纳尔
受到德波拉夫的影响,从实践学的观点出发,强调人类整体实践中教育学的独
特性,无法化约或从属于其他人类的实践,建立其普通教育学,并且将这种观

---

① Benner,D. *Allgemeine Pädagogik*. MünchenJuventa Verlag,1987; Benner,D. & Kemper,H.
Theorie und Geschichte der Reformpädagogik. Teil 1: *Die pädagogische Bewegung von der
Aufklärung bis zum Neuhumanismus*. Weinheim: Deutscher Studien Verlag,2001.

② Fink,E. *Existenz und Coexistenz* : *Grundprobleme der menschlichen Gemeinschaft*. *Heraus-
gegeben von Franz-A*. Schwarz,Würzburg: Königshausen＋Neumann,1987.

③ Benner,D. *Allgemeine Pädagogik*. MünchenJuventa Verlag,1987. Benner,D. & Kemper,H.
Theorie und Geschichte der Reformpädagogik. Teil 1: *Die pädagogische Bewegung von der
Aufklärung bis zum Neuhumanismus*. Weinheim: Deutscher Studien Verlag,2001.

④ Derbolav,J. Das Selbstverständnis der Erziehungswissenschaft. In Oppolzer,S. (Hg.)*Denk-
formen und Forschungsmethoden der Erziehungswissenschaft*. Band. 1,München: Ehrenwirth Verlag,
1969,pp. 119－158.

点应用到改革教育学中,以诠释教育科学的演变,提出其独到的实践学教育理论。① 因此,边纳尔也受到德波拉夫实践学观点的影响。

(九)库恩的科学哲学

库恩(Thomas S. Kuhn)曾经在《科学革命的结构》(*The Structure of Scientific Revolutions*)一书中,指出科学典范转移的过程。首先经过"常规科学"(normal science)时期,然后进入"探究阶段"(explorative phase),一门科学产生危机,先前的典范无法解决其问题,此时产生科学的革命。其次进入"典范时期"(paradigmatische phase),在一般的问题得到说明之后,这个典范再度成为一门"常规科学"。然后进入"后典范时期"(postparadigmatische phase),许多重要的问题都能经由新典范加以解决,直到新的异例出现,此时科学会陷入危机,再度进入"探究阶段",进行科学的革命。② 边纳尔深受库恩科学哲学的影响,将典范时期的教育学称为"常规教育学",而将陷入危机的教育学称为"改革教育学",应用库恩的科学哲学的典范理论来诠释教育学的演变和发展。③

三、边纳尔改革教育学的主要内涵

边纳尔和康培尔④(Herwart Kemper)改革教育学的主要内涵如下:

(一)"改革教育学"与"常规教育学"的关系

边纳尔在《改革教育学理论与历史》一书的第一册中,首先探讨了 17 世纪和 18 世纪教育学新的问题,包括师生关系、人类与公民的联结、新教育的机构

① Benner,D. *Allgemeine Pädagogik*. MünchenJuventa Verlag,1987. Benner,D. & Kemper,H. *Theorie und Geschichte der Reformpädagogik. Teil 1: Die pädagogische Bewegung von der Aufklärung bis zum Neuhumanismus*. Weinheim: Deutscher Studien Verlag,2001.

② Kuhn,T. S. *The Structure of Scientific Revolutions*. Chicago: University of Chicago Press, 1996.

③ Benner,D. & Kemper,H. *Theorie und Geschichte der Reformpädagogik. Teil 1: Die pädagogische Bewegung von der Aufklärung bis zum Neuhumanismus*. Weinheim: Deutscher Studien Verlag, 2001.

④ 康培尔(Herwart Kemper)是边纳尔 1981 年在敏斯特大学指导通过"任教资格审查"(Habilitation)的学生,目前担任叶尔福特大学学校教育学研究所的所长。

化、学校的教育理论等问题。其次分析启蒙运动、新人文主义的实验学校和普鲁士王国的教育改革，包括巴斯道（J. B. Basedow）和萨尔兹曼（C. G. Salzmann）的泛爱主义学校、费希特（Johann Gottlieb Fichte）、亚赫曼（R. B. Jachmann）和帕绍（R. B. Passow）的康拉第主义学校，以及洪保特在普鲁士王国的学校改革。最后阐述现代教育科学的行动理论，包括鲁索、泛爱主义者、费希特和史莱尔玛赫等人教育理论的问题；鲁索、泛爱主义者、费希特、史莱尔玛赫、洪保特和赫尔巴特等人有关人类与公民的陶冶理论问题；赫尔巴特、黑格尔和史莱尔玛赫有关学校批判与学校改革的机构理论问题。边纳尔也谈到"改革教育学"与"常规教育学"的关系，他主张"改革教育学"和"常规教育学"的区别只在于，"常规教育学"的理论与实践是"改革教育学"改革的对象，"改革教育学"致力于改革理念的实现，以便使自己成为"常规教育学"。[①]

（二）教育运动与现代改革教育学

边纳尔在《改革教育学理论与历史》一书的第二册中，首先探讨教育运动与现代的"改革教育学"，其次谈到教育运动改变的问题地位，主张"改革教育学"是一种"儿童本位教育学"（Pädagogik vom Kinde aus），强调儿童在团体中自然的发展。接着分析德国的教育改革运动，包括李兹（Hermann Lietz）的"乡村教育之家"、魏尼肯（Gustav Wyneken）的"自由学校区"、格黑柏（Paul Geheeb）的"欧登森林学校"、罗提希（William Lottig）的"汉堡生活团体学校"（Hamburger Lebensgemeinschaftsschulen）、奥图（Berthold Otto）的"家庭教师学校"（Hauslehrerschule）、皮特森（Peter Petersen）的"耶纳计划学校"（Jena-Plan-Schule）、严森（Adolf Jensen）的"律特利学校"（Rütlischule）、卡尔森（Fritz Karsen）的"卡尔·马克思学校"（Karl-Marx-Schule）。然后阐述教育行动理论再度的发现，以及教育科学作为研究学科新的建构等问题。[②]

（三）改革教育的倡议、国家学校改革与现代教育科学的兴起

边纳尔在《改革教育学理论与历史》一书的第三册中，首先探讨 1945 年之

[①] Benner, D. & Kemper, H. *Theorie und Geschichte der Reformpädagogik. Teil 1: Die pädagogische Bewegung von der Aufklärung bis zum Neuhumanismus.* Weinheim: Deutscher Studien Verlag, 2001, p. 26.

[②] Benner, D. & Kemper, H. *Theorie und Geschichte der Reformpädagogik. Teil 2: Die pädagogische Bewegung von der Jahrhundertwende bis zum Ende der Weimarer Republik.* Weinheim: Deutscher Studien Verlag, 2002.

后德国改革问题的地位,包括介于教育系统(Bildungssystem)与政治系统(Politiksystem)之间决定的问题,教育与经济、学校与宗教、教育与科学的关系,学校普通教育(Allgemeinbildung)和职业教育(Berufliche Bildung)的过渡,以及后代进入社会行动领域的问题。其次分析"苏联占领区"(Sowjetische Besatzungszone,SBZ)和"德意志民主共和国"(Deutsche Demokratische Republik,DDR)的国家学校改革与改革教育学,包括 1945－1949 年"苏联占领区"的学校改革和改革教育学;1949－1959 年统一与分化紧张领域中的学校,说明十年制多元技术学校(Polytechnische Schule)的引进;1960－1970 年社会主义系统中,在科学技术发展要求下,教育系统的现代化;1971－1989 年服务于共产主义教育(Kommunistische Erziehung)的学校;1989－1990 年的危机意识与改革的努力。最后阐述"苏联占领区"和"东德"的公共教育、陶冶、学校和学校改革的问题。[①]

(四)西方占领区和西德的国家学校改革和学校实验

边纳尔在《改革教育学理论与历史》一书的第四册中,首先探讨西方占领区和西德国家学校改革、改革教育学和教育科学的发展。在导论中重复了前面著作三个阶段教育运动的区分,在国家学校改革、改革教育的倡议和教育科学理论建构与研究的关系中,讨论"教育理论"、"陶冶理论"和"学校理论"(Theorie der Schulen)协调一致的问题。经由其提出的连接问题使德国的第三个教育运动与前两个教育运动有所不同,它与第三册中战后两德发展的平行处理联结,而作为论述统一后之德意志联邦共和国教育运动的基础。其次,边纳尔研究了西方占领区和西德改革教育学、国家学校改革和教育科学理论发展与研究。在国家学校改革的重大事件之下,他探讨了教育改革和教育制度的发展问题,并且与改革教育的实践相互参照。这些探究不仅分析了国家的倡议,而且分析了选出的一些教育改革的概念、取向和经验,探讨其对国家改革措施的影响。在此指出,国家教育政策对教育制度的发展产生本质上的影响,而且显示出自我逻辑的作用,它设定了国家影响措施的界限,这在改革教育倡议对教育制度发展的执行上也一样有效,这种影响不是单独来自于其与国家计划的可联结性上,而是依赖于其对于现代教育制度结构如何诠释,以

---

① 　Benner,D. & Kemper,H. *Theorie und Geschichte der Reformpädagogik. Teil 3.1: Staatliche Schulreform und Schulversuche in SBZ und DDR.* Weinheim: Deutscher Studien Verlag,2004.

及其发展问题意义的改变。①

四、边纳尔改革教育学的综合评价

（一）边纳尔改革教育学的优点

根据个人对边纳尔改革教育学相关文献的分析,其改革教育学具有下列几项优点:

1.扩大改革教育学的探讨范围

边纳尔的改革教育学探讨从启蒙运动到现代,德国改革与实验学校、国家学校改革和现代教育科学发展中理论与实践的重要关系,以重建介于实际的改革教育学、国家教育改革和教育科学理论发展与研究之间的发展与学习历程。这种做法不仅扩大了改革教育学的范围,也改变了改革教育学的意义,对当代改革教育学的发展具有重要的贡献。

2.转变改革教育学的撰写方式

边纳尔的改革教育学一方面从历史传记学的观点出发,致力于改革教育倡议者的论点,教育运动的发展,教育改革的理论与实际和国家教育政策的描述。一方面在改革教育阶段与教育常规状态交替中,进行教育科学历史的建构。将教育理论与教育实际的讨论作为对象,进行反省的和系统的历史描述。可以帮助我们了解改革教育学探讨的问题和论述的重点,对于改革教育学撰写方式的改善具有重要的贡献。

3.澄清改革教育学的核心关系

边纳尔《改革教育学的理论与历史》一书,不仅详尽的探讨启蒙运动时期到两德统一后的各种教育运动,而且适切的融入教育科学各种理念的观点,说明其对教育运动产生的影响,更难得的是能够紧密地与国家政策的转变结合,反思国家政策对教育运动和教育科学发展的影响,探讨教育运动、国家政策与教育科学之间的关系。

---

　① Benner,D. & Kemper,H. *Theorie und Geschichte der Reformpädagogik. Teil3. 2: Staatliche Schulreform und Schulversuche in den Westlichen Besatzungszonen und der BRD.* Weinheim: Deutscher Studien Verlag,2007,p. 11.

4.充实改革教育学的实质内涵

边纳尔《改革教育学的理论与历史》一书,从启蒙运动开始到现在,详细的介绍和分析不同时期的教育运动,至今还没有一本著作的论述能够超越,在边纳尔的改革教育学著作中,可以找到各种德国教育运动的分析和评述,而且搜集了大量的改革教育学文献,充实了改革教育学的内涵,可以说对改革教育学的研究贡献相当大。

5.指出教育改革运动的成败得失

边纳尔在《改革教育学的理论与历史》一书中,分析许多教育改革运动的成败得失,不仅探讨各项教育运动产生的时代背景和政经因素,详述教育改革运动的经过,指出该项教育改革运动的理念,厘清教育改革运动与国家政策,而且说明受到何种教育科学理论的影响,这种改革教育学的观点可以提供各项教育改革运动成败的经验,作为他国从事教育改革活动的参考。

(二)边纳尔改革教育学存在的问题

1.误解教育学典范之间的关系

边纳尔应用库恩的科学哲学典范理论来说明教育科学的演变,将教育学区分为"常规教育学"和"改革教育学"。但是在教育学领域中不可能有典范取代的现象,因为不同的教育典范都有其存在的价值,无法完全由另一个教育典范所取代。意即,华德福学校(Waldorf Schule)无法完全取代传统公私立学校;斯泰纳(Rudolf Steiner)的教育理论不可能完全取代赫尔巴特的教育理论。因此,边纳尔误解教育学典范之间的关系。

2.偏重德国改革教育学的论述

边纳尔的改革教育学不同于乐尔斯或欧克斯的改革教育学,乐尔斯(Hermann Röhrs)和欧克斯(Jürgen Oelkers)的改革教育学对于世界其他国家的教育运动都有详尽的论述,可以说比较能够兼顾德国改革教育学和外国改革教育学的内容,而边纳尔的改革教育学属于德国改革教育学,比较忽略外国改革教育学的介绍,使得边纳尔的改革教育学偏重在德国教育运动的探讨,忽略其他国家重要教育运动的研究。

五、边纳尔改革教育学的重要启示

综合前面所述,边纳尔的改革教育学对我国教育学术有下列几项重要的启示。

(一)教育改革理论的建构必须兼顾教育运动、国家政策和教育科学的探讨

边纳尔的改革教育学打破过去教育改革理论建构的窠臼,紧密结合教育运动、国家政策和教育科学三者,这种做法可以为建构教育改革理论提供参考,兼顾教育理论与教育实际的面向,对我国教育改革理论的建立相当具有意义。具体而言,我国学者在建构教育改革理论时,应该将教育运动、国家政策和教育科学三者紧密结合起来,才能真正地兼顾教育理论与教育实际,建立更完善的教育改革理论,有效地指引教育改革活动的推展,达成教育改革的理想。

(二)教育改革活动的推展必须以国家政策的方向和教育科学的理论为基础

边纳尔的改革教育学指出许多成功的教育改革运动都有其教育科学的理论基础,例如耶纳计划学校改革运动以皮德森(Peter Petersen)的教育科学理论为基础;华德福学校改革运动以斯泰纳的人智学教育学为基础;欧登森林学校改革运动以格黑柏(Paul Geheeb)的教育理论为基础,这种观点可以作为我们进行教育改革活动的参考。

(三)教育改革历史因素的研究应该受到重视,以作为推动教育改革的参考

教育改革深受整个国家政治、社会、经济、文化等因素的影响。但是,教育改革运动的探讨不应该局限于这些因素,而应该重视教育改革历史因素的分析,是以各种教育改革历史因素的研究依然有其价值,如此才能帮助我们厘清问题,了解其来龙去脉,有助于教育改革活动的进行,达成教育改革的理想。具体而言,我国各级研究机构应该加强教育科学的理论研究,特别是教育改革历史因素的探讨,因为这类研究能够让我们了解过去教育问题的症结,以及各种方案计划的利弊得失,可以作为未来推动教育改革的参考,所以相当值得我们重视。

六、结　语

总而言之,边纳尔的改革教育学深受鲁索教育学思想、康德批判哲学、赫尔巴特普通教育学、洪保特语言哲学、黑格尔辩证哲学、史莱尔玛赫教育理论、

芬克存在现象学、德波拉夫实践学和库恩科学哲学的影响,边纳尔的改革教育学注重"改革教育学"与"常规教育学"的关系、改革教育学历史书写的形式、现代教育学在德国的发展、教育运动与现代改革教育学、国家学校改革与现代教育科学的兴起、西方占领区和西德的国家学校改革和学校实验等问题的探究,具有扩大改革教育学的探讨范围、转变改革教育学的撰写方式、澄清改革教育学的核心关系、充实改革教育学的实质内涵和指出教育改革运动的成败得失等优点,但是也存在着借用库恩科学哲学典范理论和忽略其他国家教育运动之探讨等问题。在教育学术上的重要启示有:教育改革理论的建构必须兼顾教育运动、国家政策和教育科学的探讨、教育改革活动的进行必须以国家政策的方向和教育科学的理论为基础、当前许多教育改革运动并非突然出现,而是深受过去教育科学理论的影响。因此,教育改革历史因素的研究应该受到重视。尽管边纳尔的改革教育学存在着一些问题,但是其改革教育学的观点仍然可以作为建构教育改革理论和进行教育改革活动的参考,在学术研究和教育实务上相当值得我们加以重视。

从教会事业走向国家事业

——英格兰民众教育发展的历史路径探析

朱镜人 *

摘　要:英格兰民众教育是随着英格兰教堂的产生而萌芽的。大致可以分为三个阶段,即作为教会事业的阶段,作为慈善事业的阶段和走向国家事业的阶段。历经近 1200 年的实践,英格兰人认识到"教育和培养"是国家的一件大事,英格兰民众教育最终走向国家事业,具体表现在颁布工厂法以及建立教育管理的专门机构等五个方面。英格兰民众教育的发展对现代英国国民教育制度的建立作出了重要的历史贡献,也孕育了 19 世纪英格兰民众教育思想。

关键词:英格兰;民众教育;历史路径

英格兰民众教育(Popular Education)是随着英格兰教堂的产生而萌芽的。[①]从其萌芽到《1870 年初等教育法》(*The Elementary Education Act of 1870*)的颁布,英格兰的民众教育经历了漫长的 1200 年左右的历程,大致可以分为三个阶段,即作为教会事业的阶段和作为慈善事业的阶段和走向国家事业的阶段。需要说明的是,三个阶段的分期并没有清晰的标志,它们是在历史前行的过程中逐渐显现出来的。

一、作为教会事业的民众教育

英格兰民众教育最初是教会的事业。教会开展民众教育宗教目的十分明

---

　　*　作者简介:朱镜人,合肥师范学院教育系教授。本论文曾刊于《安徽史学》2012 年第 2 期。本文为国家社会科学基金"十一五"规划 2009 年度教育学一般课题"英国现代教育思想流派的历史演进"(课题批准号 BAA090013)阶段性成果。

　　①　在英格兰,"民众教育"的概念没有严格的界定,一般是指社会底层普通百姓(ordinary people)接受的教育。19 世纪 70 年代之前,主要指小学程度的学历教育和小学程度也达不上的非学历教育。

显,就是传播基督教教义,扩大基督教影响。尽管英格兰的教会从来没有宣布民众教育是其事业,但实际上,英格兰的教会始终是将教育作为自己事业看待的。

首先,英格兰民众教育的产生与基督教第二次传入英格兰有关。基督教第一次传入英格兰是在罗马不列颠时期,但后来随着罗马军团的撤出,基督教也逐渐销声匿迹。① 基督教第二次传入英格兰是公元 597 年。这一年,奥古斯丁(Augustine)受罗马教皇委派到达英格兰坎特伯雷,再次将基督教传到英格兰。之后,基督教教堂在英格兰兴起。教堂虽然主要从事宗教活动,但对教育也十分重视,认为教育是传播基督教教义的有效工具和教化民众的有效途径。因此,有基督教教堂的地方就有相应的学校产生。鉴于此,英国教育史学家才认为:“学校是,至少在一定意义上是,教堂的附属产物。”②在教堂建立的初期,至少出现了两类学校,即文法学校(grammar school)和歌咏学校(song school)。前者从教堂誊写室演变而来,属于正规教育方面,面向上层社会子弟;后者属于非正规教育,面向民众,具有民众教育的性质。

其次,民众教育逐渐演变成牧师和教会的责任。早期的宗教的民众教育不包含文字教育,后来随着英语的发展,才逐渐增加了识字内容。承担识字教学的是小教堂牧师(chantry priest)。教学最初对牧师而言也只是一种义务,牧师可教也可不教。但随着时间的推移,担任民众教育教学慢慢地演变成神职人员和教会的责任。尤其在城镇教堂,教授儿童唱宗教歌曲成为教区牧师的常规工作了。③ 一些教区开始明确规定,教授儿童英语阅读是教区牧师的职责之一。如,1529 年,坎特伯雷宗教会议下令:“所有神职人员,包括教区长(rector)、教区牧师(vicar)和礼拜堂牧师在神职工作时间之外都应从事男孩教学工作,教授字母、阅读、唱歌和文法。”④

再次,传教士创办的星期日学校和导生制学校承担了重要的民众教育职责。人们知道,星期日学校和导生制是英国教育史上重要的教育革新。这里需要强调的是,这两个革新都与教会有关,是教会重视民众教育的体现。其中,18 世纪 80 年代出现的 “星期日学校运动(Sunday-school movement)”是

---

① ［英］比德:《英吉利教会史》,周清民译,商务印书馆 1997 年版,第 3 页。

② Curtis, S. J. *History of Education in Great Britain*. University Tutorial Press Ltd,1967,p. 3.

③ Lawson, J. & Silver ,H. *A Social History of Education in England*. Rutledge, Taylor & Francis Group,2007,p. 62.

④ Lawson, J. & Silver, H. *A Social History of Education in England*. Routledge, Taylor & Francis Group,2007,pp. 63－64.

由福音派信徒、《格洛斯特杂志》(*Gloucester Journal*)主编雷克斯(Robert
Raikes)率先发起。星期日学校教育对象是贫民子弟,目的很明确,就是"教孩
子阅读圣经",学习简单的教义问答和早晚祈祷,培养宗教信仰以及训练勤奋
和虔诚的习惯 。[①] 星期日学校多数是在教堂和小教堂基础上建立起来的,[②]
后来也有一些工厂主在工厂开设星期日学校。星期日学校在英格兰发展很
快,到1785年,整个英国已有1012所星期日学校。[③]1831年,英格兰有100万
人进星期日学校学习。到1851年,在星期日学校学习的人数超过200万。[④]
星期日学校的民众教育作用可见一斑。此外,1798年开始流行的导生制学校
是贵格派(Quaker)教徒兰喀斯特(Joseph Lancaster,1778—1838)发起的。这
一年他为穷人子弟开办了一所导生制学校(monitorial school),由于花费少,
受教育面大,因而受到社会广泛关注。[⑤] 这种方法后来经皇家兰喀斯特委员
会(The Royal Lancasterian Society)和大不列颠与国外学校委员会(the
British and Foreign School Society)的推广,在英国民众教育进程中发挥了积
极的作用,后来一些星期日学校也采取了导生制方法授课。需要指出的是,导
生制学校是兼有宗教性质和慈善性质的学校。说其宗教性,是因为教义问答
是其重要内容;说其慈善性,是因为其办学经费主要来源于捐赠,学生多为贫
苦家庭子弟。

二、作为慈善事业的民众教育

16世纪宗教改革前后到17世纪,英格兰社会曾有过一段慈善捐赠活动
的高潮时期。捐赠的主要目的在于发展教育和社会福利事业。因此,私人的
教育慈善和社会福利事业便成为这一时代的一个重要特征。[⑥]把教育作为慈
善事业的活动自这一时期始一直延续到19世纪上半叶,推动了英国民众教育

---

① Lawson, J. & Silver, H. *A Social History of Education in England*. Routledge, Taylor &
Francis Group, 2007, p. 233.

② 王承绪:《世界教育大系·英国教育》,吉林教育出版社2000年版,第119页。

③ 滕大春:《外国教育通史》(第3卷),山东教育出版社2005年版,第19页。

④ [英]奥尔德里奇:《简明英国教育史》,诸惠芳译,人民教育出版社1987年版,第74页。

⑤ 1791年,英国国教会牧师贝尔(Andrew Bell,1753—1832)在英属印度率先进行导生制教学实
验。兰喀斯特的做法与其不谋而合。

⑥ Lawson, J. & Silver, H. *A Social History of Education in England*. Routledge, Taylor &
Francis Group, 2007, p. 97.

的发展。作为慈善事业的民众教育大致可以分为两种,即世俗的慈善教育和宗教团体的慈善教育,后者还带有明显的宗教目的。

(一)世俗的慈善民众教育

世俗的慈善民众教育是世俗界开展的慈善教育,萌芽和发展于上述的慈善捐赠兴起时期,表现有两点,一是招收民众子弟的捐赠学校开始出现,二是承担着社会教育任务的公共图书馆开始出现。

1.捐赠学校的发展。初期通过捐款建立的学校有两种,一种是贫民学校(petty school),面向民众子弟;另一种是文法学校,对象为家境富裕的中等阶级子弟。在慈善事业高潮时期,许多学校纷纷兴起,遍布全国。尽管文法学校是当时捐赠活动的重点建设目标,但在那一时期,也建立了一些贫民学校,如剑桥郡的威林汉姆村(Village of Willingham)102 位住户曾捐款 102 镑 7 先令 8 便士办了一所学校,学生以捐款人的孩子为主,但也免费招收部分穷人家庭孩子。又如,1631 年,一位担任过伦敦市长的名叫约翰·莱曼(Sir. John Leman)的商人捐资在贝克勒司镇(Beccles)建立一所比贫民学校高级一点的"英语学校"(English school),招收了 48 名穷人孩子,教授读、写、算。[①] 到 18 世纪末,由慈善活动所建立的学校发展成两种:一种叫"慈善学校(charity school)",另一种叫捐赠学校(endowed school)。这两种学校是有差别的,前者专门为穷人子弟开办,属于职业教育性质的学校,以培养学生从事专门职业的能力,这类学校 18 世纪与 19 世纪之交时有较快的发展,1800 年,仅德比郡(Derbyshire)就有 74 所。[②] 在慈善学校中,学生除了学习技术之外,还要学习如何养成"美德和勤奋的习惯"[③]。"慈善学校"后来被导生制学校替代,因为后者成本更低。而捐赠学校则不同,它带有文法学校的性质,但它又力图调和不同阶层子弟的教育矛盾,学校既为穷人子弟开办属于初级水平的识字教育,也为其他阶层子弟开办高级水平的古典教育,[④]到 19 世纪初,随着穷人子弟

---

① Lawson, J. & Silver, H. *A Social History of Education in England*. Routledge, Taylor & Francis Group, 2007, p. 107.

② Lawson, J. & Silver, H. *A Social History of Education in England*. Routledge, Taylor & Francis Group, 2007, p. 233.

③ Lawson, J. & Silver, H. *A Social History of Education in England*. Routledge, Taylor & Francis Group, 2007, p. 233.

④ Lawson J. & Silver H. *A Social History of Education in England*, Routledge, Taylor & Francis Group, 2007, p. 232.

进入文法学校的机会明显增多,同时,富裕家庭子弟则逐渐离开文法学校到寄宿制公学读书,这些由捐赠所建的文法学校渐渐变成了穷人子弟的民众学校。

2.公共图书馆的萌芽。这一时期,除了建立贫民学校之外,民众教育的发展还表现在面向民众的公共图书馆的萌芽方面。1636年,兰开夏郡(Lancashire)一个叫伯里(Henry Bury)的牧师临终前捐款19英镑在曼彻斯特(Manchester)建立了一所图书馆,他特别嘱咐:"图书馆要为牧师、教师和所有追求知识和学问的人服务。"[①]在那一时期,许多达到一定规模的城市,如考文垂(Coventry)、诺里奇(Norwich)、伊普斯威奇(Ipswich)、布利斯托尔(Bristol)和莱斯特(Leicester)都利用捐赠建立了公共图书馆。这些公共图书馆或是建在教区的教堂里,或建立在文法学校中,发挥了民众教育作用。需要强调的是,这些图书馆虽然称作公共图书馆,但读者多数是当地的牧师、乡绅和受过一定教育的人,贫民是难以问津的。不过在理论上说,这些图书馆还是面向民众的。

(二)宗教团体的慈善民众教育

宗教团体开展慈善民众教育究竟始于何时难以确定。但1699年国教会成立的"基督教知识促进会"(The Society for Promoting Christian Know-ledge,SPCK)无疑是一个重要的标志。该会自己没有创办捐赠学校,但它制定的一些有关捐赠的原则对地方开办捐赠学校起到了激励作用。在SPCK鼓励下,地方社团积极筹措捐资开办学校,并按SPCK的规定建立捐资者委员会来管理学校。捐资有四条渠道,一是来自普通民众的个人捐资,如手艺人(tradesman)、商人和乡绅;二是来自城镇行会组织的捐赠;三是来自教会的捐赠,如在天主教城市,主教和牧师会(chapter)是重要的捐助者;四是来自教堂的捐赠,如教堂组织布道活动时的捐资和教堂奉献箱收集到的捐资。[②] 这类由SPCK倡议而建立的慈善学校的对象完全是穷人子弟,有的还是孤儿。学生上学是免费的,一些得到资助较多的大型学校甚至还发统一的服装并安排住宿。学校课程也是专门为穷人子弟设计的,除了读、写、簿记(男孩)、缝纫(女孩)等课程之外,道德教育、宗教戒律和社会服从等是基本的课程内容。到

---

① Lawson, J. & Silver, H. *A Social History of Education in England*. Routledge, Taylor & Francis Group, 2007, p. 99.

② Lawson, J. & Silver, H. *A Social History of Education in England*. Routledge, Taylor & Francis Group, 2007, p. 184.

18世纪30年代,由于宗教派别争论以及上层社会对穷人子弟接受过多教育的恐惧心理的原因,SPCK倡导的这种慈善教育活动的热情渐渐衰落。但与之相关联的学校并没有完全关闭,一些学校坚持到19世纪被纳入国民教育系统,甚至还有少数一直坚持到《1944年教育法》颁布才关门。[①]

　　谈到宗教的慈善民众教育还需提到18世纪出现的劳动学校(workhouse school)。18世纪初,英格兰经济有了相当程度的发展,但是贫富差距显著,中上层人士生活富足,而下层社会许多人生活在贫困之中。"穷人占人口三分之一,五分之一的家庭接受贫困救济。"[②]这种状况引起了教会的注意,教会认为,解决贫困的办法是在每个教区建一所劳动学校,招收赤贫家庭的儿童、弃儿、孤儿和私生子,让他们接受一定的宗教和道德教育并学会一定的劳动技能,在教会看来,这样做有助于稳定社会,否则这些儿童与流浪汉、小偷、酒鬼和妓女为伍会耳濡目染受到影响,会成为社会新的不安定因素。不过,教会有关建立劳动学校的设想并没有很快得到落实,直到1723年,英国颁布《普通劳动学校法》(General Workhouse Act of 1723),劳动学校才在大的城镇和大的教区迅速发展起来。开办劳动学校的目的十分明确:"使儿童不再过无知、邪恶、懒散、乞讨和流浪的生活,使他们能够敬畏上帝,养成美德、习惯于劳动,成为社会有用的人。"[③]应该指出,劳动学校发展到18世纪末时,演变成工厂主廉价劳动力的输送机构。但在从另一方面看,这些学校使民众子弟有机会接受工业化教育,从而成为英格兰早期工业革命的推动者。

三、走向国家事业的民众教育

(一)民众教育走向国家事业的社会背景

　　19世纪初到1870年《初等教育法》颁布之间的几十年间,英格兰民众教育事业开始走向国家事业,这一发展有着特定的社会背景。

---

　　① Lawson, J. & Silver, H. *A Social History of Education in England*. Routledge, Taylor & Francis Group, 2007, p.185.

　　② Lawson, J. & Silver, H. *A Social History of Education in England*. Routledge, Taylor & Francis Group, 2007, p.182.

　　③ Lawson, J. & Silver, H. *A Social History of Education in England*. Routledge, Taylor & Francis Group, 2007, p.182.

　　背景之一,19世纪上半叶,在英格兰,"自由放任"思想开始衰微,"国家"在社会改革中的作用开始为人们认识。人们知道,在英国工业化早期进程中,"自由放任"曾作为一种主导思想在政治、经济甚至教育领域都十分流行。然而到19世纪时,这种思想开始受到质疑。针对自由放任政策的弊端,有人开始主张通过国家"自上而下"进行改革。在教育领域也同样有着这样的现象。一方面,长期以来奉行的自由捐赠教育已经明显不能满足社会日益增长的需求了,另一方面,"在中产阶级内部,随着国教反对派对国家办学的抵触情绪的缓和以及对普及初等教育带来的政治经济利益的认识,人们对改革的认可程度不断提高。工会运动一再呼吁建立一个非宗教的全国性教育体系"。这是民众教育事业走向国家事业重要背景之一。①

　　背景之二,工业化发展与民众教育发展不合拍。工业化要求大批的劳动者接受一定程度的教育以掌握能够应对工业化时代生活的知识和技能,而这一时期,民众教育发展显然严重滞后,表现在以下三个方面:

　　第一,依然存在着大量教会团体开办的学校,甚至到1851年时,英格兰和威尔士还存在8000多所各教派办的教会学校。② 教会学校以宗教为目的,其教学内容显然不能适应工业化时代的需求。

　　第二,一些民间开办的捐赠学校条件简陋,教师质量和教学水平底下,无法担负培养工业化时代高素质劳动者的任务。连统治阶层都不得不承认:"不受政府资助的学校,总的来说是最差的学校,是那些最不适合给劳动阶层的子女以良好教育的学校……"③

　　第三,地方开办的一些公立学校远远不能满足社会需要。到1870年《初等教育法》颁布时,劳动者子弟中,6-10岁儿童中只有五分之二的人在公立学校注册,10-12岁的只有三分之一。④

　　面对着这些矛盾和冲突,英格兰统治者意识到,英格兰的"工业繁荣取决于是否迅速提供初等教育"⑤,因为未受到教育的劳动者是只能从事简单劳动

---

　　① ［英］安迪·格林:《教育与国家形成:美、英、法教育体系起源之比较》,王春华等译,教育科学出版社2004年版,第328页。

　　② 王承绪:《世界教育大系·英国教育》,吉林教育出版社2000年版,第130页。

　　③ 瞿葆奎主编,金含芬选编:《教育学文集·英国教育改革》,人民教育出版社1993年版,第5页。

　　④ 瞿葆奎主编,金含芬选编:《教育学文集·英国教育改革》,人民教育出版社1993年版,第4页。

　　⑤ 瞿葆奎主编,金含芬选编:《教育学文集·英国教育改革》,人民教育出版社1993年版,第11页。

的人,英格兰是不可能靠这些简单劳动者在世界竞争中获胜的。

背景之三,社会两极分化严重。19 世纪初,工人阶级对社会贫富不均现象的不满情绪日益增长,工人阶级的斗争也日渐增加。这对资产阶级社会秩序的稳定是个挑战。资产阶级需要通过学校教育来宣传统治阶级的道德观和伦理观,使工人阶级成为守法的公民。统治阶级开始意识到,国家在办学这一方面的投入和干涉可以获得两个方面的回报,一是提高劳动力文化素质促进经济发展,二可以养成普通劳动者的公民素质以维护社会稳定。

背景之四,普通民众期望国家干预教育事业。人们也已经意识到,国家干预教育事业、将教育事业变为国家事业可以促进普通民众子弟教育质量的提升,最终有助于民众生活的改善。因此,普通民众要求接受公立学校教育的愿望日渐强烈。

在上述背景下,人们终于发现,"各个地区,都有建立完善的国民教育制度的需求"[1],英格兰教育事业走向国家事业就自然而然水到渠成了。

(二)民众教育事业走向国家事业的标志

19 世纪初到 1870 年,尽管遭遇到教会的抵制和抨击[2],但英格兰的民众教育走向国家事业的进程并未因此而停滞,反而加快了前行步伐。主要表现为国家开始干涉教育事业,在民众教育方面采取了以下若干措施:

第一,颁布工厂法,对童工的年龄和工作时间作出了限制。19 世纪初,英格兰童工现象严重,童工年龄小工作时间长,身心受到严重伤害。儿童身心发展不良必将影响英格兰社会的长远发展。因此,从 1802 年到 1856 年,英国(United Kingdom)先后颁布了 8 个工厂法。工厂法虽然不是教育法,但由于它们对童工年龄,工作时间作了规定,间接地起到了促进民众子女接受教育机会。如 1833 年工厂法(Factories Act 1833)明确规定,童工每天只能工作 9 小时;9—13 岁儿童,每天至少接受 2 小时教育,每周学习 6 天。[3]

第二,建立教育管理的专门机构。1839 年,英格兰成立了其历史上的第一个相当于中央教育行政组织的枢密院教育委员会(Committee of the Privy Council on Education)。委员会在第一秘书凯-沙特尔沃斯(Sir James Kay-

---

① 瞿葆奎主编,金含芬选编:《教育学文集·英国教育改革》,人民教育出版社 1993 年版,第 5 页。

② 许多国教会牧师受牛津运动影响,坚持认为教会对教育拥有控制权。

③ Lawson,J. & Silver,H. *A Social History of Education in England*. Routledge,Taylor & Francis Group,2007,p. 273.

Shuttleworth,1804—1877)博士的领导下,做了许多推进民众教育的工作。首先,1839 年该委员会提交了一份报告《近期促进英格兰教育的措施》(*Recent Measures for the Promotion of Education in England*)。其次,1839 年组建皇家督学团(HMI),来监督经费的使用。再次,1856 年,成立教育署(Education Department),作为枢密院教育委员会的行政机构,负责制定民众教育政策。

第三,资助民办教育。政府和议会从 1833 年开始起资助民办学校,开启了英国教育史上的民办公助时代。仅 19 世纪 40 年代,经枢密院教育委员会分配的政府教育拨款就达 50 万镑之多。[①] 而且资助数额还逐渐增长,如,议会 1851 年资助额为 150000 英镑,1857 年达 541233 英镑。[②]

第四,组建专门委员会调查民众教育问题。1858 年,以纽卡斯尔公爵为主席的皇家委员会成立,负责"调查英格兰教育现状,思考并报告需要采取的措施为英格兰各阶层人民提供质优价廉的初等教育"[③]。1861 年,该委员会公布了《纽卡斯尔委员会报告》(The Report of Newcastle Commission)。报告提出的若干建议对政府继续资助民众教育起到了积极作用。如,报告第一次提出,建立两种类型的资助,一种是国家的教育资助,从政府的普通税收(general taxation)中支出,一种是地方税(county rate)的补助。前者依据学生的出勤率、学校管理水平和督学的满意度来分配,后者根据学生的读写算的考试成绩来分配。这份报告影响很大,"首先导致了 1862 年的修订法典(Revised Code of 1862),并最终导致 1870 年初等教育法(Elementary Education Act)的出台"[④]。

第五,资助教师训练学院培养民众教育师资。19 世纪 70 年代前,英格兰虽然没有开办公立的教师训练机构,但国民协会(National Society)和"大不列颠和海外学校委员会"这两个民间组织曾争取到了额外的 1 万英镑的资助用于开办教师训练学院。国民协会于 1841 年开办的切尔西圣·马克学院(College of St. Mark,Chelsea)、大不列颠和海外学校委员会紧随其后开办的伯

① 徐辉、郑继伟:《英国教育史》,吉林人民出版社 1993 年版,第 145 页。
② Curtis,S. J. *History of Education in Great Britain*. University Tutorial Press Ltd,1967,p.249.
③ Curtis,S. J. *History of Education in Great Britain*. University Tutorial Press Ltd,1967,p.249.
④ [英]奥尔德里奇:《简明英国教育史》,诸惠芳译,人民教育出版社 1987 年版,第 45 页。

勒·罗德学院(Borough Road College)都与这笔资助有关。[①] 1840 年凯-沙特尔沃斯建的巴特西训练学校,每年也得到了政府 1000 英镑的资助。[②]

四、结　论

英格兰民众教育发展历经教会事业阶段,慈善事业阶段,最终走向国家事业。研究英格兰民众教育发展这一历史路径,可以得出三点结论:

第一,历经长达 1200 年左右时间的实践,英格兰人终于认识到了:"教育和培养"是国家的一件大事,[③]英格兰民众教育最终走向了国家事业,这反映了英国国家与教育关系的必然历史走向。

第二,英格兰民众教育运动对近代英国国民教育制度建立作出了重要的历史贡献。特别是 19 世纪初至 70 年代前采取的一系列有关民众教育的举措,为《1870 年教育法》的制定积累了经验并奠定了思想基础。

第三,英格兰民众教育发展的历程是 19 世纪英格兰民众教育思想产生的深刻历史背景,正是经过民众教育长期的历史孕育,以詹姆士·菲利普斯·凯-沙特尔沃斯为代表的 19 世纪民众教育思想才能破土而出并得到社会的广泛认可。

---

① Curtis,S. J. *History of Education in Great Britain*. University Tutorial Press Ltd,1967, p. 230.

② Curtis,S. J. *History of Education in Great Britain*. University Tutorial Press Ltd,1967, p. 235.

③ [古希腊]柏拉图:《理想国》,郭斌和、张竹明译,商务印书馆 1986 年版,第 138 页。

明德新民的大学之道

——朱熹门人在福建的教化实践

陈俞志*

摘　要:本文旨在探求朱熹门人于福建是如何承继、实践并发扬朱熹明德新民教化理念,并进而影响福建教育文化的发展。据研究,门人于明德新民教化理念的实践上,可分兴学讲学、社会救济与推行礼教改善风俗等方面。在兴学讲学方面,门人承继朱熹办学传统,于福建各地兴办书院与官学;另门人于福建各地多有讲学事例,将朱子影响力由闽北推往福建各地。在社会救济方面,门人持续推广朱熹社仓法,于各地多予推行实践。在推行礼教改善风俗方面,门人仕宦所至,多于地方推广礼教。由于朱熹门人于福建的努力,不仅实践了朱熹明德新民的教化理念,更使朱子学成为福建文化的核心思想。

关键词:朱熹;朱子门人;闽学;书院

一、前　言

近世以来,朱子学说不仅成为国家正宗思想,在西学传入之前,朱子一脉的儒家学说,亦是东亚社会与政治的主要价值系统。[①]朱子学系之能在元明清大树旗帜者,故非幸运而实有其因素也。因素不一,门人乃其极重要者[②],在

＊　作者简介:陈俞志,台湾师范大学教育学系博士生。

①　陈荣捷:《朱学论集》,台湾学生书局1988年版,第271页。

②　本文所论朱熹门人乃以《宋元学案》与陈荣捷《朱子门人》中所录弟子与门徒作为主要对象。
参见陈荣捷:《朱子门人》,华东师范大学2007年版,第17页。

朱学的传播与推广上又以福建门人为最。① 此外，朱熹为学特重躬行践履，他认为儒者应承《大学》明德新民理念，明明德后尚须新民，己立立人、己达达人，此方是圣人大学之道。② 故福建门人于朱学的传扬上多承朱熹明德新民的教化理念，除教化兴学明明德外，更关怀社会风俗与道德的改善，将明德新民的精神具体落实于民间社会。③ 但是过去对于朱门学者社会实践相关研究有限，故本文拟以闽地理学为例，探讨南宋时期福建地区的朱熹门人，如何在政治与学术重大变迁的过程中，继续于乡里间践行朱熹明德新民的社会关怀与理想，并且能够代代相传，延续其学术思想上的香火。

二、学校教育的发展

朱熹非常重视学校教育，每到一处，必兴办书院；为官一方，必整顿县学。据统计，南宋时和朱熹有关的福建书院就有几十所，大量人才由此培养出来。④ 因此他生前在福建能广聚生徒、问难答辩，造成重大学术影响。门人继承朱熹兴学校明教化的理念，于学校教育上有显著的作为。

在兴修官学方面，朱熹曾与蔡元定及县令储用商议改建建阳县学，后未果。嘉定八年（1215）知县赵与洰从刘爚之请，予以修建一新。⑤ 另刘爚亦于任莲城县令时，"新其县之学，而教诸生以入德之方"⑥。门人吴昌裔，"调眉州教授。眉士故尚苏学，先生取诸经为之讲说，揭《白鹿洞洞规》，放潭州释奠仪，

---

① 福建门人不仅在人数占朱门总数的三分之一，为人数最多之地区；在朱子学的传扬与推广上亦较其余区域表现突出。参见陈荣捷：《朱学论集》，台湾学生书局 1988 年版，第 279－281 页；高令印：《朱熹事迹考》，上海出版社 1987 年版，第 51 页。

② 朱熹言："《大学》'在明明德，在新民，在止于至善。'此是三个大纲，做工夫全在此三句内。……致知至修身五件，是明明德事；齐家至平天下三件，是新民事。至善只是做的恰好。"由此可见其认为儒者为学理念在于明德新民，此亦为朱熹一生所奉行的教化理念。参见黎靖德编：《朱子语类》卷 15，《大学二》，载朱杰人编：《朱子全书》（第 24 册），上海古籍出版社 2002 年版，第 492 页。

③ 如高令印指出南宋至明代以前，闽学学者对朱熹的伦理学有较多的阐发。他们强调务实躬行，认为道即在人事之中，使朱子学更加具有致用精神。参见高令印：《朱熹与福建文化》，载钟彩钧主编：《国际朱子学会议论文集》，1993 年，第 27 页。

④ 方彦寿：《朱熹书院与门人考》，华东师范大学 2000 年版，第 2－25 页。

⑤ 《学校》，载陈寿祺等撰：《福建通志》（卷 65），台北华文书局 1968 年版，第 1326b－1327a 页；黄仲昭修纂：《八闽通志》卷 44，福建人民出版社 1990 年版，第 9 页。

⑥ 真德秀：《西山文集》，载永瑢、纪昀等纂修：《景印文渊阁四库全书》（卷 41），《刘文简公神道碑》，第 637b 页。

祀周、程五贤,士习丕变"①。黄灏知德化县时,"首兴县学,茸濂溪周敦颐书堂,凡关于教化者,孜孜行之不倦"②。绍兴五年(1232)徐元杰任知州时,极为关心教育,不仅订有学榜,将朱熹教育理念具体规范其中,规范书院诸生与郡生,并订定"日习常示",规定诸生读经次序为先《大学》、次《论语》、《孟子》、《中庸》,此与《朱子读书法》中所订相符。徐元杰并以朱熹所校著《四书》作为教材,可说是将朱子教育理念进一步的落实于课程安排与学校规范之中。③ 端平二年(1235)郡倅王埜复建绍武县学④,其于知建宁府时,亦曾修建府学,并建有尊经阁、紫芝堂等建筑,建宁府学庙学之制于是完备。⑤ 郑思忱知崇安县时,曾修茸旧有县学。⑥ 宝祐二年(1254),县令廖邦杰重建建宁县学时,以堂左翼祀朱熹,右翼祀邑之贤宰及乡贤。⑦ 景定年间,方澄孙知绍武军时曾修绍武府学,⑧后廖邦杰于咸淳五年(1269)摄郡事时再修绍武府学,创学门于棂星门左,并增学田。⑨ 上述事例均可看出门人于地方任官时,仿效朱熹兴学精神整顿地方官学,并逐步将朱熹理学思想作为地方官学教育的重心,拓展朱熹于福建各地儒学的影响力,具体将朱熹的教化理念予以落实。

在书院与精舍方面,朱熹在世时,门人弟子即多有兴学事迹。刘爚于淳熙元年(1174)于建阳创建义宁精舍,以为师友讲学之所,朱熹并曾题匾。⑩ 庆元伪学禁兴,刘爚归武夷山筑云庄山房,讲道读书,传扬朱子学说。⑪ 另黄干除于庆元二年(1196)建潭溪精舍于建阳外⑫,又于嘉定九年(1216)于建阳草创环峰精舍,均作为讲道著书之地。后理宗于淳祐甲辰(1244)表章正学,赐立环

---

① 《勉斋学案》,载黄宗羲:《宋元学案》卷63,台北中华书局1986年版,第2044—2045页。

② 《道学四·黄灏传》,载脱脱:《宋史》(卷430),第12791页,台北鼎文书局,1991;杜范:《清献集》,载永瑢、纪昀等纂修,《景印文渊阁四库全书》(卷19),《黄灏传》,第758b页。

③ 徐元杰:《梅埜集》,载永瑢、纪昀等纂修:《景印文渊阁四库全书》(卷11),《延平郡学及书院诸学榜》,第774b—776a页。

④ 《学校》,载黄仲昭修纂:《八闽通志》(卷44),福建人民出版社1990年版,第30页。

⑤ 《学校》,载陈寿祺等撰:《福建通志》(卷65),第1323b页,台北华文书局,1968;《学校》,载黄仲昭修纂:《八闽通志》(卷44),福建人民出版社1990年版,第7页。

⑥ 《学校》,载陈寿祺等撰:《福建通志》(卷65),第1328b页,台北华文书局,1968;《学校》,载黄仲昭修纂:《八闽通志》(卷44),福建人民出版社1990年版,第12页。

⑦ 《学校》,载黄仲昭修纂:《八闽通志》(卷44),福建人民出版社1990年版,第32页。

⑧ 《学校》,载黄仲昭修纂:《八闽通志》(卷44),福建人民出版社1990年版,第30页。

⑨ 《学校》,载黄仲昭修纂:《八闽通志》(卷44),福建人民出版社1990年版,第30页。

⑩ 《学校》,载黄仲昭修纂:《八闽通志》(卷44),福建人民出版社1990年版,第11页。

⑪ 《沧州诸儒学案上》,载黄宗羲:《宋元学案》(卷69),台北中华书局1986年版,第2263页。

⑫ 陈宓:《黄勉斋先生云谷堂记》,载复旦大学图书馆古籍部编,《续修四库全书》,《复斋先生龙图陈公文集》(卷9),第344b页。

峰书院,确立环峰书院传扬朱学的学术地位。[①] 绍熙年间(1190－1194),蔡元定子蔡沈于建阳创设卢峰精舍,用于著书讲学。宝祐三年(1255)理宗钦命庐峰书院,并为之御书题匾,以表彰正学。[②]

庆元党禁期间,书院兴学活动虽一度中断,但随着政治情势的改变,门人弟子即开始大力推展学校教育。李方子于光泽县建云岩书院,以传播理学为己任,传道授业,孜孜不倦,培养了大量的理学弟子,更留下大量的理论著作。[③] 嘉定十四年(1221)真德秀于浦城县建西山精舍,并和门人刘克庄、汤汉、徐华老等于此先后完成了《西山读书记》、《诸老先生集略》、《文章正宗》等论著。[④] 嘉熙三年(1239)蔡元定之孙蔡抗修建原南山书堂,改建为九峰书院,又名咏归书院,以此作为论道讲学之所。[⑤] 咸淳九年(1273),廖邦杰于顺昌县建双峰书院,祀杨时、廖刚、朱熹、廖德明四先生,以着道南渊源之学。[⑥] 又宝庆三年(1227)于松溪县湛卢山有湛卢书院之设,乃县人为纪念朱熹,于朱熹"吟室"旧址上所修建,成为当地理学传播中心。[⑦] 门人弟子仕宦所至亦常兴修书院,如嘉定二年(1209)陈宓知南剑州时,为祭祀李侗,在李侗祠旁九峰山麓,按白鹿洞书院的规式兴建了延平书院,作为郡人讲学之所,陈宓本人并捐俸买田以养诸课生,可见其兴学之用心。[⑧] 王埜知建宁府时,嘉熙二年(1238)承理宗命创立建安书院,大兴文教事业,极力推动程朱理学在当地的传播,并建有祠堂以祭祀朱熹。[⑨] 景定中,方澄孙摄绍武郡事,创樵溪书院以祀李纲。[⑩]均是门人任官于地方兴修书院之事例。

---

① 《学校》,载陈寿祺等撰:《福建通志》(卷65),台北华文书局1968年版,第1328b页。

② 《学校》,载陈寿祺等撰:《福建通志》(卷65),台北华文书局1968年版,第1328b页;《学校》,载黄仲昭修纂:《八闽通志》(卷44),福建人民出版社1990年版,第10页。

③ 如《禹贡解》、《传道精语》、《紫阳年谱》、《清源文集》等。《学校》,载陈寿祺等撰:《福建通志》(卷65),台北华文书局1968年版,第1337a—b页。

④ 《学校》,载陈寿祺等撰:《福建通志》(卷65),台北华文书局1968年版,第1331b页;《学校》,载黄仲昭修纂:《八闽通志》(卷44),第9页,福建人民出版社1990年版。

⑤ 《学校》,载陈寿祺等撰:《福建通志》(卷65),台北华文书局1968年版,第1330a页;《学校》,载黄仲昭修纂:《八闽通志》(卷44),福建人民出版社1990年版,第12页。

⑥ 《学校》,载黄仲昭修纂:《八闽通志》(卷44),福建人民出版社1990年版,第29页。

⑦ 《学校》,载陈寿祺等撰:《福建通志》(卷65),台北华文书局1968年版,第1330a页。

⑧ 《沧州诸儒学案上》,载黄宗羲,《宋元学案》卷69,台北中华书局1986年版,第2278页;《学校》,载黄仲昭修纂:《八闽通志》(卷44),福建人民出版社1990年版,第27页。

⑨ 《学校》,载陈寿祺等撰:《福建通志》(卷65),台北华文书局1968年版,第1324b页;《学校》,载黄仲昭修纂:《八闽通志》(卷44),福建人民出版社1990年版,第8页;《王埜传》,载托克托:《宋史》(卷420),第12577页。

⑩ 《学校》,载黄仲昭修纂:《八闽通志》(卷44),福建人民出版社1990年版,第31页。

　　门人创设书院，或掌政地方时，也多聘请同门朋友主讲于书院。如陈宓创延平书院时延请门人蔡念成任堂长主持书院工作，邀请李燔制订书院学规，并陆续延请杨复、林羽、邓邦老等同门友来任堂长与讲学，真德秀亦曾应邀前来预讲，四方名士齐聚一堂。① 陈宓之所以主张由朱门弟子主持书院事务，乃在于这些门人均曾长期师事朱熹，最能够正确传达朱熹思想，以为后学所宗。如他在延请蔡念成任堂长时于信中言："以延平书院为额，仿白鹿洞规式，而斯堂之长，众谓非得真传，曷惬士望。仰惟执事畚岁闻道于五夫……以淑后学为己任，学者宗焉。"② 另于聘请杨复来任教时言："道统之传，不绝如线。所恃文公朱先生门人张而大之。"③ 可见陈宓希冀藉由朱门学者的汇集讲学，传承道统，光大朱门，其用心可见一斑。另门人王埜建建安书院时，曾聘请门人廖德明、郑师一及蔡元定孙蔡模前来主持教学事务。④ 真德秀帅闽时，曾创建贵德堂于郡学，并延杨复前来讲学。⑤ 除此之外，朱熹门人担任书院山长、堂长者亦多，如程若庸于咸淳间登进士时，授武夷书院山长，累主师席，其从游者最盛，世称徽庵先生。⑥ 徐几任建宁府教授，兼建安书院山长，有经义行世。⑦ 蔡元定孙蔡权，"授庐峰书院山长，教授乡闾，讲明义理"⑧。同门朋友间彼此援引，无形中也团结成一股力量，持续扩大朱学于福建的影响力。

　　除兴学外，门徒弟子亦仿效先师，纷纷在各地讲学。如黄干，辞官归故里后弟子日盛，"巴蜀、江、湖之士皆来，编礼著书，日不暇给；夜与之讲论经理，亹亹不倦，借邻寺以处之，朝夕往来，质疑请益如熹时"⑨。李燔辞官屡召不出，居家讲学，学者宗之，与黄干并称曰"黄李"。⑩ 陈淳终生谨遵师训，讲学于闽

---

　　① 参见陈宓：《南剑请蔡堂长念成书》、《与杨学录复书》、《与林堂长羽书》、《与邓聘君邦老书》、《与赵司直师恕书》，载复旦大学图书馆古籍部编：《续修四库全书》，《复斋先生龙图陈公文集》（卷16），第468—472页。

　　② 陈宓：《南剑请蔡堂长念成书》，载复旦大学图书馆古籍部编，《续修四库全书》，《复斋先生龙图陈公文集》（卷16），第468a页。

　　③ 陈宓：《与杨学录复书》，载复旦大学图书馆古籍部编：《续修四库全书》，《复斋先生龙图陈公文集》（卷16），第468b页。

　　④ 《学校》，载陈寿祺等撰：《福建通志》（卷65），台北华文书局1968年版，第1324b页；《学校》，载黄仲昭修纂：《八闽通志》（卷44），福建人民出版社1990年版，第8页。

　　⑤ 《沧州诸儒学案上》，载黄宗羲：《宋元学案》（卷69），台北中华书局1986年版，第2297页。

　　⑥ 《双峰学案》，载黄宗羲：《宋元学案》（卷83），台北中华书局1986年版，第2817页。

　　⑦ 《西山真氏学案》，载黄宗羲：《宋元学案》（卷81），台北中华书局1986年版，第2714页。

　　⑧ 《九峯学案》，载黄宗羲：《宋元学案》（卷67），台北中华书局1986年版，第2212页。

　　⑨ 《道学四·黄灏传》，载脱脱：《宋史》（卷430），台北鼎文书局1991年版，第12782页。

　　⑩ 《沧州诸儒学案上》，载黄宗羲：《宋元学案》（卷69），台北中华书局1986年版，第2258—2259页。

南严陵,以传扬师说为职志。讲学期间,力抗陆学,"漳泉人士争师之,先生为之讲解,率至夜分无倦色"①。饶鲁屡召不起,作朋来馆以居学者,又作石洞书院讲学,并曾主持建安书院,弘扬朱子学说。② 门人弟子讲学均以朱熹为宗,虽未任官,但透过散布福建各地的讲学方式,扩大了朱学的影响区域与面向。

朱熹和其门人,散居在福建各州县,建立官、私书院,以书院为据点,著书授徒,接引后学,培养出大量的知识分子,使朱熹的教化理念不断地传递与扩散,对地方社会的教化影响极长远广大。朱熹和门人及其后学所造县学、精舍和书院遍布全省,更形成南宋元明清时代福建全省的文化教育网,贡献不可谓不大。

三、社会救济的推广

朱熹认为"天下国家之大务,莫大于恤民"③,故在其短暂的仕宦生涯中,在劝农、推广社仓制度、赈恤灾民等方面,都有所成就,使人民生活获得实际改善,为其新民教化理念之实际践行。④ 如朱熹曾于建宁府崇安县设置社仓,使人民得以度过饥乱之时,稳定了农村社会的秩序与安定。⑤

朱熹身后,门人在闽任官时,对社仓的设置多有提倡与作为。如李燔认为社仓之置,仅贷有田之家,而力田之农不得沾惠,遂倡议裒谷创社仓,将借贷范围扩及佃人。⑥ 张洽尝于乡里中行社仓法,请县贷常平米三百石,六年而归其本于官,利益乡人。⑦ 詹体仁"知福州。……推广社仓法以振业穷民,以救溺子之弊,条约甚备,后莫能易"⑧。除推广社仓外,也常以修复社仓或改良社仓

---

① 陈宓:《北溪先生主簿陈君墓志铭》,载复旦大学图书馆古籍部编,《续修四库全书》,《复斋先生龙图陈公文集》(卷22),第537b—539a页。

② 《双峰学案》,载黄宗羲:《宋元学案》(卷83),台北中华书局1986年版,第2812页。

③ 朱熹:《晦庵先生朱文公文集》,载朱杰人主编:《朱子全书》(第20册),上海古籍出版社2002年版,第581页。

④ 可见《劝农文》、《劝谕救荒》、《建宁府崇安县五夫社仓记》、《社仓事目》等篇。朱熹:《建宁府崇安县五夫社仓记》,载朱杰人主编:《朱子全书》(卷99),上海古籍出版社2002年版,第4588—4598页。

⑤ 朱熹:《建宁府崇安县五夫社仓记》,载朱杰人主编:《朱子全书》(卷77),上海古籍出版社2002年版,第3720—3272页。

⑥ 《道学四·黄灏传》,载脱脱:《宋史》(卷430),台北鼎文书局1991年版,第12784页。

⑦ 《道学四·黄灏传》,载脱脱:《宋史》(卷430),台北鼎文书局1991年版,第12786页。

⑧ 真德秀:《西山文集》,载永瑢、纪昀等纂修:《景印文渊阁四库全书》(卷47),《司农卿湖广总领詹公行状》,第764a页。

经营等方式,以补社仓阙失。如傅壅于庆元年中知崇安县时,于地方创设了均
惠仓。① 再传弟子郑思忱在知崇安县时,则修复了傅壅所创的均惠仓,并"以
私箩面钱市籴实之"②。在改革经营方式方面,有朱熹友人储用依朱熹创社仓
之精神,改良出赈籴仓。据真德秀的记载,赈籴仓最初建立的用意是因为:"环
邑皆有社仓,岁贷民为种食,自朱文公始也,独县无耕农,不可贷,故弗置仓。
旧仰籴常平,常平法坏,吏徒持空钥相授。岁五六月旧谷没,新谷未升,邑人妇
子常无所于籴。"③而县大夫对此弊病束手无策,使中家以下的庶民不仅未蒙
其利,反受其害。因此时任知县的储用在庆元二年(1196),于建阳县设赈籴
仓。"藏米几四千石,市直翔则籴,平则止,民歌舞之。"④储用采平籴的方式,
市价高则出籴,平则止以控制市场价格,使更多人受惠。但庆元党禁时期,储
用因此被罢,赈籴仓的后续经营亦屡兴屡废,储米数量并不稳定。后至宝庆元
年(1225)刘克庄宰建阳县时,检核籴仓储米,已不到原先储用所储备的五分之
一,于是刘克庄在来年修复并整治了储用所建的赈籴仓。除了以3000余缗的
经费作为籴本,增加籴米2000斛,并买入田地50余石外,并针对赈籴仓先给
钱、待秋收之后才收米的方式,修改为钱谷同时交易的方式进行,以避免催讨
不便的弊端。⑤

由朱熹所创之社仓及后续门人所改良之赈籴仓等,一方面显示出门人承
继朱熹仁爱精神,具体实践对乡里的社会关怀;另一方面也因仓储制度因地制
宜解决社会问题的灵活性,使属于民间性质的仓储制度能与官仓并存于世,虽
然仍不免有贷放徇私、抑配等弊病,但是社仓所达到的弭平社会不安及调节贫
富的效果的优点,远超过缺点。这是社仓制度得以沿用至清代不可轻废的重
要原因。⑥

朱熹门人除了继续发展社仓外,更承继朱子新民理念,致力于兴办其他社
会救助事业。于任官时,或秉朱熹仁爱恤民精神施政。如傅壅"知漳州,一以

① 《沧州诸儒学案下》,载黄宗羲:《宋元学案》(卷70),台北中华书局1986年版,第2335页。
② 《北溪学案》,载黄宗羲:《宋元学案》(卷68),台北中华书局1986年版,第2239页。
③ 真德秀:《西山文集》,载永瑢、纪昀等纂修:《景印文渊阁四库全书》(卷26),《建阳县复朕籴仓记》,第400b—401b页。
④ 李清馥:《闽中理学渊源考》,载永瑢、纪昀等纂修:《景印文渊阁四库全书》(卷18),《州守储行之先生用》,第292页。
⑤ 真德秀:《西山文集》,载永瑢、纪昀等纂修:《景印文渊阁四库全书》(卷26),《建阳县复朕籴仓记》,第400b—401b页。
⑥ 蔡惠如:《南宋的家族与赈济:以建宁地区为中心的考察》,"国立"政治大学硕士论文,第68—69页。

律己爱民为本,推文公遗意行之"①。或主动兴办各种社会救助事业,设立赡养局、惠民局、养济院等,使社会中罢癃残疾等弱势者有所依托。如廖德明知莆田县时创设"仁寿之庐",主动提供人民医疗服务治疗照顾安养病倒的过往客旅,使他们不致客死异乡。朱熹并对此称赞:"使夫道路往来,疾病之民咸得以托宿而就甫……以活中路无告之人,固学道爱人之君子所乐闻而愿为者。"②陈宓嘉定三年(1210)知泉州安溪县时,有感于民众迷信巫鬼之说,有病不药而夭,创设和济局、惠民局,使民有疾无医者能得到医疗。③ 另设有赡养院照顾病倒客旅,若不幸有故,则官敛以葬之。④ 均是门人以仁爱新民精神关怀乡里的实例。

整体来说,朱熹门人持续不断的推展社仓制度,扩大济助范围,调整经营模式,补救阙失,并兴办各种社会救济制度,除了将朱熹新民精神扎根地方外,亦对南宋晚期疲困于苛捐杂税的中下阶层民众的日常生活有相当大的帮助。⑤

四、推展礼教,移风易俗

朱熹认为新民不只仅有改善人民之生活,更需教民,使其能自明明德。⑥故他在任官时十分重视庶民的教化,曾不断请求朝廷刊印颁降士庶之家的冠昏丧祭等礼仪给民间,要求国家以礼教民,知漳州时也曾尝试着刊刻劝谕榜

---

① 《沧州诸儒学案》,载黄宗羲:《宋元学案》,台北中华书局1986年版,第775页。

② 朱熹:《晦庵先生朱文公文集》,载朱杰人编:《朱子全书》(第24册·卷83),《书廖德明仁寿庐条约后》,上海古籍出版社2002年版,第3940—3941页。

③ 陈宓:《安溪县惠民局记》,载复旦大学图书馆古籍部编:《续修四库全书》,《复斋先生龙图陈公文集》(卷9),第349a页年版。

④ 陈宓:《安溪县赡养院记》,载复旦大学图书馆古籍部编:《续修四库全书》,《复斋先生龙图陈公文集》(卷9),第349b页。

⑤ 朱子及门人所推广的社仓制度对于南宋中下阶层民众的贡献可见梁庚尧:《宋代社会经济史论集》,台北允晨文化1997年版,第455—467页。

⑥ 如学生问他:"明明德是自己事,可以做得到极好处。若新民则在人,如何得他到极好处?"曰:"且教自家先明得尽,然后渐民以仁,摩民以义。如孟子所谓'劳之、来之,匡之、直之、辅之、翼之,又从而振德之'。如此变化他,自然解到极好处。"参见黎靖德编:《朱子语类》(卷14),《大学一》,载朱杰人编:《朱子全书》(第24册),上海古籍出版社2002年版,第446页。

文,将儒家礼仪教导给庶民,亦曾修《家礼》,但实际影响层面仍然十分有限。①
门人则遵循朱熹理念,将儒家礼教落实在生活中,并扩及家族、乡党、地方社
会,透过礼教淳化风俗,亲睦乡间。

　　除了亲身实践儒家礼仪外,门人任官时均有推广礼教之举,如陈宓知安溪
时,就感叹当地的民俗不知习礼,冠、婚、丧、祭等仪式无所依据,迷信淫巫释
老。他认为这是因为礼教不明的缘故,于是在县学中刊刻司马光的《书仪》,使
家传人习,希望能化民成俗。②朱熹《家礼》失而复得后,门人也纷纷刊行推
广。如严陵郡守想刊刻《家礼》,请陈淳精校,并刊刻于郡学中。陈淳并于跋中
言:"此书酌古通今,纲条节目甚简易明白,最有关风教之大。人人当服习,而
家家当讲行也。"③陈宓也曾为任官于莆田的陈没所刊刻的《家礼》写序,希冀
此书能广为流传。④显见朱子门人于推广《家礼》的用心,并希望能藉此将儒
家礼教推广至民间。

　　在移风易俗方面,朱熹曾采《孝经·庶人章》详加解说,发榜示俗。又采陈
襄的《古灵先生劝谕文》劝谕人民。门人任地方官时,也同样重视加强人伦道
德。如陈宓知安溪县时,到任时"恐教化之意未明,无以导其向善之方",遂采
用陈襄《古灵先生劝谕文》发布谕俗榜文,彰明教化,导民向善。⑤他也曾为文
劝俗,劝谕百姓应知以孝为本,谨于事亲及奉祀,不可简略。⑥又如真德秀知
福州、泉州所发布的劝谕文都是以孝悌为先,与朱熹化民向善的理念相符。⑦

　　门人也致力于破除迷信,降低巫觋淫祠对人民生活的影响。如陈淳虽然
没有官职,但曾数次上公箚给当时知漳州的赵寺丞与傅寺丞,希望他们明立榜
文,严格禁止漳州一带迎神、朝岳、淫祀、淫戏等民间迷信活动。他认为百姓崇

　　①　可见《朱子文集》中《劝谕榜》、《揭示古灵先生劝谕文》、《漳州晓谕词讼牓》等篇,载朱杰人编:
《朱子全书》(卷100),上海古籍出版社2002年版。
　　②　陈宓:《跋安溪县刊司马温公书仪》,载复旦大学图书馆古籍部编:《续修四库全书》,《复斋先生
龙图陈公文集》(卷10),第360b页。
　　③　陈淳:《北溪大全集》,载永瑢、纪昀等纂修:《景印文渊阁四库全书》(卷14),《代郑寺丞跋家
礼》,第611a页。
　　④　陈宓:《文公先生家礼序》,载复旦大学图书馆古籍部编:《续修四库全书》,《复斋先生龙图陈公
文集》(卷10),第359a页。
　　⑤　陈宓:《安溪县到任谕俗文》,载复旦大学图书馆古籍部编:《续修四库全书》,《复斋先生龙图陈
公文集》(卷20),第512b页。
　　⑥　陈宓:《劝俗》,载复旦大学图书馆古籍部编:《续修四库全书》,《复斋先生龙图陈公文集》(卷
20),第515b—516a页。
　　⑦　真德秀:《西山文集》,载永瑢、纪昀等纂修:《景印文渊阁四库全书》(卷40),《福州谕俗文》,第
624—625页;《再守泉州劝谕文》,第626页;《泉州劝孝文》,第627—628页。

奉鬼神,不只阴阳人鬼相乱,荒废了人事的常职,而为了取悦鬼神所做的淫戏,除了耗费民财并使人民荒废本业外,更伤风败俗,引发抢夺、斗殴、淫奔、狱讼等种种争端,若能予以禁止并以礼教化,方可解人心之惑,达移风易俗之效。①可知陈淳认为要破除迷信的原因,除了导正人心外,更是为了维持社会秩序的稳定。而门人于为官时亦常有拆淫祠,破除民间迷信的事例。如高禾知兴化军仙游县时,县境内有妖巫,能作神语煽惑群众。高禾将之缉捕入狱,破除地方迷信风俗。② 廖德明知莆田县时,民有奉淫祠者,不仅予以入罪,又将神像沉入江中,以破除迷信。③ 陈宓知安溪县时,县民信奉巫鬼,有病不医。陈宓于是创立惠民局,提供医疗服务,又命令巫师改业,不得蛊惑诈欺人民。④ 均是改革地方风俗的实例。

五、结　语

在朱熹殁后,朱熹门人继承其新民教化理念,持续努力于乡里实践。在明德教化方面,门人于福建或筑书院、或掌教、或会讲、或行礼教、或行仁政,皆在弘扬师说、攻讦异端,为维护和传播朱子学而努力,使朱子学成为福建文化的核心思想。在新民教化方面,透过门人社会救济与推行礼教的落实,使儒家礼教深入地方,并使朱子学说可与地方相结合。由于朱熹门人于福建的努力,不仅实践了朱熹明德新民的教化理念,更使朱子学成为福建文化的核心思想。

---

① 陈淳:《北溪大全集》,载永瑢、纪昀等纂修:《景印文渊阁四库全书》(卷43),《上赵寺丞论淫祠》,第851—852页;卷47,《上傅寺丞论民间利病六条》,第871—875页。
② 陈宓:《兵部开国高公墓志铭》,载复旦大学图书馆古籍部编:《续修四库全书》,《复斋先生龙图陈公文集》(卷22),第551b页。
③ 《儒林七·廖德明传》,载脱脱:《宋史》(卷437),台北鼎文书局1991年版,第12971页。
④ 陈宓:《安溪县劝民服药戒约巫师文》,载复旦大学图书馆古籍部编:《续修四库全书》,《复斋先生龙图陈公文集》(卷20),第512b—513a页。

严复对中国近现代教育的贡献和启示

张翼星*

摘　要:本文主要阐明严复在我国近现代教育史上开创了教育救国的道路,最早制定了德、智、体全面育人的方针,在文化上他突破"中体西用"的模式,主张从体用一致上全面学习西方的长处,达到救国图强的目的。严复是北京大学首任校长。在艰难条件下为维护北大生存和开创学科改革有过重大贡献。严复的教育思想和行为品格,对我国当代教育也有诸多启发之处。

关键词:教育救国;中体西用;发帖

严复(1853—1921)是我国近代卓越的教育家、翻译家和启蒙思想家。他一生处于我国近代社会制度急剧转折和中西文化交汇与冲突的时代。

他自幼接受中国传统文化的熏陶。23 岁被派赴英国留学,又熟悉了西方文化。与变法维新的其他代表人物相比,他的优势和特点是:熟谙西方语言文字,能直接考察西方社会文化,直接阅读西方思想家的著作,并熟练地进行翻译和评介。他翻译了赫胥黎的《天演论》、亚当·斯密的《原富》等一系列西方社会科学名著。这不但宣传、引进了西方的重要新思潮,而且更有利于他本人进行中西文化的比较研究和评论。

从戊戌政变到辛亥革命的 13 年里,严复全力倾注的实际事业,并不是政治变革,而是教育和翻译。如果说,康有为、梁启超、谭嗣同首先是政治活动家,那么,严复则首先是教育家,这是他在维新派中独树一帜的特点。特别值得重视的,是他在中国近现代教育史上的作用与贡献。

---

*　作者简介:张翼星,北京大学哲学系教授。

一、严复对中国近代教育的卓越贡献

1. 开创近代"教育救国"的道路

正是在 1895 年(光绪二十一年),中国近代史上签订马关条约这个屈辱性的转折年头,严复深受列强欺凌的刺痛,愤懑而深思,诉诸笔端,连续发表了一系列重要的政论文章:《论世变之亟》《原强》《辟韩》《救亡决论》等,激烈地批判了专制主义的政治与文化,阐述了他的救亡图存和民主主义思想。这段时间也正是他翻译《天演论》的过程。他信奉达尔文和赫胥黎的进化论,并称赞斯宾塞将进化论原理应用于社会,推崇斯宾塞以民力、民智、民德三者判断民族之高下。他以此考察中国之现状,指出清王朝之腐败不堪、行将灭亡,因而极力主张变法图强。但是,他的变法主张,与康、梁在手段上有所不同。他并不主张从政治体制改革做起,立即实行君主立宪制,他认为国内"民质"、"民智"条件尚未成熟,因而主张走逐步改良、稳步前进的道路。他既有民族自强的决心,又认为不可操之过急。他的典型言论便是引证斯宾塞的话:"民之可化,至于无穷,惟不可期之以骤",必须"相其宜,动其机,培其本根,助其成长,则其效乃不期而自立"。[①] 这种"培其本根、助其成长"的途径和方式,便是教育,他主张从教育做起。

在严复看来,变法维新,救亡图强,首先必须改变国民素质,从民力、民智、民德三方面入手,通过教育"鼓民力、开民智、新民德",达到"血气体力之强"、"聪明智力之强"、"德行仁义之强"的目标。从理论到行动,他一直坚守教育岗位,努力从事思想启蒙、学习西方科学知识和民主政治,做改变和提升"民质"的工作。在戊戌政变期间,他并未实际参加维新派的政治活动,而与康有为、梁启超、谭嗣同等人保持相当的距离。这正是政治活动家与教育家的区别。严复的救亡图强的主张,与他的教育救国的理念是融为一体的。他是中国近代教育救国道路的重要开创者,这条道路不仅影响了中国近现代的一批又一批知识分子,而且与今日"科教兴国"的战略方针也不无一致或相近之处。

2. 突破"中体西用"的文化模式

在处理中、西文化关系上,严复当时面临的基本格局是"中体西用"。洋务派思想家张之洞在《劝学篇·设学》中提出:"旧学为体,新学为用,不使偏废。"

---

① 严复:《原强》,载《严复诗文选》,人民文学出版社 1959 年版,第 25、26 页。

1895 年沈毓桂在《万国公报》上已明确使用"中学为体，西学为用"的术语。梁启超在所拟《京师大学堂章程》中规定："夫中学体也，西学用也，二者相需，缺一不可。"①可见不论是早期改良派或洋务派，"中体西用"已是流行的思维模式或惯用术语。这种模式不但为当权的洋务派所倡导，也得到清末朝廷的认可，已成官方模式和教育原则。"中体西用"的原则虽在打破闭关锁国和专制文化统治上起过某些积极作用，但实际上是强调"中学为内学，西学为外学；中学治身心，西学应世事"。表面上主张"中西兼学"，实际上是要维护专制主义的政治制度和儒家的纲常名教，借口学习西方的某些科学技术和政策措施，拒绝学习西方的政治制度和科学理论，企图挽救满清王朝的衰落。在严复看来，"中体西用"，就是治"标"不治"本"。他发起了批评和挑战。甲午战争的残酷现实宣告了洋务运动的破产，也动摇了"中体西用"的原则，从而为严复理论思维的突破提供了契机。

严复从进化论和实验科学的根据出发，分别对中学和西学作了认真地审视，并加以比较。他认为，从科学验证和中国救亡图存的切实需要看，中学中的科举、八股、宋学、汉学，以及词章小道等，属于"无用"、"无实"之类，应当束之高阁。他指出陆王心学貌似研究外物，实际只作"强物就我"的冥思苦想，"其为祸也、始于学术、终于国家"。② 与中学的这种弊端相反，他认为西学是面向社会和现实的，通过实践，讲究实验，因而使西方国家得以富强。他大力提倡的西学，涉及自然科学、社会科学、各种应用科学以及哲学、逻辑学等。他甚至把"救亡之道"归结为"痛除八股而大讲西学"③。严复的这种思想锋芒，直指传统与潮流，使他在一般政界和学界不免处于孤立地位，但他坚持全面学习西方，视为教育的当务之急，变法图强的正确道路。

在维新变法时期，"中体西用"原则不但没有转变，反而有强化的趋势。到1902 年，严复在《与〈外交报〉主人论教育书》这封著名书信中提出体用一致原则，进一步从理论上进行批判。他指出中国近代的学堂教育："总其大经，则不外'中学为体，西学为用'也；'西政为本而西艺为末'也。"④这种模式对中国教育和社会的发展危害甚大。其错误就在于割裂了体、用关系。"体"与"用"本是中国传统思想的两个方面。"体"属于事物的内在、本体的方面；"用"则属于

---

① 《京师大学堂章程》，载朱有瓛编：《中国近代学制史料》（第一辑·下册），华东师范大学出版社 1986 年版，第 656 页。

② 严复：《救亡决论》，载《严复诗文选》，人民文学出版社 1959 年版，第 58 页。

③ 严复：《救亡决论》，载《严复诗文选》，人民文学出版社 1959 年版，第 56 页。

④ 严复：《与〈外交报〉主人论教育书》，载《严复诗文选》，人民文学出版社 1959 年版，第 142 页。

事物的表现、功用的方面。二者不可分离。他引用江苏一举人的话说:"体用者,即一物而言之也。有牛之体则有负重之用,有马之体则有致远之用,未闻以牛为体以马为用者也";"故中学有中学之体用,西学有西学之体用,分之则两立,合之则两亡"。① "中体西用"论者则将中学与西学各自的体用分开,又企图将中学的"体"与西学的"用"相合,这是不可能的,只会使二者消亡。至于"政本艺末"之说,更是"颠倒错乱"。因为所谓"艺"即"名、数、质、力四者,皆科学也"。应是西学的基本内容,正是西方政治和教育的基础。中国的政治之所以"日形见绌",不足以与之竞争,就因不以科学为本,而与社会的通理公则相违背。所以,若"艺"指科学,则"西艺"应是"西政"之本;若"艺"不指科学,则政、艺二者都出于科学,如左右手一般,谈不上本末关系。中国学习西方之所以无效,往往由于当政者对科学一无所通,抓不住根本。这里他不但批判了"政本艺末"的观点,而且强调了科学在社会与政治中的关键作用,表明他把学习西方先进科学作为中国教育的主要方向。这种理论分析,动摇了"中体西用"的模式,开创了一种新的教育模式,贯穿着体用一致的原则。同时,对于中国传统文化,他要求"择其所善者而存之",但新的教育原则应当"求其所本无,非以急其所旧有。中国本无者,西学也,则西学为当务之急明矣"。② 实际上他是要通过教育改革,建立以学习西方科学为重心的融合中西,贯通古今的新文化,使中国走向富强之路。这就为五四新文化运动根本转变"中体西用"模式,启动中国社会从前现代向现代化转型准备了思想条件。

3. 制定"德、智、体"全面育人的方针

严复把变法维新的政治改革的目标转向并落实到教育的层面,便是全面改造和提升国民的素质。他认为,若不改变我国国民的贫、弱、愚的状况,要实现民主政治、救亡图强,是不可能的。他主张竭尽全力,从教育入手,并且接受和发挥了斯宾塞的"德、智、体"三育学说,从三个方面改变和提升国民的素质,实施教育目标的全面育人。

我国传统教育的理想人格是"内圣外王",培养人才的最高目标是"帝王之师",因而倡导"学而优则仕",通过科举制选拔适合做官的人才。这种"官本位"的教育,是以封建政治伦理的价值取向为核心的,在人才的培养和选拔上,偏重于旧的伦理道德,而忽视智力与体质。当然,更加忽视人的自由选择和个性发展。

① 严复:《与〈外交报〉主人论教育书》,载《严复诗文选》,人民文学出版社1959年版,第142页。
② 严复:《与〈外交报〉主人论教育书》,载《严复诗文选》,人民文学出版社1959年版,第146页。

　　严复在激烈批判旧的封建政治和教育制度时,便酝酿新的培养目标。他之所以不主张立即实行民主政治的理由是:"民主弗能自治者,才未逮,力未长,德未和也。"①他已看到,要增进国民的自治能力,教育应从才、力、德三方面入手,进行德、智、体三方面素质的培养。这种视角直接来源于斯宾塞的教育思想。斯宾塞于 1861 年出版其教育名著《教育论》,即《教育:智育、德育和体育》,在西方教育史上明确提出了三育结合的概念。严复从 1845 年发表《原强》开始,通过各种方式介绍,引进斯宾塞的"三育论",指出其"教人之术"是"以睿智慧、练体力、厉德行三者为之纲"②。并且说:"未有三者备而民生不优,亦未有三者备而国威不奋者也。"③他得出结论:"是以今日要政,统于三端:一曰鼓民力,二曰开民智,三曰新民德。"④这便是他改变和提升民质的三纲目,也标志着他的新教育体系的基本建立。三者之中,以开民智为"最急",占据核心地位,以新民德为"最难"。但他认为"三者皆今日至切之务"⑤。他的这种立足于学习西方科学,以智育为核心的德、智、体三育相互联系的新教育观,是我国近代最早提出使人全面发展的思想。它对梁启超的"新民"教育学说有重要影响。梁启超虽在"三民说"的具体内容上有较多的发挥,但基本沿袭了严复的提法,却是以德育为核心,有着更强的伦理色彩。严复是以进化论和近代自然科学为基础,正是克服了中国传统教育偏重伦理的局限,包含较多的科学与进步的成分。"五四"运动前后,蔡元培提出德、智、体、美育相结合,提出"以美育代宗教",培育完善的人格,与其他方面相联系,形成了一个融合中西教育思想,体现真、善、美相统一的中国现代教育思想体系,显然受到严复的影响,吸取了严复教育思想的合理成分。蔡元培在北大和中国现代教育史上的辉煌成就与贡献,和前有严复创造条件,后有蒋梦麟、胡适、傅斯年等人的协助、继承与发扬密切相关。一个孤零零的蔡元培在历史上并不真实存在。

二、严复是北京大学的重要功臣

　　为实现教育救国的理想,严复对北京大学的前身京师大学堂便十分关注

① 严复:《原强》,载《严复诗文选》,人民文学出版社 1959 年版,第 19 页。
② 严复:《原强》,载《严复诗文选》,人民文学出版社 1959 年版,第 15 页。
③ 严复:《原强》,载《严复诗文选》,人民文学出版社 1959 年版,第 17 页。
④ 严复:《原强》,载《严复诗文选》,人民文学出版社 1959 年版,第 26 页。
⑤ 严复:《原强》,载《严复诗文选》,人民文学出版社 1959 年版,第 21 页。

与热心。1902年应京师大学堂管学大臣张百熙之聘，严复出任大学堂译书局总办，直至1904年。他的许多种翻译名著和著名教育论文《与〈外交报〉主人论教育书》都完成于这项任职内。1912年2月袁世凯委任严复为京师大学堂总监督。4月蔡元培任南京临时政府教育总长，旋即向袁世凯建议将京师大学堂改名为北京大学校，并推荐严复为校长。5月3日，严复被任命为北京大学校校长。他任校长为时不过半年多，但他对北京大学的重大功绩却是不可磨灭的。

1. 为北大生存出过大力

从京师大学堂改为北京大学校，是北大从封建官僚型大学向现代型大学的一次重要转折，遭遇曲折和阻挠是难免的。1912至1913年期间，中国的这所最高学府经费奇缺，并曾两次面临被停办的危险。首任校长严复多方设法，筹措经费，并与师生一道反复申辩，奋力抗争，才使北大渡过难关，延续生存。

解决经费困难，颇费周折，但更大的威胁还在于教育部停办北大之议。正当严复在校内一面调整教师队伍，一面使学校工作步入正轨，使北大在国内外发生影响时，北京政府教育部在7月初，却以所谓"程度不高，管理不善，经费困难"为由，提出了停办北京大学之议。这种议论引起北大师生的强烈反对。文科、法科、工科、农科等先后发出各种说帖或请愿书，反对教育部的意图。在广大师生的支持和影响下，严复专向教育部发了《论北京大学校不可停办》①的说帖，针对各种议论，从北大校史、教育现状、大学地位、与国外比较等方面充分阐明了北京大学不可停办的理由。这份说帖条分缕析，笔锋犀利，可谓义正词严，掷地有声，成了直接关系北大命运的一份重要文献。教育部接到说帖后，不得不声明"解散之事，全属子虚"。但又于7月7日下达《北京大学结束办法九条》，要求学生一律提前毕业，给予文凭，不给学位，并规定"本年下学期各分科大学一律不招新生"。实际上仍要停办北京大学。这更使全校师生强烈不满，各科学生纷纷草拟说帖，表示抗议，要求研究学问，反对半途而废。

由于严复校长与全校师生的奋力抗争，加上社会舆论的压力，教育部不得不取消北京大学停办之议和"结束办法"。虽然严复因多次违抗部命，造成积怨，在外部压力下，被迫于1912年10月7日辞去北京大学校长的职务。但在北大存亡关头，首任校长严复带领广大师生排除艰险，使北大转危为安，不仅对北大往后的发展，而且对中国现代教育、文化、科学的发展，都有不可磨灭的贡献。

---

① 严复：《论北京大学校不可停办说帖》(抄件)，北京大学档案馆藏。

2. 为学科改革奠定了基础

严复还向教育部呈送一份《分科大学改良办法说帖》，提出了一个教学与科学研究的改革方案。

（1）高度重视大学的学术地位和师资培养。严复在《说帖》中提出："所聘教习，如非万不得已，总以本国人才为主。"择师条件，应是"本国学博与欧美游学生"；"沈浸学问无所外慕之人"；"优给薪水"使之"一面教授"，"一面自行研究"，"如此则历年以后，吾国学业可期独立，有进行发达之机"。大学将成为"一国学业之中心点"。可见他十分重视大学的师资培养，学术独立和学术水平的提高。

（2）改造文科的方针：兼收并蓄，广纳众流。他建议将经科与文科合并，特别指出："既为大学文科，则东西方哲学，中外之历史、舆地、文学，理宜兼收并蓄，广纳众流，以成其大。"①这与蔡元培的"兼容并包"的思想显然一致。

此外，对于法科，他主张以国文教授本国法律和现行法律为主课，而以外国和历代法律为参考借鉴；对于理工科与农科，他建议选派学生，赴欧美或日本留学深造，并整顿实验室，清理图书、仪器和药品，等等。这个改革方案，说明他研究有素，区别对待，富于远见并且体现融合中西、贯通古今的设想。对蔡元培往后在北大的改革，做了很好的开端和准备。

三、严复思想对当今教育的启示

在维新变法的代表人物中，从政治改革的锐进性说，与康有为、梁启超、谭嗣同相比，严复是比较保守的。在政治体制上，他一开始就比较倾向于君主立宪制，而不是民主共和制。戊戌变法的失败，辛亥革命的流产，使他更加确认自己的主张。他说："天下仍需定于专制。"②又说："鄙人自始至终，终不以共和为中华宜采之治体。"③以至最后支持袁世凯，幻想以强人政治来统一中国。第一次世界大战的情景与后果，更加动摇了他全面学习西方的主张，而返回到中国古代儒家传统："觉彼族（指西方各民族）三百年之进化，只做到利己杀人

---

① 严复：《分科大学改良办法说帖》（抄件），北京大学档案馆藏。
② 严复：《与熊纯如书》第1函，1912年版。
③ 严复：《与熊纯如书》第68函，1920年版。

寡廉鲜耻八个字,回观孔孟之道,真量同天地,泽被寰区。"①以至反对"五四"新文化运动,特别是白话文运动。人们对他一生出现的重大转折表示遗憾、惋惜和不解。严复似乎成为中国近代史上的一个悲剧性人物,往往被低估而冷落于一旁。其实在重大转折中仍有其保持一贯和显示特色的一面,不乏对当今教育和改革的启示与借鉴意义。

1. 思想方法不走极端,保持稳健自强的人生态度

严复一生信奉达尔文的进化论,并积极引进和宣传。他所译《天演论》,对中国人和中国社会的影响极大。《天演论》的显著特点,在于它不是赫胥黎原书的照本翻译,而是依据中国社会的需要,结合译者的理解,有所取舍和评论。赫胥黎原书名《进化论与伦理学》,严复取其前一半,译名为《天演论》,表明同意其进化论,而不同意其将进化论与人类社会相分割的观点。严复运用斯宾塞的普遍进化观念,强调"天演"是自然和人类社会共同的规律。他在《原强》中也说:"达尔文曰,物各竞存,最宜者立,动植如是,政教亦如是也。"但斯宾塞是社会达尔文主义者,强调个体或种族之间的自由竞争、优胜劣败,主张任其自然淘汰、适者生存。这与严复的"救亡图存"的爱国思想相抵牾。因此,严复又用赫胥黎"与天争胜",奋发有为的观点来纠正斯宾塞。总之,严复处于中国被帝国主义瓜分的危亡关头,一方面,他要强调进化规律的普遍性,说明中国社会并不例外,防止中国人自以为特殊而麻木不仁;另一方面,他又要求人们认识这种规律后,力争自强自立,挽救危亡。严复这样翻译并解说《天演论》,便使"中国民气为之一变",获得了一种新的世界观和人生态度,增强了中国人自主、自强的信念。

在中西文化的关系上,他的倾向在不同时期有不同侧重,但基本态度不显偏颇。他在激烈批判专制主义的文化,揭露科举制、八股文的严重弊端时,并未采取民族虚无主义态度而否定传统文化;他在极力主张学习西方,推崇西方文化时,也并未主张全盘西化。他在比较中西文化的种种差别和特点时,也说:"吾实未敢遽分其优绌也。"②他又说,西方文化的命脉,"苟扼要而谈,不外于学术则黜伪而崇真,于刑政则屈私以为公而已。斯二者,与中国理道初无异也。顾彼行之而常通,吾行之而常病者,则自由不自由异耳。"③总之,他认为西方文化之所以能以学术为本,崇尚真理,就在于它能"以自由为体,以民主为

①　严复:《与熊纯如书》第 59 函,1918 年版。

②　严复:《论世变之亟》,载《严复诗文选》,人民文学出版社 1959 年版,第 5 页。

③　严复:《论世变之亟》,载《严复诗文选》,人民文学出版社 1959 年版,第 5 页。

用"。或者说,就在于自由与平等。他试图以西方近代的自由、平等观念,以及由此产生的科学与民主,来改变中国的专制政治与文化。但他十分审慎,考虑中国社会的实际状况,特别是中国的"民质"、"民智"状况,是否具备实施民主政治的条件,如果条件不合,急于推行,就可能造成社会的激烈动荡,带来风险与危害。因此他主张渐进性的改良,先作思想启蒙,实施教育改革,大力进行"鼓民力,开民智,新民德"的工作,为施行民主政治创造条件。他的这种观点和主张,在革命与战争的年代,难免被指责为"改良主义"、"保守主义"和"庸俗进化论",并被加以"空想"、"倒退"、"反动"的罪名。但当革命与战争的风雨过去,和平和建设的主题突显,当人们冷静地反思百余年来的中国近现代历史时,就会感到,那种不顾生产力水平、客观条件和群众觉悟,急于推行生产关系和政治思想领域的大变革,人为地制造斗争和动荡,不仅欲速则不达,而且给国家和民族造成的灾难、付出的代价实在太大了。这也使我们想到,严复对待社会问题的比较稳健的态度和渐进式改革的设想,他的那种不走极端,寻求平衡,比较符合"中庸"的思维方式,对我们当今的体制改革和现代化建设,不是包含许多启发和借鉴的因素么?

2. 密切关注人,推进国民素质的改造与提升

严复怀着爱国主义情怀,密切关注人,把变法维新、救亡图存与国民素质结合起来思考。他从国民素质的深层结构上剖析中国近代走向衰落的内在原因,并把国民素质的改造与提升看作实行民主政治的前提。

严复从社会心理的角度,结合中西民族特点的比较,曾经揭示国民性格的种种劣根性,如好古忽今、因循守旧;民族自封、排外或媚外;互不信任、猜疑嫉恨;盲目附和、一哄而起,等等。有时他又把国民性格概括为"贫"、"弱"、"愚"的特点,其中"愚"起主导作用,他说:"无学而愚,因愚而得贫弱。"①把"愚"治好,便是最急要的事。所以他的教育思想以"开民智"为重心。他又认为,民族性格之优劣,主要形成于青少年时期,因而改造国民性格,必须从青少年时期开始。严复有着民族自强、自立的高度信念。但民族的强盛必须表现为"血气体力之强"、"聪明智虑之强"、"德行仁义之强",他要求在教育体系中通过体育、智育、德育来达到这种目标。在注重传统文化学习的同时,他又特别强调引进西方自然科学的内容,从进化论和唯物主义的经验论出发,提倡科学态度和科学的思维方法,改变照本宣科、唯书是从的习气,培养独立思考、辨别是非的能力。

---

① 严复:《与〈外交报〉主人论教育书》,载《严复诗文选》,人民文学出版社 1959 年版,第 145 页。

严复对国民劣根性的批判与改造的见解,虽然缺乏经济结构的剖析,理论上难以深入到本质,而且他也是在传统之内批判传统,在不根本触动社会经济和政治制度的条件下,要从总体上转变和提升国民素质,也是不现实的。但他高度重视国民素质问题,全面批判了国民素质的劣根性,并且把政治变革的设想建立在国民素质的基础上,采取谨慎态度,反对和防止操之过急。这种郑重而缜密的思考,不但对"五四"时期的代表人物陈独秀、胡适、鲁迅等有所启发——他们都涉及过国民性格的劣根性问题——而且对当今总结制度变革的经验教训,深化政治体制改革、推进现代化建设,都不失借鉴意义。

在严复看来,政治体制变革的成败,多半决定于民质、民心是否相适应。历史上管仲、商鞅变法能有所成,而王安石变法所以受阻,不在于法本身或变法者的用意如何,而在于变法与当时的风俗人心是否相宜。他引证达尔文的话说:"物各竞存,最宜者立。"生物如此,政教亦如是。上世纪50年代,最高领导者不顾生产力水平和农民觉悟水平,急于求成的实行"农业合作化"和"人民公社化",试图跑步进入"共产主义",结果造成了生产力大破坏,出现大灾荒、大饥馑的年代。60年代的一场政治大革命,滥用"四大"形式的"大民主",结果无政府主义泛滥,造成了一场十年浩劫的民族大灾难。这种沉痛的教训,至今没有从理论上进行深刻的反思和总结。严复的思想难道不值得我们借鉴和参考么?再看我们当前的现代化建设,它的宏伟目标与普遍较低的民族道德文化素质之间,仍然存在着尖锐的矛盾。"中国的现代化",是多方面、多层次的现代化,既有物质、经济的层面,又有精神、文化的层面。经济是基础,经济建设是整个现代化建设的中心,但民族精神、文化建设又是现代化建设的动力和支柱。中国社会的现代化,从最深层、最本质的方面看,也就是实现中国人的现代化。单是国民经济生产总值的上升指标,决不意味着整个民族的崛起。而且,整个民族精神的衰退和道德文化素质的下降,正潜伏着更深层次的危机。严复高度关注人,关注国民素质的思想,对当今的现代化建设也是值得高度重视的。

3. 重视人才培养,为人才的涌现创造条件

严复把人才的发现和培养看作治本的重要方面。中国问题的关键常在人才的缺乏,而人才之不济又是由于民智的低劣。所以中国要强盛,首要的是尽力开民智,普遍提高民众的智力水平,这便是他始终从事教育的目标。他在《拟上皇帝书》中又讲到:"夫人才者,国之桢干也。无人才则所谓标、本之治皆

不行";"臣闻天下非(求)财之难也,而理财为难,又非求才之难也,而知才实难"。[①] 的确,民族的兴旺,国家的强盛,必然由于人才与财富的充足,但二者之中,人才更为根本。积聚和使用财富,都需要善于管理的人才,没有这种人才,已有的财富也会失去。在严复看来,不论治标、治本,善于培养、储备和选拔人才,都是头等重要的事情。否则,政治变革、国家富强,都不过是一句空话。

严复重视人才的思想,值得我们反省历史的教训。我国 20 世纪 50—70 年代的极"左"思潮,通过一系列政治运动和意识形态领域的大批判,对许多知识分子、社会精英实行了政治围攻和无情打击,造成了各方面人才的重大损失。"文化大革命"的十年浩劫,是对文化和人才的最大浩劫。改革开放以来,在市场经济的大潮中,由于实用主义、拜金主义的侵蚀,知识分子中又滋长着急功近利和追名逐利的思潮;同时左倾路线的压抑虽已解除,但由于学术与政治的界限仍易混淆,学术的禁区、险区、难区依然存在,知识分子学术上自由探讨、自由争鸣的氛围仍然淡薄,学术的不同派别难以形成、因此高质量的创新性人才难以涌现。

我们的民族要真正崛起于世界民族之林,建立起民主富强的现代化国家,就必须培养和振兴一种自强不息的民族精神,百倍努力地提高整个民族的道德文化素质,认真贯彻兼容并包、思想自由的方针,创造良好的学术文化氛围,使创新型的高质量人才脱颖而出,并不断涌现。只有这样,才有可能在我国真正出现学术文化的大繁荣和大发展,现代化建设的宏伟目标才有可能实现。

---

① 严复:《拟上皇帝书》,载《严复集》,中华书局 1986 年版,第 77 页。

"孔虽旧教 其意维新"

——陈焕章的儒教观及其教育影响

张亚群[*]

摘　要:具有进士和博士双重身份的陈焕章,曾任北京孔教总会主任和孔教大学校长,在中国近代儒教发展史上具有突出地位。其儒教观既受康有为思想和留美教育的影响,也是特定时代社会文化变革的产物。他以西学方法,系统阐释儒家经济学说与宗教思想,将儒学改造为"孔教";其思想内涵包括孔教的性质、地位、作用、传播方式与改良等问题。他"昌明孔教",并非复古守旧,而是结合时代发展需要改良孔教。其儒教研究著作及办学活动,促进了国学人才培养和儒学文化的现代转型,对于中国对外文化教育交流产生深远的历史影响。

关键词:陈焕章;进士;博士;儒教观;教育影响

辛亥革命后,中国教育的性质、宗旨和内容发生了深刻变化。学校教育从尊孔读经转变为以西学为主导,中国文化跨入多元激荡、革故鼎新的转型期。在新的教育体制下,如何延续教育传统,如何实现儒学文化的现代转型,成为时人争论的热点问题。一个世纪过去了,中国社会、政治、文化、教育发生了一系列重大变革,国内学人对于孔子、儒学和清末民初教育变革逐渐有了新的认识与评价。本文以民初"孔教"的主要倡导者陈焕章(1880-1933)为个案,探析其儒教观的形成原因、基本内涵与教育影响,从一个侧面揭示 20 世纪初期儒学教育演化的特征、趋向与作用。

---

　　* 作者简介:张亚群,厦门大学教育研究院教授。本文曾刊于《河北师范大学学报》(教育科学版)2012 年第 1 期。

一、从康门弟子到哥大博士

陈焕章是广东肇庆府第一位博士,也是中国由进士出身而获得国外博士之第一人,在中国近代儒教传播、发展和中外文化交流史上具有突出地位。他先后就读于广州"万木草堂"、京师大学堂"进士馆"及美国库克学院、哥伦比亚大学,受过系统的传统儒学、现代经济学教育,由此奠定深厚的国学与西学根底。他以西学方法,系统阐释儒家经济学说与宗教思想,将儒学改造为"孔教",并发起成立"孔教会",利用宗教组织方式和办学活动,在海内外传布儒教,弘扬中国文化。从思想渊源来看,其儒教观的形成,是与传统教育熏陶及社会文化变革影响密切相关的。

首先,早年的儒学教育,塑造其儒教观之雏形。

陈焕章出身于广东高要县仕宦之家,自幼在家塾受到严格的科举教育。14 岁中秀才,为同科最年幼的中试者。15 岁赴省城求学于康有为创办的"万木草堂"。在这里,"康先生讲学的内容,是以孔学、佛学、宋明学(陆王心学)为体,以史学、西学为用";"每论一学、论一事,必上下古今,以究其沿革得失,并引欧美事例以作比较证明"。万木草堂并无考试制度,全在"功课簿"上窥察各人造诣之深浅;亦不分年级与班次,只在旧学生中推举出两三名"学长",领导新生读书。在康有为的指导下,"草堂弟子在学习上都是很用功的"①,形成了良好学风,在两广、北京、上海产生了重要的社会影响。

作为康门弟子,陈焕章博览群籍,研读数年,深受影响。康氏关于建立"孔教"、以孔子"诞辰"为纪年的主张和理论,成为陈焕章的儒教观来源之一。正如他后来所言:"我要深切地感谢我的老师康有为,从他那里,我获得了孔教的概观。"②陈焕章与同门梁启超等力倡尊孔。1899 年,他在家乡设立"昌教会",于陈氏家祠供奉孔子牌位,"合一族之男女老少悉入会中"③。20 世纪 10 年代后,陈焕章逐渐成为孔教运动的主将。

其次,留美教育拓展其儒学研究的深度与广度,为其儒教观的构建提供了

---

① 梁启勋:《"万木草堂"回忆》,载陈学恂主编:《中国近代教育史教学参考资料》(上册),人民教育出版社 1986 年版,第 358、360 页。

② 陈焕章:《孔门理财学》,韩华译,中华书局 2010 年版,"作者自序"第 3 页。

③ 《经世报》(第一卷·第一号),1922 年 1 月。

理论基础和思想体系。

在清末教育变革中，陈焕章既是新式教育的受益者，亦是热心参与者。1902年，他任广州时敏学堂教习，翌年任校长。其间，他向该校外语老师学习英文，为其后留学美国打下语言基础。1903年，考中举人，次年中进士。作为中国科举史上的末科进士，他入进士馆肄业。废科举不久，他禀请学务处，获准留学美国。先入库克学院学习英语，1907年考入纽约哥伦比亚大学学习政治经济学。

留美期间，陈焕章系统学习西方经济学、哲学等理论知识，接受近代科学研究方法的严格训练；另一方面深入研究孔子学说，继续传播儒教。1907年，他"在美国纽约亦创立昌教会"①，并筹款建立孔教义学，自任校董。为了探究并向世界介绍中国文化，他结合自己的学术专长，选择"孔子及其主要弟子的理财之道"作为研究主题。1911年8月，他用英文撰成博士论文：《孔门理财学》(*The Economic Principals of Confucius and His School*)。"这是在人类所有语言中首次以一种语言系统地介绍了孔子及其学派的理财之道的尝试"②，由此获得哥伦比亚大学哲学博士学位。

这篇博士论文以"孔教"为基本理念，"称孔子的著作为圣经"，并简述"孔教源流"，③初步阐释了儒教的观念。哥伦比亚大学华文教授、德裔汉学家费雷德里克·夏德(Friedrich Hirth)认为："陈博士之为后学也，诚可谓有功于其大教主者矣。……彼既为孔教中人，又得西方科学之法以精研之。西方之读者于其书也，其将由纯粹之孔教家，而见孔教之代表也乎。"④

再次，陈焕章的儒教观也是特定时代社会文化变革的产物。

陈焕章学成归国，正值满清帝制被推翻，民国初创，社会急剧变革。作为"孔教"卫道者，他应美国在华传教士李佳白(Rei. Gilbert)之邀，1912年7月20日、27日，在上海尚贤堂(The International Institute of China)先后发表"论孔教是一宗教"、"论中国今日当昌明孔教"的演讲。1913年，其演讲稿结集为《孔教论》，由孔教会事务所出版。李佳白作序称："高要陈君重远，以中国经学家之健者，为欧美留学界之闻人，目击时变，怒焉忧之"；"陈君乃本其枕葄

① 《孔教会纪事·澳门支会》，《经世报》(第一卷·第一号)，1922年1月。
② 陈焕章：《孔门理财学》，韩华译，中华书局2010年版，"作者自序"第4页。
③ 陈焕章：《孔门理财学》，韩华译，中华书局2010年版，第15、25～30页。
④ 《孔门理财学序·华文教授夏德先生序》，载周谷城主编：《民国丛书》(第四编·第2册)，上海书店，1992年版，第82页。

之所得,参以欧美之见闻,著为演说稿".① 实际上,《孔教论》是提挈《孔门理财学》的要旨,联系当时现实,对孔教作系统化、理论化的阐释。

此外,陈焕章还撰写《孔教会序》(1912 年 10 月)、《孔教经世法》(1918年)、《儒行浅解》(1928 年)等,进一步论述弘扬孔教的必要性、紧迫性及途径、方法。他强调:"敷教在宽,藉文字语言以传布;有教无类,合释、老、耶、回而同归,创始于内国,推广于外洋,冀以挽救人心,维持国运,大昌孔子之教,聿昭中国之光。"②这是其倡导孔教之根本目的。

二、儒教观的基本内涵

孔子创立的儒家学说,自汉代立为官学后,在中国古代思想文化和教育史上长期居于统治地位。汉唐而下儒、释、道并称"三教",但此"儒教"乃是泛称,与"儒学"并无本质差异。清末民初"儒教"一词开始流行,习称"孔教",是指将孔子学说视作宗教。其思想可溯源于董仲舒的今文经学派,而以康有为《孔子改制考》所提出的"孔子创教"说为肇端。陈焕章的儒教观是这一儒家宗教思想的继承与发展,涉及孔教的性质、地位、作用、传播方式与发展等问题。其思想内涵约有以下诸端。

其一,强调孔教的宗教性质,认为"孔子是一教主",孔教"为一特别宗教"。

陈焕章从"宗教"的界说入手,辨析西文 Religion 与中文"教"字的含义差别。他指出:"若以英文之狭义求之中文,则以礼字为较近";"礼之起原(源),始于祭祀,即西人之所谓宗教,而我国亦有礼教之称。"他依据《中庸》有关"教"字的界说:"天命之谓性,率性之谓道,修道之谓教",评论孔教的性质,提出"修道者,修正人之云为思虑,以纳于率性之道,而合于天命之性也。此乃尽人合天之功,而致力于天人相与之际者",这就是孔教之"教"的含义。③

为了阐释孔教的宗教性质,陈焕章从孔子的"教主"地位,孔教之名号、衣冠、经典、信条、礼仪、鬼神观、灵魂观、报应说,以及孔教之传布、统系、庙堂、圣地等方面,举例详加论说。

---

① 陈焕章:《孔教论》,"美国李佳白先生序",载周谷城主编:《民国丛书》(第四编·第 2 册),上海书店 1992 年版,第 1 页。

② 陈焕章:《孔教会序》,载周谷城主编:《民国丛书》(第四编·第 2 册),上海书店 1992 年版,第 96 页。

③ 陈焕章:《孔教论》,周谷城主编:《民国丛书》(第四编·第 2 册),上海书店 1992 年版,第 2 页。

其二,重视孔教的宗教功能与现实价值,提出改良与昌明孔教是社会发展的要求。

陈焕章指出:"夫宗教者,人类所不能免者也。其发达在政治之先,其重要与政治相并,而其功效在政治之上。"他列举中国历史上"孔教以往之大功",认为:"以区区数百年之国事,殊不足以定宗教之优劣";中国数千年文明之传承不坠,乃受"孔教之赐"。他说:"以孔教之精深博大,故能孕育中国之民族而陶铸之。根深蒂固,沦肌浃髓,虽屡遇国难,而国终能有以自振。盖孔教者,中国之灵魂也。孔教存则国存,孔教昌则国昌。"① 他辨析文化传统与爱国之密切关系:"所谓爱国者,非谓爱其土地人民已也,犹有文化焉。土地人民之爱,爱于有形;文化之爱,爱于无形。惟有无形之爱,故能于有形之爱,结不解之缘。"由此阐明,"诚有欲激发吾国民之爱国心",应培植其对孔子和孔教的崇敬之情。②

在孔教与现实关系上,陈焕章认为,孔教的思想精华,适用于今日之个人、家庭、国家、社会及世界。他列举《大学》篇的"修身"之义,陆王学派所倡导的"自由自任"之说,认为这是孔教之正脉;提出"自由自任两义,相需而相足也"。他从夫妇、父子、兄弟三伦关系,阐释孔教有关家庭伦理的现实意义;从"泛论君臣之伦"、"重民主义"和"爱国主义"三方面,论证孔教与民主国家并存不悖;从"朋友至伦"、"博爱之道"、"社会政策"和"慈善事业"四方面,解析孔教对于社会的价值;从"世界大同"、"平天下"的理念以及文化融合的视角,阐明孔教适用于当今世界,认为:"文野无定名,不以地域,不以人种,而惟以礼义为断,此芟除种界之义也。"③

值得指出的是,陈焕章"昌明孔教",并非复古守旧,而是结合时代发展需要改良孔教。他认为儒家一贯倡导革新,强调:"孔虽旧教,其意维新";"苟欲探本于孔子,固非将孔教改良不可矣。况当今革命之后,其教义之不适时用者,尤非更变不可"。④ 他还提出,在新的社会环境下,弘扬孔教的优良传统,与科学发展、思想自由并不矛盾,也无碍于外交;作为"正本清源之办法",它有利于保持国民的文化特性,维持社会秩序,激发国民爱国心,传承民族宗教、道德、言语、文学,促进国际文化交流合作。

---

① 陈焕章:《孔教论》,周谷城主编:《民国丛书》(第四编·第2册),上海书店1992年版,第2、29页。

② 陈焕章:《孔教论》,周谷城主编:《民国丛书》(第四编·第2册),第55页,上海书店,1992年版。

③ 陈焕章:《孔教论》,周谷城主编:《民国丛书》(第四编·第2册),上海书店1992年版,第31—49页。

④ 陈焕章:《孔教论》,周谷城主编:《民国丛书》(第四编·第2册),上海书店1992年版,第50页。

其三,主张以宗教组织形式,推动孔教传布。

陈焕章认为,孔教乃合宗教与教育为一体。为了昌明孔教,他提出十一条办法。一是在全国遍立孔教会。该会会务分讲习、推行两部,前者包括经学、理学、政学、文学四类;后者分为敷教(讲道化民)、养正(拜圣读经)、执礼(考礼正俗)及济众(仁民爱物)四类。① 二是特立教会籍。三是特设教旗。1909 年,陈焕章曾在美国纽约制定孔教旗,为各商店庆祝孔子诞辰之用,沿用数年。其旗为黑、白、赤三色,取"三统"、"三世"之义。四是以孔子纪年。提出:"除关于政事用民国纪元外,其余各种人事,皆兼用孔子纪年。"五是遍祀上帝而以孔子配祭。六是以学校为孔教教堂,学校皆祀孔子。七是学校讲经。每日授课前,师生齐集礼堂,由教师讲经一章。八是来复日集众讲教。九是庆祝孔子诞辰。称孔子诞辰为"圣诞日"、"大成节"。于孔子故里举办全国大会,各地组织谒圣团前来参加纪念活动。十是以孔教会主吉凶之礼。十一为发奋传教。②

其四,适应时代变革要求,提出孔教将来进化之取向。

为了改良孔教,陈焕章提出了孔教进化的七个方面,包括:"混合全球"、"变化种色"、"大振女权"、"同为天民"、"公营生业"、"博爱众生"以及"同止至善"。其文字表述虽有不同,而其含义与近代时代发展潮流颇相契合。如其主张"破除国界",倡行"天下为公"的儒家政治理想;"改良人种,以同一世界之人类";"女子与男子各各独立";"货恶其弃于地,不必藏诸已;力恶其不出于身,不必为己"、"天地所生,非一家之有,有无当相通"的儒家社会、经济思想;"戒杀放生",等等。③ 这些观念与近代以来的"全球化"、种族融合、男女平等观念、社会主义、环保主义等思潮,不无相通之处。

三、儒教观的教育影响

陈焕章的儒教观在历史上产生多方面影响。以往学人着眼于政治影响,认为其组织孔教会和办学活动,是为了复辟帝制,抵制新文化运动,"反对人民

---

① 陈焕章:《孔教会开办简章》,周谷城主编:《民国丛书》(第四编·第 2 册),上海书店 1992 年版,第 98—99 页。

② 陈焕章:《孔教论》,周谷城主编:《民国丛书》(第四编·第 2 册),上海书店 1992 年版,第 59—62 页。

③ 陈焕章:《孔教论》,周谷城主编:《民国丛书》(第四编·第 2 册),上海书店 1992 年版,第 49—50 页。

革命,维护北洋军阀的反动统治"①。近年来,随着研究视角的扩大,学术界对
于陈焕章的儒教观及其文化教育活动的评价趋于正面。有的论者认为:"他用
西方现代学术方法重新阐释孔子思想,为实现孔子学说的现代转型而努力,应
是有创意的高明之举。在民国初年那种新旧理念交织,崇新思变成为主流的
岁月里,提倡尊孔之举,对于保存和发扬国魂、国性和国粹,有着特殊而宝贵的
思想价值和现实意义。"②还有学者提出:"从某种意义上说,陈焕章等人为以
后新儒学'返本开新'主张,或许作了一定的铺垫。"③以下主要从著述、传教和
兴学三方面,简析其儒教观的教育影响。

首先,其儒教研究著作在中国近现代教育史上占有重要地位。

陈焕章对于孔子和儒教做过系统、深入的研究。从撰写博士论文《孔门理
财学》,发表《孔教论》演讲,到出版《孔教经世法》、《儒行浅解》,其儒教著作在
海内外产生广泛的文化影响。1912 年 5 月,陈焕章应邀至"共和建设研讨会"
演讲《孔门理财学》之大略,明确指出其作是书,"本含有昌明孔教,以发挥中国
文明之意思。盖西人每多鄙夷中国,几以为世界之文明,惟西方专有之,而中
国未从占一席也"④。其著《孔门理财学》作为"哥伦比亚大学历史、经济和公
共法律研究"丛书之一,1911 年在纽约和伦敦出版,以英文媒介向西方学术界
展示了中国古代经济思想与制度,促进了西方学者对中国文化的认识。中外
学人高度评价其学术与文化价值。

哥伦比亚大学理财学教授亨利·施格(Henry Seager)为之作序称:"孔教
为一理财大法,犹其为一道德大法及一宗教大法也。凡解决中国今日危难问
题所必须之要素,孔教纵或不全有之,亦可谓包含最多者矣。此等意义,凡能
读是书者,无一人不信服者也。"⑤

在国内,《维新报》评论道:此书"发挥孔教大义、理财学说,融汇经史,比较
中西。中国人以理财言孔教者,当以陈先生为始,实于孔教中开一新学派;中
国人以西文著书,传布孔教,而全书以孔教纪年者,又以陈先生为始,实于孔教

① 郑则民:《陈焕章》,载李新、孙思白主编:《民国人物传》(第二卷),中华书局 1980 年版,第
393—398 页。

② 邸永君:《陈焕章:尊孔崇儒,矢志不渝》,载《中国民族宗教网》,2007 年 1 月 23 日。

③ 韩华:《民初孔教会与国教运动研究》,北京图书馆出版社 2007 年版,第 298 页。

④ 陈焕章:《孔教论》,载周谷城主编:《民国丛书》(第四编·第 2 册),上海书店 1992 年版,第
55 页。

⑤ 《孔门理财学序·理财学教授施格先生序》,载周谷城主编:《民国丛书》(第四编·第 2 册),上
海书店 1992 年版,第 83 页。

中开一新纪元"①。英文《东方评论报》评介:"是书也,有莫大之价值于西方世界者也。……是书之题目虽含义甚广,而作者独自显其能,使凡西方之通儒及学生,与夫普通之读者,皆能明瞭。此诚华人未有之著作也。"②伍廷芳称:"是书阐发精微,考据详瞻,以新学之诣力,发旧学之幽光,得传孔教于他邦,重表圣功于后世。使非学有根源,才通经济者,曷克臻此。"③

不过由于语言等原因,上世纪内,《孔门理财学》在国内并未完整出版,仅附于《孔教论》一书,发表其中译之"目录"、作者演讲"旨趣"、华文教授夏德先生及理财学教授施格先生的"序"片断。随着国内改革开放的发展,2005 年 5 月,岳麓书社首次影印出版其英文本。2009 年 10 月、2010 年 8 月,中央编译出版社版和中华书局版,相继出版翟玉忠、韩华所译的中文本。

另据香港孔教学院统计,陈焕章所著《孔教论》,自孔教会事务所 1913 年初版后,至 1990 年已为香港孔教学院重刊八次;其《儒行浅解》一书,至 1991 年已重印五次。这些表明,其著述至今仍产生重要的教育影响。

其次,坚持以宗教形式弘扬儒学,在国内及香港产生广泛的教育影响。

1912 年 10 月 7 日(孔子诞日),陈焕章与麦孟华、陈三立等 14 人在上海成立孔教会。他为之作序,强调:"以讲习学问为体,以救济社会为用;仿白鹿之学规,守蓝田之乡约;宗祀孔子以配上帝,诵读经传以学圣人。"④在组建各地孔教分会,维护孔庙庙产,传播孔教经典等方面,他发挥了重要的推动作用。1913 年 2 月,他创办《孔教会杂志》,1917 年接办《北京时报》,改名《经世报》。1918 年,陈焕章被推举为民国参议会参议员,提出"孔子诞辰应张灯结彩,放假庆祝"的提案,获国会两院通过。次年,他在北京发起筹建"孔教总会"会堂,进一步推动各地孔教会传布孔教活动。受"五四"运动后时代趋向的影响,陈焕章重视发动社会下层民众的作用,制订新的《行教方针》。他提出具体的推行方法:"以年龄言之,当特别加意于少年也";"以职业言之,当特别加意于农工商兵者也";"以男女言之,当特别加意于妇女也";"以地方言之,当特别加意

---

① 《孔门理财学之评论》,载周谷城主编:《民国丛书》(第四编·第 2 册),上海书店 1992 年版,第 84 页。

② 《孔门理财学之评论》,载周谷城主编:《民国丛书》(第四编·第 2 册),上海书店 1992 年版,第 87 页。

③ 《孔门理财学跋》,载周谷城主编:《民国丛书》(第四编·第 2 册),上海书店 1992 年版,第 89 页。

④ 陈焕章:《孔教会序》,载周谷城主编:《民国丛书》(第四编·第 2 册),上海书店 1992 年版,第 96 页。

于乡村也"。在其领导下,孔教会又有新的起色。① 1926 年,陈焕章赴东南各国传扬孔教。次年,应邀请赴瑞士日内瓦参加世界宗教和平大会,被大会推举为副会长。

南京国民政府建立后,采取多项措施,限制孔教会活动。1928 年 2 月,大学院通令废止传统祀孔,并加强对文化教育的控制,孔教会的影响日渐衰落,陈焕章不得不转向香港传布儒教。1937 年 8 月,孔教会被改为中国孔学总会。

最后,以"昌明孔教"为宗旨,兴办基础教育和高等教育,促进了国学人才的培养和民族文化的传承。

陈焕章认为:"凡宗教必有教堂,孔教之教堂,则学校是矣。或曰文庙,或曰圣庙,或曰学宫,要而言之,则孔教之教堂而已。"②因此,办学讲经一直是孔教会的两大任务之一。在陈焕章的推动与领导下,国内各地陆续成立的孔教分会、支会,纷纷开办孔教学校。

如:北京清华学校孔教分会,就是陈焕章的促成下,由该校学生曹珽、瞿国眷、沈鹏飞、汤用彤和吴宓筹办起来的。1916 年 11 月 4 日举行成立会,"并请陈君演讲,迄今七年以来,成绩卓著。办有星期日学校及通俗演讲之属,会员常数百人,皆勇锐可佩。其游美而毕业回国服务于中外者,已虽不乏人"③。据 1922 年 2 月《经世报》第一卷第二号所载:孔教会江苏丰县支会,自 1920 年在当地文庙成立后,1921 年春创办两等小学。"学生八十余名,分三班教授。以经书、国文、算术为主课,兼习英文。教师皆尽义务,学生半免学费。"福建龙岩支会,"设小学校一所,注重读经、讲经,须遍读《孝经》、《四书》,方能毕业。男女学生共七十余名,分堂教授"。另据 1925 年 7 月《经世报》第三卷第二号所载:龙岩支会"设立高、初两级小学,凡五、六处,所收学生达数百人"。陕西支会创办国粹学社,所聘教员皆一时名宿,"故开办三年,成绩优美。近又附设星期讲学会,请耆硕公开讲演,以实行我孔教有教无类之旨焉"④。各地支会办学事例,在《经世报》多有记载,难以备举。

此外,陈焕章还积极支持香港及海外华侨社团兴办孔教学校。中国孔教会成立后,纽约昌教会乃改为纽约孔教支会,办理所属孔教义学。1923 年春

---

① 张颂之:《孔教会始末汇考》,《文史哲》2008 年第 1 期。
② 陈焕章:《孔教论》,载周谷城主编:《民国丛书》(第四编·第 2 册),上海书店 1992 年版,第 27 页。
③ 《孔教会纪事·北京清华学校孔教分会》,《经世报》(第一卷·第二号)1922 年 2 月。
④ 《孔教会纪事·陕西支会》,《经世报》(第三卷·第一号)1925 年 4 月。

（农历正月十六），香港孔圣会高、初两等小学开学，特请陈焕章主持并致词。他勉励学生："今既入孔圣会学校，则必须养成一种特殊精神，念念以效法孔圣为主。……以学孔为志。"①

为了承"古者明堂、太学之遗意"、"明先圣之道，育天下之英"，②陈焕章还创办以孔教、国学为专业的高等教育机构。他通过募捐，多方筹措办学经费，兴建孔教总会堂，于 1923 年 7 月在北京创立"孔教大学"，并任校长。1930 年，他从欧洲讲学返回香港，创立"孔教学院"，自任院长；设立孔教中学（后易名为大成学校），以弘扬孔道及兴学育才为宗旨。有关孔教大学和孔教学院办学的历史影响，本人另有专文探讨，此不赘述。

在纪念辛亥革命百年之际，透过陈焕章的兴学轨迹，反观社会急剧转型中一代士人的文化与教育追求，颇有启迪意义。

在清末民初的政治大变革中，儒学教育及传统文化受到极大冲击，士人在儒学与西学、传承与革新之间面临艰难的文化选择。从清末进士到留美博士，陈焕章兼习中西文化，参与教育变革，以尊孔、改良、育才为毕生追求。时人称誉其著《孔门理财学》："际此民国财政困难之秋，此书洵为出色当行之作。倘能充其平昔计学之精深，出谋国是，吾知其坐而言者，必能起而行也，岂仅有功名教已哉！"③然而，在其后急剧的政治变迁中，他屡遭坎坷，难以施展其学术专长。

就教育影响而论，陈焕章所倡导的儒教观及其办学实践，产生了深远的历史影响。儒学是否为宗教，学术界虽有不同认识，但均不否认其社会教化功能。儒学研究大家任继愈、蔡尚思先生晚年认为："儒教是中华民族土生土长的宗教。"④在近代"西化"教育大潮下，陈焕章以变革儒学、传布孔教为己任，致力儒学文化的现代转型，曾产生积极的历史作用。他创办的香港孔教学院，历经 80 余年的薪火相传，现已成为香港六大宗教之一，也是联合国确认的 13 个传统宗教之一，其文化影响由此可见一斑。

---

① 《陈博士香港孔圣会两等小学开学训辞》，《经世报》（第二卷·第一号），1923 年 2 月。

② 北京孔教总会、香港孔圣会：《筹建孔教总会堂以办孔教大学启》，《经世报》（第二卷·第一号），1923 年 2 月；陈焕章：《开办孔教学校专经部启》，《经世报》（第二卷·第四号），1923 年 5 月。

③ 《孔门理财学跋》，载周谷城主编：《民国丛书》（第四编·第 2 册），上海书店 1992 年版，第 89 页。

④ 蔡尚思：《儒教是宗教》，《文汇报》2001 年 7 月 28 日。

还原一个全面真实的陶行知

——《陶行知年谱长编》编撰手记

周洪宇　　刘大伟*

摘　要：《陶行知年谱长编》本着还原一个全面真实的陶行知为宗旨，通过对史料的考订甄别，归纳排比，将陶一生的著作、诗歌和书信"择要摘录，分年编入"。《年谱长编》不仅可以让读者对陶行知一生的思想发展有一极为深刻的了解，还可以使读者在阅读过程中触摸到一个"生活的"、全面真实的陶行知。

关键词：陶行知；《陶行知年谱长编》；编撰手记

一

清人章学诚谓："年谱，一人之史也。"[①]一部好的年谱，谱主的言论行事，更足以让千百年后的学人感发兴奋，其学术价值和社会影响丝毫不亚于人物传记，而就其资料翔实程度言却又远胜于传记。胡适认为"最好的年谱可算是中国最高等的传记"[②]。章学诚将年谱长编称为"比类"，亦认为："比类之业者，必知著述之意，而所次比之材，可使著述者出，得所凭藉，有以恣其纵横变化；又必知已之比类与著述各有渊源，而不可以比类之密而笑著述之或有所疏；比类之整齐而笑著述之有所畸轻畸重，则善矣。盖著述譬之韩信用兵，而比类譬之萧何转饷，二者固缺一而不可；而其人之才，固易地而不可为良也。"[③]

近人所撰年谱之中的佼佼者不胜枚举，如丁文江的《梁任公先生年谱长

---

*　作者简介：周洪宇，华中师范大学教育学院教授；刘大伟，华中师范大学教育学院博士生。

①　梁启超：《中国近三百年学术史》，岳麓书社出版社 2010 年版，第 333 页。

②　胡适：《〈章学斋先生年谱〉序》，载欧阳哲生编：《胡适文集》（七），北京大学出版社 1998 年版，第 26 页。

③　章学诚撰，李春伶校点：《文史通义》，辽宁教育出版社 1998 年版，第 254 页。

编》、胡颂平编撰的《胡适之先生年谱长编初稿》、汤志钧编撰的《章太炎年谱长编》、陈锡祺主编的《孙中山年谱长编》等。这些年谱各有特色,如《梁任公先生年谱长编》,不仅弃文言改用白话,更是在谱中积聚大量的往来信札,使其成为《梁谱》的一大特色,并为学界所重视。胡颂平的《胡适之先生年谱长编初稿》,则是将胡适 50 余年中的一切论学论政的文字都"择要摘录,分年编入",故余英时称之为"谱主著作的编年提要","可以对谱主一生学术思想的发展获得一极清晰而深刻的认识"。[①] 而胡适本人所撰《章实斋先生年谱》更具有开创性,"不但要记载他的一生事迹,还要写出他的学问思想的历史"[②]。胡适在《章谱》中首开年谱评判的体例,为后世年谱写作提供了另一类范本。

　　相对于上述谱主而言,陶行知在近代中国历史舞台上的地位毫不逊色。他以高度的历史使命感和社会责任感,胸怀振兴中华的理想,立足本土,放眼世界,博古通今,学贯中西,求真务实,创获甚巨,成为不世出之伟人,永远激励与启迪着后起的一代代中国人。陶行知一生不仅致力于教育事业,还关注政治制度、经济发展、计划生育、科学普及、新文字推广、大众诗歌等多个领域。其中,更以独创的"生活即教育"、"社会即学校"、"教学做合一"、"小先生制"而闻名海内外。此外,他积极投身于民主事业,武昌首义爆发后,立即奔赴家乡奋身投入了这场伟大的革命运动,组织参与屯溪阳湖余家庄起义,并一度担任徽州议会秘书半年之久。[③] 在其晚年,更以奋起疾呼民主和平运动而为广大民主人士所推崇。他的生命虽然只有短暂的 55 年,但其在近代中国却产生了巨大的影响。毛泽东称其为"伟大的人民教育家";周恩来认为他是"无保留追随党的党外布尔什维克";宋庆龄赞其为"万世师表";董必武认为他是"当今一圣人";郭沫若赞他"两千年前的孔仲尼,两千年后的陶行知"。不仅在国内,陶行知在国际上也享有盛誉。哥伦比亚大学教授克伯屈对晓庄学校称颂有加:"如大家肯努力,恐一百年以后,大家要回过头来纪念晓庄,欣赏晓庄! 这就是教育革命的策源地!"日本知名教育史学家、前中国研究所所长、东京专修大学教授斋藤秋男及美国援华会总干事华莱士都认为陶行知不仅仅是属于中国的,而且是属于全世界的。2007 年,美国知名学者、哥伦比亚大学教育学院哲学、教育学教授戴维德·汉森(David T. Hansen)在他主编出版的《教育的伦

---

　　① 余英时:《中国近代思想史上的胡适——〈胡适之先生年谱长编初稿〉序》,载胡颂平编《胡适之先生年谱长编初稿》,台湾联经出版社 1984 年版,前言第 5 页。

　　② 胡适:《〈章学斋先生年谱〉序》,载欧阳哲生编:《胡适文集》(七),北京大学出版社 1998 年版,第 26 页。

　　③ 方明编:《陶行知全集》(六),四川教育出版社 2005 年版,第 455 页。

理视野——实践中的教育哲学》一书中,介绍了世界最具影响力的十大教育思想家。其中,唯一的一位中国教育思想家就是陶行知,与美国的杜威、意大利的蒙台梭利等世界著名教育思想家并列,足见陶行知教育学说在国际学术界的巨大影响以及被国际人士的高度认可。

　　随着对陶行知研究的日益深入,湖南教育出版社和四川教育出版社相继出版了《陶行知全集》八卷本和十二卷本,各类文集及传记更是比比皆是。就年谱而言,朱泽甫和郭笙分别著有《陶行知年谱》和《陶行知年谱稿》。但相对来说,著于特殊历史时段的这两本年谱,再加以篇幅限制,很难客观完整地还原陶行知的真实面貌。因此,编撰一本全面客观的《陶行知年谱长编》就一直在积极筹划之中。1991年,笔者博士论文完成后,遵业师章开沅之嘱,接着撰写年谱长编,过去20年都在为此做准备,并写了简谱,只是此后接连忙于出国、学术、行政等,事务繁杂,心愿难了,幸得学生大伟襄助,共同完成。适值今年系陶公诞辰120周年,得益于人教社的出版支持,《陶行知年谱长编》编撰发行一事遂提上议事日程。

　　《陶行知年谱长编》以编年体的形式重现了"伟大的人民教育家"陶行知五十五年短暂而光辉的一生,记录了其所产生的时代影响及学术轨迹。图书在谱主去世之后亦以编年体的形式记载了其有关的学术活动。全书共约120万字。图书编撰按着"先时事,后谱文"的体例方式,不仅交代了谱主出生的时代背景,而且在每一年谱文前勾勒出当时的政治经济文化图景,以便让读者能在时代的风云变幻过程中,去领悟谱主人生思想的发展变化。此外,编撰中还拟通过年谱反映当时的社会及民众生活习俗,让读者能够站在一个大历史的舞台上,通过自上而下和自下而上的多角度来观察陶行知,了解陶行知。

　　作为民国时期著名教育家、社会活动家,陶行知交往的范围极其广泛,上至国家元首、下至平民走卒,他既可以做蒋介石的座上客,亦可以与"牛大哥"同屋而眠;既可以与杜威、泰戈尔等社会名流相聊甚欢,亦可以与黄包车夫、门童小贩书笺往来……如此广泛的社会交往沉浮,使陶行知一生经历复杂,在其不同的历史时期,思想亦有所发展变化,因此,年谱编撰中尽可能客观公允的描绘其人生轨迹,所收文字尽量保持原貌,以试图能够还原出一个全面真实的陶行知。此外,建国前后评价体制的不断转变,使得陶行知在很长一段时间内被树立成师德楷模、民主斗士,从而变成一个抽象化、模式化的符号。言及陶行知,必言及其生活教育理念,必言及其从晓庄到育才的办学之路,恰恰忽略了他是一个"生活"的人。因而,在年谱撰写过程中,笔者本着章开沅先生的"中国史学寻找自己"的宗旨,试图去寻找真实的陶行知,寻找自己的研究方法和风格,寻找对陶行知新的理解。

二

1.资料搜集

已经出版的湘版及川版《陶行知全集》及《陶行知年谱》为本书的编撰提供了基本的保证。在此基础之上,笔者还搜集了《毛泽东文集》、《周恩来选集》、《晏阳初全集》、《梁漱溟全集》、《马寅初全集》、《陈鹤琴全集》、《杨贤江全集》、《胡适日记全编》、《冯玉祥日记》、《黄炎培日记》、《李公朴日记》、《鲁迅日记》、《谢觉哉日记》、《颜惠庆日记》、《阳翰笙日记选》、《冯玉祥回忆录:我的生活》、黄炎培著《八十年来》、《费正清自传》、《张治中回忆录》、陈鹤琴著《我的半生》、《胡适书信集》、《胡适来往书信选》、《李公朴传》、《毛泽东年谱》、《周恩来年谱》、《宋庆龄年谱》、《冯玉祥年谱》、《郭沫若年谱》、《严修年谱》、《梁启超年谱长编》、《蔡元培年谱长编》、《张伯苓年谱长编》、《叶圣陶年谱长编》、《闻一多年谱长编》、《卢作孚年谱》、《鲁迅年谱》、《郑振铎年谱》、《救国会史料集》等大量文献资料。此外,在编撰过程中,笔者亦发现了诸多未曾面世的新资料,如初到美国时所寄的数封家书,20年代在南开所作数次演讲以及为张彭春与清华等事所作往来书信等等。为了弥补海外留学期间一手资料的不足,笔者还于2000年底至2001年6月专程赴陶行知母校美国哥伦比亚大学师范学院图书馆特藏室,收集复印陶师杜威、孟禄书信、克伯屈日记以及陶的学习与生活记载等海外资料。这些文献的搜集本就不易,要想阅读完毕并找出与陶行知的联系,就更为不易了。有时候几百万字的年谱长编或日记看完,只能搜集到一两条相关信息,甚至踪影皆无,那种内心的失落感是非常强烈的。

在编撰过程中,湖南版《陶行知全集》与四川版《陶行知全集》是本谱编写的重要来源。两个版本的《全集》各有异同,也各有利弊。总体而言,湖南版历史考证功底扎实,四川版资料文献丰富。当然,在细读这两版《全集》的同时,也发现了不少刊印校对错误,这里就不一一提及。

2.史料考证

年谱长编是一种史料整理的工作,其材料之多让研判与采择都极为困难。在陶行知研究中,长期存在着一些莫衷一是的问题,因而在本书的编撰中,本着实事求是的原则,对有结论者予以定论,对有争端者则将学界观点一一摆出,以待更多材料的发掘。

　　(1)存异者

　　在陶行知研究中,由于学者掌握资料的程度不一,对事件看法的推断不一,造成了目前陶研中仍有若干问题存在着不同看法。如陶行知的生年问题、信仰问题。

　　陶行知的生年问题至今仍众说纷纭。目前存有 1891 年、1892 年及 1893 年三说。其中 1891 年说最为常见,全国政协、统战部、教育部还据此说于 1981 年 10 月 18 日在北京联合召开了纪念陶行知先生诞辰 90 周年大会。笔者因在上世纪 80 年代编辑《陶行知全集》的缘故,搜集到大量有关陶行知的珍贵资料,这些新资料所记载的史实显然不同于 1891 年说。结合陶行知亲笔填写的一份 *Declaration of Non Immigrant Alien about to Depart for French Indochina*、《晓庄学校十九年毕业同学录》、《晓庄学校校董履历表》、《生活教育社社员手册》、《生活教育社职员名册》及赴美留学的入境护照等资料,笔者认定陶行知的生年应为 1893 年 11 月 10 日。为此,笔者相继撰写了《陶行知生年考》与《关于人民教育家陶行知的生年问题》,分别刊发于 1983 年第 2 期的《历史研究》与同年第 5 期的《华中师院学报》。对于 1893 年说,胡君晓风先生深表赞同,并撰文《陶行知诞辰考》刊于 1996 年第 11 期的《教育研究》,与笔者遥相呼应。

　　陶行知的信仰问题也是存在诸多不同看法。笔者曾撰有《陶行知与基督教》一文刊于《安徽史学》1991 年第 4 期,笔者认为陶行知曾是一名基督教徒,但并不是一名狂热偏执的基督徒,基督教也对其产生了重要的影响,所以,"他对基督教义既有接纳,也有排拒,而且,接纳中有排拒,排拒中又有接纳,具有鲜明的主体意识和清醒的理性精神"①。时至今日,笔者仍坚持认为陶行知并非终生信仰基督教。在金陵大学期间成为基督徒的他,于 1915—1917 年间即赴美留学期间则开始接受更多的杜威实用主义理性的思想,逐渐淡出了基督教,其后期的思想色彩更像是一个矛盾的综合体,其中既有来自西方的基督教教义宗旨,亦有佛教、墨家等东方传统思想的精髓,所以他只能算是一度信仰过基督教,但基督教义中的博爱精神却为其一生所奉行。对于陶行知的宗教信仰问题,学界亦有不同声音,何荣汉先生在其《陶行知——一位基督徒教育家的再发现》(香港基督教文艺出版社 2004 年版)一书中,除挖掘更多的史料外,更是利用自身的宗教体验对陶行知的宗教信仰提出了再解读,得出了与笔者不同的观点,也成为一种新的研究典范。

---

　　①　周洪宇:《陶行知与基督教》,《安徽史学》1991 年第 4 期。

　　综上可见,由于所依史料的不同,研究方法的不尽一致,所以得出的结论也不尽相同。故在年谱的编写中,笔者将不同说法及理由分别列出,予以读者自行研判的机会,同时也是为陶研新史料的出现留下了回旋的空间。

　　(2)新考者

　　除上述有待于学界继续探索的争议问题外,在编撰过程中,相关史料经常会出现前后不一,互相矛盾之处。本着毋忘求真的精神,笔者对存疑之处花费了诸多时间予以考证。此处举《张伯苓年谱长编》与《蔡元培年谱长编》各一例。《张伯苓年谱长编》在 1922 年 4 月 9 日记述,"范源濂在正昌饭店招待胡适,梁启超、陶行知、张伯苓等人作陪。"①而胡适在 1922 年 4 月 10 日日记中写道:"静生邀在正昌吃饭,有任公、知行等。"②两处时间无法统一。查阅胡适日记后发现,他在 4 月 9 日记述:"到直隶教育厅,讲演《道德教育》。下午小睡,读《赫胥黎集》。到聚庆成吃饭,遇范静生、凌冰、黎劭西等。"③这说明胡适直到 9 日傍晚才遇到范源濂,且是在聚庆成饭馆。那么《张伯苓年谱长编》中提及的 9 日范源濂请胡适在正昌饭店吃饭、陶行知作陪一事就是错误的。胡适在 10 日的日记中继续写道:"昨日静生坚留我多住一天,故上午不曾回京。……静生邀在正昌吃饭,有任公、知行等。下午四时,坐快车回京。"④笔者翻阅了黄炎培和梁启超的相关年谱日记后虽无所获,但根据胡适日记的连续性判断,9 日在正昌吃饭一事不可信,4 月 10 日才有正昌吃饭一事。

　　《蔡元培年谱长编》于 1925 年 4 月 24 日记述中华图书馆协会成立一事,陶行知等被选为董事。⑤ 而同一件事在《丁文江年谱》中却为 4 月 25 日。⑥ 实际上,4月 26 日的《申报》上如是记载:"昨日十时在北四川路横滨桥广肇公学三楼开讨论会……下午二时改开成立大会……最后公推陶知行欢词毕……"⑦由《申报》可知,蔡谱所记一事有误,中华图书馆协会实属成立于 1925 年 4 月 25 日。

　　在《行知备忘》中,需要考证的则更多。相对于民国时期其他人物的日记而言,陶行知的备忘录并非是传统上的日记。有些时候记载了当日的行程,有些时候则是拟定当日行程,有些则可能是与其相关,而并未实现。如 1938 年

　　① 梁吉生编:《张伯苓年谱长编》(上),人民教育出版社 2009 年版,第 303 页。
　　② 胡适著,曹伯言整理:《胡适日记全编》(三),安徽教育出版社 2001 年版,第 614 页。
　　③ 胡适著,曹伯言整理:《胡适日记全编》(三),安徽教育出版社 2001 年版,第 611—612 页。
　　④ 胡适著,曹伯言整理:《胡适日记全编》(三),安徽教育出版社 2001 年版,第 612—614 页。
　　⑤ 高平叔编:《蔡元培年谱长编》(中),人民教育出版社 1996 年版,第 705 页。
　　⑥ 宋广波编:《丁文江年谱》,黑龙江教育出版社 2009 年版,第 206 页。
　　⑦ 《申报》1925 年 4 月 26 日。

10 月 11 日备忘录内容:"八时,白先生。十二时,蒋夫人。四时,联怡里二号;四时,24832,周先生。张厉生先生,七时。……五时半到崇阳,访陈长官。"而事实上,在 10 月 22 日致吴涵真的信中,陶行知当日的行程却是:"十一日早再访白先生,……十二时赴蒋夫人餐约,谈到二时,又承其电约黄仁麟、牧恩波二君再谈半小时。……五时半渡江动身访陈辞修先生于老鸦村,十时到,……"由此信可以判断,《行知备忘》中 8 时会白崇禧、12 时会宋美龄两事确凿,4 时联怡里及致电周恩来未可考,7 时会张厉生及 5 时半到崇阳两事则是陶本人的计划了。所以,备忘录中需要如此判断的内容很多,笔者只能本着"宁可信其无,不可信其有"的方法,将考证确凿者收入,待考者则暂时搁置一边。

3. 编撰特色

《梁任公先生年谱长编》以其大量的往来书札而成为年谱编撰中的一大亮点,《胡适之先生年谱长编初稿》以"择要摘录,分年编入"为特色。在综合海内外多本年谱长编特点之后,笔者拟将《陶行知年谱长编》着重于著作、诗歌和书信三个部分,以求通过这三部分的"择要摘录,分年编入",让读者对谱主一生学术思想的发展有一清晰深刻的了解。

著作知其思想。陶行知所著文章涉猎极广,包含了教育、医学、文化、宗教、科学、民主政治、人口控制、民族团结等多个方面,编辑出版了《中国教育改造》、《普及教育》、《普及教育续编》、《普及教育三编》、《古庙敲钟录》、《教学做合一讨论集》、《斋夫自由谈》、《中国大众教育问题》、《怎样做小先生》、《育才学校手册》等多部论著。据有关学者统计,川版新版《陶行知全集》中,教育文献仅仅占有 40% 左右的篇幅,如果再除去一些如平民教育、乡村教育这些可以归纳为社会学的论文,那么,单纯的教育学文献还不到全集的 40%。此外,政治与社会类文献有 15% 左右。[①] 在诸多的陶行知研究中,由于研究者多是教育学者,所以对于陶行知的教育思想关注颇多,忽略了陶行知思想的其他方面。因此,为了能让读者接触到全面真实的陶行知,笔者除将陶行知的代表性教育类文章,如《生活即教育》、《教学做合一》、《第一流的教育家》,甚至包括他本人设计的《教学做合一测验》试卷全文收入外,还大量收录了他有关政治社会思想的文章,如时政短评、民族团结、民主思想等等。因为,只有在充分理解陶行知社会政治思想的基础上,才能够理解其教育思想。在陶行知看来,他的教育思想是为改造中国社会而服务的,是"为人民组织一高效率之公众教育体

---

① 李刚:《历史与范型:陶行知研究的知识社会学考察》,东北师范大学出版社 2006 年版,第 156 页。

系","发展和保持一真正之民主国家"①而服务的。

书信观其为人。书信是民国时期人们联络的重要工具,其中包含了大量的重要信息。陶行知一生往来书信颇多,上至社会名流,下至车夫走卒。在书信取舍方面,笔者认为,尽可能多的录入其书信,会给读者建构出一个更为真实的陶行知。因为只有借助书信这种隐私性很强的材料,才能彻底的显示出人性中最本质的所在。通过大量的书信收录,可以避免走入将陶塑造成呆板的政治或教育符号的误区。在陶行知往来的书函中,既有开心的时刻,也有烦恼的时刻,更有柔情似水的时刻。如 1939 年 2 月 4 日致函陶晓光,叮嘱他与王洞若、戴自俺等要将字写好,否则迟早"要给人把信摔到纸篓里去"②。再如 1942 年 3 月 22 日致马侣贤的信末特别强调"有月病之女生,加发草纸两刀"③,充分体现了他作为一名老师,对学生的无限关爱;再如 1942 年 8 月 11 日致马侣贤的信④中,教其如何向别人募捐,展现出其丰富的社交能力;再如 1944 年 6 月 5 日给陶宏的信⑤中,有大段的与孙女陶鹤的对话描写,读到此,才让人感觉到陶行知也并不仅仅是忧国忧民的教育家,更是一个乐享天伦的祖父;再如 1944 年 10 月 29 日致吴树琴函中⑥,为其描绘了一幅美丽的场景,约其 2 年后环游世界,更是让人感受到那份罗曼蒂克的情怀;再如,1941 年底至 1942 年为校舍争端一事致育才同人的多封书信,从中可以看出一个谦谦君子的高尚情操。此外,陶行知的书信中还有大量的细节描写,如交代学生怎么穿衣服,保管衣服,怎么缝衣服等等,这些材料的收录都可以让读者感受到一个"生活"的陶行知。

诗歌见其情怀。陶行知在自己半个世纪的战斗生涯中,共创作了约七八百首诗歌,其中包括大量的政治抒情诗和教育动员诗。他撰写的诗歌大都清新流畅,明白易懂,富有音韵,朗朗上口。其诗或长或短,体裁多样;亦庄亦谐,风格各异,具有较高的思想性和艺术性,素为人民大众所喜闻乐见。高克奇称陶是"把诗歌与人民结合的第一人"⑦。张健也曾评价道:陶行知在他创作的

---

① 方明编:《陶行知全集》(六),四川教育出版社 2005 年版,第 456 页。
② 方明编:《陶行知全集》(八),四川教育出版社 2005 年版,第 432 页。
③ 方明编:《陶行知全集》(九),四川教育出版社 2005 年版,第 202 页。
④ 方明编:《陶行知全集》(九),四川教育出版社 2005 年版,第 216 页。
⑤ 方明编:《陶行知全集》(九),四川教育出版社 2005 年版,第 359 页。
⑥ 方明编:《陶行知全集》(九),四川教育出版社 2005 年版,第 386 页。
⑦ 高克奇:《管窥陶诗》,转引自金林祥主编:《二十世纪陶行知研究》,上海教育出版社 2005 年版,第 127 页。

不朽的诗歌中,用通俗形式和丰富的人民词汇,来述说工农大众不幸的境遇和深重的灾难,热烈地歌颂着人民的斗争,在京、沪、渝、港、桂、汉等地的工农群众和学生们,都喜欢唱着《锄头歌》、《镰刀歌》、《印刷工人歌》、《儿童节歌》、《民主进行曲》。①　为了让《陶谱》编撰更具特色,所以笔者本着尽可能重现其大众诗人的主旨,力求能在有限的篇幅内将陶行知的平民大众诗歌全部收录,体现出其作为人民诗人的本色以及爱满天下的情怀。

三

《陶行知年谱长编》的编撰是一件十分困难的工作,笔者除了要通读陶行知本人的论著之外,还要搜集各类与其相关的文献资料,再加以研判,披沙拣金、芟汰冗杂、考订鉴别,不但要对谱主的人生经历有缜密的考证,而且对其关系密切的学人以至于当时的社会文化背景亦要有足够的研究。正如梁启超作过数谱,"深知其甘苦"后云:"是故欲为一名人作一佳谱,必对于其人著作之全部,贯穴钩稽,尽得其精神与其脉络。不宁惟是,凡与其人有关系之人之著作中直接语及其人者,悉当留意。不宁惟是,其时之朝政及社会状况,无一可以忽视。故作一二万言之谱,往往须翻书至百数十种。其主要之书,往往须翻至数十遍。资料既集,又当视其裁断之识与驾驭之技术何如,盖兹事若斯之难也。"②

编撰工程虽然繁重,但笔者却始终能以愉悦的心来对待,这也许是深受行知师"爱满天下"和"人生为一大事而来,做一大事而去"的思想所感染。当整理至行知师书信集中学生往来信函时,每每输入一字,便恍若坐于油灯之下,给行知师写信一般,时空交错之感,让人不得不称叹行知师人格魅力之大。果如梁任公所云:"吾常谓初入手治史学者,最好择历史上自己所敬仰之人,为作一谱。可以磨炼忍耐性。可以学得搜集资料、运用资料之法。"③那么,既可以磨炼忍耐性,学得搜集运用资料之法,又可深受行知师人格魅力之影响,可谓是笔者在年谱编撰中的一大所得了。

---

①　张健:《略谈陶行知先生的生平和事业》,《东北教育》1949 年第 4 期。

②　梁启超:《中国近三百年学术史》,岳麓书社出版社 2010 年版,第 342 页。

③　梁启超:《中国近三百年学术史》,岳麓书社出版社 2010 年版,第 342 页。

附　录

会议论文目录

论　文　题　目	作　者	单　位
19 世纪末旧金山华人子女学校教育研究	李永、顾晓莉	中南民族大学
澳门新教育运动记	王志胜	澳门大学
澳门教育先进刘羡冰的教育理念	老志钧	澳门大学
边纳儿改革教育学之探究	梁福镇	台湾中兴大学
蔡元培与民初教育改革	田正平	浙江大学
蔡元培视域中的现代大学理念	赵国权、田莉	河南大学
"储才"与"新民"并重，"民智"与"民心"共成——辛亥革命后"社会教育"的历史经验	王雷	沈阳师范大学
从《〈看护学教程〉绪言》看秋瑾的女子教育思想	王慧、胡燕	天津师范大学、天津中医药大学
从教会事业走向国家事业——英格兰民众教育发展的历史路径探析	朱镜人	合肥师范学院
从教育学图像历史发展解读新教育学之价值与特性	吴家莹、何意中	台湾东华大学
从政治教育学到民生教育学——中国共产党领导教育的与时俱进	程斯辉、李中伟	武汉大学
从中间人物看辛亥革命教育改革的意义	王建军	华南师范大学
重构教育史观：1929—2009 年	张斌贤	北京师范大学
初探台湾教科书研究趋势（1955—2010）	张芬芬	台北市立教育大学
大学核心理念——历史的视角	贺国庆	河北大学
杜威教育思想与后辛亥革命时代中国教育变革	单中惠、王凤玉	浙江大学、沈阳师范大学
多重逻辑下的教育冲突：民初广东教育改革的历史考察	熊文渊、王建军	华南师范大学
还原一个全面真实的陶行知——《陶行知年谱长编》编撰手记	周洪宇、刘大伟	华中师范大学

续表

论　文　题　目	作　者	单　位
河北省小学师资培养的历史变迁与未来发展	周志平	石家庄学院
检讨中国教育西化成效的新视角：海峡两岸百年西化历程的比较刍议	周愚文	台湾师范大学
建设性批判：陶行知教育学说的精神旨归	鲍成中	华中师范大学
教育史学科建设的新方向：教育活动史研究	周洪宇	华中师范大学
教育与乌托邦——PLATO 与 GILMAN《她乡》乌托邦教育思想比较研究	方永泉	台湾师范大学
纪念美国教育家——巴纳德两百岁生日	彭焕胜	台湾新竹教育大学
近代西方道德教育理论的传播与民国德育观念的变革	肖朗、田海洋	浙江大学
近代教育与辛亥革命的干部储备	陈闻晋、唐冰心、吴云霞、吴资颖	武汉大学
近代澳门华人教育与国内政治	郑润培	澳门大学
科举废止与辛亥革命	刘海峰	厦门大学
抗战前北大学生会及其活动述评	李浩泉	凯里学院
"孔虽旧教 其意维新"——陈焕章的儒教观及其教育影响	张亚群	厦门大学
论蔡元培的社会教育思想及其实践	邓和平、邓草心	武汉大学
论民国时期西南联合大学对我国当前高等教育改革的启示	黄宝权	华中师范大学
论革命史范式的教育史学实践	刘来兵	华中师范大学
论"家庭策略"方法在教育史研究中的运用	武翠红	南京师范大学
论辛亥革命与中国教育现代化进程	曲铁华、李彩玉	东北师范大学
美国哥伦比亚大学师范学院中国留学生博士论文之初步分析(1914－1959)	刘蔚之	台湾师范大学
民国高校学业竞试的实施及启示	郑若玲、吕建强	厦门大学、天津商业大学
民国时期大学外语系科的人才培养特点探析	肖玮萍	厦门大学
民族主义与西方教育史学	周采	南京师范大学

续表

论 文 题 目	作 者	单 位
明德新民的大学之道——朱熹门人于福建的教化实践	陈俞志	台湾师范大学
女子教育对辛亥革命的贡献	熊贤君	深圳大学
"能位教育"及其渊源价值	涂怀京	福建师范大学
浅析辛亥革命时期的素质教育	周为	武汉大学
清代官学教育的特点——兼论适应性教育的后果及其启示	李忠、王筱宁	华中师范大学、山东师范大学
清代苏南女性在家族教育活动中的作用探析	蒋明宏	江南大学
清代无锡钱氏家族的教育及其转型	蒋明宏	江南大学
清末民初直隶地区留日学生群体研究——以《直隶留日同乡录》及《中华民国留日同学录》为例	王红雨	南开大学
全国临时教育会议与民初教育改革	于潇	宁波大学
绍兴学界与辛亥革命——以蔡元培为中心的考察	吴民祥、张金超	浙江师范大学
孙中山在港接受英文教育的先驱：马礼逊学堂的英文教育	张伟保	澳门大学
试论美国教师教育大学化的变革与启示	杨捷	河南大学
社会主义时期的波兰高等教育：成就与缺失	王文礼	河南大学
生活叙事、情境再现与文学化表现形式	刘训华	华中师范大学
台湾六十年来小学教师角色转变之分析	郭柏秀、黄嘉莉	台湾新竹教育大学
台湾阿妈童年的学校经验	陈玉珍	台湾师范大学
同盟会在澳门民间推行的文教工作与学生运动	何伟杰	澳门大学
陶行知生活教育理论的特质及其当代价值	于书娟	江南大学
小学道德教科书中"班会"的百年考察——从大陆时期(1911－1949)到台湾现况(1950－2011)	方志华	台北市立教育大学
西德1960年代教育学院学术化发展之评析	张炳煌	台湾高雄师范大学

续表

论 文 题 目	作 者	单 位
辛亥革命对天津教育的影响	王惠来、赫慧	天津师范大学、天津广播电视大学
辛亥革命前后社会教育发展比较研究	曲铁华、慈玲玲	东北师范大学
辛亥革命时期女子教育的发展嬗变及历史影响研究	朱志峰、王凌皓	吉林省社会科学院、东北师范大学
辛亥革命与河南留学欧美预备学校的建立——写在辛亥革命百年之际与河南大学百年前夕	李申申、王世广	河南大学
辛亥革命时期图书馆社会教育研究	孙太雨、张莉	沈阳师范大学
辛亥革命与中国近代公民教育的形成	王璞	厦门大学
辛亥革命与中国现代教育:"一体化"的视野	李剑萍	天津城市建设学院
辛亥革命后国立北京大学学科建制改革	斯日古楞	厦门大学
叙事史学视域中的教育活动史研究	刘大伟	华中师范大学
严复对中国近现代教育的贡献和启示	张翼星	北京大学
以教促政:民国时期山西社会教育研究	申国昌	华中师范大学
以叙事研究法探究澳门妇联学校三位前领导对学校发展的贡献	谢建成	澳门大学
由实体转向关系:教育史研究探微	闫广芬、许衍琛	南开大学
"忠诚于忠诚":辛亥前后留美中国学生的国家认同	林伟	北京师范大学
张元济:近代新式教科书的编辑先驱	谢长法、谢德新	西南大学
中国大陆教师教育制度的历史考察及其对台湾师资培育制度改革的启示	杨洲松	台湾暨南国际大学

编后记

在举国上下隆重纪念辛亥革命一百周年的日子里,2011 年 10 月 19 日至 22 日,由武汉大学教育科学学院和浙江大学教育学院共同主办的"辛亥革命与中国近代教育——第五届海峡两岸教育史论坛",在风景如画的武汉大学举行。来自海峡两岸 40 多所高等院校的 120 多位学者参加了会议,大会收到学术论文 70 余篇。为了使更多的学术界同仁有机会分享会议的成果,举办方决定编辑出版《辛亥革命与中国近代教育——"第五届海峡两岸教育史论坛"论文集》。在各位同仁的大力支持下,经过半年的努力,编辑工作大致完成,在即将付梓之际,有两点情况说明如下:

第一,此次大会共收到各位学者提交的论文 70 余篇近 80 万字,限于篇幅未能全部收录。为了尽量减少因此造成的遗憾,我们在正文之后,将会议全部论文名录列出,方便有兴趣的同仁进一步联系查阅。

第二,收入本论文集中的若干篇论文,因各种原因曾在会议前或会议后被有关学术刊物刊布,编辑过程中对上述论文已分别注明。此外,对收入论文集的个别论文,在不影响作者观点的前提下,我们对文字作了适当的修改和调整。

论文集的出版得到浙江大学出版社领导的大力支持,这是本书得以以现在的面貌呈现给学术界的重要保证,我们对此表示诚挚的感谢。博士生陈玉玲自始至终参加了论文的收集整理和编辑工作。

编者谨识

2012 年 3 月

图书在版编目（CIP）数据

辛亥革命与中国近代教育：第五届海峡两岸教育史
论坛论文集 / 田正平，程斯辉主编. —杭州：浙江大学出
版社，2012.9
　ISBN 978-7-308-10610-8

　Ⅰ.①辛… Ⅱ.①田… ②程… Ⅲ.①辛亥革命—影
响—教育—中国—近代—文集 Ⅳ.①G529.5-53

中国版本图书馆 CIP 数据核字（2012）第 215324 号

辛亥革命与中国近代教育
——第五届海峡两岸教育史论坛论文集

田正平　程斯辉　主编

责任编辑	陈晓菲
封面设计	刘依群
出版发行	浙江大学出版社
	（杭州市天目山路 148 号　邮政编码 310007）
	（网址：http://www.zjupress.com）
排　　版	杭州中大图文设计有限公司
印　　刷	杭州日报报业集团盛元印务有限公司
开　　本	710mm×1000mm　1/16
印　　张	28.25
字　　数	490 千
版 印 次	2012 年 9 月第 1 版　2012 年 9 月第 1 次印刷
书　　号	ISBN 978-7-308-10610-8
定　　价	60.00 元